Rosa-Maria Dallapiazza, Eduard von Jan,
Sabine Dinsel, Anja Schümann

TANGRAM

Deutsch als Fremdsprache

Lehrerbuch 1 B

Max Hueber Verlag

Beratung:
Ina Alke, Roland Fischer, Franziska Fuchs,
Helga Heinicke-Krabbe, Dieter Maenner, Gary McAllen,
Angelika Wohlleben

Phonetische Beratung:
Evelyn Frey

Grammatische Beratung:
Andreas Tomaszewski

3.   2.   Die letzten Ziffern
2003   02   01   00   bezeichnen Zahl und Jahr des Druckes.
Alle Drucke dieser Auflage können, da unverändert,
nebeneinander benutzt werden.
1. Auflage
© 1999 Max Hueber Verlag, D-85737 Ismaning
Zeichnungen: ofczarek!
Verlagsredaktion: Silke Hilpert, Werner Bönzli
Druck und Bindung: Schoder Druck, Gersthofen
Printed in Germany
ISBN 3–19–011614–8

Einleitung

Tangram ist ein kommunikatives und systematisches Lehrwerk:

Es ist dem Globallernziel „kommunikative Kompetenz" und der Leitidee eines kommunikativen Unterrichts verpflichtet. Nicht nur die Hör- und Lesetexte, auch die vielfältigen Übungen in Kursbuch und Arbeitsbuch orientieren sich an lebendiger Alltagssprache und fordern die Lernenden zur kreativen Auseinandersetzung mit den Inhalten und der Sprache heraus. Zugleich bietet Tangram klare Strukturen und vielfältige Lernhilfen – Infoboxen zum Sprachgebrauch, eine Zusammenfassung des neuen Lernstoffs jeder Lektion, die Markierung von Satzakzent und Intonation, ein klares Verweissystem.

Tangram ist transparent und flexibel:

Der Aufbau der Lektionen orientiert sich am Unterrichtsverlauf und ist so für Lehrende und Lernende leicht nachvollziehbar. Jede Lektion ist in mehrere Sequenzen unterteilt, jede Sequenz behandelt einen thematischen Aspekt in einem kompletten methodischen Zyklus: Präsentation neuer Sprache im Kontext mit inhaltsbezogenen Aufgaben, Herausarbeitung von neuem Wortschatz und neuen Strukturen nach dem Prinzip der gelenkten Selbstentdeckung, freie Anwendung mit teilnehmerorientierten Aufgabenstellungen in Rollenspielen oder Gesprächen. Die mehr oder weniger intensive Einbeziehung des Arbeitsbuchs in den Unterricht und die ausführlichen Lehrerbuchhinweise ermöglichen eine für verschiedene Zielgruppen differenzierte Unterrichtsplanung.

Tangram setzt neue Akzente:

ein systematisches Training der Grundfertigkeiten (Hör- und Leseverstehen, Sprechen und Schreiben) von Anfang an, eine ausgewogene Mischung von imitativen und kognitiven Elementen, eine teilnehmerorientierte Wortschatz- und Grammatikarbeit, eine in die Lehrwerksprogression eingepasste Schulung von Aussprache und Intonation sowie die Einübung von für das selbständige Lernen wichtigen Lerntechniken. Damit ermöglicht Tangram unterschiedliche Schwerpunktsetzungen und wird den Bedürfnissen verschiedener Lernertypen gerecht.

Feste Bestandteile in jeder Lektion von Kursbuch und Arbeitsbuch erleichtern die Orientierung beim Umgang mit Sprache und Lehrwerk:

Der Ton macht die Musik ist die Begegnung mit der Klangwelt der deutschen Sprache: im Kursbuch mit Raps, Liedern und Reimen, die Wortschatz und Strukturen der jeweiligen Lektion noch einmal in kreativ-spielerischer Form umwälzen und durch starke Rhythmisierung den Charakter des Deutschen als akzentzählende Sprache betonen, im Arbeitsbuch mit einem systematischen Training von Einzellauten im Kontext von Wörtern, Sätzen, kleinen Dialogen und Versen, unter Berücksichtigung der Beziehungen zwischen Schreibung und Aussprache, und abgestimmt auf Wortschatz und Strukturen der bisherigen Lektionen. Wenn Sie sprachhomogene Gruppen unterrichten, können Sie sich bei der Behandlung dieser Übungen natürlich auf die Laute beschränken, die Ihren TN Schwierigkeiten machen.

Zwischen den Zeilen geht bereits von der ersten Lektion an sehr behutsam auf verschiedene Nuancen und Varianten der deutschen Sprache ein (z. B. Wie sage ich Telefonnummern und Namen?, Was macht Fragen freundlich?, Gebrauch von Partikeln). Wichtige Sprachphänomene werden hier noch einmal aufgegriffen und bewusst gemacht.

Die **Nachlese** im Arbeitsbuch beschließt jede Lektion mit einem authentischen Text, der ein Lektionsthema vertieft und weitere landeskundliche Informationen vermittelt. Wortschatz und Strukturen dieser Texte liegen weit über dem jeweils erreichten Sprachstand, die Texte sind also schwer, die Aufgabenstellungen aber sind einfach und fördern gezielt die Entwicklung wichtiger Lesestrategien (z.B. kursorisches oder selegierendes Lesen): Die TN sollen von Beginn an auch im Unterricht mit der für sie im fremdsprachigen Alltag normalen Situation konfrontiert werden, einen komplexen, schwierigen Text einordnen zu können und die für sie wichtigen Informationen herauszufiltern.

Kurz & bündig, eine kompakte Zusammenfassung des Lektionsinhaltes, steht am Ende jeder Lektion und eignet sich zur Orientierung und Wiederholung: im Kursbuch in Form von Kurzdialogen, im Arbeitsbuch als strukturierte Übersicht zum Selbstausfüllen, als persönliche Zusammenfassung des neuen Lernstoffs.
Und den etwas anderen Sprechanlass zur Wiederholung und Zusammenfassung? Den finden Sie am Ende jeder Lektion im Kursbuch in Form eines **Cartoons**.

Die Arbeit mit dem Lehrwerk wird begleitet und erleichtert durch graphisch akzentuierte, locker zusammengestellte Hinweise und Hilfen im Kursbuch:

Die **Infoboxen** sind „kommunikative Sprungbretter" mit wichtigen sprachlichen Strukturen für den unmittelbaren Gebrauch aus einem konkreten Sprechanlass heraus; sie ermöglichen den Lernenden, sich auf die Inhalte zu konzentrieren und die dafür notwendigen Redemittel „griffbereit" zu haben. Sie benötigen keine grammatikalische Vertiefung und sollten keinesfalls zum Anlass für Vorgriffe bei der Grammatik-progression werden.

man schreibt	man sagt
1848	achtzehnhu
1969	neunzehnhu
2001	zweitausend

Die **Lerntipps** vermitteln wichtige Techniken für das selbständige Arbeiten und helfen den Lernenden, neuen Wortschatz auf systematische Weise zu verarbeiten und die Lernhilfen im Lehrwerk (z.B. Wortliste oder Grammatikanhang) und andere Lernhilfen (z.B. Wörterbücher) zu nutzen. Sie geben Anregungen für entsprechende Übungen im Kurs.

Lerntipp:

Die sich ergänzenden **Grammatikkästen** in Kursbuch und Arbeitsbuch stehen am Ende der induktiven und kleinschrittigen Grammatikarbeit und ermöglichen eine gelenkte Selbstentdeckung von Grammatik- und Phonetik-Regeln. Die Regelformulie-rungen sind im Sinne einer Lernergrammatik didaktisch reduziert, beziehen sich auf den jeweils erreichten Sprachstand und erheben keinen Anspruch auf eine umfassen-de und schlüssige Sprachbeschreibung im linguistischen Sinne.

Die **Verweise** vom Kursbuch ins Arbeitsbuch (und zurück) sowie in den Grammatik-Anhang garantieren die optimale Verzahnung der einzelnen Lehrwerksteile. Sie kön-nen je nach Kurs flexibel gehandhabt werden und ermöglichen dadurch ein klein- oder größerschrittiges Arbeiten mit der Gesamtgruppe oder aber binnendifferenzierte Unterrichtsphasen.

ARBEITSBUCH A 1   § 27

KURSBUCH B 1

Phonetik-Training mit Tangram

Verständliche Aussprache und natürliche Intonation sind für erfolgreiche Kommunikation oft wichtiger als grammatika-lische Korrektheit – deshalb sollte von Anfang an und in enger Verbindung mit dem Fertigkeitstraining und der Grammatik- und Wortschatzarbeit auch eine gezielte und gründliche Schulung von Aussprache und Intonation erfolgen. Sie finden dazu eine Fülle von Hilfen, Anregungen und Übungen:
- Markierung von Wortakzent und Satzmelodie (Kursbuch S. 85 C6, Arbeitsbuch S. 107 A5)
- Differenzierung von Rhythmus- und Intonationsmustern (Arbeitsbuch S. 105 A2)
- kommunikative Sprechübungen als Struktur- und Geläufigkeitstraining (Arbeitsbuch S. 97 C7)
- Selbstentdeckung von Regeln (Arbeitsbuch S. 98 D3)

Das **Lehrerbuch** enthält alles, was Sie für den Unterricht brauchen: das komplette Kursbuch und Arbeitsbuch (mit Lösungsschlüssel), die Transkriptionen der Hörtexte zum Kursbuch (zum Arbeitsbuch im Einleger der Cassetten und CDs) sowie **Kopiervorlagen** für Arbeitsblätter, Folien und Poster. Die Lehrerbuchseite gibt Ihnen direkt zur gegenüberliegen-den Kursbuchseite kleinschrittige Vorschläge, Anregungen und Tipps für den Unterricht mit Tangram. Dabei werden langsame Lernergruppen berücksichtigt (Zwischenschritte in hellem Druck) und Varianten für internationale Kurse und für sprachhomogene Kurse vorgeschlagen. Zur schnellen Orientierung sind jedem Arbeitsschritt wesentliche Informationen zum Focus (dem Übungsschwerpunkt) und zu den benötigten Materialien vorangestellt.

Kleine **Piktogramme** am Rande geben Aufschluss über die jeweilige Sozialform. **Kurzhinweise** zu den Ar-beitsbuch-Übungen benennen den Übungsschwer-punkt und die empfohlene Arbeitsform. Deutlich abgesetzte **Info-Kästen** geben Ihnen wichtige Hin-weise zur **Methode**, Hintergrundinformationen zur **Landeskunde** sowie Ideen für vielseitig einsetzbare **Spiele**. Am Ende jeder Lektion finden Sie Vorschläge für auf den Lektionsinhalt abgestimmte **Diktate**.
Tangram bietet Ihnen eine Fülle von Möglichkeiten, einen lernerorientierten, kommunikativen Unterricht zu gestalten, in dem die TN behutsam mit der neuen Sprache vertraut gemacht werden und sie aktiv ent-decken.

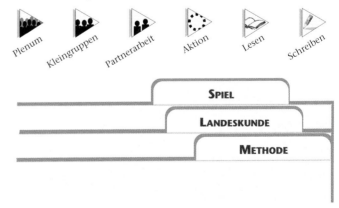

Viel Erfolg und Freude beim Unterrichten mit Tangram wünschen Ihnen
der Verlag und die Autoren

Aufbau des Lehrerbuchs

Piktogramme

   Text auf Cassette und CD mit Haltepunkt
Die Transkriptionen der Texte zum Arbeitsbuch befinden sich in
den Einlegern der Cassetten und CDs.

   Schreiben

   Wörterbuch

   Hinweis aufs Arbeitsbuch

   Hinweis aufs Kursbuch

   Regel

§ 2   Hinweis auf Grammatikanhang

Inhalt

Inhalt

Info-Kästen und Kopiervorlagen

Methode

Gruppen bilden	Die erste Unterrichtsstunde
Gruppenergebnisse auswerten	Die erste Unterrichtsstunde
Binnendifferenzierung	L07 B1
Projekt: Kurszeitung	L07 B4
Total Physical Response (TPR)	L07 D
Mit Sprache und Stimme spielen	L07 D (AB)
Brainstorming/Brainpool	L08 A4
Lebende Sätze	L08 A5
Moderator/Moderatorin im Unterricht	L08 B4
Gelenktes und freies Rollenspiel	L08 C6
Diktat	L08 G
Rollenspiel mit Kärtchen	L09 A1
Schnipsel-Texte	L09 B2
Kettenübungen	L09 C2
Projekt: Interview	L10 F5
Hören im Unterricht 2: *Projekt:* Radio hören	L11 B2

Landeskunde

Familienname	L07 A3
Abschied von der Großfamilie	L07 A4
Frauen- und Männerrolle	L07 C3
Wohnen in einer Wohngemeinschaft (WG)	L08 D2
Sensibilisierung für fremdkulturelle Phänomene	L09 D
Volksfest	L09 D6
Reeperbahn in Hamburg	L09 F
Arztbesuch in Deutschland	L10 A3
Restaurant	L10 F2
Höflichkeit	L12 B1

Spiel

Faltspiel	L08 A5
Brainpool und Würfeln	L08 B5
Smalltalk	L09 A1
Wortkette	L09 B5
Perfekt-Domino	L09 B9
Rollenspiel „Im Reisebüro"	L09 G2
Montagsmaler	L10 A1
Unikate sammeln	L10 B2
Koffer packen	L11 C3

Kopiervorlagen

0/1 und 0/2 „Interview"	Der Unterricht beginnt …
0/3 „Kreuzwort-Namen"	Der Unterricht beginnt …
7/1 „Stammbaum"	L07 A2
7/2 „Schrumpf-Familien"	L07 A4
7/3 „Familientreffen"	L07 B3
7/4 „Schreiben nach Gesprächsnotizen"	L07 B4
7/5 „Interview mit einem Hausmann"	L07 C6
7/6 „Zimmer aufräumen"	L07 E4
8/1 „Warum …? – Weil …"	L08 A6 (AB)
8/2 „Als Kind …"	L08 B6
8/3 „Lebensgeschichte"	L08 B6
8/4 „WG-Spiel"	L08 D2
8/5 „Computerspiel"	L08 E4 (AB)
9/1 „Reise-Wortschatz"	L09 A1
9/2 „Verbkette"	L09 B5
9/3 „Verbkärtchen Perfekt" und Perfekt-Domino	L09 B6
9/4 „Wörter summen: Perfekt"	L09 B7
9/5 „Bundesländer und Haupstädte"	L09 D
9/6 „Infos zu weiteren Bundesländern"	L09 D2
10/1 „Gelbe Seiten: Ärzte"	L10 A3
10/2 „Wenn-Sätze"	L10 C3
10/3 „Frage-Antwort-Spiel"	L10 D2
10/4 „Liedtexte"	L10 E
10/5 „Im Restaurant"	L10 F3
11/1 „Personenbeschreibung"	L11 B4
11/2 „Was für ein …? – Welch- …?"	L11 C4
11/3 „Endungen bei Adjektiv und Artikel"	L11 D4
11/4 „Was man (nicht) macht …"	L11 F1
11/5 „Tabu" (Liedtext)	L11 F2
12/1 „Abschlusstest 1B"	L12 A2 (AB)
12/2 „Dialoge"	L12 B1
12/3 „Situationen"	L12 B1

Bevor Sie anfangen ...

Wer gerne lernt, lernt besser! Deutsch lernen soll deshalb auch Spaß machen.
Informieren Sie sich, wie viele Teilnehmer ungefähr im Kurs zu erwarten sind. Schauen Sie sich vor Kursbeginn den
Klassenraum an: Wie ist die Anordnung der Stühle und Tische? Kann man hier gut miteinander arbeiten und lernen?
Haben die Teilnehmer Blickkontakt zueinander?
Oft ist es sinnvoll, für verschiedene Arbeits- und Übungsformen unterschiedliche Sitzordnungen zu wählen, z.B.

---

* für Gespräche oder gegenseitiges Befragen in der Gesamtgruppe

* für die Arbeit in Kleingruppen

* für kleine Kursgruppen

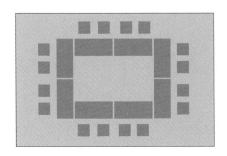

Wenn Sie die Tischordnung während des Unterrichts nicht verändern können, dann stellen Sie Tische und Stühle

bitte so

oder so

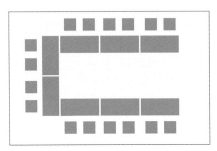
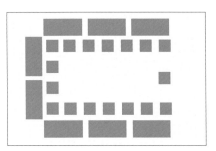

---

aber möglichst nicht so

Der Unterricht beginnt ...

Ihre Gruppe setzt sich ganz neu zusammen und hat bereits Grundkenntnisse in der deutschen Sprache. Das bedeutet, dass sich die TN über die einfachen Vorstellungsrunden hinaus bereits nach weiteren Informationen befragen können. Von den traditionellen Reihum-Vorstellungsrunden raten wir ab: Sehr schnell hören die Teilnehmer dann gar nicht mehr auf die Namen bzw. die Informationen der anderen, sondern konzentrieren sich darauf, was sie selber sagen wollen, wenn sie an der Reihe sind. Hier – in Anlehnung an den sprachlichen Wissensstand von 1 A – ein paar Vorschläge für den Einstieg. Bei diesen Einstiegsspielen ist es auch immer schön, wenn Sie sich selbst in irgendeiner Form beteiligen, d. h. vielleicht mit einem TN ein Partnerinterview machen (bei ungerader TN-Zahl) oder sich von den TN nach der Vorstellungsrunde befragen lassen.

Variante 1:
Partnerinterview: Kopiervorlagen 0/1 und 0/2 „Interview"
Verteilen Sie Kopien der Kopiervorlage 0/1 „Interview". Die TN lesen die Fragen und suchen die passenden Nummern bzw. Felder im Formular und vergleichen ihre Ergebnisse zunächst in Partnerarbeit, dann im Plenum. Die TN befragen ihre Lehrerin / ihren Lehrer und füllen parallel dazu das Formular aus. So können Sie feststellen, ob die Fragen richtig verwendet werden.
Verteilen sie jetzt Kopien der Kopiervorlage 0/2 „Interview". Die TN interviewen sich in Partnerarbeit und füllen dabei das Formular aus. Gehen Sie herum und helfen Sie bei Schwierigkeiten. Zum Schluss berichten die TN im Plenum über ihre Interviewpartner.

Variante 2:
Kreuzwort-Namen: Kopiervorlage 0/3 „Kreuzwort-Namen"
Sie können das Partnerinterview etwas offener und damit auch schwieriger gestalten. Verteilen Sie die Kopien der Kopiervorlage 0/3 „Kreuzwort-Namen". Die TN tragen den Namen des Nachbarn / der Nachbarin senkrecht ein und versuchen nun zu jedem Buchstaben ein passendes Wort zu finden, indem sie ihre Partnerin / ihren Partner befragen (Hobbys, Lieblings..., persönliche Daten, Reisen ...). Wenn Sie möchten, schreiben Sie zum Schluss Ihren Namen an die Tafel, die TN befragen dann Sie.

Variante 3:
Steckbrief-Spiel
Die TN schreiben einen Steckbrief zu ihrer Person. Wichtig ist, dass nirgends der Name erscheint und links oben Platz bleibt für ein Porträt (Foto oder Zeichnung). Sammeln Sie zunächst in Stichworten die Informationen (Hobby, Wohnort, Beruf, Lieblingsbuch ...) an der Tafel, die in jedem Steckbrief enthalten sein sollten, damit alle Steckbriefe die gleiche Struktur haben. Die TN tragen die Informationen in den Steckbrief ein und zeichnen sich. Geben Sie den TN dafür max. zehn Minuten Zeit. Sammeln Sie dann die Steckbriefe, mischen Sie sie und verteilen Sie sie wieder. Achten Sie darauf, dass die TN tatsächlich den Steckbrief einer anderen Person bekommen. Die TN sollen zunächst im Plenum die Person auf dem Steckbrief vorstellen, die Gruppe rät, um wen es sich handeln könnte. Der Name wird dann hinzugefügt, so dass am Schluss alle Steckbriefe mit Namen versehen sind. Hängen Sie die Steckbriefe an einer Posterwand im Klassenraum auf.

Variante 4 (als Zusatz zu den vorherigen Varianten):
Spitznamen
Die TN befragen sich nach ihren Kosenamen, Abkürzungen oder Spitznamen. Geben Sie ein Beispiel: „Ich wurde früher immer Krümel-Monster (das keksessende Monster aus der Muppet-Show) genannt, weil ich so viele Kekse gegessen habe." Erarbeiten Sie im Plenum das Dialoggerüst an der Tafel. Bilden Sie Kleingruppen. Die TN sprechen über ihre Namen in der Gruppe und berichten dann im Plenum.

Wie heißt du? / Wie heißen Sie?	*Ich heiße ...*
Sagen alle Leute ... zu dir / zu Ihnen?	*Nein, meine Familie nennt mich / meine Freunde nennen mich ...*
Ist das dein / Ihr richtiger Name?	*Ja. / Nein, mein richtiger Name ist ... / das ist eine Abkürzung für ... aber alle nennen mich ...*
Woher kommt der Name?	
Gefällt dir dein / Ihnen Ihr Name?	*Ja, ... Nein, ...*

Gruppen bilden

Der Unterricht wird abwechslungsreicher, wenn Sie häufig zwischen Plenum, Stillarbeit, Partnerarbeit und Kleingruppenarbeit wechseln und wenn Ihre TN die Möglichkeit haben, mit verschiedenen Partnern zusammenzuarbeiten. Keinesfalls sollte die in der ersten Stunde zufällig entstandene Sitzordnung darüber bestimmen, wer für den Rest des Kurses mit wem zusammenarbeitet. Hier einige Tipps, wie Sie Gruppen bilden lassen können:

1   Sie wollen Paare bilden? Die TN zählen ab, z.B. bei einer Gruppe von 14 TN von 1–7 oder bei einer Gruppe von 10 TN von 1–5: Jeder sagt eine Zahl, dann arbeiten die Einser, Zweier usw. zusammen. Das Gleiche geht auch mit dem Alphabet, z.B. bei 14 TN von A bis G abzählen, dann arbeiten die TN mit A, die TN mit B usw. zusammen.

   Sie wollen Dreiergruppen bilden? Teilen Sie die Zahl der TN durch 3 – bei 15 TN also 5 – und lassen Sie von 1–5 abzählen.

2   Verteilen Sie Knöpfe oder Münzen: Die TN mit den gleichen Knöpfen bzw. Münzen arbeiten zusammen.

3   Verteilen Sie Kärtchen – immer zwei (oder mehrere) passen zusammen.

   * mit Zahlen, Symbolen oder Farben
   * mit bekannten Strukturen: Kärtchen A: „Wie geht's?", Kärtchen B: „Danke gut."; Kärtchen C: „Wie heißt du?", Kärtchen D: „Ich heiße Tobias." usw.
   * mit Redewendungen oder Sätzen, z.B. Kärtchen A: „Was sind Sie …", Kärtchen B: „… von Beruf?"
   * mit Wortteilen, z.B. Komposita oder trennbare Verben. Damit die Zusammensetzungen eindeutig sind, empfielt es sich, die Komposita oder trennbare Verben nicht nach ihrer Wortgrenze zu trennen: aufhä - ngen, aufräu - men, staubs - augen, eink - aufen.
   * aus dem Bereich der Grammatik, z.B. Kärtchen A: Infinitiv, Kärtchen B (und C, D…): eine andere Verbform (heißen – ich heiße – er heißt).

4   gruppenbezogen: Die TN finden sich in Paaren, Dreier- oder Vierergruppen nach vorgegebenen Kriterien, z.B. Schuhgröße, Körpergröße, Alter, Sternzeichen, Kleidungsfarben usw.

   Auch eine gezielte Zusammenstellung von Kleingruppen (z.B. Tandem-Modell: Ein „guter" und ein „schwacher" TN arbeiten zusammen; oder in internationalen Kursen die Kombination von TN unterschiedlicher Nationalität) ist oft besser als die Aufforderung „Arbeiten Sie mit Ihrem Nachbarn/Ihrer Nachbarin zusammen."

Gruppenergebnisse auswerten

Beim Bericht über die Arbeitsergebnisse von Kleingruppen im Plenum sprechen meist nur die TN, die ohnehin zu den Aktiven zählen. Oft ist diese Plenumsphase ermüdend, da sich die Ergebnisse wiederholen. Hier einige Vorschläge, um die Auswertungsphase interessanter zu machen und möglichst alle TN einzubeziehen.

Mischgruppen

Phase 1 – Die Gruppenarbeit findet in möglichst gleich großen Kleingruppen statt (z.B. 5 Gruppen à 3 TN). Jeder TN hält die Arbeitsergebnisse seiner Kleingruppe fest. Dann wird in jeder Gruppe reihum abgezählt (bei Dreiergruppen also von eins bis drei; Alternative: vorbereitete Buchstabenkärtchen (A-B-C). Jeder TN hat jetzt eine Zahl bzw. einen Buchstaben.

Phase 2 – Lassen Sie nun neue Gruppen bilden: Alle TN mit der gleichen Zahl bzw. dem gleichen Buchstaben arbeiten zusammen und berichten sich gegenseitig von den Arbeitsergebnissen der vorherigen Kleingruppenarbeit (bei unserem Beispiel gibt es also jetzt 3 Gruppen à 5 TN). Für diese Auswertungsphase können Sie auch zusätzliche Aufgaben stellen, z.B. eine Auswertung nach Gemeinsamkeiten bzw. Unterschieden. Interessanter und anspruchsvoller wird die zweite Phase der Gruppenarbeit, wenn in der ersten Phase in den Kleingruppen unterschiedliche Aufgaben bearbeitet wurden (z.B. unterschiedliche Abschnitte des gleichen Textes, d.h. jede Gruppe erhält den gleichen Textausschnitt, oder unterschiedliche Fragestellungen zu einem Hörtext) und in der zweiten Phase dann die jeweiligen Teilergebnisse zusammengefasst werden (z.B. Rekonstruktion des kompletten Textes aus den Textteilen oder Beantwortung aller Fragen zum Hörtext).

Präsentation

Phase 1 – Lassen Sie so viele Kleingruppen bilden, dass die Zahl der Kleingruppen möglichst genauso groß ist wie die TN-Zahl in einer Kleingruppe (bei 16 TN also 4 Gruppen à 4 TN, bei 15 TN 3 Gruppen à 4 TN und 1 Gruppe à 3 TN, bei 17 TN 3 Gruppen à 4 TN und 1 Gruppe à 5 TN usw.). Die Kleingruppen halten ihre Arbeitsergebnisse auf einem Plakat fest (Beschriftung in großer Schrift mit dicken Filzstiften) und hängen die Plakate an verschiedenen Stellen des Unterrichtsraumes auf.

Phase 2 – Lassen Sie durch Abzählen oder durch Buchstabenkärtchen neue Gruppen bilden (s.o.). Eventuell „überzählige" TN (nur 1 oder 2 TN mit der Zahl 4/5 bzw. den Buchstaben D/E) schließen sich einer der Gruppen an. Die neuen Gruppen versammeln sich um jeweils ein Plakat. Der TN, der an diesem Plakat mitgearbeitet hat, präsentiert jetzt in ca. zwei Minuten die Ergebnisse. Geben Sie ein akustisches Zeichen (Hintergrundmusik unterbrechen, Glocke, Klopfen): Die Gruppen beenden das Gespräch und wandern zum nächsten Plakat weiter, wo ein anderer TN die Präsentation übernimmt.

Schneeball

Der Schneeball zur Auswertung von Partnerarbeit und als Alternative zu Brainstorming-Aktivitäten im Plenum ist besonders geeignet für alle Aufgaben, bei denen die TN Wörter oder Ideen zu einem Thema sammeln und /oder nach Wichtigkeit ordnen sollen.

Phase 1 – Sammeln und Ordnen in Partnerarbeit.

Phase 2 – Zwei Paare kommen zusammen und bilden eine Vierergruppe. Sie vergleichen ihre Listen, streichen Doppelbenennungen und einigen sich auf eine Rangfolge.

Phase 3 – Zwei Vierergruppen kommen zusammen und bilden eine Achtergruppe. Sie vergleichen ihre Listen, streichen Doppelbenennungen, einigen sich auf eine Rangfolge und dokumentieren ihre Ergebnisse auf Plakat oder OHP-Folie.

Phase 4 – Präsentation und Vergleich der Ergebnisse im Plenum.

A Gespräch über die Familie und die Verwandten

A 2 OHP-Folie von den Steckbriefen auf KB-Seite 78
A 4 Kopiervorlage 7/1 „Stammbaum", Klebestifte
Familienfotos mitbringen lassen *(Zusatzübung)*
Kopiervorlage 7/2 „Schrumpf-Familien" *(Zusatzübung)*

A 1 Focus Hörverständnis: Familienfotos zuordnen

1. Deuten Sie auf das Bild oben und fragen Sie: „Wo sind die zwei Frauen?", „Was machen sie gerade?", „Kennen sich die beiden gut? Warum?".
2. Die TN betrachten nun die Fotos. Fragen Sie: „Was sehen Sie auf den Fotos?", „Wo sind die Leute?", „Was machen sie?" „Auf welchen Fotos erkennen Sie die Frau rechts oben wieder?". Sammeln Sie die Antworten zu jedem Foto an der Tafel.

Unsere Bürgermeisterin	Mein Bruder und sein ...	Mama ist die Beste	Ein glückliches Paar
- Saal	- zu Hause	- Garten	- verheiratet
- wichtige Frau	- Computer spielen	- Karten spielen	- glücklich
- sagt etwas	- ...	- ...	- ...
Kinderstunde	Hals- und Beinbruch	Familientreffen in Pullach	Die Pullacher Phil...
- Kinder	- Ski fahren	- Familienfoto	- Musik
- Diskussion	- Berge	- Garten	- ...
- ...	- ...	- Uniform	- ...

Variante: Sie können auch ein kleines Suchspiel mit den Fotos machen. Fragen Sie: „Auf welchem Foto sind die meisten Leute? ... ist es besonders laut? ... ist es besonders kalt?", „Auf wie vielen Bildern spielen die Leute? ... sind die Leute im Garten? ... sind mehr Männer als Frauen? ... trägt jemand eine Brille?" ...
3. Spielen Sie den Dialog zwischen Sandra und Annika zum ersten Bild vor. „Welches Foto schauen sich die beiden an?" Die TN markieren das Foto und vergleichen das Ergebnis im Plenum.
4. Spielen Sie den Hörtext zu weiteren Bildern und lösen Sie die Aufgabe gemeinsam mit den TN.

5. Spielen Sie nun den Rest des Hörtextes vor. Die TN markieren die Reihenfolge der Fotos.

6. Die TN vergleichen ihre Ergebnisse zunächst mit dem Nachbarn, dann im Plenum. Falls einzelne TN zusätzliche Informationen aus dem Hörtext nennen, ergänzen Sie das Tafelbild entsprechend. Klären Sie die Bedeutung der Bildunterschriften, soweit dies noch nicht in Schritt 2 geschehen ist.
Lösung: 1 Familientreffen in Pullach; 2 Mama ist die Beste; 3 Ein glückliches Paar; 4 Unsere Bürgermeisterin; 5 Kinderstunde; 6 Die Pullacher Philharmoniker; 7 Mein Bruder und sein Lieblingsspielzeug; 8 Hals- und Beinbruch

Familie und Haushalt

A

1

3/1

Die lieben Verwandten

Hören Sie und sortieren Sie die Fotos.

Unsere Bürgermeisterin ☐

Mein Bruder und sein Lieblingsspielzeug ☐

Mama ist die Beste. ☐

Ein glückliches Paar ☐

Kinderstunde ☐

Hals- und Beinbruch! ☐

Familientreffen in Pullach ☐

Die Pullacher Philharmoniker ☐

Hören Sie noch einmal und ergänzen Sie die Steckbriefe.

Name _Annika_
Wohnort _____
Alter _____
Beruf _Praktikum_
Hobbys _____
anderes _____

Name _Sibylle_
Wohnort _____
Alter _____
Beruf _____
Hobbys _____
anderes _____

Name _Lothar_
Wohnort _Pullach_
Alter _____
Beruf _____
Hobbys _____
anderes _____

Name _Justus_
Wohnort _____
Alter _____
Beruf _____
Hobbys _Feuerwehr_
anderes _____

Name _Johanna_
Wohnort _____
Alter _____
Beruf _____
Hobbys _____
anderes _____

Name _Sabine_
Wohnort _____
Alter _____
Beruf _Bürgermeisterin_
Hobbys _____
anderes _____

Arbeiten Sie zu dritt oder zu viert und vergleichen Sie.

A 3 **Ergänzen Sie den Stammbaum von Annika Würthner.**

Familie Würthner

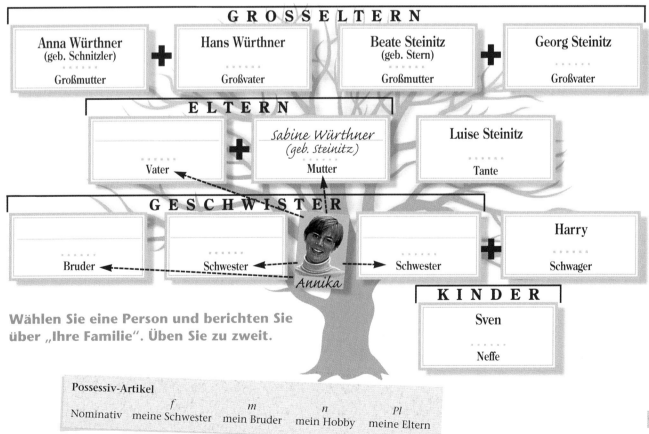

G R O S S E L T E R N

Anna Würthner (geb. Schnitzler)	Hans Würthner	Beate Steinitz (geb. Stern)	Georg Steinitz
Großmutter	Großvater	Großmutter	Großvater

E L T E R N

	Sabine Würthner (geb. Steinitz)	Luise Steinitz
Vater	Mutter	Tante

G E S C H W I S T E R

			Harry
Bruder	Schwester — Annika	Schwester	Schwager

K I N D E R

Sven

Neffe

Wählen Sie eine Person und berichten Sie über „Ihre Familie". Üben Sie zu zweit.

Possessiv-Artikel				
	f	m	n	Pl
Nominativ	meine Schwester	mein Bruder	mein Hobby	meine Eltern

Steckbrief = *hier:* kurzes Porträt einer Person mit den wichtigsten Informationen, *ursprünglich:* ein Fahndungsplakat der Polizei.

1. Die TN lesen die Zettel und betrachten die Passfotos. „Welche Informationen haben Sie bereits?" Die TN ergänzen, was sie über die Personen wissen.
2. Spielen Sie den Hörtext zum ersten Steckbrief vor. Stoppen Sie die Cassette. Geben Sie den TN Zeit, den Steckbrief auszufüllen. Vergleich des Ergebnisses im Plenum. Spielen Sie den Abschnitt zum zweiten Steckbrief vor. Stoppen Sie die Cassette. Die TN ergänzen die Informationen und vergleichen das Ergebnis in Partnerarbeit. Bei Unsicherheiten machen Sie auch den dritten Steckbrief gemeinsam mit den TN.
3. Spielen Sie den Hörtext abschnittsweise (mehrmals) vor. Die TN ergänzen die Steckbriefe und vergleichen ihre Lösungen im Plenum. Zur Korrektur können Sie zwei TN eine Kopie der Steckbriefe auf OHP-Folie geben, die TN schreiben ihr Ergebnis direkt auf Folie und stellen es im Plenum vor. Die anderen TN vergleichen, korrigieren und ergänzen. Einige der Informationen werden nicht explizit im Hörtext erwähnt: z.B. Justus' Wohnort (zu Hause) und Beruf (Schüler) oder Sibylles Beruf (Hausfrau).

Lösung:	**Annika**	**Sibylle**	**Lothar**	**Justus**	**Johanna**	**Sabine**
Wohnort	Berlin	Boston	Pullach	Pullach	Kanada	Pullach
Alter	20 – 28	29	59	15	19	56
Beruf	Praktikum	Hausfrau	Ingenieur	Schüler	Studentin	Bürgermeisterin
Hobbys	Klarinette	Musik	Gartenarbeit	Feuerwehr	Ski fahren, Schwimmen	Rad fahren
			Musik	Computer	Tauchen, Surfen	

anderes: vgl. Hörtext, hier aber nur die zusätzlichen Informationen sammeln, die von den TN genannt werden
außerdem: „Karten spielen" unter „Hobbys" oder „anderes" bei Annika, Sibylle, Lothar und Sabine

4. Ermuntern Sie die TN zu persönlichen Bemerkungen über die Familie Würthner: „Wie finden Sie die Familie? Sympathisch/interessant …?", „Kennen Sie eine Familie in Deutschland?", „Was ist das für eine Familie? Erzählen Sie." *Zusatzübung:* Bilden Sie (nationale) Gruppen. Die TN sollen eine für sie „typische Familie" ihres Landes skizzieren. Fragen Sie die TN: „Was meinen Sie? Gibt es Unterschiede zwischen deutschen Familien und den Familien ihres Landes? Welche?" Machen Sie die TN u.U. auf verschiedene Aspekte aufmerksam, die dabei berücksichtigt werden können, z.B. Größe der Familie, Hierarchie innerhalb der Familie/der Generationen, Rolle des Vaters/der Mutter und der Geschwister: großer/kleiner Bruder oder jüngere/ältere Schwester.

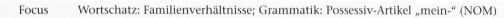

1. Deuten Sie auf das Bild und lassen Sie die TN interpretieren *(Das ist ein Stammbaum. Der Baum ist in Deutschland das Bild für Familie)*. Fragen Sie weiter: „Welche Bilder (Metaphern/Symbole) gibt es in Ihren Ländern für Familie?".
2. Die TN vervollständigen anhand der Familienfotos und Steckbriefe den Stammbaum der Familie Würthner.

Lösung:

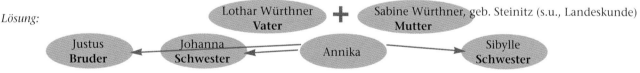

3. Die TN berichten nun über die Familie Würthner aus der Perspektive eines Familienmitglieds. Machen Sie dazu mit einem TN ein Beispiel: „Du bist Annika. Wer ist Harry?". Der TN nimmt Annikas Perspektive ein: „Harry ist mein Schwager." Ermuntern Sie die TN, mehr über diese Personen zu sagen: „Wo lebt er?" TN: „Er lebt in …". Machen Sie weitere Beispiele, bis die Übung klar ist. Verweisen Sie dabei auf die Infobox mit dem Possessiv-Artikel „mein-", auf das Tafelbild sowie auf die Steckbriefe mit den Informationen zu den Familienmitgliedern.

4. Die TN führen die Aktivität in Partnerarbeit und als Ratespiel aus. Partner A: „Meine Schwester macht gerade ein Praktikum in Berlin. Ich lebe in Amerika." Partner B: „Bist du Sibylle?" usw.

Arbeitsbuch A 1–A 3: Dialogarbeit und Wortschatz
A 1   Familienähnlichkeiten feststellen (Partnerarbeit)
A 2   Wortschatzübung zu Familie: Wortsuchrätsel (Hausaufgabe)
A 3   Wortschatzübung zu Familie: Definitionen (Hausaufgabe)

LANDESKUNDE

Familienname
Früher musste die Frau bei der Heirat den Familiennamen des Mannes annehmen. Das ist auch heute noch üblich, aber heute lässt das Gesetz auch andere Möglichkeiten zu: Die Frau kann den eigenen Namen beibehalten und den Namen des Mannes mitführen, d.h. sie erhält einen Doppelnamen. Dabei entstehen manchmal sehr lange, komplizierte Namen, z.B. Leutheusser-Schnarrenberger, Kahabka-Pommerening, Ossenbeck-Özak, Rosenberger-Althen … . Es ist aber auch möglich, dass beide Partner jeweils ihren Namen beibehalten – dies geschieht immer häufiger. Der Mann kann selbstverständlich auch den Namen der Frau annehmen – das kommt allerdings nur selten vor. Bei den verschiedenen Möglichkeiten müssen die Ehepartner sich jedoch immer auf einen Namen einigen, wenn es um die Nachnamen ihrer Kinder geht.

zu Seite 79

A 4   Focus   Stammbaum und Steckbriefe schreiben und über die eigene Familie berichten
Material   Kopien von Kopiervorlage 7/1 „Stammbaum", Klebestifte
Zusatzübung: Familienfotos mitbringen lassen
*Zusatzübung:*Kopien von Kopiervorlage 7/2 „Schrumpf-Familien"

1. Fragen Sie die TN: „Wie viele Generationen gibt es zur Zeit in Ihrer Familie?", „Wie viele Generationen leben in einem Haus zusammen?".
2. Verteilen Sie die Kopien der Kopiervorlage 7/1 mit dem vergrößerten Stammbaum-Raster. Die TN schreiben den Stammbaum für ihre Familie und kleben ein Familienfoto auf. Gehen Sie herum und helfen Sie bei Schwierigkeiten.
3. Die TN erstellen Steckbriefe für sich und zwei Familienangehörige.
4. Die TN betrachten das Foto und lesen still das Beispiel von Deniz Bostan. Die TN stellen nun in Kleingruppen mit Hilfe des erstellten Stammbaums sowie der Steckbriefe ihre Familie vor.
Zusatzübung: Die TN sprechen in Partner- oder Kleingruppenarbeit über mitgebrachte Familienfotos (ähnlich wie Annika mit ihrer Freundin im Hörtext zu A1/2).
Zusatzübung: Kopieren Sie die Statistik „Schrumpf-Familien" (Kopiervorlage 7/2), evtl. mit dem (Original-) Begleittext (s.u., Landeskunde) und lassen Sie die TN die Statistik interpretieren, über mögliche Ursachen dieser Entwicklung spekulieren und mit der Situation in ihren Heimatländern vergleichen.

Arbeitsbuch A 4   Denksportaufgabe (in Kleingruppen oder als Hausaufgabe)

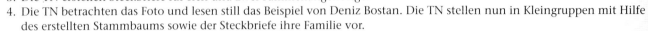

LANDESKUNDE

Abschied von der Großfamilie
In nahezu 100 Jahren haben sich die Lebensformen in Deutschland stark gewandelt. Anfang dieses Jahrhunderts war das Miteinander in einer Großfamilie Normalität. Fast die Hälfte der Bevölkerung (444 von je 1000 Einwohnern) wohnte in Haushalten mit fünf oder mehr Personen. Von solchen Verhältnissen sind wir heute weit entfernt; zwei Drittel der Bevölkerung (664 von je 1000 Einwohnern) leben heute allein oder zu zweit. Für diese Entwicklung – weg von der Großfamilie, hin zur Kleinfamilie – stehen vor allem zwei Gründe: Immer mehr junge Erwachsene haben frühzeitig das Elternhaus verlassen, weil sie auf eigenen Füßen stehen wollen. Und die Zahl der älteren Menschen, die allein zurechtkommen müssen, ist kräftig gewachsen (insbesondere in den großen Städten).
(Globus 51. Jg. 24.06.1996)
Weitere mögliche Gründe für diese Entwicklung:
● die Lebenserwartung ist gestiegen,
● immer mehr alte Menschen leben allein oder in Altersheimen,
● verbesserte Möglichkeiten der Familienplanung (Anti-Baby-Pille seit 1962),
● Kinder sind teuer und bedeuten Einschränkungen beim Lebensstandard,
● Zunahme der Berufstätigkeit bei Frauen (mehr Singles, spätere Heirat …),
● Wandel des Familien-Bildes: Ein bis zwei Kinder gelten als normal – Familien mit vielen Kindern haben viele Probleme und wenig Akzeptanz,
● pessimistische Prognosen zur Zukunft der Menschheit (Umweltprobleme, Arbeitslosigkeit, Knappheit der Ressourcen …).

A 4

Schreiben Sie den Stammbaum für Ihre Familie.

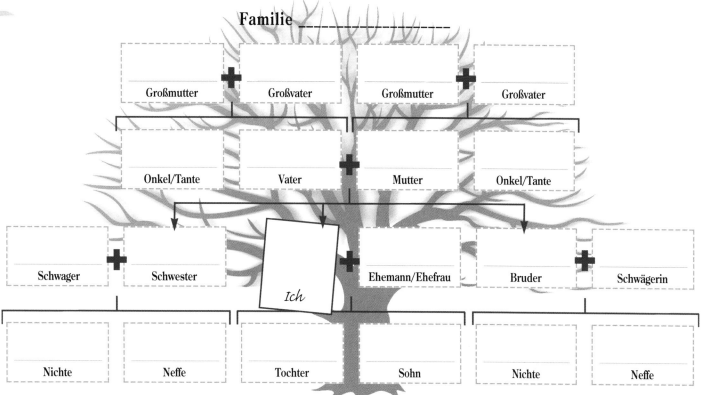

Familie _____

| | | | |
| Großmutter | Großvater | Großmutter | Großvater |

| Onkel/Tante | Vater | Mutter | Onkel/Tante |

| Schwager | Schwester | *Ich* | Ehemann/Ehefrau | Bruder | Schwägerin |

| Nichte | Neffe | Tochter | Sohn | Nichte | Neffe |

Machen Sie einen Steckbrief für sich und für zwei Familienangehörige.

Name	Name	Name
Wohnort	Wohnort	Wohnort
Alter	Alter	Alter
Beruf	Beruf	Beruf
Hobbys	Hobbys	Hobbys
anderes	anderes	anderes

Arbeiten Sie in Gruppen und stellen Sie sich und Ihre Familie vor.

Ich heiße Deniz Bostan. Ich komme aus der Türkei. Ich bin in Karabük geboren. Meine Eltern kommen beide auch aus Karabük. Sie heißen Aliye und Murat. Meine Mutter ist 48. Mein Vater ist 47 Jahre alt. Ich bin 25. Wir wohnen alle zusammen in Frankfurt, in Nied. Ich habe noch vier Geschwister. Zwei Brüder und zwei Schwestern …

ARBEITSBUCH
A 4

Microsoft Internet Explorer - Microsoft Internet Explorer (T Online Edition)

Datei Bearbeiten Ansicht Explorer Favoriten ?

Zurück Vorwärts Abbrech... Aktualisi... Startseite Suchen Favoriten Drucken Schriftgr... Mail Bearbeit...

Adresse C:\WINDOWS\SYSTEM\BLANK.HTM

Links Service Surfbrett Private Homepage Deutsche Telekom T-Online

B   Eine Klasse stellt sich vor.

B 1   **Lesen Sie den Text und machen Sie Notizen.**

Vera Kaufmann
Vera in 20 Jahren: Sie lebt im Ausland (San Francisco oder Irland) und hat eine feste Beziehung, aber sie ist nicht verheiratet und hat keine Kinder. Ihr Beruf: Irgendwas mit Sprachen – vielleicht Journalistin? Ihre Pläne nach dem Abi: Inter-Rail – jobben – danach USA und Australien. Wir fragten: Was nimmst du auf eine einsame Insel mit? „Bücher, mein Schreibzeug und meine Lieblings-CDs!" Was findest du gut an dir? „Ich kann gut zuhören." Was findest du nicht so gut an dir? „Ich kann mich so schwer entscheiden." Wie sieht dein Traummann aus? – „Ach, ich weiß nicht, da gibt's viele..."

Daniel „Schwede" Becker
Unser „Schwede" – Daniel ist Halbschwede. Am Wochenende spielt Schwede immer Fußball bei seinem Verein (KSC). Außerdem ist er SEHR Internet-begeistert: Er hat seine eigene Homepage (und ist festes Mitglied in unserem Redaktionsteam). Schwede ist sehr spontan und aktiv – bei ihm muss immer was los sein. Nach dem Abi will er nach Schweden fahren und seinen Vater besuchen, danach beginnt er sein VWL-Studium. Sein Leben in 20 Jahren stellt er sich so vor: Reihenhaus, Mercedes 200 D, Schrebergarten, Frau und zwei Kinder, KSC-Dauerkarte, Stammtisch. (Anm.d.Red.: Ist das wirklich dein Ernst?)

Katja Schmidt
Ihr Leben ist der KSC – jedes Wochenende unterstützt sie lautstark ihren Verein und feiert seine Siege und Niederlagen. Ihr Markenzeichen ist ihre Haarfarbe – sie wechselt ständig (blond, violett, grün ...). Die wichtigste Rolle in ihrem Leben (außer dem KSC) spielt ihr Freund Pinky. Beide sind sehr sportbegeistert, ihr neuestes Hobby ist Inline-Skating. Dein Leben in 20 Jahren? „Ich werde Single sein und Karriere machen – egal in welchem Beruf." Drei Dinge für die Insel: „Mann, Musik, Moskitonetz." Und dein Traummann? „Ich weiß nicht – er muss einfach den besonderen Kick haben!"

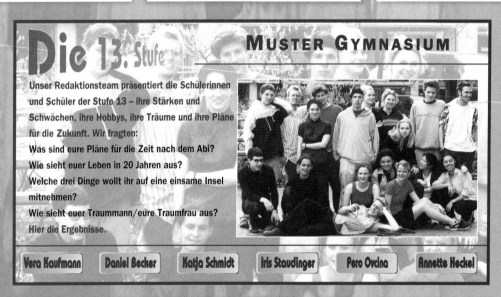

Die 13. Stufe

MUSTER GYMNASIUM

Unser Redaktionsteam präsentiert die Schülerinnen und Schüler der Stufe 13 – ihre Stärken und Schwächen, ihre Hobbys, ihre Träume und ihre Pläne für die Zukunft. Wir fragten:

Was sind eure Pläne für die Zeit nach dem Abi?

Wie sieht euer Leben in 20 Jahren aus?

Welche drei Dinge wollt ihr auf eine einsame Insel mitnehmen?

Wie sieht euer Traummann/eure Traumfrau aus?

Hier die Ergebnisse.

| Vera Kaufmann | Daniel Becker | Katja Schmidt | Iris Staudinger | Pero Ovcina | Annette Heckel |

Iris „Bevis" Staudinger
Heute in 20 Jahren lebt unsere Bevis mit ihrem Mann und ihren drei Kindern (ein Junge, zwei Mädchen) gerade für ein paar Jahre in Afrika. Sie ist Ärztin: „Da kann man seine Fähigkeiten sinnvoll einsetzen und anderen helfen." Mit ihrem Studium lässt sich sich Zeit: Nach dem Abi will sie erst einmal reisen und die Welt sehen, sie ist überhaupt sehr unternehmungslustig und kontaktfreudig. Für die einsame Insel packt sie ihre Gitarre, ihren Zeichenblock und ihre Lieblingsbücher ein. Ihr Traummann soll groß, humorvoll, ehrlich, kreativ und lieb sein – viel Glück bei der Suche!

Pero Ovcina
Pero ist Bosnier, immer freundlich und hilfsbereit, lebt seit 3 Jahren in Deutschland und ist seit zwei Jahren in unserer Klasse. Er kommt nicht oft zum Unterricht, aber er hat trotzdem super Noten: Er ist unser Mathe- und Physik-As. Sein Berufswunsch: Maschinenbauingenieur. Sein sportliches Outfit zeigt seine Begeisterung für Basketball. Sein Leben in 20 Jahren soll vor allem „nicht so anstrengend" sein. Seine Pläne: „Nach dem Abi will ich erst mal sechs Monate gar nichts tun." Seine Traumfrau? Pero genervt: „Hört doch auf mit euren doofen Fragen! Das ist doch meine Sache."

Annette Heckel
Annette ist ruhig, nachdenklich und zurückhaltend – auch bei unserem Interview beantwortet sie unsere Fragen nur zögernd. Annette hat Glück: Sie kann bei ihrer Tante eine Ausbildung in ihrem Traumberuf machen. Deshalb geht sie nach dem Abi nicht auf Reisen, sondern beginnt sofort mit ihrer Ausbildung als Fotografin. Ihre Hobbys sind Reiten, Lesen und Faulenzen. In ihren Träumen ist sie manchmal ein Vogel: ungebunden, frei und mit einer neuen Perspektive – alles von oben sehen. Viel Spaß, Annette, bei deinen Flügen und eine sichere Landung in deinem Traumberuf!

Name	Eigenschaften	Pläne	in 20 Jahren	Insel	Traummann/-frau

Arbeiten Sie zu dritt und vergleichen Sie Ihre Notizen.

B Eine Klasse stellt sich vor

B 3 Kopiervorlage 7/3 „Familientreffen"
B 4 Kopiervorlage 7/4 „Schreiben nach Gesprächsnotizen"; Poster und Klebestifte

B 1 Focus Leseverständnis: Sortieren von Informationen zu den Personen

1. Die TN betrachten die Seite. Dann fragen Sie: „Wo findet man so eine Seite?" (im Internet, private Homepage oder Homepage einer Schule), „Wer surft manchmal im Internet?", „Was kann man im Internet finden?".
2. Bitten Sie die TN, sich die Seite/Homepage genauer anzuschauen. „Sie sind im Internet. Da erscheint diese Seite auf Ihrem Computer. Schauen Sie auf den Titel und die Fotos. Welche Information können Sie hier bekommen?" Die TN sagen, was ihnen aufgrund der Überschriften und des Layouts (Bilder/Fettdruck/Großschreibung/Textgestaltung) auffällt.
3. Die TN lesen den Einführungstext mit den Fragen des Redaktionsteams (in der Mitte). Klären Sie unbekannte Wörter im Gespräch (13. Stufe = in Deutschland das letzte Schuljahr in einem Gymnasium vor der Abschlussprüfung Abitur). Stellen Sie den Bezug zur Stichwort-Tabelle unten auf der Seite her: Stichwort „Pläne": Welche Frage passt dazu? usw.
4. Die TN lesen den Text von Vera Kaufmann und unterstreichen die Informationen zu den vorgegebenen Stichworten. Übertragen Sie die Tabelle im Buch an die Tafel und machen Sie das Beispiel „Vera Kaufmann" zusammen mit den TN.

Name	Eigenschaften	Pläne	in 20 Jahren	Insel	Traummann/-frau
Vera	gut zuhören schwer entscheiden	Inter-Rail jobben USA Australien	im Ausland, feste Beziehung, nicht verheiratet, keine Kinder, Sprachen, Journalistin	Bücher Schreibzeug Lieblings-CD	keine Ahnung

5. Bearbeiten Sie in dieser Form ein oder zwei weitere Texte, bis die TN mit der Aufgabe vertraut sind.
6. Bilden Sie Dreiergruppen. Formulieren Sie die Aufgabe: „Jede/jeder von Ihnen bearbeitet zwei von den sechs Porträts. Machen Sie eine Tabelle (auf Papier, nach dem Muster im Buch/an der Tafel) und notieren Sie die passenden Informationen zu den einzelnen Personen." Die TN einer Gruppe einigen sich darauf, wer welche Personen bearbeitet. Ist einer der TN mit seinen Porträts früher fertig, so liest er weiter und erarbeitet weitere Porträts. Die TN sammeln stichpunktartig die wichtigsten Informationen in der Tabelle. Die Ergebnisse sollten erst dann in der Gruppe präsentiert werden, wenn alle die Aufgabe, zwei Porträts zu bearbeiten, erfüllt haben. (s.u., Methoden-Tipp)
Variante: Bilden Sie Kleingruppen: Je nach Kursgröße bearbeiten zwei oder mehr TN eines der restlichen fünf Porträts und übertragen die Informationen in eine Tabelle. Lassen Sie jetzt in den Gruppen abzählen: A, B, C … und dann neue Gruppen bilden: Alle As, Bs, Cs … arbeiten jetzt zusammen, so sind in jeder Gruppe alle Porträts vertreten. Den Vergleich der Ergebnisse können Sie als Übung zum selegierenden Lesen gestalten: Die TN lesen ihre Notizen vor, ohne den Namen der porträtierten Person zu nennen. Die anderen TN überfliegen die Porträts und versuchen so schnell wie möglich herauszufinden, welche Person gemeint ist.
7. Die TN stellen mit Hilfe der Notizen in der Tabelle innerhalb der Gruppe ihr(e) Porträt(s) vor. Die anderen TN ergänzen dabei ihre Tabellen. So haben zum Schluss alle TN alle Informationen, ohne dass sie jeden Text gelesen haben müssen.
8. Klären Sie im Gespräch die Abkürzungen: „Abi" (Abitur), „Inter-Rail" (ein verbilligter Pass für die Bahn, mit dem Jugendliche vier Wochen lang mit jedem Zug durch ganz Europa fahren dürfen), „KSC" (Karlsruher Sportclub = ein bekannter Fußballverein) und „VWL" (Volkswirtschaftslehre = Studienfach an der Universität).
9. Nochmaliger Vergleich der Ergebnisse im Plenum in Form eines Fragespiels. Sammeln Sie einige Frage-Anfänge an der Tafel: „Wer ist (sportbegeistert/unternehmungslustig/hilfsbereit/…)?", „Wer möchte (Fotografin/Maschinenbauingenieur/…) werden?", „Wer möchte (ein Moskitonetz/eine Gitarre/…) auf eine einsame Insel mitnehmen?", „Wie lebt … in 20 Jahren?", „Was macht … nach dem Abitur?" und geben Sie den TN Zeit, schriftlich drei Fragen vorzuformulieren – dann läuft die folgende Frage-Aktivität flüssiger. Ein TN beginnt mit einer Frage und ruft einen anderen TN auf, dieser antwortet und stellt eine neue Frage. (vgl. Methoden-Tipp, zu S. 109)

METHODE

Binnendifferenzierung
Lerntempo und -niveau innerhalb einer Gruppe sind immer unterschiedlich. Während die stärkeren Lerner sich langweilen, weil sie vor den anderen mit ihrer Übung/Aufgabe fertig geworden sind, sind die schwächeren Lerner frustriert, weil sie die gestellte Übung/Aufgabe in der vorgegebenen Zeit nicht bewältigen können. Um beiden Gruppen gerecht zu werden, gibt es verschiedene Möglichkeiten:
Pflicht und Kür: Teilen Sie – wann immer möglich – arbeitsintensive Aufgaben in kleinere Abschnitte und stellen Sie eine „Mindestaufgabe", die von allen erfüllt sein sollte. Schnellere TN können die Übung/Aufgabe weiter bzw. ganz lösen. Das Gesamtergebnis wird im Plenum oder in Kleingruppen besprochen, wo die TN ihre (Teil)ergebnisse zusammentragen, die komplette Lösung entsteht so als Gemeinschaftsprodukt.
Gezielte Zuteilung: Bei unterschiedlich langen Texten oder unterschiedlich schwierigen Aufgaben verteilen Sie gezielt die kürzeren Texte bzw. einfacheren Aufgaben an die schwächeren TN – so können alle etwa zur gleichen Zeit fertig werden.
Tandem: Stellen Sie Gruppen für Partner- oder Kleingruppenarbeit gezielt nach dem Muster: „gute TN + schwächere TN" zusammen. Wichtig ist dabei die Vorgabe: A (= schwächerer TN) muss die Aufgabe lösen, B (= guter TN) darf nur helfen und Feedback geben. So können Sie ihre guten TN gezielt als Ko-Lehrer bzw. -Lehrerinnen einsetzen und beide profitieren: die schwächeren TN erhalten individuelle Hilfestellung und die guten TN eine Gelegenheit zur Anwendung ihrer Kenntnisse und damit Bestätigung.
Kursteilung: Teilen Sie den Kurs in zwei Gruppen. Während Sie mit den schwächeren TN weitere Übungen zu einem schwierigen Thema machen (z.B. aus dem Arbeitsbuch oder mit einer der Kopiervorlagen im Anhang dieses Lehrerbuches), bearbeiten die guten TN selbständig eine weiterführende Aufgabe (z.B. schriftliche Vorbereitung eines Rollenspiels/Dialogs zum Thema, anspruchsvollere Schreibaufgaben aus dem Arbeitsbuch oder die „Nachlese" aus dem Arbeitsbuch). Anschließend kurze Präsentation der Arbeitsergebnisse im Plenum.

1. Die TN lesen die Originalzitate von Vera und dann den Redaktionstext laut vor: „Was sagt Vera?", „Was schreibt die Redaktion?". Schreiben Sie die Beispielsätze an die Tafel, verdeutlichen Sie den Perspektivenwechsel (Vera spricht über sich selbst, die Redaktion schreibt über Vera), fragen Sie nach den Veränderungen und unterstreichen Sie sie.

2. Die TN lesen die Aussagen von Daniel und Katja, suchen im Text (S. 80) die dazu passenden, von der Redaktion geschriebenen Sätze, ergänzen sie bei B2 und unterstreichen dabei die Veränderungen. Vergleich im Plenum. Dabei wird deutlich, dass sich aus den unterschiedlichen Situationen/Textsorten (Interview – Porträt in der Klassenzeitung) neben den Änderungen bei den Personalpronomina und Possessiv-Artikeln weitere Änderungen ergeben, z.B. beim Ausdruck (totaler Internet-Freak – internet-begeistert) oder beim Informationsumfang (Pinky – ihr Freund Pinky).
Lösung: Daniel: Außerdem *ist er sehr internet-begeistert: Er hat seine* eigene Homepage.; Katja: Die wichtigste Rolle in *ihrem* Leben spielt *ihr Freund* Pinky. Beide sind sehr sportbegeistert, *ihr* neuestes Hobby ist Inline-Skating.

3. Die TN ergänzen die Tabelle. Dann Vergleich im Plenum (Tafelanschrieb durch TN) und gemeinsames lautes Lesen. *Zur Vereinfachung beschränken wir uns auf die Form „unsere" und haben auf die Darstellung der Kurzform „unsre" verzichtet.*

Lösung:

ich	du	sie	er	es/man	wir	ihr	sie	Sie
mein-	dein-	ihr-	sein-	sein-	unser-	euer/eur-	ihr-	Ihr-

1. Lesen Sie zusammen mit den TN das Beispiel Vera Kaufmann. Die TN unterstreichen die Nomen mit Possessiv-Artikel. Erarbeiten Sie mit den TN zusammen, an welcher Stelle in der Tabelle die Nomen mit Possessiv-Artikel einzutragen sind (= in welchem Kasus – Nominativ, Akkusativ oder Dativ – sie stehen) und verweisen Sie dabei auf die Beispieleintragungen. Erinnern Sie dabei an bereits bekannte Verben mit NOM (sein, heißen) und AKK (beantworten, besuchen, haben, einpacken, mitnehmen, sich vorstellen, zeigen …) sowie an die Lokalangaben mit den Präpositionen *bei* und *in* + DAT (bei der Zeitung, im Büro). *Mit* + DAT ist schon bekannt (Vergleichen Sie mit den Bildern, Kontakt mit Deutschen …), wird hier aber erstmals systematisiert.

2. Bilden Sie Dreiergruppen. Jede Gruppe bearbeitet ein Porträt (möglichst nicht das gleiche wie in B1). Die TN unterstreichen zunächst in ihrem Text alle Nomen mit Possessiv-Artikel und übertragen sie dann in die Tabelle.

3. Sammeln Sie die Ergebnisse aus den einzelnen Gruppen an der Tafel, korrigieren Sie dabei eventuelle Fehleintragungen und ergänzen/markieren Sie deutlich die jeweiligen Endungen (= Kasus- und Genus-Signale).
Lösung: **Nom/f** (–e): unsere Bevis, seine Traumfrau, ihre Haarfarbe, meine Sache, eure Traumfrau; **Nom/m** (–): ihr Beruf, unser Schwede, sein Berufswunsch, dein Ernst, dein/ihr/euer Traummann, ihr Freund, unser Physik-Ass; **Nom/n** (–): sein/ihr/dein/euer Leben, ihr Markenzeichen, unser Redaktionsteam, ihr Hobby, sein Outfit; **Nom/Pl** (–e): ihre/seine/eure Pläne, ihre Hobbys. **Akk/f** (–e): seine Homepage, seine Siege, ihre Gitarre, seine Begeisterung; **Akk/m** (–n): seinen Vater, ihren Zeichenblock, ihren Verein; **Akk/n** (–): mein Schreibzeug, sein VWL-Studium; **Akk/Pl** (–e): meine Lieblings-CDs, seine Fähigkeiten, unsere Fragen, ihre Lieblingsbücher, ihre Stärken, ihre Träume, ihre Pläne. **Dat/f** (–r): bei ihrer Tante, mit ihrer Ausbildung, in unserer Klasse, mit einer Perspektive; **Dat/m** (–m): bei seinem Verein, mit ihrem Mann, in ihrem/deinem Traumberuf; **Dat/n** (–m): bei unserem Interview, mit ihrem Studium, in ihrem Leben, in unserem Redaktionsteam; **Dat/Pl:** (–r): bei deinen Flügen, mit euren Fragen, in ihren Träumen, mit ihren 3 Kindern.

4. Die TN schauen sich die Tabelle an und ergänzen in Partnerarbeit die Regeln. Anschließend Vergleich im Plenum.
Lösung: Possessiv-Artikel ersetzen *andere Artikel.* Possessiv-Artikel stehen *links vom Nomen.* Man dekliniert Possessiv-Artikel genauso wie *negative Artikel (kein-).* Der Possessiv-Artikel „euer": ohne Endung *euer*, mit Endung *eur-*.
Zusatzübung: Spielen Sie „Wer bin ich?" im Plenum oder in Gruppen. Die TN wählen einen Text und bilden – nach den Mustern in B2 – Sätze, die die Schüler beim Interview gesagt haben könnten. Geben Sie ein Beispiel: „Mein Traummann soll groß, humorvoll, ehrlich, kreativ und lieb sein. – Wer bin ich?" … Die TN finden die Antwort mit Hilfe ihrer Notizen aus B1. Etwas Zeit zum schriftlichen Vorformulieren von Aussagen geben – dann läuft die Aktivität flüssiger.
Rollenspiel: „Familientreffen" (Kopiervorlage 7/3): Jeder TN erhält ein Namenskärtchen. Erklären Sie den TN die Situation: „Sie sind auf einem großen Fest. Es sind mehrere Familien anwesend. Suchen Sie die Mitglieder Ihrer Familie." Zeigen Sie am Beispiel einer nicht benutzten optionalen Rollenkarte, wie das funktioniert: Sie laufen herum und beginnen mit einzelnen TN Gespräche. „Guten Tag. Ich heiße Felix. Wie ist Ihr Name?" … „Können Sie mir helfen? Ich suche meine Mutter Zenta./Kennen Sie meine Schwester? Sie heißt Frieda./Wo ist meine Nichte Anja?" Bei schwächeren Gruppen schreiben Sie diese Redemittel (ohne Namen) sowie mögliche Antworten an die Tafel. Wenn Sie die erste Verwandte bzw. den ersten Verwandten gefunden haben, überlassen Sie den TN das Feld. Die TN gehen nun herum und suchen „ihre Familie". Wenn sich zwei TN gefunden haben, suchen sie gemeinsam nach den anderen Mitgliedern „ihrer Familie". Wenn die Familien komplett sind, zeichnen die einzelnen Gruppen „ihren Stammbaum" auf Folie/Poster und stellen „ihre Familie" vor.

Arbeitsbuch B 1–B 6: Leseverständnis und Schreiben: offizieller/persönlicher Brief; Possessiv-Artikel
B 1 Leseverständnis: Anzeigen zu „Brieffreundschaften" (im Kurs oder als Hausaufgabe)
B 2 Leseverständnis: richtig/falsch-Aussagen zu halbformellem Brief (Stillarbeit oder als Hausaufgabe)
B 3 Brief gliedern, wichtige Merkmale eines Briefes (Stillarbeit oder als Hausaufgabe)
B 4 persönlichen Brief lesen, Notizen machen und Tabelle ergänzen (Hausaufgabe)
B 5 Possessiv-Artikel: im Brief markieren, Tabelle und Regeln ergänzen (Hausaufgabe)
B 6 Schreibübung: persönlicher Brief (Hausaufgabe)

B 2

Was passt zusammen? Lesen Sie noch einmal und ergänzen Sie.

Vera
„Ich lebe im Ausland."
„Mein Beruf? Vielleicht Journalistin."

Daniel
„Ich bin ein totaler Internet-Freak."
„Ich habe meine eigene Homepage."

Katja
„Die wichtigste Rolle in meinem Leben spielt Pinky."
„Wir sind beide sehr sportbegeistert."
„Unser neuestes Hobby ist Inline-Skating."

```
Die Redaktion
Sie lebt im Ausland.
Ihr Beruf? Vielleicht Journalistin.
```

_____ .
_____ .

_____ .
_____ .
_____ .

Personalpronomen	ich	du	sie	er	es/man	wir	ihr	sie	Sie
Possessiv-Artikel (ohne Endung)	_____	*dein-*	_____	_____	_____	_____	*euer/eur-*	_____	*Ihr-*

B 3

Lesen Sie noch einmal, unterstreichen Sie alle Nomen mit Possessiv-Artikeln und ergänzen Sie die Tabelle.

	f	*m*	*n*	*Pl*
Nom	*unsere Bevis*	*ihr Beruf*		*ihre Pläne*
Endung	*-e*	*- –*	*-*	*-e*
Akk			*mein Schreibzeug*	*meine Lieblings-CDs*
Endung	*-*	*-*	*- –*	*-e*
Dat	*bei ____ Tante* *mit ____ Ausbildung* *in ____ Klasse*	*bei ____ Verein* *mit ____ Mann* *in ____ Traumberuf*	*bei ____ Interview* *mit ____ Studium* *in ____ Leben*	*bei ____ Flügen* *mit ____ Fragen* *in ____ Träumen*
Endung	*-*	*-*	*-*	

---

andere Artikel ◆ *euer* ◆ negative Artikel (*kein-*) ◆ links vom Nomen ◆ *eur-*

1 Possessiv-Artikel ersetzen _____ .
2 Possessiv-Artikel stehen _____ .
3 Man dekliniert Possessiv-Artikel genauso wie _____ .
4 Der Possessiv-Artikel „euer": ohne Endung _____ , mit Endung _____ .

PROJEKT

Machen Sie eine Kurszeitung!
Überlegen Sie gemeinsam im Kurs: Welche Rubriken kann die Zeitung haben, z.B. kleine Geschichten, Witze und Cartoons aus verschiedenen Ländern, Wir über uns ... ? Machen Sie einen Plan: Wie viele Seiten soll die Zeitung haben?, Welchen Titel hat sie?, Wann ist Redaktionsschluss?, Wer macht Fotos?, Wer macht die Zeichnungen?, Wie sieht die erste Seite aus? Bilden Sie im Kurs kleine Redaktionsteams zu den verschiedenen Rubriken: Die Redaktionsteams sammeln alle Texte, die in der Klasse oder zu Hause geschrieben werden, wählen aus, korrigieren und ergänzen.

B 4

Machen Sie eine Klassenzeitung für Ihren Deutschkurs.

INTER*blättle*

Arbeiten Sie zu zweit und schreiben Sie eine Liste mit Fragen.

Wie lange lernst du schon Deutsch?
Warum lernst du Deutsch?
Was sind deine Pläne für die Zukunft?
Welche drei Dinge nimmst du auf eine einsame Insel mit?
Wie sieht dein Traummann/deine Traumfrau aus?
...

Interviewen Sie andere Kursteilnehmer und machen Sie Notizen.

Warum lernst du Deutsch?
    Ich brauche Deutsch für meine Arbeit.
Was bist du von Beruf?
    Ich arbeite im Reisebüro.

Arbeiten Sie zu viert und schreiben Sie kleine Artikel.

Diana ist 25 Jahre alt. Sie lernt seit sechs Monaten Deutsch. Sie arbeitet im Reisebüro und braucht Deutsch für ihre Arbeit. Diana ist verheiratet, aber sie hat noch keine Kinder. Ihre Pläne für die Zukunft: sie möchte ...

B 4　Focus　　*Projekt:* Kurszeitung
　　　　Material　Kopien von Kopiervorlage 7/4 „Schreiben nach Gesprächsnotizen"; Poster und Klebestifte

1. Vorübung zum Formulieren von Zeitungstexten nach Stichworten – als Muster können hier noch einmal die Porträts von B1 dienen. Teilen Sie die Kopien der Kopiervorlage 7/4 als Arbeitsblätter aus. Die TN schreiben in Partnerarbeit zu einem der Porträts einen kleinen Artikel. Jeweils ein Artikel zu jeder Person wird im Plenum präsentiert.

2. Sprechen Sie über die Kursbuchseite und beziehen Sie dabei alle Texte und Bilder mit ein. Sammeln Sie alle Assoziationen der TN und helfen Sie notfalls mit Fragen nach: „Was machen die Leute?", „Welche Fragen stellen Sie?", „Was ist das ,Interblättle?" Erklären Sie nun den TN: „Sie sind Reporter/Reporterin und wollen eine kleine Reportage über Ihren Kurs machen. Bitte notieren Sie fünf Fragen, die Sie Ihrem Interviewpartner/Ihrer Interviewpartnerin stellen möchten."

3. Die TN erarbeiten einen kleinen Fragenkatalog und lesen vor. Sammeln Sie die Fragen an der Tafel/auf OHP-Folie und wählen Sie mit den TN die zehn wichtigsten/interessantesten Fragen als Grundlage für die Interviews im Kurs aus.

4. Jeweils vier TN bilden ein Redaktionsteam, interviewen sich und machen Notizen. Mit Hilfe der Notizen schreiben die TN dann kleine Artikel zu den Mitgliedern ihrer Gruppe. Gehen Sie herum und geben Sie Hilfestellung.

5. Sammeln Sie die Artikel ein, mischen Sie sie und verteilen Sie sie wieder an die TN. Jeder TN liest einen Artikel vor, ohne den Namen der betreffenden Person zu nennen. Die anderen TN raten, wer das sein könnte.

6. Lesen Sie die Projektbeschreibung und machen Sie sich Gedanken bzw. treffen Sie gemeinsam Entscheidungen zu den aufgeführten Fragen.

METHODE

Projekt: Kurszeitung
Sie können das Projekt „Kurszeitung" als einmaliges Projekt, d.h. auf bestimmte Unterrichtseinheiten und Themen beschränkt, oder als kursbegleitendes Projekt, d.h. als „Dokumentation" des gesamten Kursverlaufes umsetzen. Im Vorfeld sollten die technischen Fragen zu Produktion und Vertrieb geklärt werden: Stehen genügend Stifte, Scheren und Kleber zur Verfügung?, Welche Geräte können benutzt werden: Computer, Kopierer…?, Wo kann kopiert werden?, Welche Kosten können anfallen? Und wer übernimmt die Kosten?, Wo wird die Zeitung vertrieben: nur im eigenen Kurs, im Tausch mit anderen Kursen oder gar im Internet?

● **Sie möchten die Zeitung als einmaliges Projekt mit den bisher gesammelten Materialien zum Kurs umsetzen:** Bisher haben die TN ihre Familien mit Hilfe von Fotos, Steckbriefen und Stammbäumen (A-Teil) vorgestellt sowie kleine Artikel über die anderen Kursteilnehmer verfasst (B-Teil). Es gilt nun, diese Materialien in eine schöne Form zu bringen. Je nachdem wie umfangreich die Zeitung werden soll bzw. wie groß der Kurs ist, legen Sie im Voraus fest, wie viele Familien- und Kursteilnehmerporträts auf eine Kurszeitungsseite kommen sollen. Davon hängt auch die Länge der Artikel ab. Mit Hilfe der Steckbriefe und Stammbäume schreibt jeder TN einen kleinen Artikel zu seiner Familie und fügt seinen Namen und ein Foto hinzu. Beauftragen Sie eine Gruppe mit der Gestaltung der Titelseite (Titel, „Impressum", Einleitungstext, evtl. Klassenfoto …). Bilden Sie Redaktionsgruppen und verteilen Sie die Artikel an die Gruppen – jede Redaktionsgruppe „gestaltet" nun ihre Seiten. Texte und Fotos werden von den Gruppen so geschnitten, dass sie auf die jeweilige Seite geklebt werden können. Gegebenenfalls müssen in Absprache mit Verfasser und Kursleiter Artikel gekürzt werden. Ermuntern Sie die TN, Zeichnungen und grafische Elemente hinzuzufügen. Gehen Sie herum und stehen Sie für Fragen, Anregungen und Textkorrekturen bzw. -kürzungen zur Verfügung. Die gestalteten Seiten werden zum Schluss gesammelt. Ist die Titelseite bereits fertig? Gibt es noch freien Platz, der für Cartoons, Kurzmeldungen etc. genutzt werden kann? Das gesammelte Werk wird in Klassenstärke kopiert, jeder TN erhält ein Exemplar. Ein solches themenbezogenes Zeitungsprojekt kann natürlich auch an anderer Stelle zu anderen Themen realisiert werden (s.u.).

● **Sie möchten die Zeitung als kursbegleitendes Projekt umsetzen:** Wie Sie dabei die redaktionelle Arbeit organisieren, hängt sehr vom Interesse des jeweiligen Kurses ab. Entweder Sie stellen das Ganze von Beginn an mit in die Verantwortung der TN, d.h. Sie bilden von Beginn an kleine Redaktionsteams zu einzelnen Rubriken der Zeitung (s. 1); oder Sie sammeln erst einmal das im Laufe des Kurses produzierte Material (Vorschläge s.u.) und ordnen es zum Schluss mit den TN und bringen die Zeitung „in Form" (s. 2).

1 Die erste Vorgehensweise – quasi „von unten" – hängt sehr von der Motivation der TN ab und erfordert auch eine intensive Betreuungsarbeit von Ihrer Seite – auch u.U. außerhalb des Kurses: Redaktionssitzungen mit Zwischenstandsberichten über das bereits gesammelte Material, wo neue Ideen gesammelt werden: „Worüber könnte in der Kurszeitung noch berichtet werden? Kursort? TN aus anderen Kursen? Freizeit?" und wo auch die redaktionelle Arbeit besprochen wird: Umfang, Form und Gestaltung der Zeitung. Erfahrungsgemäß bleibt die Arbeit ohnehin an einigen wenigen Engagierten hängen, die die „freien Journalistinnen und Journalisten" im Kurs zum Schreiben motivieren bzw. selbst schreiben. Dies stellt das Projekt keineswegs in Frage, da die Freude am Ende des Kurses über solch ein Erinnerungsstück immer sehr groß ist. Diese Vorgehensweise bietet sich vor allem in Kursen an, in denen TN gerne selbständig arbeiten und für eine begrenzte Zeit relativ intensiv zusammen sind.

2 Bei der zweiten Vorgehensweise – quasi „von oben" – ist es wichtig, die TN immer wieder auf die Zeitung aufmerksam zu machen, Hausaufgaben so zu konzipieren, dass sie „Stoff" für die Kurszeitung bieten (s.u.); bzw. die TN dazu zu ermuntern, zum einen oder anderen Thema einen Artikel zu schreiben, zu zeichnen etc. Dies stellt gleichzeitig auch authentische Schreibanlässe im Unterricht dar. Der redaktionelle Teil erfolgt dann am Ende des Kurses mit dem gesamten Kurs (wieder in Form von Redaktionsgruppen) oder mit einem kleinen Redaktionsteam von Freiwilligen, das dann die Auswahl der Artikel, das Benennen der Rubriken, die Seitengestaltung der Zeitung etc. übernimmt. In der Regel findet sich in jedem Kurs auch eine gute Zeichnerin oder ein guter Zeichner für die Auflockerung der Seiten durch Illustrationen.

Weitere Themen für die Kurzeitung könnten sein: Lektion 7: Tagesablauf zu einem „perfekten Tag" (C7), Geburtstagsregeln im Heimatland (Arbeitsbuch G3); **Lektion 8:** Texte und Gedichte zur Kindheit und Jugend (B6, Arbeitsbuch B7), Dialogvariationen (E3); **Lektion 9:** Aufsatz über eine Traumreise (Arbeitsbuch A4), „Deutschlandbilder" (D), Zeichnungen zum typischen Deutschen (D1), Verhaltensregeln für Touristen in den jeweiligen Heimatländern (D6), Aufsätze zum jeweiligen Heimatland (D6), (Kurz-)Rap zu einer Reise (F), Anekdoten über Fremde im eigenen Land oder als Fremde in Deutschland (G3); **Lektion 10:** Bewährte Hausmittel gegen Krankheiten (A5), „Superlative im Kurs" (B4), „Tipps für die gesunde Ernährung" (B4), Top Ten der Lebensmittel für den Kurs erstellen (B7), Ess- und Trinkgewohnheiten im Kurs / im jeweiligen Heimatland: Statistik im Kurs erstellen (C2), Liedtexte (E1), Spezialitäten der jeweiligen Heimatländer, wenn möglich mit Bildern und Rezepten, Menü der Kochparty (F4, F5); **Lektion 11:** Farben und ihre Bedeutungen: Unterschiede zwischen den Ländern (A3), Fotos zur traditionellen Kleidung in den Heimatländern (C5), Klischees und Vorurteile über bestimmte Personengruppen in Deutschland und im Heimatland (D5), Statistik zu Gegenständen und ihren Farben in den jeweiligen Ländern (E2), idiomatische Redewendungen zu Farben (übersetzt) aus den Ländern (E3), Tabus in den Heimatländern (F3)

C Tätigkeiten im Haushalt und Tagesabläufe

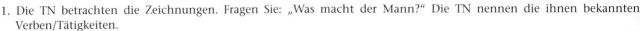

C 1   vergrößerte Kopie der Bildgeschichte KB-Seite 83 *(Zusatzübung)*
C 6   Kopiervorlage 7/5 „Interview mit einem Hausmann"

C 1
Focus   Wortschatz: Tätigkeiten im Haushalt
Material   *Zusatzübung: vergrößerte Kopie der Bildgeschichte*

1. Die TN betrachten die Zeichnungen. Fragen Sie: „Was macht der Mann?" Die TN nennen die ihnen bekannten Verben/Tätigkeiten.
2. Verweisen Sie auf den Kasten mit den Vorgaben: Die TN ordnen die Tätigkeiten den Zeichnungen zu, anschließend Vergleich im Plenum.
3. Suchen Sie sich eine Zeichnung aus, stellen Sie die Tätigkeit pantomimisch dar, die TN nennen die Tätigkeit. Ermuntern Sie einzelne TN, ebenfalls eine der Tätigkeiten pantomimisch darzustellen, die anderen TN raten.
   Lösung: **A** aufstehen; **B** Frühstück machen; **C** Geschirr abwaschen und abtrocknen; **D** aufräumen; **E** staubsaugen; **F** einkaufen; **G** kochen; **H** die Kinder von der Schule abholen; **I** die Wäsche aufhängen; **J** den Mülleimer ausleeren; **K** bügeln; **L** Pause machen
4. *Zusatzübung:* Machen Sie mehrere (leicht vergrößerte) Kopien von der Bildergeschichte. Schneiden Sie die einzelnen Bilder auseinander. Jede Gruppe bekommt einen Satz Bilder. Sammeln Sie zusammen mit den TN Zeitangaben wie *um acht Uhr, morgens, mittags, abends, dann, später, danach.* Wiederholen Sie, falls nötig, den Unterschied zwischen der offiziellen und informellen Nennung der Uhrzeit: 18.30 Uhr bzw. „halb sieben" (vgl. Lektion 5). Dann sortieren die Gruppen ihre Bildgeschichte und notieren auf jedem Bild eine Uhrzeit. Abschließend wird die Bildgeschichte versprachlicht. Geben Sie dazu das Muster mit Modalverb vor: „Um (halb sieben) muss er (aufstehen). Dann muss er (Frühstück machen)." Die Gruppen präsentieren den Tagesablauf „ihres" Hausmanns im Plenum.
5. Ermuntern Sie die TN zu persönlichen Bemerkungen zu dieser Bildgeschichte: „Gefällt Ihnen die Bildgeschichte?", „Ist das typisch für Deutschland?", „Wie ist das bei Ihnen?" und machen Sie dabei deutlich, dass in der Bildgeschichte die üblichen Geschlechterrollen vertauscht sind und so die Unterbewertung von „Hausfrauenarbeit" noch deutlicher wird.

C 2
Focus   Gespräch über Vorlieben der TN zu Tätigkeiten im Haushalt

1. Die TN bewerten und sortieren die Haushaltstätigkeiten auf einem Platt Papier nach dem im Buch vorgegebenen Muster.
2. Spielen Sie mit drei TN den Beispieldialog durch.
3. Die TN sprechen in Kleingruppen über ihre Einstellung zu den verschiedenen Haushaltstätigkeiten. Gehen Sie herum und achten Sie darauf, dass möglichst die vorgegebenen Strukturen eingehalten werden.
4. Machen Sie eine Umfrage im Kurs: Jeweils ein oder zwei TN übernehmen eine Tätigkeit und befragen dazu alle anderen TN: „Wie findest du (Wäsche aufhängen)?" Die Antworten notieren sie als Strichliste mit dem Raster „gern – nicht gern" (Vorgabe an der Tafel). Abschließend schreiben die TN ihre Umfrage-Ergebnisse an die Tafel. Versprachlichen Sie noch einmal die Ergebnisse: „Einkaufen – das machen die meisten gerne.", „Bügeln – das macht niemand gerne.", „Die Hälfte findet Kochen gut, die andere Hälfte nicht." ... Zum Schluss fragen Sie: „Wer macht gern Pause?"

Umfrage zu Haushaltsarbeiten:	gern	nicht gern
einkaufen	14	2
staubsaugen		
Wäsche waschen		
Wäsche aufhängen		
bügeln		16
Mülleimer ausleeren		
Zimmer aufräumen		
Geschirr abwaschen / spülen		
kochen	8	8

Hausfrauen – rund um die Uhr im Einsatz.

Was passt wo? Ergänzen Sie.

aufstehen

die Kinder von der Schule abholen ◆ staubsaugen ◆ die Wäsche aufhängen ◆
den Mülleimer ausleeren ◆ einkaufen ◆ Pause machen ◆ ~~aufstehen~~ ◆ aufräumen ◆
Frühstück machen ◆ bügeln ◆ (das) Geschirr abwaschen und abtrocknen ◆ kochen

Was machen Sie im Haushalt gern? Nicht so gern?

… macht mir Spaß	🙂 … – das mache ich ganz gern	😐 … – das mache ich nicht so gern	☹ … finde ich furchtbar
kochen	*einkaufen*		

Arbeiten Sie zu viert und sprechen Sie über Hausarbeiten.

Kochen macht mir Spaß. ↘

    Das mache ich auch ganz gern. ↘

        Was? ↗ Kochen finde ich furchtbar. ↘ Das ist doch total langweilig. ↘

            Stimmt, → das mache ich auch nicht so gern.↘ Aber Einkaufen → – das mache ich ganz gern. ↘

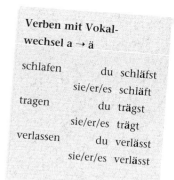

Lesen Sie den Text und markieren Sie.

	richtig	falsch
1 Frau Jansen hat heute einen besonders anstrengenden Tag.	☐	☐
2 Sie steht um halb sieben auf.	☐	☐
3 Ihr Mann macht das Frühstück.	☐	☐
4 Sarah hilft Frau Jansen bei den Arbeiten im Haushalt.	☐	☐
5 Nach dem Mittagessen schläft Frau Jansen immer eine halbe Stunde.	☐	☐
6 Herr Jansen ist fast nie zum Abendessen zu Hause.	☐	☐
7 Herr und Frau Jansen lesen am Abend gern Geschichten.	☐	☐
8 Herr Jansen muss Sarah heute Nacht den Tee geben.	☐	☐

Verben mit Vokalwechsel a → ä

schlafen	du	schläfst
	sie/er/es	schläft
tragen	du	trägst
	sie/er/es	trägt
verlassen	du	verlässt
	sie/er/es	verlässt

Ein ganz normaler Tag
im Leben von Helga Jansen

**Verheiratet mit Thomas, Mutter von Nina (9),
Anna (6) und Sarah (18 Monate)**

6.30 Der Wecker klingelt. Frau Jansen muss aufstehen und Nina und ihren Mann wecken. Dann duscht sie und zieht sich an. Thomas steht auf und macht das Frühstück.

7.00 Anna ist schon wach. Sie sitzt mit den anderen am Frühstückstisch. Helga Jansen macht Pausenbrote. Das Baby quengelt.

7.30 Nina muss sich beeilen, die Schule beginnt um 7.55 Uhr: tschüs – Küsschen. Dann besprechen Helga und Thomas das Tages- und Abendprogramm: Wer kommt wann? Wer muss wann wohin?

7.45 Thomas verlässt das Haus und geht ins Büro. Helga Jansen wickelt Sarah und füttert sie. Dann räumt sie die Küche auf, macht fünf Betten, packt die Wäsche in die Waschmaschine und stellt die Maschine an.

9.00 Helga bringt Anna mit dem Fahrrad zur Vorschule: Sarah sitzt vorne, Anna hinten.

9.30 Frau Jansen stellt das Fahrrad zu Hause ab und nimmt das Auto. Sie muss Lebensmittel für die ganze Woche einkaufen und zur Bank gehen – natürlich mit Sarah. Die schläft zwischendurch ein – das macht alles etwas einfacher.

11.10 Wieder zu Hause. Nina steht schon vor der Tür: Sie hat früher Schulschluss. Frau Jansen bringt erst mal die schlafende Sarah in die Wohnung. Dann trägt sie die Einkäufe in den dritten Stock, hängt schnell die Wäsche auf und bereitet das Mittagessen vor.

12.30 Frau Jansen holt Anna von der Vorschule ab – natürlich mit Sarah. Zu Hause dann Babyprogramm: wickeln, füttern, ab ins Bett.

13.15 Das Mittagessen ist fertig. Die Kinder erzählen von der Schule, Helga hört nur halb zu: Sie denkt schon an den Nachmittag. Schläft Sarah schon? Quengelt sie? Es klingelt: Zwei Schulfreundinnen wollen Nina zum Spielen abholen. Anna will mitgehen – endlich Ruhe.

13.45 Sie versucht eine halbe Stunde zu schlafen. Keine Chance: Die Kinder klingeln ständig. Sie wollen ihr etwas zeigen, sie müssen auf die Toilette, sie holen die Inline-Skates ... Schlafen klappt sowieso nicht – also zurück an die Arbeit! Die Küche sieht schlimm aus: Frau Jansen muss aufräumen und spülen.

14.45 Nina macht Hausaufgaben. Frau Jansen bringt Anna mit dem Fahrrad zum Tanzunterricht und holt sie um vier wieder ab. Dann fahren alle zum Spielplatz.

18.00 Wieder zu Hause – Babyprogramm. Gleichzeitig muss Frau Jansen das Abendessen vorbereiten.

19.00 Sarah schläft. Die anderen essen jetzt zu Abend – ohne Thomas, der kommt meistens erst viel später von der Arbeit.

19.30 Und noch einmal: die Küche aufräumen, spülen ... Anna und Nina spielen „Fotomodell" und räumen Mutters Kleiderschrank komplett aus – oh nein!

20.00 Die beiden Großen gehen zu Bett: Helga Jansen spricht mit den Kindern über den Tag (Anna: „Was heute wirklich furchtbar war, Mami: ...") und über die Farbe Blau (Nina). Dann liest sie ihren Töchtern noch eine Geschichte vor.

20.30 Helga schaltet das Licht im Kinderzimmer aus. Sie hängt die Wäsche ab und legt sie zusammen. Dann schaltet sie den Fernseher ein und bügelt.

22.00 Endlich fertig. Frau Jansen trinkt mit ihrem Mann ein Glas Wein und spricht mit ihm über den Tag.

23.30 Thomas und Helga Jansen gehen zu Bett. Sie wissen: Zwischen zwei und vier wird Sarah schreien und braucht einen Tee. Den „Nachtdienst" machen beide abwechselnd. Heute ist Donnerstag: Frau Jansen kann liegen bleiben – Thomas muss aufstehen.

1. Sprechen Sie mit den TN über die Fotos und die Überschrift. Fragen Sie: „Wer ist Helga Jansen?", „Was ist sie von Beruf?", „Ist sie verheiratet?", „Hat sie Kinder?" Sammeln Sie die Antworten der TN, dann fragen Sie: „Was glauben Sie, steht im Text?"

2. Die TN lesen die Sätze oben und stellen Vermutungen darüber an, ob diese Aussagen richtig oder falsch sind (mit Bleistift bzw. neben den Markierungskästchen ankreuzen).

3. Die TN lesen den Text, überprüfen ihre Vermutungen und markieren die richtigen Lösungen. Anschließend Vergleich der Ergebnisse im Plenum: Die TN begründen ihre Lösungen durch Nennung der passenden Textstellen.

Lösung: **1** falsch (siehe Titel); **2** richtig (6.30 Uhr); **3** richtig (6.30 Uhr); **4** falsch (siehe Untertitel: Sarah (18 Monate); **5** falsch (13.45 Uhr); **6** richtig (19.00 Uhr); **7** falsch (20.00 – 22.00 Uhr); **8** richtig (23.30 Uhr)

LANDESKUNDE

Frauen- und Männerrolle

Die traditionelle Rollenverteilung – die Frau kümmert sich um den Haushalt und die Kinder, der Mann ist berufstätig – hat sich in den letzten Jahrzehnten verändert (Gründe s. auch „Abschied von der Großfamilie"). Das Grundgesetz (die Verfassung der Bundesrepublik Deutschland) schreibt in Artikel 3 ausdrücklich eine Gleichbehandlung von Mann und Frau vor (gleiche Ausbildungs- und Berufschancen, gleicher Lohn für gleiche Arbeit, keine Benachteiligung wegen des Geschlechts). Diese gesetzliche Gleichstellung in der Familie und auf dem Arbeitsmarkt hat jedoch im Alltag noch keinen grundlegenden Wandel der Rollen mit sich gebracht: Trotz besserer Ausbildungsmöglichkeiten und Berufschancen sowie der zunehmenden Berufstätigkeit von Frauen übernehmen nach wie vor fast immer die Frauen die Rolle der Hausfrau und Mutter. Da sich Beruf und Familie nur sehr schwierig vereinbaren lassen („Doppelbelastung"), machen die Frauen bei der Geburt von Kindern in der Regel die Erziehungspause („Babyjahr", „Erziehungsgeld") bzw. nehmen eine Teilzeitarbeit an. Die Männer sind zwar immer öfter bereit, im Haushalt und bei der Erziehung der Kinder zu helfen – besonders dann, wenn die Frau auch berufstätig ist – doch dies geht nur sehr selten so weit, dass die Rollen ausgetauscht werden und sich die Männer um Haushalt und Kinder kümmern („Hausmann").

In Österreich gibt es ebenfalls den verfassungsrechtlichen Grundsatz der Gleichberechtigung, nicht aber in der Schweiz.

C 4 Focus Markieren der trennbaren und nicht-trennbaren Verben im Text

1. Lesen Sie mit den TN die ersten drei bereits durchgestrichenen Verben im Kasten und zeigen Sie im Text, wie diese Verben markiert sind (immer mit der Vorsilbe!).
2. Die Verben sind im Kasten in der gleichen Reihenfolge wie im Text aufgeführt. Die TN lesen also Verb für Verb im Kasten und suchen und markieren es im Text. Gehen Sie herum und helfen Sie. Die TN vergleichen ihre Markierungen.

C 5 Focus Grammatik: Syntaxschema ergänzen

1. Schreiben Sie die ersten drei Sätze an die Tafel. Fragen Sie die TN: „Wo stehen Verben?", markieren Sie die Verben und ergänzen Sie die Überschriften *Verb 1* und *Verb 2*. Zeigen Sie, dass bei diesen Verben die Vorsilbe trennbar ist (Hinweis auf Infobox) und dass im einfachen Satz diese trennbare Vorsilbe am Satzende steht (Verbklammer, wie bei Sätzen mit Modalverb). Löschen Sie dann den ersten Satz, ergänzen Sie unter Verb 2 *Vorsilbe* und bitten Sie die TN um weitere passende Sätze aus dem Text.

	Verb 1		Verb 2 (Vorsilbe)
(Frau Janssen	muss		aufstehen.)
Dann	zieht	sie sich	an.
Thomas	steht		auf
Dann	räumt	sie die Küche	auf
... und	stellt	die Maschine	an.

2. Die TN tragen in Partnerarbeit fünf weitere Sätze in das Schema ein. Gehen Sie herum, helfen Sie, wenn nötig, und ergänzen Sie das Tafelbild um weitere Sätze, die Sie beim Herumgehen bei einzelnen TN gesehen haben.
3. Die TN ergänzen die Regeln und vergleichen die Ergebnisse im Plenum. Machen Sie dabei an der Tafel eine Liste der Verben mit trennbarer Vorsilbe und eine Liste der Verben mit nicht-trennbarer Vorsilbe.
Lösung: 1 (...) sind trennbar, z.B. *aufstehen, anziehen, aufräumen, anstellen, abstellen, einschlafen, aufhängen, vorbereiten, zuhören, mitgehen, aussehen, ausräumen, vorlesen, ausschalten, abhängen, zusammenlegen, einschalten.* Im Satz steht das Verb auf Position *2* und die trennbare Vorsilbe *am Ende.*; 2 (...) In Sätzen mit Modalverben steht *das Modalverb* auf Position 2 und das Verb im Infinitiv *am Ende.* 3 Einige Vorsilben kann man nicht vom Verb trennen, z.B. *besprechen, verlassen, versuchen*

Arbeitsbuch C 1–C 4: Zusatzübungen zu trennbaren/nicht-trennbaren Verben
C 1 Gespräch über die Planung eines gemeinsamen Vorhabens (Gruppenarbeit im Kurs)
C 2 Leseverständnis: Anzeigen auswerten, Verben mit Vorsilben markieren (im Kurs oder als Hausaufgabe)
C 3 Systematisierung und Regelableitung (im Kurs oder als Hausaufgabe)
C 4 Anwendungsübung: Verbliste sortieren; Vergleich mit Hörtext (im Kurs oder als Hausaufgabe)

C 6 Focus Hörverständnis: Wortakzent bei trennbaren und nicht-trennbaren Verben
     Material Kopien von Kopiervorlage 7/5 „Interview mit einem Hausmann"

1. Spielen Sie die ersten drei Wörter vor, fragen Sie nach dem Wortakzent und weisen Sie noch einmal auf die unterschiedliche Markierung von langen Vokalen (einkaufen) und kurzen Vokalen (bestellen) hin. Sollten die TN Schwierigkeiten mit dem Wortakzent haben, so verdeutlichen Sie ihn durch Gestik (vgl. Tangram 1A, KB-S. 23), Bewegung (in die Knie gehen, vgl. Lehrerbuch 1A, zu S. 18) oder Summen (vgl. Lehrerbuch 1A, zu S.1).
2. Spielen Sie den Hörtext (mehrmals) vor, die TN markieren den Wortakzent. Vergleich in Partnerarbeit.

3. Die TN sortieren die Verben nach Wortakzent. Dann Vergleich mit dem Hörtext (in der sortierten Reihenfolge).
Lösung: 1 einkaufen, abholen, auspacken, zuhören, aufpassen, anfangen, aussehen, vorstellen, aufräumen
     2 besorgen, bestellen, verbrauchen, erzählen, ergänzen, verstehen, vergessen, beginnen, eröffnen
4. Die TN leiten aus diesen beiden Listen die Regel für den Wortakzent ab. Vergleichen Sie im Plenum.
Lösung: Trennbare Verben: … *auf der Vorsilbe*; Nicht-trennbare Verben: … *auf dem Verbstamm*
     Zusatzübung zum Gebrauch der trennbaren Verben (auch als Kurz-Alternative zu Arbeitsbuch C5–C6): Verteilen Sie die Kopien der Kopiervorlage 7/5 als Arbeitsblätter in Partnerarbeit.
5. *Zusatzübung:* Verben mit Vokalwechsel: Lesen Sie gemeinsam die Infobox und sammeln Sie an der Tafel weitere bereits bekannte Verben mit Vokalwechsel „a-ä": *fahren, gefallen, laufen, raten, tragen, waschen.* Machen Sie eine zweite Liste für die bereits bekannten Verben mit Vokalwechsel „e-i": *essen, geben, helfen, lesen, nehmen, sehen, sprechen, vergessen.*
     Die TN üben in Partnerarbeit mit einem Würfel die Konjugationsformen. Die Zahlen auf den Würfeln entsprechen den Personalformen des Konjugationsschemas: 1 = ich, 2 = du etc. TN 1 nennt eine Infinitivform und würfelt, TN 2 nennt die konjugierte Form. TN 2 erhält den Würfel, wenn er die Form richtig gebildet hat und nennt ein neues Verb.

Arbeitsbuch C 5–C 8: Zusatzübungen zu trennbaren und nicht-trennbaren Verben
C 5 Hörtext: Verben nach Wortakzent sortieren (im Kurs)
C 6 Leseverständnis: Märchen als Lückentext, Verben aus C5 ergänzen; Vergleich mit Hörtext (im Kurs)
C 7 Sprechübung zu trennbaren Verben (im Kurs oder als Hausaufgabe)
C 8 Schreibübung zum eigenen Tagesablauf (Hausaufgabe; Ergebnisse für „Kursleitung" verwendbar)

C 7 Focus Anwendungsübung: Gespräch über Tagesablauf der TN

1. Die TN erstellen für sich zunächst eine Stichwortliste (Uhrzeiten, Tätigkeiten) zu ihrem Tagesablauf.

2. Die TN berichten in Kleingruppen über einen ganz normalen Tag in ihrem Leben.
     Zusatzübung: Die TN entwerfen in Kleingruppen einen Tagesablauf zum Thema „Der perfekte Tag".

4

Lesen Sie den Text noch einmal. Suchen und markieren Sie dabei folgende Verben.

~~aufstehen~~ ▸ ~~anziehen~~ ▸ ~~aufstehen~~ ▸ beeilen ▸ beginnen ▸ besprechen ▸ verlassen ▸
aufräumen ▸ anstellen ▸ abstellen ▸ einkaufen ▸ einschlafen ▸ aufhängen ▸ vorbereiten ▸
abholen ▸ erzählen ▸ zuhören ▸ abholen ▸ mitgehen ▸ versuchen ▸ aussehen ▸ aufräumen ▸
abholen ▸ vorbereiten ▸ aufräumen ▸ ausräumen ▸ vorlesen ▸ ausschalten ▸ abhängen ▸
zusammenlegen ▸ einschalten ▸ aufstehen

5

Ergänzen Sie passende Sätze aus C 3 und die Regel.

Verb 1		Verb 2 Vorsilbe
1 sie	_zieht_ _sich_	_an._
2		
3		
4		
5		
6		

Trennbare Verben

1 Im Deutschen gibt es viele Verben mit Vorsilben. Die meisten Vorsilben sind trennbar, z.B.
   einkaufen, abholen, _____
   Im Satz steht das Verb auf Position _____ und die trennbare Vorsilbe _____ .

2 Vergleichen Sie: Frau Jansen **räumt** die Küche **auf**.
                     Frau Jansen **muss** die Küche **aufräumen**.

   In Sätzen mit Modalverben steht _____ auf Position 2
   und das Verb im Infinitiv _____ .

> Das Verb „einkaufen"
> ist trenn**bar**.
> → Das Verb **kann man**
> trennen.

3 Einige Vorsilben (er-, be-, ver- ...) kann man nicht vom Verb trennen, z.B.
   beeilen, beginnen, erzählen, _____

ARBEITSBUCH
C 1-C 4

6
3/2

Hören Sie und markieren Sie den Wortakzent.

einkaufen ◆ besorgen ◆ bestellen ◆ abholen ◆ auspacken ◆ verbrauchen ◆ erzählen ◆
zuhören ◆ ergänzen ◆ verstehen ◆ aufpassen ◆ vergessen ◆ anfangen ◆ beginnen ◆
aussehen ◆ vorstellen ◆ eröffnen ◆ aufräumen

Sortieren Sie die Verben.

1 ●●● _einkaufen,_ _____
2 ●●● _besorgen,_ _____

3/3

Hören und vergleichen Sie. Ergänzen Sie die Regel.

Trennbare Verben: Wortakzent _____ .
Nicht-trennbare Verben: Wortakzent _____ .

ARBEITSBUCH
C 5-C 8

7

Sprechen Sie über einen ganz normalen Tag in Ihrem Leben.

Der Ton macht die Musik

Was passt wo? Lesen und ergänzen Sie.

Bett ◆ Betten ◆ Brötchen ◆ Bügeln ◆ Essen ◆ Fenster ◆ Kaffee ◆
Kuchen ◆ Mülleimer ◆ Supermarkt ◆ Wäsche ◆ Wecker

Haushalts-Blues

Der _____ klingelt, es ist gleich sechs,

ich muss raus – du bleibst liegen im _____ .

Ich hol' die _____ . Jetzt steh endlich auf!

Der _____ kocht – ja, was denn noch?

Wie hättest du's denn gern?

Was darf's denn sonst noch sein?

Ich mach' die _____ , ich räum' alles auf,

ich saug' die Wohnung, leer' den _____ aus,

ich putz' die _____ , das Bad und das Klo

und deine _____ wasch' ich sowieso.

Wie hättest du's denn gern?

Was darf's denn sonst noch sein?

Ich backe _____ , ich wasche ab.

Ich hasse _____ – und mach's doch jeden Tag.

Dann kauf' ich schnell noch im _____ ein,

ich koch' das _____ – das muss pünktlich fertig sein.

Wie hättest du's denn gern?

Was darf's denn sonst noch sein?

Du hörst mir nie zu. Okay – ich lass dich in Ruh'.

Mir stinkt schon lange, was ich Tag für Tag hier tu'.

Ich lass' alles liegen und lass' alles steh'n.

Ich hab' es satt – ich hau' jetzt ab!

Wie hättest du's denn gern?

Was darf's denn sonst noch sein?

Ich hab' es satt! Ich hau' jetzt ab! ...

Hören und vergleichen Sie.

D   Der Ton macht die Musik

Focus   „Haushalts-Blues": Lückentext ergänzen

1. Lesen Sie mit den TN die Wörter im Kasten und klären Sie die Bedeutungen unbekannter Wörter *(Brötchen, Fenster)* durch Beispielsätze, Gestik oder Pantomime. Bearbeiten Sie zusammen mit den TN Strophe eins.

2. Die TN lesen den Liedtext und ergänzen die Lücken mit den Wörtern aus dem Kasten. Geben Sie zunächst keine weiteren Worterklärungen, die TN versuchen, die Bedeutung aus dem Kontext zu erschließen. Dann lassen Sie die Ergebnisse zunächst ohne Hörtext erst in Partnerarbeit, dann im Plenum vergleichen.

3. Spielen Sie das Lied vor. Die TN lesen mit und vergleichen.

Lösung: Wecker – Bett – Brötchen – Kaffee – Betten – Mülleimer – Fenster – Wäsche – Kuchen – Bügeln – Supermarkt – Essen.

4. Wenn die TN Gefallen an Text und Melodie finden, so üben Sie die Strophen mit ihnen ein. Dabei empfehlen sich Blues-typische Arrangements: Klatschen des Grundrhythmus, einer oder mehrere Hauptsänger und ein Chor, der als „Echo" immer wieder Teile des Textes genau oder leicht verändert wiederholt bzw. durch „Oh ja!", „Verdammt!", „Genau!" etc. kommentiert.

Variante: Die TN bereiten einzeln und/oder in Partnerarbeit Pantomimen zu einzelnen Textpassagen vor. Dann spielen sie ihre Textpassagen vor, die Gruppe rät, um welche Textpassage es sich handelt. Abschließend das Lied noch einmal vorspielen: Alle TN laufen im Raum umher und setzen den Liedtext in Pantomime um (s.u., Methoden-Tipp)

METHODE

TPR – Total Physical Response

ist eine der sogenannten „alternativen Methoden" des Sprachunterrichts, die versucht, das Behalten und Verstehen sprachlicher Strukturen durch die Umsetzung in Bewegung zu verbessern bzw. zu erleichtern, – und dies bevor die neuen sprachlichen Strukturen aktiv von den Lernenden verwendet werden. Die Handlung wird sprachlich vorgegeben in Kombination mit der entsprechenden Aktion (meistens vom Kursleiter), die Aktion wird von den Lernenden imitiert. Die sprachliche Vorgabe wird wiederholt, die Lernenden führen die Bewegung durch. Hier können auch mehrere Handlungen aneinander gereiht werden. Zur Kontrolle können die Handlungen später dann in einer veränderten Reihenfolge gesprochen werden, die Lernenden müssen mit den entsprechenden Bewegungen darauf reagieren. Dies kann auch in kleinen Gruppen erfolgen, wo jeweils ein TN die Vorgabe spricht und die anderen TN sie in Bewegung umsetzen. Während TPR als Hauptmethode des Unterrichts starken Drill-Charakter hat und der behaviouristischen Lerntheorie verhaftet bleibt, eignen sich TPR-orientierte Übungen im kommunikativen Unterricht vor allem bei „handlungsreichen" Texten und Liedern, und zwar sowohl zum Einstieg (jeder TN spielt das, was er versteht, und hilft dadurch auch den anderen TN zum immer besseren Verstehen eines Textes) als auch als lebhafte, körperbetonte und „ganzheitliche" Abschlussübung.

Arbeitsbuch D 1–D 5: Übungen zu den Konsonanten „p/b", „t/d", „k/g"

Die Diskriminierung dieser ähnlich klingenden Konsonantenpaare (stimmhafte Lenis-Verschlusslaute ↔ stimmlose Fortis-Verschlusslaute) ist im Deutschen oft bedeutungsunterscheidend, ihre korrekte phonetische Realisierung hat großen Einfluss auf unsere Einschätzung der Ausspracheleistung eines Sprechers. Für Deutschlernende stellen hierbei besonders die Regeln der Auslautverhärtung und die dadurch entstehenden Diskrepanzen zwischen Schriftbild und Aussprache eine Klippe dar.

D 1   Durch die Gegenüberstellung ähnlich klingender Wörter mit unterschiedlicher Bedeutung werden die TN auf das Problem aufmerksam gemacht. Spielen Sie die Hörsequenz vor. Die TN sprechen die Wortpaare im Chor nach. Klären Sie, wo nötig, die Bedeutung der Wörter durch Beispielsätze und/oder Pantomime.

D 2   Sprechübung: In der Hörsequenz werden Anweisungen gegeben, mit denen die TN sich den Unterschied zwischen „b" und „p" Schritt für Schritt erarbeiten können. Spielen Sie die Anweisungen zu jedem Bild einzeln vor, sprechen Sie die Anweisungen noch einmal, die TN sprechen nach. Die Übungen mit der Kerze und dem Blatt Papier geben den TN eine gute Möglichkeit der Selbstkontrolle – auch beim weiteren Üben zu Hause. Wiederholen Sie den Übungsablauf dann mit den Konsonantenpaaren „d/t" und „g/k".

D 3   Hörübung zur Unterscheidung von stimmlosen und stimmhaften Konsonanten: Spielen Sie die Hörsequenz vor. Die TN hören einzelne Wörter, sprechen sie nach und markieren, ob es sich um einen harten oder weichen Konsonanten handelt. Danach ergänzen Sie gemeinsam mit den TN die Regeln. Dabei soll deutlich werden, dass Sprech- und Schreibweise nicht immer identisch sind, wenn die Konsonanten „b/d/g" am Ende eines Wortes bzw. einer Silbe stehen.

D 4   Hör- und Nachsprechübung zur vorher erarbeiteten Regel der Auslautverhärtung: Die TN lesen die Wörter und markieren die Stellen, an denen man „b", „d" und „g" stimmlos spricht. Dann spielen Sie die Hörsequenz vor. Die TN hören, sprechen nach und vergleichen. Abschließend machen die TN in Partnerarbeit kleine Dialoge aus den Sätzen und Wortgruppen im Kasten.

D 5   Hör- und Nachsprechübung: Spielen (oder lesen) Sie die Hörsequenz vor. Die TN lesen leise mit und achten auf weiche und harte Laute. Die TN wählen ein Gedicht aus und üben das laute Vorlesen (s.u., Methoden-Tipp).

METHODE

Mit Sprache und Stimme spielen

Im Arbeitsbuch finden Sie als letzte Übung von „Der Ton macht die Musik" immer Sprechgedichte, kleine Dialoge und Zungenbrecher, in denen die zuvor geübten Einzellaute bewusst gehäuft auftreten. Sie bieten die Möglichkeit, die geübten Laute noch einmal in kreativer Form zu üben: Lassen Sie die TN dabei mit Sprache spielen bzw. mit Stimme variieren. Die Gedichte, Dialoge und Zungenbrecher können zunächst synchron zum Hörtext mitgesprochen oder mitgeflüstert werden, um eine gewisse Sicherheit und Flüssigkeit zu gewinnen. Ermuntern Sie die TN in einem weiteren Schritt, einzelne Gedichte auswendig zu lernen und zu interpretieren: sie leise, laut, schnell, langsam, mit Pausen, verärgert, fröhlich, traurig etc. und in verschiedenen Rollen (Sportreporter, Pfarrer bei der Predigt, Chef beim Diktat ...) zu lesen oder vorzutragen. So können Sie durch variierte Wiederholungen phonetische Schwerpunkte gezielt trainieren und zugleich die Freude am Sprechen erhöhen und Hemmungen abbauen.

E   Beschreibung von Tätigkeiten

E. 4   Signalkarten für Wechselpräpositionen; Kopiervorlage 7/6 „Zimmer aufräumen" *(Zusatzübung)*

E 1   Focus   Hörverständnis: Bilder ordnen

1. Die TN betrachten zuerst in Partnerarbeit das Bild oben, lesen die Fragen und äußern Vermutungen, dann Bericht im Plenum. Fragen Sie weiter: „Spielen Sie Computerspiele?", „Was für Computerspiele kennen Sie?", „Was muss man bei diesen Computerspielen machen?".
2. Deuten Sie auf die vier Bilder und fragen Sie weiter: „Wo ist das?", „Was macht der Mann auf dem Bild?", „Welche Gegenstände erkennen Sie im Bild?". Lassen Sie die Bilder so genau wie möglich beschreiben (Bild A: *im Flugzeug, Toilette*; Bild B + D: *im Flugzeug, Küche mit Mikrowelle; Bild C: Küche zu Hause*).
3. Spielen Sie den Beginn des Hörtextes vor, bis das erste Bild erwähnt wird. Stoppen Sie die Cassette und fragen Sie: „Wer spricht?" – *Die alte Dame / Die Oma.*, „Wer ist „ich"?" – *Die alte Dame <u>und</u> der Mann im Computerspiel.*, „Über welches Bild sprechen die Leute?" – *Bild B.*
4. Spielen Sie den Hörtext vor. Die TN entscheiden, in welcher Reihenfolge im Dialog über die Bilder gesprochen wird. Sie vergleichen ihr Ergebnis mit ihren Nachbarn, dann im Plenum. Bei Unklarheiten oder unterschiedlichen Lösungsvorschlägen spielen Sie den Hörtext noch einmal vor.

Lösung: **1** Bild B;   **2** Bild A;   **3** Bild D;   **4** Bild C;

5. Fragen Sie die TN: „Kennen Sie dieses Spiel/ähnliche Spiele?", „Was muss man bei solchen Spielen alles machen?", „Wie kann man gewinnen?" usw.

E 2   Focus   Lückendialog ergänzen (Wechselpräpositionen)

Bei dieser Aufgabe geht es noch nicht um Unterscheidung von Situativergänzung („Wo?") und Direktivergänzung („Wohin?"), sondern um die Bedeutung und Form der Präpositionen mit Artikel und der entsprechenden Kontraktionen, die die TN zum Teil bereits aus Lektion 5 kennen.

1. Die TN betrachten noch einmal kurz Bild B und lesen still den ersten Abschnitt des Dialogs vor. Fragen Sie die TN: „Sie sind „Ich". Wo sind Sie gerade?", „Was möchten Sie tun?", „Wohin sollen Sie gehen?". Schreiben Sie dazu die Fragen sowie die beiden Sätze mit den Präpositionen an die Tafel. Erklären Sie den TN mit Verweis auf die Infobox die ersten beiden Präpositionen: *im Flugzeug = in + Artikel: (de)m* sowie *auf meinen Platz = auf + Artikel: meinen.*

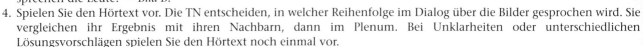

2. Die TN lesen die Präpositionen im Kasten, die meisten sind bereits bekannt. Bei Unsicherheiten benutzen Sie zur Klärung der Bedeutung einzelner Präpositionen die Gestik der „Kopfpräpositionen" (vgl. E4).
3. Lesen und ergänzen Sie gemeinsam mit den TN den zweiten Dialogabschnitt. Fragen Sie die TN: „Wohin dürfen Sie gehen?" – *Auf die Toilette*, „Wo nehmen Sie das Toilettenpapier?" – *Auf der Toilette.*, „Wo liegt das Klopapier?" – *Auf dem Fußboden* usw.
4. Die TN lesen den Text und ergänzen die Lücken mit den passenden Präpositionen. Gehen Sie herum und helfen Sie bei Unsicherheiten. Geben Sie ihnen den Tipp, bei den Lücken darauf zu achten, ob bereits ein Artikel dabei steht (dann Grundform der Präposition einsetzen) oder nicht (dann kontrahierte Form von Präposition + Artikel einsetzen). Beim Vergleich im Plenum ergänzen Sie das Tafelbild: Achten Sie dabei schon jetzt auf die richtige Zuordnung in die „Wo?"-bzw. „Wohin?"-Spalte, ohne jedoch darauf näher einzugehen. Machen Sie bei Lösungen, wo die TN sich nicht einigen können, ein Fragezeichen. Abschließend Vergleich mit dem Hörtext und eventuell Korrektur der Lösungen an der Tafel.

Lösung: ■ auf – auf – auf – ins – auf
             ● im
             ■ in – am – In – in
             ■ in – im – im – hinter
             ● in – in – in
             ■ in – im
             ■ unter – in – unter
             ■ auf – In
             ● Auf – aufs

Computerspiele

1 Schauen Sie das Bild an und raten Sie.

Wo ist das?

Was macht die Frau am Computer?

Mit wem telefoniert sie?

Was fragt oder sagt sie?

 Über welche Bilder sprechen die Leute? Hören und markieren Sie.

1

2

3

4

 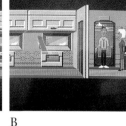  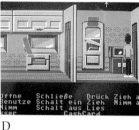

A   B   C   D

2   **Ergänzen Sie die passenden Präpositionen.**

am ◆ auf ◆ aufs ◆ im ◆ in ◆ ins ◆
hinter ◆ unter

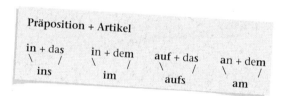

Präposition + Artikel

in + das → ins   in + dem → im   auf + das → aufs   an + dem → am

● Ich bin gerade _im_ Flugzeug. Ich möchte ein bisschen herumsuchen. Aber die Stewardess lässt mich nicht. Ich soll immer gleich _auf_ meinen Platz zurückgehen.

▨ Aber du darfst _____ die Toilette gehen. Und _____ der Toilette nimmst du das Klopapier, das liegt _____ dem Fußboden. Das legst du _____ Waschbecken. Dann läuft das Wasser _____ den Fußboden.

● Und dann kann ich _____ Flugzeug herumgehen?

▨ Nein, aber du kannst _____ die Küche gehen. Die ist ganz vorne _____ Eingang. _____ der Küche legst du das Ei _____ die Mikrowelle.

● Aber ich habe kein Ei!

▨ Das Ei findest du _____ der Wohnung. Das liegt dort _____ Kühlschrank, _____ Gemüsefach, _____ den Äpfeln.

● Gut, ich gehe zurück _____ die Wohnung und schaue _____ den Kühlschrank. Aber was soll das Ei _____ der Mikrowelle?

▨ Das Ei explodiert und die Stewardess muss _____ der Küche bleiben und aufräumen. Und du kannst _____ Flugzeug herumgehen.

● Genial.

▨ Und schau auch _____ die Sitze _____ den ersten Reihen. Irgendwo _____ den Sitzen liegt ein Feuerzeug.

● Danke, Marco. Du bist ein Schatz.

▨ Warst du eigentlich schon _____ dem Dach? _____ der Wohnung, meine ich.

● _____ dem Dach? Kann man auch _____ Dach gehen?

▨ O-o, ich sehe schon, du musst noch viel lernen!

 Hören Sie noch einmal und vergleichen Sie.

E 3 Sortieren Sie die Ausdrücke mit Präpositionen aus E2 und unterstreichen Sie die Artikel.

	f	m	n	Pl
⬤ **Wo** sind die Sachen (Präposition + DAT)	auf der Toilette	auf dem Fußboden	im Flugzeug	
→| **Wohin** soll man schauen/ soll man gehen/ soll man die Sachen legen (Präposition + AKK)	auf die Toilette	auf meinen Platz		unter die Sitze

1 Die Präpositionen _____ sind Wechselpräpositionen: Sie stehen mit Dativ (Frage: _____ ?) oder Akkusativ (Frage: _____ ?).

2 Die bestimmten Artikel im Dativ sind _der_____ (f), _____ (m + n) und _____ (Pl) .

3 Nomen im Dativ Plural haben immer die Endung ____ .

ARBEIT
E 1

E 4 **Was passt wo? Ergänzen Sie die Präpositionen.**

an ◆ in ◆ auf ◆ über ◆ unter ◆ vor ◆ hinter ◆ neben ◆ zwischen

E 5 **„Programmieren" Sie zu dritt oder zu viert ein Computerspiel.**

Banane (f) ◆ Brief (m) ◆ CD (f) ◆ Flasche Bier (f) ◆ Führerschein (m) ◆ Flugticket (n) ◆ Fußball (m) ◆ Handy (n) ◆ Kamera (f) ◆ Käsebrot (n) ◆ Klopapier (n) ◆ Kuli (m) ◆ Packung Erdnüsse (f) ◆ Pass (m) ◆ Pfennigstück (n) ◆ Pizza (f) ◆ Schokoriegel (m) ◆ Scheck (m) ◆ Spielzeugauto (n) ◆ Wörterbuch (n) ◆ Zehnmarkschein (m) ◆ Zeitschrift (f)

Verstecken Sie zehn Dinge. Was kommt wohin? Diskutieren Sie und schreiben Sie die Verstecke auf.

Banane - in die Mikrowelle
Pass – hinter das Bild über dem Tisch
Schokoriegel – auf den Herd
Brief – in die Schachtel auf dem Fernseher
Handy – unter den Teppich vor der Waschmaschine
...

Spielen Sie mit einer anderen Gruppe.

Was ist unter dem Teppich? ↘

    Unter welchem Teppich? ↗

Unter dem Teppich am Fernseher. ↘

    Moment! → Ein Führerschein. ↘

ARBE

88 achtundachtzig

E 3 Focus Systematisierung der Wechselpräpositionen: Tabelle und Regeln ergänzen

1. Ergänzen Sie den Tafelanschrieb aus Übung E2 und fragen Sie die TN: „Wo sind Sie?" Malen Sie das Symbol für „wo" über den Satz an die Tafel. Fragen Sie weiter: „Wohin sollen Sie gehen?" Malen Sie das Symbol für „wohin" an die Tafel.

Wo ...? ● = Dativ!	Wohin ...? → = Akkusativ!
Ich bin gerade im Flugzeug.	Ich soll immer gleich auf meinen Platz zurückgehen.

2. Die TN unterstreichen zunächst alle Präpositionen mit den Artikeln in E2. Lesen Sie dann gemeinsam den nächsten Satz im Buch: *Aber du darfst auf die Toilette gehen.* und stellen Sie die Frage: „Wo" oder „wohin"?. Die TN formulieren die Frage. Lesen Sie mit den TN die Fragen in der Tabelle und übertragen Sie die Tabelle aus dem Buch an die Tafel. Die TN sortieren in Partnerarbeit die restlichen Situativ- und Direktivergänzungen und unterstreichen dabei die Artikel. Vergleich im Plenum. Schreiben Sie das Ergebnis auf Zuruf an die Tafel und unterstreichen Sie die Artikel. Sammeln und ergänzen Sie in einem letzten Schritt noch einmal die Verben mit Situativ- bzw. Direktivergänzung.

	f	m	n	Pl
Wo? (DAT) sein liegen bleiben	auf der Toilette in der Küche in der Wohnung in der Mikrowelle	auf dem Fußboden am Eingang im Kühlschrank	im Flugzeug im Gemüsefach auf dem Dach	hinter den Äpfeln in den ersten Reihen unter den Sitzen
Wohin? (AKK) gehen legen schauen	auf die Toilette in die Küche in die Mikrowelle in die Wohnung	auf meinen Platz auf den Fußboden in den Kühlschrank	ins Waschbecken aufs Dach	unter die Sitze

3. Die TN ergänzen mit Hilfe der Tabelle in Partnerarbeit die Regel. Vergleich im Plenum.
Lösung: **1** an, in, auf, unter, hinter; Wo?; Wohin?; **2** der, dem, den; **3** –n

Arbeitsbuch E 1–E 2: Zusatzübungen zu den Wechselpräpositionen
E 1 Leseverständnis (globales/selegierendes Lesen); Ausdrücke mit Präpositionen markieren (Hausaufgabe)
E 2 Ausdrücke mit Präpositionen in die Tabelle eintragen, Regeln ableiten (Hausaufgabe)

E 4 Focus Alle Wechselpräpositionen: Gestik mit „Kopfpräpositionen"
Material Signalkarten für Wechselpräpositionen
Zusatzübung: Kopien von Kopiervorlage 7/6 „Zimmer aufräumen"

1. Die TN versuchen, die Präpositionen den Bildern zuzuordnen. Zuerst sollen sie die Präpositionen zuordnen, die sie bereits kennen (z.B. aus E2). Erst dann sollen sie das Wörterbuch benutzen.
2. Stellen Sie die Präpositionen mit der entsprechenden Gestik dar, die TN nennen die passende Präposition. Behalten Sie am Anfang die Reihenfolge (im Buch!) bei, damit die Gegensätze vor – hinter, über – unter etc. deutlich werden.
Lösung: auf – über – unter – hinter – vor – zwischen – neben –an – in
Anm.: Die Gestik der „Kopfpräpositionen" können Sie variabel im Unterricht einsetzen, z.B. zur Wiederholung oder auch zur Korrektur „ohne Worte": Sobald ein TN eine falsche Präposition benutzt, können Sie ihn „gestisch" korrigieren.
3. Üben Sie – zunächst im Plenum, dann in Dreiergruppen – die Verwendung der Wechselpräpositionen: TN 1 gibt durch Geste die Präposition vor (z.B. zwischen), TN 2 nennt ein Verb (z.B. sitzen), TN 3 bildet einen Satz (z.B. „Vera sitzt zwischen Roman und Ayse.) usw. Erstellen Sie mit Hilfe zweier DIN-A5-Kartons Signalkarten mit dem Symbol für „wo" ● bzw. „wohin" → auf der Vorderseite und auf der Rückseite jeweils den Wörtern „wo + Präp +DAT" und „wohin + Präp + AKK" und korrigieren Sie etwaige Kasusfehler mit Hochhalten der Signalkarten.
Zusatzübung: „Zimmer aufräumen" mit Kopien der Kopiervorlage 7/6.

E 5 Focus Anwendungsübung: Wechselpräpositionen; Verben mit „wo" und „wohin"

1. Klären Sie zunächst anhand der Zeichnung im Buch (bzw. der OHP-Folie) die Namen der Einrichtungsgegenstände und lassen Sie die TN deren genaue Positionen im Raum beschreiben.
2. Erklären Sie den TN: „Sie arbeiten in einer Firma, in der Computerspiele hergestellt werden. Für ein Computerspiel müssen in diesem Raum zehn Dinge versteckt werden. Sie arbeiten in einem Team, d.h. Sie müssen die Verstecke im Team besprechen: Wohin kommt …? Bilden Sie Dreier- oder Vierergruppen – je nach Kursgröße. Die TN notieren sich die Verstecke in Stichworten nach dem im Buch skizzierten Muster. Gehen Sie herum und helfen bzw. korrigieren Sie die Verstecklisten.
3. Spielen Sie mit einer Gruppe den Beispieldialog. Gefragt wird nach den Standorten: Was ist (wo)?". Wenn nicht ganz präzise gefragt wird (Was ist in dem Schrank über der Mikrowelle?), ist oft eine Rückfrage nötig (In welchem Schrank? Unter welchem Teppich? …), da die meisten Einrichtungsgegenstände mehrfach vorhanden sind.
4. Zwei Gruppen spielen nun gegeneinander. Jede Gruppe darf nur zehn (oder fünfzehn) Fragen stellen. Die Gruppe, die die meisten Verstecke ausfindig gemacht hat, hat gewonnen. Gehen Sie herum und achten Sie auf die richtige Verwendung der Präpositionen. Korrigieren Sie den richtigen Präpositionsgebrauch „gestisch" und mit den Signalkarten.

Arbeitsbuch E 3 Verben nach „Wo?" und „Wohin?" sortieren; Bildbeschreibung (Hausaufgabe)

F   Zwischen den Zeilen

F 1   Focus   Grammatik: Regel ergänzen, Konjunktionen „und", „oder", „aber"

Diese Konjunktionen sind bereits bekannt und werden ständig gebraucht. Sie sollen an dieser Stelle noch einmal kontrastiv systematisiert werden – daher Einstieg mit Regelfindung ohne ausführliche Textbeispiele.

Die TN lesen die Wörter im Kasten. Erklären Sie unbekannte Wörter mit Hilfe der Symbole: Addition = +, Kontrast = ↔, Alternative = ←→. Nun lesen die TN die Beispielsätze im Kasten und ergänzen in Partnerarbeit die Regeln. Vergleich im Plenum.

Lösung: Konjunktionen verbinden *Satzteile* oder *Sätze*.

    und   ...   +   ...   = *Addition*
    oder   ... ←→ ...   = *Alternative*
    aber   ...   ↔   ...   = *Kontrast*

Vor „und" und „oder" steht meistens kein *Komma*, aber vor „aber" steht immer ein *Komma*.
Achtung: Dies gilt nur für die Konjunktion „aber" (nicht für die Modalpartikel „aber") und nur, wenn die Konjunktionen am Satzanfang steht.

F 2   Focus   Lückentext: Konjunktionen ergänzen

1. Die TN lesen still die ersten beiden Sätze und machen Vorschläge, welche Konjunktion passt.
2. Die TN lesen den Text und ergänzen in Partnerarbeit die Konjunktionen „und", „oder" und „aber". Dann vergleichen sie ihre Lösung zunächst in Kleingruppen, dann im Plenum.

Lösung: aber, und, aber, und, und, und, aber, und/oder, und, und, oder, aber, und, und, und, aber, oder, und.

Arbeitsbuch F 1–F 3: Verben mit Präpositionen
F 1   Verben mit Präpositionen unterstreichen (Partnerarbeit oder als Hausaufgabe)
F 2   Verben mit Präpositionen nach Präpositionen sortieren (Hausaufgabe)
F 3   Sätze bilden mit Verben mit Präpositionen (Hausaufgabe)

G   Cartoon
Material   OHP-Folie von Cartoon

1. Sie haben den Cartoon auf Folie kopiert und ein Stück Papier mit einem Loch vorbereitet. Wie mit einem Kameraauge fahren Sie über das Bild und fragen die TN: „Was sehen Sie?". Suchen Sie sich dabei immer abwechselnd Stellen aus, wo die Gegenstände nicht gleich und schnell zu erkennen sind. Die TN erraten die Situation und stellen sich die Frage des Pfarrers vor. Die TN schlagen nun das Buch auf und lesen die Frage des Pfarrers.

2. Bilden Sie Dreiergruppen und sagen Sie den TN: „Sie sind jetzt der Zeichner und ändern die Situation: Der Pfarrer stellt nun der Frau eine Frage. Was fragt er?". Die TN schreiben den Cartoon um. Bericht im Plenum.

Arbeitsbuch G 1–G 3: Lesetext zum Thema „Geburtstag"
G 1   Gespräch zum Thema „Geburtstag" (Kleingruppe)
G 2   Leseverständnis (selegierendes Lesen): landeskundliche Hinweise zum Geburtstag (Kleingruppe)
G 3   Interkulturelle Vergleiche zum Thema „Geburtstagsregeln" (Hausaufgabe oder Plenumsgespräch)

F

Zwischen den Zeilen

1

Die Konjunktionen „und", „oder" und „aber". Ergänzen Sie die Regeln.

Sätze ◆ ~~Addition~~ ◆ Kontrast ◆ Satzteile ◆ Alternative ◆ Komma

Konjunktionen verbinden _____ oder _____ .					

und   ...   **+**   ...   = *Addition*
Ihre Hobbys sind Reiten, Lesen **und** Faulenzen.

oder   ...   ←|→   ...   = _____
Sie lebt in San Francisco **oder** (sie lebt) in Irland.

aber   ←→   = _____
Er kommt nicht oft zum Unterricht, **aber** er hat gute Noten.

←→
Sie hat eine feste Beziehung, **aber** sie ist nicht verheiratet.

Vor „und" und „oder" steht meistens kein _____ , aber vor „aber" steht immer ein _____ .

2

Ergänzen Sie die passenden Konjunktionen.

Eigentlich besuche ich Onkel Albert ganz gern, _____ nicht heute: Heute hat er Geburtstag. Ich habe nichts gegen Geburtstage: Kindergeburtstage finde ich super, _____ meinen Geburtstag finde ich natürlich besonders super, _____ Geburtagsfeiern von Erwachsenen sind einfach schrecklich langweilig _____ anstrengend für uns Kinder. Da sitzen die Erwachsenen den ganzen Tag nur herum _____ essen _____ trinken viel zu viel. Alle haben Zeit, _____ keiner will mit uns spielen. Sie diskutieren lieber über uninteressante Themen wie Politik, Fußball _____ Krankheiten, _____ wir müssen stundenlang still dabei sitzen. Wenn wir dann endlich aufstehen _____ spielen dürfen, heißt es: „Seid doch nicht so laut, _____ wollt ihr dem Onkel den Tag verderben?" Endlich neun Uhr. Sonst müssen wir um diese Zeit ins Bett gehen, _____ heute ist alles anders. Die Eltern bleiben sitzen, trinken, diskutieren _____ streiten. Zehn Uhr. Jetzt singen alle _____ sind furchtbar laut. Wir sind müde _____ möchten nach Hause, _____ das ist ihnen egal ...
Wenn ich mal groß bin, dann feiere ich meinen Geburtstag überhaupt nicht _____ ich mache alles ganz anders. Bei mir sollen sich nämlich alle Gäste wohl fühlen, Erwachsene _____ Kinder!

ARBEITSBUCH
F 1–F 3

G

ARBEITSBUCH
G 1–G 3

Kurz & bündig

Die Familie

die Großeltern	die Großmutter	der Großvater
die Eltern	die Mutter	der Vater
die Kinder	die Tochter	der Sohn
die Enkelkinder	die Enkeltochter / die Enkelin	der Enkel(sohn)
die Geschwister	die Schwester	der Bruder
andere	die Tante	der Onkel
	die Nichte	der Neffe
die Schwiegereltern	die Schwiegermutter	der Schwiegervater
	die Schwiegertochter	der Schwiegersohn
	die Schwägerin	der Schwager

Possessiv-Artikel   § 14

Unser Redaktionsteam präsentiert die Schülerinnen und Schüler der Stufe 13 –- **ihre** Hobbys, **ihre** Träume und **ihre** Pläne für die Zukunft.

(Vera)   Was nimmst du auf eine einsame Insel mit?   Bücher, **mein** Schreibzeug und **meine** CDs.
Wie sieht **dein** Traummann aus?   Ach, ich weiß nicht, da gibt's viele ...

(Pero)   Er ist **unser** Mathe- und Physik-As.   **Sein** Berufswunsch: Maschinenbauingenieur.
Seine Traumfrau?   Hört doch auf mit **euren** doofen Fragen!

(Katja)   **Ihr** Leben ist der KSC.   **Ihr** Markenzeichen ist **ihre** Haarfarbe.

(Daniel)   Er ist sehr Internet-begeistert: Er hat **seine** eigene Homepage und ist festes Mitglied in **unserem** Redaktionsteam.

Trennbare Verben

6.30 Der Wecker klingelt. Frau Jansen muss **aufstehen** und Nina und ihren Mann wecken. Dann duscht sie und **zieht** sich **an**. Thomas **steht auf** und macht das Frühstück.
12.30 Frau Jansen **holt** Hanna von der Vorschule **ab**.

Nicht-trennbare Verben   § 4b, § 8c, d

7.30 Nina muss sich **beeilen**, die Schule **beginnt** um 7.55 Uhr: tschüs – Küsschen.
7.45 Thomas **verlässt** das Haus und geht ins Büro.
13.15 Das Mittagessen ist fertig. Die Kinder **erzählen** von der Schule.

Situativ- und Direktivergänzungen mit Wechselpräpositionen   § 19

⬤ Wo?

Ich bin gerade **im** Flugzeug. Ich möchte ein bisschen herumsuchen. Aber die Stewardess lässt mich nicht.

Das Ei findest du **in der** Wohnung.Das liegt dort **im** Kühlschrank, **im** Gemüsefach, **hinter den** Äpfeln.

Warst du eigentlich schon **auf dem** Dach?

Irgendwo **unter den** Sitzen liegt ein Feuerzeug.

⬛→ Wohin?

Aber du darfst **auf die** Toilette gehen. Das Klopapier legst du **ins** Waschbecken, dann läuft das Wasser **auf den** Fußboden. Dann gehst du **in die** Küche und legst das Ei **in die** Mikrowelle.

Gut, ich gehe zurück **in die** Wohnung und schaue **in den** Kühlschrank.

Kann man auch **aufs** Dach gehen?

Schau auch **unter die** Sitze!

Nützliche Ausdrücke

Was findest du gut an dir? ↗   Ich kann gut zuhören. ↘
Wie sieht dein Leben **in 20 Jahren** aus? ↘   Ich mache **irgendwas mit** Sprachen. ↘
Ist das wirklich dein Ernst? ↗   **Na klar.** ↘ **Natürlich.** ↘
Kochen **macht mir Spaß.** ↘   **Das mache ich auch ganz gern.** ↘
   Was? ↗ Kochen **finde ich furchtbar.** ↘

Du bist ein Schatz!

H   Kurz & bündig

Zur Funktion von „Kurz & bündig" im Kursbuch und Arbeitsbuch vgl. Lehrerbuch 1A, zu S. 14.

Diktate

Zum Vorgehen bei den Diktaten vgl. Lehrerbuch 1A, zu S. 14.

Diktat

Familientreffen
Einmal im Jahr I fahren wir nach Stuttgart: Hier wohnen die Großeltern, und hier kommen alle Verwandten I zu einem großen Familientreffen zusammen. Das hat Tradition I und macht immer viel Spaß. Hier sehe ich alle wieder: meine Eltern und Großeltern, meine Onkel und Tanten, meine Schwestern und Brüder I und meine vielen Nichten und Neffen. Meine Familie ist groß, bei unseren Treffen I sind oft mehr als 50 Leute. Alle bringen etwas mit, es gibt ein großes Buffet: Suppen , Salate, Würstchen, Obst I und viele, viele Kuchen – da kann man sich oft I nur schwer entscheiden. Es ist immer viel los: Alle essen und trinken, erzählen und diskutieren, lachen und streiten. Die Kinder spielen im Garten I Fußball oder Verstecken. Abends räumen wir noch I alle zusammen auf I und waschen das Geschirr ab, dann fährt jeder I wieder nach Hause: Tschüs!, Alles Gute!, Auf Wiedersehen! – Bis zum nächsten Jahr!

Freies Diktat

Die TN beantworten die Fragen in kompletten Sätzen. Bei schwächeren Gruppen können Sie die Satzanfänge diktieren. Die Fragen selbst müssen nicht geschrieben werden.

Wann klingelt morgens bei Ihnen der Wecker?
Mein Wecker klingelt immer um …

Was machen Sie, wenn der Wecker klingelt?
Ich stehe auf, …

Wann frühstücken Sie? Was gibt es zum Frühstück?
Um … frühstücke ich: Es gibt …

Was machen Sie am Vormittag?
Dann …

Was machen Sie am Nachmittag?
Nach dem Mittagessen …

Welche Haushaltsarbeiten machen Sie gern?
… und … macht mir Spaß.

Welche Hausarbeit gefällt Ihnen gar nicht?
aber … und … – das finde ich furchtbar.

Was machen Sie am Abend?
Am Abend …

Was ist für Sie ein perfekter Tag/ein „Traumtag"?
Mein „Traumtag" sieht so aus: …

Abschließend (in Kleingruppen) vorlesen, vergleichen und korrigieren lassen.

Lückendiktat

Als Alternative für schwächere Gruppen: Schreiben Sie diesen Dialog auf Folie oder an die Tafel oder machen Sie eine Kopie. Die TN schreiben ihn ab und ergänzen dabei die Lücken.
Ergänzen Sie b, p, d, t, g oder k .

Mor__ens um hal__ sie__en __lingel__ der Wec__er. Ich s__ehe auf, __ehe ins Ba__, __usche und ziehe mich an. Zum __rühs__üc__en ha__e ich nur weni__ Zei__ – bal__ be__inn__ der __eu__sch__urs. Zwölf Uhr: En__lich is__ __er Un__errich__ zu En__e. Zum Mi__a__essen gi__ es nur ein Schin__en- oder __äse__ro__ – __as is__ __enu__. Nachmi__a__s bin ich viel un__erwe__s: Ich __ehe ein__aufen o__er __esuche Freun__e. A__en__s räume ich ein bisschen auf und __erei__e das A__en__essen vor: __ochen mach__ mir S__aß, aber __u__zen und __eschirr a__waschen fin__e ich furch__ar. __ann ar__ei__e ich noch e__was am Schrei__isch, lese __ie Zei__un__ o__er ein __uch un__ höre Musi__. Um elf bin ich meis__ens mü__e und __ehe ins __e__. Manchmal gehe ich a__er auch we__: ins __ino, in __ie __isko oder in ein __onzer__ – __ann wir__ es na__ürlich s__ä__er.

A   Wohnformen in Deutschland

A 3   Kärtchen
A 4   leere OHP-Folien und OHP-Stifte oder Poster mit dicken Filzstiften
A 5   Kärtchen (*Zusatzübung*)
A 6   AB: Kopiervorlage 8/1 „Warum …? – Weil…" (*Zusatzübung*)

A 1   Focus   Einstieg ins Thema „Wohnen"; Wortschatzarbeit

1. Betrachten Sie gemeinsam Bild A. Fragen Sie die TN: „Wo sind die Leute?", „Was machen Sie?". Lenken Sie die Aufmerksamkeit der TN auf die Namen an den Klingeln und fragen Sie: „Wie wohnen die jungen Leute?", „Warum gibt es vier Namen an der Klingel?". An dieser Stelle können Sie die für Deutschland wohl recht typische Wohnform der WG (= Wohngemeinschaft) einführen (s. Landeskunde, zu S. 100). Legen Sie dazu eine Tabelle an (vgl. Tafelbild). Tragen Sie sie an der Tafel in der ersten Rubrik ein.

2. Die TN lesen in Dreiergruppen den Beispieldialog und stellen zu den einzelnen Bildern Vermutungen an. Gehen Sie herum und helfen Sie den TN bei unbekannten Wörtern.

3. Die Vermutungen werden dann im Plenum zusammengetragen. Sammeln Sie sie an der Tafel in Form einer Tabelle.

mehrere Leute wohnen zusammen	alleine wohnen	zu zweit wohnen
„WG"= Wohngemeinschaft Familie Student	Single Student	Paar

A 2   Focus   Texte Bildern zuordnen; Wortschatzarbeit

1. Lesen Sie mit den TN gemeinsam die erste Aussage. Fragen Sie die TN: „Wer sagt das?". Die TN suchen das passende Bild zur Aussage. Verweisen Sie auf den Beispieleintrag.

2. Die TN lesen die Sätze im Buch und ordnen die Aussagen den Bildern zu, vergleichen die Ergebnisse in Partnerarbeit und dann im Plenum. Achten Sie darauf, dass die TN nicht nur Nummer und Buchstabe sagen, sondern in einem kompletten Satz antworten: *Das ist der junge Mann auf Bild C. Er ist Student und wohnt in einem Studentenwohnheim.*

3. Die TN fragen sich gegenseitig nach der eigenen Wohnsituation. Dabei sind auch Fantasie-Antworten möglich. Es geht auch nicht darum zu sagen, ob man ein Haus oder eine Wohnung hat, wie viele Zimmer etc., sondern wie man wohnt, parallel zu A1 und A2.
Variante: Die TN interviewen sich gegenseitig, notieren die Antworten ihres Nachbarn/ihrer Nachbarin und berichten darüber im Plenum. So haben alle die Gelegenheit, sich zu ihrer Wohnsituation zu äußern. Lassen Sie einzelne TN im Plenum berichten.

Internationale Kurse: Die TN vergleichen in Kleingruppen die Wohnformen in ihren jeweiligen Ländern. Achten Sie darauf, dass in einer Gruppe möglichst verschiedene Nationalitäten vertreten sind. Stellen Sie folgende Fragen: „Wie wohnen diese Leute in Ihren Ländern: Schüler, Studenten, Berufstätige, Paare (verheiratet/unverheiratet)?", „Wer wohnt alleine, zu zweit, mit mehreren Leuten zusammen?" … Gehen Sie hier noch nicht auf die Frage „Warum" ein. Es geht hier lediglich um die Wohnformen.

Sprachhomogene Kurse: Vergleichen Sie im Plenum die Wohnformen in Deutschland mit dem Herkunftsland der TN nach den an der Tafel gesammelten Kriterien. Sie können dazu auch die Statistik im Arbeitsbuch zum Vergleich heranziehen. Machen Sie eine Umfrage im Kurs und erstellen Sie eine Statistik.

Arbeitsbuch A 1–A 2: Statistik zur Wohnsituation junger Leute; Wortschatzarbeit
A 1   Über Statistik sprechen, Sätze ergänzen, Vergleich im Plenum und mit dem Heimatland, Infobox als Tafelbild erläutern (im Kurs oder als Hausaufgabe)
A 2   Vorentlastung zu Lesetext im Kursbuch A4: Erklärungen den Begriffen zuordnen, Wortakzent auf der ersten Silbe bei zweisilbigen Wörtern, Abweichungen aufzeigen (im Kurs oder als Hausaufgabe)

A 3   Focus   Vorentlastung des Lesetextes: Hypothesen zur Überschrift
         Material   Kärtchen

1. Schreiben Sie die Überschrift des Lesetextes von A4 an die Tafel. Fragen Sie: „Wer sagt das?".
2. Die TN lesen die komplette Überschrift im Buch. Malen Sie währenddessen einen Wortigel an die Tafel (vgl. Kursbuch) mit dem Zitat aus der Überschrift. Ermuntern Sie die TN Vermutungen zum Inhalt des Textes anzustellen: „Was meinen Sie? Warum bleiben junge Leute länger zu Hause?". Notieren Sie die Äußerungen an der Tafel. Achten Sie hier noch nicht auf die korrekte Verwendung von „weil". Es geht an dieser Stelle darum, Stichworte zum Thema zu sammeln.
Variante: Anstelle eines Wortigels können Sie die Antworten der TN auch in einer Liste mit + und – strukturieren. Gerade schwächeren TN ist es eine größere Hilfe, wenn sie ihre Vermutungen mit den Äußerungen des Textes vergleichen sollen.

Variante: Lassen Sie die TN zunächst in Gruppen arbeiten. Verteilen Sie Kärtchen und dicke Stifte. Die Gruppen notieren pro Kärtchen einen Grund. Betonen Sie, dass die Gründe gut leserlich in Stichworten geschrieben werden sollten (quasi als Vorbereitung auf die Technik des Notizenmachens zum Lesetext in A4). Sammeln Sie die Kärtchen an einer Pinnwand. Die TN ordnen im Plenum die einzelnen Punkte: Doppelnennungen werden zusammengeheftet. (vgl. Methoden-Tipp, zu S. 92)

A
1

Wie junge Leute wohnen.

Sprechen Sie über die Bilder.

Auf Bild A sind vier junge Leute. ↘ *Sie sind in der Küche.* ↘
Vielleicht machen sie eine Party. ↘
Aber an der Klingel stehen vier Namen. ↘
Ich glaube, → *das sind Studenten.* ↘ *Sie wohnen zusammen* → *und kochen gerade.* ↘

A 2

Welche Aussagen passen zu welchen Bildern? Markieren Sie.

1 Ich komme aus Hannover. Seit zwei Jahren studiere ich hier in Berlin. Ich habe ein Zimmer im Studentenwohnheim.
2 Wir kennen uns jetzt seit vier Jahren und verstehen uns sehr gut. Seit zwei Jahren wohnen wir auch zusammen.
3 Ich bin 21 und wohne seit acht Monaten mit drei Freunden zusammen. Das ist toll, bei uns ist immer etwas los.

4 Ich bin 17 und wohne noch bei meinen Eltern. Nächstes Jahr bin ich mit meiner Lehre fertig, vielleicht ziehe ich dann aus. Ich hoffe, ich bekomme gleich eine Arbeit und kann genug Geld verdienen. Eine eigene Wohnung ist nämlich ziemlich teuer.
5 Ich bin 26 und arbeite als Reisekauffrau. Seit vier Jahren wohne ich nicht mehr bei meinen Eltern, sondern allein in einer kleinen Zweizimmerwohnung.

Text	Bild
1	C
2	
3	
4	
5	

Wie wohnen Sie, Ihre Kinder, Ihre Freunde, Ihre Nachbarn?

Ich bin Studentin. ↘ *Ich wohne im Studentenwohnheim.* ↘
Und ich wohne bei meinen Eltern. ↘

ARBEITSBUCH
A 1-A 2

A 3

Lesen Sie die Überschrift. Was meinen Sie: Was steht im Text?

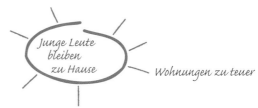

Zu Hause ist es doch **am schönsten!**

Der neue Trend:
Jugendliche wohnen länger bei den Eltern

Junge Leute bleiben zu Hause

Wohnungen zu teuer

**Lesen Sie den Text und machen Sie Notizen. Vergleichen Sie
die Informationen mit Ihren Vermutungen.**

Zu Hause ist es doch
am schönsten!

Der neue Trend:
Jugendliche wohnen länger bei den Eltern

Immer mehr junge Leute bleiben im Elternhaus, obwohl sie schon lange arbeiten und Geld
verdienen. Zum Beispiel die 23-Jährigen: Heute (1995) leben genau 50% noch bei ihren
Eltern, 1975 waren es nur 15%. Sind Twens von heute zu bequem und zu anspruchsvoll?
Haben sie Angst vor der Unabhängigkeit oder kein Geld für eine eigene Wohnung?

5 In den 70er-Jahren war die Wohngemeinschaft (kurz: WG) bei jungen Erwachsenen eine
beliebte Wohnform. Man wollte weg von zu Hause, mit anderen jungen Leuten zusammenwohnen, anders leben als die Eltern. Große Wohnungen waren zwar teuer, aber zu viert oder
zu fünft konnte man die Miete gut bezahlen. Heute ist die WG für die meisten keine Alternative mehr, weil WG für viele nur Chaos und Streit um die Hausarbeiten bedeutet. Und eine

10 eigene Wohnung mieten, alleine wohnen? Die meisten zögern, obwohl sie gerne unabhängig
sein wollen.

Vor allem in den Großstädten sind Wohnungen sehr teuer – für Lehrlinge und Studenten oft
zu teuer. Also bleiben die meisten jungen Leute zu Hause, bis sie ihre Lehre oder ihr Studium
beendet haben. Und auch danach führt der Weg nicht automatisch in die eigene Wohnung,

15 weil viele nach Abschluss der Ausbildung keine Arbeit finden. Auch ein Universitätsabschluss
und gute Noten sind heute keine Garantie mehr für eine sichere berufliche Zukunft.

Bei einigen jungen Erwachsenen ist der Schritt in die Unabhängigkeit nicht von Dauer. Sie ziehen aus, kommen aber bald zu ihren Eltern zurück, weil sie arbeitslos werden, weil sie ihre
Wohnung nicht mehr bezahlen können oder weil sie Probleme mit dem Alleinsein haben.

20 Natürlich gibt es auch junge Leute, die gar nicht ausziehen wollen. Sie bleiben im Elternhaus,
obwohl sie genug Geld für eine eigene Wohnung haben. Das meistens kostenlose oder günstige Wohnen bei den Eltern ist attraktiv, weil sie so nicht auf das eigene Auto und teure
Urlaube verzichten müssen. Sie genießen den „Rund-um-die-Uhr-Service" und müssen keine
Hausarbeiten machen. Und dann ist da immer jemand, der zuhört und hilft, wenn man

25 Probleme hat. Warum also ausziehen? – zu Hause ist doch alles so einfach.

Notizen am Rand:
- *junge Leute im Elternhaus ↔ arbeiten, Geld verdienen*
- *23-Jährige: bei Eltern 50% (1995), 15% (1975)*
- *WG: in 70er-Jahren beliebt, anders leben, Miete günstig*
- *WG heute: keine Alternative ← Chaos und Streit*

Lerntipp:

Üben Sie Lese-Raten: Nehmen Sie ein Lineal oder ein Blatt Papier, legen Sie es auf den Text
und verstecken Sie so einen Teil der Textzeile.

Vor allem in den Großstädten sind Wohnungen sehr teuer –

Versuchen Sie jetzt die Wörter zu raten und den Satz zu lesen. Vergleichen Sie dann mit
dem kompletten Satz (ohne Lineal). Welche Wörter sind einfach, welche sind schwierig?
Trainieren Sie Lese-Raten immer wieder: mit bekannten Texten aus TANGRAM, mit dem
Vokabelheft, mit …

Mit Lese-Raten lesen Sie bald wie ein Profi.

A 4 Focus   Notizen machen zu den wichtigsten Informationen im Text
     Material   leere OHP-Folien und OHP-Stifte oder Poster mit dicken Filzstiften

Hier soll die Technik des Notizenmachens anhand eines Lesetextes geübt werden. Weisen Sie die TN darauf hin, dass es beim Notizenmachen wichtig ist, die Hauptinformationen eines Textes, am besten pro Abschnitt, in Stichworten zusammenzufassen und am Rand zu notieren, d.h. dort, wo die Information im Text auftaucht. So ist es leicht, die Notizen mit dem Text zu vergleichen und gegebenenfalls zu korrigieren, sowie anhand der Notizen den Text zusammenzufassen – mündlich oder schriftlich. Mit den Stichworten am Rande kann die Komplexität (grammatisch und lexikalisch) eines Textes auf wenige Wörter reduziert werden und dies in einer nachvollziehbaren Form, d.h. mit einfachen Umschreibungen (vgl. Lehrerbuch 1A, zu S. 40). Die TN lösen sich so von den komplexen Strukturen des Textes und kommen leichter zu eigenen Formulierungen. Dies ist eine Form des totalen Lesens (im Gegensatz zum selegierenden Lesen), die alle wesentlichen Informationen eines Textes erfasst.

1. Schreiben Sie die erste Beispielnotiz (s. Tafelbild) und Notiz 2 an die Tafel. Erklären Sie: „Eine Notiz ist eine kurze Information, aber nur in Stichworten." Zeigen Sie den TN, wie die Information des Textes auf wenige Stichwörter reduziert wurde, d.h. ohne Personalpronomen, Verben und Satzkonnektoren. Bitte führen Sie die Nebensätze mit „weil" und „obwohl" noch nicht ein.

> *junge Leute im Elternhaus arbeiten ↔ Geld verdienen*

2. Die TN lesen die ersten beiden Notizen am Rand und den ersten Abschnitt des Textes. Sie suchen die Informationen der Notizen im Text und unterstreichen sie.
3. Unterstreichen Sie an der Tafel das Symbol für „obwohl" = ↔ und erklären Sie aus dem Text heraus den Zusammenhang.
4. Die TN lesen nun den zweiten Abschnitt des Textes alleine und vergleichen Text und Notizen. Gehen Sie herum und helfen Sie bei Unklarheiten.
5. Schreiben Sie unterdessen die vierte Notiz an die Tafel: *WG heute: keine Alternative → Chaos und Streit*. Unterstreichen Sie das Symbol für „weil" und erklären Sie aus dem Text heraus den Zusammenhang.

> *junge Leute im Elternhaus ↔ arbeiten, Geld verdienen*
> *WG: heute: keine Alternative → Chaos und Streit*

6. Die TN lesen nun die letzten drei Abschnitte des Textes, entscheiden sich, welches die wichtigsten Informationen sind und schreiben die Notizen an den Rand.
7. Die TN finden sich nun in Vierergruppen zusammen. Geben Sie einer Gruppe eine leere OHP-Folie (oder ein Poster). Die Gruppen vergleichen ihre Notizen. Weisen Sie die TN in dieser Phase noch einmal darauf hin, dass wirklich nur die wichtigsten Informationen des Textes erfasst werden sollen. Geben Sie Hilfestellung. Die Gruppe mit der OHP-Folie schreibt eine Lösung pro Abschnitt auf die OHP-Folie. Die anderen Gruppen einigen sich ebenfalls auf eine Lösung pro Abschnitt.
8. Die Gruppe mit der OHP-Folie stellt ihr Ergebnis im Plenum vor und begründet ihre Entscheidung. Die anderen Gruppen stellen abweichende Lösungen vor. Gemeinsam sollten sich die TN auf eine Variante pro Abschnitt einigen. Greifen Sie hier bei zu großen Abweichungen ein. Halten Sie das Ergebnis an der Tafel fest, ergänzen Sie dabei die Symbole für „weil" → und „obwohl" ↔.

   Lösung: viele zögern ↔ wollen unabhängig sein; Großstädte = für Lehrlinge/Studenten/Wohnungen zu teuer; nach der Ausbildung: keine Arbeit; Universität: keine Garantie auf Arbeit; viele kommen zurück → arbeitslos, können Wohnung nicht bezahlen, können nicht allein sein; viele wollen nicht ausziehen → günstig wohnen, Rund-um-die-Uhr-Service, immer Leute da (Beispiellösung)

9. Die TN vergleichen nun die ausgewählten Notizen mit den in A3 geäußerten Vermutungen und ergänzen diese, wenn nötig. Sollten große Abweichungen auftauchen, dann fragen Sie nach: „Was ist überraschend oder neu für Sie?". Führen Sie die dafür notwendigen Redemittel ein.

> *Die Jugendlichen wohnen ...*
> *Das ist überraschend / neu für mich.*
> *Das finde ich erstaunlich / interessant.*

METHODE

Brainstorming
Sicherlich kennen Sie diese Methode, um verschiedene Gründe bzw. Ideen zu einem bestimmten Thema zu sammeln. Sie kann in Gruppenarbeit oder einzeln durchgeführt werden. Die Ideen können entweder auf Zuruf gesammelt oder schriftlich auf Kärtchen festgehalten werden, die dann an einer Pinnwand angeheftet werden. Eine Pinnwand lässt sich leicht aus einer Styroporplatte herstellen, deren Ränder mit einem breiten Klebeband befestigt werden. Brainstorming bietet viel mehr Zeit zum Überlegen und erlaubt auch stilleren und schüchterneren TN, ihre Ideen einzubringen. Die Pinnwand-Technik ermöglicht ein übersichtliches Sammeln, Ordnen und Festhalten der Ideen, die dann im Laufe des Unterrichts auch wieder aufgegriffen, ergänzt oder gegebenenfalls revidiert werden können. Eine etwas andere Form ist der
Brainpool
Auch diese Methode eignet sich hervorragend dazu, Ideen zu einem bestimmten Thema zu sammeln. Jeder TN schreibt seine Idee stichwortartig auf ein Kärtchen und wirft es in einen „Pool". Anschließend ziehen die TN aus dem Pool eine Karte – sollten sie ihre eigene Karte gezogen haben, ziehen sie noch einmal. Die TN lesen die Idee auf dem Kärtchen und versuchen diese Idee schriftlich zu ergänzen. Wie viele Runden sie machen wollen, hängt von der Anzahl der TN sowie vom Thema ab. Die Kärtchen werden ebenfalls an einer Pinnwand gesammelt und gemeinsam besprochen.

A 5   Focus   Systematisierung der „weil"- und „obwohl"-Sätze
         Material   *Zusatzübung:* Kärtchen
                    AB A6: *Zusatzübung:* Kopien von Kopiervorlage 8/1 „Warum ...? – Weil ..."

1. Lenken Sie nun die Aufmerksamkeit der TN auf die bereits an der Tafel stehenden beiden Notizen mit den Symbolen für „weil" und „obwohl" (s. Tafelbild A4). Erklären Sie anhand der Symbole noch einmal den Unterschied zwischen „weil" und „obwohl". Führen Sie mit den Symbolen die Begriffe „Grund" und „Gegengrund" ein.
2. Lesen Sie mit den TN den „weil"-Satz im Raster oder schreiben Sie den Satz an die Tafel und fragen Sie: „Wo ist das Verb?". Weisen Sie somit auf die Position von Verb und Subjekt hin. Führen Sie das Gleiche beispielhaft mit dem „obwohl"-Satz durch. Weisen Sie die TN darauf hin, dass „obwohl" und das Subjekt nicht wiederholt werden, wenn im Nebensatz eine zweite Aussage mit einem „und" hinzugefügt wird.
3. Die TN unterstreichen die „weil"- und „obwohl"-Sätze im Text (A4), tragen sie in das Raster ein, markieren in den aus dem Text herausgeschriebenen Sätzen jeweils Verb und Subjekt und ergänzen die Regel.
4. Die TN vergleichen das Ergebnis im Plenum. Hier ist es wichtig, dass die Regel richtig ergänzt wurde. Schreiben Sie die Lösung, wenn nötig, an die Tafel und zeigen Sie bei Unsicherheiten die Regel noch mal an den Beispielsätzen auf. Die Begriffe „Hauptsatz" und „Nebensatz" werden vermutlich für viele neu sein: „Die Information des Nebensatzes ist eine zusätzliche Information zum Hauptsatz."

Lösung: **1** Grund, Gegengrund; **2** am Ende, Verb im Infinitiv, Modalverb; **3** Subjekt

5. Im Text gibt es noch viele implizite Kausal- und Konzessivstrukturen, die umformuliert werden können. Erklären Sie anhand eines Beispiels die Aufgabe (s. Tafelbild). Die Aufgabe lautet: „weil" oder „obwohl"?

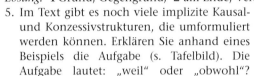

In den 70er-Jahren war die Wohngemeinschaft bei jungen Erwachsenen eine beliebte Wohnform. Man wollte weg von zu Hause. ... eine beliebte Wohnform, weil man ... wollte.

Machen Sie einen Nebensatz." Die TN suchen in Partnerarbeit weitere Sätze im Text und formulieren sie um. Vergleich im Plenum. Die TN fassen somit den Inhalt des Textes mit der neuen grammatischen Struktur noch einmal zusammen.

Lösung: **Zeile 7/8:** Obwohl große Wohnungen teuer waren, konnte man die Miete zu viert oder fünft aber gut bezahlen. **Zeile 12f:** Die meisten jungen Leute bleiben zu Hause, bis sie ihre Lehre oder ihr Studium beendet haben, weil in den Großstädten die Wohnungen sehr teuer sind. **Zeile 15:** ..., weil auch der Universitätsabschluss und gute Noten keine Garantie mehr für eine sichere berufliche Zukunft sind. **Zeile 24:** ...,weil das meistens kostenlose oder günstige Wohnen bei den Eltern attraktiv ist. Oder: Das meistens ... ist attraktiv, weil sie keine Hausarbeiten machen müssen, weil immer jemand da ist, der zuhört und hilft.

Zusatzübung: (s. Faltspiel, zu S. 94) oder (s. Lebende Sätze, zu S. 94)

Arbeitsbuch A 3–A 7: Zusatzübungen zur Systematisierung der grammatischen Strukturen und zum Thema „Wohnen"
A 3   Thema: „Wohnsituation": Kausal- und Konzessivsätze: Aussagen zuordnen (mehrere Lösungen möglich), über eigene Wohnsituation sprechen (Partnerarbeit im Kurs oder als Hausaufgabe)
A 4   Verben unterstreichen, Regel ergänzen, analog zum Kursbuch (Partnerarbeit im Kurs oder als Hausaufgabe)
A 5   Schüttelsätze richtig schreiben: Syntax von Haupt- und Nebensätzen; Satzakzent bei Haupt- und Nebensätzen markieren (Hausaufgabe). Bei den Hörtexten finden sich nur die Lösungen zu den Sätzen 1–10, weil es zu den letzten Vorgaben mehrere Lösungen gibt (vgl. Lösungsschlüssel).
A 6   „Warum"-Fragen und Kurzantworten mit „weil"-Sätzen anhand von Bildern; wichtig für Sprachen, in denen es für beide Wörter nur eins gibt. (Partnerarbeit im Kurs, s. auch *Zusatzübung*)
      Zusatzübung zum AB A6: Kopiervorlage 8/1: Bilden Sie Vierergruppen, jeder in der Gruppe denkt sich eine „Warum"-Frage aus und schreibt sie auf einen Zettel, dieser wird in der Gruppe herumgegeben, jeder schreibt mindestens eine „Weil"-Antwort dazu. Im Plenum werden dann nur diese „weil"-Antworten vorgelesen, die anderen müssen die „Warum"-Frage erraten. Wenn Sie diese Aufgaben mehr steuern möchten, verteilen Sie die Zettel der Kopiervorlage 8/1 auf die Gruppen. Die TN schreiben Antworten mit „weil" und verfahren wie oben beschrieben.
A 7   „Weil"- oder „obwohl"-Sätze sprechen oder schreiben mit Hilfe von Vorgaben. (Partnerarbeit im Kurs oder als Hausaufgabe)

A 6   Focus   Anwendungsübung: „weil"- und „obwohl"-Sätze

Die TN vergleichen in (nationalen) Gruppen die Wohnformen in Deutschland nun mit der ihres eigenen Landes: Jeder TN macht sich dabei Notizen zu den Fragen „Wann ziehen junge Erwachsene aus?", „Wie wohnen sie dann?", „Warum?". Die Vorgaben im Redemittelkasten sind eine Hilfe, ermuntern Sie die TN, weitere Gründe zu finden. Klären Sie unbekannte Wörter, gehen Sie herum und helfen Sie, wenn nötig, bei der Formulierung.

Internationale Kurse: Die TN bewegen sich nun frei im Raum – mit einem Zettel auf einer Schreibunterlage – und suchen sich einen Gesprächspartner aus einer anderen Gruppe und stellen ihm die Fragen. Die Antworten werden mit dem Namen des Gesprächspartners notiert. Legen Sie die Anzahl der Interviews fest: Jeder TN sollte mit mindestens zwei Leuten gesprochen haben. Die Befragungsaktion sollte nicht länger als eine Viertelstunde dauern. Die TN berichten nun über die Ergebnisse ihrer Befragung und stellen die Antworten, die sie bekommen haben, vor. Lassen Sie nur einige wenige vortragen, damit sich die Ergebnisse nicht wiederholen. Um eine möglichst breite Vielfalt an Ergebnissen zu bekommen, achten Sie darauf, dass möglichst alle vertretenen Länder vorgestellt werden. Als Hausaufgabe können die TN ihre Ergebnisse auch ausformulieren.
Sprachhomogene Kurse: Eine Gruppe stellt ihr Ergebnis vor, die anderen TN aus den anderen Gruppen ergänzen mit weiteren Informationen.

5

Unterstreichen Sie alle „weil"- und „obwohl"-Sätze im Text von A 4.

Schreiben Sie die Gründe („weil"-Sätze) in die Liste.

Hauptsatz, Aussage 1	Nebensatz weil + Aussage 2 ← Grund		
	Subjekt	(...)	**Verb(en)**
...,	weil WG	für viele nur Chaos und Streit um die Hausarbeiten	bedeutet.

..., *weil   viele Jugendliche nach Abschluss der Ausbildung keine Arbeit   finden.*

Schreiben Sie die Gegengründe („obwohl"-Sätze) in die Liste.

Hauptsatz, Aussage 1	Nebensatz obwohl + Aussage 2 ↔ Gegengrund		
	Subjekt	(...)	**Verb(en)**
...,	obwohl sie	schon lange	arbeiten
und	Geld		verdienen.

..., *obwohl*

Ergänzen Sie die Regel.

Subjekt ◆ am Ende ◆ Grund ◆ Verb im Infinitiv ◆ Modalverb ◆ Gegengrund

1 Sätze mit „weil" oder „obwohl" sind Nebensätze.

„Weil"-Sätze nennen einen _____, „obwohl"-Sätze nennen einen _____ für die

Aussage im Hauptsatz. Zwischen Hauptsatz und Nebensatz steht ein Komma („,").

2 In Sätzen mit „weil" oder „obwohl" steht das Verb immer _____. Manchmal gibt es zwei

Verben (Modalverb und Verb im Infinitiv), dann stehen beide Verben am Satzende: zuerst das

_____ , dann das _____ .

3 Das _____ steht immer direkt hinter „weil" oder „obwohl".

ARBEITSBUCH A 3-A 7

6

Wie ist das in Ihrem Land? Wann ziehen junge Erwachsene aus?
Wie wohnen sie dann? Warum?

mit (etwa) ... Jahren ausziehen ◆ mit der Partnerin/dem Partner leben ◆
in einer anderen Stadt arbeiten / studieren / ... ◆ zum Militär gehen ◆
Streit mit den Eltern haben ◆ bei Verwandten wohnen ◆ unabhängig sein ◆
zur Untermiete wohnen ◆ mit Freunden zusammenwohnen ◆
gerne allein leben ◆ seine Ruhe haben ◆ wenig / genug Geld haben ◆
bis zur Heirat / zum Examen / ... bei den Eltern wohnen ◆ Kinder haben ◆ ...

Bumerang-Kinder: Kaum sind sie ausgezogen, stehen sie wieder vor der Tür.

Arbeiten Sie zu viert und sprechen Sie über die Bilder.

A

NIC is the global leader in executive manage-ment consulting headquartered in Europe. With over 1,000 employees we develop and implement innovative business strategies and management systems. For our office in the World Trade Center (New York City) we are looking for a

secretary

German is your native language and you can speak and write English with near-native speaker fluency. You have been trained as a foreign-language secretary and have already acquired experience in an international busi-ness environment.

We look forward to your application.

NIC – International Management Consultants

One World Trade Center, 94th Floor, New York NY 10048, USA

B

C

D

Bumerang *(m); -s, Plural -s od. -e* (engl., aus austral. *wumera*); Wurfholz, das in einem Kreis zum Werfer zurückfliegt. Heute in vielen Formen als Spiel- und Sportgerät zu finden.

■ *Die Leute sind am Flughafen. Ich glaube, die junge Frau will verreisen.*
● *Vielleicht macht sie Urlaub.*
▼ *Aber ihre ganze Familie ist da. Ich glaube, sie geht für lange Zeit weg.*
▲ *Das ist bestimmt kein Urlaub. Schau mal, die Anzeige …*

B   Heute und früher

B 4   OHP-Folie von KB-Seite 95
B 6   Kopiervorlage 8/2 „Als Kind ..."
       Kopiervorlage 8/3 „Lebensgeschichte" *(Zusatzübung)*

B 1   Focus   Vorentlastung des Hörtextes: Hypothesen zu Bildern formulieren, Bildgeschichte erzählen

1. Die TN betrachten Bild A und lesen die Stellenanzeige: „Wo sind die Leute?", „Wer sind die Leute?", „Wer fliegt weg?", „Wohin fliegt die junge Frau und warum?". Die TN lesen den Beispieldialog und stellen Vermutungen an über den Zusammenhang zwischen Bild und Stellenanzeige. Wiederholen Sie hier noch einmal die Redemittel, um eine Vermutung auszudrücken, führen Sie neue Redemittel ein (s.Tafelbild). Schreiben Sie die Sätze mit „Ich glaube, ..." und „Vielleicht ..." aus dem Beispieldialog vollständig an die Tafel, um deutlich zu machen, dass der Nebensatz mit „dass" hier nicht notwendig ist und das Verb auf Position 2 bleibt. Die Stellenanzeige auf Englisch in einem Lehrwerk für Deutsch als Fremdsprache mag auf den ersten Blick befremdlich wirken, dient jedoch der „Authentizität" der Situation: Eine internationale Firma mit Sitz in New York schreibt in einer deutschen Zeitung eine Stelle aus. Anzeigen dieser Art tauchen sehr oft in deutschen Zeitungen auf. Die zu entschlüsselnden Informationen „New York" und „Sekretärin" sind auch ohne Englischkenntnisse zu entziffern.

> *Ich glaube, die junge Frau will verreisen*
> *Ich vermute, ...*
> *Ich nehme an, ...*
>
> *Vielleicht macht sie Urlaub.*
> *Wahrscheinlich ...*

2. Die TN betrachten die weiteren Bilder in Gruppen und stellen Hypothesen zum Verlauf der Geschichte an: „Was sieht man auf den Bildern?", „Was passiert mit der jungen Frau?". Die TN der Gruppe machen sich Notizen zu den einzelnen Fotos. Ermuntern Sie die TN, ihrer Fantasie freien Lauf zu lassen. Es geht nicht darum, die „richtige" Geschichte zu erzählen. Schreiben Sie die eine Geschichte strukturierenden Wörter an die Tafel. Gehen Sie herum und helfen Sie bei Vokabeln.

zuerst → dann → danach → anschließend → später → schließlich / zum Schluss

3. Die Gruppen stellen ihre einzelnen Versionen vor. Achten Sie darauf, dass die TN im Präsens bleiben: Wiederholen Sie gegebenenfalls die Frage: „Was passiert?"

4. Schreiben Sie das Wort „Bumerang" an die Tafel. Lassen Sie die TN die Definition auf dem kleinen Zettel lesen. Fragen Sie: „Warum nennt man diese Kinder „Bumerang-Kinder"? Vermuten Sie."
Variante: Wenn Sie eine spielfreudige Gruppe haben, so lassen Sie die TN die Situationen auf dem Flughafen spielen. Immer vier Leute finden sich zusammen, die TN schlüpfen in die Rolle der Eltern sowie der Tochter und des jungen Mannes und überlegen sich mögliche Dialoge für die Situation des „Abschieds", der „Ankunft" sowie des Streits im Park. Setzen Sie den TN ein Zeitlimit, die Vorbereitung sollte nicht länger als 15 Minuten dauern. Wählen Sie zu jeder Situation möglichst unterschiedliche Versionen aus und lassen Sie sie im Plenum / in Plenen vorspielen (s. B6, Schritt 6). Sollten Sie weniger spielfreudige TN haben, so lassen Sie die möglichen Dialoge einfach vorlesen.

SPIEL

Faltspiel
Teilen Sie den Kurs in Vierer- oder Sechsergruppen, je nach Größe. TN 1 erhält ein Blatt Papier, schreibt einen „Hauptsatz" und faltet das Papier so, dass der nächste TN den Satz nicht sieht. TN 2 schreibt nun einen „weil"-Satz und faltet das Papier ebenfalls so, dass sein Satz nicht mehr zu sehen ist. TN 3 schreibt nun wieder einen „Hauptsatz", faltet das Papier und reicht es weiter, TN 4 schreibt einen Satz mit „obwohl" usw. Wichtig ist, dass die Sätze nicht sichtbar sind. Jeder TN einer Gruppe sollte zumindest zwei Sätze geschrieben haben. Nun lesen die Gruppen ihre Sätze vor. Dabei kommen ganz überraschende und oft lustige Aussagen zusammen.

METHODE

Lebende Sätze
Bringen Sie etwas Bewegung in die Grammatik. Mit „lebenden Sätzen" können Sie die Syntax in der deutschen Sprache bewusst machen, insbesondere die Position des Verbs. Durch die Bewegung und die visuelle Darstellung prägen sich die Veränderungen noch einmal in einer anderen Form ein. Die TN analysieren auf eine spielerische Art die Sätze.
Schreiben Sie auf ein Kärtchen je eines der folgenden Wörter, schreiben Sie das „haben" auf eine andersfarbige Karte: Wir wohnen zu Hause. Wir haben keine Arbeit.

| Wir | wohnen | zu | Hause | . | Wir | haben | keine | Arbeit | . |

Verteilen Sie die Kärtchen an die TN. Diese stellen sich vorne im Plenum auf. Achten Sie darauf, dass die TN in der richtigen Reihenfolge stehen. Geben Sie zwei weiteren TN jetzt je ein Kärtchen mit „weil" sowie ein Kärtchen mit einem „Komma". Auch diese Kärtchen sollten in einer anderen Farbe sein. Die übrigen TN geben den stehenden TN Anweisungen, wie sie sich umstellen müssen. Weisen Sie bitte auch auf die Groß- und Kleinschreibung von „wir" hin.
Sie können damit z.B. auch die Syntax der Modalverben (Satzklammer), von Satzfragen und „W"-Fragen etc. einüben.

B 2 Focus Hörverständnis: kursorisches Hören

1. Die TN lesen die Aufgaben. Klären Sie die unbekannten Wörter.
2. Spielen Sie den Hörtext (mehrmals) vor. Die TN markieren die Antworten und vergleichen die Ergebnisse zunächst in Partnerarbeit, dann im Plenum. Bei der vierten Aufgabe wird es zu unterschiedlichen Ergebnissen kommen. Die Lösung wird je nach Herkunftsland nicht eindeutig ausfallen: Erläutern Sie in der Gruppe die Bedeutungsnuancen von „Freundin" und „Bekannte": „Was ist der Unterschied zwischen den beiden?", „Gibt es einen Unterschied?". Kontrastieren Sie die „deutsche" Bedeutung: Eine „Freundin" ist eine Person, zu der man ein Vertrauensverhältnis hat, wohingegen man eine „Bekannte" in der Regel nur oberflächlich kennt. Weisen Sie darauf hin, dass in Deutschland der Unterschied gemacht wird. Im Falle einer „deutschen" Interpretation handelt es sich bei der Lösung um eine Bekannte, da Christine die Fragen nur sehr zögerlich beantwortet und die Bekannte nur sehr vage Informationen zu Christines Vergangenheit hat, was auf eine eher oberflächliche Beziehung schließen lässt.

Lösung: **1** Bild D;   **2** b);   **3** b);   **4** b)

B 3 Focus Hörverständnis: selegierendes Hören

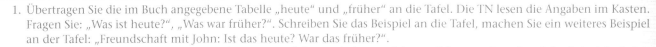
1. Übertragen Sie die im Buch angegebene Tabelle „heute" und „früher" an die Tafel. Die TN lesen die Angaben im Kasten. Fragen Sie: „Was ist heute?", „Was war früher?". Schreiben Sie das Beispiel an die Tafel, machen Sie ein weiteres Beispiel an der Tafel: „Freundschaft mit John: Ist das heute? War das früher?".
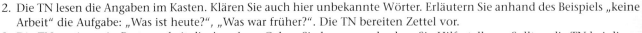
2. Die TN lesen die Angaben im Kasten. Klären Sie auch hier unbekannte Wörter. Erläutern Sie anhand des Beispiels „keine Arbeit" die Aufgabe: „Was ist heute?", „Was war früher?". Die TN bereiten Zettel vor.
3. Die TN sortieren in Partnerarbeit die Angaben. Gehen Sie herum und geben Sie Hilfestellung. Sollten die TN bei dieser Aufgabe große Schwierigkeiten haben, dann spielen Sie den Hörtext noch einmal vor.

Lösung: **heute:** keine eigene Wohnung, alles funktioniert gut, Kaffeetrinken mit Vera, Zimmer bei den Eltern **früher:** Freundschaft mit John, lange Haare, Geburt von Simon, Streit mit den Eltern

B 4 Focus Antworten und Fragen sortieren
     Material OHP-Folie von KB-Seite 95

1. Die TN lesen zunächst die erste Frage. Erklären Sie anhand des Beispiels die Aufgabe, fragen Sie: „Wie geht der Dialog weiter?". Zeigen Sie auf das im Buch eingetragene Beispiel.
2. Spielen Sie den Hörtext noch einmal vor.
3. Die TN sortieren die Antworten zu den Fragen. Vergleichen Sie die Ergebnisse zunächst ohne Hörtext im Plenum, indem Sie den Text von zwei TN im Dialog lesen lassen. Die anderen TN korrigieren und begründen ihre Entscheidung. Spielen Sie gegebenenfalls zur Kontrolle noch einmal den Hörtext vor, wenn Sie das Gefühl haben, dass es noch Verständnisprobleme gibt.

Lösung: (von oben nach unten): 7, 3, 1, 5, 4, 6, 2
4. Lassen Sie im Plenum das erste Verb in der ersten Frage markieren. Die restlichen Verben markieren die TN alleine. Ziehen Sie sich zur Kontrolle im Plenum eine OHP-Folie von dieser Seite und markieren Sie sie im Plenum mit den TN oder lassen Sie die Verben von einem TN auf der Folie markieren (s.u., Methoden-Tipp).

METHODE

Moderator/Moderatorin im Unterricht
Es gibt verschiedene Möglichkeiten für Sie als KL, sich während des Unterrichtsgeschehens zurückzuziehen und die Funktion eines Moderators / einer Moderatorin einzunehmen – und dies vor allem auch dann, wenn Lösungen bzw. Aufgaben im Plenum verglichen werden:
– Geben Sie einem TN oder einer Gruppe eine OHP-Folie, auf der die Lösungen festgehalten werden können, während sich die anderen TN die Lösungen auf einem Blatt/im Buch notieren. Der TN bzw. die Gruppe mit der OHP-Folie vergleicht das Ergebnis nun im Plenum.
– Die TN rufen sich gegenseitig auf und korrigieren sich auch selbst. (vgl. Methoden-Tipp, zu S. 109)
– Die TN werten die Ergebnisse in Gruppenarbeit aus (vgl. Methoden-Tipp, Seite XI)
– Die TN vergleichen zunächst die Lösungen in Partnerarbeit oder sie bilden kleine Plenen, in denen die Ergebnisse einer Gruppenarbeit besprochen werden. Sie haben die Gelegenheit, in der Klasse herumzugehen und auf eventuelle Fragen aus den Gruppen zu reagieren. Die TN vergleichen nun ihre Ergebnisse im Plenum. Die Koordination kann von Ihnen oder von einem anderen TN übernommen werden. Sie greifen nur dann ein, wenn die richtige Lösung nicht gefunden werden kann, die TN sich nicht einigen können oder lexikalische Probleme auftauchen.

Diese Formen der Kontrolle bieten Ihnen die Möglichkeit, eingehender auf individuelle Lernprobleme einzugehen. Die Gruppe muss sich als Team zusammenfinden. Es fördert das selbständige und unabhängige Lernen und somit die Autonomie der Lernenden auch im Unterricht.

2

Hören Sie den Dialog und markieren Sie.

1 Die beiden Frauen sprechen über
Bild _____ .

2 Christine lebt heute …
☐ a) allein mit Simon.
☐ b) mit Simon bei ihren Eltern.
☐ c) mit John und Simon in New York.

3 Christine beantwortet Veras Fragen …
☐ a) gerne.
☐ b) nicht so gerne.

4 Christine und Vera sind …
☐ a) Freundinnen.
☐ b) Schwestern.
☐ c) Bekannte.

3

Was ist heute? Was war früher? Sortieren Sie.

keine Arbeit ◆ Arbeit bei NIC ◆ Freundschaft mit John ◆ lange Haare ◆ keine eigene Wohnung ◆
Geburt von Simon ◆ alles funktioniert gut ◆
Kaffeetrinken mit Vera ◆ Streit mit den Eltern ◆ Zimmer bei den Eltern

heute

keine Arbeit

früher

Arbeit bei NIC

4

Hören Sie noch einmal und sortieren Sie die Antworten.

1 Warst du da in Amerika?

2 Urlaub in New York! Das wollte
ich auch immer mal machen!

3 Und warum wolltest du wieder
nach Deutschland zurück?

4 Wer ist eigentlich der Vater von
Simon?

5 Wolltet ihr das Kind nicht
haben?

6 Und dann bist du zurück nach
Deutschland?

7 Da hattet ihr bestimmt viele
Probleme, du und deine Eltern?

☐ Natürlich hatten wir manchmal Streit, vor allem wegen Simon. Am
Anfang durfte er fast gar nichts. Meine Eltern mussten sich erst wieder an ein Kind im Haus gewöhnen.

☐ Eigentlich wollte ich ja in Amerika bleiben, aber mit Simon konnte ich ja nicht mehr arbeiten.

1 Ja, ich komme da gerade aus New York zurück. Das war vor zwei
Jahren …

☐ Ich wollte das Kind schon haben, aber John wollte es nicht. John
war verheiratet und hatte schon zwei Kinder.

☐ John. … Damals bei NIC hatte ich eine interessante Arbeit, nette
Kollegen, alles war einfach super. Und John war auch ein Kollege.
Er war ganz besonders nett. Na ja, und dann wurde ich eben
schwanger. Aber mit John: Das konnte einfach nicht gut gehen.

☐ Ja, es gab keine andere Möglichkeit. Allein mit dem Baby, keine
Arbeit, kein Geld – das war vielleicht ein Chaos! Ich musste alles
allein organisieren …

☐ Nein, nein. Das war kein Urlaub. Ich war drei Jahre in New York.
Ich war Sekretärin bei NIC.

Unterstreichen Sie die Verben.

Ergänzen Sie die Tabelle und die Regeln.

	Modalverben		haben		sein	
	jetzt	früher	jetzt	früher	jetzt	früher
ich	will	_____	habe	_____	bin	_____
	kann	_____				
	muss	_____				
du	willst	_____	hast	*hattest*	bist	_____
sie, er, es, das	will	_____	hat	*hatte*	ist	_____
	kann	_____				
	darf	_____				
wir	müssen	*mussten*	haben	_____	sind	*waren*
ihr	wollt	_____	habt	_____	seid	*wart*
sie	müssen	_____	haben	_____	sind	_____
Sie	müssen	_____	haben	*hatten*	sind	_____

1. Die Modalverben und das Verb „haben" haben im Präteritum immer ein _____ (= Präteritum-Signal), dann kommt die Verb-Endung.
2. Im Präteritum sind die Endungen gleich bei
   - _____ und _____ (Singular).
   - _____ und _____ (Plural).
3. Vergleichen Sie die Infinitive mit den Präteritum-Formen.

Infinitiv „können"	Infinitiv „müssen"	Infinitiv „dürfen"
Präteritum: *konnt-*	Präteritum: _____	Präteritum: _____

Im Präteritum gibt es keine _____.

Präsens	Präteritum
es gibt	es gab
ich werde	ich wurde

ARBE
B

Machen Sie ein Interview über „Kindheit und Jugend".

im Haushalt helfen ◆ still sitzen ◆ aufräumen ◆ früh ins Bett gehen ◆ Süßigkeiten essen ◆
fernsehen ◆ (Zigaretten) rauchen ◆ laut Musik hören ◆
abends allein in die Disko gehen ◆ einen Freund/eine Freundin mit nach Hause bringen ◆
mit Freunden in Urlaub fahren ◆ heiraten ◆ (Pilot) werden ◆ …

■ *Mussten Sie als Kind im Haushalt helfen?* ↗
  ● *Ja,→ manchmal musste ich das Geschirr abtrocknen und den Mülleimer ausleeren.* ↘

▼ *Durftest du mit 15 abends allein in die Disko gehen?* ↗
  ▲ *Was wollten Sie als Kind werden?* ↘
    …

Als Kind wollte ich Rock-Star werden.
Als Studentin …
Mit 15 durfte ich nie allein in die Disko gehen.
Mit 18 …

ARBE

B 5   Focus   Systematisierung der Präteritumformen der Modalverben und von „haben" und „sein"

1. Erklären Sie anhand der bereits eingetragenen Verben die Aufgabe: Die TN tragen die in B4 unterstrichenen Verben in die Liste ein.
2. Schreiben Sie aus jeder Gruppe je ein Verb in der Präsens- und Präteritumform an die Tafel. Analysieren Sie gemeinsam mit den TN: „Was ist anders?" Markieren Sie die Veränderungen in einer anderen Farbe.

3. Die TN ergänzen die Regel. Vergleich im Plenum. Bitte stellen Sie auch hier die Richtigkeit der Lösungen sicher, indem Sie sie an der Tafel notieren und sie gegebenenfalls mit Beispielen aus dem Text noch einmal erläutern. Verweisen Sie auch auf die beiden Verben in der Infobox, die in der Liste nicht auftauchen, jedoch häufig verwendet werden. (s. Moderatorenfunktion)

Lösung: **1** t; **2** ich und sie, er, es, das; wir und sie, Sie; **3** musst-, durft-, ö und ü / Umlaute

Zusatzübung: Brainpool und Würfeln

                                                                          SPIEL

Brainpool und Würfeln

mit den Präsens- und Präteritumformen der Modalverben: Bereiten Sie Kärtchen vor: Schreiben Sie oben auf das Kärtchen ein Modalverb im Infinitiv und darunter ein Personalpronomen, lassen Sie unten Platz für den Eintrag von zwei Verben. Die TN ziehen je ein oder zwei Kärtchen aus dem Pool, ergänzen zu der auf dem Kärtchen stehenden Personalform die Präsensform und werfen das Kärtchen wieder in den Pool. In der nächsten Runde ziehen die TN wieder je ein oder zwei Kärtchen, ergänzen die Präteritumform in der jeweiligen Personalform und werfen die Kärtchen wieder in den Pool. Die letzte Runde dient zur Kontrolle: Die TN ziehen wieder je ein oder zwei Kärtchen und vergleichen es mit der Tabelle (B5) im Buch. Schön ist es natürlich auch, wenn Sie die Kärtchen an einer Pinnwand befestigen können und die Kontrolle gemeinsam gemacht werden kann.

Zur Übung der Formen können Sie auch einen Würfel nehmen (Lehrerbuch 1A, zu S. 21). Die TN arbeiten in Gruppen oder zu zweit, der Würfel wandert von TN zu TN. Die Zahlen von 1–6 stehen für die Personalpronomen. Ein TN würfelt und sagt gleichzeitig ein Modalverb im Infinitiv, der nächste TN nennt die Präsens- und Präteritumform des genannten Modalverbs. Sind die Formen korrekt, würfelt er weiter und nennt ebenfalls ein Modalverb im Infinitiv. Sind die Formen nicht korrekt, versucht der Nachbar die Aufgabe zu lösen und übernimmt bei richtiger Antwort den Würfel.

Arbeitsbuch B 1–B 6: Zusatzübungen zu den Präteritumformen, Thema: Erziehung
B 1   Situationen Bildern zuordnen; Aussagen von Jugendlichen den Situationen zuordnen (im Kurs oder als Hausaufgabe)
B 2   Lückentexte zu den Situationen ergänzen lassen: Wiederholung der Präteritumformen (im Kurs oder als Hausaufgabe)
B 3   Globalverständnis/Hörtext: Situationen Bildern zuordnen: Perspektivenwechsel: Hier sprechen die Eltern (im Kurs)
B 4   Detailverständnis/Hörtext: Sätze ergänzen (im Kurs)
B 5   Regel analog zum Kursbuch ergänzen: Systematisierung der Präteritumformen (im Kurs)
B 6   Semantisierung des Präteritums mit Hilfe von Temporalangaben (im Kurs)

B 6   Focus   Anwendungsübung: Interview
         Material   OHP-Folie und Kopien von Kopiervorlage 8/2 „Als Kind …"
                   Zusatzübung: Kopien von Kopiervorlage 8/3 „Lebengeschichte"

1. Schreiben Sie die ersten beiden Sätze der Kopiervorlage 8/2 als Beispiele an die Tafel, bevor Sie die Aufgabenblätter an die TN verteilen, und unterstreichen Sie die Satzverkürzungen. Verweisen Sie auf den Zusammenhang: als → Kind, mit → 15.

> *Ich war noch ein Kind. Da hatte ich schon einen eigenen Fernseher.*
> *Als Kind hatte ich schon einen eigenen Fernseher.*
>
> *Sven war 15. Da wollte er Rock-Star werden.*
> *Mit 15 wollte Sven Rock-Star werden.*

2. Verteilen Sie Kopien der Kopiervorlage 8/2 als Aufgabenblätter. Die TN schreiben die Sätze um. Die Zusatzaufgabe (Sätze 12–14) als Hausaufgabe. Vergleich im Plenum. Tragen Sie die Lösung auf der OHP-Folie ein.
3. Lassen Sie die TN kurz reihum fragen: „Was wolltest du als Kind werden?" „Als Kind …". Die TN lesen dann die Vorgaben im Redemittelkasten. Klären Sie unbekannte Wörter.
4. Die TN erarbeiten Fragen mit Hilfe der Vorgaben im Kasten und schreiben sie separat auf ein Blatt. Ermuntern Sie die TN dazu, noch über die Vorgaben hinaus Fragen zu finden. Führen Sie mit einem TN ein kurzes „Interview" durch und lesen Sie das Dialogbeispiel mit einem TN.
5. Zur Gruppenbildung: Bereiten Sie Kärtchen vor: Auf einen Teil der Kärtchen schreiben Sie die konjugierte Präsensformen der Modalverben, auf den anderen Teil die entsprechenden Präteritumformen. Verteilen Sie die Kärtchen, die TN müssen ihren Partner/ihre Partnerin finden und ein Interview durchführen. Gehen Sie herum und helfen Sie, wenn nötig. Die Interviews sollten nicht länger als zehn Minuten sein.
6. Bilden Sie nun aus den Zweiergruppen, die jeweils eine Situation eingeübt haben, Gruppen von vier bis sechs Leuten: Die TN bilden nun ihr eigenes Publikum. Die Interviews werden vor der jeweiligen Kleingruppe vorgetragen. So vermeiden Sie den doch für manche recht stressigen „Plenumscharakter", wo immer nur zwei bis drei Situationen vorgespielt werden können, ohne dass es für die Gruppe zu langweilig wird. Sie bilden nun kleine Plenen und alle TN haben die Möglichkeit, ihre Situation „vorzuspielen". Sie können je nach Spiellaune und Zeit als Abschluss immer noch zwei bis drei originale Dialoge im Plenum vortragen lassen.

Zusatzübung: Kopiervorlage 8/3 : Die TN schreiben einen kleinen Text zu ihrer Kindheit. Den Text auf Kopiervorlage als Beispiel geben.

Arbeitsbuch B 7: Über Kindheit und Jugend schreiben: Was durften Sie? Was mussten Sie? Was wollten Sie? …(Hausaufgabe)

C   Situationen aus dem Alltag

Hier werden drei typische Situationen aus dem Alltag vorgestellt, die die Funktion der Modalverben im Präteritum allgemein und im Speziellen die Konnotation von *müssen* und *sollen* im Präsens und Präteritum aufzeigen sollen. Es werden Situationen vorgespielt, in denen der Erwartung einer Person nicht entsprochen wird oder wurde. Die kleinschrittige Präsentation der Dialoge berücksichtigt die wichtigen Hörstrategien.

C 1   Focus   Hörverständnis: kursorisches Hören

1. Sprechen Sie über die abgebildeten Realien und ihre Funktion.

2. Spielen Sie die Dialoge vor. Die TN ordnen die Dialoge den Realien zu. Vergleich in Partnerarbeit und Plenum.
Lösung: Reparaturauftrag einer Werkstatt (noch nicht die Rechnung!), Bordkarte, Schulheft

C 2   Focus   Hörverständnis: selegierendes Hören

1. Die TN lesen die Wörter und Namen in A und B. Klären Sie unbekannte Wörter.

2. Spielen Sie den ersten Dialog vor, und ordnen Sie gemeinsam mit den TN die Wörter und Namen zu.

3. Spielen Sie die Dialoge noch einmal vor. Die TN ordnen die Dialoge den Begriffen und Namen zu. Vergleich in Partnerarbeit.
Lösung: **A** das Auto 1, die Englischarbeit 3, Die Hausaufgaben 3, die Party 2, das Ticket 2, die Werkstatt 1; **B** Anna 2, Herr Schade 1, Barbara 2, die Mutter von Philipp 3, ein paar Leute mit Tickets 2, Peter 3, Inge 2, Philipp 3, Bernd Sauer 1, Jochen 2

4. Fassen Sie die Situationen mündlich noch einmal kurz im Plenum zusammen und fragen Sie: „Was war das Problem?".
Mögliche Antworten: Das Auto war noch nicht fertig. Der Kunde war wütend. Das Auto sollte schon fertig sein. / Inge und Jochen wollten nach Berlin fliegen. Sie konnten aber keine Tickets bekommen. Es gab keine Flüge mehr nach Berlin. Sie konnten auch nicht auf die Party, weil Anna krank war. / Die Mutter war böse. Der Sohn sollte um sechs Uhr zu Hause sein, aber er war um sieben Uhr zu Hause.
So wiederholen die TN kurz die Präteritumformen der Modalverben. Wenn Sie merken, dass die TN noch Schwierigkeiten damit haben, gehen Sie direkt zur anschließenden Übung über. Sprechen Sie auch über die Stimmung/Laune der Leute in den Dialogen. Fragen Sie: „Wie waren die Leute: überrascht, verärgert, enttäuscht, wütend, freundlich, unfreundlich?"

Aber du wolltest doch ...

Hören Sie drei Dialoge. Zu welchen Dialogen passen die Bilder?

Was passt zu welchem Dialog? Hören Sie noch einmal und ordnen Sie zu.

A	Dialog	B	Dialog		Dialog
das Auto		Anna		Peter	
die Englischarbeit		Herr Schade		Inge	
die Hausaufgaben		Barbara		Philipp	
die Party		die Mutter von Philipp		Bernd Sauer	
das Ticket		ein paar Leute mit Tickets		Jochen	
die Werkstatt					

Ergänzen Sie die Sätze. Die passenden Namen oder Wörter finden Sie in C 2.

Dialog 1

_____ entschuldigt sich.
_____ ist noch nicht fertig.
_____ sollte schon gestern fertig sein.
_____ konnte die Ersatzteile erst heute bekommen.
_____ wollte nach Essen fahren.

Dialog 2

_____ wollten nach Berlin fliegen.
_____ konnten keine Tickets mehr bekommen.
_____ mussten auch da bleiben.
Bei _____ war eine Party.
_____ waren nicht auf der Party.
_____ war krank.

Dialog 3

_____ sollte um sechs Uhr zu Hause sein.

_____ konnte seine Hausaufgaben nicht allein machen.

_____ musste seinem Freund helfen.

_____ wollten für die Englischarbeit üben.

_____ war erst um sieben zu Hause.

_____ war sauer.

_____ sollte eigentlich sein Zimmer aufräumen.

Sei bitte um sechs Uhr zu Hause!

Ich muss um sechs Uhr zu Hause sein.
(Meine Mutter will das. Ich will pünktlich sein.)

Ich soll um sechs Uhr zu Hause sein.
(Meine Mutter will das. Ich weiß noch nicht. Vielleicht bin ich pünktlich, vielleicht auch nicht.)

Ich musste um sechs Uhr zu Hause sein.
(Meine Mutter wollte das. Ich war pünktlich.)

Ich sollte um sechs Uhr zu Hause sein.
(Meine Mutter wollte das. Aber ich war nicht pünktlich.)

Fragen und antworten Sie abwechselnd.

■ _Warum war Philipp erst um sieben Uhr zu Hause?_ ↘
  ● _Weil er seinem Freund helfen musste_ → _und weil er für die Englischarbeit üben ..._ ↘
■ _Und warum war Philipps Mutter sauer?_ ↗
  ● _Weil Philipp schon um sechs Uhr zu Hause sein sollte_ → _und eigentlich ..._

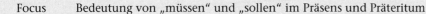

C 3   Focus   Bedeutung von „müssen" und „sollen" im Präsens und Präteritum

1. Die TN ergänzen in Partnerarbeit mit Hilfe der Lösungen aus C2 die Namen. Gehen Sie herum und helfen Sie, wenn nötig. Die TN vergleichen im Plenum und rufen sich dabei gegenseitig auf (vgl. Methoden-Tipp, zu S. 109).

Lösung: **Dialog 1:** Herr Schade, Das Auto, Das Auto, Die Werkstatt, Bernd Sauer
   Dialog 2: Inge und Jochen, Inge und Jochen, Ein paar Leute mit Tickets, Barbara, Anna
   Dialog 3: Philipp, Peter, Philipp, Peter und Philipp, Philipp, Die Mutter, Philipp

2. Lesen Sie die Aussage der Mutter in Dialog 3 mit der entsprechenden Gestik und Mimik einer strengen Mutter / eines strengen Vaters. Fragen Sie: „Was sagt Philipp?". Die TN lesen die ersten beiden Aussagen im Präsens. Schreiben Sie die Antworten und die Bedeutungsnuancen an die Tafel und erklären Sie den Unterschied: *„Müssen" und „sollen" im Präsens drücken eine Notwendigkeit aus, das Ergebnis ist jedoch unterschiedlich: „müssen" = Es ist ziemlich sicher, dass das Ergebnis positiv ist.; „sollen" = Es ist nicht sicher, ob das Ergebnis positiv ist, es ist noch offen.* (vgl. Tafelbild). Sagen Sie nun: „Jetzt ist es sieben Uhr." Die TN lesen die beiden Aussagen im Präteritum. Fragen Sie: „Was ist das Ergebnis?". Halten Sie die Aussagen und ihre Bedeutungsnuancen an der Tafel fest und erklären Sie den Unterschied: *„Müssen" und „sollen" im Präteritum drücken eine Notwendigkeit aus, das Ergebnis ist jedoch unterschiedlich: „müssen" = positives Ergebnis, „sollen" = negatives Ergebnis.* Auch durch Einsatz von Gestik und Mimik lassen sich die Bedeutungsunterschiede der Modalverben hilfreich erklären. So können ein „Schulterzucken" oder das „Hochziehen der Augenbrauen" den eher offenen Ergebnischarakter von „sollen" unterstreichen, während die pointierte Geste des „mit der Faust auf den Tisch klopfen" den obligatorischen Charakter des Verbs „müssen" unterstreicht.

	Ergebnis
Präsens	
Ich muss (pünktlich sein.) +	(Ich bin pünktlich.)
Ich soll (pünktlich sein) ?	(Vielleicht bin ich pünktlich, vielleicht nicht.)
Präteritum	
Ich musste (pünktlich sein.) +	(Ich war pünktlich.)
Ich sollte (pünktlich sein.) −	(Ich war nicht pünktlich.)

C 4   Focus   Anwendungsübung für „müssen" und „sollen"

Spielen Sie mit einem TN das Dialogbeispiel vor. Die TN arbeiten zu zweit und fragen und antworten zu den anderen Dialogen.

Arbeitsbuch C 1–C 2: Zusatzübungen zur Syntax der Modalverben

C 1   Schüttelsätze richtig schreiben (als Hausaufgabe oder im Kurs). Gruppen bilden, Kopien machen und als Schnipselsätze (vgl. Methoden-Tipp, zu S. 105) auf Kärtchen kleben und diese von den TN als Sätze legen lassen. (im Kurs)

C 2   Dialoge mit Sätzen aus C1 schreiben, Satzakzent und Satzmelodie markieren und mit Hörtext vergleichen. (im Kurs)

zu Seite 98

C 5 Focus Anwendungsübung: gelenktes Rollenspiel

1. Zwei TN spielen den ersten Dialog vor. Die TN lesen die Angaben in den farblich unterlegten Kästen. Klären Sie bei Bedarf unbekannten Wortschatz. Erklären Sie anhand der Farben, dass der gleiche Dialog variiert werden kann, indem die im Raster stehenden Satzteile ausgetauscht werden (s.u., Methoden-Tipp). Spielen Sie mit einem guten TN eine Variante des ersten Dialogs vor. Lassen Sie die Dialoge 2–4 jeweils von zwei TN einmal lesen. Geben Sie den TN die Zeit, zwischen den vorgelesenen Dialogen auch die Angaben in den Kästen zu lesen und helfen Sie bei unbekannten Wörtern.

2. Spielen Sie mit den TN jeweils eine Variante zu den Dialogen 2–4 im Plenum durch.

3. Die TN spielen zu zweit die möglichen Varianten zu jedem Dialogmuster durch. Ermuntern Sie die TN „frei", d.h. nur mit den Varianten in den Kästen zu sprechen, indem die TN mit einem Blatt den linken Beispieldialog zudecken. Gehen Sie herum und hören Sie sich die verschiedenen Varianten an. Korrigieren Sie auch an dieser Stelle, hier ist das korrekte Sprechen von Bedeutung. (s.u., Methoden-Tipp). Die TN können auch über die vorgegebenen Strukturen hinaus eigene Dialoge formen.

Arbeitsbuch C 3–C4 : Zusatzübungen zum Präteritum mit „warum" und „weil"

C 3 Kurzdialoge spielen und schreiben und mit Hörtext vergleichen. (Partnerarbeit im Kurs)

C 4 Sprechübung zum Präteritum und zu „weil"-Sätzen (Partnerarbeit im Kurs)

C 6 Focus Anwendungsübung: freies Rollenspiel

1. Wählen Sie eine Situation, sammeln Sie in Stichworten mögliche Fragen und Antworten und entwickeln Sie dazu an der Tafel ein Dialoggerüst.

2. Die TN wählen eine Situation, die ihnen gefällt. Achten Sie jedoch darauf, dass möglichst verschiedene Situationen vorbereitet werden. Ermuntern Sie die TN dazu, sich wirklich in die Situation „einzufühlen": Die TN überlegen sich im Vorfeld, wo die Szene spielen könnte (wenn nicht durch die Situation bereits vorgegeben); wie die Gesprächspartner zueinander stehen: Freunde, Bekannte oder offizielle Situation ... Es müssen ein „Anfang" und ein „Ende" gefunden werden, d.h. Begrüßungs- und Abschiedsformeln. Und es müssen glaubhafte Erklärungen/Entschuldigungen gefunden werden. Die TN schreiben die Dialoge und üben sie ein. Gehen Sie herum und helfen Sie, wenn nötig. Es geht nicht darum, dass die TN möglichst perfekte und fehlerfreie Dialoge einüben, sondern dass sie sich in eine Situation einfühlen und sich so eine möglichst „authentische" Situation vorstellen. Die schriftlich vorbereiteten Dialoge dienen lediglich dazu, Ideen festzuhalten und zu ordnen und eine erste kleine Hilfe beim Üben darzustellen. Die TN sollten sich jedoch davon lösen und zu einem „freien" Spiel gelangen. Zwingen Sie allerdings niemanden, ohne Blatt zu spielen, wenn er oder sie es kategorisch ablehnt. Letztendlich geht es natürlich auch darum, dass die TN einmal aus ihrer „sitzenden Rolle als Schüler" ausbrechen, aufstehen und etwas vortragen. (s.u., Methoden-Tipp).

3. Präsentation im Plenum oder in Plenen (s. B6, Schritt 4)

METHODE

Gelenktes und freies Rollenspiel

Im gelenkten Rollenspiel werden die Dialoge und Rollen mit kleinen Variationsmöglichkeiten vorgegeben. Die TN schreiben die Dialoge nicht selbst, sondern variieren mit den vorgegebenen Strukturen. Diese dienen der kontrollierten Einübung von Sprachstrukturen sowie eines bestimmten Wortschatzes. Die Identifikation der TN mit ihrer Rolle ist somit eher gering. Der KL greift beim Spielen der Dialoge korrigierend ein. Die Korrektur sollte sich allerdings auf das jeweils einzuübende sprachliche Phänomen beschränken.

Im Gegensatz dazu erstellen die TN beim freien Rollenspiel eigene Dialoge; das Thema kann, muss aber nicht, vorgegeben sein. Was letztendlich daraus gemacht wird, bleibt den TN überlassen. Der KL greift in der Vorbereitungsphase noch korrigierend ein, verzichtet jedoch im freien Rollenspiel grundsätzlich auf sprachliche Korrekturen. Die TN agieren frei zu einem Thema, vorab werden lediglich ein paar rahmengebende Spielregeln besprochen (z.B. Dauer, Spieltempo, Ziel etc.). Gerade im freien Spiel – ohne sprachliche „Gängelung" – verlieren viele TN ihre Hemmungen und können eine für sich „authentische" Spielsituation schaffen und sich in eine andere Rolle einfühlen. So werden die TN langsam auf diese Art Rollenspiel vorbereitet: z.B. mit Pantomime und Minidialogen. Überlegen Sie zusammen mit den TN vor dem Nachspielen bzw. Spielen eines Dialoges, wie sich die Personen fühlen könnten, welchen Typ Mensch sie repräsentieren könnten, wo oder wann der Dialog stattfinden könnte etc. So können die TN vielleicht ungezwungen in eine Rolle schlüpfen, die ihnen zusagt. Dabei ist es auch erlaubt, aus der vorgegebenen Situation auszubrechen, eigene Ideen und Temperamente auszuleben. Soweit möglich, sollten auch die Kulissen dem Spiel angepasst werden, d.h. Tische müssen gerückt werden, Plakate u.U. gemalt werden: Ein Klassenzimmer verwandelt sich in einen Lebensmittelladen, in ein Wohnzimmer usw. Sie sollten Ihren TN die Zeit und den Raum zur Verfügung stellen, da bereits diese Vorbereitungszeit – gerade in internationalen Gruppen – eine schöne sprachpraktische Übung darstellt.

Und vergessen Sie nicht: Jede Aufführung hat ihren Applaus verdient ...

Machen Sie eigene Dialoge nach den Beispielen.

5

1

● *Wo warst du denn gestern Abend?*

■ *Ich musste zu Hause bleiben. Anna war krank.*

● *Schade! Die Party bei Barbara war sehr schön.*

gestern	Morgen
heute	Vormittag
	Nachmittag
am Montagabend	
am Dienstagmorgen	
am ...	

zum Zahnarzt gehen
zum Ordnungsamt gehen
...

der Unterricht	interessant sein
der Ausflug	schön sein
der Film	
...	

2

● *Huch! Was macht ihr denn hier? Wolltet ihr heute nicht nach Berlin fliegen?*

■ *Eigentlich schon, aber wir konnten keine Tickets mehr bekommen.*

nach München fahren
Karten spielen
Peter besuchen
...

Auto: kaputt sein
Peter: nicht kommen können
keine Zeit haben
...

3

● *Du solltest doch schon um sechs zu Hause sein!*

■ *Tut mir Leid, aber ich musste Peter noch bei den Hausaufgaben helfen.*

● *Und da konntest du nicht anrufen?*

die Konzertkarten kaufen
anrufen
die Waschmaschine repa-
rieren
...

kein Geld dabei haben
eine Konferenz haben
das Werkzeug nicht finden
...

mit Scheck bezahlen
mal kurz rausgehen
fragen
...

4

● *Guten Tag. Ich möchte mein Auto abholen.*

■ *Tut mir Leid, das ist noch nicht fertig.*

● *Aber es sollte doch heute fertig sein?!*

■ *Eigentlich schon, aber wir konnten die Ersatzteile nicht bekommen.*

● *So ein Mist!*

Fernseher abholen
neue Waschmaschine
abholen
zum Deutschkurs gehen
...

noch nicht fertig sein
noch nicht da sein
erst nächste Woche anfangen
...

neue Ersatzteile bestellen
der Hersteller: nicht liefern können
die Lehrerin: krank sein

ARBEITSBUCH
C 3-C 4

Schreiben Sie zu zweit Dialoge zu diesen Situationen.

6

1 Sven glaubt: Melanie ist in Urlaub. Dann trifft er sie in der Kneipe.
2 Warum wollte Salih nicht mehr zum Deutschkurs gehen?
3 Andreas sollte einkaufen. Nicole kommt nach Hause. Der Kühlschrank ist leer.
4 Helga war am Wochenende nicht auf der Hochzeitsfeier.
5 Herr Spät hat um zehn Uhr einen Termin mit Herrn Müller, aber Herr Müller ist nicht da. Herr Spät spricht mit der Sekretärin.

D 1   **Lesen Sie die Dialoge zu zweit oder zu dritt und unterstreichen Sie die Verben.**

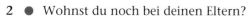

1 ● Kommt ihr heute mit ins Konzert?
      Im „Sinkkasten" spielt eine tolle Band.
   ■ Tut mir Leid, heute kann ich nicht.
   ● Ich auch nicht.
   ■ Schade. Warum nicht?
   ● Ich muss zu Hause bleiben und lernen, weil wir
      am Montag ein Diktat schreiben.
   ■ Und ich muss mit meiner kleinen Schwester in
      die Disko gehen, obwohl ich dazu überhaupt
      keine Lust habe. Aber sie darf abends nicht allein
      weg, da muss ich halt manchmal mit.

2 ● Wohnst du noch bei deinen Eltern?
   ■ Nein, ich musste ausziehen, weil ich ja jetzt in
      Münster studiere.
   ● Hast du da eine eigene Wohnung?
   ■ Ja, ich wohne mit zwei anderen Studentinnen zusammen.
   ● Und? Wie ist das in einer Wohngemeinschaft?
   ■ Ich finde es ganz gut, obwohl ich manchmal Probleme mit dem Chaos in der Küche habe.
   ● Das kann ich gut verstehen. Ich war ja auch mal in einer WG. Da war immer die Hölle los: Musik, Partys,
      dauernd fremde Leute in der Wohnung. Nach vier Monaten bin ich wieder zurück zu meinen Eltern, weil
      ich einfach meine Ruhe haben wollte.
   ■ Ach, die vielen Leute stören mich eigentlich nicht, obwohl ich auch manchmal gerne allein bin.

  Hören und vergleichen Sie. Die Leute sprechen „Umgangssprache".
3/ 10-11 **Was ist hier anders bei „weil" und „obwohl"? Markieren Sie.**

> So sprechen heute viele Leute in Deutschland. Sie denken nach „weil" und „obwohl" einen Doppelpunkt: Dann folgt ein Hauptsatz. So darf man sprechen, aber nicht schreiben.

Nach „weil" oder „obwohl"	Im „weil"-Satz oder im „obwohl"-Satz
☐ ist eine Pause.	☐ steht das Verb auf Position 2.
☐ ist keine Pause.	☐ steht das Verb am Ende.

D 2   **Lesen und ergänzen Sie.**

Die Leute sprechen schnell: Buchstaben, Silben und Endungen fehlen. Wie heißen diese Wörter richtig?

heut'	_____	hastu	_____
'ne tolle Band	_____	'ne eig'ne	_____
nich'	_____	Wohnung	_____
lern'n	_____	ich wohn'	_____
'n Dikat	_____	ander'n	_____
geh'n	_____	in 'ner	_____
ich hab'	_____	ich find's	_____
ich musst	_____	versteh'n	_____
auszieh'n	_____	ich wollt'	_____
ich studier'	_____	stör'n	_____

  Hören Sie jetzt noch einmal und vergleichen Sie.
3/ 10-11

D Zwischen den Zeilen

D 2   Kopiervorlage 8/4 „WG-Spiel" (*Zusatzübung*)

Die TN im Inland werden täglich mit umgangssprachlichen Varianten konfrontiert. Das ist vor allem bei den Nebensätzen mit „weil" und „obwohl" etwas verwirrend, weil sie im Kurs lernen, dass es sich um Nebensätze handelt, die Deutschen aber zunehmend einen Hauptsatz daraus machen. Außerdem ist für die Umgangssprache typisch, dass Wörter verkürzt und Buchstaben verschluckt werden. Ziel ist hier, die Umgangssprache bewusst zu machen und die TN zu sensibilisieren. Es geht aber keinesfalls darum, dass die TN diese Formen aktiv anwenden sollen.

D 1   Focus   Hörverständnis: Syntax von „weil" und „obwohl"-Sätzen in der Umgangssprache

1. Die TN betrachten das Bild. Fragen Sie: „Wer ist auf dem Bild?". Sammeln Sie Hypothesen zur Situation: Junge Leute sprechen auf der Straße miteinander. „Wie sprechen junge Leute?". Mögliche Antworten: Umgangssprache, Jugendsprache …
2. Bilden Sie Dreiergruppen und lassen Sie die Dialoge von den TN erst einmal in Kleingruppen lesen. Gehen Sie herum und klären Sie unbekannte Wörter.
3. Die TN unterstreichen die Verben im Text und suchen dabei alle Nebensätze mit „weil" und „obwohl". Machen Sie noch einmal auf die Stellung des Verbs im Nebensatz aufmerksam.
4. Die TN lesen die Sätze im Kasten, fragen Sie die TN: „Wo hören Sie die Verben in den Nebensätzen mit „weil" und „obwohl"?", „Was verändert sich?". Spielen Sie die Dialoge (mehrmals) vor. Die TN hören die Dialoge und ergänzen die Regeln. Vergleichen Sie die Lösungen im Plenum.
Lösung: Nach „weil" oder „obwohl" *ist eine Pause.* Im „weil"- Satz oder im „obwohl"-Satz *steht das Verb auf Position 2.*

D 2   Focus   Hörverständnis: verschluckte Silben ergänzen
     Material   *Zusatzübung:* Kärtchen von Kopiervorlage 8/4 „WG-Spiel"

1. Schreiben Sie die ersten beiden Wörter an die Tafel, lesen Sie sie und fragen Sie: „Wie heißen die Wörter richtig?", „Was fehlt?". Schreiben Sie die Wörter vollständig an die Tafel.
2. Die TN lösen die Aufgabe zu zweit. Spielen Sie zum Vergleich die Dialoge noch einmal vor. Schreiben Sie die vollständigen Wörter jeweils an die Tafel, markieren Sie in einer anderen Farbe mit den TN, welcher Buchstabe, welche Silbe fehlt/verschluckt wurde.
Lösung: heute, eine tolle Band, nicht, lernen, ein Diktat, gehen, ich habe, ich musste, ausziehen, ich studiere, hast du, eine eigene Wohnung, ich wohne, anderen, in einer, ich finde es, verstehen, ich wollte, stören
3. Die TN überlegen sich je ein Beispiel aus der eigenen Sprache, präsentieren es im Plenum, schreiben das Beispiel an die Tafel und geben jeweils an, was fehlt.
Zusatzübung/Inlandskurse: Laden Sie Gäste zu einem Gespräch in Ihren Kurs ein. Vielleicht kennen Sie jemanden, der in einer WG wohnt/wohnte!? Vorher sollten Sie mit den TN das Gespräch vorbereiten, in Gruppen mögliche Probleme, Vor- und Nachteile sowie Fragen zusammenstellen (vgl. Methoden-Tipp, zu S. 92), damit das Gespräch flüssiger verläuft. Das Gespräch sollte dann in einer lockeren Runde stattfinden. Schön ist es, wenn die Tische auf die Seite gestellt werden und die TN mit den Stühlen einen „Gesprächskreis" bilden. Die TN haben so die Möglichkeit, im Unterricht eine andere „authentische" Stimme zu hören.
Zusatzübung/WG-Spiel: Kopiervorlage 8/4. Arbeiten Sie in Gruppen. Die TN stellen sich vor, dass sie nun in einer WG zusammenwohnen. Es gibt da einige Probleme. Verteilen Sie die Kärtchen auf die einzelnen Gruppen. Die TN suchen in der Gruppe nach einer Lösung zu den Problemen und stellen diese im Plenum vor.

Sprachhomogene Kurse: Lassen Sie die TN zunächst in Viergruppen Beispiele aus der Muttersprache sammeln. Zwei Viergruppen finden sich zusammen und ordnen die gleichen Phänomene: z.B. Verschlucken des Buchstaben „e". Zu jedem Phänomen sollten mindestens zwei bzw. höchstens vier Beispiele gegeben werden. Doppelnennungen werden gestrichen. Das Ergebnis wird von einer Gruppe auf einer OHP-Folie festgehalten. Eine Gruppe präsentiert ihr Ergebnis im Plenum, die anderen ergänzen.

Arbeitsbuch D 1–D 3: Antworten zwischen „Ja" und „Nein"
D 1   Fragen und Antworten zuordnen und mit Hörtext vergleichen (im Kurs)
D 2   Regeln ergänzen (im Kurs)
D 3   Dialoge schreiben und spielen (im Kurs)

LANDESKUNDE

Wohnen in einer Wohngemeinschaft (WG) und in Single-Haushalten
Ab den siebziger Jahren war die Idee des Wohnens in Wohngemeinschaften (WG) gerade unter den Studenten sehr populär. Mit der Studentenrevolte in den späten 60er-Jahren sollten nicht nur politische Veränderungen eingeleitet werden, sondern die Studenten wollten auch neue bzw. alternative Lebensformen ausprobieren. Die traditionelle Form des Wohnens in der Familie wurde gleichgesetzt mit den starren und konservativen Ansichten des eigenen Elternhauses. Die neue Wohnform war demnach zunächst vor allem „politisch" motiviert.
Heute wohnen jedoch zunehmend auch Leute zusammen, die bereits berufstätig sind. Dahinter verbergen sich ganz unterschiedliche Gründe: geringere Mietkosten, keine Isolation, mehr Kontakte, die „WG" als „Familienersatz". Die „WG" ist gesellschaftsfähig geworden. Dem steht ein neuer Trend – gerade in Großstädten – gegenüber: die Single-Haushalte. Ca. 50 % der Haushalte in großen Städten wie Hamburg und München sind bereits Single-Haushalte. Immer mehr junge Leute wollen heute alleine leben: Die Entscheidung, eine Familie zu gründen bzw. mit dem Partner/der Partnerin zusammenzuziehen, wird in immer späteren Jahren oder auch bewusst nicht getroffen.

E   Der Ton macht die Musik

E 4   AB Kopiervorlage 8/5 „Computerspiel"

E 1   Focus   Dialoganfänge lesen, hören und sprechen

1. Zwei TN lesen die Dialoganfänge. Spielen Sie sie dann auf Cassette vor. Klären Sie die verschiedenen „Perspektiven" der Dialoge: ihr – wir, du – ich, zwei Personen reden über Dritte „sie". Verdeutlichen Sie dies mit Mimik und Gestik, damit der Dialog auch lebendig wird.

2. Teilen Sie den Kurs in zwei Gruppen und lassen Sie die Anfänge als „Dialog" lesen. Durch die übertriebene Diktion wird noch einmal die unterschiedliche Bedeutung der Modalverben akzentuiert.

E 2   Focus   Dialoge ergänzen

1. Den Dialogen fehlen die „Inhalte". Fragen Sie: „Was kann man ergänzen?". Sammeln Sie zunächst im Plenum für die ersten beiden Sätze einige Ideen, schreiben Sie sie an die Tafel und lassen Sie sie dialogisch lesen.

2. Die TN wählen einen Dialog aus und füllen ihn mit „Inhalten".

3. Lassen Sie zu jedem Dialog ein Beispiel im Plenum vortragen

E 3   Focus   Dialoge variieren

1. Erklären Sie mit Hilfe des Beispiels die Aufgabe. Verdeutlichen Sie auch hier mit Mimik und Gestik den Perspektivenwechsel. Weisen Sie beim dritten Dialog auf die Höflichkeitsform hin.

2. Die TN wechseln die „Perspektive": Die Inhalte werden in einer anderen „Perspektive" gesprochen.

Arbeitsbuch E 1–E 4: Übungen zu den Nasalen „ng" und „nk"

E 1   Lautbilder differenzieren: Spielen Sie die Cassette vor. Die TN hören, lesen mit und vergleichen die beiden Laute.

E 2   Spielen Sie die Cassette vor, die TN hören, sprechen nach und markieren dann den Nasallaut. Die TN suchen jeweils ein Beispiel für die zwei phonetischen Laute. Schreiben Sie u.U. zur Bewusstmachung des Unterschieds zuvor ein oder zwei Beispiele an die Tafel. Kontrastieren Sie in einem weiteren Schritt die in der Infobox aufgeführten Beispiele, wo kein Nasallaut gesprochen wird, da „n" und „g" am Silbenende bzw. Silbenanfang stehen und somit keinen zusammenhängenden Laut bilden. Markieren Sie Silbenende bzw. -anfang wie in der Infobox mit einem Strich. Die TN suchen weitere Beispiele dafür.

E 3   Sprechübung: Nasallaute. Auf der Cassette werden Anweisungen gegeben, wie man die Nasallaute Schritt für Schritt bildet. Spielen Sie die Cassette vor, die TN folgen den Anweisungen auf der Cassette. Stoppen Sie die Cassette, falls manche TN den Übergang von „n" zu „ng" nicht nachvollziehen können, es ist hier wichtig, die Stelle zu treffen, wo der Zeigefinger gegen den Unterkiefer gedrückt werden muss.

E 4   Spielen Sie die Gedichte auf Cassette vor – die TN lesen zunächst leise mit, um sich mit Klang und Rhythmus vertraut zu machen. Die TN wählen sich ein Gedicht aus und üben es (vgl. Methoden-Tipp, zu S. 86). Um möglichst alle TN zum Lesen zu bringen, bilden Sie Zweiergruppen, die TN sprechen sich die Gedichte vor. Gehen Sie herum und geben Sie Hilfestellung. Sie haben somit auch die Möglichkeit, noch einmal ganz individuell auf Probleme einzugehen. Bei internationalen Gruppen wäre es auch sinnvoll, mit den TN, die diese Nasallaute in ihrer Sprache nicht kennen, getrennt in der Gruppe noch einmal zu arbeiten. Zum Abschluss können die Gedichte auch im Plenum vorgetragen werden. Ein weiteres Gedicht finden Sie auf der Kopiervorlage 8/5.

F   Cartoon

Material: Kopien des Cartoons ohne Sprechblasentexte

1. Kopieren Sie den Cartoon ohne Dialogtext und verteilen Sie die Kopien als Arbeitsblätter. Lassen Sie in Gruppen Dialoge zu den Bildern schreiben.

2. Die Gruppen spielen ihre Vorschläge vor.

3. Die TN lesen nun zum Vergleich den Cartoon im Buch.
   Variante: Schreiben Sie den Dialogtext getrennt von den Bildern unter den Cartoon ohne Text. Fragen Sie: „Was sagt der Vater?", „Was sagt die Tochter?". Die TN ordnen dann in Gruppen die Dialoge nach den Sprechern, erstellen eine Reihenfolge und vergleichen mit dem Original.

Arbeitsbuch F 1–F 4: Leseverständnis, Zusatzübung zum Thema Kinder und Jugendliche

F 1   Globales Lesen: TN lesen den Text und markieren die Lösungen. (Hausaufgabe)

F 2   Selegierendes Lesen: Aussagen des Textes den Personen zuordnen (Hausaufgabe)

F 3   TN schreiben oder diskutieren über die im Text genannten Gründe. (im Kurs oder als Hausaufgabe)

F 4   TN sprechen über die eigene Situation. (im Kurs)

Der Ton macht die Musik

Hören Sie und sprechen Sie nach.

Wie konntet ihr nur!

Wie konntet ihr nur ... !	Wir mussten doch ...
Konntet ihr denn nicht ... ?	Wir wollten schon, aber ...
Ach, ihr wolltet doch nur ...	Nein, wirklich nicht. Wir mussten ...
Wie konntet ihr nur!	

Das durftest du nicht!

Das durftest du nicht!	Warum? Ich wollte doch nur ...
Und warum musstest du ... ?	Aber ich sollte doch ...
Und warum konntest du nicht ... ?	Das wollte ich ja, aber ...
Das durftest du nicht!	

Mussten sie wirklich?

Mussten sie wirklich ... ?	Na klar. Sie wollten doch nicht ...
Und warum konnten sie nicht ... ?	Sie mussten doch ... ,
	da konnten sie doch nicht ...
Aber mussten sie wirklich ... ?	

2 **In diesen Dialogen gibt es keine „Inhalte". Wählen Sie einen Dialog und ergänzen Sie die Sätze oder schreiben Sie einen neuen Dialog mit Inhalten. Arbeiten Sie zu zweit.**

3 **Variieren Sie Ihren Dialog.**

Beispiel:		
	Wie konnten Sie nur?	Wir mussten ...
	Das durftet ihr nicht!	Warum? Wir wollten doch nur ...
	Mussten Sie wirklich ...?	Na klar. Ich wollte doch nicht ...

ARBEITSBUCH
E1-E4

ARBEITSBUCH
F1-F4

Kurz & bündig

Aussage

Lehrlinge und Studenten bleiben länger zu Hause,
Einige junge Leute kommen zu den Eltern zurück,

← „weil"-Sätze   § 5b, § 22

weil eine eigene Wohnung zu teuer **ist.**
weil sie arbeitslos **werden.**

↔ „obwohl"-Sätze

obwohl sie eine gute Ausbildung **haben.**
obwohl sie genug Geld für eine eigene
Wohnung **haben.**

Viele junge Leute finden heute keine Arbeit,
Einige junge Leute bleiben im Elternhaus,

„Warum"-Fragen

Warum war Philipp erst um sieben zu Hause?
Warum war das Auto noch nicht fertig?
Warum wart ihr nicht auf der Party von Barbara?

Kurzantworten mit „Weil"-Sätzen

Weil er seinem Freund **helfen musste.**
Weil der Meister krank **war.**
Weil Anna krank **war.**

Präteritum von „sein" und „haben"   § 9a

Warst du da in Amerika?

Ja, ich **war** drei Jahre in New York. Ich **hatte** eine interessante Arbeit und nette Kollegen. John **war** ein Kollege. Er **war** ganz besonders nett. Dann wurde ich schwanger. John **war** verheiratet und **hatte** schon zwei Kinder. Da bin ich dann zurück zu meinen Eltern nach Deutschland.

Da **hattet** ihr bestimmt viele Probleme,
du und deine Eltern?

Natürlich **hatten** wir manchmal Streit.

Präteritum der Modalverben   § 10

Wolltet ihr heute nicht nach Berlin fliegen?

Ja, aber wir **konnten** keine Tickets mehr bekommen.

Tut mir Leid, aber Ihr Wagen ist noch nicht fertig.
Wo warst du denn am Samstag?

Was? Der **sollte** doch schon gestern fertig sein!
Ich hatte keine Zeit. Ich **musste** den ganzen Tag arbeiten.

Durften Sie früher allein in die Disko gehen?
Konntest du nicht anrufen?
Warum **konnten** sie nicht zur Party kommen?

Nein, ich **durfte** nur mit meinem Bruder weggehen.
Ich **wollte** ja, aber das Telefon war kaputt.
Sie **mussten** zu Hause bleiben, weil Anna krank war.

Nützliche Ausdrücke

Wer ist **eigentlich** der Vater von Simon? ↘
Warum wolltest du wieder nach Deutschland
zurück? ↗
Was macht ihr denn hier? ↘ Ihr wolltet **doch** nach
Berlin fliegen. ↘
Musst du **nicht** am Wochenende arbeiten? ↗
Du solltest **doch** schon um sechs zu Hause sein. ↘

John. ↘
Eigentlich wollte ich **ja** in Amerika bleiben, → **aber** mit Simon
konnte ich ja nicht mehr arbeiten. ↘
Eigentlich schon, → **aber** wir konnten keine Tickets mehr
bekommen. ↘
Doch, → aber nur bis sechs. ↘ Am Abend habe ich Zeit. ↘
Tut mir Leid, → **aber** ich musste Peter noch bei den Hausauf-
gaben helfen. ↘

Was wollten Sie **als Kind** werden? ↗
Mussten Sie **als Kind** im Haushalt helfen? ↗
Mit 18 wollte ich ausziehen → und **in einer
Wohngemeinschaft** wohnen. ↘

Rock-Star. ↘
Ja, → manchmal musste ich das Geschirr abtrocknen. ↘

Ich war auch mal in einer **WG.** ↘ **Da war** immer **die Hölle los!** ↘

G   Kurz & bündig

Die Sequenz „Der Ton macht die Musik" im Arbeitsbuch endet immer mit phonetischen Gedichten, in denen die jeweils behandelten Laute gehäuft auftreten. Sie können diese Gedichte auch als Diktate im Unterricht verwenden. So prägt sich neben dem Lautbild auch das Schriftbild noch einmal ein.

Diktat

Die ganz normale Wohnkarriere eines „Studis"

Also ich wohne schon lange | nicht mehr bei meinen Eltern. Mit 18 wollte ich unbedingt ausziehen, ich konnte mir nicht vorstellen, länger bei meinen Eltern zu wohnen. Ich wollte studieren | und in eine andere Stadt ziehen. Mein erstes Zimmer war im Studentenwohnheim – aber ich war dort nur | für ein Semester. Obwohl es echt super war, wollte ich raus: jeden Abend eine Party, und dann die Wohnheimkneipe. Am Anfang war das o.k., aber irgendwann musste ich | auch einmal etwas | für mein Studium tun. Mein zweites Zimmer war | bei einer alten Dame – dort war es sehr ruhig. Das Leben wurde schrecklich langweilig. Ich durfte abends keinen Besuch empfangen. Tagsüber konnten Freunde kommen, aber nur Männer. Mein drittes Zimmer war schließlich in einer WG | mit vier jungen Leuten. Es gab oft Streit, weil manche nicht richtig putzen wollten. Mein viertes Zimmer …

Schreiben Sie die Geschichte weiter.

Freie Diktate

Die TN ergänzen die Aussagen.

Lebenslauf
Als Kind wollte ich immer …
aber ich konnte …
später konnte ich dann …
aber ich durfte …
heute darf ich …
aber ich kann nicht mehr.

Die TN ergänzen die Antworten.

Wolltet ihr heute Abend nicht einmal zu Hause bleiben?
…

Wolltest du nicht länger im Urlaub bleiben?
…

Solltest du heute nicht arbeiten?
…

Konnten Sie nicht etwas früher kommen?
…

Die TN ergänzen die Dialogteile.

Herr Ungut kommt in die Werkstatt und möchte sein Auto abholen. Aber das Auto ist noch nicht fertig.

Guten Tag. Ungut mein Name. Ich wollte mein Auto abholen.
…

Das gibt es doch nicht. Es sollte doch schon gestern fertig sein.
…

Ich bin ganz schön sauer. Ich brauche den Wagen so schnell wie möglich.
…

Gut, dann komme ich vorbei. Auf Wiederhören.
…

A Gespräche über Urlaub

A 1   Kopiervorlage 9/1 „Reise-Wortschatz"

A 1   Focus   Einstieg ins Thema „Urlaub und Reisen"; Wortschatzarbeit, Diskussion
            Material   Kopien von Kopiervorlagen 9/1 „Reise-Wortschatz" (auch als OHP-Folie)

1. Betrachten Sie gemeinsam mit den TN die Fotos im Buch. Fragen Sie: „Was meinen Sie, wo ist das?". Die TN äußern ihre Vermutungen und begründen sie möglichst auch.
2. Schreiben Sie das Wort *Urlaub* an die Tafel, geben Sie ein paar Beispiele für dazu passende Wörter, ermuntern Sie die TN zu weiteren Vorschlägen und sammeln Sie die Urlaubs-Assoziationen der TN in Form eines „Wortigels" (s. Tafelbild, vgl. Methoden-Tipp in Lehrerbuch 1A, zu S. 57).

3. Lenken Sie die Aufmerksamkeit der TN auf die Urlaubsangebote im Buch. Fragen Sie: „Wo findet man diese Angebote?" *in der Zeitung, beim Reisebüro;* „Welches Angebot finden Sie interessant?" Die TN lesen still die Urlaubs-Angebote.

4. Verteilen Sie Kopien von Kopiervorlage 9/1; die TN ordnen in Partnerarbeit den Piktogrammen den jeweils passenden Begriff und den Wortgruppen den passenden Oberbegriff zu. Die Ergebnisse werden im Plenum (auf OHP-Folie) verglichen.

5. Lesen Sie gemeinsam die Versprachlichung des Angebots „Mittelmeer-Kreuzfahrt" und lassen Sie die TN weitere Angebote in ähnlicher Form erläutern.

6. In Kleingruppen (drei bis vier TN) stellen sich die TN die einzelnen Urlaubsangebote nach dem im Kursbuch vorgegebenen Muster gegenseitig vor und diskutieren darüber.
   Zusatzübung: „Reise-Smalltalk"

Arbeitsbuch A 1   Wortschatzübung: Verben ergänzen (Stillarbeit oder als Hausaufgabe)

Internationale Kurse: Die TN vergleichen in Kleingruppen die Urlaubsgewohnheiten ihrer Landsleute mit TN anderer Nationalität. Mögliche Fragen: Wohin fahren Ihre Landsleute am liebsten in Urlaub?, Was für eine Urlaubsform ist in Ihrer Heimat typisch für junge Leute, ältere Leute, Familien usw.?, Wie oft und wie lange macht man in der Regel Urlaub?, Kommen Touristen in Ihr Land?, Was für Urlaubs-Angebote gibt es? …
Sprachhomogene Kurse: Vergleichen Sie im Plenum die Urlaubsmöglichkeiten und -angebote in Deutschland mit denen im Heimatland der TN nach den oben genannten Gesichtspunkten. Hilfreich dabei sind aktuelle Statistiken / Grafiken zur Zahl der Urlaubstage, den beliebtesten Urlaubszielen, den Ausgaben für den Urlaub usw.

SPIEL

Smalltalk
Diese spielerische Übung eignet sich hervorragend, um ein bisschen Bewegung in die sonst oft still sitzende Gruppe zu bringen und die TN zum freien Sprechen zu motivieren. Sie lässt sich leicht unterschiedlichen Themen und Situationen anpassen. Eine Variante zum Thema „Urlaub und Reisen":
Die TN bilden in der Mitte des Klassenraums zwei Kreise, einen inneren und einen äußeren mit jeweils gleich vielen Personen. Sie spielen jetzt eine rhythmische Musik vom Band, die zum Thema „Reisen" passt, z.B. eine Art „Hawaii-Musik". Sobald die Musik erklingt, bewegen sich beide Kreise in entgegengesetzter Richtung. Die TN im Innenkreis gehen z.B. rechts herum, die außen links herum. Wenn Sie die Musik anhalten und eine Situation ausrufen, muss jeder TN spontan mit seinem Gegenüber ein Gespräch beginnen, also „Smalltalk" machen (etwa eine Minute). Entsprechende Situationen wären hier solche, die im weitesten Sinne mit „Urlaub" zu tun haben, z.B.: „im Flugzeug", „am Strand", „im Hotel-Restaurant", „auf dem Campingplatz", „auf der Abschiedsparty" usw. Wenn die Musik wieder ertönt, wird das Ganze wiederholt, und jeder findet auf diese Weise einen neuen Smalltalk-Partner. Je nach Sprachstand der TN können Sie dieselbe Situation mehrmals wiederholen lassen oder bei jedem Stopp eine neue Situation vorgeben. Bei großen Gruppen sollten Sie die TN bitten, nicht zu laut zu sprechen, da sie sonst automatisch versuchen, sich gegenseitig zu übertönen, wenn alle gleichzeitig reden.

METHODE

Rollenspiel mit Rollenkärtchen und Redemittel-Vorgabe
Auch schon im Anfängerunterricht bieten kleinere Rollenspiele, sofern sie gut vorbereitet sind, authentische und motivierende Sprechanlässe. Es empfiehlt sich, die TN in Kleingruppen (drei bis vier TN) diskutieren zu lassen, in denen jeder ein kleines Rollenkärtchen erhält, auf dem die jeweilige Person beschrieben wird. Die Personenbeschreibungen sollten so angelegt sein, dass sie eine möglichst kontroverse Diskussion zulassen. Gesprächsanlass ist entweder die Einigung auf ein gemeinsames Vorhaben (hier: „Familienurlaub") oder die Diskussion einer vorgegebenen These, zu der die TN dann pro- und contra-Positionen vertreten.
Solche Kärtchen können Sie zu Hause leicht vorbereiten und dann später immer wieder verwenden. Für die Variante „Familienurlaub" könnten sie z.B. so aussehen:

| Mutter, Gerlinde, 46 Jahre, Hausfrau und Buchhalterin, ist gestresst von Haushalt, Familie und Beruf und möchte im Urlaub einfach nur entspannen und etwas für ihre Gesundheit tun | Vater, Volker, 50 Jahre, Lehrer, hat Freunde in Österreich, interessiert sich für Kultur und Musik, hat Angst vor dem Fliegen | Tochter, 17 Jahre, hat als Lieblingsfach Französisch und liebt Wassersport | Oma, 73 Jahre, hat von ihrem Mann viel Geld geerbt und möchte sich und ihrer Familie noch mal einen richtigen Luxusurlaub gönnen |

Einfacher und stärker gelenkt wird die Aufgabe, wenn Sie zugleich eine Liste von Urlaubsangeboten verteilen, aus der ein Urlaub gewählt werden muss.
Wichtig ist, dass Sie eine genaue Zeit (ca. 15 Minuten) vorgeben, in der die Gruppen sich auf eine Lösung oder einen Kompromiss einigen sollen. Abschließend stellt ein TN pro Gruppe im Plenum vor, worauf man sich geeinigt hat. Es ist ratsam, eine Liste mit Redemitteln vorzugeben, die den TN beim Argumentieren helfen (als Kopie oder auf OHP-Folie).

$\mathcal{U}$rlaub und Reisen

A

Was für ein Urlaubs-Typ sind Sie?

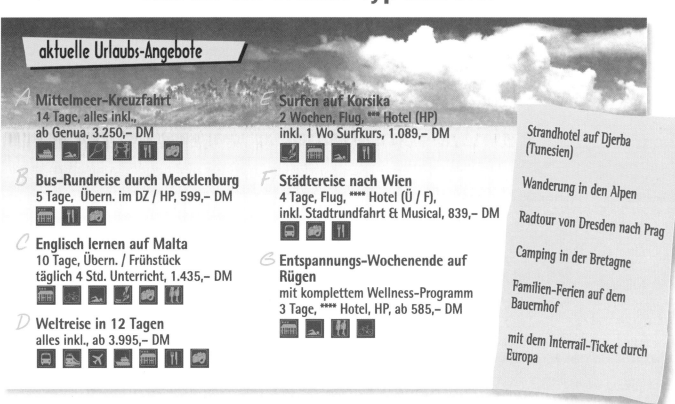

aktuelle Urlaubs-Angebote

A Mittelmeer-Kreuzfahrt
14 Tage, alles inkl.,
ab Genua, 3.250,– DM

B Bus-Rundreise durch Mecklenburg
5 Tage, Übern. im DZ / HP, 599,– DM

C Englisch lernen auf Malta
10 Tage, Übern. / Frühstück
täglich 4 Std. Unterricht, 1.435,– DM

D Weltreise in 12 Tagen
alles inkl., ab 3.995,– DM

E Surfen auf Korsika
2 Wochen, Flug, *** Hotel (HP)
inkl. 1 Wo Surfkurs, 1.089,– DM

F Städtereise nach Wien
4 Tage, Flug, **** Hotel (Ü / F),
inkl. Stadtrundfahrt & Musical, 839,– DM

G Entspannungs-Wochenende auf
Rügen
mit komplettem Wellness-Programm
3 Tage, **** Hotel, HP, ab 585,– DM

Strandhotel auf Djerba
(Tunesien)

Wanderung in den Alpen

Radtour von Dresden nach Prag

Camping in der Bretagne

Familien-Ferien auf dem
Bauernhof

mit dem Interrail-Ticket durch
Europa

1 **Sprechen Sie über die Urlaubsangebote.**

Angebot A ist eine Mittelmeer-Kreuzfahrt. ↘ *Man fährt mit dem Schiff,* → *man besichtigt viele Sehenswürdigkeiten,* →
man kann schwimmen, → *man isst und trinkt gut,* → *und abends kann man in die Disko gehen.* ↘

Wie finden Sie die Angebote? Diskutieren Sie.

Welches Angebot finden Sie interessant / langweilig / günstig / (zu) teuer / … ?
Welches Angebot ist interessant für junge Leute / Familien / ältere Leute / … ?
Welche Angebote gibt es auch / gibt es nicht in Ihrem Land?

ARBEITSBUCH
A1

Was ist für Sie im Urlaub wichtig? Markieren und ergänzen Sie.

einfach mal nichts tun

Menschen kennen lernen

Sport treiben

Sehenswürdigkeiten besichtigen

Zeit für die Familie haben

gut essen und trinken

fremde Länder kennen lernen

etwas lernen / einen Kurs machen

in der Sonne liegen und braun werden

mit Freunden zusammen sein

_____

_____

_____

Welchen Urlaub möchten Sie gerne machen? Warum? Interviewen Sie Ihre Nachbarn.

Wie möchten Sie / möchtest du gerne Urlaub machen?

> *Ich möchte gerne einmal …*
> *Ich wollte schon immer einmal …*
> *Da kann ich …*
> *Im Urlaub will ich …*

Berichten Sie.

Ramon möchte einen Campingurlaub in der Bretagne machen, weil er schon immer einmal nach Frankreich fahren wollte. Da kann er viel mit den Kindern spielen und einen Surfkurs machen.

ARBE
A 2

In 12 Tagen um die Welt – Nordroute

Welche Texte passen zu welchen Bildern? Markieren Sie.

ARBE
B 1

ab 3.995,–

Tempel in Bangkok

San Francisco mit Golden Gate-Brücke

Blick auf den Grand Canyon

Das Spielerparadies Las Vegas bei Nacht

Der Waikikistrand in Honolulu (Hawaii)

Tokios beliebte Einkaufsstraßen

Welche Reiseziele finden Sie interessant? Warum?

A 2 Focus Über persönliche Urlaubswünsche nachdenken

1. Klären Sie im Gespräch unbekannte Wörter, lassen Sie die TN Beispiele für Sport, Sehenswürdigkeiten, Kurse usw. geben und sammeln Sie an der Tafel weitere Vorschläge für Urlaubsaktivitäten.
2. Die TN kreuzen in Stillarbeit an, was für sie im Urlaub wichtig ist, und ergänzen weitere Punkte. Diese Übung dient der Vorbereitung auf das anschließende Interview (A3), die Ergebnisse werden also zunächst nicht verglichen oder besprochen.

A 3 Focus Über persönliche Urlaubswünsche sprechen; Partnerinterview

1. Die TN arbeiten in Zweiergruppen zusammen und interviewen sich gegenseitig: „Was ist für Sie im Urlaub wichtig? Was ist unwichtig?". Während ein TN von seinen persönlichen Urlaubswünschen erzählt, macht der andere sich dazu Notizen und fragt nach – dann werden die Rollen getauscht. In der Zwischenzeit gehen Sie von Tisch zu Tisch und stehen für Fragen zur Verfügung. Zeitvorgabe: ca. zehn Minuten.
   Variante: Die TN entwerfen in Kleingruppen einen eigenen Fragebogen mit acht bis zehn Fragen zum Thema (5–10 Minuten), gehen dann im Plenum umher und suchen sich einen Interviewpartner.
2. Die TN berichten über die Urlaubswünsche ihrer Interviewpartner. In großen Kursen sollten Sie nicht alle TN berichten lassen – das wird schnell langweilig und nimmt zu viel Zeit in Anspruch. Beschränken Sie sich auf einige wenige, eventuell freiwillige TN oder besonders originelle Urlaubswünsche. Sie können die Ergebnisse auch in Kleingruppen austauschen lassen, aus jeder Gruppe wird dann nur der jeweils originellste Urlaubswunsch im Plenum vorgestellt.
3. *Zusatzübung:* Verteilen Sie Kärtchen in zwei verschiedenen Farben (z.B. rot und blau) an die TN. Jeder TN bekommt ein rotes und ein blaues Kärtchen. Die TN sollen jetzt in Stillarbeit aufschreiben, was für sie im Urlaub wichtig ist (blau = +) und was unwichtig (rot = –). Es sollten jeweils drei bis vier Punkte notiert werden. Versuchen Sie anschließend gemeinsam mit den TN, die Kärtchen an einer Pinnwand in (etwa gleich große) Gruppen mit ähnlichen Interessen zu ordnen. Ziel ist es zunächst zu zeigen, wie unterschiedlich die Interessen innerhalb einer Kursgruppe sein können.
   In lebhaften und kreativen Gruppen können Sie diese Gruppierung der Kärtchen zur Bildung von Kleingruppen nutzen. Aufgabe: Sie wollen Ihren nächsten Urlaub gemeinsam verbringen und müssen sich über folgende Punkte einigen: Ort, Dauer, Verkehrsmittel, Unterkunft, Aktivitäten. Anschließend berichtet aus jeder Gruppe ein TN im Plenum von dem geplanten gemeinsamen Urlaub. Zeitvorgabe: ca. 15 Minuten.
   Variante: Möglich wäre an dieser Stelle (oder zu einem späteren Zeitpunkt) ein kleines Rollenspiel (vgl. Methoden-Tipp, zu S. 103). Eine Familie (z.B. Mutter, Vater, Tochter, Oma) plant eine gemeinsame Urlaubsreise. Leider haben sie alle ganz unterschiedliche Vorstellungen, müssen sich aber auf ein Angebot einigen. Die TN arbeiten in Kleingruppen. Jeder TN übernimmt eine Rolle, sucht sich ein passendes Angebot aus und versucht, die anderen mit guten Argumenten zu überzeugen.

Arbeitsbuch A 2–A 4: Leseverständnis, Wortschatzübung und Sprechübung
A 2 Urlaubs-Test: Wenn nötig, bei unbekannten Wörtern helfen (Stillarbeit oder als Hausaufgabe)
A 3 Wortschatz: passende Verben ergänzen (Stillarbeit oder als Hausaufgabe)
A 4 Sprechübung „Traumreise" (Plenum, dann Partnerarbeit)
Lesen Sie gemeinsam mit den TN die Fragen und erklären Sie den Ablauf. Die TN sollen sich entspannt und locker hinsetzen und ihrer Fantasie freien Lauf lassen. Die TN hören dann bei geschlossenen Augen die Musik. Danach beschreiben sie sich gegenseitig in Partnerarbeit ihre Traumreisen. Eine Präsentation im Plenum ist nicht notwendig.
Variante: Lassen Sie die TN ihre Traumreise als Hausaufgabe aufschreiben. Nach ihrer Korrektur werden die Texte noch einmal sauber abgeschrieben, mit einem schönen Bild versehen (z.B. aus Reiseprospekten) und in der Klasse aufgehängt. Auf diese Weise haben die TN die Möglichkeit, auch einmal die Texte der anderen zu lesen. Besonders schöne oder witzige „Traumreisen" können Sie auch vorlesen lassen. Einige Texte können auch in die Kurszeitung mit aufgenommen werden.

B In zwölf Tagen um die Welt
B 3 Wortkärtchen zur Gruppenbildung vorbereiten
B 5 Kopiervorlage 9/2 „Verbkette"
B 6 Kopiervorlage 9/3 „Verbkärtchen Perfekt" und „Perfekt-Domino"; große Bogen Packpapier oder farbige Pappe, dicke verschiedenfarbige Filzstifte
B 7 Kopiervorlage 9/4 „Wörter summen: Perfekt"

Arbeitsbuch B 1–B 2 *(vor B1 Kursbuch!):* Leseverständnis und Wortschatzübung
B 1 Selegierendes Lesen: Reiseroute markieren (Stillarbeit oder als Hausaufgabe)
B 2 Wortschatzübung: Begriffen aus dem Text die passenden Umschreibungen zuordnen (Stillarbeit und Vergleich in Partnerarbeit)

B 1 Focus Zuordnung: Texte und Bilder

1. Die TN ordnen in Stillarbeit die Texte den Bildern zu und vergleichen in Partnerarbeit.

2. Vergleich der Lösungen, dann kurzes Gespräch über die Reiseziele: „Welche Ziele finden Sie interessant?", „Warum (nicht)?", „Waren Sie schon einmal dort?", „Wie hat es Ihnen gefallen?" usw.
   Lösung (von oben nach unten): D, F, E, A, C, B

1. Fordern Sie die TN auf, den Text zu verdecken, so dass nur noch das Foto zu sehen ist. Stellen Sie dann folgende Fragen bzw. Aufgaben: „Beschreiben Sie das Bild genau. Wie sehen die Personen aus?", „Was sehen Sie noch?", „Wo spielt diese Szene?", „Worüber sprechen die Personen wohl?". Sammeln Sie die Antworten der TN stichwortartig an der Tafel.

2. Lassen Sie die TN in Stillarbeit den Text lesen und dabei alle Länder- und Städtenamen sowie alle Zeitangaben unterstreichen.

3. Die TN ordnen jetzt die Reiseroute.
   Variante: Teilen Sie die TN in Zweier- oder Dreiergruppen ein. Jede Gruppe bekommt den kopierten und in Schnipsel zerschnittenen Text und muss ihn nun wie ein Puzzle zusammensetzen, also in die richtige Reihenfolge bringen (s.u., Methoden-Tipp).

4. Weisen Sie ausdrücklich auf die Aufgabenstellung hin: Hier geht es nicht darum, den Hörtext im Detail zu verstehen, sondern nur darum, bestimmte Informationen herauszufiltern, nämlich den Ablauf der Reise. Spielen Sie Inkas Reisebericht ein- oder zweimal vor und machen Sie – je nach Sprachstand des Kurses – Pausen zwischen den einzelnen Abschnitten. Die TN hören zu und vergleichen mit ihren Lösungen.

5. Vergleichen Sie die Ergebnisse im Plenum, lassen Sie eventuelle widersprüchliche Lösungsvorschläge begründen und klären Sie, falls nötig, Widersprüche durch nochmaliges Vorspielen des Hörtextes.
   Lösung (von oben nach unten): 1, 4, 3, 6, 2, 5, 7, 8

METHODE

Schnipsel-Texte
Die Rekonstruktion eines Textes aus Textschnipseln erfordert die Aktivierung umfassender sprachlicher und außersprachlicher Kenntnisse und regt zum Experimentieren mit der Sprache an. Kopieren Sie einen Text (in möglichst großer Schrift) und zerschneiden Sie ihn in mehrere, etwa gleich lange Abschnitte. Es gibt verschiedene Möglichkeiten, einen Text zu „zerschnipseln", etwa eine Teilung nach Absatz- oder Satzgrenzen (Schwerpunkt: Rekonstruktion einer sinnvollen Textstruktur) oder aber „willkürlich" nach einer festen Zeilenzahl (Schwerpunkt: Rekonstruktion grammatisch korrekter und sinnvoller Sätze). Sie können auch einzelne Sätze in Satzteile oder Wörter zerlegen (Schüttelsätze; Schwerpunkt: Satzstellung; vgl. Arbeitsbuch Lektion 9, B3). Die TN haben dann die Möglichkeit, die einzelnen Teile wie bei einem Puzzle hin- und herzuschieben und so verschiedene Möglichkeiten auszuprobieren.
Schnipsel-Texte eignen sich für Still-, Partner- und Kleingruppenarbeit. Sie können eine solche Übung auch als Spiel gestalten, bei dem die Gruppe gewinnt, die zuerst fertig ist. Wichtig: Schneiden Sie die Schnittkanten immer zweimal, damit die TN die richtige Reihenfolge auf Grundlage des Textes ermitteln und nicht einfach passende Schnittkanten aneinander legen.

---

1. Die TN lesen die Notizen aus Inkas Reisetagebuch.

2. Klären Sie die Bedeutung der Notizen und lassen Sie sie nach positiv (+) und negativ (–) sortieren. Lassen Sie dann zu einigen Stichwörtern aus den Notizen (Grand Canyon, Tempel, Strand) die passenden Textstellen der Reisebeschreibung finden. Spielen Sie eventuell den Hörtext noch einmal vor und lassen Sie dabei die Reisetagebuch-Notizen ebenfalls in die richtige Reihenfolge bringen (nummerieren im Buch oder sortieren von Textschnipseln; s.o., Methoden-Tipp).

3. Die TN ergänzen in Stillarbeit die passenden Notizen neben der Reisebeschreibung in B2.

4. Lassen Sie die TN die Ergebnisse mit ihren Nachbarn vergleichen und besprechen Sie die Lösungen dann im Plenum. Spielen Sie abschließend den Reisebericht noch einmal vollständig und ohne Pause vor.
   Lösung (von oben nach unten): Nachtflug Honolulu: –; Tokio: Kopfschmerzen: zwei Tage im Bett; Kamera vergessen (Ralf!!); San Francisco: eine ganz tolle Stadt; Stadtrundfahrt Bangkok: Tempel, Tempel, Tempel; Waikiki: Strand, Meer, Sonne: super!; Las Vegas: Bus zu spät – kein Bus zum Grand Canyon!; Rückflug nach Deutschland: fix und fertig!

5. Vergleichen Sie die Reisebuchbeschreibung mit den Tagebuchnotizen und versprachlichen Sie so die Unterschiede oder auch Übereinstimmungen zwischen geplantem und tatsächlichem Reiseverlauf. Erläutern Sie am Beispielsatz im Buch eine mögliche Struktur für solche Vergleiche (Sätze mit *aber* und *weil*, Satzstellung in Nebensätzen; Präteritum der Modalverben und von *sein* und *haben*) und lassen Sie ein oder zwei weitere Vergleiche formulieren.

6. Bilden Sie Zweiergruppen. *Vorschlag zur Gruppenbildung:* Schreiben Sie vorher verschiedene „Reise-Komposita", die zum Wortschatz der Lektion gehören, auf je zwei Kärtchen (vgl. auch Methoden-Tipp „Gruppen bilden", S. XI). Die Karten werden gemischt und an die TN verteilt (ein Kärtchen pro TN). Die TN gehen dann in der Klasse herum und suchen ihren „Kompositum-Partner". Beispiele wären: RUN — DFAHRT, NACH — TFLUG, LINIENMA — SCHINE, STADTB — UMMEL, FLUGZ — EUG, REISEB — ÜRO, REIS — EBERICHT, SONN — ENBRILLE usw. In Partnerarbeit vergleichen nun die TN den Reiseplan mit Inkas Notizen – zuerst mündlich, dann schriftlich (auch als Hausaufgabe möglich). Helfen Sie gegebenenfalls mit notwendigen / gewünschten Perfektformen.

7. Sammeln Sie die Vorschläge an der Tafel / auf OHP-Folie. Korrigieren Sie gemeinsam mit der Gruppe eventuelle Fehler und wiederholen Sie dabei, falls nötig, noch einmal die Wortstellung in Sätzen mit *weil* und *aber* und / oder die Präteritumformen der Modal- und Hilfsverben.

8. *Zusatzübung:* Bereiten Sie weitere Fragen zum Text vor (Tafelanschrieb, Arbeitsblatt oder auf OHP) und lassen Sie diese im Plenum oder in Kleingruppen besprechen, z.B. „Was für Urlaubstypen sind Inka / Ralf?", „Warum ist Inka sauer auf Ralf?", „Wie findet die Kollegin Inkas Reisebericht?", „Die Kollegin will immer wieder etwas sagen. Was will sie sagen?" usw.

2 **Lesen Sie den Prospekt und ordnen Sie die Reiseroute.**

1 Freitag um 15.45 Uhr Abflug mit Linienmaschine ab Frankfurt.
Ankunft in Bangkok Samstag um 8.45 Uhr, Transfer zum Hotel, anschließend Freizeit.
Am Abend „Dinner Cruise" auf dem Chao Phaya.

Ralf unpünktlich!
– Snacks im Hotel

Mittwoch 21 Uhr Nachtflug nach Honolulu (Hawaii). Dabei Flug über die Datumsgrenze: Der Mittwoch erscheint deshalb zweimal im Programm.

Montag Tagesflug über Indochina nach Tokio.
Dienstag Tagesfahrt nach Kamakura zum großen Buddha und zum Hakone See beim Fujiyama; Mittwoch Freizeit und Stadtrundfahrt.

Freitag Freizeit in San Francisco und Gelegenheit zum Einkaufen; nachmittags Rundfahrt u.a. mit Golden Gate-Brücke und Fisherman's Wharf. Samstagvormittag Freizeit, am Nachmittag Flug nach Las Vegas.

2 Sonntags Stadtrundfahrt in der Hauptstadt Thailands und Besichtigung der Tempel; Zeit zum Stadtbummel; abends Vorführung von thailändischen Tänzen mit Abendessen.

Zwei Tage Freizeit am weltberühmten Strand von Waikiki. Donnerstag um 17.15 Uhr Flug nach San Francisco. Ankunft um Mitternacht und Transfer zum Hotel.

Am Abend Rundfahrt „Las Vegas bei Nacht" oder Besuch einer Show.
Am Sonntag Freizeit in Las Vegas oder Flug zum Grand Canyon.

Sonntag 21 Uhr ab Las Vegas Nachtflug über den amerikanischen Kontinent, Flugzeugwechsel und Weiterflug über den Atlantik nach Deutschland.

🔊 3/13 **Hören Sie den Reisebericht und vergleichen Sie.**

3 🔊 3/13 **Das sind Notizen aus Inkas Reisetagebuch. Was passt wo?
Hören Sie noch einmal und ergänzen Sie.**

> Bus zu spät – kein Flugzeug zum Grand Canyon! ◆ ~~Ralf unpünktlich – Snacks im Hotel~~ ◆
> Kamera vergessen (Ralf!!) ◆ Tempel, Tempel, Tempel ◆ Strand, Meer, Sonne: super! ◆
> Kopfschmerzen: zwei Tage im Bett! ◆ fix und fertig! ◆ eine ganz tolle Stadt

Vergleichen Sie den Reiseplan und Inkas Notizen.

Sie wollten abends eigentlich einen Dinner Cruise machen, aber sie mussten im Hotel essen, weil sie nicht pünktlich waren.

Lesen Sie die Urlaubspost und unterstreichen Sie die Verben.

Hallo Ihr Lieben!

Unsere Weltreise hat gut begonnen:
In Frankfurt sind wir mit
Verspätung abgeflogen. Der Flug
war ganz schon lang, aber wir
haben gleich nette Leute kennen
gelernt. Bangkok ist traumhaft
schön! Wir haben schon eine
Stadtrundfahrt gemacht, die Tempel
angesehen und eine Vorstellung
mit thailändischen Tänzen besucht
– ganz toll! Jetzt geht's gleich
weiter nach Tokio. Arbeitet nicht
zu viel!

Liebe Grüße
Inka und Ralf

Fam.

Arnold Berg
Länderstr. 7

D-61906 Frankfurt a.M.

Germany

Liebe Rosi,

diese Reise ist wirklich ein Alptraum! Wir sind todmüde und völlig kaputt in Bangkok angekommen. Dort haben wir dann ewig
auf den Bus zum Hotel gewartet. Ralf ist im Hotel geblieben, hat
sich ins Bett gelegt und ist sofort eingeschlafen. Ich war auch
müde, aber wir hatten ja nur zwei Tage für Bangkok. Also bin ich
allein in die Stadt gegangen und habe groß eingekauft – auch ein
hübsches Teil für dich!
Abends wollten wir einen „Dinner Cruise" auf dem Chao Phaya
machen, aber wir haben das Boot verpasst. Ralf ist zu spät aufgewacht und hat Stunden gebraucht, bis er fertig war. Wir sind
dann auf eigene Faust losgegangen und haben ein Restaurant
gesucht, aber wir haben nichts Richtiges gefunden. Schließlich sind
wir ins Hotel zurückgefahren und haben dort gegessen – ein
paar Snacks, mehr gab's nicht mehr. Später haben wir dann
Leute aus unserer Reisegruppe getroffen. Die haben uns noch auf
einen Drink in die Hotelbar eingeladen und uns von dem „Dinner
Cruise" erzählt. Da haben wir wirklich was verpasst, ich war
ganz schon sauer auf Ralf!
Am Montag sind wir dann nach Tokio geflogen. Wir haben fast
den ganzen Tag im Flugzeug gesessen – das war zu viel für
mich. Jetzt liege ich hier allein im Hotelzimmer und habe furchtbare Kopfschmerzen. Ralf ist natürlich fit und hat die Tagesfahrt
mitgemacht. Stell dir vor, er hat die Kamera hier vergessen –
jetzt gibt es nicht einmal Dias vom Hakone-See. Morgen geht's
weiter nach Honolulu – hoffentlich wird dort alles besser.

Alles Liebe
deine Inka

Hallo Sven!
Unsere Weltreise geht zu Ende. Las Vegas ist
die letzte Station. In Bangkok und Tokio
haben wir die üblichen Sehenswürdigkeiten
besichtigt, auf Hawaii dann zwei Tage nur
gefaulenzt: Strand, Meer, Sonne, kühle Drinks.

Heute wollten wir eigentlich zum Grand
Canyon fliegen, aber das hat nicht geklappt.
Also sind wir durch die Spielkasinos gezogen –
wir haben zwar ein bisschen Geld verloren,
aber wir hatten viel Spaß.
Gleich geht's zum Flughafen.

Bis bald
dein Ralf

Sven Janes

Spielstr. 61

D-61458 Frankfurt a

Germany

Welche Sätze passen? Ergänzen Sie Sätze aus B4 und die Regel.

Verb 1 (haben / sein)			Verb 2 (Partizip Perfekt)
Unsere Weltreise	hat	gut	begonnen.
In Frankfurt	sind	wir	mit Verspätung	abgeflogen.
Wir	haben		gleich	

sein ◆ haben ◆ Partizip Perfekt

Diese Zeitform nennt man Perfekt. So berichtet man über Vergangenes (vor fünf Minuten, gestern, vor einer Woche, letztes Jahr …).
Das Perfekt von Verben wie „beginnen", „abfliegen", „machen" bildet
man mit _____ oder _____ und dem Partizip Perfekt.
Auf Position 2 stehen _____ oder _____ , das
_____ steht am Ende.

Auch für die Verben „sein" und
„haben" gibt es Perfektformen:
„Der Flug **ist** ganz schön lang
gewesen."
„Wir **haben** viel Spaß **gehabt**."
Aber das sagt man nur selten. Meistens
benutzt man hier das Präteritum:
„Der Flug **war** ganz schön lang."
„Wir **hatten** viel Spaß."
Auch die Modalverben benutzt man
im Präteritum:
„Heute **wollten** wir eigentlich zum
Grand Canyon fliegen."

ARBE
B

1. Beginnen Sie mit der Postkarte an Familie Berg: Schreiben Sie die ersten Sätze an die Tafel und markieren Sie gemeinsam mit der Gruppe alle Verben (sein / haben, Modalverben und Partizip Perfekt), bis alle TN die Aufgabenstellung verstanden haben. Zeigen Sie an einigen Beispielen die Ähnlichkeit der meist bekannten Infinitivformen und der noch unbekannten Perfektformen, damit die TN Anhaltspunkte für die Markieraufgabe haben, aber verzichten Sie bitte an dieser Stelle auf weitergehende Erklärungen und Systematisierungen.
2. Die TN lesen in Stillarbeit **einen** der Texte und unterstreichen die Verben. Hier besteht die Möglichkeit der Binnendifferenzierung, da die Texte unterschiedlich lang sind. Während etwas fortgeschrittene TN den Brief bearbeiten, können sich schwächere TN auf eine der Postkarten beschränken.
3. Vergleich der Ergebnisse in Kleingruppen: Die TN, die den gleichen Text bearbeitet haben, arbeiten zusammen.

B 5   Focus   Grammatik: Systematisierung des Perfekts mit „haben" und „sein" (Bedeutung und Satzstellung)
         Material   Kärtchen von Kopiervorlage 9/2 „Verbkette"

1. Die TN schreiben passende Sätze im Perfekt heraus. Schreiben Sie vorher einige Beispielsätze an die Tafel und machen Sie deutlich, dass nicht alle Sätze einfache, abgeschlossene Sätze sind, sondern dass manchmal auch mehrere Sätze aneinander gereiht sind.
2. Die TN mit dem gleichen Text setzen sich in Kleingruppen zusammen und vergleichen ihre Ergebnisse. Gehen Sie währenddessen herum und helfen Sie den Gruppen bei Schwierigkeiten.
3. Geben Sie an der Tafel ein Schema und einen Beispielsatz vor und lassen Sie dann aus allen drei Texten weitere Beispielsätze ergänzen. Lassen Sie dabei beide Verbteile markieren und machen Sie so deren Position im Satz deutlich. Erklären Sie: *Diese Zeitform nennt man „Perfekt". Im Perfekt berichtet man über alles, was in der Vergangenheit passiert ist (vor*

Position 1	Position 2 Verb 1 (haben/ sein)	...	Ende Verb 2 (Partizip Perfekt)
Unsere Weltreise	*hat*	*gut*	*begonnen.*
In Frankfurt	*sind*	*wir mit Verspätung*	*abgeflogen.*
Wir	*sind*	*todmüde und völlig kaputt in Bangkok*	*angekommen.*
Ralf	*ist*	*im Hotel*	*geblieben,*
(Ralf)	*hat*	*sich ins Bett*	*gelegt*
und	*ist*	*sofort*	*eingeschlafen.*
Wir	*haben*	*schon eine Stadtrundfahrt*	*gemacht.*
(wir)	*(haben)*	*die Tempel*	*angesehen*
und (wir)	*(haben)*	*eine Vorstellung mit thailändischen Tänzen*	*besucht.*
...			

fünf Minuten, gestern, vor einer Woche, letztes Jahr usw.) Es ist für den Sprecher jetzt wichtig (= ist / hat), aber es passiert nicht jetzt — es ist abgeschlossen (= geflogen / gewartet).
Lösung: Das Perfekt … bildet man mit *haben* oder *sein*. Auf Position 2 stehen *haben* oder *sein*, das *Partizip Perfekt* steht am Ende.
4. Lassen Sie die TN in Stillarbeit die Regel ergänzen und ihre Lösungen vergleichen. Erarbeiten Sie die korrekte Lösung dann im Plenum (Tafelbild ergänzen) und lesen Sie gemeinsam die Infobox zum Perfekt von *haben* und *sein*. Fragen Sie nach weiteren Beispielsätzen mit dem Präteritum der Modal- und Hilfsverben (nur im Brief!).
5. Üben Sie die Satzstellung mit Schüttelsätzen (aus der Urlaubspost oder leicht variiert; vgl. Methoden-Tipp, zu S. 105). Dabei können Sie den Schwierigkeitsgrad differenzieren: Je zwei TN bekommen die Textschnipsel von einem oder zwei Sätzen.
6. *Zusatzübung:* Spielen Sie „Verbkette" (s.u., Spiel-Tipp) Sie können dieses Spiel auch an den folgenden Unterrichtstagen wiederholen (z.B. als „Aufwärm-Training" zu Beginn einer Stunde) und dann um weitere Verben ergänzen, die neu hinzugekommen sind. Die Verben aus der Urlaubspost finden Sie auf Kopiervorlage 9/2.

SPIEL

Wortkette
Hier geht es um das feste Einprägen von Wörtern bzw. Wortformen, die zusammenpassen. Machen Sie zunächst Listen der gewünschten Wortformen und schreiben Sie diese dann „versetzt" auf Kärtchen.
Eine andere Möglichkeit sind thematisch geordnete Listen (Oberbegriff, Beispiele) oder feste Wortverbindungen (das Geschirr – spülen, die Wäsche – waschen, in Urlaub – fahren, Geld – ausgeben). Wichtig: Kein Wort darf mehrfach vorkommen, die Kombinationsmöglichkeiten sollten eindeutig sein.
Jeder TN bekommt ein Kärtchen („gute" TN eventuell mehrere Kärtchen, damit es „aufgeht"). Irgendein TN beginnt und liest laut das erste Wort auf seiner Karte, hier also den Infinitiv. Derjenige, der das passende zweite Wort (Verb in der 3. Person Singular) hat, sagt es ebenfalls laut, dann folgt derjenige mit dem entsprechenden dritten Wort (Partizip Perfekt). Dieser TN beginnt dann wieder mit seinem ersten Wort (Infinitiv) usw. Diese Kettenübung sollte möglichst schnell durchgeführt werden und geht mindestens so lange, bis alle Verben mindestens einmal genannt wurden – möglich ist auch ein zweiter Durchgang (Kärtchen neu mischen und verteilen).

Arbeitsbuch B 3–B 4: Übung zum Perfekt (Satzklammer!)
B 3   Urlaubsgeschichte aus Schüttelsätzen und Regelergänzung zum Perfekt (Stillarbeit oder als Hausaufgabe). Alternative: Sätze als Schüttelsätze auf Kärtchen (vgl. Methoden-Tipp, zu S. 105). Rekonstruktion der Sätze in Partnerarbeit, Rekonstruktion des Textes (= Reihenfolge der Sätze) im Plenum.
B 4   Sätze im Perfekt bilden, freies Schreiben (Stillarbeit oder als Hausaufgabe) Sammeln Sie die Texte ein und korrigieren Sie sie. Wer möchte, kann seinen kleinen Urlaubsbericht laut vorlesen.

B 6   Focus   Grammatik: Systematisierung der verschiedenen Formen der Perfektbildung
         Material Kärtchen von Kopiervorlage 9/3 „Verbkärtchen Perfekt" und „Perfekt-Domino"; große Bogen Packpapier
                   oder farbige Pappe, dicke verschiedenfarbige Filzstifte

Hier werden alle Perfektformen (mit Ausnahme der Verben auf -ieren, vgl. E1) auf einmal eingeführt, die TN können auf dem Wege einer gelenkten Selbstentdeckung die verschiedenen Gruppen und Bildungsregeln entdecken. Wir haben auf die oft übliche schrittweise Einführung (z.B. erst das Perfekt der regelmäßigen, dann das der unregelmäßigen Verben) verzichtet – authentische Texte enthalten in aller Regel eine bunte Mischung von Verben mit unterschiedlicher Perfektbildung, viele hochfrequente Verben sind unregelmäßige Verben – und haben uns mit einer Vorgabe von sieben Gruppen für eine gründliche Erarbeitung dieser Komplexität von Anfang an entschieden: Die Gruppen A–F erlauben eine trennscharfe Zuordnung aller Verben nach dem Kriterium der Partizipbildung, in der Gruppe G werden alle Verben mit „sein"-Perfekt gesammelt, die sich natürlich – je nach Partizipbildung – auch in einer der anderen Gruppen finden. Die Form der Darstellung erlaubt auch die Zusammenfassung benachbarter Gruppen: regelmäßige Verben (A/B), unregelmäßige Verben (C/D) und Verben mit nicht-trennbarer Vorsilbe und ohne das Perfekt-Präfix ge- (E/F).

Bitte geben Sie Ihren TN ausreichend Zeit zur Erarbeitung dieses komplexen Grammatikthemas und kommen Sie immer wieder darauf zurück, z.B. durch spielerische Aktivitäten wie „Wortkette" (s.o., zu S. 106) oder „Perfekt-Domino" (s.u., zu S. 108). Wenn möglich, lassen Sie die Plakate für einige Zeit hängen (vgl. Methoden-Tipp in Lehrerbuch 1A, zu S. 47) und lassen Sie die TN neue Verben auf den Plakaten ergänzen.

1. Teilen Sie den Kurs in mindestens vier und maximal sieben Kleingruppen von je drei oder vier TN. Bereiten Sie Plakate mit Überschriften nach dem Muster im Buch vor. Bei sieben Gruppen bekommt jede Gruppe ein Plakat zu einer Verbgruppe, bei fünf Gruppen empfiehlt sich die Aufteilung: Gruppe 1: Plakate A / B, Gruppe 2: Plakat C, Gruppe 3: Plakat D, Gruppe 4: Plakate E / F, Gruppe 5: Plakat G; bei vier Gruppen Aufteilung entsprechend der Anordnung im Buch.

Infinitiv		Partizip Perfekt
machen		gemacht
warten		gewartet
einkaufen		eingekauft
einschlafen	(ist)	eingeschlafen
abfliegen	(sind)	abgeflogen
besuchen		besucht
vergessen		vergessen
...		

2. Suchen Sie zunächst gemeinsam mit den TN einige Beispiele aus der Urlaubspost heraus, schreiben Sie diese Partizipien an die Tafel, ergänzen Sie die zugehörigen Infinitivformen und lassen Sie die TN entscheiden, zu welcher Gruppe / auf welches Plakat diese Partizipien passen. Lassen Sie alle Entscheidungen begründen und markieren Sie parallel dazu bei den Partizipien an der Tafel die entsprechenden Signale (-ge- und Endung -(e)t oder -en).

3. Die TN suchen in Kleingruppen alle Verben aus der Urlaubspost heraus, die zu ihrem Plakat passen. Pro Gruppe gibt es einen „Plakat-Schreiber", der diese Verben groß und deutlich nach dem im Buch vorgegebenen Muster auf das Plakat schreibt. Wenn die Gruppen fertig sind, hängen sie ihr Plakat gut sichtbar im Klassenraum auf.

4. Gehen Sie gemeinsam mit den TN von Plakat zu Plakat und überprüfen Sie die Lösungen, indem Sie bei den aufgelisteten Verben die jeweils besonderen Merkmale beim Partizip Perfekt unterstreichen (lassen). Sind alle Verben richtig zugeordnet? Lassen Sie eventuelle Korrekturen (Streichungen, Ergänzungen) durch die TN vornehmen.

Lösung: **A** (regelmäßige Verben) machen – gemacht, lernen – gelernt, faulenzen gefaulenzt, klappen – geklappt, warten – gewartet, legen – gelegt, brauchen – gebraucht, suchen – gesucht; **B** (regelmäßige trennbare Verben) einkaufen – eingekauft, aufwachen – aufgewacht, mitmachen – mitgemacht; **C** (unregelmäßige Verben) ziehen – gezogen, bleiben – geblieben, gehen – gegangen, finden – gefunden, essen – gegessen, treffen – getroffen, fliegen – geflogen, sitzen – gesessen; **D** (unregelmäßige trennbare Verben) einladen – eingeladen, abfliegen – abgeflogen, ansehen – angesehen, ankommen – angekommen, einschlafen – eingeschlafen, losgehen – losgegangen, zurückfahren – zurückgefahren; **E** (regelmäßige nicht-trennbare Verben) besuchen – besucht, besichtigen – besichtigt, verpassen – verpasst, erzählen – erzählt; **F** (unregelmäßige nicht-trennbare Verben) beginnen – begonnen, verlieren – verloren, vergessen – vergessen; **G** (Verben mit „sein"-Perfekt) gehen – (ist) gegangen, aufwachen – (ist) aufgewacht, ziehen – (ist) gezogen, bleiben – (ist) geblieben, fliegen – (ist) geflogen, abfliegen – (ist) abgeflogen, ankommen – (ist) angekommen, einschlafen – (ist) eingeschlafen, losgehen – (ist) losgegangen, zurückfahren – (ist) zurückgefahren

5. Lassen Sie die Plakate durch weitere Verben aus dem bereits bekannten Wortschatz ergänzen. Sehr selbständige Gruppen suchen in der Wortliste nach weiteren Verben (Hinweis: Dort sind die Perfektformen nur für die unregelmäßigen Verben = Gruppen C, D, F und G aufgeführt). *Alternative:* Verteilen Sie die vorbereiteten Verbkärtchen (Kopie von Kopiervorlage 9/3, in Kärtchen zerschnitten): Jeweils zwei oder drei TN erhalten ein Kärtchen, gehen zu den verschiedenen Plakaten und ergänzen das jeweils passende Verb (die Verben mit „sein"-Perfekt passen immer auf zwei Plakate!)

6. Die TN lesen die Regeln im Buch und überlegen, welche der im Buch angegebenen Regeln für welche Verbgruppen gelten – anschließend Vergleich der Lösungen im Plenum.

Lösung: **1** A, B, C, D, G; **2** B, D; **3** A, B, E; **4** C, D, F; **5** A, B, (C, D), E, F; **6** G; **7** E, F

7. Zusatzspiel „Pantomime": Bereiten Sie Kärtchen mit Verben / Verbgruppen vor, die sich pantomimisch darstellen lassen und deren Perfektformen den TN bekannt sind, z.B. „Eis essen", „Brille suchen", „faulenzen", „aufwachen", „spazieren gehen", „einschlafen", „ein Museum besuchen", „den Bus verpassen" usw. Ein TN bekommt eine Karte, stellt das Verb pantomimisch dar und fragt dann: „Was habe ich gemacht!" Die anderen raten und antworten in der entsprechenden Perfektform, z.B.: „Du hast ein Eis gegessen." Wer richtig rät, bekommt die nächste Karte usw. (vgl. auch Methoden-Tipp in Lehrerbuch 1A, zu S. 60).

Zusatzübung: Urlaubs-/Ferien-Smalltalk (vgl. Methoden-Tipp, zu S. 103). Situation: Zwei Kollegen/ Freunde/Schüler treffen sich und erzählen sich, was sie im Urlaub gemacht haben.

B 6

Arbeiten Sie zu dritt oder zu viert und schreiben Sie Plakate.

A *Infinitiv   ge/.../(e)t*
   machen   gemacht

   B *Infinitiv   .../ge/.../(e)t*
      einkaufen   eingekauft

C *Infinitiv   ge/.../en*
   schlafen   geschlafen

   D *Infinitiv   .../ge/.../en*
      einladen   eingeladen

E *Infinitiv   ....t*
   besuchen   besucht

   F *Infinitiv   ....en*
      beginnen   begonnen

G *Perfekt mit „sein"*
   gehen   (ist) gegangen

Welche Regeln gelten für welche Gruppen? Markieren Sie.

1 Das Partizip Perfekt bildet man bei den meisten Verben mit der Vorsilbe „ge-". ___A,___

2 Bei trennbaren Verben steht „-ge-" nach der trennbaren Vorsilbe. _____

3 Das Partizip Perfekt der regelmäßigen Verben hat die Endung „-(e)t". _____

4 Das Partizip Perfekt der unregelmäßigen Verben hat die Endung „-en". _____

5 Die meisten Verben bilden das Perfekt mit „haben". _____

6 Verben der Bewegung (A → fahren/fliegen/... → B) oder der Veränderung

   (wach sein → einschlafen → schlafen) bilden das Perfekt mit „sein" (auch: bleiben!). _____

7 Verben mit den Vorsilben „er-, be-, ver-" sind nicht trennbar. Sie haben kein „ge-". _____

berichten du berichtest, sie/er/es
  berichtet berichtete hat berichtet
  19, 35, 65, 78, 104, 106, 108, 123
Beruf der, -e 6, 7, 8, 14, 24, 57

Betrieb der, -e A
Betriebsfest das, -e
betrunken   113
Bett das, -en 31

ge·ben; *gibt, gab, hat gegeben;* ⟨Y⟩ **1** *j-m etw. g.* etw.
in j-s Hände od. in seine Nähe legen / tun, sodass er
es nehmen kann ≈ j-m etw. reichen ↔ j-m etw.

war·ten[1]; *wartete, hat gewartet;* ⟨Y⟩ **1** (*auf j-n / etw.*)
  w. nichts tun, nicht weggehen o. Ä., bis j-d kommt
  od. etw. eintritt ⟨auf den Zug w.; w., bis man ab-

Lerntipp:
Lernen Sie die unregelmäßigen Verben und die
Verben mit „sein" immer mit dem Partizip Perfekt,
also:
schlafen – **geschlafen**   fliegen – **ist geflogen**
beginnen – **begonnen**   fahren – **ist gefahren**
usw.

Sie finden diese Informationen in der Wortliste
und im Wörterbuch.

B 7   Hören Sie, sprechen Sie nach und markieren Sie den Wortakzent.

abgeflogen ◆ angekommen ◆ eingeschlafen ◆ aufgewacht ◆ losgegangen ◆ eingekauft ◆
besucht ◆ besichtigt ◆ verpasst ◆ vergessen ◆ erzählt

Ergänzen Sie die Regeln.

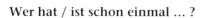

auf dem Verbstamm ◆ auf der Vorsilbe ◆ Vorsilbe + ge ◆ ge	
Trennbare Verben	**Nicht-trennbare Verben**
Vorsilben _ab,_____	Vorsilben _be,_____
Wortakzent _____	Wortakzent _____
Partizip Perfekt _____	Partizip Perfekt ohne _____

B 8   Fragen Sie und machen Sie Notizen.

ARBEIT B 5

Wer hat / ist schon einmal … ?

nach Asien fliegen

in den USA einkaufen

über die Datumsgrenze fliegen

in Afrika in der Sonne liegen

den Grand Canyon sehen

das Flugzeug verpassen

in ein Spielkasino gehen

den Pass oder das Ticket vergessen

eine berühmte Person kennen lernen

japanisch essen

eine kulturelle Veranstaltung im Ausland
   besuchen

…

Bist du / Sind Sie schon einmal nach Asien geflogen? ↗
Nein, → *noch nie.* ↘
Hast du / Haben Sie schon einmal in den USA eingekauft? ↗
Ja. ↘ *Ich war vor 3 Jahren in den USA.* ↘ *Da habe ich auch eingekauft.* ↘
…

Jetzt berichten Sie.

Mario war schon einmal in den USA → *und hat dort auch eingekauft.* ↘

B 9   Was haben Sie am letzten Wochenende gemacht? Berichten Sie.

B 7 Focus   Partizip Perfekt: Wortakzent bei trennbaren und nicht-trennbaren Verben
Material   Kopien von Kopiervorlage 9/4 „Wörter summen: Perfekt"

1. Spielen Sie die Verben auf Cassette vor, die TN lesen mit, sprechen nach und markieren den Wortakzent. Vergleichen Sie die Lösungen im Plenum, am besten an der Tafel oder auf OHP. Unterstreichen Sie die Akzentuierung mit Geste (vgl. Methoden-Tipp in Lehrerbuch 1 A, zu S. 22)
   Lösung: abgeflogen, angekommen, eingeschlafen, aufgewacht, losgegangen, eingekauft
   besucht, besichtigt, verpasst, vergessen, erzählt
2. Die TN ergänzen in Partnerarbeit die Regeln und vergleichen ihre Lösungen untereinander und im Plenum.
   Lösung: **Trennbare Verben** Vorsilben: *ab, an, ein, auf, los, ein;* Wortakzent: *auf der Vorsilbe,* Partizip Perfekt: *Vorsilbe + ge*
   Nicht trennbare Verben Vorsilben: *be, ver, er;* Wortakzent: *auf dem Verbstamm;* Partizip Perfekt ohne *ge*
3. *Zusatzübung:* Markieren Sie gemeinsam mit den TN auf den Plakaten A–F aus B6 im Strukturmuster des jeweiligen Partizips Perfekt den Wortakzent und lassen Sie einzelne TN die darunter aufgelisteten Verben mit deutlichem Wortakzent vorlesen. Deuten Sie dann abwechselnd auf Verben aus verschiedenen Gruppen und lassen Sie sie vorlesen. Stimmt der Wortakzent? Kann auch in zwei Gruppen als Wettkampf gespielt werden.

A	Infinitiv	ge/.../(e)t	C	Infinitiv	ge/.../en	E	Infinitiv	... .../t
	machen	*gemacht*		*schlafen*	*geschlafen*		*besuchen*	*besucht*
B	Infinitiv	.../ge/.../(e)t	D	Infinitiv	.../ge/.../en	F	Infinitiv	... .../en
	einkaufen	*eingekauft*		*einladen*	*eingeladen*		*beginnen*	*begonnen*

Ratespiel „Wörter summen": Lassen Sie Dreier- oder Vierergruppen bilden. Alle TN erhalten eine Kopie von Kopiervorlage 9/4 und spielen „Wörter summen" (vgl. Lehrerbuch 1A, zu S. 1). Dann suchen sich die TN eine Verbgruppe aus und schreiben dazu eine kleine Geschichte (auch als Hausaufgabe möglich) – anschließend Vorlesen der Geschichten in den Kleingruppen und Auswahl der gelungensten Geschichte zum Vorlesen im Plenum.

Arbeitsbuch B 5–B 8: Zusatzübungen zum Perfekt und zum Wortakzent
B 5   Partizip Perfekt der regelmäßigen Verben ergänzen und Wortakzent markieren (Stillarbeit oder als Hausaufgabe)
B 6   Partizip Perfekt der unregelmäßigen Verben ergänzen, Wortakzent markieren (Stillarbeit oder als Hausaufgabe)
B 7   Verben mit „sein"-Perfekt nach den Kategorien Bewegung und Zustandsveränderung sortieren (Partnerarbeit im Unterricht; vorher im Plenum thematisieren und erklären, evtl. mit Hilfe von Zeichnungen oder Pantomime).
B 8   Übung zum Perfekt mit Lückentext „Pannen-Urlaub" (Stillarbeit oder als Hausaufgabe)

B 8 Focus   Perfektformen anwenden; andere befragen und sich Notizen machen

1. Zeigen Sie an den beiden Beispieldialogen, wie zu den Stichpunkten konkrete Fragen an einzelne TN formuliert werden können.
2. Lassen Sie die TN zunächst schriftlich zu allen Stichpunkten die korrekten Fragen formulieren, gehen Sie dabei herum und helfen Sie, soweit nötig.
3. Die TN gehen im Raum umher, befragen sich gegenseitig anhand der im Buch vorgegebenen Stichpunkte und machen sich bei positiven Antworten Notizen (Namen, konkrete Umstände). Nach höchstens drei Fragen sollten die Gesprächspartner wechseln. Beenden Sie die Aktivität nach 5–10 Minuten.
4. Bilden Sie einen Kreis und stellen Sie nacheinander jeden TN in die Mitte: Fragen Sie die anderen TN: „Was haben Sie über … herausgefunden?" Die anderen TN berichten über den TN in der Mitte.

B 9 Focus   Perfektformen anwenden; frei sprechen

1. Verteilen Sie ein Arbeitsblatt mit einem Zeitraster und Vorgaben (z.B. Satzanfängen: Freitagabend habe / bin ich …, Dann …, Am Samstag …) oder einem kleinen Musterbericht, an dem sich die TN orientieren können. Die TN machen sich Notizen zu ihren Wochenendaktivitäten (etwa fünf Minuten). Sie gehen herum und helfen.
2. Bilden Sie Zweiergruppen. Die TN berichten sich in Partnerarbeit gegenseitig von ihren Wochenendaktivitäten. Fragen Sie die TN in Zukunft öfters einmal zu Unterrichtsbeginn nach den Wochenend- oder Urlaubsaktivitäten.

SPIEL

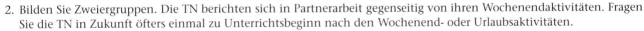

Perfekt-Domino
Domino sollte möglichst in Zweiergruppen gespielt werden, damit alle TN beteiligt sind und niemand untätig herumsitzt. Kopieren Sie Kopiervorlage 9/3 für jede Gruppe einmal und schneiden Sie die Dominosteine aus. Jede Gruppe versucht jetzt so schnell wie möglich, die Steine mit der jeweils passenden Präsens- bzw. Perfektform aneinander zu legen, so dass das Ganze am Ende eine geschlossene Kette ergibt. Erklären Sie das Spiel anhand einer kleinen Zeichnung an der Tafel, um sicher zu gehen, dass auch alle verstehen, was sie machen sollen. Gehen Sie dann von Tisch zu Tisch und helfen Sie schwächeren bzw. langsameren TN. Die Gruppe, die zuerst fertig ist und alles richtig hat, ist Sieger. Ähnliche Domino-Spiele können Sie auch leicht auf andere Grammatikbereiche (z. B. Personalendungen, Präteritum) oder Wortschatz (z. B. Komposita) übertragen und ohne allzu große Mühe selbst herstellen.

C   Zwischen den Zeilen

C 1   Focus   Hörverständnis: Modalpartikeln zur Graduierung von Aussagen

1. Lesen Sie gemeinsam die Partikeln im Kasten und klären Sie mimisch-gestisch die Bedeutungen (von links nach rechts sortiert nach „abschwächend → verstärkend"). Lesen Sie die ersten beiden Sätze und sammeln Sie Vorschläge, welche Wörter in die Lücken passen (zu *nett* passen nur „Verstärker", zu *lang* alle angeführten Modifikatoren). Die TN lesen still die weiteren Sätze (Auszüge aus dem bereits bekannten Hörtext von B2).
2. Spielen Sie nun den Hörtext vor, wenn nötig mehrmals und mit Pausen – die TN ergänzen die fehlenden Wörter.
3. Die TN lesen die vollständigen Sätze dann einzeln laut vor und vergleichen ihre Lösungen.
4. Überlegen Sie gemeinsam mit den TN, wie sich durch den Gebrauch anderer Adverbien die Bedeutung der einzelnen Aussagen verändert. Sie können ihre Erklärungen auch mimisch-gestisch untermalen, z.B. mit Hilfe von Handzeichen, die „sehr gut", „mittelmäßig" usw. bedeuten.

Lösung: **1** sehr; **2** ganz schön; **3** etwas; **4** sehr; **5** ziemlich; **6** ziemlich; **7** wirklich; **8** ganz; **9** etwas; **10** ganz; **11** ganz schön

5. *nur in guten, an Sprachbetrachtung interessierten Kursen:* Stellen Sie zur Diskussion: Warum kann man nicht „ziemlich fantastisch" oder „etwas super" sagen? Vielleicht haben die TN selbst, z.B. im Vergleich zur Muttersprache, eine Idee, wie man das erklären könnte (Erklärung: Ist das Adjektiv selbst schon „stark", passt nur eine „starke" Modifizierung). Verzichtet wurde auf die sehr modischen (aber auch vergänglichen) Superlative mit „unwahrscheinlich", „total", „schrecklich", „furchtbar", „wahnsinnig", „echt", „irre", „verdammt" ... Sie sollten zwar verstanden, aber nicht unbedingt aktiv trainiert werden. Eine kleine Übung dazu folgt später (Arbeitsbuch S.127, E4).

C 2   Focus   Hörverständnis: Wortgruppenakzent bei Partikeln-Adjektiv-Kombinationen; Anwendungsübung

1. Spielen Sie den Hörtext mit kleinen Pausen vor. Die TN achten dabei besonders auf den Wortgruppenakzent und markieren ihn. Sie können das Gehörte auch schon leise – jeder für sich – nachsprechen.
2. Spielen Sie den Text noch einmal vor und lassen Sie die TN im Chor nachsprechen. Schreiben Sie die Wörter vorher an die Tafel oder auf Folie. Ein TN kommt nach vorn und markiert den Wortgruppenakzent, während die anderen laut sprechen. Vergleichen Sie dann gemeinsam, wo der Wortgruppenakzent liegt. Unterstreichen Sie ihn mit Geste.
3. Die TN lesen die Dialoge in Partnerarbeit und suchen eine passende Ergänzung. Danach üben Sie einen oder zwei Dialoge gründlich ein (auswendig lernen → frei sprechen → spielen) und achten dabei auf die richtige Akzentuierung.
4. Die Paare spielen „ihre" Dialoge der Gesamtgruppe vor.
   Zusatzübung: Sie können die Satzpaare in Form einer „Kette" sprechen lassen: Eine TN liest Dialog 1 / Satz 1 und ruft eine andere TN auf. Diese reagiert mit der passenden Antwort, liest dann Dialog 2 / Satz 1 und ruft einen anderen TN auf usw.

Arbeitsbuch C 1–C 3: Übungen zur Wortbildung: Komposita (Stillarbeit oder als Hausaufgabe)
C 1   Bedeutungen zuordnen und den Artikel ergänzen; Wiederholung der Regel: Das Grundwort bestimmt den Artikel.
C 2   Komposita mit „-reise" oder „Reise-" bilden
C 3   die (oft übertragene) Bedeutung von Komposita erkennen

METHODE

Kettenübungen

Sie kennen das Problem mit Übungen, die gemeinsam im Plenum gelöst, oder kleinen Dialogen, die im Plenum vorgetragen werden sollen. Kommen die TN der Reihe nach dran, sitzen die anderen währenddessen gelangweilt herum, weil sie sich schon vorher ausgerechnet haben, bei welchem Satz sie an der Reihe sind. Kommen nur die TN zum Zuge, die sich zu Wort melden, so sprechen immer dieselben. Die TN einzeln aufzurufen, ist sicherlich auch keine optimale Lösung. Sie können diese Probleme umgehen, indem Sie die TN bei bestimmten Übungen oder Dialogen auffordern, sich gegenseitig und durcheinander „dranzunehmen". Ein Dialog als Kettenübung sähe z.B. so aus: TN 1 stellt eine Frage und ruft dann TN 2 auf, der die Frage beantwortet und dann wiederum TN 3 aufruft, der den nächsten Satz sagt usw. So prägen sich die TN die Namen der anderen TN schneller ein und müssen alle bei jeder Aufgabe mitdenken, da sie ja jederzeit an der Reihe sein können.

C 3   Focus   freie Diskussion

1. Bereiten Sie Themen-Kärtchen vor, und zwar zu jedem Thema so viele wie TN in einer Gruppe sein sollen, z.B. viermal „Tangram", viermal „deutsche Sprache". Im Buch sind einige Themen-Beispiele vorgegeben. Sie können aber auch ganz andere Bereiche wählen, von denen Sie vermuten, dass sie eine kontroverse Diskussion zulassen. Mischen Sie die Kärtchen und verteilen Sie sie an die TN, die sich daraufhin in Kleingruppen zusammenfinden.
2. Strukturieren Sie die Diskussion vor, indem Sie an der Tafel / auf OHP verschiedene Partikeln-Adjektiv-Kombinationen und Redemittel für Meinungsäußerungen vorgeben bzw. gemeinsam mit der Gruppe erarbeiten.
3. Die TN diskutieren jetzt in Kleingruppen über ihr Thema und benutzen dabei die aus C1 und C2 bekannten Partikeln-Adjektiv-Kombinationen. Geben Sie etwa fünf Minuten Zeit und lassen Sie die TN Notizen zum Diskussionsverlauf machen (oder bestimmen Sie pro Gruppe einen „Protokollführer").
4. Ein TN aus jeder Gruppe erzählt im Plenum kurz, was innerhalb der Gruppe zum jeweiligen Thema gesagt wurde.

Zwischen den Zeilen

Hören Sie und ergänzen Sie.

C 1
3/15

| ein bisschen ◆ etwas ◆ ziemlich ◆ ganz schön ◆ sehr ◆ wirklich ◆ ganz |

Inka Berger erzählt:

1 Wir haben gleich _____ nette Leute kennen gelernt.

2 Der Flug war _____ lang.

3 Ich war auch _____ müde.

4 Ohne Reiseleiter, das war irgendwie _____ schwierig.

5 Es gab nur noch ein paar Snacks, und die waren _____ teuer.

6 Ich war _____ sauer auf Ralf.

7 Die sind ja _____ schön, aber irgendwie …

8 Das war _____ fantastisch.

9 Das war _____ langweilig.

10 Also das ist eine _____ tolle Stadt.

11 Das war _____ anstrengend, ich bin jetzt fix und fertig.

Hören Sie, sprechen Sie nach und markieren Sie die Akzente.

C 2
3/16

 ganz fantastisch
ganz toll
wirklich schön
wirklich super

 sehr nett
sehr schön
sehr interessant
sehr schick

 ziemlich spät
ziemlich teuer
etwas müde
etwas langweilig
ganz schön anstrengend
ganz schön lang

 sehr schwierig
sehr teuer
wirklich sauer

Was passt? Lesen Sie die Dialoge und ergänzen Sie.

1 ● Die Reise war ganz fantastisch.

   ■ Ja, die war _____ .

2 ● Das Hotel war ziemlich teuer.

   ■ Es war nicht billig, aber _____ _____ .

3 ● Die Tempel waren etwas langweilig.

   ■ Wieso? Die waren doch _____ _____ .

4 ● Die Reise war ganz schön anstrengend.

   ■ Und sehr teuer. Ich bin _____ _____ .

5 ● Kennen Sie die Schillers? Die sind sehr nett.

   ■ Ach, ich weiß nicht. Ich finde sie _____ _____ .

6 ● Der Mantel ist sehr teuer.

   ■ Aber _____ .

7 ● Ich finde das Buch etwas langweilig.

   ■ Langweilig? Ich finde es _____ _____ .

8 ● Ich gehe jetzt nach Hause. Ich bin etwas müde.

   ■ Du hast Recht. Es ist ja auch schon _____ .

Jetzt spielen Sie die Dialoge zu zweit.

ARBEITSBUCH
C 1-C 3

C 3

Wie finden Sie …? Diskutieren Sie zu dritt oder viert.

| Tangram ◆ die deutsche Sprache ◆ die Schule ◆ diese Lektion ◆ das Perfekt ◆ … |

D Informationen über Deutschland

Analog zur Deutschlandkarte im Kursbuch gibt es im Arbeitsbuch auch Karten von Österreich und der Schweiz mit entsprechenden Aufgaben. In Abschnitt D arbeiten Sie also alternativ entweder mit dem Kursbuch oder mit dem Arbeitsbuch, je nach den landeskundlichen Kenntnissen und Informationen, die Sie den TN vermitteln wollen.

1. **Mein Deutschland-Bild:** Fordern Sie die TN auf, ihre „persönliche" Landkarte von Deutschland (Österreich oder der Schweiz) zu zeichnen, und zwar ganz individuell, nach ihren eigene Vorstellungen. Machen Sie deutlich, dass es hier weder auf das künstlerische Talent noch auf die geografische Richtigkeit und Vollständigkeit ankommt. So kann z.B. eine Stadt oder eine Gegend, die ein TN kennt, einen besonders großen Teil einnehmen, während ein anderer Teil der Karte „leer" bleibt. Die TN können ihrer Fantasie freien Lauf lassen und regionale Besonderheiten wie z.B. Berge, Wasser, Gebäude, einen Bierkrug o. Ä. einzeichnen.

2. Die TN setzen sich in Vierergruppen zusammen und sprechen über ihre Karten. Dabei stellt jeder seine Karte kurz vor und erklärt, was er gezeichnet hat und warum. Ziel dieser Aufgabe ist es, den TN die unterschiedlichen Perspektiven zu verdeutlichen, denn jeder Mensch hat ja eine ganz persönliche Sicht der Dinge, ein subjektives Bild von einem bestimmten Land. Anschließend werden die Karten im Klassenzimmer aufgehängt, so dass die TN die Gelegenheit haben, sich die Landkarten der anderen in der Pause oder zu einem späteren Zeitpunkt anzusehen.

3. *Zusatzübung:* Bundesländer und Hauptstädte: Zur Bildung von Zweiergruppen bereiten Sie Kärtchen von Kopiervorlage 9/5 „Bundesländer und Hauptstädte" vor (Verzichten Sie hier zunächst auf die Stadtstaaten Berlin, Bremen und Hamburg!). Die Kärtchen werden gemischt und verteilt, die TN gehen dann herum und suchen ihren Partner. Wenn nötig, können sie dazu auch die Deutschlandkarte auf Seite 110 zu Hilfe nehmen.

4. Die TN arbeiten jetzt zu zweit bei geschlossenem Buch. Verteilen Sie Kopiervorlage 9/5 „Bundesländer und Hauptstädte". Die TN tragen gemeinsam die Länder- bzw. Städtenamen ein, die ihnen schon bekannt sind.

5. Besprechen Sie anschließend gemeinsam mit den TN die Ergebnisse und zeichnen Sie (oder eine TN) die Namen in die Karte ein (am besten auf OHP-Folie). Fragen Sie die TN auch danach, ob es sich um alte oder neue Bundesländer handelt. Vielleicht gibt es einige TN mit Vorkenntnissen.

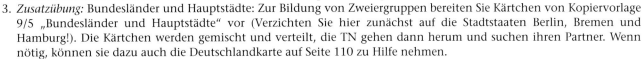

LANDESKUNDE

Sensibilisierung für fremdkulturelle Phänomene

Machen Sie es von Ihrem Kurs, also vom Interesse der TN an landeskundlichen Informationen abhängig, wie intensiv Sie dieses Thema behandeln. Möglicherweise ist es für Lerner, die in einem weit entfernten Land Deutsch lernen, weniger interessant, ein detailliertes Faktenwissen über Deutschland zu erwerben als beispielsweise für europäische Nachbarn oder Lerner, die im Inland einen Sprachkurs besuchen. Sie sollten sich also im Landeskundeunterricht nicht allein auf die Vermittlung von Fakten beschränken, sondern auch auf kulturbedingte Verhaltensweisen u. Ä. eingehen. Das kann z.B. dadurch geschehen, dass sprachliche wie auch nicht-sprachliche Alltagshandlungen und -situationen gespielt und besprochen werden. So können die TN z.B. pantomimisch eine typische Begrüßung in Deutschland / in ihrem Heimatland darstellen. Im Gespräch werden dann die Unterschiede herausgearbeitet, z.B. herzlich – kühl, spontan – kontrolliert, mehr / weniger Körperkontakt usw., und mögliche Missverständnisse geklärt. Weitere Themen für solche Improvisationen und Reflexionen: Wie sind die Ess- und Trinkgewohnheiten der Deutschen / Österreicher / Schweizer? Wie zeigen Deutsche, dass sie sauer sind? Wie verhalten sich deutsche Touristen im Ausland / ausländische Touristen in Deutschland? ... Vielleicht haben die TN auch etwas aus eigener Erfahrung zu berichten, oder Sie selbst können die eine oder andere „Anekdote" zum Besten geben.

D 1 Focus Landeskunde

1. Die TN schlagen das Buch auf und sehen sich die Karte an. Fragen Sie nach einigen Zeichnungen und lassen Sie einige Aussagen über die Karte nach den im Buch vorgegebenen Mustern machen.
2. Die TN sprechen zu zweit oder zu dritt darüber, was sie über Deutschland schon wissen, wo sie schon einmal waren usw. Sie können sich an den Beispielsätzen im Buch orientieren. Zur Klärung des Wortschatzes der Zeichnungen sollten Wörterbücher genutzt werden.

3. Deuten Sie abschließend noch einmal auf einige der Zeichnungen und lassen Sie sie von der Gruppe erklären.
4. *Zusatzübung:* Die TN zeichnen einen „typischen" Deutschen aus der Sicht ihrer Landsleute. Das kann ruhig eine übertriebene Darstellung sein, die auch viele Vorurteile gegenüber Deutschen thematisiert. Machen Sie deutlich, dass es auch hier nicht auf die zeichnerischen Fähigkeiten ankommt, sondern auf Ideen. Anschließend bilden alle TN einen Kreis in der Mitte des Klassenzimmers, legen ihre Zeichnungen in die Mitte auf den Boden und äußern sich spontan dazu. Daraus kann sich vielleicht ein Gespräch über Vorurteile gegenüber bestimmten Nationalitäten ergeben.

D 2 Focus kursorisches Lesen; freies Sprechen
Material Kopiervorlage 9/6 „Infos zu weiteren Bundesländern"

1. Die TN lesen die Texte in Stillarbeit, unterstreichen die Städtenamen und die regionalen Merkmale, die auch auf der Karte im Buch zu erkennen sind und ergänzen dann die Namen der Bundesländer. Anschließend Vergleich der Lösungen mit den Nachbarn und im Plenum. Auf Kopiervorlage 9/6 finden sich Zusatztexte zu den Bundesländern, die im Kursbuch nicht behandelt werden. In schwächeren Gruppen teilen Sie die Texte auf: Jede TN liest nur die Texte zu einem oder zu zwei Bundesländern.

   Lösung (von oben nach unten): Thüringen; Berlin; Baden-Württemberg; Sachsen; Bayern; Rheinland-Pfalz; Hamburg

2. Verwenden Sie noch einmal die Kärtchen aus D, Schritt 3. Jede Zweiergruppe, bestehend aus einem Bundesland und der dazugehörigen Landeshauptstadt, präsentiert „ihr" Land, ohne den Namen zu verraten. Sie gibt Informationen über Lage, Besonderheiten usw., und zwar möglichst frei, ohne dabei ins Buch zu gucken. Geben Sie dazu an der Tafel oder auf OHP einige Satzmuster vor, die das freie Sprechen erleichtern. Die Gruppe, die zuerst herausfindet, um welches Bundesland es sich handelt, präsentiert dann „ihr" Land usw.

   > *Unser Bundesland liegt im Norden / Süden / Westen / Osten / ...*
   > *Es ist sehr groß / groß / klein / ... und grenzt an ...*
   > *Es hat einen ...*
   > *Eine Besonderheit ist ...*
   > *Dort gibt es ...*
   > *In diesem Land hat ... gelebt / ist ... geboren.*
   > *Die Landeshauptstadt heißt ...*

   Variante für D2 bzw. Vorschlag für Kopiervorlage 9/6: Jeder Kleingruppe wird ein Text zugeteilt. Sie sucht den Namen „ihres" Bundeslandes, sammelt und sortiert wichtige Informationen und präsentiert es dann im Plenum.

1 **Was wissen Sie über Deutschland? Sprechen Sie mit Ihren Nachbarn.**

Das ist Berlin. Berlin ist die Hauptstadt von Deutschland.
Wer hat in Weimar gewohnt? Waren das Marx und Engels?
Das ist das Zeichen von Mercedes …
Ich war schon einmal in …
Ich habe ein Buch / einen Zeitungsbericht über … gelesen …
…

2 **Welche Texte passen? Vergleichen Sie mit der Karte und ergänzen Sie die Namen der Bundesländer.**

Die Bundesrepublik Deutschland liegt im Herzen Europas. Sie hat neun direkte Nachbarn: Dänemark im Norden, die Niederlande, Belgien, Luxemburg und Frankreich im Westen, die Schweiz und Österreich im Süden und die Tschechische Republik und Polen im Osten. Deutschland hat rund 80 Millionen Einwohner und besteht seit dem 3. Oktober 1990 aus 16 Bundesländern.

5 *Nordrhein-Westfalen* _____ Bevölkerungsreichstes Bundesland und größtes Ballungsgebiet Europas: Rund die Hälfte der Menschen sind in Großstädten mit mehr als 500 000 Einwohnern zu Hause. Das Ruhrgebiet ist Europas größtes Industriegebiet (Kohle, Stahl, Motorenbau, Brauereien). Kulturelle Zentren sind die Landeshauptstadt Düsseldorf und Köln, Geburtsort des bekannten Schriftstellers Heinrich Böll (1917–1985) und berühmt für seinen gotischen Dom und den Karneval.

10 _____ „Deutschlands grünes Herz". Landeshauptstadt ist die „Gartenstadt" Erfurt mit sehr schöner Altstadt. In Weimar lebten für längere Zeit die beiden großen deutschen Dichter Johann Wolfgang von Goethe und Friedrich Schiller. Wichtige Wirtschaftszweige: Werkzeugmaschinen und optische Geräte – die Namen der Stadt Jena und des Mechanikers Carl Zeiss sind weltbekannt. Spezialität: Thüringer Rostbratwurst.

_____ Deutschlands alte und neue Hauptstadt, ein europäisches Kulturzentrum, aber
15 auch eine „grüne" Stadt mit Parks, Wäldern und Seen. Wahrzeichen: das Brandenburger Tor. Wichtiger Industriestandort (Siemens AG und AEG). Neben Hamburg und Bremen einer der drei „Stadtstaaten".

_____ Ein landschaftlich reizvolles Bundesland: Beliebte Ausflugs- und Urlaubsziele sind der Schwarzwald, der Bodensee und Heidelberg (Schloss). Beliebtes Souvenir: die traditionellen Schwarzwälder Kuckucksuhren. Spezialität: die Schwarzwälder Kirschtorte. Wirtschaftliches Zentrum ist die Region um die
20 Landeshauptstadt Stuttgart: Weltfirmen wie Daimler-Benz (Mercedes), Bosch oder Porsche haben hier ihre Zentrale.

_____ Das am dichtesten besiedelte und am stärksten industrialisierte Land der fünf „neuen" Bundesländer. Leipzig, traditionelle Messestadt und Verlagszentrum, ist bekannt für den Thomaner-Chor und die „Montagsdemonstrationen" von 1989. Landeshauptstadt ist Dresden, im Volksmund „Elbflorenz"
25 genannt, mit der wunderschönen Semper-Oper im italienischen Renaissance-Stil. Weltbekannt ist die Porzellanmanufaktur Meißen. Attraktive Urlaubsziele: das Elbsandsteingebirge der Sächsischen Schweiz und die „Silberstraße Erzgebirge".

_____ Größtes Bundesland und deutsches Urlaubs-Paradies: Hauptattraktionen sind die Alpen mit Deutschlands höchstem Berg (Zugspitze: 2962 m) und die Schlösser des bayerischen
30 „Märchenkönigs" Ludwig II. (Herrenchiemsee, Linderhof und Neuschwanstein). Spezialität: die Nürnberger Lebkuchen. Landeshauptstadt ist München, „Deutschlands heimliche Hauptstadt", mit dem weltbekannten Oktoberfest und dem Deutschen Museum (weltgrößte Sammlung zur Geschichte der Naturwissenschaften und der Technik).

_____ Sitz des größten Chemiewerks in Europa (BASF Ludwigshafen) und der größten
35 europäischen Rundfunkanstalt, des Zweiten Deutschen Fernsehens (ZDF). Von hier kommen zwei Drittel der deutschen Weinernte. Hauptattraktion: das Rheintal zwischen Bingen und Bonn mit seinen vielen Burgen und der berühmten „Loreley". Die Landeshauptstadt Mainz ist Geburtsort von Johannes Gutenberg (1400–1468, Erfinder des Buchdrucks), die 2000 Jahre alte Römerstadt Trier ist die Geburtsstadt des Philosophen Karl Marx (1818–1883).

_____ Deutschlands wichtigster Seehafen mit Handelsfirmen aus aller Welt (z.B. rund
40 130 aus Japan und über 20 aus China), aber auch eine der „grünsten" Städte Deutschlands. Sitz der größten deutschen Zeitungs- und Zeitschriftenverlage, der Deutschen Presse-Agentur (dpa) und zahlreicher Fernseh- und Rundfunkanstalten.

Lesen Sie noch einmal und ergänzen Sie die passenden Ausdrücke aus den Texten.

Zeile	Nummer		
1	1	in der Mitte von Europa	*im Herzen Europas*
5	2	hier wohnen sehr viele Menschen	
9	3	Volksfest mit Kostümen und Masken	
11	4	altes Stadtzentrum	
12	5	z.B. optische Geräte, Autoindustrie, Tourismus	
7 + 14	6	hier gibt es viele Theater, Museen, Konzerte …	
15	7	ein Gebäude als Zeichen für eine Stadt	
15/16	8	hier gibt es viele Fabriken / Firmen	
28	9	hierher kommen viele Touristen	
30	10	Essen oder Getränk, typisch für eine Region / Stadt	
25 + 31	11	in der ganzen Welt bekannt	
35/36	12	66% der deutschen Weinproduktion	

D 4

3/17

Über welches Bundesland sprechen die Leute? Hören und ergänzen Sie.

1 _____   5 _____

2 _____   6 _____

3 _____   7 _____

4 _____   8 _____

D 5

Arbeiten Sie zu zweit und fragen Sie Ihren Nachbarn.

Schlagen Sie die Karte vorne im Buch auf.

Partner A: Fragen Sie.

Welches Bundesland liegt nördlich von Niedersachsen?
Welche Stadt liegt an der Ostsee, zwischen Hamburg und Kiel?
Wo liegt … ?
Wie heißt der Fluss im Osten von Deutschland, an der Grenze zu Polen?
Welcher Fluss fließt von … nach … ?
Welches Gebirge liegt … ?

Partner B: Antworten Sie.

Schleswig-Holstein.

Schleswig-Holstein liegt im Norden von Deutschland, nördlich von Niedersachsen.

Fragepronomen „welch-" im Nominativ:

die Stadt	welche Stadt?
der Fluss	welcher Fluss?
das Land	welches Land?
die Städte	welche Städte?

im Norden von …

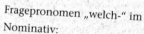

nördlich von …

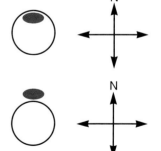

ARB
D

D 6

Jetzt beschreiben Sie Ihr Land oder Ihre Stadt.

Lage (Wo?, Nachbarländer) ◆ Geografie (Gebirge, Flüsse, Seen) ◆ Ballungsgebiete ◆
Industriegebiete / wichtige Industriezweige ◆ Kulturzentren ◆ Hauptattraktionen ◆
Spezialitäten ◆ Wahrzeichen ◆ Volksfeste ◆ …

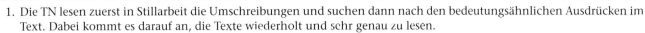

D 3   Focus   selegierendes und totales Lesen; Wortschatz erweitern (Synonyme, Umschreibungen)

1. Die TN lesen zuerst in Stillarbeit die Umschreibungen und suchen dann nach den bedeutungsähnlichen Ausdrücken im Text. Dabei kommt es darauf an, die Texte wiederholt und sehr genau zu lesen.
2. Der Vergleich der Ergebnisse im Plenum kann in Form einer Kettenübung stattfinden (vgl. Methoden-Tipp, zu S. 109).
Lösung: 2 bevölkerungsreichstes Bundesland / größtes Ballungsgebiet Europas; 3 Karneval;
    4 Altstadt; 5 Wirtschaftszweige; 6 kulturelle Zentren / Kulturzentrum; 7 Wahrzeichen; 8 Industriestandort;
    9 Urlaubsparadies; 10 Spezialität; 11 weltbekannt; 12 zwei Drittel der deutschen Weinernte

D 4   Focus   Hörverständnis

1. Spielen Sie die Hörtexte – wenn nötig mehrmals und mit Pausen – vor und lassen Sie die TN die Bundesländer eintragen. Vergleich der Ergebnisse zunächst in Partnerarbeit und dann im Plenum.
Lösung: 1 Bayern; 2 Hamburg; 3 Rheinland-Pfalz; 4 Sachsen; 5 Berlin; 6 Nordrhein-Westfalen; 7 Baden-Württemberg;
    8 Thüringen
2. *Zusatzübung:* Immer zwei TN fragen und antworten abwechselnd, z.B.: TN 1: „Ich möchte baden gehen. Wohin kann ich fahren?" TN 2: „An die Nordsee." TN 2: „Ich trinke ein großes Bier. Wo bin ich?" TN 1: „Auf dem Oktoberfest." Lassen Sie die TN vorher eine Liste mit solchen Fragen / Aussagen vorbereiten – dann läuft die Übung flüssiger.
Variante: Klären Sie im Vorgriff auf D5 anhand der Zeichnungen im Buch oder an der Tafel die Himmelsrichtungen und die Strukturen „im Norden von …" bzw. „nördlich von …". Eine TN sucht sich einen Ort auf der Karte aus. Die anderen versuchen, durch Fragen, auf die sie nur mit „ja" oder „nein" antworten darf, herauszufinden, wo sie ist: „Bist du nördlich von …?" „Bist du in einer Kleinstadt / einer Großstadt / auf einer Insel / …?" Wenn sie zehnmal mit „nein" geantwortet hat und niemand die Lösung gefunden hat, ist sie die Gewinnerin.

D 5   Focus   Sprechübung; Grammatik: das Fragepronomen „welch-"

1. Übertragen Sie die Infobox zu „welch-" aus dem Buch an die Tafel. Klären Sie die Bedeutung anhand von Beispielen und markieren Sie die Signalendungen (die = welche; der = welcher; das = welches). Erklären Sie dann anhand des Beispiels „Schleswig-Holstein" und unter Rückgriff auf die Karte (S. 110) die Himmelsrichtungen und die Bedeutung von „im Norden von …" bzw. „nördlich von …". Lassen Sie einige Fragen im Plenum stellen und beantworten.
2. Alle TN formulieren zunächst mit Hilfe der geografischen Deutschlandkarte vorne im Buch (Umschlag-Innenseite) und – soweit es um Bundesländer geht – mit Hilfe der Karte auf S. 110 etwa zehn Fragen nach den im Buch vorgegebenen Mustern. Dann befragen sich die TN gegenseitig in Partnerarbeit.
Variante: Wettkampfspiel zwischen zwei Gruppen. Die Gruppen bereiten Listen mit Fragen vor. Sie helfen und korrigieren, falls nötig. Dann befragen sich die Gruppen abwechselnd. Die Antworten müssen innerhalb einer festen Zeit (15 Sekunden) gegeben werden: Für jede richtige Antwort erhält die Gruppe einen Punkt, für jede falsche wird ein Punkt abgezogen. So ist sichergestellt, dass nicht alle durcheinander rufen und sich die Gruppen erst auf eine Antwort einigen.
3. *Zusatzspiel „Landeskunde-Quiz":* Bereiten Sie Kärtchen mit Quizfragen (und Antworten) zu Deutschland (Österreich / der Schweiz) vor (Wo liegt …?; Wo gibt es … ?; Wer ist in … geboren?; Wo hat … gelebt? …). Teilen Sie den Kurs in Kleingruppen ein und geben Sie jeder Gruppe entsprechend ihrer TN-Zahl eine Anzahl von Fragekärtchen (3–4 Kärtchen pro TN). Die Kärtchen werden in die Mitte auf den Tisch gelegt. Eine TN beginnt, nimmt die oberste Karte und stellt die erste Quizfrage. Derjenige, der zuerst die richtige Antwort sagt, bekommt das Kärtchen und legt es ab. Dann nimmt er die nächste Karte vom Stapel und liest die Frage vor usw. Fragen, die nicht beantwortet werden, werden wieder unter den Stapel gelegt. Wer nach einer vorher festgelegten Zeit (ca. zehn Minuten) die meisten Kärtchen „erbeutet" hat, ist Sieger.
Variante: Jede Gruppe formuliert 8–10 eigene Quizfragen. Je zwei Gruppen befragen sich dann gegenseitig und erhalten Punkte für richtige Antworten.

Arbeitsbuch D 1–D 2: Informationen über Österreich und die Schweiz; selegierendes Lesen; Kreuzworträtsel

D 6   Focus   Sprechübung: das eigene Land vorstellen

Die TN bereiten als Hausaufgabe einen Bericht über ihr Heimatland vor. Sie können sich dabei an die im Buch vorgegebenen Stichpunkte halten und Strukturen aus den Texten von D2 benutzen. Die Berichte sollten kurz sein und mit Ausdruck vorgetragen werden. Sammeln Sie auch Berichte für die Kurszeitung.
Zusatzübung: Lassen Sie die TN zehn Verhaltensregeln für Touristen aufstellen, die Urlaub in ihrem Land machen.

Internationale Kurse: Die TN bekommen die Aufgabe, in einer der nächsten Stunden ihr eigenes Land oder ihre Region in einem Kurzreferat im Plenum zu präsentieren. Dazu sollen sie sich zu Hause vorbereiten (evtl. in Kleingruppen mit gleicher Nationalität), sich Informationen und Bildmaterial aus dem Reisebüro (oder auch aus dem Internet) besorgen, Poster, Folien und Musik (!) vorbereiten usw.
Sprachhomogene Kurse: Jede Gruppe behandelt einen besonderen Schwerpunkt. Eine Gruppe beschäftigt sich z.B. mit der Geografie ihres Heimatlandes, eine andere mit den Kulturzentren usw.

LANDESKUNDE

Ein Volksfest ist eine öffentliche Veranstaltung (im Freien), die einmal oder mehrmals im Jahr stattfindet. Dort gibt es Karussells, Festzelte, Ess- und Verkaufsstände u. Ä. Große Volksfeste sind in Deutschland z.B. das Oktoberfest in München, der Karneval im Rheinland oder der Dom in Hamburg. Volksfeste in kleineren Städten und auf dem Lande werden auch „Jahrmarkt" genannt.

E   Eine Reise in Deutschland

E 1   Focus   kursorisches Lesen; Grammatik: Verben auf „-ieren"

1. Als Vorbereitung auf den Reisebericht spielen die TN Perfekt-Memory mit den bisher bekannten Verben (Infinitiv oder 3. Pers. Sg. und Partizip Perfekt). Lassen Sie die TN die Memory-Kärtchen in Kleingruppen selbst erstellen. Dadurch prägen sich die Perfektformen besser ein, das eigene Kreativsein motiviert zum anschließenden Spielen und erspart Ihnen zusätzliche Arbeit (vgl. Spiel-Tipp in Lehrerbuch 1A, zu S.32).

2. Die TN lesen die Reisenotizen einmal ganz und markieren dabei die Reiseroute auf der Karte. Vergleich der Ergebnisse im Plenum (Tafelzeichnung der Route).

3. Klären Sie schwierige Ausdrücke und die Bedeutung der Abkürzungen im Gespräch. Lassen Sie dabei schon einmal einzelne Notizen versprachlichen, z.B. *11.30 Ankunft Frankfurt* („Um halb zwölf bin ich in Frankfurt angekommen."), *Abends Essen im Hotel (nie mehr!)* („Abends habe ich im Hotel gegessen, aber das Essen war nicht gut, das mache ich nie mehr.")

4. Lesen Sie gemeinsam die Infobox zu den Verben auf „-ieren". Dann lesen die TN den Text noch einmal und schreiben alle Verben auf „-ieren" heraus (zusätzlich im Text noch: studieren, diskutieren). Beim anschließenden Vergleich im Plenum notiert eine TN diese Verben auf Zuruf auf einem neuen Verb-Poster. Erklären Sie die Perfektbildung (Ausnahme: verlieren = kein Fremdwort, also auch kein echtes „-ieren-" Verb) und sammeln Sie weitere Verben auf „-ieren" aus dem bisher bekannten Wortschatz *(buchstabieren, funktionieren, gratulieren, informieren, korrigieren, markieren, notieren, organisieren, präsentieren, probieren, renovieren, sortieren, trainieren)*, indem Sie entsprechende Hilfen geben: *ein Wort (buchstabieren), zum Geburtstag (gratulieren), einen Fehler (korrigieren)* usw.

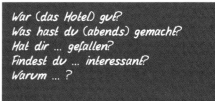

5. Jeder Kleingruppe wird ein Tag zugeteilt, den sie dann mündlich (in vollständigen Sätzen im Perfekt) im Plenum wiedergeben soll. Durch die Einzelbeiträge der Paare / Kleingruppen ergibt sich dann die Gesamtreise.

E 2   Focus   Sprechübung: Perfekt anwenden

1. Formulieren Sie gemeinsam mit der Gruppe den Bericht von Tag 1 (Dienstag, 10. Juni) in vollständigen Sätzen. Dann lassen Sie Paare bilden und teilen Sie jedem Paar einen Tag zu (schwächere TN bekommen die kürzeren Texte). Die TN formulieren in Partnerarbeit den Bericht zu ihrem Tag in kompletten Sätzen. Gehen Sie herum und helfen Sie, soweit nötig. Sammeln Sie dann an der Tafel einige mögliche Zwischenfragen.

2. TN 1 erzählt TN 2 von der Reise (in der Ich-Form), und zwar möglichst in vollständigen Sätzen. TN 2 kann immer wieder nachfragen, sich nach Details erkundigen. Etwa nach der Hälfte werden die Rollen getauscht, und TN 2 schlüpft in die Rolle von Juan Lojo Fabeiro. Gehen Sie währenddessen herum und helfen Sie bei Fragen und Problemen.
Variante: Diese Aufgabe kann auch schriftlich, eventuell als Hausaufgabe, bearbeitet werden. Vorgabe: Conny Richter ist leider nicht in Heidelberg, sondern gerade im Urlaub. Schreiben Sie ihm / ihr einen Brief und berichten Sie über Ihre Reise.

3. *Zusatzübung:* „Wochenend-Notizen": Nach dem Muster von Juan Lojo Fabeiros Reisenotizen können die TN sich (evtl. als Hausaufgabe) notieren, was sie am Wochenende (oder auf einem Ausflug) gemacht haben (Wichtig: keine vollständigen Sätze, sondern nur Notizen). Am ersten Kurstag nach dem Wochenende erzählen die TN sich in Partnerarbeit, was sie gemacht haben. Grundlage dafür bilden ihre Notizen. Schwierigere Variante, die gut lesbare Notizen erfordert: Die TN tauschen ihre Notizen aus, jeder berichtet dann (in Kleingruppen oder im Plenum) über die Wochenend-Erlebnisse anderer TN. Diese Übung können die TN auch regelmäßig zu Beginn der Woche machen.

4. *Zusatzübung:* „Eine Reise planen": Die TN besorgen sich in Reisebüros Prospektmaterial über Urlaubsziele / -reisen in Deutschland, Österreich und der Schweiz. Auf dieser Grundlage wählen sie eine Reise aus und skizzieren den Verlauf in Stichworten. Dann berichten die Gruppen nacheinander von ihren Reisen und fragen sich gegenseitig nach Einzelheiten.

Arbeitsbuch E 1–E 5: Zusatzübungen zum Perfekt; Hörverständnis

E 1   Brief korrigieren (Stillarbeit), dann Vergleich der Korrekturen mit dem Nachbarn (Partnerarbeit), anschließend Besprechung im Plenum; evtl. den Text vorher (vergrößert) auf OHP-Folie kopieren und die Korrekturen dort für alle sichtbar eintragen.

E 2   Hörverständnis „Telefongespräch" mit Aufgaben zum Globalverständnis (im Kurs)

E 3   Lückentext zu Verbformen (Präsens, Präteritum von „sein" und „haben", Perfekt) (Stillarbeit oder als Hausaufgabe)

E 4   Hörverständnis und Systematisierung von umgangssprachlichen „Verstärkern" (Stillarbeit oder als Hausaufgabe)

E 5   Schreibübung: einen persönlichen Brief schreiben (als Hausaufgabe)

Eine Reise in Deutschland

1 **Lesen Sie die Reisenotizen und markieren Sie die Reiseroute.**

Juan Lojo Fabeiro ist Reiseleiter in Spanien. In seinen Reisegruppen sind immer deutsche Touristen. Viele Deutsche sprechen kein Spanisch, also hat Juan Deutsch gelernt.
Jetzt reist er durch Deutschland. Er will sein Deutsch verbessern und das Land seiner Kunden kennen lernen.

> Fast alle Verben auf „-ieren" sind Fremdwörter. Sie bilden das Partizip Perfekt **ohne** die Vorsilbe „ge-", aber **mit der Endung -t.** Der Wortakzent ist immer am Ende.
>
> | | |
> |---|---|
> | repar**ieren** | (hat) repar**iert** |
> | telefon**ieren** | (hat) telefon**iert** |
> | pass**ieren** | (ist) pass**iert** |

(Wenn einer eine Reise tut, dann kann er was erzählen.)

Dienstag, 10. Juni
11.30 Ankunft Frankfurt. Gleich ins Hotel Bristol; nachmittags Stadtbummel: Goethehaus, Museum für Moderne Kunst, Spaziergang am Main (Museumsufer). Abends Essen im Hotel (nie mehr!), dann „Tigerpalast" (Varieté, sehr lustig).

Mittwoch, 11. Juni
9 Uhr Abfahrt zur 5-Tage-Busrundfahrt Thüringen / Sachsen. Erste Station Eisenach (Besichtigung Wartburg und Lutherhaus), dann nach Gotha (Schloss Friedenstein, schöner Park!, Kamera kaputt: keine Fotos), abends nach Erfurt.

Donnerstag, 12. Juni
Stadtbesichtigung Erfurt (viele Kirchen, „Stadt der Türme"), nachmittags Stadtbummel: schöne alte Häuser, Fotogeschäft: Kamera repariert! Abends Kino („Stadtgespräch" - sehr komisch) dann Kneipe (1 Uhr: „Sperrstunde" → alle raus).

Freitag, 13. Juni
Fahrt nach Weimar - kleiner Unfall, nichts passiert - „Gottseidank" (lernen!). Stadtbesichtigung (Nationaltheater, Goethehaus, Stadtschloss): guter Führer, langsam gesprochen - gut verstanden; → Dresden. Auf Autobahn Bus-Panne, Fahrer telefoniert, 3 Std. im Bus (deutsche Organisation?), dann Umsteigen

(neuer Bus). Erst 22 Uhr in Dresden, Abendessen verpasst (Hotelrestaurant geschlossen) → Pizza!

Samstag, 14. Juni
Stadtrundgang: Zwinger und Semperoper! Nachmittags Ausflug in die „Sächsische Schweiz" (etwas übertrieben - aber tolles Panorama!). Abends Orgelkonzert (Bach); mit Straßenbahn zurück; betrunkene (?) Jugendliche („Scheiß-Ausländer") → schnell zum Hotel.

Sonntag, 15. Juni
Abfahrt nach Meißen (Besuch Porzellanmanufaktur. Tasse gekauft und im Café vergessen - Mist!); Rückfahrt nach Frankfurt a.M. Abends „Don Carlos" (spanisches Restaurant, wunderbar!)

Montag, 16. Juni
Tagestour nach Heidelberg. Besuch bei Conny (studiert jetzt hier); Spaziergang am Neckar (Schloss & Altstadt!); abends Kneipe (mit Freunden von C.; viel erzählt und diskutiert: Deutschland, Spanien, Höflichkeit, Frauen-Männer). Essen und Bier „Klasse" (= sehr gut); spät zurück nach F., gleich ins Hotel und ins Bett.

Dienstag, 17. Juni
Ausgeruht; nachmittags Abfahrt zur Bayern-Rundreise: mit dem Intercity nach München

---

2 **Arbeiten Sie zu zweit und sprechen Sie über die Reise.**

Partner A ist ■ Juan Lojo Fabeiro. Er erzählt von seiner Reise.
Partner B ist ● seine Freundin Conny aus Heidelberg. Sie will alles ganz genau wissen.

■ *Am Dienstagmittag bin ich in Frankfurt angekommen und gleich zum Hotel gefahren.*
    ● *War das Hotel gut?*
■ *Ja, das war ganz okay, aber das Restaurant …*
    ● *Und was hast du in Frankfurt gemacht?*
■ *…*

Der Perfekt-Hamburg-Trip-Rap

Hey, du,
wie war der Hamburg-Trip?

Gottseidank, Gottseidank,
bin ich jetzt zurück.

Erzähl doch mal …

dann hilf mir mal,
ich hab's noch nicht gecheckt

Das mit dem Perfekt?

Das geht noch nicht perfekt!

fliegen?   geflogen
ab, ab, ab, ab, abgeflogen
kommen?   gekommen
an, an, an, an, angekommen
schlafen?   geschlafen
neunzehn Stunden nicht geschlafen
nur gesessen, viel gegessen
warten?   gewartet
lange aufs Gepäck gewartet
fahren?   gefahren
dann gleich ins Hotel gefahren
nehmen?   genommen
Bad genommen, ausgeruht

Das mit dem Perfekt,
das geht doch schon sehr gut!

gehen?   gegangen
bin dann in die Stadt gegangen
kaufen?   gekauft
ein, ein, ein, groß eingekauft
machen?   gemacht
Tour gemacht, Show besucht
Bus verpasst, Bar gesucht
passieren?   passiert
dann ist es passiert
saufen?   gesoffen
zwei, drei, vier – Schnaps und Bier
einschlafen?   eingeschlafen
eingeschlafen, aufgewacht
Geld weg, Pass weg

Was hast du gemacht?

zurückfliegen? Richtig:
Ich bin dann halt zurückgeflogen.
ankommen? Klar:
gestern wieder angekommen
In Hamburg auf der Reeperbahn,
da war ich nicht ganz klar …

Mensch, das mit dem Perfekt,
das geht doch wunderbar!

1. Bevor Sie den Rap mündlich reproduzieren lassen, können Sie ihn als Übung zum Hörverständnis einsetzen. Sagen Sie den TN: „Sie hören jetzt einen Reisebericht. Was hat der Mann alles gemacht? Was ist passiert? Machen Sie Notizen." Spielen Sie den Rap einmal bei geschlossenem Buch vor und sammeln Sie Stichworte zum Reiseverlauf an der Tafel. Klären Sie auftauchende Widersprüche und Unklarheiten durch nochmaliges Vorspielen, evtl. mit kleinen Pausen zwischen den Strophen.

2. Spielen Sie den Rap noch einmal vor. Die TN schlagen das Buch auf und lesen leise mit.

3. Klären Sie die Sprecherrollen: Der Hamburg-Reisende mit Perfekt-Defiziten (= linke Spalte) und der Zuhörer mit perfekten Perfekt-Kenntnissen (= rechte Spalte). Die TN üben den Rap in Partnerarbeit ein.

4. Sicherlich gibt es Freiwillige, die bereit sind, ihre Rap-Version im Plenum vorzutragen.
   Variante: Teilen Sie den Kurs in zwei oder drei große Gruppen ein, entwickeln Sie einen gemeinsamen Rhythmus (mit den Fingern schnippen, mit Kulis auf die Tische klopfen, klatschen usw.) und lassen Sie den Rap dann im Chor sprechen. Die dritte Gruppe begleitet den Rap durch pantomimische Darstellung der entsprechenden Aktivitäten. Sie sollten eine Dirigenten-Rolle übernehmen und beide Rollen deutlich mitsprechen, um bei dem raschen Sprecherwechsel zu helfen.

5. *Hausaufgabe:* Lassen Sie die TN den Rap als Reisebericht schriftlich ausformulieren oder aber nach dem vorliegenden Muster (Perfekt!) einen (Kurz-)Rap über eine Reise, ein Wochenende oder einen schönen / schrecklichen Tag schreiben.

LANDESKUNDE

Die Reeperbahn in der Nähe des Hamburger Hafens ist die bekannteste Vergnügungsmeile Deutschlands im „Rotlicht-Viertel" St. Pauli. Neben unzähligen Bars und Kneipen, Sex-Shops u. Ä. gibt es aber auch seriöse Restaurants, Kinos, ein Musical-Theater usw. Die Reeperbahn gilt als Touristenattraktion.

Arbeitsbuch F 1–F 6: stimmhaftes und stimmloses „s", „sch"-Laut, Koartikulation von „sp" und „st"

F 1   Hörübung zur ersten Unterscheidung von stimmlosem und stimmhaftem „s" ; die TN hören. Erklären Sie die phonetischen Symbole [s] und [z] noch einmal mit Hilfe der Beispielwörter und Bilder (Schlange/Biene). Die TN sprechen ein stimmloses „s" und ein stimmhaftes „s". Fragen Sie nach weiteren Wörtern mit „s": Ist das „s" in diesen Wörtern stimmhaft oder stimmlos?"

F 2   Hör- und Nachsprechübung zur Unterscheidung von stimmlosem und stimmhaftem „s" : Die TN hören die Wörter, sprechen sie nach und markieren, ob sie ein stimmloses oder stimmhaftes „s" hören. Vergleichen Sie die Ergebnisse im Plenum. Klären Sie auftauchende Widersprüche durch nochmaliges Hören. Erst dann ergänzen die TN die Regeln mit Hilfe der (jetzt markierten) Beispielwörter aus F2 (und F1).

F 3   Anwendungsübung zur Aussprachregel: Die TN markieren vor dem Hören, bei welchen Wörtern der „s"-Laut weich gesprochen wird. Anschließend hören, nachsprechen und vergleichen. Sollten einige TN Probleme mit der Differenzierung von [s] und [z] haben, so machen Sie den Unterschied mit der „Kehlkopfprobe" deutlich (Finger an den Kehlkopf halten, „s"-Laut lang halten: nur bei [z] ist, ausgelöst durch den Stimmton, eine Vibration spürbar) und üben Sie mit Wortpaaren (Glas–Gläser, Haus–Häuser, Kurs–Kurse, Maus–Mäuse, Preis–Preise, Vers–Verse; lesen–lassen, gegessen–gewesen, Hosen–hassen, Käse–Kasse, nasse–Nase, Präsens–Presse, Vase–Tasse etc.).

F 4   Hör- und Nachsprechübung „sch"-Laut [ʃ].Verdeutlichen Sie die Aussprache an den markierten Beispielen und sammeln Sie an der Tafel die möglichen Schreibweisen (sch, sp, st). Die TN hören, sprechen nach und markieren alle [ʃ].
Lassen Sie auch hier vor der Regelergänzung zunächst die Ergebnisse vergleichen. Lassen Sie weitere bekannte Wörter mit „s"-Lauten in der Wortliste oder im Wörterbuch nachschlagen und anhand der Position des „s"-Lautes (und eventuell der Silbenmarkierung) entscheiden, ob [s],[z] oder [ʃ] gesprochen werden muss.

F 5   Falls der Laut [ʃ] Schwierigkeiten macht, üben Sie die Ableitung des [ʃ] vom [s].

F 6   Spielen oder lesen Sie die beiden Texte vor – die TN hören und sprechen nach. Dann Auswahl und Einübung eines Textes allein („Anstrengende Gastspiele") oder in Partnerarbeit („Flüstergespräch").
Achtung: nach der Titelansage „Flüstergespräch" folgen beim Hörtext etwa zehn Sekunden Stille – das ist beabsichtigt.

G Rund um den Urlaub

G 1 Focus kursorisches Lesen

1. Die TN lesen zuerst die Überschriften und dann die Texte. Machen Sie deutlich, dass es darum geht, die Texte möglichst schnell zu überfliegen: Ziel ist die möglichst rasche Zuordnung der Überschriften, nicht ein detailliertes Textverständnis. Danach Vergleich der Lösungen im Plenum.

Lösung: **A** Reisefreiheit; **B** Touristen; **C** USA ganz anders

2. *Zusatzübung für fortgeschrittene Lerngruppen:* Lassen Sie die TN zu dritt einen der Texte diskutieren. Geben Sie als Ziel eine Zusammenfassung des jeweiligen Textes in einem Satz und als Zeitvorgabe etwa fünf Minuten vor. Anschließend Bericht im Plenum.

G 2 Focus totales Lesen

Die TN lesen die Texte von G1 jetzt noch einmal genau, lesen dann die Aussagen von G2 und ordnen – eventuell in Partnerarbeit – die Aussagen den Texten zu.

Lösung: 1 A; 2 B; 3 C; 4 B; 5 C; 6 A; 7 B

Zusatzübung „Dialog im Reisebüro": Zu Text C: Die TN arbeiten in Paaren zusammen. Geben Sie folgende Situation vor: Eine TN ist eine konservative ältere Dame, die kein Englisch spricht und Angst vor Ausländern hat, aber trotzdem die USA kennen lernen will. Sie geht ins Reisebüro Stempfl und erkundigt sich nach Angeboten. Die Angestellte erzählt ihr von einem interessanten Angebot für Gruppenreisen. Ein oder zwei Paare können ihren Dialog dann im Plenum präsentieren.

Sie können die Situation im Reisebüro auch zu einer längeren Aktivität ausbauen, in der viele Redemittel und Strukturen der Lektion noch einmal wiederholt werden (s.u., Spiel-Tipp).

SPIEL

Rollenspiel „Im Reisebüro"

Besorgen Sie Prospekte aus einem Reisebüro: in deutschsprachigen Ländern Prospekte über das Heimatland, im Ausland Prospekte über Deutschland, Österreich oder die Schweiz. Teilen Sie den Kurs in Kleingruppen von je drei TN ein. Jede Gruppe „arbeitet" in einem Reisebüro. Sie schreibt auf ein großes Poster mehrere Reiseangebote und hängt sie an die Wand. Die TN können dazu Bilder und Textpassagen aus dem Prospektmaterial verwenden (ausschneiden und aufkleben oder abschreiben). Die Informationen müssen aber alle auf Deutsch sein. Anschließend gehen zwei TN aus der Gruppe als Kunden in die benachbarten „Reisebüros", um sich dort über die aktuellen Reiseangebote (an der Wand) zu erkundigen und eine der Reisen zu buchen. Wenn sie einige Reisen gebucht haben, gehen sie wieder zurück in „ihr" Reisbüro, lösen dort den „Verkäufer" ab und bedienen „Kunden" aus anderen Gruppen.
Sie können den TN eventuell als Hausaufgabe aufgeben, das Prospektmaterial selbst zu besorgen. Findet der Kurs in einem deutschsprachigen Land statt, so ist dies zugleich ein wirklich authentischer Sprechanlass.

G 3 Focus Gespräch über „interkulturelle Missverständnisse"

Betrachten Sie gemeinsam mit den TN den Cartoon und sammeln Sie Bemerkungen an der Tafel. Wahrscheinlich kommen die TN von allein darauf, dass die Szene in Italien spielt. Helfen Sie bei unbekannten Wörtern (z.B. Zahnpasta, Zeug, Tube). Wahrscheinlich ist der Cartoon nur witzig, wenn die TN die italienischen Wörter „pasta" (= Nudelgerichte) und „al dente" (bissfest, nicht weich gekocht) verstehen. Gehen Sie also ggf. darauf ein und lassen Sie diese Wörter von italienischen oder Italienisch sprechenden TN erklären. Fragen Sie dann: „Haben Sie schon einmal etwas Ähnliches erlebt in einem Land, dessen Sprache Sie nicht sprechen?" bzw. „Haben Sie schon einmal erlebt, dass Fremde in Ihrem Heimatland ähnliche Probleme hatten?". Vielleicht haben die TN auch Lust, eine ähnliche Szene (sprachliche Missverständnisse) selbst zu schreiben und zu spielen.

Arbeitsbuch G 1–G 6: Zusatzübungen zum Leseverstehen; kreatives Schreiben; Sprechübung zum Perfekt (im Kurs oder als Hausaufgabe)
G 1 Vermutungen über den Inhalt des Textes anstellen (Stillarbeit oder Partnerarbeit)
G 2 kursorisches Lesen mit Zuordnungsübung: Textstellen – Paraphrasen (Stillarbeit)
G 3 Vermutungen über den Fortlauf der Geschichte anstellen (Stillarbeit oder Partnerarbeit)
G 4 selegierendes Lesen: Reisevorbereitungen markieren (Stillarbeit)
G 5 kreatives Schreiben (Partnerarbeit)
G 6 Sprechübung zum Perfekt (im Kurs oder als Hausaufgabe)

Rund um den Urlaub

Lesen Sie die Texte. Welche Überschrift passt wo?

USA ganz anders ◆ Reisefreiheit ◆ Touristen

Vermischtes

A

Wer dieses Jahr
Nicht reisen will,
Darf zu Hause bleiben.
Noch kann man reisen
Nach Deutschland
In Deutschland
Aus Deutschland.
Noch muss man nicht.

B

Sie sind abgeflogen,
aber nicht angekommen.
Sie haben besichtigt,
aber nicht kennen gelernt.
Sie haben gehört,
aber nicht verstanden.
Sie haben fotografiert,
aber nicht gesehen.
Sie haben gekauft,
aber nicht erlebt.
Sie haben gesucht,
aber nicht gefunden.
Sie sind zurückgefahren
und haben viel erzählt.
Jetzt planen sie
den nächsten Urlaub.

C

Reisebüro Stempfl
und World Wide Gruppenreisen

präsentieren:

Amerika

Einmalig in Deutschland

- deutsche Organisation
- deutsche Qualität
- deutsche Reiseleitung
- deutsche Sprache
- deutscher Fahrer
- deutscher ★★★★Mercedes Bus

Welche Aussagen passen zu welchem Text? Markieren Sie.

1 „Was? Du bist nicht in Urlaub gefahren? Das verstehe ich nicht. Wenigstens einmal im Jahr wegfahren – das muss schon sein."

2 „Der Urlaub war super – ich habe tolle Souvenirs mitgebracht."

3 „Es war prima organisiert, alles war wie zu Hause …"

4 „Ich habe viele Fotos gemacht. Komm doch mal vorbei, dann zeige ich sie dir."

5 „Ich wollte ja schon immer mal nach Amerika, aber ich kann nicht gut Englisch. Da habe ich neulich ein interessantes Angebot gesehen: …"

6 Viele Leute fahren nur deshalb in Urlaub, weil die Nachbarn auch fahren.

7 Viele Touristen wollen die Kultur ihres Urlaubslandes gar nicht richtig kennen lernen.

H

Kurz & bündig

Das Perfekt   § 4c, § 8e

Freitagnachmittag **sind** wir von Frankfurt nach Bangkok **geflogen**.

Wir **sind** völlig kaputt in Bangkok **angekommen**.

Wir **haben** überall Stadtrundfahrten **gemacht** und viele Veranstaltungen **besucht**.

Perfekt mit „haben"	Perfekt mit „sein"
Hast du Freunde **besucht**?	Ja, ich **bin** mit dem Zug nach Heidelberg zu Conny **gefahren**.
Was **hast** du am Abend **gemacht**?	Ich **bin** in eine Kneipe **gegangen**.
Hast du im Hotel gut **geschlafen**?	Nein, ich **bin** spät **eingeschlafen** und sehr früh wieder **aufgewacht**.

Das Partizip Perfekt   § 8e

regelmäßige Verben		unregelmäßige Verben	
machen	gemacht	fliegen	(ist) **geflogen**
suchen	gesucht	schlafen	geschlafen
warten	gewartet	bleiben	(ist) **geblieben**

trennbare Verben

ạbholen	ạbgeholt	einladen	eingeladen
einkaufen	eingekauft	aufstehen	(ist) aufgestanden
aufwachen	aufgewacht	kaputtgehen	(ist) kaputt**gegangen**

nicht-trennbare Verben

besuchen	besucht	beginnen	begonnen
erzählen	erzählt	erscheinen	erschienen
verpassen	verpasst	vergessen	vergessen

Verben auf „-ieren"

telefonieren	telefoniert
reparieren	repariert
passieren	(ist) passiert

Fragen mit „Welch-"   § 13b

Welches Land liegt **zwischen** Hessen und Sachsen, **in der Mitte von** Deutschland?

Welche Burg liegt **bei** Eisenach?

Welcher Fluss fließt **von** Dresden **nach** Hamburg?

Welches Gebirge liegt **im Südwesten von** Deutschland?

Welche Seen liegen **in der Nähe von** München?

Welche Städte liegen **an der Ostsee, nordöstlich von** Hamburg?

Nützliche Ausdrücke

Wo möchten Sie gerne Urlaub machen? ↗ In Frankreich. ↘ **Ich wollte schon immer einmal** nach Frankreich fahren. ↘

Wie möchtest du gerne Urlaub machen? ↗ **Ich möchte gerne** einmal eine Kreuzfahrt machen. ↘

Was ist für dich im Urlaub wichtig? ↘ Einfach mal **nichts tun**, → **Zeit für** die Familie **haben**, etwas **Sport treiben**. ↘

Das Hotel war **ziemlich teuer**. ↘ Es war nicht billig, → aber **sehr schön**. ↘

Die Tempel waren **etwas langweilig**. ↘ Wieso? ↗ Die waren doch **sehr interessant**. ↘

Die Reise war **ganz schön anstrengend**. ↘ Und sehr teuer. ↘ Ich bin **wirklich sauer**. ↘

Es hat alles geklappt. ↘ Gottseidank ist nichts passiert. ↘

Ich bin **fix und fertig**. ↘ Ich bin **ganz schön sauer**. ↘

Das mit (dem Perfekt / ...), → **das geht doch schon sehr gut**! ↘

H   Kurz & bündig

Diktat

Mein erster Tag in Deutschland
Ich heiße Maria und komme aus Griechenland. Vor zwei Monaten war ich | zum ersten Mal in Deutschland. Ich wollte meine Freundin Tina in Hamburg besuchen. Sie hat früher oft | mit ihren Eltern Urlaub in Griechenland gemacht. Seit acht Jahren schreiben wir uns Briefe, und immer schreibe ich auf Deutsch. | Das habe ich in der Schule gelernt.

Dieses Jahr haben meine Eltern mir | zu meinem achtzehnten Geburtstag | einen Flug nach Hamburg geschenkt. Das war eine tolle Überraschung! Tina hat mich vom Flughafen abgeholt. Am nächsten Morgen hat sie mir | ein bisschen vom Stadtzentrum gezeigt. Hamburg ist eine schöne Stadt. Besonders die vielen alten Häuser | haben mir gut gefallen. Später haben wir auch | eine Hafenrundfahrt auf der Elbe gemacht. Noch nie habe ich | so viele große Schiffe gesehen. Abends haben wir in einem Café | Freunde von Tina getroffen. Alles war sehr interessant, | aber auch ziemlich anstrengend, | deshalb bin ich um zwölf Uhr | todmüde ins Bett gefallen.

TN, die gerne schreiben, können die Geschichte zu Hause fortschreiben.

Freies Diktat

Erklären Sie den TN das Prinzip dieses Diktats: Sie diktieren immer nur eine Antwort. Die TN lassen eine Zeile Platz, schreiben zuerst die Antwort und dann in die leere Zeile darüber eine passende Frage.
Alternative: Sie diktieren alle Antworten nacheinander und lassen den TN dann ausreichend Zeit, um die Fragen zu ergänzen. Falls die TN den Text „Mein erster Tag in Deutschland" noch nicht kennen, lesen Sie ihn vorher laut vor.

„Stellen Sie Fragen an Maria. Die Antworten sind schon vorgegeben."

...?
Aus Griechenland.

...?
In der Schule.

...?
Ja, vor zwei Monaten.

...?
Meine Freundin Tina.

...?
In Hamburg.

...?
Meine Eltern.

...?
Einen Stadtbummel und eine Hafenrundfahrt.

...?
Ja, besonders die schönen alten Häuser.

zu Seite 116

A   Gespräche über Krankheiten

A 1   rhythmische Musik oder kleine Trommel/Tamburin *(Zusatzübung)*; Kärtchen (Montagsmaler)
A 3   Kopiervorlage 10/1 „Gelbe Seiten: Ärzte"
A 5   Kärtchen *(Zusatzübung)*

A 1   Focus   Wortschatz: Körperteile
        Material   *Zusatzübung:* rhythmische Musik oder kleine Trommel/Tamburin;
                Montagsmaler: Kärtchen mit Namen von Körperteilen (als Zeichenvorgabe)

1. Zeigen Sie das Bild und fragen Sie: „Was sehen Sie auf dem Bild?" *drei Personen, Ball, Zirkus, Manege…;* „Was sind die Leute von Beruf?" *Artisten, Akrobaten, Ballerina, Harlekin …;* „Wo leben und arbeiten sie?" *beim Zirkus, in …;* „Was machen sie?" *Sie spielen für die Leute/Kinder …*
2. Benennen Sie mit den TN die wichtigsten Körperteile, indem Sie auf Ihren Finger, auf Ihre Nase etc. zeigen und fragen „Wie heißt das auf Deutsch?". Lassen Sie dann einzelne TN die Frager-Rolle übernehmen und üben Sie so die Bezeichnungen ein (evtl. auch reihum als Kettenübung).
3. Die TN schreiben die Körperteile mit Hilfe des Vorgabekastens an die passenden Stellen und vergleichen ihre Ergebnisse in Partnerarbeit.
4. Fragen Sie die TN: „Was kann man alles mit den Händen machen?" Schreiben Sie die Überschrift wie im Buch auf dem Zettel abgebildet an die Tafel und sammeln Sie Antworten. Dann sammeln die TN (auf Zetteln) in Gruppen Aktivitäten zu den Körperteilen: Hände, Füße und Mund oder andere. Wenn die Ideen ausgehen, verweisen Sie auf die Wortliste am Ende des Buches (Verben heraussuchen). Um die Aktivität abzukürzen, können Sie auch jeder Gruppe nur ein bis zwei Körperteile vorgeben. Sammeln Sie abschließend im Plenum alle Vorschläge an der Tafel.
Variante: „Pantomime" (vgl. Lektion 4/A8): Bilden Sie zwei oder mehr Gruppen. Jede Gruppe erstellt für eine andere Gruppe eine Liste mit fünf bis zehn Aktivitäten, die man mit den verschiedenen Körperteilen machen kann. Ein TN der anderen Gruppe erhält die Liste und muss die Aktivitäten nun für seine Gruppe pantomimisch darstellen. Stoppen Sie die Zeit! Die Gruppe, die am schnellsten alle Begriffe geraten hat, hat gewonnen.
5. *Zusatzübung:* Bringen Sie rhythmische (Instrumental-)Musik (oder eine kleine Trommel, ein Tamburin) mit oder lassen Sie die TN im Takt klatschen (erst langsam, dann immer schneller). Die TN bilden einen Kreis, Sie nennen im Rhythmus (der Musik) zwei Körperteile (mit Artikel!) und deuten dabei auf diese: z. B. *der Kopf, der Fuß.* Alle TN sprechen nach und deuten dabei auf die genannten Körperteile. Deuten Sie auf TN 1, TN 1 greift den letzten Körperteil noch einmal auf und fügt einen weiteren hinzu, z. B. *der Fuß, der Bauch.* TN 1 deutet auf TN 2, TN 2 greift den letzten Körperteil auf, nennt einen weiteren usw. Wichtig ist, dass alle TN auf die genannten Körperteile deuten. Sie können auch alternativ kleine Sätze bilden lassen: *„Das ist mein Kopf, und das ist mein Fuß."*
Zusatzübung: „Montagsmaler" (s.u., Spiel-Tipp, hier zu Körperteilen)

Arbeitsbuch A 1–A 2: Wortschatzübungen: Körperteile
A 1   Körperteile nachzeichnen (Hausaufgabe)
A 2   Kreuzworträtsel mit Körperteilen (Hausaufgabe)

6. Lassen Sie die TN Wortkarten zu den Körperteilen erstellen (mit Artikel, Wortakzent, Plural; vgl. Lektion 3, D3) und nach verschieden Kriterien sortieren: z. B. zusammengehörige Körperteile *(Arm–Hand–Finger, Bein–Knie–Fuß …)*, Körperteile für bestimmte Tätigkeiten *(Fußball spielen, Wäsche aufhängen, lesen, …)*, nach Wichtigkeit (sehr individuell, Reihenfolge begründen lassen).
7. *zur Erarbeitung des Schopenhauer-Zitats und als Überleitung zu A2:* Schreiben Sie das Wort „Gesundheit" an die Tafel und sammeln Sie verwandte/dazu passende Wörter: *gesund, krank, Krankheit, Krankenhaus, Arzt …* Lesen Sie gemeinsam das Schopenhauer-Zitat, fragen Sie: „Was bedeutet das?" und lassen Sie die TN in Partnerarbeit mögliche Paraphrasierungen *(Gesundheit ist wichtig: Andere Dinge im Leben sind auch wichtig, z. B. … Aber wenn man krank ist, kann man andere Dinge nicht genießen / nicht machen.)* oder Beispiele finden. Vergleich im Plenum.
Niesen Sie einmal kräftig und putzen Sie sich die Nase. Niesen Sie noch einmal und fragen Sie: „Was sagt man in Deutschland?". Deuten Sie auf den Titel der Lektion, die TN spielen den Mini-Dialog zu zweit.

SPIEL

Montagsmaler
Dieses Spiel bietet die Möglichkeit, neuen Wortschatz von den TN selbst visualisieren zu lassen und ihn sich so besser einzuprägen. Teilen Sie dafür den Kurs in zwei Gruppen, die abwechselnd drankommen. Es zeichnet immer ein TN für seine Gruppe, und zwar für alle sichtbar auf Folie (oder an der Tafel). Jeder Zeichner muss nun so schnell wie möglich das Wort zeichnen, das Sie ihm (und nur ihm!) auf einem Kärtchen zeigen, aber ohne Worte, Gestik oder Mimik, ohne zu deuten, ohne Buchstaben oder Zahlen zu benutzen. Wenn seine Gruppe den Begriff innerhalb von 30 Sekunden rät, bekommt sie zwei Punkte, innerhalb von einer Minute einen Punkt, sonst null Punkte (Zeit stoppen!). Dann zeichnet und rät die andere Gruppe. Die Gruppe mit den meisten Punkten gewinnt. Die Zeichner einer Gruppe wechseln sich ab.
Variante: Beide Gruppen dürfen bei jedem Zeichner raten. Die Gruppe, die den Begriff zuerst rät, erhält einen Punkt.
Mögliche Themenfelder: Körperteile, Lebensmittel, Möbel, Freizeitaktivitäten …

„Gesundheit!" – „Danke."

(*Gesundheit ist nicht alles,*
aber ohne Gesundheit ist alles nichts.)
(ARTHUR SCHOPENHAUER)

die Finger

das Knie

Der Körper

Schreiben Sie die Wörter zu den Körperteilen.

Auge das, -n ◆ Nase die, -n ◆ Mund der, ⸚er ◆ Kopf der, ⸚e ◆ Ohr das, -en ◆ Busen der, - ◆
Rücken der, - ◆ Brust die, ⸚e ◆ Fuß der, ⸚e ◆ Bauch der, ⸚e ◆ Bein das, -e ◆ Arm der, -e ◆
Hals der, ⸚e ◆ Schulter die, -n ◆ Finger der, - ✓ ◆ Haar das, -e ◆ Knie das, - ✓ ◆ Hand die, ⸚e ◆ …

Was kann man alles mit den Händen, mit den … machen?

mit den Händen
Klavier spielen
kochen
Briefe schreiben

mit den Füßen
joggen
…

mit dem Mund
singen
…

ARBEITSBUCH
A 1-A 2

Was fehlt den Leuten? Welche Schmerzen und Krankheiten haben sie?

Welche Krankheiten kennen Sie noch?

ARBE
A 3

Diabetes, Grippe,

Welche Krankheiten und Körperteile hören Sie in den Dialogen? Sortieren Sie.

Schmerzen ◆ Rückenschmerzen ◆ Magenschmerzen ◆ Kopfschmerzen ◆
Schnupfen✓◆ Übergewicht ◆ Husten ◆ Erkältung ◆ Fieber ◆ hoher Blutdruck ◆
Allergie ◆ Lunge ◆ Kopf ◆ Rücken

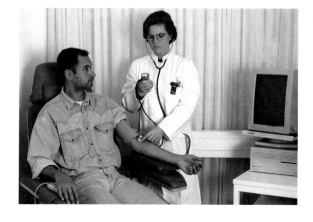

Dialog

1 *Schnupfen,*

2

3

4

1. Deuten Sie auf das obere Bild und fragen Sie die TN: „Was fehlt ihm?", „Was für Schmerzen hat er?". *Er hat Kopfschmerzen.* Schreiben Sie „Kopfschmerzen" an die Tafel. Die TN schauen sich die anderen Bilder an und schreiben (gegebenenfalls mit Hilfe des Wörterbuchs) die passenden Wörter unter die Bilder.

Lösung: Kopfschmerzen *(oben Mitte, ab jetzt im Uhrzeigersinn)*, Bauchschmerzen, Allergie, Rückenschmerzen, Schnupfen (Erkältung), Halsschmerzen (Husten, Erkältung), Fieber (Grippe)

Notieren Sie die Lösung an der Tafel und machen Sie die Wortbildung *(Körperteil + -schmerzen)* optisch deutlich. Die TN sammeln in Partnerarbeit weitere Krankheiten, die sie auf Deutsch kennen, dann Vergleich im Plenum.

Schmerzen / Krankheiten		
Kopf-	schmerzen	Allergie
Bauch-		Schnupfen
Rücken-		Fieber
Hals-		Grippe
Zahn-		Erkältung
Ohren-		...

2. Die TN üben den neuen Wortschatz bei geschlossenen Büchern: Ein TN stellt eine Krankheit pantomimisch dar. Die anderen TN raten. Wer richtig rät, spielt eine andere Krankheit.

Zusatzübung „Arztbesuch": Bilden Sie zwei Gruppen: Jeder TN bereitet für das Interview eine Liste mit Krankheiten vor. Die TN bewegen sich während des Interviews frei im Raum. Gruppe 1 sind zunächst die „Ärzte", sie befragen die Patienten (Gruppe 2): „Was fehlt Ihnen?", „Welche Krankheit haben Sie?", „Welche Schmerzen haben Sie?". Die „Patienten" antworten (= erklären ihre Krankheit / ihren Schmerz) pantomimisch, die „Ärzte" notieren sich dabei Namen und Krankheiten ihrer „Patienten". Nach zwei bis drei Minuten wechseln die Gruppen ihre Rollen. Gruppe 2 wird zu „Ärzten", Gruppe 1 zu „Patienten". Abschließend berichten die „Ärzte" im Plenum über die Krankheiten ihrer „Patienten", eventuelle Missverständnisse können dabei geklärt werden.

Arbeitsbuch A 3–A 4: Wortschatztraining: Körperteile, Schmerzen, Krankheiten; Lesetext
A 3   Erstellung von und Arbeit mit Wortkarten (Partnerarbeit im Kurs oder als Hausaufgabe)
A 4   selegierendes Lesen: Krankheiten und Körperteile suchen und sortieren (Hausaufgabe)

1. Sprechen Sie mit den TN über das Foto im Buch und fragen Sie: „Wo ist das?", „Wer ist das?", „Was macht die Ärztin?" *(Sie misst den Bludruck).*

2. Die TN lesen die Vorgaben im Kasten. Klären Sie im Plenum unbekannte Wörter, z. B. pantomimisch oder durch Zeichnungen.

3. Erklären Sie die Aufgabe: „Sie hören jetzt vier Gespräche über Krankheiten. Notieren Sie alle Krankheiten und Körperteile, die Sie hören." Verweisen Sie dabei auch auf den Vorgabekasten und den Beispieleintrag. Spielen Sie (mehrmals) den ersten Dialog vor und lösen Sie gemeinsam mit der Gruppe die Aufgabe zum ersten Dialog.

4. Spielen Sie die Dialoge einzeln (evtl. mehrmals) vor und geben Sie den TN Zeit zum Eintragen. Die TN vergleichen ihre Lösungen in Partnerarbeit oder in Kleingruppen und dann im Plenum.

Lösung: 1 Schnupfen, Husten, Kopf, Fieber, Lunge, Erkältung;   2 Magenschmerzen, Übergewicht, hoher Blutdruck;   3 Rücken, Rückenschmerzen, Kopfschmerzen;   4 Allergie, Fieber, Schmerzen

Zusatzübung (Inland): Fragen Sie die TN: „Sie haben Grippe. Zu welchem Arzt gehen Sie?". Verteilen Sie Kopien von Kopiervorlage 10/1, erklären Sie, wie man in Deutschland mit Hilfe der „Gelben Seiten" einen Arzt finden kann und bearbeiten Sie im Plenum einige Vorgaben, bis alle die Aufgabe verstanden haben. Dann Bearbeitung der Aufgabe zunächst in Stillarbeit (mit Hilfe des Wörterbuchs) und Vergleich der Ergebnisse in Partnerarbeit oder Kleingruppen. Besprechen Sie bei Interesse weitere Aspekte des deutschen Gesundheitssystems, wie z. B. Familienversicherung, Versicherungskarte, Bezahlung ... (s. Landeskunde, zu S. 119).

A 4 Focus Hörverständnis: Ratschläge sammeln

1. Die TN lesen die Vorgaben im Kasten. Klären Sie unbekannten Wortschatz im Plenum.
2. Spielen Sie den ersten Dialog mit Stopps noch einmal vor und fragen Sie: „Welche Ratschläge gibt die Ärztin?" Sammeln Sie die Ergebnisse an der Tafel und haken Sie sie im Kasten ab.
3. Die TN ordnen die Ratschläge den Krankheiten zu. Dann Vergleich der Ergebnisse mit dem Hörtext.
   Lösung: **1** Erkältung: im Bett bleiben, Medikamente (täglich zehn Tropfen) nehmen, viel trinken **2** Hoher Blutdruck: Medikamente (Tabletten) nehmen, abnehmen, mehr Obst und Gemüse essen, weniger Fleisch und Wurst essen; **3** Rückenschmerzen: regelmäßig schwimmen gehen, Sport treiben (joggen, Gymnastik), zum Arzt gehen; **4** Allergie: zu Hause bleiben, zum Arzt gehen
4. Erklären Sie an der Tafel mit Hilfe der beiden Stichwörter „weniger Fleisch und Wurst essen, mehr Obst und Gemüse essen" die Bedeutung von „weniger und mehr" (mit Gesten oder Tafelanschrieb). Verweisen Sie dabei auf die Infobox.
5. Fragen Sie die TN: „Ich habe Kopfschmerzen. Was soll ich tun?" Sammeln Sie die verschiedenen Ratschläge an der Tafel. Verdeutlichen Sie anhand der Ratschläge an der Tafel die Funktion von „sollten" (= Ratschlag).

Arbeitsbuch A 5–A 6: Wortschatz Krankheiten und Therapien – Ratschläge
A 5 Wortschatzübung: Verben ergänzen (Partnerarbeit im Kurs oder als Hausaufgabe)
A 6 Ratschläge geben (Partnerarbeit oder als Hausaufgabe)

A 5 Focus Spiel: Ratschläge geben
Material *Zusatzübung:* Kärtchen

1. Für schwächere Lerngruppen eignet sich als Vorübung oder Alternative die ähnliche, aber stärker gelenkte Übung A6 im Arbeitsbuch.
2. Teilen Sie den Kurs in Gruppen auf. Jede Gruppe sammelt acht bis zehn Probleme. Abwechselnd nennt jede Gruppe ein Problem, andere Gruppen geben Ratschläge. Für jeden passenden Ratschlag gibt es einen Punkt.
3. *Zusatzübung:* Bilden Sie Gruppen: Schreiben Sie auf Kärtchen jeweils Anfang und Ende von Wörtern aus dem Wortfeld „Krankheiten", z. B. Diab | etes oder Gri | ppe oder Hu | sten. Die TN erhalten je ein Kärtchen und müssen sich finden. Dann Partnerarbeit: Die TN notieren möglichst viele zu „ihrer" Krankheit passende Ratschläge (mit *Wir sollten* …). Abschließend lesen sie ihre Liste von Ratschlägen vor, ohne die Krankheit zu erwähnen. Die anderen TN raten, um welche Krankheit es sich handelt. Wer richtig geraten hat, erhält einen Punkt. *Abschließend in guten Gruppen:* Freies Gespräch über Behandlungsmöglichkeiten, Verhaltensempfehlungen und „Hausmittel" für die jeweilige Krankheit – zunächst in Partnerarbeit, dann im Plenum. Dabei kommen nicht nur konventionelle Therapien, sondern auch sehr individuelle Behandlungstipps zur Sprache.

Arbeitsbuch A 7–A 8: Dialoge beim Arzt
Veränderte Übungsabfolge in Tangram 1B, Kurs- und Arbeitsbuch, 1. Druck, A7 wird zu B7!!!
A 7 Lückendialog ergänzen (Stillarbeit, Partnerarbeit)
A 8 Dialog beim Arzt schreiben (und spielen) (im Kurs oder als Hausaufgabe)

LANDESKUNDE

Arztbesuch in Deutschland
In Deutschland gibt es Praktische Ärzte bzw. Hausärzte und Fachärzte (Orthopäden, Hals-Nasen-Ohren-Ärzte, Internisten, Augenärzte, ...). Wenn man ein gesundheitliches Problem hat, kann man direkt zu jedem Arzt gehen. Die meisten Leute haben aber einen Hausarzt ihres Vertrauens, zu dem sie zuerst gehen und der sie dann, wenn nötig, zum Spezialisten überweist. Die Adressen aller Ärzte findet man in den „Gelben Seiten" – dem Telefonbuch für alle nicht-privaten Anschlüsse (wenn möglich, das lokale Branchenbuch in den Kurs mitbringen).
Will man die Sprechstunde/Praxis eines Arztes besuchen, sollte man einen Termin ausmachen, nur akute Fälle werden (manchmal) sofort behandelt. Beim Arztbesuch muss man seine Versichertenkarte vorzeigen, auf der alle wichtigen Daten gespeichert sind. Die Versichertenkarte bekommt man von seiner Versicherung. Es gibt gesetzliche Krankenkassen, z. B. die AOK (Allgemeine Ortskrankenkasse), die DAK (Deutsche Angestelltenkasse) oder die BEK (Barmer Ersatzkasse) und viele private Krankenkassen. Jeder, der angestellt ist oder Arbeitslosengeld bekommt, ist in einer (gesetzlichen) Krankenversicherung. Nur Besserverdienende und freiberuflich Tätige/Selbständige haben die Wahl, sich nicht zu versichern oder sich (bei höherem Beitrag) freiwillig bzw. privat zu versichern. Man bezahlt die Behandlung nie direkt nach dem Arztbesuch, da der Arzt die Rechnung erst später – entweder der Krankenversicherung oder den Privatpatienten persönlich – zuschickt.
Medikamente bekommt man nur in Apotheken, viele (starke) Medikamente aber nur mit einem Rezept vom Arzt. Auch wenn man krankenversichert ist, muss man einen Teil der Kosten für Medikamente oder besondere Leistungen (Zahnersatz, Brille, Krankengymnastik ...) selbst übernehmen.

zu Seite 119

4

Welche Ratschläge passen zu welchen Dialogen? Sortieren Sie.

Sie sollten ... / Du solltest ...

viel <u>trinken</u> ◆ Medi<u>ka</u>mente (Tabletten, Tropfen) nehmen ◆ <u>Sport</u> treiben ◆ abnehmen ◆
weniger Fleisch und <u>Wurst</u> essen ◆ die Er<u>nä</u>hrung umstellen ◆ zu <u>Hause</u> bleiben ◆
mehr Obst und Ge<u>mü</u>se essen ◆ zum <u>Arzt</u> gehen ◆ im <u>Bett</u> bleiben✓◆ regel<u>mä</u>ßig <u>schwimmen</u> gehen

1 Erkältung
im Bett bleiben,
_____
_____

3 Rückenschmerzen
_____
_____

2 Hoher Blutdruck
_____
_____
_____

4 Allergie
_____
_____

	Komparativ
viel	mehr
wenig	weniger

3/9-22 **Hören Sie noch einmal und vergleichen Sie.**

ARBEITSBUCH
A 5-A 6

5

Arbeiten Sie zu viert und geben Sie Ratschläge.

Jede Gruppe schreibt acht bis zehn Probleme auf. Dann nennt jede Gruppe abwechselnd ein Problem, die
anderen Gruppen geben Ratschläge. Für jeden passenden Ratschlag gibt es einen Punkt.

Ich habe starke Kopfschmerzen.

Ratschläge geben
Sie **sollten** mehr Sport treiben.
Du **solltest** weniger rauchen.

Sie sollten eine Tablette nehmen.

Du solltest weniger rauchen.

ARBEITSBUCH
A 7-A 8

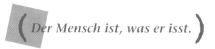
(*Der Mensch ist, was er isst.*)

B 1   **Lesen Sie den Text und ergänzen Sie die Nummern im Schaubild.**

Sieben Dinge braucht Ihr Körper

Bei einer vollwertigen Ernährung ist es wichtig, „was" wir essen und trinken. Der Ernährungskreis gibt uns einen guten Überblick. Alle Lebensmittel sind hier in sieben Gruppen geordnet:

1   Getreideprodukte
2 + 3   Gemüse und Obst
4   Getränke
5   Milch-Produkte
6   Fisch und Fleisch
7   Fett

Wer sie täglich in der richtigen Menge auswählt, der bleibt schlank, fit und gesund. Bevorzugen Sie frische Lebensmittel. Essen Sie täglich und reichlich Lebensmittel aus den Gruppen 1 bis 5. Essen Sie weniger Lebensmittel aus den Gruppen 6 und 7. Wechseln Sie vor allem bei der Wahl von Lebensmitteln aus der Gruppe 6 konsequent ab.

B 2   **Welche Lebensmittel gehören zu welcher Gruppe? Schreiben Sie.**

1   Getreideprodukte: *Brot, Nudeln,* _____
2   Gemüse: _____
3   Obst: _____
4   Getränke: _____
5   Milch-Produkte: _____
6   Fisch und Fleisch: _____
7   Fett: _____

 Was essen Sie oft, nicht so oft, gar nicht?

Ich esse …

…

B Lebensmittel und Ernährung

B 2 Kärtchen, Schere, Kleber, Werbeprospekte und Zeitschriften
B 5 Fotos von Prominenten und Models aus Zeitschriften

Arbeitsbuch B1 *(vor B1 Kursbuch!)* Ratespiel zu Lieblingsspeisen und -getränken der TN (im Kurs, wichtig zur Motivation für KB!)

Behandeln Sie das Zitat als Einstieg oder am Ende des B-Teils. Geben Sie den TN etwas Zeit, sich in Partnerarbeit Gedanken dazu zu machen und sich Paraphrasen oder Beispiele zu überlegen. Sammeln Sie die Ergebnisse im Plenum und führen Sie bei Interesse das Gespräch weiter: „Jeder Mensch ist anders und isst anders. Welche verschiedenen Typen gibt es?" Mögliche Antworten sind: *Feinschmecker, Gourmets, Fleischesser, Vegetarier, Schleckermäuler/Naschkatzen, Viel-/Schnell-/Alles-Esser etc.*

B 1 Focus Leseverständnis: Nahrungsmittel und Ernährung

1. Zeigen Sie auf das Bild und fragen Sie: „Welche Lebensmittel kennen Sie?". Die TN nennen Lebensmittel und zeigen sie auf dem Bild. Wenn die TN Lebensmittel nennen, die nicht abgebildet sind, fragen Sie: „Zu welcher Gruppe passt das?".
   Lösung: **1** Getreide, Vollkornbrot, Brötchen, Haferflocken, Kartoffel, Cornflakes, Müsli, Mehl, Nudeln; **2** Kohl, Paprika, Radieschen, Kopfsalat, Mais, Rosenkohl (in der Tüte), Aubergine, Kartoffel, Zucchini, Tomaten, Erbsen, Bohnen, Spargel, Karotten, Stangenbohnen; **3** Birnen, Bananen, Trauben, Orangen, Äpfel, Pfirsiche, Johannisbeeren, Kiwi, Stachelbeeren, Kirschen, Aprikosen, Erdbeeren, Walnüsse, Haselnüsse; **4** Wasser, Säfte (Multivitamin, Aprikose, Orange, Grapefruit), Tee; **5** Joghurt, Camembert, Hartkäse (z. B. Gouda, Emmentaler), Milch, Frischkäse oder Quark; **6** Eier, Fisch, Steak, Schinken; **7** Zwieback mit Butter, Öl
   Schreiben Sie die Textüberschrift „Sieben Dinge braucht Ihr Körper" an die Tafel und fragen Sie: „Welche Dinge sind das wohl?". Die TN nennen wahrscheinlich einzelne Lebensmittel, vielleicht auch schon unter Berücksichtigung einer gewissen Ausgewogenheit. Bei Fragen nach „Kategoriennamen" sollten Sie Gruppennamen aus dem Buch verwenden.
2. Jetzt erst die Bücher öffnen lassen: Die TN lesen den Text und ergänzen die Nummern im Schaubild. Dann Vergleich im Plenum.
   Lösung: 1, 2, 3, 4, 5, 6, 7 (von rechts außen beginnend, im Uhrzeigersinn)
3. Fragen Sie nun: „Wie ernährt man sich gesund?", „Welche (vier) Ratschläge gibt der Autor des Textes?". Verweisen Sie auf das Bild im Buch: Es zeigt grafisch das für gesunde Ernährung ideale Mengenverhältnis der Gruppen.

B 2 Focus Wortschatz: Lebensmittel zu den Gruppen sammeln
Material Kärtchen, Schere, Kleber, Werbeprospekte und Zeitschriften

1. Die TN suchen in Partnerarbeit Lebensmittel zu den Oberbegriffen. Gestalten Sie die Übung als Wettbewerb: Zeitvorgabe fünf Minuten. Wer die meisten Lebensmittel für eine Gruppe gefunden hat, ist „Obstsieger".
   Zusatzübung: Verteilen Sie Zeitschriften und Werbeprospekte, aus denen die TN Lebensmittel ausschneiden können. Lassen Sie Bild- und Wortkarten zu den Lebensmitteln erstellen (vgl. Lektion 3/D3; so können Sie in Kleingruppen mit den Bild- und Wortkarten auch Memory spielen lassen) Die TN ordnen in Gruppen die Karten nach verschiedenen Gesichtspunkten: z. B. nach Lebensmittelgruppen, nach Mahlzeiten, nach gesund / ungesund, nach billig / teuer, nach süß / sauer etc. (vgl. AB Lektion 3/D5 und AB Lektion 6/B1).
2. Die TN notieren , was sie oft / nicht so oft / gar nicht essen. Schreiben Sie evtl. dieses Raster auch an die Tafel und notieren und sagen Sie, was Sie selbst wie oft essen.
3. Fragen Sie einen TN: „Was essen Sie oft?". Mögliche Antwort: *Schokolade.* „Was essen Sie nicht so oft?", „Und was essen Sie überhaupt nicht?" Bitten Sie nun die TN, ihre Partner zu befragen: „Was essen Sie oft, nicht so oft, gar nicht?" Lassen Sie die Ergebnisse notieren: Bei Zeit und Interesse kann aus den Notizen dann – diesmal nach Lebensmitteln und Häufigkeit der Nennung geordnet – ein „Fressprofil" des Kurses erstellt werden.
   Zusatzübung: Spielen Sie „Unikate sammeln" zu Lebensmitteln (s.u., Spiel-Tipp)

                                                                                              SPIEL

Unikate sammeln
Geben Sie einen Themenbereich (z. B. Lebensmittel, Möbel, Kleidungsstücke, im Büro, im Keller ...), ein formales Kriterium (Anfangsbuchstabe, Vor- oder Endsilbe ...) oder – schwieriger – eine Kombination von beidem (z. B. Lebensmittel mit Anfangsbuchstaben B) vor und fordern Sie die TN auf, in Dreier- oder Vierergruppen in einer festgelegten Zeit (2–3 Minuten) eine Liste aller Wörter zu machen, die ihnen dazu einfallen. Dann lesen die Gruppen im Plenum nacheinander ihre Wortlisten langsam vor. Nach jeder Wortnennung vergleichen die anderen Gruppen mit ihren Listen. Hat eine weitere Gruppe das genannte Wort notiert, dann müssen alle Gruppen dieses Wort von ihrer Liste streichen. Zum Schluss zählen die Gruppen ihre „Unikate" – also die Wörter, die nicht gestrichen wurden. Sieger ist die Gruppe mit den meisten Unikaten.
Variante: Wenn Sie auch die Rechtschreibung trainieren wollen, bitten Sie die Gruppen, immer auch die Schreibung der Wörter in der Wortliste und mit Wörterbüchern zu überprüfen. Beim Vergleich werden die Wörter dann nicht nur vorgelesen, sondern von einem Gruppenmitglied angeschrieben (Buchstabierhilfe der Gruppe ist natürlich erlaubt). Für falsch geschriebene Wörter erhält die Gruppe einen Minuspunkt. Die Minuspunkte werden zum Schluss von der Zahl der „Unikate" abgezogen.

zu Seite 120

B 3   Focus   Quiz; Komparativ und Superlativ

1. Die TN lesen die Fragen im Buch. Klären Sie unbekannten Wortschatz, indem Sie die TN, soweit möglich, die unbekannten Wörter erklären oder ihre Bedeutung raten lassen. Gehen Sie hier nur auf die Bedeutung, aber noch nicht auf die Form der Adjektive im Komparativ und Superlativ ein.

2. Fragen Sie im Plenum: „Was meinen Sie? Wer nimmt schneller ab? Frauen oder Männer?", lassen Sie mehrere TN antworten und notieren Sie die Antworten an der Tafel, um den Übungsverlauf zu verdeutlichen. Behandeln sie zwei oder drei weitere Quizfragen im Plenum, bis alle den Übungsverlauf verstanden haben.

3. Die TN befragen sich gegenseitig und notieren die Antworten/Vermutungen ihres Partners. Gehen Sie herum und achten Sie darauf, dass niemand bei der Befragung „schummelt" und schon jetzt die Antworten liest.
Variante: Bilden Sie Vierergruppen und bestimmen Sie pro Gruppe einen Quizmaster: Nur er hat das Buch offen, liest die Fragen und notiert die Antworten der Gruppe.

B 4   Focus   Lösungen zum Quiz, Vermutungen mit „dass"-Sätzen

1. Die TN lesen die Antworten im Buch, vergleichen sie mit ihren Notizen und ermitteln die Siegerin oder den Sieger. Jede richtige Antwort zählt einen Punkt. Wurde das Quiz in Kleingruppen durchgeführt, ermitteln die Quizmaster mit Unterstützung der Gruppe die jeweiligen Gruppensieger.

2. Falls ein TN im Kurs fehlt, dann fragen Sie: „Wo ist XY? Was meinen Sie?" (andere Fragen: Was ist XY von Beruf? Wie viele Kinder hat er? ...). Schreiben Sie einige Vermutungen an die Tafel. Die TN kennen Vermutungen mit „Ich glaube, er/sie ist ... ." und mit „vielleicht" – ergänzen Sie jetzt auch immer die Variante mit „dass"-Satz. Fragen Sie: „Wo stehen die Verben?" und markieren Sie sie. Erarbeiten Sie die Inhalte der Infobox mit den TN durch folgende Fragen: „Kennen Sie solche Sätze *(wo das Verb am Ende steht)?*", „Wann benutzt man „dass"-Sätze?". Lesen Sie zum Schluss gemeinsam die Infobox.

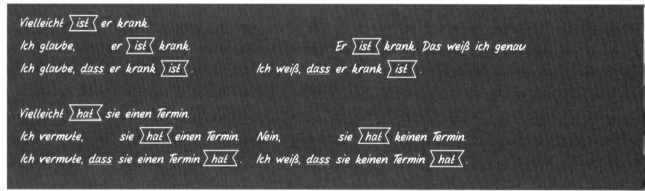

3. *Zusatzübung „dass"-Sätze:* Die TN entwerfen in Kleingruppen ein Quiz nach dem Muster im Buch, aber mit eigenen Fragen (z. B. nicht so bekannte Informationen aus den Heimatländern) und noch ohne Komparativ-Formen. Sie schreiben dazu eine Liste mit Fragen und getrennt davon eine Liste mit Antworten nach dem Muster: „Haben Sie gewusst, dass ...?". Dann tauschen die Gruppen ihre Fragenlisten aus und versuchen, die Fragen der anderen Gruppe zu beantworten (Notizen machen lassen!). Zur Auswertung werden dann auch die Antwort-Listen ausgetauscht, Sieger ist die Gruppe mit den meisten richtigen Antworten. Statt die Quizfragen und -antworten in Kleingruppen erstellen zu lassen, können auch einzelne TN zu Hause ein solches Quiz vorbereiten und dann mitbringen.

3 **Machen Sie ein Quiz. Fragen und raten Sie. Üben Sie zu zweit und notieren Sie die Antworten.**

1 Wer nimmt schneller ab? Frauen oder Männer?
2 Wie viel Stück Würfelzucker sind in einem Glas Cola?
3 Kosten Light-Produkte mehr oder weniger als andere Lebensmittel?
4 Wie viel wiegt der dickste Mensch?
5 Wer isst weniger Kalorien? Dünne oder dicke Menschen?

6 In welchem Land leben die Menschen am längsten?
7 Machen Deutsche lieber Fasttage oder lange Diäten?
8 Wie alt wurde der älteste Mensch?
9 Wie groß ist der größte Mensch?
10 Wie lange hat die längste Ehe der Welt gedauert?

Wer nimmt schneller ab? Frauen oder Männer?
Was meinst du?
> *Ich weiß nicht. Vielleicht Männer.*
Wie viel Stück Würfelzucker sind in einem Glas Cola?
> *Keine Ahnung.*
Rate doch mal.
> *Vielleicht zwei.*
…

4 **Lesen Sie die Texte und vergleichen Sie mit Ihren Antworten.**

Haben Sie gewusst,

… **dass** Männer schneller abnehmen als Frauen? Das hat ein amerikanischer Professor durch Untersuchungen festgestellt.

… **dass** ein Glas Cola elf Stück Würfelzucker enthält?

… **dass** Light-Produkte nicht unbedingt weniger Kalorien als normale Lebensmittel? Aber sie sind teurer als andere Lebensmittel.

… **dass** der dickste Mensch der Welt 404 Kilo wiegt?

… **dass** Kalorienzählen „out" ist? Dünne und dicke Menschen unterscheiden sich nicht in ihrem Kalorienverbrauch. Aber der Fettanteil der Speisen bei dicken Menschen liegt höher als bei dünnen Menschen.

… **dass** Fasttage bei den Deutschen beliebter sind als lange Diäten?

… **dass** die Menschen in Japan älter werden als Menschen in anderen Ländern? Sie essen am gesündesten.

… **dass** der älteste Mensch (der Japaner Shigechiyo Izumi) 120 Jahre alt wurde?

… **dass** der größte Mensch der Welt 231,7 cm groß ist?

… **dass** die längste Ehe der Welt 86 Jahre gedauert hat? Sir und Lady Nariman aus Bombay wurden 1853 mit fünf Jahren verheiratet. Der Ehemann ist 1940 gestorben.

„dass"-Sätze
Nach einigen Verben wie: **wissen, glauben, meinen, vermuten** steht oft ein „dass"-Satz.
„Dass"-Sätze sind Nebensätze wie „weil"- und „obwohl"-Sätze. Das Verb steht am Ende.
Ich **glaube, dass** Nikos im Kurs **ist**. *oder:* Ich **glaube**, Nikos **ist** im Kurs.

Markieren Sie alle Adjektiv-Formen in B3 + B4 und ergänzen Sie.

	Komparativ	Superlativ	
wenig	weniger	am wenigsten	die/der/das wenigste
viel	mehr	am meisten	die/der/das meiste
dick			
alt			
schnell			
lang	länger		
gesund	gesünder		
hoch		am höchsten	
beliebt			
teuer		am teuersten	der/die/das teuerste
gern		am liebsten	der/die/das liebste
groß			

als ◆ die, der, das ◆ -er ◆ -sten ◆ ä, ö, ü

1 Adjektive kann man steigern.
   Man bildet den Komparativ meistens mit der Endung _____ .
   Oft werden „a, o, u" zu _____ , _____ , _____ .
2 Vergleicht man Menschen oder Sachen, benutzt man den Komparativ + _____ .
3 Es gibt zwei Superlativ-Formen:
   – „am" + Adjektiv + Endung _____ ohne Nomen.
   – _____ ___ + Adjektiv + Endung „-(e)ste" mit Nomen.
4 Es gibt einige unregelmäßige Formen:

viel	*mehr*	
gern		
teuer		
hoch		

Lernen Sie diese Formen extra.

Vergleichen Sie die Leute. Wen finden Sie interessanter, schöner, sympathischer … ?
Wer ist schneller, älter, dicker … ?

 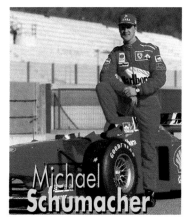  

Ich finde Steffi Graf interessanter als Claudia Schiffer.
   Herbert Grönemeyer ist älter als Michael Schumacher.
   …

Focus	Systematisierung: Komparativ und Superlativ	
Material	Fotos von Prominenten oder Models aus Zeitschriften	

1. Lesen Sie mit den TN die linke Spalte der Tabelle und erklären Sie noch einmal die Funktion von Adjektiven: *Sie geben zusätzliche Informationen zu Nomen oder Verben, man fragt nach ihnen mit dem Fragewort „Wie?".* Geben Sie dann die Adjektive *schnell, dick, lang, alt* und *groß* an der Tafel vor und lassen Sie die TN diese Adjektive in den Quizfragen von B3 suchen und unterstreichen. Helfen Sie mit dem Hinweis: *In den Sätzen sehen diese Adjektive manchmal ein bisschen anders aus.*

2. Gehen Sie mit den TN einige Sätze von B3 durch, suchen Sie gemeinsam nach Adjektiven und lassen Sie alle Adjektive unterstreichen.

3. Erkären Sie noch einmal: *In den Sätzen sehen diese Adjektive manchmal ein bisschen anders aus. Adjektive haben verschiedene Formen, so wie Nomen Singular- und Pluralformen haben oder so wie Verben konjugiert werden.* Die TN suchen allein oder in Partnerarbeit in B3 und B4 alle Adjektiv-Formen und markieren sie.

4. Sammeln Sie an der Tafel einige Adjektive in Tabellenform. Die TN nennen die Grundform des jeweiligen Adjektivs und versuchen dann, die fehlenden Komparativ- bzw. Superlativformen zu bilden und die Regeln selbst zu entdecken. Benennen Sie zum Schluss die Formen und schreiben Sie Komparativ und Superlativ über die entsprechende Spalte an die Tafel.

	Komparativ	Superlativ
schnell	schneller	
viel	mehr	
wenig	weniger	
dick		der dickste
lang		am längsten
gern	lieber	
...		

5. Ergänzen Sie mit den TN das Tafelbild mit allen Adjektiven aus B3 und B4 und bilden Sie gemeinsam die fehlenden Formen.

6. Die TN ergänzen nun in Partnerarbeit die Tabelle B5 und die Regeln. Bitten Sie die TN, für die Komplettierung von Regel 2 noch einmal die Quizantworten von B4 zu lesen. Dann Vergleich im Plenum mit Folie (vgl. Methoden-Tipp, zu S. 95).
Lösung: **1** -er; ä, ö, ü; **2** als; **3** -sten, die, der, das; **4** am meisten, lieber, am liebsten, teurer, am teuersten, höher, am höchsten
Zusatzübung „Personenvergleiche – Favoriten-Wahl": Zeigen Sie im Plenum jeweils zwei der mitgebrachten Fotos, geben Sie den Personen Namen und lassen Sie die TN die Personen vergleichen. Schreiben Sie mögliche Vergleiche an die Tafel: *Sara ist älter als Janine. Sara ist etwas dicker als Janine. Janine ist hübscher und größer als Sara. Ich finde Sara sympathischer als Janine.* usw. Nehmen Sie dann ein drittes Bild dazu und lassen Sie die kleinste, älteste, sympathischste von den drei Frauen bestimmen (wieder Tafelanschrieb). Bilden Sie dann Kleingruppen, geben Sie jeder Gruppe 4–5 Bilder und lassen Sie die Personen auf den Bildern zunächst paarweise vergleichen (immer zwei Bilder, Komparativ-Vergleiche) und dann unter verschiedenen Aspekten die „Favoriten" auswählen (Superlativ-Aussagen). Abschließend präsentieren die Gruppen ihre Bilder im Plenum und erläutern ihre Auswahl.

Focus	Personen vergleichen

1. Fragen Sie die TN: „Kennen Sie diese Personen?", „Woher?", „Was machen Sie?", „Warum sind Sie bekannt?". Sie können die Liste der zu vergleichenden Personen auch erweitern, evtl. auch mit einigen mitgebrachten Prominenten-Fotos aus Zeitschriften. „Kennen Sie weitere deutsche Prominente?" Sammeln Sie an der Tafel.

2. Die TN betrachten die Fotos und beschreiben die Personen, zunächst ohne sie zu vergleichen. Sammeln Sie die Adjektive, mit denen die Prominenten beschrieben werden, an der Tafel.

3. Um Vergleiche in Gang zu bringen, fragen Sie mehrere TN z. B.: „Wen finden Sie schöner? Wer ist älter? ... (Michael Schumacher oder Herbert Grönemeyer)?" Dann befragen sich die TN gegenseitig. Gehen Sie herum und achten Sie auf die richtige Verwendung der Komparativform.

4. Sammeln Sie die Vergleiche im Plenum und wählen Sie abschließend die/den schönste/n, sympathischste/n, bekannteste/n, älteste/n, ... Prominenten unter den Personen im Buch (oder anderen genannten Prominenten).
Zusatzübung: In Gruppen mit gutem Gruppenklima und „robusten" TN können Sie auch eine Favoriten-Wahl unter verschiedenen Aspekten durchführen. Verzichten Sie dabei aber auf (leicht diskriminierend wirkende) Adjektiv-Vorgaben wie „dick" und erweitern Sie die Vergleichsmöglichkeiten um kursbezogene Kriterien wie „als erster im Klassenraum", „die beste Sängerin", „am besten in Grammatik" ...

Arbeitsbuch B 2–B 8: Zusatzübungen zum Thema Gesunde Ernährung / Diät und zu Komparativ/Superlativ

B 2	Berufe und Ernährung sortieren (Partnerarbeit)
B 3	Text mit Vorgaben zu Diät schreiben (Hausaufgabe)
B 4	Zitate von Prominenten zu Diäten (Stillarbeit im Kurs oder als Hausaufgabe)
B 5	Leseverständnis: Fragen zum Interview ergänzen; Adjektiv-Formen unterstreichen (Stillarbeit im Kurs oder als Hausaufgabe)
B 6	Komparativ/Superlativ: Tabelle und Regeln ergänzen (Partnerarbeit im Kurs oder als Hausaufgabe)
B 7	Drill zu Komparativformen (Hausaufgabe): **Veränderte Übungsabfolge in Tangram 1B, Kurs- und Arbeitsbuch, 1. Druck: B7 ist dort A7!!!**
B 8	Komparativ-Übung: Verkehrsmittel vergleichen (Kleingruppen im Kurs oder als Hausaufgabe)

1. Klären Sie gegebenenfalls den Begriff „Top Ten". Schreiben Sie evtl. Ihre „Top Ten" mit Nummern an die Tafel und bitten Sie die TN, zehn Lebensmittel zu notieren, die sie am liebsten essen oder trinken.
2. Schauen Sie sich mit den TN die Statistik an. „Wer kennt welche Marke/welches Produkt? Was ist das?".
Lösung: Milka (Schokolade), Pepsi (koffeinhaltige Limonade), Fanta (Orangenlimonade), Langnese (Speiseeis), Parmigiano (geriebener Parmesankäse), Danone (Milch- und Joghurtprodukte), Nescafé (löslicher Bohnenkaffee), Jakobs (Bohnenkaffee), Barilla (Nudeln aus Italien), Coca Cola (koffeinhaltige Limonade)
Lassen Sie die TN die Statistik versprachlichen: „Auf welchem Platz steht …?", „Was ist beliebter: … oder …? Dann vergleichen die TN ihre persönlichen „Top Ten" mit den europäischen „Top Ten" und berichten darüber. Fragen Sie abschließend nach den „Top Ten" bzw. besonders beliebten Marken in den Heimatländern der TN.
3. Die TN überlegen sich – orientiert an ihren persönlichen „Top Ten" – eine produktbezogene Alternativfrage, z. B. „Was magst/trinkst du lieber? Cola oder Fanta?", „Was isst du lieber: Würstchen oder Frikadellen?". Jeder TN geht herum und befragt alle anderen TN dazu. Anschließend Bericht im Plenum und Erstellung der Kurs-„Top Ten" an der Tafel.

Arbeitsbuch B 9 Zusatzübung zum Superlativ: Guinessbuch: Superlativformen ergänzen (im Kurs oder als Hausaufgabe)

C   Essgewohnheiten
C 3   Kopiervorlage 10/2 „Wenn-Sätze"
C 4   Kärtchen *(Zusatzübung)*

Arbeitsbuch C 1–C 2 *(vor C 1 Kursbuch!)*: Einstieg ins Thema Essgewohnheiten
C 1   Zuordnung von Berufen zu Fotos (Partnerarbeit im Kurs)
C 2   Vermutungen über Essgewohnheiten (Partnerarbeit im Kurs)

C 1   Focus   Hörverständnis: Hypothesen zu Essgewohnheiten

1. Sprechen Sie mit den TN über die abgebildeten Personen: „Wie heißen sie?", „Was sind sie von Beruf?", „Wie alt sind sie?", „Was essen die Personen gern/nicht gern/ warum?", „Sind sie sympathisch?" … Zeigen Sie auf die Fotos der Lebens-/Genussmittel/ Gerichte und fragen Sie: „Was ist das?", „Kennen Sie eins dieser Lebensmittel/Gerichte?" Benennen Sie gegebenenfalls die Speisen *(Kognak und Zigarre, Honig, Rührei mit Lakritz, Eisbein mit Sauerkraut, Pommes frites mit Ketchup und Mayonnaise).* Lesen Sie mit den TN die Aussagen und lassen Sie sie den abgebildeten Gerichten bzw. Nahrungsmitteln zuordnen. Lassen Sie die TN dann vermuten und begründen, welche Person was gesagt hat.
2. Spielen Sie die Hörtexte vor. Die TN vergleichen ihre Vermutungen mit den Aussagen der Personen.
Lösung: 1 Peter Steinmann: Nach dem Essen einen Kognak und eine Havanna!; 2 Inga Ostner: Appetit auf Honig!; 3 Janina Metz: Eisbein? Igitt!; 4 Sandra Haller: Pommes statt Obst; 5 Günter Molke: Lakritz und Rührei!

C 2   Focus   Hörverständnis: Essgewohnheiten verschiedener Personen

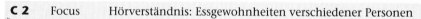

1. Gehen Sie mit den TN die ersten beiden Beispieleintragungen zu Person 1: Peter Steinmann durch: „Was isst Peter Steinmann zum Frühstück?", „Was isst er zum Mittagessen?".
2. Spielen Sie den Text von Peter Steinmann mit Pausen vor, die TN markieren die Antworten, vergleichen die Ergebnisse mit dem Partner und dann im Plenum.
3. Spielen Sie die Texte vor, stoppen Sie nach jeder Person, damit die TN Zeit haben, die Lösungen zu markieren. Zum Schluss Vergleich der Ergebnisse erst in Partnerarbeit, dann im Plenum.
Lösung: 1 Kästchen: 1, 2, 1, 1; 2 Kästchen: 2, 1, 3, 2; 3 Kästchen: 1 und 2, 2, 1 und 2, 1 und 2 und 3; 4 Kästchen: 3, 3, 3; 5 Kästchen 2, 1, 1, 4 und 2
Variante: Sie können den Kurs auch in vier Gruppen teilen: Frühstück, Mittagessen, Abendessen, zwischendurch. Die TN einer Gruppe achten beim Hören nur auf ihre „Essenszeit". Die Ergebnisse werden dann durch „Mischgruppen" (vgl. Methoden-Tipp, S. XI) oder an der Tafel zu jeder Person zusammengetragen und u.U. bei nochmaligem Hören im Plenum korrigiert.
4. Fragen Sie: „Welche Personen ernähren sich gesund?", „Wer lebt nicht so gesund?", „Warum?". Rufen Sie dabei das Schaubild in B1 in Erinnerung. Die TN arbeiten in Gruppen und stellen ihr Ergebnis im Plenum vor.
5. Die TN vergleichen ihre Essgewohnheiten mit denen der interviewten Personen : „Ich esse wie XY morgens auch gern …, aber ich esse kein …", „Mittags habe ich nicht viel Zeit zum Essen." usw.
Variante: Die TN vergleichen die Essgewohnheiten mit denen in ihren Ländern: „Um welche Uhrzeiten isst man bei Ihnen zu Hause?", „Was isst man zum Frühstück, zum Mittagessen, zum Abendessen und zwischendurch?", „Gibt es hier in den letzten Jahren/Jahrzehnten Veränderungen?". Die TN berichten im Plenum.

7 Schreiben Sie Ihre „Top Ten" von Lebensmitteln und vergleichen Sie mit der Grafik.
Machen Sie im Kurs eine Statistik. Welche Lebensmittel stehen auf den Plätzen 1 bis 10?

Cola ist am beliebtesten und steht auf Platz eins in Europa.

Bei uns (im Kurs) ist Cola auf Platz …

…

ARBEITSBUCH
B 9

Kennen Sie die „Top Ten" in Ihrem Heimatland? Berichten Sie.

Essen in Deutschland

ARBEITSBUCH
C 1-C 2

1 Die Leute sprechen über ihre Essgewohnheiten. Zu wem passt welche Aussage?

1 **Peter Steinmann**
38, Werbemanager

2 **Inga Ostner**
68, Rentnerin

3 **Janina Metz**
23, Model

4 **Sandra Haller**
13, Schülerin

5 **Günter Molke**
57, Kohlenhändler

Eisbein? Igitt!! ◆ Lakritz und Rührei! ◆ Appetit auf Honig! ◆
Nach dem Essen einen Kognak und eine Havanna! ◆ Pommes statt Obst

3/
3-27 Hören und vergleichen Sie.

2 Was passt zu welcher Person? Hören und markieren Sie.

3/
3-27

	Person	1	2	3	4	5
Frühstück	isst morgens Müsli	X				
	isst morgens Brot (Toast, Brötchen, Knäckebrot)					
	isst morgens Cornflakes oder Kuchen					
Mittagessen	isst mittags so richtig					
	hat mittags nicht viel Zeit zum Essen	X				
	geht mittags zum Schnell-Imbiss					
Abendessen	isst abends so richtig					
	isst abends oft Gemüse					
	isst abends nur ganz wenig					
zwischendurch	isst Obst					
	nascht gern: Schokolade …					
	trockenes Brötchen und Banane					
	Brot und Rührei oder Bratkartoffeln					

Ernähren sich die Leute gesund? Was meinen Sie?

C 3

Ergänzen Sie die Sätze.

> ... gibt es nur Würstchen.✓ ◆ ... dann hole ich mir das auch. ◆ ... dann wird uns schlecht. ◆
> Ich trinke pure Kohlehydrate und Eiweiß, ... ◆ ... kaufe ich mir eben ein Brötchen und eine Banane. ◆
> Ich frühstücke erst in der Schule ... ◆ ... koche ich abends so richtig. ◆
> ... sieht man das auch an meiner Haut.

1 Peter: Wenn keine Zeit bleibt, *gibt es nur Würstchen.*

2 Peter: Wenn ich Lust und Zeit habe, _____

3 Inga: Wenn ich Appetit auf etwas habe, _____

4 Janina: Wenn ich beim Job Hunger habe, _____

5 Janina: Wenn ich mal drei Tage ganz normal gegessen habe, _____

6 Sandra: _____ , wenn Pause ist.

7 Sandras Mutter: Wenn wir solche Sachen essen, _____

8 Günter: _____ , wenn ich einen Wettkampf habe und zunehmen muss.

Hören und vergleichen Sie.

C 4

Schreiben Sie zu jedem Modell einen passenden Satz und ergänzen Sie die Regel.

---

1   **Nebensatz,**   **Hauptsatz**
        wenn + Aussage 1   Aussage 2
        → *(zeitlicher) Auslöser*

                    Subjekt Verb(en)
        Wenn keine Zeit bleibt ,   gibt es nur Würstchen.

Position   1   2

2   **Hauptsatz,**   **Nebensatz**
        Aussage 1   **wenn** + Aussage 2
                                    ← *(zeitlicher)Auslöser*

                            Subjekt Verb(en)
        Ich frühstücke erst,   wenn Pause ist .

Wenn man auf den Auslöser
drückt, macht man ein Foto.

1 „Wenn"-Sätze sind _____ wie „weil"- und „obwohl"-Sätze.

2 Das _____ im „wenn"-Satz steht immer am Ende.

3 Das Subjekt steht nach _____ .

4 Zwischen Hauptsatz und Nebensatz steht ein _____ .

C 5

Was machen Sie, wenn ... ? Üben Sie zu viert.

1 Es ist drei Uhr nachts. Das Telefon klingelt.

2 Sie sind traurig / sauer / verliebt / krank / nervös ...

3 Sie sind im Restaurant und wollen bezahlen.
   Sie haben Ihr Geld vergessen.

4 Sie wollen abnehmen.

5 Sie haben Kopfschmerzen.

6 Sie haben Geburtstag.

7 Ihr Nachbar hört laut Musik.

8 Sie haben Liebeskummer.

Finden Sie weitere Fragen.

■ *Was machen Sie, wenn um drei Uhr das Telefon klingelt?*
   ● *Ich gehe ans Telefon und sage hallo.*
      ▲ *Was? Ich gehe nachts nicht ans Telefon.*
        Ich schlafe weiter.
         ▼ *Ich habe kein Telefon.*

■ *Was machst du, wenn du traurig bist?*
   ● *Ich gehe ins Kino und schaue mir einen lustigen*
     Film an.
      ...

C 3 Focus Syntax des „wenn"-Satzes
Material Kopien von Kopiervorlage 10/2 „Wenn-Sätze"

 Die TN lesen die Aussagen im Kasten sowie die Satzanfänge 1–8 der Personen und ordnen sie einander zu. Spielen Sie zum Vergleich den Hörtext noch einmal vor.
Lösung: **1** (...), gibt es nur Würstchen.; **2** (...), koche ich abends so richtig.; **3** (...), dann hole ich mir das auch.; **4** (...), kaufe ich mir lieber ein Brötchen und eine Banane.; **5** (...), sieht man das auch an meiner Haut.; **6** Ich frühstücke erst in der Schule, (...).; **7** (...), dann wird uns schlecht.; **8** Ich trinke pure Kohlehydrate und Eiweiß, (...).
Variante: Machen Sie ausreichend Kopien der Kopiervorlage 10/2 und zerschneiden Sie die Satzteile. Die TN arbeiten in Gruppen und ordnen die Aussagen. Machen Sie weitere Kopien als Arbeitsblätter, die TN ergänzen die „wenn"-Sätze.

C 4 Focus Regel ergänzen: „wenn"-Sätze, Semantisierung der „wenn"-Sätze
Material *Zusatzübung:* Kärtchen

1. Schreiben Sie die Beispielsätze aus dem Kasten an die Tafel: Verwenden Sie für die „wenn"-Sätze, wenn möglich, eine andere Farbe, um ihre Position zu verdeutlichen. Fragen Sie nach dem Subjekt und den Verben in den „wenn"-Sätzen, unterstreichen Sie sie. Fragen Sie nun nach den Verben im Hauptsatz und unterstreichen Sie sie. Markieren Sie die Position 1 des gesamten „wenn"-Satzes im ersten Beispiel; das Verb im Hauptsatz bleibt auf Position 2.
2. Die TN lesen die Beispielsätze im Kasten und ergänzen die Regeln. Gehen Sie herum helfen Sie. Notieren Sie die Lösung an der Tafel oder auf Folie.
Lösung: **1** Nebensätze; **2** Verb; **3** wenn; **4** Komma
Zusatzübung: Üben Sie die Wortstellung mit den „Lebenden Sätzen" (vgl. Methoden-Tipp, zu S. 94). Schreiben Sie die Wörter des ersten Beispielsatzes gut sichtbar auf Kärtchen, verwenden Sie für die Verben (*ist* und *gibt*) eine andere Farbe, vergessen Sie das Komma nicht. Verteilen Sie die Kärtchen an die TN. Diejenigen, die ein Kärtchen erhalten haben, stellen sich vorne im Klassenraum auf, die anderen TN kontrollieren und kommentieren die Positionen: *Der „wenn"-Satz steht auf Position 1, das Verb im Hauptsatz auf Position 2.* Schreiben Sie ein Kärtchen mit „dann" und geben Sie es einer TN. Sie muss sich nun richtig einfügen, die anderen TN kommentieren: *Jetzt steht „dann" auf Position 1, das Verb bleibt auf Position 2.* Die TN sollen die Sätze nun umstellen – erst Hauptsatz, dann „wenn"-Satz: *Das Subjekt wechselt auf Position 1, das Verb bleibt auf Position 2 und „dann" fällt raus.*
3. Die TN ordnen die Beispielsätze aus C3 den verschiedenen Modellen zu. Erklären Sie mit dem Kamera-Bild die „auslösende" Funktion von „wenn". Bringen Sie am besten selbst eine Kamera mit und machen Sie bei dieser Gelegenheit ein schönes Kursfoto. Sie können das Prinzip ganz einfach auch mit dem Lichtschalter verdeutlichen: „Wenn ich auf den Schalter drücke, geht das Licht an/aus."

C 5 Focus Sprechübung mit „wenn"-Sätzen

1. Bilden Sie Vierergruppen. Zerschneiden Sie so viele „wenn"-Sätze, wie Sie Gruppen bilden möchten, z. B. „Wenn es an | der Tür klingelt, | mache ich | nie auf." oder „Wenn wir | Hunger haben, | gehen wir | zu Mc Donalds." oder „Wenn ich | zu | spät komme, | habe ich immer eine | gute Entschuldigung." usw. Die TN müssen sich finden.
2. Lassen Sie den Beispieldialog von einer Gruppe laut vorlesen. Die TN spielen weitere Dialoge in der Vierergruppe. Gehen Sie dabei herum und helfen Sie bei Unsicherheiten. Die Gruppen präsentieren einige Varianten im Plenum.
Zusatzübung: Auf mehreren einzelnen Blättern steht oben ein „wenn"-Satz und darunter mehrere Linien mit ausreichendem Absatz. Geben Sie jedem TN ein Blatt, sie sollen nun (lesbar!) den „wenn"-Satz ergänzen und dann das Blatt an den Nachbarn weitergeben. Mögliche „wenn"-Sätze wären: „Wenn ich Deutsch lerne, .../Wenn ich vor dem Fernseher sitze, .../Wenn ich unter der Dusche stehe, .../Wenn ich im Unterricht müde werde, .../Wenn mir eine Frau/ein Mann gefällt, .../Wenn meine Freundin/mein Freund Geburtstag hat, .../Wenn es am Wochenende regnet, .../Wenn ich Urlaub mache, .../Wenn ich Zeitung lese, ..." Zum Schluss werden die Zettel vorgelesen.
Zusatzübung: Jeder TN denkt sich eine Bedingung aus und schreibt dazu 3–5 Aussagen. Die TN lesen nacheinander ihre Aussagen vor, die anderen TN versuchen, die zugrunde liegende Bedingung zu raten.
(Wenn ich Urlaub habe),... muss ich nicht arbeiten. / ... kann ich jeden Tag schlafen. / ... habe ich Zeit für die Familie. / ... bin ich selten zu Hause. / ... mache ich Sport ...

Arbeitsbuch C 3–C 6: Zusatzübungen zu „wenn"-Sätzen
C 3 Hörverständnis: Sätze zuordnen (im Kurs oder als Hausaufgabe)
C 4 „Wenn"-Sätze ergänzen und Regel ergänzen (im Kurs oder als Hausaufgabe)
C 5 Gedicht ergänzen: Wiederholung Wortschatz Körperteile (im Kurs)
C 6 Schreibübung: Gedicht mit „wenn"-Sätzen (im Kurs)

D   Zwischen den Zeilen

D 2   Kopiervorlage 10/3 „Frage-Antwort-Spiel"

D 1   Focus   Hörverständnis: Differenzierung und Semantisierung von „wenn" und „wann"   3/ 28-32

1. Schreiben Sie „wenn" und „wann" an die Tafel. Unterstreichen Sie jeweils die beiden Vokale „e" und „a". Fragen Sie: „Welches Wort hören Sie, „wenn" oder „wann"?"

> wann = Frage nach Tag, Uhrzeit, Woche, Monat, Jahr : Verb auf Position 2 + ?
>
> wenn = Nebensatz (= Auslöser): Verb am Ende

Spielen Sie den ersten Dialog vor, die TN vergleichen mit der Beipieleintragung im Buch.
2. Spielen Sie die Dialoge vor, stoppen Sie nach jedem Dialog, die TN markieren „wenn" oder „wann". Vergleich der Lösung in Partnerarbeit, dann im Plenum.
Lösung: **1** *wann;* **2** *wenn;* **3** *wann;* **4** *wann;* **5** *wenn*
3. Die TN lesen nun die Infobox. Erwähnen Sie an dieser Stelle noch einmal die Position des Verbs im Nebensatz bzw. in einer W-Frage. Ergänzen Sie das Tafelbild.

D 2   Focus   Lückentext: Dialoge mit „wenn" oder „wann" ergänzen   3/ 33-35
   Material   Kopien von Kopiervorlage 10/3 „Frage-Antwort-Spiel"

1. Lassen Sie den ersten Dialog von zwei TN lesen. Ergänzen Sie mit den TN die Lücken mit „wenn" oder „wann". Sollten dabei Unklarheiten auftauchen (Nebensatz als Frage), so verweisen Sie auf die Position des Verbs.
2. Die TN setzen nun in Partnerarbeit in den folgenden Dialogen „wenn" oder „wann" ein und vergleichen ihr Ergebnis im Plenum und mit dem Hörtext.
Lösung: **1** *Wann, wenn, Wann, wenn;* **2** *Wann, wenn, Wann, wenn;* **3** *Wenn, Wann, Wenn*
3. Die TN lesen die Dialoge in Partnerarbeit. Ermuntern Sie sie, die Dialoge zu variieren (andere Anlässe, Uhrzeiten, Gründe) und diese zu üben. Die Ergebnisse werden im Plenum präsentiert.
4. *Zusatzübung:* Kopiervorlage 10/3. Schneiden Sie die Fragen und Antworten aus. Bilden Sie je nach Kursgröße Gruppen, dementsprechend viele Kopien müssen Sie machen. Diejenigen, die Fragen haben, lesen sie vor und diejenigen, die die passenden Antworten dazu haben, reagieren darauf.
Variante: Sie können diese Übung auch etwas offener gestalten – ohne Kopiervorlage: Auf eine „wann"-Frage kommt häufig eine „wenn"-Antwort, machen Sie dazu einige Beispiele an der Tafel. Jeder TN notiert sich nun 2–3 „wann"-Fragen, damit die Übung etwas flüssiger läuft. Ein TN formuliert eine „wann"-Frage, ein anderer TN gibt eine „wenn"-Antwort, stellt wiederum eine andere „wann"-Frage und fordert eine weitere TN auf, eine „wenn"-Anwort zu geben usw.

> Wann sind die Besuchszeiten? – Komm einfach, wenn du mit der Arbeit fertig bist.
>
> Wann kommst du? – Wenn ich Zeit habe.
>
> Wann beginnt der Hauptfilm? – Wenn die Werbung zu Ende ist.
>
> Wann gehen wir spazieren? – Wenn es nicht mehr regnet.
>
> Wann fährst du nach Hause? – Wenn ich mit der Arbeit fertig bin.

Arbeitsbuch D 1–D 3: Wortbildungsübungen
D 1   Wortbildung: Nominalisierung von Adjektiven (-heit/-keit) (Hausaufgabe)
D 2   Wortbildung: Nominalisierung von Verben (-ung) (Hausaufgabe)
D 3   Wortschatzarbeit: Lückentext ergänzen (Hausaufgabe)

Zwischen den Zeilen

„Wenn" oder „wann"? Hören und markieren Sie.

Dialog	1	2	3	4	5
wenn					
wann	X				

Mit „wann" fragt man nach der Uhrzeit, dem Tag, der Woche, dem Monat, dem Jahr.

Wann = Frage **Wann** bist du zu Hause? Um neun.

Mit „wenn" nennt man den (zeitlichen) Auslöser für die Aussage im Hauptsatz.

Wenn = Nebensatz **Wenn** ich in London bin, dann schreibe ich dir gleich eine Karte.

2 Was passt, „wenn" oder „wann"? Ergänzen Sie.

1 ● *Wann* _____ gehen wir ins Kino?

   ■ Um sieben.

   ● Und was machen wir, _____ es keine Karten mehr gibt?

   ■ Dann gehen wir in die Spätvorstellung.

   ● _____ fängt die denn an?

   ■ Ich weiß nicht genau, so um zehn oder halb elf.

   ● Und _____ das auch nicht klappt?

   ■ Dann gehen wir halt in die Kneipe.

2 ▲ _____ musst du denn ins Krankenhaus?

   ▼ Nächste Woche, am Montag.

   ▲ Und wie lange dauert das alles?

   ▼ Eine Woche, _____ alles gut geht.

   ▲ Soll ich dich mal besuchen?

   ▼ Ja, das wäre schön.

   ▲ _____ sind die Besuchszeiten?

   ▼ Ich glaube, es gibt keine festen Zeiten. Komm einfach vorbei, _____ du mit der Arbeit fertig bist.

3 ▲ Kannst du mir morgen beim Renovieren helfen?

   ■ Klar. _____ ich morgen nicht zu lange arbeiten muss, komme ich vorbei.

   ▲ _____ denn ungefähr?

   ■ So gegen sieben.

   ▲ Ach, das ist ja toll. Du bist ein Schatz.

   ■ _____ es später wird, rufe ich dich an.

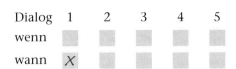

BREITWAND
Gilching (S-Bahnhof) · T. 081 05/9417
siehe TAGESPROGRAMM

...el und Ethan Coel. USA 1996.
...nces McDormand u.a. ○ Eine
...gsterballade im winterlichen
...hnapp-Coup zweier seltsamer
...uft.

CINEMA
Nymphenburger Str. 31 · T. 55 52 55
siehe TAGESPROGRAMM

...)(siehe ROYAL-FILMPALAST)

...RI-KINO
...91 · T. 38 40 53 10
..., 23.00, Sa/So auch 14.00
...Scorsese. GB 1997. Mit Tenzin
...○ Das in farbenprächtige Bil-
...es 14. tibetischen Dalai Lama,
...ng" als Zweijähriger bis zum
...959.

CITY-KINOS 1-3 + ATELIER 1+2
Sonnenstr. 12 · T. 59 19 83 · T. Atelier: 59 19 18
CITY: 16.00, 20.00, So auch 12.00
Titanic (siehe KINOS MÜNCHNER FREIHEIT)
14.45, 17.30, 20.30, Fr/Sa auch 23.15
Good Will Hunting (siehe TIVOLI-THEATER)
15.15, 18.00, 21.00, Fr/Sa auch 23.15
Die Musterknaben (siehe AEROPORT FJS)
ATELIER: 15.15, 18.00, 20.45, Fr/Sa auch 23.15
The Big Lebowski (siehe ABC-KINO)
15.00, 17.30, 20.15, Fr/Sa auch 22.45
Das süße Jenseits - Von Atom Egoyan, CDN 1997.
Mit Ian Holm, Nicole Burnelle u.a. ○ Die vielschichtig
inszenierte Trauerarbeit in einer kleinen Gemeinde.
Ausgehend von einem Busunglück, bei dem 14 Kinder
ums Leben kamen. Großer Preis der Jury in Cannes.
Ab Do 26.3. voraussichtlich
Wag The Dog (siehe ROYAL-FILMPALAST)

...IS-KINOS 1+2
...erstr. 2 · T. 55 51 52
...'Sa auch 23.15
...t (siehe CADILLAC/VERANDA)
...ch 22.30
...Von Neil Jordan. IRL 1997. Mit
...ew, Eamonn Owens u.a. ○ Das
...rät eines kleinen Jungen, der
...en Provinzkaffs mit unkontrol-
...n begegnet.

...O ASCHHEIM
...hner Straße · T. 90 70 08

CINERAMA
Grafinger Str. 6 · T. 499 188 19

...M

18.00, 20.15
Ich weiß, was du letzten Sommer getan hast
Von Jim Gillespie. USA 1997. Mit Jennifer Love Hewitt
u.a. ○ Thriller: Vier Schulfreunde überfahren einen
Mann, entledigen sich der Leiche und werden fortan
von einem Fremden verfolgt.
Täglich außer So 22.45
Lebe lieber ungewöhnlich (siehe RIO PALAST)
So 22.3. 21.00
Die Strategie der Schnecke (OmU) - Von Sergio
Cabrera. Kolumbien 1993. Mit Frank Ramirez, Fausto
Carbrera u.a. ○ Eine anarchische Komödie vom Wi-
derstand einiger Mieter, die aus ihrem Viertel in Bogo-
tá vertrieben werden sollen.

...C + VERANDA
...erplatz 12 · T. 91 20 00

...uch 12.00
...S MÜNCHNER FREIHEIT)

...00
...t - Von James L. Brooks. USA
...son, Helen Hunt, Greg Kinnear
...nische One-Man-Show eines
...lut-Scheißkerls, dem eine Kell-
...en beibringt.

...ICINNATI
...aße 31 · T. 690 22 41

ELDORADO
Sonnenstr. 7 · T. 55 71 74

...Fr/Sa 23.00, Sa/So a. 15.30
...sind sie da - Von Gary Fleder
...n Freeman, Ashley Judd, Gary
...lerjagd nach einem Serienmör-
...r „Casanova" signiert.
...rey und ab Do 26.3. täglich
...NEUES CARREE FILMTHEATER)

15.45, 18.00, 20.30, Fr/Sa auch 22.45
Die Schwächen der Frauen - Von Luis Galvai...
Teles. LUX 1997. Mit Miou-Miou, Marthe Keller, Man...
na Bevsop, Capucat Patti, Carmen Maura u.a. ○ Eine...
bwere Liebeskomödie über fünf Freundinnen, die es...
faustdick hinter den Ohren haben.

Hören und vergleichen Sie.

ARBEITSBUCH D 1-D 3

Der Ton macht die Musik

Currywurst
(von Herbert Grönemeyer*)

Gehst du in die Stadt
was macht dich da satt
eine Currywurst.

Kommst du von der Schicht
Etwas Schöneres gibt es nicht
Als Currywurst.

Mit Pommes dabei
Ach, dann geben Sie gleich zweimal Currywurst.

Bist du richtig down
brauchst du etwas zu kauen
eine Currywurst.

Willi, komm geh mit
Ich kriege Appetit
auf Currywurst.

Ich brauche etwas im Bauch
Für meinen Schwager hier auch noch eine Currywurst.

Willi, ist das schön
Wie wir zwei hier stehen
Mit Currywurst.

Willi, was ist mit dir
Trinkst du noch ein Bier
Zur Currywurst.

Kerl scharf ist die Wurst
Mensch das gibt einen Durst, die Currywurst.

Bist du dann richtig blau
Wird dir ganz schön flau
Von Currywurst.

Rutscht das Ding dir aus
Gehst du dann nach Haus
Voll Currywurst.

Auf dem Hemd, auf der Jacke
Kerl was ist das eine K... alles voll Currywurst.

Komm Willi
Bitte, bitte komm geh mit nach Hause
Hör mal, ich kriege sie, wenn ich so nach Hause komme

Willi, Willi bitte du bist ein Kerl nach meinem Geschmack
Willi. Willi komm geh mit, bitte Willi

satt Ich möchte nichts mehr essen.

Schicht, die -en mal tags, mal nachts arbeiten

down fix und fertig

etwas zu kauen etwas zu essen

scharf mit vielen Gewürzen

blau Du hast zu viel Alkohol getrunken.

flau schlecht

ich kriege sie Meine Frau schimpft mit mir.

nach meinem Geschmack Das finde ich gut.

* Herbert Grönemeyer, geb. 1956 in Göttingen, Schauspieler und Musiker. Bekannt durch seine Hauptrolle im Film „Das Boot" (1981), sowie durch sein Musikalbum „Bochum" (1984) mit dem Single-Hit „Männer".

ARBE
E

E Der Ton macht die Musik

Focus   Originallied hören und lesen
Material   Liedtext in Schnipseln auf Kärtchen vorbereiten; Kopien von Kopiervorlage 10/4 „Liedtexte"

1. Sprechen Sie über die beiden kleinen Zeichnungen und klären Sie die Situation: „Was ist das?", „Haben Sie das schon einmal gegessen?", „Wo kann man Currywurst essen?", „Wer isst gern Currywurst?", „Was machen die beiden Männer?".

2. Zerschneiden Sie eine stark vergrößerte Kopie des Liedtextes in die einzelnen Strophen, kleben Sie sie auf Kärtchen und verteilen Sie sie im Plenum – je nach Kursgröße erhalten die TN ein oder zwei Kärtchen (bei großen Gruppen zerschneiden Sie zwei Kopien). Die TN lesen ihre Strophen. Klären Sie dabei unbekannten Wortschatz.

3. Die TN stellen sich nun im Kreis um einen Tisch auf. Die TN hören das Lied und legen, wenn sie ihre Strophe hören, das Kärtchen (in der richtigen Reihenfolge!) auf den Tisch. Spielen Sie das Lied noch einmal vor, wenn TN ihre Kärtchen noch nicht gelegt haben. Ziel ist es, dass alle Kärtchen in der richtigen Reihenfolge auf dem Tisch liegen. Fragen Sie nach den Unterschieden zwischen geschriebenem und gesprochenem Text: *Herbert Grönemeyer spricht den Dialekt aus dem Ruhrgebiet, d.h. aus der Nähe von Bochum.* Schlagen Sie die Deutschlandkarte auf S. 110 auf und klären Sie die geografische Lage: *Nordrhein-Westfalen.*

4. Die TN hören das Lied noch einmal und singen, summen oder lesen das Lied (leise) mit.

Zusatzübung: Verteilen Sie die Kopiervorlage 10/4, lesen Sie die Texte und lassen Sie sie singen, wenn die TN Spaß daran haben. Ermuntern Sie die TN dazu, eigene Strophen zu schreiben oder eigene Themen zu finden. Schrauben Sie die Anforderungen nicht zu hoch – auch Strophen ohne Reime können witzig sein.

Arbeitsbuch E 1–E 5: Übungen zu „ch"; Kontrast „ach"–„ich"–„Chaos"–„Chef"

E 1   Lautbilder differenzieren: Die TN hören von der Cassette die verschiedenen Laute und lesen die Wörter still im Buch mit. Auf das seltene „ch" im Anlaut (gesprochen als [k] oder [ʃ]) und auf die Lautkombination „chs" (gesprochen als [ks]) wird im Folgenden nicht näher eingegangen, der Schwerpunkt hier liegt auf den Lauten [x] und [ç]. Schreiben Sie die ersten beiden Laute [x] und [ç] mit den Beispielen an die Tafel.

E 2   Spielen Sie die ersten drei Beispiele von der Cassette vor, stoppen Sie die Cassette und erklären Sie anhand der Beispieleintragung die Aufgabe: „Hören Sie [x] oder [ç]?" Dann spielen Sie die Cassette vor, die TN sprechen die Wörter nach und markieren die Laute. Vergleich in Partnerarbeit und Plenum. Die TN ergänzen dann die Regel. Vergleich im Plenum, notieren Sie das Ergebnis an der Tafel. Schreiben Sie „Würstchen" an die Tafel, unterstreichen Sie die Endung „-chen", fragen Sie nach dem Grundwort (Wurst), weisen Sie auf den Umlaut hin („ü" markieren), klären Sie die Bedeutung (= Verkleinerungsform) und sammeln Sie weitere bekannte Wörter mit „-chen": *Brötchen, Fieberzäpfchen, Gummibärchen, Heinzelmännchen, Küsschen, Mädchen.* Lassen Sie dann diese Verkleinerungsform zu folgenden Wörtern bilden: *Arm, Bein, Finger, Fuß, Hals, Hand, Kopf, Mund, Nase, Ohr* und ergänzen Sie (als Ausnahmen) *Augen – Äuglein* und *Bauch – Bäuchlein* (die Verkleinerungsform „-lein" ist bereits aus Lektion 7 bekannt: *Männlein, Schühlein*). In spielfreudigen Gruppen können Sie die TN dann „Wir sehen zum ersten Mal das Baby von …" spielen lassen: *Schau mal, das Köpfchen – wie süß!, Und die Ärmchen – die sind ja so klein!, Und erst die Fingerchen!, Schau mal, die Öhrchen – die finde ich süß! …*

E 3   Die TN markieren die Wörter mit dem Laut [x]. Vergleich zunächst im Plenum (dabei die Entscheidungen immer unter Bezug auf die Regeln begründen lassen!), dann abschließend mit der Cassette.

E 4   Zum Üben der Laute [x] oder [ç] folgen die TN den Anweisungen auf der Cassette und sprechen nach. Spielen Sie die Cassette komplett vor. Gehen Sie herum und prüfen Sie, ob es bei diesem Laut noch Schwierigkeiten gibt. Falls das [x] Schwierigkeiten macht, üben Sie alternativ die Ableitung vom „Schnarchen" (im Rachenraum, nicht durch die Nase!). Wenn man die Hand dabei ganz leicht vorne an den Hals legt, sollte man eine Vibration spüren. Üben Sie dann kontrastiv an Wortpaaren (Singular–Plural): *Bauch [x] –Bäuche [ç], ebenso Brauch–Bräuche, Buch–Bücher, Dach–Dächer, Fach–Fächer, Frucht–Früchte, Nacht–Nächte, Spruch–Sprüche, Tochter–Töchter* oder mit Adjektiven auf -ig: *anständig [x] –anständiger [g], ebenso mit billig, günstig, kräftig, langweilig, lustig, niedrig, ruhig, saftig, schmutzig, schwierig, traurig, ungeduldig, wenig.*

E 5   Die TN markieren in allen Gedichten entsprechend den Regeln (von E3) alle „ch", die als [x] gesprochen werden und hören dann die Cassette zum Vergleich. Dann wählt jeder ein Gedicht aus und übt intensiv die korrekte Aussprache und eine angemessene Intonation (dazu evtl. Cassette nochmals vorspielen). Wer möchte, kann sein Gedicht im Plenum vortragen.

F Regionale und internationale Küche: Speisen und Getränke

F 2   Speisekarten
F 3   Speisekarten; Kopiervorlage 10/5 „Im Restaurant"

F 1   Focus   Ess- und Trinkgewohnheiten der Deutschen und typische Speisen

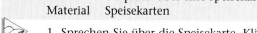

1. Sammeln Sie an der Tafel (z. B. mit einem Wortigel), was die TN über deutsche Ess- und Trinkgewohnheiten wissen. Sprechen Sie mit einem TN den Beispieldialog.
2. Fragen Sie nach den bekannten typisch deutschen Speisen. Machen Sie an der Tafel eine Liste und ordnen Sie sie, wenn möglich, bestimmten Regionen/Bundesländern zu.

F 2   Focus   Gespräch über eine Speisekarte
      Material   Speisekarten

1. Sprechen Sie über die Speisekarte. Klären Sie, in welche Kategorien sie aufgeteilt ist: *Vorspeisen, warme Speisen … heiße Getränke …* Die TN lesen dann die Frage, klären unbekannten Wortschatz und schreiben die Antworten in Stichworten auf einen Zettel.
2. Die TN interviewen sich nun gegenseitig mit Hilfe des Buchs und ihrer Notizen und notieren sich die Antworten ihrer Interviewpartner. Jeder TN sollte mindestens drei Interviews durchführen. Danach berichten die TN über ihre Interviewpartner im Plenum. Gehen Sie herum und geben Sie Hilfestellung. Bei dieser Gelegenheit erklären sich die TN gegenseitig unbekannten Wortschatz, weil hier sicherlich von einem sehr unterschiedlichen Vorwissen ausgegangen werden kann. Zu diesem Zeitpunkt ist es noch nicht wichtig, dass die TN die gesamte Speisekarte verstehen. (Thema der nächsten Aufgabe wird es sein, die regionalen Spezialitäten zu verstehen.) Es ist ja eine ganz reale Situation für die TN, eine Speisekarte nicht in allen Details verstehen zu können und nachfragen zu müssen.
   Zusatzübung: Sammeln Sie weitere den TN bekannte Speisen und lassen Sie sie den Kategorien auf der Speisekarte zuordnen.
   Zusatzübung: Bringen Sie möglichst verschiedene Speisekarten mit in den Unterricht. Verteilen Sie sie und lassen Sie sie unter verschiedenen Aspekten vergleichen: Preise, Spezialitäten, Standardgerichte. Sammeln Sie die Ergebnisse im Plenum, ergänzen Sie u.U. die Liste mit den typisch deutschen Speisen an der Tafel.
3. Die TN finden sich in (nationalen) Gruppen zusammen und vergleichen die Situation mit Deutschland (s.u., Landeskunde). Geben Sie dafür einige Aspekte vor, damit Sie die Ergebnisse zum Schluss besser vergleichen können: *Speisen und Getränke:* „Gehen Sie ab und zu in ein deutsches Restaurant?", „Gibt es in Ihrer Heimatstadt ein deutsches Restaurant?", „Was gibt es dort zu essen?", „Welche Kategorien, d.h. welche Vor-, Haupt- und Nachspeisen, welche Getränke gibt es bei Ihnen?". *Preise:* „Wie teuer ist es, bei Ihnen essen zu gehen?", Welche unterschiedlichen Restaurants gibt es?". *Trinkgeld:* „Was ist ‚Trinkgeld'?", „Gibt man bei Ihnen Trinkgeld?", „Wie viel?", „Wie gibt man bei Ihnen das Trinkgeld?". *Verhalten im Restaurant:* „In Deutschland zahlen die Leute in der Regel getrennt: Wie finden Sie das? Wie ist das in Ihren Ländern?", „Wie verhalten sich die Leute, wenn z. B. alle Tische besetzt sind?, Setzt man sich an einen Tisch hinzu, wenn noch Plätze frei sind?". Ermuntern Sie die TN, weitere Aspekte zu sammeln. Schreiben Sie die Fragen an die Tafel oder geben Sie sie in die Gruppen. Die Ergebnisse werden im Plenum präsentiert. Denken Sie auch an die Kurszeitung: „Wer hat Lust, einen Artikel über das Thema zu schreiben: z. B. „Anekdoten aus deutschen Restaurants"?"
   Tipp zum Abschluss: Gehen Sie mal gemeinsam in einem deutschen Lokal essen, jeder TN fragt die Bedienung nach unbekannten Gerichten (Bedienung vorher informieren!), jeder bestellt für sich (alles auf Deutsch natürlich!) und Sie vereinbaren (zumindest für einen Teil der Zeit) nur Deutsch zu sprechen und dabei möglichst viele bekannte Redemittel (Guten Appetit!, Prost! etc.) einzusetzen.

LANDESKUNDE

Restaurant
Es handelt sich hier um die Speisekarte eines deutschen Restaurants in der mittleren Preisklasse. Die Preise sind inklusive Bedienung, trotzdem gibt man der Bedienung / dem Ober noch ein Trinkgeld. Wenn die Bedienung besonders nett war, gibt man zehn Prozent Trinkgeld, sonst nur fünf Prozent (bei kleinen Beträgen eher etwas mehr, bei großen eher etwas weniger). Die Rechnung bezahlt man am Tisch. In der Regel ist es so, dass man der Bedienung / dem Ober den aufgerundeten Preis (d.h. Preis + Trinkgeld) nennt. Das Restgeld wird auf den genannten Betrag herausgegeben. Sagt man nichts, so gibt die Bedienung / der Ober genau auf den Betrag heraus. Nur in feineren Restaurants wird die Rechnung verdeckt auf einem kleinen Teller oder in einem kleinen (Leder-)Umschlag überreicht. Dort lässt man auch das Trinkgeld liegen.
In einem deutschen Restaurant wird man meist nur dann vom Bedienungspersonal an den Tisch geführt, wenn man vorher reserviert hat. Ansonsten kann man sich an jeden freien Tisch setzen. Wenn das Restaurant voll ist, kann man sich sogar an einen Tisch dazusetzen, an dem bereits andere Gäste sitzen. Allerdings fragt man höflich, ob die Plätze noch frei sind und man sich dazusetzen darf.

F

Im Restaurant: Essen in Hessen

1

Was essen und trinken die Deutschen gern? Kennen Sie eine typisch deutsche Speise?

Die Deutschen essen viel Kartoffeln und Sauerkraut, ↘ oder? ↗

Die Deutschen trinken gern …

2

Sprechen Sie über die Speisekarte.

1 Welche Speise haben Sie schon einmal gegessen? Welche Getränke kennen Sie?

2 Welche Speisen essen Sie gern / nicht gern?

3 Was ist gesund / ungesund? Warum?

4 Bestellen Sie ein Menü (Vorspeise, Hauptgericht und Dessert).

5 Welche Speisen kennen Sie nicht? Welche möchten Sie einmal probieren?

VORSPEISEN

Suppen

Gulaschsuppe & Brot	5,50
Tomatencremesuppe	6,50
Tagessuppe	5,50

HAUPTGERICHTE / WARME SPEISEN

Vom Rind

argent. Steak, Kräuterbutter, Bratkartoffeln und Salat	23,00
Wiener Schnitzel, Bratkartoffeln und Salat	18,50
Rinderrouladen mit Salzkartoffeln u. grünem Salat	18,50

Vom Schwein

Frankfurter Würstchen mit Kraut und Brot	7,-
Jägerschnitzel, Bratkart. und Salat	15,50
Schlachtplatte m. Kraut und Brot	11,-

VEGETARISCHE SPEISEN

Gemüseauflauf	14,80
Grüne Soße, 4 halbe Eier, Salzkartoffeln	10,50

KALTE SPEISEN

Handkäs' mit Musik	6,50
Schneegestöber mit Brot	7,-
Strammer Max	9,80
Frikadelle mit Brot	7,80

SALATTELLER

Bauernsalat, mit Schafskäse und Knoblauchbrötchen	13,80
Feldsalat mit Ei, gebratenem Speck u. Knoblauchbrötchen	14,00

DESSERT

Portion gemischtes Eis mit Sahne	6,50
Obstsalat	7,90

HEISSE GETRÄNKE

Tasse Kaffee	3,10
Cappuccino	3,90
Espresso	2,90
Heiße Schokolade	3,90
Glas Tee, diverse Sorten	3,10
Glühwein	3,90

NICHT-ALKOHOLISCHE GETRÄNKE

Selters Mineralwasser	0,25	3,20
Cola/Cola Light / Sinalco	0,3	3,50
Spezi	0,3	3,50
Apfelsaft	0,2	3,40
Apfelsaftschorle	0,2	3,10
Orangensaft	0,2	3,50

BIERE

Binding Lager	0,3	3,90
Clausthaler (alkoholfrei)	0,33 Fl	3,70
Radler / Cola-Bier	0,3	3,90
Dunkles Weizen	0,5 Fl	5,-
Kristall Weizen	0,5 Fl	5,-

WEINE

Weißweine

Müller-Thurgau halbtrocken	0,2l	4,80
Riesling trocken	0,2l	5,20

Rotweine

Bordeaux	0,2l	6,20
Französischer Landwein	0,2l	4,50

Roséweine

Weißherbst	0,2l	5,10
Mateus	0,25l	6,30

Schorle

Weißweinschorle süß/sauer	0,2l	4,20

Was ist das? Raten Sie.

1 Jägerschnitzel ◆ 2 Handkäs' mit Musik ◆
3 Sauergespritzter ◆ 4 Schneegestöber ◆
5 Schlachtplatte ◆ 6 Strammer Max ◆
7 Spezi ◆ 8 Tagessuppe

☐ Apfelwein mit Mineralwasser
☐ Cola und Fanta
☐ Bauernbrot mit Schinken und Spiegelei
☐ ein spezieller Käse mit Zwiebeln, Essig und Öl
☐ verschiedene Wurst- und Fleischsorten (gekocht)
☐ ein Stück Fleisch mit Pilzsoße
☐ heute: Hühnersuppe, morgen…
☐ eine Mischung aus Camembert und Frischkäse
mit Gewürzen und Zwiebeln

  Hören und vergleichen Sie.

ARBE

ohne	ein Gericht **ohne** Fleisch
mit	eine Suppe **mit** Gemüse und Fleisch
aus	eine Creme **aus** Schokolade

Woher kommen die Speisen? Was ist was? Raten Sie.

1 **Minestrone**

2 **Paella**

3 **Mousse au chocolat**

4 **Börek**

5 **Köttbullar**

6 **Miso-Suppe**

☐ Italien   ☐ Fleischbällchen
☐ Türkei   ☐ Schafskäse mit Spinat in Blätterteig
☐ Frankreich   ☐ Gemüsesuppe mit Speck
☐ Spanien   ☐ süße Creme aus Schokolade und Sahne
☐ Japan   ☐ Reisgericht mit Fisch und Gemüse
☐ Schweden   ☐ Suppe aus Sojabohnenpaste mit Tofu

F 3   Focus   Hörverständnis: Gespräch über Speisen und Definition von Speisen
         Material   Speisekarten; Kopien von Kopiervorlage 10/5 „Im Restaurant"

3/37

1. Klaren Sie mit den TN die Situation: *Ein Deutscher sitzt mit einem ausländischen Freund im Restaurant und sie studieren die Speisekarte. Dabei gibt es viele Fragen.*
2. Die TN lesen die von 1 bis 6 nummerierten Speisen und suchen sie auf der Speisekarte. Fragen Sie: „Wo stehen sie?", „Bei den Hauptgerichten oder bei den Kalten Speisen?".
3. Die TN lesen nun die Erklärungen und versuchen eine erste Zuordnung zu den Gerichten, hören dann den Dialog von der Cassette und korrigieren ihre Vermutungen.
Lösung: 3, 7, 6, 2, 5, 1 , 8, 4
4. Die TN lesen die Infobox und unterstreichen in den Erklärungen die Präpositionen *mit* und *aus*. Sammeln Sie zunächst im Plenum weitere Beispiele zu den einzelnen Präpositionen, schreiben Sie die Beispiele an die Tafel. Fragen Sie: „Was kann man noch sagen: ein Käsebrot oder ...?" Antwort: *Ein Brot mit Käse.* Ebenso: „ein schwarzer Kaffee oder ...?" Antwort: *Ein Kaffee ohne Milch.* „Eine Tomatensuppe?" Antwort: *Eine Suppe aus Tomaten.*
5. Verteilen Sie noch einmal die Speisekarten aus F2. Die TN sammeln in Gruppen weitere Speisen und Getränke und beschreiben sie sich gegenseitig. Gehen Sie herum und helfen Sie bei Unklarheiten.
6. Teilen Sie die Kopien von Kopiervorlage 10/5 aus. Die TN füllen die Tabelle mit den passenden Redemitteln aus. Dann spielen Sie den Dialog auf Cassette noch einmal vor. Der Dialog gibt nicht auf alle Fragen eine Antwort. Sammeln Sie im Plenum die Redemittel, fügen Sie weitere hinzu.
7. Erarbeiten Sie gemeinsam an der Tafel mit den TN ein Dialoggerüst. Lassen Sie dann den Dialog in Dreiergruppen lesen und variieren.

▲ *Guten Abend.*   ● *Guten Abend. ... Wir haben einen Tisch für ...*
                                                               bestellt, auf den Namen ...

▲ *Einen Augenblick ... Tisch Nummer ... Kommen Sie bitte mit.*   ● *Danke.*

▲ *Hier die Speisekarte. Was möchten Sie trinken? ...*   ● *Ich bekomme ...*

▲ *... So bitte sehr. Ein ... und ... Zum Wohl. ...*

  Haben Sie schon gewählt?   ● *Ich bekomme ...*

▲ *... So, einmal ...*   ● *Das ist für mich.*

                                                              ● *Und mein ... ?*

▲ *Kommt sofort! ... Guten Appetit.*

                                                              ● *Herr Ober, wir möchten zahlen.*

▲ *Ich komme sofort... Zusammen oder getrennt?*   ● *Zusammen, bitte.*

▲ *So, das waren ... - das macht dann ...*   ● *... Mark bitte.*

▲ *Vielen Dank. Einen schönen ... noch. Auf Wiedersehen.*

---

8. *Zusatzübung:* Immer drei Leute spielen eine Szene im Restaurant, d.h. eine Bedienung und zwei Gäste. Gespielt werden soll eine ganze Szene: vom Betreten des Restaurants, über die Bestellung, das Essen selber, bis zum Bezahlen und Verlassen des Restaurants. Verwenden Sie hier noch einmal die Speisekarten aus F2 oder die Speisekarte aus dem Buch. Denken Sie auch an weitere Requisiten ... Geben Sie den TN eine Rolle bzw. eine Situation vor: z. B. Berufskollegen oder ein Liebespaar gehen essen, die Bedienung hat ihren ersten Arbeitstag, es handelt sich um ein feines Restaurant, um einen Stehimbiss usw. Die Gruppen bereiten einen Dialog zu ihrer Situation vor und spielen ihn (Zeitvorgabe!).

Arbeitsbuch F   Leseverständnis: Rezeptbeschreibung: Bilder zuordnen (Partnerarbeit)

F 4   Focus   Internationale Speisen beschreiben: Zuordnung der Bilder zu Ländern und Erklärungen

Sprechen Sie über die Bilder im Buch. Klären Sie zunächst, für welche Länder die Flaggen stehen. Dann ordnen die TN die Speisen den Ländern zu und suchen die passende Beschreibung. Vergleich erst in Kleingruppen, dann im Plenum.
Lösung: Italien: Minestrone = Gemüsesuppe mit Speck; Türkei: Börek = Schafskäse mit Spinat in Blätterteig; Frankreich: Mousse au chocolat = süße Creme aus Schokolade und Sahne; Spanien: Paella = Reisgericht mit Fisch und Gemüse; Japan: Miso-Suppe = Suppe aus Sojabohnenpaste mit Tofu; Schweden: Köttbullar = Fleischbällchen
Zusatzübung: Vielleicht haben Sie in Ihrer Institution die Möglichkeit zu kochen: Dann organisieren Sie doch eine kleine „Kochparty". Die TN vereinbaren am besten in (nationalen) Gruppen, was sie realistischerweise für diese Party vorbereiten können und beschreiben ihre Speisen im Plenum. Erstellen Sie im Kurs ein kleines (internationales) Menü und entwerfen Sie dazu einen schönen Speiseplan mit verschiedenen Gängen (Vorspeisen, Hauptspeisen, Nachspeisen). Jede Gruppe schreibt einen Einkaufszettel. Machen Sie die TN darauf aufmerksam, dass es nicht darum geht, für alle zu kochen, sondern jeweils für 2–3 Personen. Nehmen Sie von jedem einen kleinen Obulus, die TN rechnen dann zum Schluss mit Ihnen ab. Die Rezepte können ebenfalls in der Kurszeitung abgedruckt werden.

F 5   Focus   Gespräch über typisches Essen / Lieblingsessen

Die TN notieren sich eine typische Speise ihres Landes bzw. ein Lieblingsgericht und beschreiben es. Dann befragen sie sich gegenseitig und machen sich Notizen zu den Antworten. Die Ergebnisse werden im Plenum präsentiert.
Variante: Machen Sie daraus ein kleines Ratespiel: Die TN notieren auf Zetteln weitere typische Speisen aus ihren Ländern und geben dazu eine kurze Beschreibung. Sammeln Sie die Zettel ein, lesen Sie sie einzeln vor. Die TN müssen jeweils raten, aus welchem Land die Speise sein könnte. Die anderen TN helfen.

METHODE

Projekt: Interview
Viele Möglichkeiten Deutsch zu sprechen – über die im Buch beschriebenen Situationen hinaus – bietet die Durchführung von Interviews (dies vor allem bei Inlandskursen, aber auch im Ausland kann man versuchen „deutsche Anlaufstellen" zu finden, um die TN dort Interviews machen zu lassen). Solch ein Interview sollte sehr detailliert vorbereitet werden, damit die TN mit einem möglichst sicheren Gefühl den Klassenraum verlassen und es zu einem sinnvollen, auswertbaren Ergebnis kommt. Anbei finden Sie eine kleine Checkliste, die Sie für die Organisation solch eines Interviews als Grundlage nehmen können:
Vor dem Interview: *Ihre Vorbereitung:* Besorgen Sie Stadtpläne, nehmen Sie Kontakt mit Personen auf, um deren Erlaubnis Sie bitten müssen, z. B. wenn an einer Schule ein Interview durchgeführt werden soll. Prüfen Sie, ob genügend Cassettenrekorder (mit Mikrofon) für jede Gruppe vorhanden sind. *Idee formulieren:* Solch ein Projekt bietet sich natürlich dann an, wenn Sie zuvor im Kurs mit den TN über ihre Erfahrungen diskutiert haben, bzw. das Thema bereits unter verschiedenen Gesichtspunkten erörtert wurde. *Ort und Zeit festlegen:* Besprechen Sie im Kurs, wo genau Sie das Interview durchführen möchten. Dabei ist es vor allem interessant, eine gewisse Streuung zu haben (Fußgängerzone, Schule, Bahnhof, Universität …). Wenn die TN den Kursort nicht kennen, wäre es sinnvoll, Stadtpläne mitzubringen, um die Standorte einzuzeichnen. In den einzelnen Interviewgruppen sollten nicht mehr als vier Personen sein. Sie werden auf die verschiedenen Standorte verteilt.
Interview ausarbeiten: *Beginn eines Interviews:* Erarbeiten Sie mit den TN die Redewendungen, die erforderlich sind, um ein Interview zu führen: Wie stelle ich mich vor?, Wie erkläre ich freundlich meine Intention?, Wie frage ich nach, wenn ich etwas nicht verstanden habe?, Wie bedanke ich mich für das Gespräch?, Wie beende ich das Gespräch? Die TN notieren sich die Redewendungen auf einem Zettel, den sie zum Interview mitnehmen. *Fragen:* Erarbeiten Sie mit den TN einen Fragenkatalog: Die TN einigen sich im Kurs auf bestimmte Fragen, die die Grundlage des Interviews bilden. Nur so können Sie zu einem auswertbaren Ergebnis gelangen. Lassen Sie zunächst in Gruppen Fragen erstellen (am besten auf Folie), jede Gruppe stellt ihre Fragen vor, das Plenum muss sich auf ca. fünf Fragen (abhängig von Interviewinhalt und -dauer) einigen. Sammeln Sie die Fragen an der Tafel, legen Sie mit den TN auch die Reihenfolge fest, die TN notieren sich die Fragen. *Rollenspiel:* Die TN spielen zuvor das Interview im Kurs in Form von Rollenspielen durch.
Interview durchführen: *Notizen zum Interview:* Die TN sollten zu jedem Interviewpartner/zu jeder Interviewpartnerin Notizen machen: Geschlecht, ungefähres Alter … Antworten (in Stichworten). Übersichtlicher wird es, wenn Sie (gemeinsam mit den TN) ein „Interviewbogen" erstellen. Vor dem jeweiligen Interview sollte innerhalb der Gruppe die Arbeitsteilung festgelegt werden, d.h. ein TN macht Notizen, die anderen fragen, beim nächsten Interview wechseln die TN die Rollen. *Ausrüstung:* Jede Gruppe sollte, wenn möglich, mit einem Cassettenrekorder, mit Zetteln (mit Schreibunterlage) und Stiften ausgestattet sein. Bitte üben Sie vorher den Umgang mit den technischen Geräten, indem sich die TN zunächst gegenseitig aufnehmen und das Band anschließend anhören. Vielleicht hat einer der TN auch eine Kamera, so könnten die Interviews von den TN auch auf Fotos festgehalten werden (Collage, Kurszeitung). *Durchführung:* Geben Sie eine bestimmte Zeit vor: Denken Sie dabei an folgende Aspekte: Hin- und Rückwege sowie eigentliche Interviewdauer. Geben Sie auch die Mindestanzahl der Interviewpartner pro Gruppe an.
Interview auswerten: Die TN werten ihre Notizen bzw. Tonbänder aus. Wenn die TN Fotos etc. gemacht haben, so lassen Sie in den einzelnen Gruppen Poster anfertigen, auf denen die Ergebnisse festgehalten werden. Stellen Sie dafür notwendige Materialien bereit: Poster, Kleber, Schere. Mischen Sie die Gruppen nun so, dass in jeder Gruppe mindestens ein TN aus den anderen Interviewgruppen vertreten ist (Mischgruppen). Die TN stellen in den neuen Gruppen jeweils die Ergebnisse ihrer Interviews vor. Wenn Sie Poster haben erstellen lassen, so werden diese im Kursraum an verschiedenen Stellen aufgehängt und die Gruppen wandern von Poster zu Poster. Der TN, dessen Gruppe das Poster erstellt hat, stellt die Ergebnisse in der neuen Gruppe vor. Die Ergebnisse werden noch einmal im Plenum zusammengefasst. Wichtig ist es auch, die TN nach ihren Erlebnissen während der Interviews zu fragen: Je nach Ergebnis sowie Motivation der TN, können Sie die TN einen kleinen Artikel für die Kurszeitung über Verlauf, Erlebnisse und Ergebnis der Interviewaktion schreiben lassen.
Internationale Kurse: Wenn Sie die TN nicht „auf die Straße" schicken wollen, so gibt es vielleicht die Möglichkeit, in Ihrer Institution andere TN aus anderen Kursen zu einem bestimmten Thema zu interviewen. Sprechen Sie sich mit anderen Kursleiterinnen/Kursleitern ab.

G   Cartoon
Material: Kopien des Cartoon ohne Sprechblasentexte

Arbeitsbuch G 1–G 3 *(vor Kursbuch G1):* Leseverständnis und Schreibübung zu Essgewohnheiten

1. Verteilen Sie den Cartoon mit leeren Sprechblasen. Die TN schreiben in Partnerarbeit Dialoge. Vergleich im Plenum und mit dem Original.
   Varianten: Lassen Sie nur die Sprechblase im letzten Bild leer. Die TN versuchen eine Pointe zu finden. Vergleich im Plenum und mit dem Original. Oder verteilen Sie nur das letzte Bild des Cartoons. Die TN denken sich die „Vorgeschichte" dazu aus.

2. Fragen Sie die TN: „Haben Sie schon ähnliche Situationen erlebt?". Die TN berichten über ihre Erfahrungen.

5

Beschreiben Sie kurz ein typisches Gericht aus Ihrem Land oder Ihr Lieblingsgericht.

Ein typisches Gericht in Japan ist Tempura.
Das sind fritierte (Riesen-) Garnelen mit Gemüse. Das esse ich sehr gern.
…

PROJEKT

Sprechen Sie so oft wie möglich Deutsch!

Wenn Sie in einem deutschsprachigen Land sind, dann fragen Sie nach allem Möglichen:
- Fragen Sie Leute auf der Straße nach der Uhrzeit.
- Fragen Sie am Bahnhof, welcher Zug wohin fährt, wann der Zug fährt, wo der Zug fährt ...
- Fragen Sie im Geschäft nach den Preisen, nach dem Material ...
- Fragen Sie im Restaurant, im Café, was für eine Speise oder was für ein Getränk auf der Speisekarte steht (wie in F3)

Wenn Sie in Ihrem Heimatland Deutsch lernen, dann ...
- machen Sie mit einer Kursteilnehmerin/einem Kursteilnehmer ein Spiel. Reden Sie jeden Tag eine halbe Stunde Deutsch zusammen - nicht nur im Unterricht!
- Suchen Sie Plätze, wo Deutsch gesprochen wird: deutsche Restaurants, Firmen, die Universität ...
- Sprechen Sie Deutsch mit Touristen. (Woher kommen Sie? Wie finden Sie? ...)

Sammeln Sie diese Fragen in einem Heft und üben Sie täglich.

ARBEITSBUCH
G1-G3

Kurz & bündig

Probleme

Ich habe Grippe.
Ich habe Fieber.
Ich habe Rückenschmerzen.

Ratschläge   § 10d

Sie soll**ten** mal zum Arzt gehen.
Du soll**test** besser zu Hause bleiben.
Sie soll**ten** regelmäßig schwimmen gehen.

Komparativ   § 17c

Wer nimmt schnell**er** ab? Männer oder Frauen?
Männer nehmen schnell**er** ab als Frauen.
Wen finden Sie interessant**er**? Claudia Schiffer
oder Steffi Graf?
Wen finden Sie interessant**er**? Michael Schu-
macher oder Herbert Grönemeyer?
Haben Light-Produkte **mehr** oder **weniger**
Kalorien **als** normale Lebensmittel?

Ich weiß nicht.

Ich finde Steffi Graf interessant**er als** Claudia Schiffer.

Herbert Grönemeyer, natürlich.

Keine Ahnung. **Weniger**, oder?

Superlativ   § 17c

Wie viel wiegt **der** dick**ste** Mensch?
Nein, noch mehr, 404 Kilo.
Wie alt wurde **der** ält**este** Mensch?
Nein, 120!
In welchem Land leben die Menschen **am** läng**sten**?
Stimmt. Weil sie **am** gesünd**esten** essen.

Vielleicht 210 Kilo.

105 Jahre?

In Japan.

„wenn"-Sätze   § 5b, § 22

Was machen Sie, **wenn** Sie krank **sind**?
Was machen Sie, **wenn** Ihr Nachbar laut
Musik **hört**?
Was machen Sie, **wenn** Sie traurig **sind**?
Wann rauchen Sie?

Ich gehe sofort zum Arzt.
Wenn mein Nachbar laut Musik **hört**, dann
stelle ich mein Radio lauter.
Dann gehe ich in die Disko.
Wenn ich viel Stress **habe**.

„dass"-Sätze   § 5b, § 22

Weißt du eigentlich, **dass** ein Glas Cola
elf Stück Würfelzucker **enthält**?
Haben Sie **gewusst, dass** der größte Mensch
der Welt 231,7 cm groß **ist**?

Was? Ich trinke nie mehr Cola.

Na und?

Nützliche Ausdrücke

Was fehlt Ihnen denn? ↘

„Hatschi!" ↘
Danke! ↘

Ich habe starke Kopfschmerzen. ↘
Ich gehe nach Hause. ↘

Kennen Sie Mousse au chocolat? ↗
Eine Creme **aus** Schokolade und Sahne. ↘

Können Sie mir sagen, →
was Handkäs' mit Musik ist? ↗

Gut, → den probiere ich mal. ↘

Guten Appetit! ↘

Ich habe Kopfschmerzen. ↘

Gesundheit! ↘

Tschüs und **gute Besserung!** ↘

Nein, was ist das denn? ↘

Ja, natürlich. ↘ **Das ist ein** magerer Käse **mit** Zwiebeln, →
Essig und Öl. ↘

Danke, → **gleichfalls.** ↘

H   Kurz & bündig

Diktat

Eigentlich ernähre ich mich völlig gesund. Morgens esse ich ein Müsli | mit Joghurt und Obst | und trinke einen Karottensaft dazu. Zwischendurch esse ich höchstens mal | einen Müsliriegel oder einen Apfel – aus dem Bioladen natürlich. Zum Mittagessen nehme ich mir | viel Zeit zum Kochen: frisches Gemüse mit Vollkornreis | oder Vollkornnudeln, manchmal auch einen Tofu-Braten | oder Sojabratlinge. Abends esse ich sowieso nicht so viel. Da gibt es höchstens ein Knäckebrot | mit magerem Käse und einer Tomate. Zweimal im Jahr mache ich eine Tee-Saft-Diät: Da trinke ich nur Tee | und verschiedene Fruchtsäfte – morgens, mittags und abends. Im Restaurant bin ich immer sauer, dass die Auswahl an vegetarischen Gerichten | auf der Speisekarte so klein ist. Sie müssen nämlich wissen, ich bin Vegetarierin. Aber manchmal (im Traum) überfällt mich ein Heißhunger | nach fettigen Pommes frites | mit Ketschup und Mayonnaise, dazu esse ich dann | ein halbes Hähnchen oder …

Welche ungesunden Sachen isst sie/er noch? Schreiben Sie die Geschichte weiter.

Freies Diktat

Signalisieren Sie bei den Lücken mimisch-gestisch, dass die TN hier eigene Ideen ergänzen sollen:

Sie betreten ein Restaurant. Die Bedienung kommt zu Ihnen und fragt: „...?"

Sie fragen nach der Speisekarte: „..."

Die Bedienung fragt: „Was wünschen Sie?" Sie antworten: „..."

Sie kennen eine Speise nicht, Sie fragen die Bedienung: „..."

Die Bedienung bringt Ihnen das Essen und wünscht Ihnen: „..."

Sie haben fertig gegessen und möchten gehen. Was sagen Sie zur Bedienung? „..."

Lückendiktat

B__m Hausar__

● G_ten Tag, Fr__ Dokt_r.

■ G_ten Tag, Fr__ Schnell. W_s f_hlt Ihnen d___?

● I__ w__ß selbst ni__t gen__. I__ f_hle mi__ seit Wo__en so krank und b_n ständ__ m_de.

■ Arb__ten Sie d___ i___er no__ so v__l?

● Ja, aber i__ ge_e ab_nds i___er s_hr fr_h ins Be__.

■ K_nnen S__ d___ g_t schl_fen?

● Es g_ht. Der R_cken tut we_. S__ wi__en sch_n, das v__le S_tzen im B_ro ...

■ S__ s_llten si__ m_hr bew_gen, etwas Sp_rt tr__ben. Oder r_gelm_ß__ schwi___en ge_en.

● Das h_be i__ mir au__ sch_n _berlegt. K_nnen S__ mir d___ einen g_ten K_rs empf_hlen?

■ Ge_en S__ do__ m_l zur V_lksho__schule, die b__ten au__ Sp_rtk_rse an.

● V__len Dank, Fr__ Dokt_r.

zu Seite 130

A   Gespräche über Farben und Farbassoziationen

A 1   Zettel (DIN A5–6) in sechs verschiedenen Farben, Packpapier-Bögen *(Variante)*, Weltkarte

A 1   Focus   Einstieg ins Thema: Farben und Farbeindrücke
           Material   Zettel in sechs verschiedenen Farben (farbiges Papier aus dem Copy-Shop),
                        Variante: Packpapier-Bögen, Weltkarte

1. Die TN schreiben mit Hilfe des Wörterbuchs die Farben in die Kästen.
    Lösung: **links:** rot – orange – grün;   **rechts:** gelb – blau – violett
2. Schreiben Sie die Farbe „Blau" als Wortigel an die Tafel und fragen
    Sie die TN: „Was fällt Ihnen zur Farbe „Blau" ein?". Geben Sie ein
    Beispiel vor. Sammeln Sie die Antworten.

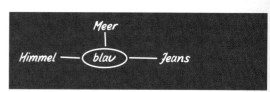

3. Bilden Sie nun Gruppen. Jede Gruppe erhält die Zettel in den sechs Farben. Fordern Sie die TN der Gruppen nun dazu
    auf, alle Assoziationen, die ihnen zu diesen Farben einfallen, auf die jeweiligen Zettel zu schreiben. Behalten Sie für A2
    diese Gruppenbildung bei.
    Variante: Sie können die einzelnen Farben auch auf Packpapier-Bögen kleben und einen Wortigel dazu zeichnen. Diese
    hängen Sie dann im Raum auf. Bilden Sie Gruppen in der Anzahl der vertretenen Farben und teilen Sie diese den ein-
    zelnen Farben zu. Die Gruppen schreiben ihre Assoziationen zu der jeweiligen Farbe und bewegen sich dann gegen den
    Uhrzeigersinn zum nächsten Packpapier-Bogen, wo sie die Assoziationen der vorhergehenden Gruppe ergänzen. Die TN
    zirkulieren so lange, bis sie wieder an dem Packpapier angekommen sind, bei dem sie begonnen haben. Jede Gruppe
    stellt nun ihren „Farbbogen" vor, lassen Sie dabei auch unbekannten Wortschatz erklären.
4. Die TN lesen die Fragen im Buch und ordnen die Farben den verschiedenen Kategorien zu: nach *kalt* und *warm, laut* und
    leise, natürlich und *künstlich.* Lesen Sie mit einer TN den Beispieldialog, die TN sprechen dann in Partnerarbeit über ihre
    Zuordnung. Für die Begründungen können die TN die im dritten Schritt notierten Assoziationen zu den Farben ver-
    wenden.
    Zusatzübung: Spielen Sie mit den TN „Ich sehe was, was du nicht siehst …". Wiederholen Sie, falls nötig, noch einmal
    den entsprechenden Wortschatz (Klassenraumeinrichtung, Kleidung der TN usw.) und die Ortsangaben mit
    „Kopfpräpositionen" (vgl. Lektion 7, zu S. 88). Suchen Sie sich dann einen blauen Gegenstand im Klassenzimmer aus
    und sagen Sie: „Ich sehe was, was du nicht siehst und das ist blau." Die TN versuchen den Gegenstand zu erraten. Helfen
    Sie den TN, indem Sie mit „kalt" (= weit vom Gegenstand entfernt), „warm" (= schon recht nah am Gegenstand) und
    „heiß" (= sehr nah am Gegenstand) antworten. Der TN, der richtig geraten hat, stellt eine neue Aufgabe usw.

Internationale Kurse: Die TN malen auf DinA4-Blätter die Farben ihrer Fahnen auf. Sammeln Sie die Zeichnungen ein. Im Plenum zeigen Sie den TN die Zettel mit den Fahnen und lassen die TN raten, welches Land das sein könnte. Fragen Sie dabei auch nach den
Bedeutungen der Farben auf den Fahnen. Wenn Sie eine Weltkarte im Klassenzimmer haben, so heften Sie zum Abschluss die Fahnen
auf die jeweiligen Länder auf der Karte. Fragen Sie auch nach den Farben der deutschen Flagge. Antwort: *schwarz-rot-gold.*

Arbeitsbuch A 1   Abstrakte Begriffe nach positiv (+) und negativ (–) sortieren (im Kurs: Stillarbeit mit Wörterbuch, in
                       Partnerarbeit vergleichen)

A 2   Focus   Begriffe Farben zuordnen

1. Jedes Paar erhält 4–5 der insgesamt 18 Begriffe zugeteilt (durch Kärtchen oder Ankreuzen im Buch, die mehrfache
   Vergabe eines Begriffs an zwei oder drei Gruppen ist kein Problem), klärt mit Hilfe des Wörterbuchs die Bedeutungen
   und überlegt sich zu 1–2 Begriffen einen kurzen Dialog, der den jeweiligen Begriff illustriert. Dann Weiterarbeit in
   Kleingruppen von 4–6 TN: Jedes Paar stellt „seine Begriffe" vor (durch Definition, Beispiele, Kurzdialoge). Abschließend
   noch einmal Verständniskontrolle im Plenum: Einzelne TN präsentieren Definitionen, Beispiele oder Kurzdialoge, die
   anderen raten den dazu passenden Begriff.

2 Spielen Sie mit einer TN den Dialog zum ersten Begriff nach dem Muster im Buch durch. Schreiben Sie „Revolution" an
   die Tafel und fragen Sie: „Zu welcher Farbe passt ‚Revolution'?" Die TN begründen ihre Antworten, dabei können sie auf
   die bereits gesammelten Assoziationen und Beispiele zurückgreifen.

3. Die TN arbeiten nun in den Gruppen weiter und ordnen die Begriffe den verschiedenen Farben zu. Dabei notieren sie
   sich die Begriffe auf der Rückseite der bereits zu A1 beschrifteten farbigen Zettel und ordnen so die Begriffe den verschiedenen Farben zu. Gehen Sie herum und helfen Sie bei Unsicherheiten. Die Gruppen berichten im Plenum oder in
   Kleingruppen über ihre Ergebnisse und begründen sie. Die auf den farbigen Zetteln gesammelten Notizen aus A1 und
   A2 werden später in A3 mit den Informationen aus dem Lesetext verglichen.

Farben und Typen

Meine Lieblingsfarbe

1

Wie heißen die Farben? Ergänzen Sie.

Welche Farben sind „kalt", welche „warm"?

Welche sind „laut", welche „leise"?

Welche sind „natürlich", welche „künstlich"?

Ich finde, →Blau ist eine kalte Farbe. ↘ Der Himmel ist blau, das Meer ist blau …

Und Rot ist …

ARBEITSBUCH
A 1

2

Was passt zu diesen Farben?

Neid ◆ Revolution ◆ Nervosität ◆ Liebe ◆ Fernweh ◆ Glaube ◆ Fantasie ◆ Aberglaube ◆ Angst ◆ Trauer ◆ Hoffnung ◆ Ruhe ◆ Tradition ◆ Kälte ◆ Energie ◆ Wärme ◆ Treue ◆ Aktivität

Neid passt zu Grün. ↘

Grün? ↗ Nein, →das finde ich nicht. ↘ Ich finde, →das passt zu Gelb. ↘

Warum Gelb? ↘

Gelb ist hart. ↘

Ja, →Gelb ist ungesund. ↘ Und Neid ist auch ungesund. ↘

…

Ergänzen Sie die passenden Farben.

Wenn wir eine Farbe sehen, dann wirkt sie nie allein, sondern immer im Kontrast mit einer zweiten Farbe oder zusammen mit vielen anderen Farben. Helle Farben stehen allgemein für die fröhliche, lichtvolle Seite des Lebens, dunkle Farben stehen für die negativen und dunklen Kräfte.

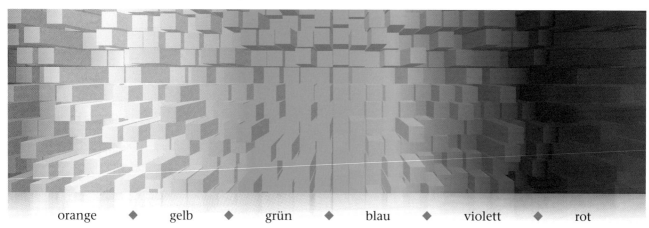

orange ◆ gelb ◆ grün ◆ blau ◆ violett ◆ rot

_____ ist die Farbe der Sonne und des Lichts. Diese Farbe ist das Symbol für Wissen, aber sie steht auch für Neid. Besonders hell, heiter und strahlend wirkt sie im Kontrast mit dunklen Farben.

_____ ist vor allem die Farbe der Liebe. Aber es ist auch die Farbe der Revolutionen und Leidenschaften. Diese Farbe fördert das Wachstum der Pflanzen, sie wirkt anregend oder aufregend. Oft signalisiert sie Gefahr.

_____ ist die Farbe des Himmels und das Symbol des Glaubens. Sie steht für Treue und Fernweh zugleich. Sie kann aber auch für den Aberglauben, die Angst und die Trauer stehen.

_____ vermittelt zwischen Gelb und Blau. Es ist die Farbe der Pflanzen, der Fruchtbarkeit, der Ruhe und der Hoffnung. Mit Gelb vermischt wirkt sie jugendlich und frisch – wie ein Frühlingsmorgen.

_____ ist die Mischung von Gelb und Rot. Diese Farbe steht für strahlende Aktivität und warme Energie. Sie zieht die Aufmerksamkeit auf sich, deshalb benützt man sie auch als Signalfarbe für Gefahren, zum Beispiel bei Maschinen und Baustellen.

_____ ist die Farbe des Unbewussten, des Geheimnisses. Diese Farbe ist entweder eher rot oder eher blau. Wenn sie eher blau ist, steht sie für Tod und Einsamkeit. Die rötliche Variante symbolisiert die himmlische Liebe; es ist die Farbe der katholischen Kirche.

> **Genitiv**
> ... ist die Farbe *(f)* der Liebe
> *(m)* des Glaubens
> *(n)* des Lichts
> *(Pl)* der Pflanzen

Wie ist das in Ihrem Land? Berichten Sie.

Was ist Ihre Lieblingsfarbe? Warum?

Ich mag Gelb besonders, → *vielleicht,* → *weil mein Kinderzimmer gelb war.* ↘
Meine Lieblingsfarbe ist Blau, → *weil ...*

ARBE

A 3 Focus kursorisches Lesen: Farben ergänzen

1. Fragen Sie „Wofür stehen helle Farben, wofür dunkle? Was steht im Text?". Die TN lesen den Textanfang. Fragen Sie weiter: „Welche Farbkombinationen finden Sie schön? Nicht schön?". Erweitern und differenzieren Sie gegebenenfalls schon hier die Farbpalette um weitere von den TN genannte/gezeigte Farben (z.B. braun, weiß, schwarz, grau, türkis ... und die Kombinationen hell.../dunkel...).

2. Die TN lesen die Farben im Kasten sowie den zweiten Abschnitt des Textes. Fragen Sie: „Welche Farbe ist das?" Die TN ergänzen die Farbe und vergleichen das Ergebnis im Plenum.

Lösung: Gelb

3. Die TN lesen nun die folgenden Abschnitte und setzen die Farben aus dem Kasten in die Lücken ein. Machen Sie die TN darauf aufmerksam, dass die Farben am Satzanfang stehen und deshalb groß geschrieben werden. Die Ergebnisse werden im Plenum verglichen.

Lösung: Gelb – Rot – Blau – Grün – Orange – Violett.

4. Die TN unterstreichen die im Text genannten Assoziationen zu den Farben, klären Sie dabei unbekannten Wortschatz. Verweisen Sie dabei auch auf die Infobox. Die TN vergleichen nun in Gruppen die Angaben im Text mit den eigenen Notizen aus A1 und A2. Fragen Sie: „Was ist überraschend für Sie?", „Welche Bedeutung haben diese Farben in Ihrer Kultur?", „Wo gibt es Unterschiede?".

Zusatzübung: Schreiben Sie die Farben „Weiß" und „Schwarz" an die Tafel und fragen Sie die TN nach ihren Assoziationen. Sammeln Sie die Ergebnisse an der Tafel. Markieren Sie dann die Genitiv-Endungen bei Artikel und Nomen und machen Sie so die Form des Genitivs noch einmal bewusst. Spielen Sie dann in einer Kettenübung (vgl. Methoden-Tipp, zu S. 109) „Farb-Fantasien". Ein TN nennt eine Farbe („Blau ..."), ein anderer TN ergänzt eine Assoziation („... ist die Farbe des Glaubens.") und nennt eine neue Farbe.

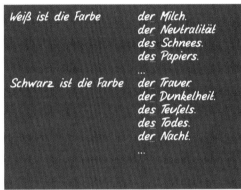

Weiß ist die Farbe	*der Milch.*
	der Neutralität
	des Schnees.
	des Papiers.
	...
Schwarz ist die Farbe	*der Trauer.*
	der Dunkelheit.
	des Teufels.
	des Todes.
	der Nacht.
	...

A 4 Focus Lieblingsfarben

1. Erstellen Sie an der Tafel eine Tabelle als Beispiel. Die TN notieren nach diesem Muster die Namen von drei anderen TN, stellen Vermutungen über die Lieblingsfarben dieser TN an, notieren sie in der Tabelle und begründen ihre Vermutung in Stichworten.

Name	Lieblingsfarbe?	Warum?	genannte Lieblingsfarbe	... weil ...
Vera	orange?	immer aktiv		

2. Die TN interviewen nun die von ihnen ausgewählten TN, um ihre Vermutungen zu kontrollieren und machen dabei weitere Notizen. Lassen Sie einige TN zum Abschluss im Plenum berichten.

Variante: Jeder TN schreibt seine Lieblingsfarbe auf einen Zettel und begründet seine Entscheidung – ohne jedoch seinen Namen zu nennen. Sammeln Sie die Zettel ein und verteilen Sie sie wieder an die TN. Die TN lesen nun die Zettel im Plenum vor, die anderen vermuten, wer das geschrieben hat. Der TN mit den meisten richtigen Vermutungen hat gewonnen.

Arbeitsbuch A 2 Wortschatzübung: Farbvergleiche (Hausaufgabe)

B Blau steht Ihnen gut!

B 2   *Projekt:* Radiosendung / Nachrichten / Kurzreportage aufnehmen, Hörfunkprogramm
B 4   OHP-Folie von Tabelle und Regeln auf KB-Seite 134; Kopiervorlage 11/1 „Personenbeschreibung" *(Zusatzübung)*

Arbeitsbuch B 1 *(vor Kursbuch B1!)* Wortschatz zur Personenbeschreibung (Partnerarbeit, dann Ratespiel)

B 1   Focus   Personenbeschreibung

1. Die TN lesen die Begriffe im Kasten und klären Sie dabei unbekannte Wörter durch Aussagen über die TN: „Salihs Augen sind braun." usw. Dann beschreiben sich die TN gegenseitig. Geben Sie die Satzanfänge vor (Tafel) und verweisen Sie dabei auch auf die Infobox.

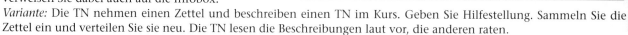

(Simonas)/Meine / Deine / Seine / Ihre Haare sind ...
(Salihs)/Meine / Deine / Seine / Ihre Augen sind ...
(...s)/Mein / Dein / Sein / Ihr Teint ist ...
(...s)/Meine / Deine / Seine / Ihre Lieblingsfarben sind ...

Variante: Die TN nehmen einen Zettel und beschreiben einen TN im Kurs. Geben Sie Hilfestellung. Sammeln Sie die Zettel ein und verteilen Sie sie neu. Die TN lesen die Beschreibungen laut vor, die anderen raten.

2. Sprechen Sie über die Fotos: Lassen Sie die vier Frauen beschreiben und fragen Sie die TN, welche Farben zu ihnen passen. Sprechen Sie mit einer TN im Plenum den Beispieldialog. Die TN sprechen dann in Partnerarbeit über die Foto. Vergleich im Plenum.

B 2   Focus   Hörverständnis: Informationen ergänzen
         Material   Radiosendung / Nachrichten / Kurzreportage aufnehmen, Hörfunkprogramm

3/38

1. Schreiben Sie die vier Jahreszeiten in Wortigeln an die Tafel und fragen Sie die TN nach Assoziationen (Farben, Gefühle, Stimmungen ...). Sammeln Sie die Ergebnisse an der Tafel.
2. Sprechen Sie mit den TN dann über die Frauen im Buch und fragen Sie: „Welche dieser Frauen ist ein Frühlings-, Sommer-, Herbst- oder Wintertyp?", „Warum?".

3. Beginnen Sie das Tafelbild (s.u.) mit dem Auswertungsraster Typen / Aspekte und bilden Sie Gruppen nach den vier im Hörtext genannten Aspekten: 1: Teint/Haut, 2: Haare, 3: Augen, 4: Farben. Der Hörtext ist relativ komplex und lang, deshalb ist es in schwächeren Gruppen sinnvoll, die Aufmerksamkeit der TN auf bestimmte Aspekte zu konzentrieren: Die TN machen sich zu „ihrem" Aspekt Notizen.
4. Spielen Sie den ersten Abschnitt des Textes. Stoppen Sie die Cassette und geben Sie den TN Zeit, ihre Notizen zu machen. Das Ergebnis wird in der Gruppe besprochen und dann im Plenum vorgetragen. Sammeln Sie die Ergebnisse an der Tafel.
5. Spielen Sie die folgenden Abschnitte ohne Pausen vor. Die TN machen sich Notizen und sprechen diese in der Gruppe ab.
6. Mischen Sie die Gruppen neu, so dass in jeder neuen Gruppe TN aus den alten Gruppen 1–4 sitzen und somit in der neuen Gruppe alle Aspekte vertreten sind (vgl. Methoden-Tipp zu Mischgruppen, S. XI). Die TN einer Gruppe fassen ihre Notizen zusammen und ordnen den Typen das jeweils passende Bild zu. Spielen Sie den Hörtext noch einmal in Abschnitten vor und komplettieren Sie dabei auf Zuruf der TN das Tafelbild.

Lösung:

	Frühlingstyp	Sommertyp	Herbsttyp	Wintertyp
Bild:	A	B	C	D
Teint/Haut:	hell, (gelber Unterton)	milchweiß, rosig (blauer Unterton)	blass (golden, warm)	blauer Unterton
Haare:	blond	aschfarben, mausfarben	rot, rotblond	dunkel: schwarz, braun
Augen:	blau, graugrün, goldbraun	graublau, hellblau, blaugrün, haselnussbraun	hellblau, schilfgrün, dunkelbraun	klar, intensiv: blau, grün, dunkelbraun, schwarz
Farben:	hell, klar: grün, gelb, rosa, rot, violett, braun	(rauchiges) blau, (bläuliches) grün	warm: braun, (dunkel)grün, (pflaumen)blau, orange	klar, kühl: (dunkel)rot, violett, blau, dunkelbraun

METHODE

Hören im Unterricht 2: Projekt: Radio hören

Leiten Sie von der Radiosendung im Buch auf das nebenstehende Projekt über. Die TN lesen das Projekt. Fragen Sie die TN nach ihren Erfahrungen. Spielen Sie nun die mitgeschnittenen Nachrichten der Deutschen Welle oder eines anderen Senders vor: Bei einem ersten Hören machen sich die TN dazu Notizen, über welche Länder berichtet wird. Sammeln Sie das Ergebnis an der Tafel. Bei einem zweiten Hören machen sie sich dazu Notizen, über das Ereignis und die genannten Personen / Politiker. Vervollständigen Sie die Ergebnisse an der Tafel. Wichtig ist hierbei nicht das komplette Verständnis solcher Sendungen und der (vergebliche) Versuch einer vollständigen Erarbeitung von Inhalt und Wortschatz, sondern die Anregung für die TN, möglichst oft in ein deutsches „Sprachbad" einzutauchen. Verteilen Sie als Anregung immer mal wieder Kopien des Radioprogramms der Deutschen Welle oder anderer Sender für die kommende Woche und lassen Sie die TN entscheiden, welche Sendung / Reportage sich gerne anhören würden. Ermuntern Sie die TN, sich die ausgewählten Sendungen aufzunehmen und zu Hause mehrmals anzuhören – erfahrungsgemäß steigt die „Verstehensrate" bei mehrmaligem Hören. Wenn Sie Zeit haben, können Sie diese häuslichen Aktivitäten auch in den Unterricht einbeziehen: Die TN bringen in regelmäßigen Abständen aufgenommene Sendungen mit in den Unterricht (Vorgabe: nicht länger als fünf Minuten), oder Sie bringen regelmäßig – vielleicht immer zu Wochenbeginn – eine aufgenommene Nachrichtensendung mit und spielen sie – in mehreren Schritten – vor. Wenn Sie in der Schule oder einzelne TN zu Hause einen Internet-Zugang haben, können Sie weitere Informationen zu den Sendungen der „Deutschen Welle" abfragen. Geben Sie bei Interesse auch weitere Internetquellen an, z.B. die Informationsseite von Verlagen und Goethe-Institut: http://www.forum-deutsch.de (zu den aktuellen Deutsch-Materialien der Verlage) und http://www.goethe.de (mit vielen „Links" zu weiteren interessanten Internet-Seiten und u.a. ausführlichen Tipps zum Umgang mit Sendungen der Deutschen Welle im Unterricht).

B

Blau steht Ihnen gut!

1 Welche Farben passen zu diesen Menschen? Warum?

A   B   C   D

Haare	schwarz ◆ blond ◆ braun ◆ rot ◆ grau ◆ glatt ◆ lockig ◆ kraus ...
Augenfarbe	schwarz ◆ braun ◆ grün ◆ blau ◆ graugrün ...
Teint	blass ◆ dunkel ◆ hell ◆ mit Sommersprossen ...

Zu der Frau auf Bild D passt Orange. ↘
       Orange? ↗ *Warum?* ↗
Ihre Augen sind braun. ↘
      Aber ihre Haare sind schwarz. ↘ *Ich finde,* →
      Rot steht ihr besser. ↘
               Zu der Frau auf Bild A passt Grün. ↘
                   Das finde ich auch. ↘

> Adjektive ohne Nomen
> verändern sich nicht:
> Ihre Haare sind **blond**.

2 **Was denken Sie? Wer ist ein Frühlingstyp, wer ist ein Sommertyp, wer ein Herbsttyp und wer ein Wintertyp?**

Ich finde, → *die Frau auf Bild A ist ein Wintertyp.* ↘ *Ihre Haut ist hell.* ↘
   Ja, → *aber ihre Haare sind blond.* ↘ *Ich denke,* → *sie ist ein Sommertyp.* ↘
   Nein, → ...

4/38 **Welche Farben hören Sie? Machen Sie Notizen.**

Frühlingstyp
Bild: A
Teint / Haut: hell
Haare:
Augen:
Farben:

Sommertyp
Bild: B
Teint / Haut:

Arbeiten Sie zu viert und vergleichen Sie.

PROJEKT

Hören Sie so oft wie möglich
deutsche Nachrichten, Interviews
und Reportagen im Radio. Nehmen
Sie Sendungen mit Cassettenrekorder auf und hören Sie sie immer
wieder. Beim ersten Hören verstehen Sie nur wenig, beim zweiten
Hören schon etwas mehr ...
Überall auf der Welt können Sie
die **Deutsche Welle** empfangen. Hier
gibt es auch spezielle Sendungen
für Deutschlernende: **7 Tage**
berichtet in einfachem Deutsch
über die Ereignisse der letzten
Woche. Das **Stichwort** erklärt wichtige Wörter und Ausdrücke. Die
Texte können Sie auch als E-Mail
bekommen. Weitere Informationen
erhalten Sie bei der Internet-
Adresse: http.//www.dwelle.de.

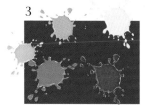

B 3 | **Ordnen Sie die Sätze nach den einzelnen Jahreszeitentypen.**

1

A Typisch für ihn ist eine helle Haut mit gelbem Unterton.
B Milchweißer oder rosiger Teint: Alle haben einen fast blauen Unterton der Haut.
C Ein blauer Unterton verbirgt sich fast immer hinter seiner Haut.
D Sie haben einen goldenen, warmen Hautton und der blasse Teint kann rotbraune Sommersprossen haben.

2

A Die meisten Menschen dieses Typs haben dunkle Haare.
B Im Kindesalter machen diesem Typ die Haare oft großen Kummer: Die charakteristische Haarfarbe ist Rot.
C Sie haben blonde Haare oder waren als Kinder blond.
D Seine Haare sind nicht golden, sondern eher mausfarben.

3

A Sie sind die einzigen Typen, denen ein volles, leuchtendes Orange steht.
B Ideale Farben für ihn sind hell und klar: strahlendes Grün, warmes, volles Gelb.
C Wirklich gut stehen ihm die sanften Farben: das rauchige Blau und das bläuliche Grün.
D Wenn es unbedingt braun sein muss, sollte er den dunkelsten und kühlsten Braunton nehmen. Bittere Schokolade hat genau diesen Farbton.

	Frühlingstyp	Sommertyp	Herbsttyp	Wintertyp
1	A			
2				
3				

3/38 **Hören Sie noch einmal und vergleichen Sie.**

B 4 | **Suchen Sie die Adjektive in B 3, markieren Sie die Endungen und ergänzen Sie die Regeln.**

	Nominativ	Akkusativ
f	die _charakteristische_ Haarfarbe eine _____, Haut _____ Schokolade	*wie Nominativ* ❗
m	der _____ Teint ein _____ Unterton oder _____ Teint	den _____ und _____ Braunton einen _____ Unterton _____ Kummer
n	das _____ Blau ein _____ Orange _____ Grün	*wie Nominativ* ❗
Plural	die _____ Menschen _____ Farben	_____ Haare

1 Alle Adjektive haben vor Nomen mindestens eine _e-Endung_ .
2 Die Genus-Signale sind gleich wie beim bestimmten Artikel: für feminin: ___ , für maskulin: ___ , für neutrum: ___ . Sie stehen am _Artikel-Ende_ oder am _____ .
3 Im Plural enden die Adjektive nach Artikel auf _____ .
4 Nominativ und Akkusativ sind gleich bei *f*, *n* und *Plural*.
   Nur bei *m* steht im Akkusativ bei Artikel und Adjektiv ein _____ .

B 5 | **Was für ein Typ sind Sie? Arbeiten Sie zu zweit und machen Sie Notizen.**

B 3 Focus   Leseverständnis: Zuordnungsübung

1. Machen Sie zunächst auf den Zusammenhang von Zeichnungen und Text aufmerksam und klären Sie noch einmal die drei dargestellten Kategorien: 1 Teint/Haut, 2 Haare, 3 passende Farben.
2. Die TN arbeiten in vier Gruppen (nach Jahreszeiten-Typen), lesen die Sätze, suchen die zu „ihrem" Typ passenden Aussagen und ergänzen die Tabelle. Dann sammeln Sie die Ergebnisse im Plenum oder noch einmal durch „Mischgruppen" (s.o.).
3. Spielen Sie abschließend noch einmal den Hörtext zum Vergleich vor.
Lösung: Frühlingstyp: 1A, 2C, 3B; Sommertyp: 1B, 2D, 3C; Herbsttyp: 1D, 2B, 3A; Wintertyp: 1C, 2A, 3D

B 4 Focus   Adjektiv-Deklination: Nominativ und Akkusativ
         Material OHP-Folie von Tabelle und Regeln auf KB-Seite 134
                   Zusatzübung: Kopien von Kopiervorlage 11/1 „Personenbeschreibung"

1. Führen Sie mit den TN die ersten drei Ergänzungen in der Tabelle mit Hilfe der OHP-Folie aus und unterstreichen Sie in einem zweiten Schritt die Endungen.
2. Die TN lesen die Eintragungen in der Tabelle, suchen die fehlenden Adjektive im Text und ergänzen die Lücken. Vergleich der Ergebnisse in Partnerarbeit. Sammeln Sie die Ergebnisse im Plenum auf der OHP-Folie oder an der Tafel.
   Variante: Lassen Sie eine TN die Tabelle auf der OHP-Folie ergänzen und vergleichen Sie dann im Plenum mit den Gruppenergebnissen (vgl. Methoden-Tipp, zu S. 95).
   Lösung: **Nominativ:** *feminin:* die charakteristische Haarfarbe – eine helle, fast blasse (und transparente) Haut – bittere Schokolade; *maskulin:* der blasse Teint – ein blasser Unterton – milchweißer oder rosiger Teint; *neutrum:* das rauchige Blau – ein volles, leuchtendes Orange – strahlendes Grün; *Plural:* die meisten Menschen – ideale Farben; **Akkusativ:** *maskulin:* den dunkelsten und kühlsten Braunton – einen fast blauen Unterton – großen Kummer; *Plural:* blonde/dunkle Haare
3. Machen Sie an dieser Stelle mit Hilfe eines Beispielsatzes an der Tafel noch einmal den Unterschied bewusst zwischen der prädikativen und attributiven Funktion des Adjektivs. Erklären Sie

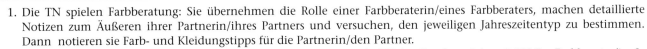

Sie haben blonde Haare   oder waren als Kinder blond.
Adjektiv vor Nomen = mit Endung   Adjektiv ohne Nomen = ohne Endung
Typisch für ihn ist → eine helle Haut.
sein + Nominativ
Er sollte den dunkelsten und kühlsten Braunton ← nehmen.
nehmen + Akkusativ

   auch noch einmal den Zusammenhang zwischen Verb und Nominativ- bzw. Akkusativ-Ergänzung.
4. Die TN markieren nun in der Tabelle die Endungen der Adjektive (s.o. *Lösung*) und ergänzen dann zu zweit die Regeln. Gehen Sie herum und schauen Sie, wo es noch Unsicherheiten gibt. Klären Sie sie beim Vergleich der Ergebnisse im Plenum.
   Lösung: 1 (...) eine *e*-Endung; 2 (...) feminin: –*e*, maskulin –*r*, neutrum –*s*. (...) Artikel-Ende oder am Adjektiv-Ende.; 3 Im Plural enden die Adjektive nach Artikel auf –*en*.; 4 (...) Nur bei *m* steht im Akkusativ bei Artikel und Adjektiv ein –*en*.
   Zusatzübung: Verteilen Sie an je zwei TN ein Exemplar der Kopiervorlage 11/1. Die Paare wählen ein Foto aus und erarbeiten dazu eine detaillierte Beschreibung, inkl. Farbtipps (vgl. Aufgabe/Beispiele auf der Kopiervorlage). Dann lesen die TN ihre Beschreibungen im Plenum vor, die anderen TN versuchen, das beschriebene Foto zu erraten. Achten Sie dabei auf den korrekten Gebrauch der Adjektiv-Endungen, notieren Sie eventuelle Fehler, schreiben Sie anschließend die fehlerhaften Ausdrücke an die Tafel und lassen Sie sie von den TN korrigieren.
   Variante: Bringen Sie Fotos von bekannten Persönlichkeiten aus den Bereichen Politik (z.B. Nelson Mandela), Wirtschaft (z.B. Bill Gates), Kunst (z.B. Pablo Picasso), Film (z.B. Leonardo di Caprio) und Sport (z.B. Toni Schumacher) mit. Verteilen Sie die Fotos. Die TN beschreiben sich gegenseitig ihre Fotos und raten.
   Variante: Eine TN erhält eines der Fotos. Die anderen stellen insgesamt 10–20 Ja/Nein-Fragen, z.B. „Ist es ein Mann/eine Frau?", „Hat er/sie lange/kurze/dunkle/helle … Haare?", „Ist er/sie ein/e Sportler/in, ein Filmstar, … ?" usw. Dann legen Sie alle Fotos auf einem Tisch aus. Die TN versuchen das beschriebene Foto herauszufinden.

Arbeitsbuch B 2–B 4: Leseverständnis, Adjektiv-Deklination
B 2 Globales Lesen: Überschriften zuordnen (Hausaufgabe)
B 3 Selegierendes Lesen: Informationen suchen, in Tabelle eintragen (Hausaufgabe)
B 4 Adjektiv-Deklination: Tabelle ergänzen, Regeln ableiten (Hausaufgabe)

B 5 Focus   Anwendungsübung: Adjektiv-Deklination

1. Die TN spielen Farbberatung: Sie übernehmen die Rolle einer Farbberaterin/eines Farbberaters, machen detaillierte Notizen zum Äußeren ihrer Partnerin/ihres Partners und versuchen, den jeweiligen Jahreszeitentyp zu bestimmen. Dann notieren sie Farb- und Kleidungstipps für die Partnerin/den Partner.
2. Mit Hilfe dieser Notizen führen die TN nun ein Beratungsgespräch: TN A = Kunde spricht mit TN B = Farbberater/in. Je nach Stand des Kurses kann dieses Gespräch vorher schriftlich fixiert oder auch gleich frei improvisiert werden. Dann Rollentausch: B ist jetzt Kunde bei A. Lassen Sie lustige Dialoge im Plenum vorspielen.

Arbeitsbuch B 5–B 6: Leseverständnis, Adjektiv-Deklination
B 5 Schreibübung: formeller Brief: s. Konventionen für Briefe im Arbeitsbuch S. 91 (Hausaufgabe)
B 6 Lückentext: Adjektiv-Deklination, Bild ausmalen (Hausaufgabe)

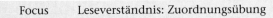

C   Kleiderkauf

C 1   Fotos von typischen / traditionellen Landeskleidungen mitbringen; Prospekte, Modekataloge, Schere
C 4   Kopiervorlage 11/2 „Was für ein …? – Welch- …?"
C 5   Kleidungsstücke und Kataloge

Arbeitsbuch C 1–C 2 *(vor Kursbuch C1!)*: Wortschatz Kleidung
C 1   Wortschatz: Wortkarten zum Thema Kleidung (Stillarbeit oder als Hausaufgabe)
C 2   Kleidung zu bestimmten Anlässen (Notizen als Hausaufgabe/in Stillarbeit, Vergleich in Partnerarbeit)

C 1   Focus   Wortschatz „Kleidung"
       Material   Fotos von typischen / traditionellen Landeskleidungen mitbringen;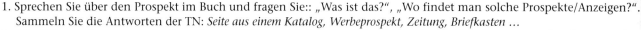
                     Prospekte, Modekataloge, Schere

1. Sprechen Sie über den Prospekt im Buch und fragen Sie:: „Was ist das?", „Wo findet man solche Prospekte/Anzeigen?". Sammeln Sie die Antworten der TN: *Seite aus einem Katalog, Werbeprospekt, Zeitung, Briefkasten …*
2. Die TN sprechen zu zweit über die abgebildeten Kleidungsstücke, lesen die Beschreibungen und ordnen sie den Kleidungsstücken zu, indem sie Verbindungslinien von den Texten zu den Abbildungen zeichnen. Dann sortieren sie die Kleidungsstücke „in die Schränke" – links für Frauen, rechts für Männer, Doppelzuordnungen sind selbstverständlich möglich – und ergänzen mit Hilfe des Wörterbuchs weitere Kleidungsstücke. Vergleich der Ergebnisse in Kleingruppen, dann im Plenum.
   Lösung: **Sie:** Blazer, T-Shirt, Jeans, Hose, Gürtel, Bluse, Weste, Rock, Schuhe, (Krawatte) …;   **Er:** T-Shirt, Jeans, Schuhe, Sakko, Hemd, Krawatte, Hose, Gürtel, (Weste) …
   Variante: Bilden Sie Gruppen und verteilen Sie die mitgebrachten Prospekte und Kataloge. Die TN schneiden die Kleidungsstücke aus, benennen sie und sortieren sie „in die Schränke". Gehen Sie herum und helfen Sie bei Unsicherheiten. Sammeln Sie die Ergebnisse an der Tafel. Fragen Sie dann: „Was ist typisch für den Mann und typisch für die Frau?", „Was trägt man bei der Arbeit/in der Freizeit/bei einer Hochzeit/…?", „Was tragen Lehrer/ Manager/Bankangestellte/… ?"

3. Fragen Sie die TN nach der in den jeweiligen Ländern typischen Frauen- und Männerkleidung. Wenn die TN Fotos zur traditionellen Kleidung in ihren Ländern mitgebracht haben, so lassen Sie diese rumgehen und die TN darüber berichten, wer diese Kleidung zu welchen Anlässen trägt. Oder machen Sie daraus ein Ratespiel: Sammeln Sie alle Fotos und legen Sie sie aus, die TN versuchen, die verschiedenen Bekleidungen Ländern/Kulturen zuzuordnen.
4. Die TN befragen sich kurz nach den Preisen und Größen der Kleidungsstücke: „Wie viel kostet …?", „In welchen Größen gibt es …?". Gehen Sie herum und helfen Sie, wenn nötig. Schreiben Sie den Werbeslogan „Große Mode zum kleinen Preis!" an die Tafel und fragen Sie die TN nach ihrer Einschätzung: „Finden Sie die Preise günstig, billig, teuer, normal?", „Was kosten diese Kleidungsstücke in Ihrem Land?", „Wo kann man (in Ihrem Land) Kleidung kaufen?" *(Kaufhaus, Boutique, Schneider, Markt, Kleidungsfabrik, Versand …).*
   Zusatzübung: Wenn Sie die Möglichkeit haben, an verschiedene Prospekte und Kataloge zu gelangen, so lassen Sie die TN auf Poster-Papier Werbeseiten „für bestimmte Zielgruppen" entwerfen. Mögliche Themen oder Zielgruppen könnten sein: Mode entweder für bestimmte Altersgruppen, Mode für spezielle Anlässe (Büro, Party, festliche Anlässe) oder Mode für bestimmte Jahreszeiten-Typen. Ermuntern Sie die TN, dazu auch Namen, Kurzbeschreibungen (ohne Dativ: mit, in … !) und Werbeslogans zu entwerfen. Anschließend werden die Werbe-Poster aufgehängt, gemeinsam betrachtet und kommentiert.
   Solche Poster können auch noch einmal zur Wiederholung von Kleidungsstücken und Farben genutzt werden, indem Sie Fragen zu den abgebildeten Models/Kleidungsstücken stellen: „Wer trägt eine helle Hose und einen roten Blazer?" *(Der Mann in der Mitte rechts.),* „Wo gibt es einen blauen Rock?/ Wo kann man günstige T-Shirts kaufen? " *(Im Kaufhaus ‚Modeland'.)* und dann die TN untereinander (als Kettenübung) solche Fragen stellen lassen.

Kleiderkauf

Mode
FÜR LEUTE MIT IDEEN

Bluse in aktuellen Farben,
pflegeleicht **69,–**

Weste **69,–**

Rock mit Gürtel **59,–**

Blazer in klassischer Form
schilf-kariert oder blau-kariert,
Gr. 36–48 **149,–**

Jeans mit modischem
Gürtel **89,–**

Modischer Sakko, Mischgewebe
(Leinen/Viskose) **178,–**

Baumwoll-Hemd, bügelfrei **49,–**

Seiden-Krawatte **39,80**

Baumwoll-Hose, bügelfrei **89,–**

Angenehm zu tragen!

T-Shirt **49,–**

Jeans, Used Look **14...,–**
(ohne Gürtel)

Große Mode zum kleinen Preis!

1

Was trägt sie? Was trägt er? Sortieren Sie.

Bluse

▶ **Welche weiteren Kleidungsstücke kennen Sie? Ergänzen Sie.**

C 2
3/39

Welche Kleider kauft Bettina? Hören und markieren Sie.

Wir sind die erfolgreiche Tochter eines internationalen Pharma-Konzerns. Für unseren Geschäftsbereich **Business Develop-ment** suchen wir zum nächstmöglichen Termin eine/n

Fremdsprachensekretär/in

mit sehr guten Englisch- und Französisch- sowie PC-Kennt-nissen (Word, Excel, graphische Programme). Flexibilität, Belastbarkeit, Organisationstalent, Gewandtheit und sympathi-sches Auftreten zeichnen Sie aus. Wir bieten ein angenehmes, offenes Arbeitsklima in einem jungen Team. Bitte senden Sie uns Ihre vollständigen Unterlagen an

A S S E X Pharma GmbH
August-Wehler-Str. 38

☐ den dunkelbraunen Blazer
☐ die dunkelbraune Hose
☐ das dunkelblaue Kostüm
☐ den apricotfarbenen Blazer
☐ die apricotfarbene Hose
☐ die dunkelbraune Seidenbluse

Farben ohne Endungen:
Die Bluse ist **rosa**.
→ eine rosa**farbene** Bluse
Der Blazer ist **apricot**.
→ ein apricot**farbener** Blazer
Das Hemd ist **lila**.
→ ein lila**farbenes** Hemd.

C 3
3/39

Hören Sie noch einmal und ergänzen Sie den Text.

● _____ Kostüm hätten Sie denn gern? So für jeden Tag, oder soll es für einen beson-deren Anlass sein?

■ Nein, schon _____ für einen besonderen Anlass, für eine Bewerbung.

● Für eine Bewerbung … Und an _____ Farbe haben Sie gedacht?

■ Ich weiß auch nicht genau. Vielleicht dunkel, dunkelgrün oder dunkelblau …

● Ich zeige Ihnen ein paar Kostüme. Welche Größe haben Sie? 38?

■ Ja, 38 oder 40. Das kommt darauf an …

● So, hier sind einige Blazer in topmodischen Farben.

▲ Oh, schau mal, der sieht doch toll aus.

■ _____ meinst du denn? _____ schilfgrünen oder _____ apricotfarbenen?

▲ Hier den apricotfarbenen.

■ Aber _____ Rock soll ich denn dazu anziehen?

▲ Na, _____ dunklen. Oder sogar _____ dunkle Hose in Braun oder Schwarz.

● Ich habe Ihnen hier einen Rock und eine Hose in Dunkelbraun zum Kombinieren mitge-bracht. Mit dem kurzen Rock wirkt die Jacke sehr elegant.

■ Mir gefällt es eigentlich auch ganz gut. Ich fühle mich recht wohl darin. Und _____ Bluse passt dazu?

● Da würde ich Ihnen etwas ganz Einfaches empfehlen: _____ Seidenbluse oder _____ T-Shirt in der gleichen Farbe wie die Hose. Moment … Schauen Sie mal, hier.

■ Hm, da nehme ich die Bluse. Mit dem einfachen T-Shirt hier wirkt das vielleicht doch zu jugendlich … Was kostet das denn?

● Alle Teile zusammen – Moment … 650 Mark …

C 2   Focus   Hörverständnis: Kleidungsstücke zuordnen

1. Sprechen Sie über das Foto: „Wo sind Bettina und ihr Freund?", „Was machen sie?", „Wer möchte etwas kaufen?", „Warum?". Verweisen Sie dabei auch auf die Stellenanzeige im Buch, die hier nicht die Funktion eines Lesetextes hat, d.h. die TN sollen lediglich die Textsorte an sich – Stellenanzeige aus einer Zeitung – erkennen, um damit auch die Situation (*Kauf von neuer Kleidung für ein Vorstellungsgespräch*) einordnen zu können.

2. Die TN lesen die Vorgaben, erklären Sie dabei die Wortbildung einiger Farbadjektive an der Tafel: *dunkelbraun, apricot-farben, lilafarben, rosafarben*. Verweisen Sie dabei auch auf die Infobox mit den aufgeführten Beispielen.

3. Erläutern Sie noch einmal die Aufgabe: „Markieren Sie hier nur die Kleidungsstücke, die Bettina tatsächlich kauft". Spielen Sie den Hörtext einmal vor. Die TN markieren die Kleidungsstücke und vergleichen die Lösung erst mit den Nachbarn, dann im Plenum. Klären Sie durch nochmaliges abschnittweises Hören, welche Kleidungsstücke wann „aus-geschieden" und welche in die endgültige Auswahl gekommen sind.
Lösung: die dunkelbraune Hose, den apricotfarbenen Blazer, die dunkelbraune Seidenbluse.

C 3   Focus   Lückentext „Einkaufsdialog"

3/39

1. Spielen Sie den ersten Abschnitt des Hörtextes vor und ergänzen Sie gemeinsam mit den TN die Lücken.

2. Spielen Sie den Hörtext mehrmals vor. Die TN ergänzen die Lücken und vergleichen im Plenum ihre Lösungen. Spielen Sie bei Unsicherheiten den Hörtext noch einmal vor.
Lösung: Was für ein Kostüm, schon eins für, an was für eine Farbe, Welchen meinst du, Den ... oder den ..., Aber was für einen Rock , einen dunklen, eine dunkle Hose, Und was für eine Bluse, eine Seidenbluse oder ein T-Shirt

3. Überlegen Sie gemeinsam mit den TN, welche Veränderungen (bei Beibehaltung der grundlegenden Dialogstruktur) möglich sind, um den Einkaufsdialog zu variieren (andere Kleidungsstücke: Anzug, Kombination, Kleid, Hosenanzug ...; anderer Anlass: Hochzeit, Reise, Freizeit, Berufsalltag ...; andere Farben: ...; andere Qualifizierungen: zu förmlich/lässig, sehr sportlich, etwas sehr Elegantes/Schickes/...) und sammeln Sie diese Varianten an der Tafel.

4. Lassen Sie die TN in Kleingruppen eine Variation des Dialogs (= Dreiergruppen) oder eines Dialogteils (= Partnerarbeit, für den Mittelteil Dreiergruppe) erarbeiten. Nutzen Sie die Möglichkeiten der Binnendifferenzierung: Stärkere TN/Gruppen erarbeiten eine etwas freiere Dialogvariation für die gesamte Einkaufssituation, schwächere TN/Gruppen eine eng am Text orientierte Variation für einen Dialogteil. Die Gruppen lernen ihre Dialogvariationen auswendig (Stichwortzettel als Gedächtnisstütze schreiben lassen), probieren gemeinsam die passende Mimik, Gestik und Intonation aus und spielen ihre Dialoge abschließend im Plenum vor (bei sehr großen Kursen in Kleingruppen).

5. Spielen Sie „Koffer packen" (s.u., Spiel-Tipp) und beschränken Sie die Auswahl der mitzunehmenden Sachen auf Kleidungsstücke. Erläutern sie, dass alle Sachen genau bezeichnet werden müssen: Possessivartikel + Adjektiv + Nomen. So üben die TN noch einmal in Form eines lustigen Drills die Adjektivdeklination und die Wortfelder „Farben" und „Kleidungsstücke".

SPIEL

Koffer packen

Kettenspiel zum Wortschatz- und Strukturtraining. Situation: Der Kurs verreist gemeinsam und packt gemeinsam einen Koffer. Was wol-len die TN alles mitnehmen? Was kommt in den Koffer? Je nach Übungsschwerpunkt (s.u.) geben Sie an der Tafel eine Struktur vor, z.B. die Struktur „Wir nehmen ... mit." (nehmen + AKK) und grenzen gegebenenfalls die Auswahl der mitzunehmenden Sachen ein (Kleidungsstücke, Hausrat für Campingurlaub, wichtige Sachen für die „einsame Insel", vgl. Lektion 7 usw.). Lassen Sie die TN ein paar Beispiele nennen: „Ich nehme meine braune Hose mit.", „Ich nehme einen spannenden Krimi mit.", „Ich nehme ein rotes und ein gelbes T-Shirt mit." usw. Erklären Sie dann die Spielregel: TN 1: sagt, was sie mitnimmt, TN 2: wiederholt zunächst, was seine Nachbarin mit-nimmt, und ergänzt dann, was er mitnimmt usw. – die Liste wird also immer länger und die letzten TN müssen sich viel merken. Beispiel: TN 1: „Wir nehmen meine braune Hose mit."; TN 2: „Wir nehmen Nadjas braune Hose und meine alten Jeans mit."; TN 3: „Wir nehmen Nadjas braune Hose, Toms alte Jeans und meinen apricotfarbenen Rock mit." usw. Wenn jemand ins Stocken gerät, möglichst nicht gleich „vorsagen", sondern durch mimisch-gestische Hilfen (Zeigen auf Kleidungsstücke, Pantomime usw.) Hilfen geben. Ist eine Runde been-det, können Sie noch einen Durchgang in der Gegenrichtung mit der Struktur „In den Koffer kommt ... ." (kommen + NOM) machen.
Je nach Vorgabe gibt es unterschiedliche Übungsschwerpunkte, z.B. **Wortschatz, Verbkonjugation, Possessivartikel:** *Ich nehme mei-nen Walkman mit. – Salih nimmt seinen Walkman mit und ich nehme meine Lieblings-CDs mit. – Salih nimmt seinen Walkman mit, Tina nimmt ihre Lieblings-CDs mit und ich ...* **Akkusativ-Dativ, mit oder ohne Adjektivdeklination:** *Salih fährt nicht ohne seinen Walkman, Tina nur mit ihren Lieblings-CDs und ich nur mit meinem blauen T-Shirt;* **Relativsätze:** *Salih nimmt seinen Walkman mit, der nie richtig funktioniert; Tina packt ihre Lieblings-CDs ein, die sie jeden Tag hören muss; ich fahre nicht ohne meinen Hund, dem ich jeden Tag zu Fressen geben muss; ...;* **Genitiv, mit oder ohne Adjektivdeklination:** *Wir öffnen eine alte Truhe: In der Truhe sind die vermoderten Überreste eines alten Tagebuches, eines wertvollen Kleides, einer weißen Perücke, eines eleganten Anzugs ...*
Mit etwas Fantasie können Sie zu vielen Strukturen durch entsprechende Vorgaben die passende Übungsvariante von „Koffer packen" entwickeln.

C 4 Focus Regel ableiten: „Was für ...?" – „Welch- ...?"
       Material Kopien von Kopiervorlage 11/2 „Was für ein ...? – Welch- ...?"

1. Verdeutlichen Sie noch einmal an den Bildern bei C4 die Bedeutung von *welch-* ... und *was für ein-* ...: „Was für ein Pullover (soll es denn sein)?" bittet um genauere Angaben zu Art/Farbe/Material ..., ohne dass bereits konkrete Pullover zur Auswahl stehen, die Antwort „Ein grauer (Pullover)." präzisiert einen Aspekt (Farbe), ohne sich bereits auf einen konkreten Pullover festzulegen. Dagegen verlangt die Frage „Welcher Pullover (gefällt Ihnen am besten)?" eine Entscheidung für einen der drei zur Auswahl stehenden Pullover: „Der orangefarbene (Pullover)." Sammeln Sie mit den TN weitere Beispiele an der Tafel. Oft sind beide Varianten möglich, aber mit etwas unterschiedlicher Bedeutung: „Und an was für eine Farbe haben Sie gedacht?" (Aufforderung zur Eingrenzung der sehr großen/vielfältigen Kategorie „Farbe") – „Vielleicht dunkel, dunkelgrün oder dunkelblau ...; „Und an welche Farbe haben Sie gedacht?" (Aufforderung zur Festlegung auf eine oder mehrere konkrete Farben) – „Dunkelgrün oder dunkelblau."

2. Die TN lesen noch einmal die Beispiele und ergänzen in Partnerarbeit die Regeln.
Lösung: **1** Was für ein- ...? **2** Welch- ...?

Zusatzübung: Verteilen Sie Kopien der Kopiervorlage 11/2 als Arbeitsblatt.

Arbeitsbuch C 3–C 10: Kleidung und Feste; Adjektivdeklination; Verben mit Dativ
C 3–C 5 Hörverständnis (festliche Anlässe), „Was für ...?" – „Welch- ...?" (Stillarbeit oder als Hausaufgabe)
C 6–C 9 Hörverständnis: Dativ-Verben zur Beurteilung (Partnerarbeit im Kurs)
C 10 Sprechübung: „Was soll ich anziehen?" (Hausaufgabe)

C 5 Focus Rollenspiel: Einkaufsgespräche
       Material Kleidungsstücke und Kataloge

1. Die TN lesen die Begriffe im Kasten, klären Sie gemeinsam unbekannten Wortschatz. Dann wählt jeder ein Kleidungsstück, liest still die Satzanfänge und versucht, die zum Kleidungsstück passenden Sätze auszuwählen, anzupassen und zu ergänzen.

2. Einigen Sie sich auf einen Anlass, lesen Sie gemeinsam mit den TN die Dialoganfänge und lassen Sie die Sätze ergänzen. Achten Sie darauf, dass *f, m* und *n* vertreten sind. Machen Sie dann an der Tafel eine Stichwortliste der „Dialogstationen" und lassen Sie die TN die passenden Redemittel aus dem Buch (C5, evtl. auch C3) heraussuchen. Führen Sie jetzt im Plenum mit einer guten TN den kompletten Einkaufsdialog nach den vorgegebenen Mustern. Zeigen Sie dabei, dass der Dialogverlauf also nicht in eindeutiger Reihenfolge festgelegt werden kann.

Begrüßung	*Guten Tag. Kann ich Ihnen helfen?*
Was?	*Ich hätte gern ... / Ich suche ... / Zeigen Sie mir bitte ... .*
Was genau?	*Was für ein... ? Soll es für einen besonderen Anlaß sein?*
Größe	*Welche Größe haben Sie? / (Ich habe) Größe ...*
Farbe	*An was für eine Farbe haben Sie gedacht? / Welche Farbe soll es sein?*
Angebot	*Da habe ich hier ... / Da zeige ich Ihnen mal ... / Probieren Sie mal ... / Wie gefällt Ihnen ... ?*
Beurteilung	*... gefällt mir gut / sehr gut / nicht so gut ... / ... steht Ihnen sehr gut /wirkt sehr ... ... ist mir zu klein / groß / eng / weit / kurz / lang.*
Alternativen	*Haben Sie ... auch eine Nummer größer / kleiner / in (andere Farbe / anderes Material)?*
Preis	*Wie viel kostet ... ?*
Entscheidung	*Ja, ... nehme ich. / Nein, vielen Dank, aber das ist doch nicht das Richtige.*

3. Schaffen Sie im Klassenraum „Einkaufsatmosphäre", indem Sie „Verkaufstische" mit Kleidungsstücken einrichten lassen und zunächst den guten TN die Rolle von Verkäufern zuordnen. Lassen Sie im Plenum einige Dialoge improvisieren und steuern Sie, falls nötig, den Dialogverlauf durch Deuten auf die „Dialogstationen" an der Tafel.

4. Geben Sie dann allen TN noch einmal Zeit, sich auf die Einkaufsgespräche vorzubereiten (die Kunden notieren Stichworte zu Art der Kleidungsstücke: Anlass, Größe, Farbe(n), Material, Preisrahmen – die Verkäufer machen sich Notizen zu ihrem Angebot: „Was kann ich anbieten?", „Was gibt es in welchen Größen / Farben / Materialien?", „Was kosten die Sachen?"). Gehen Sie dabei herum und helfen Sie bei Wortschatz und Formulierungen.

5. Spielen Sie jetzt „Einkaufen": Die TN gehen im „Kaufhaus" umher, betrachten sich die Angebote der verschiedenen Abteilungen (= Tische), führen Einkaufsgespräche und versuchen, die gesuchten Kleidungsstücke zu finden. Wenn den TN die Aktivität Spaß macht, lassen Sie nach einiger Zeit die Rollen tauschen. Abschließend berichten alle im Plenum. *Variante (auch als Zwischenschritt für schwächere Gruppen möglich):* Die TN schreiben in Partnerarbeit einen Einkaufsdialog und einigen sich dabei auf alle relevanten Details (Anlass, Was? ...). Gehen Sie dabei herum und helfen und korrigieren Sie. Die Paare klären, wer welche Rolle übernimmt, und üben ihren Dialog ein. Abschließend spielen sie ihren Dialog im Plenum vor. Sollten nicht genügend Kleidungsstücke zur Verfügung stehen, so verteilen Sie auch Kataloge, die an den jeweiligen Verkaufstischen ausliegen.

6. *Zusatzübung:* Schreiben Sie den Spruch „Kleider machen Leute" an die Tafel. Diskutieren Sie mit den TN: „Was bedeutet dieser Spruch?" Geben Sie dann jeder Gruppe (3–4 TN) einen Zettel mit folgenden Fragen: „Wie wichtig ist Kleidung für Sie persönlich? Warum?", „Wann/Wo muss man auf Kleidung zu achten?", „Welche ‚Kleiderregeln' gibt es in Ihrem Heimatland? Was ist anders als in Deutschland?". Sammeln Sie an der Tafel einige weitere Anlässe (Prüfung, Kino, Kirche, ...) und mögliche Gründe (einen guten Eindruck machen, Traditionen, religiöse/berufliche Regeln, bequem, praktisch ...). Die TN diskutieren in Gruppen und berichten im Plenum. Überlegen Sie mit den TN: „Ist der Spruch ‚Kleider machen Leute' heute noch aktuell?"

4 **Ergänzen Sie die Regel.**

Was für ein Pullover?   **Ein** grauer Pullover.   **Welcher** Pullover?   **Der** orangefarbene Pullover.

Nach Fragen mit …   kommen meistens Antworten mit …
1 _____ ? → unbestimmtem Artikel.
2 _____ ? → bestimmtem Artikel.

ARBEITSBUCH
C 3-C 10

5 **„Was für ein …" / „Welch- …" kaufen Sie? Schreiben und spielen Sie ähnliche Dialoge.**
Arbeiten Sie zu zweit oder zu dritt.

Bewerbung ◆ Geschäftsessen ◆ Oper ◆ Theater ◆ Kostümball ◆ Hochzeit ◆ Beerdigung ◆
Picknick ◆ Ausflug ◆ Wanderung ◆ Urlaub ◆ Geburtstagsparty

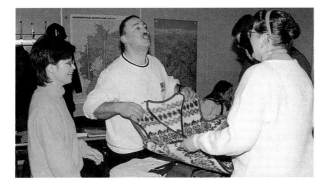 

Ich hätte gern …
Ich suche …
Zeigen Sie mir bitte ein paar …

Ich habe Größe …

Die gefällt mir nicht so gut. / …
Haben Sie | die | auch | in Rot? / …
* | so etwas | | in Seide? / …*

Die gefällt mir gut. / … sehr gut. / …

Aber sie passt mir nicht.
Sie ist mir | zu klein. / … zu groß.
* | zu eng. / … zu weit.*
* | zu kurz. / … zu lang.*
Haben Sie die auch | eine Nummer | größer?
* | etwas | kleiner?*
Wie viel kostet … ?
Ja,   … nehme ich.
Nein, vielen Dank, aber das ist doch nicht das Richtige.

Was für ein …
Was für eine Farbe … ?
Welche Größe haben Sie?

Probieren Sie mal …
Wie gefällt Ihnen … ?

Nein, leider nicht.
Ja, aber leider nicht in | dieser Größe.
* | dieser Farbe.*
Die Bluse steht Ihnen ausgezeichnet. / …
Sie wirkt sehr elegant. / … jugendlich. / …

D

Typen ...

D 1

Wie sind diese Leute? Was meinen Sie? Machen Sie Notizen.

Yuppie ◆ Tourist ◆ ~~Rentner~~ ◆ Student

Rentner _____ _____ _____

Arbeiten Sie zu viert und vergleichen Sie Ihre Ergebnisse.

Hier links, das sind sicher Rentner.
Die sind bestimmt ...
Die ...

Rentner
Alter: über 60
Kleidung: altmodisch,
grau, langweilig
Hobbys:
Familie:
Sonstiges:

D 2

3/
40-41

Hören und ergänzen Sie.

	Thema	Ort (wo?)	Gesprächspartner
Interview 1			
Interview 2		U-Bahn-Station	

D 3

Lesen und markieren Sie: Was denken die Interviewten über ... ?

Text 1

1. ☐ Yuppies fahren in ihrem roten BMW zur Arbeit.
2. ☐ Yuppies wohnen meistens allein in einem teuren Penthouse.
3. ☐ Yuppies arbeiten beim Hessischen Rundfunk.
4. ☐ Yuppies sieht man in modischen Anzügen oder mit schicken Sakkos.
5. ☐ Yuppies sind meistens Politiker.
6. ☐ Für eine Familie haben Yuppies keine Zeit.
7. ☐ Yuppies essen oft in teuren Lokalen.
8. ☐ Yuppies haben viel Freizeit.

Text 2

1. ☐ Rentner sind ältere Frauen oder Männer.
2. ☐ Rentner wohnen in einer kleinen Wohnung, weil ihre Kinder schon ausgezogen sind.
3. ☐ Rentner haben immer Zeit, auch an den ganz gewöhnlichen Werktagen, aber sie machen nichts mit dieser Freizeit.
4. ☐ Klischees enthalten in den meisten Fällen viel Wahrheit.
5. ☐ Es gibt arme und reiche Leute, dumme und intelligente. Man kann nichts Genaues über sie sagen.

3/
40-41

Hören Sie noch einmal und vergleichen Sie.

einhundertachtunddreißig

138

D Typen …

D 4   Kopiervorlage 11/3 „Endungen bei Artikel und Adjektiv"; Familienfotos mitbringen *(Zusatzübung)*

D 1   Focus   Typen charakterisieren

1. Die TN lesen die Begriffe, betrachten die Zeichnungen und ordnen die Begriffe den Zeichnungen zu.
   Lösung: Rentner – Yuppie – Studenten – Tourist.
2. Bilden Sie nun Viergruppen, indem immer zwei Partnergruppen zusammenkommen. Achten Sie darauf, dass in internationalen Gruppen möglichst verschiedene Nationalitäten in einer Gruppe vertreten sind, um die TN so auf kulturspezifische Sichtweisen aufmerksam zu machen. Die TN erstellen nach der Beispielvorgabe (Tangram-Zettel) im Buch einen Steckbrief zu jedem Typ und stellen ihre Ergebnisse im Plenum vor. Sprechen Sie dabei den Punkt „kulturspezifische Sichtweisen" an: „Gibt es unterschiedliche Meinungen? Welche?", „Ist das Ihre persönliche Meinung? Ist sie typisch für Ihr Land?", „Welche ‚Typen' gibt es in Ihrem Land?", „Was sagt man über diese ‚Typen'?" usw.
3. Deuten Sie noch einmal auf den im Buch dargestellten „deutschen" Typus eines Touristen. Fragen Sie die TN: „Wie sehen Sie deutsche Touristen in Ihrem Land?", „Was machen deutsche Touristen in Ihren Ländern?", „Wie sehen sie ihre eigenen Landsleute als Touristen in anderen Ländern?". Die TN finden sich, falls möglich, in nationalen Gruppen zusammen und stellen ihre Ergebnisse im Plenum vor.
   Zusatzübung: Sammeln Sie als Anregung weitere Typen an der Tafel, z.B. Deutschlehrer, Filmstars, Beamte, Millionäre, Blondine, Hacker, Frauen – Männer … Die TN schreiben in Gruppen weitere Steckbriefe zu anderen „Typen" an und tragen sie vor, ohne den „Typ" zu nennen. Die anderen TN raten, um welche Personengruppe es sich handelt.

D 2   Focus   Hörverständnis Interviews (kursorisches Hören): Tabelle ergänzen

1. Deuten Sie auf die Tabelle und erklären Sie die Aufgabe. Die TN konzentrieren sich auf die drei Fragen: „Was ist das Thema?", „Wo sind die Leute?", „Wer spricht?".
2. Spielen Sie die Interviews vor und ergänzen Sie gemeinsam mit den TN die erste Spalte der Tabelle.
3. Spielen Sie die Interviews und geben Sie den TN zwischen den Interviews Zeit für die Eintragungen. Die TN ergänzen die fehlenden Informationen in der Tabelle und vergleichen ihre Ergebnisse zunächst in Partnerarbeit, dann im Plenum.
   Lösung: **Interview 1:** Yuppie, Straße, Radioreporter und junge Leute;   **Interview 2:** Rentner, U-Bahn-Station, Ehepaar

D 3   Focus   Hörverständnis Interviews (selegierendes Hören): richtig/falsch-Aussagen

1. Die TN lesen die Aussagen und markieren die richtigen Aussagen und vergleichen ihre Ergebnisse zunächst untereinander, dann im Plenum, dann mit der Cassette.
   Lösung: **Text 1:** 1, 4, 6, 7;   **Text 2:** 1, 2, 5
2. Sprechen Sie über die Interviews: „Wie finden Sie den Reporter und seine Fragen?", „Antworten die Leute gerne?", „Sind Sie mit der Meinung der befragten Leute einverstanden?", „Wie reagieren Sie auf solche Fragen?".
3. *Zusatzübung:* Die TN bereiten in Kleingruppen ähnliche Interviews zu anderen „Typen" vor: Typ auswählen, Aussagen über diesen Typ sammeln, daraus einen Fragenkatalog entwickeln. Als Grundlage können die in D1 entworfenen Steckbriefe dienen. Erarbeiten Sie gemeinsam mit den TN einige allgemeine „Floskeln": wie man Leute für ein Interview ansprechen kann, wie man ein Interview beginnt bzw. beendet und wie man wortkarge Interviewpartner zum Sprechen ermuntern kann.

Einleitung	Thema	Meinung
Entschuldigen Sie bitte …	Wir machen gerade eine Umfrage zu …	Was denken Sie über … ?
Guten Tag. Ich bin von (Firma) …	Es geht um das Thema …	Was halten Sie von … ?
Hätten Sie mal einen Moment Zeit?	Was fällt Ihnen zu … ein?	Was stellen Sie sich unter … vor?
Kann ich Ihnen ein paar Fragen stellen?		Was ist für Sie ein … ?
Rückfragen	Ende	
Sie meinen also …	Vielen Dank (für das Gespräch).	
Glauben Sie, dass … ?	Vielen Dank, dass Sie sich die Zeit genommen haben.	
Kennen Sie selbst … ?		
Warum… ?		

4. Dann Durchführung der Interviews (möglichst mit einem tragbaren Cassettenrecorder): Jede Gruppe interviewt nacheinander die anderen Gruppen zu ihrem Typen.
5. Sie können die Aufnahmen dann noch einmal im Kurs nutzen: als Hörverständnisübung (Notizen machen lassen) oder auch zur Fehlerkorrektur: Interviews vorspielen, bei Fehlern Pausentaste drücken und evtl. gestisch die Art des Fehlers signalisieren – die TN versuchen dann, sich selbst und sich untereinander zu korrigieren. Noch effektiver, aber auch zeitaufwendiger, ist diese Übung zur Fehlerkorrektur, wenn Sie vorher eine Transkription der Interviews vornehmen und die Texte (evtl. mit Markierung der Fehler, aber natürlich nicht korrigiert) an die TN verteilen.

D 4 Focus Adjektiv-Deklination: Dativ
  Material Kopien und OHP-Folie von Kopiervorlage 11/3 „Endungen bei Artikel und Adjektiv"
    Zusatzübung: Familienfotos mitbringen

1. Die TN lesen die Sätze, suchen die Adjektive in den Texten C3 und D3, unterstreichen sie im Text und ergänzen die Sätze in der Tabelle. Sie vergleichen die Ergebnisse zunächst in Partnerarbeit.

2. Sammeln Sie die Ergebnisse an der Tafel. Erinnern Sie noch einmal an den Zusammenhang von Präposition + Kasus und an die bereits bekannten Genus-Signale in Nominativ *(f: -e, m: -r, n: -s)* und Akkusativ *(f: -e, m: -(e)n, n: -s)*. Bestimmen Sie gemeinsam mit den TN das Genus der Nomen und markieren Sie die Dativ-Genus-Signale am Artikel und die nach Artikel immer gleiche Adjektiv-Endung *(-en)* in zwei verschiedenen Farben. Lassen Sie dann die Genus-Signale eintragen.

Dativ (z.B. nach Präpostion: in, mit, an …)			
Genus-Signal	Adjektiv-Endungen		Genus
in de r	gleichen	Farbe	f
in eine r	kleinen	Wohnung	
mit de m	kurzen	Rock	m
in ihre m	roten	BMW	
mit de m	einfachen	T-Shirt	n
in eine m	teuren	Penthouse	
an de n	gewöhnlichen	Werktagen	Pl
in	teuren	Lokalen	

3. Die TN ergänzen in Partnerarbeit mit Hilfe des Wörterbuchs die zweite Tabelle mit den Pluralformen und vergleichen ihre Ergebnisse im Plenum.
Lösung: Sakko, *m* – Sakkos; Lokal, *n* – Lokale; Werktag, *m* – Werktage; Fall, *m* – Fälle

4. Markieren Sie an der Tafel die Endungen und machen Sie auf die „3n" beim Dativ-Plural aufmerksam: Artikel (soweit vorhanden), Adjektiv und Nomen haben die Endung *-n* (außer bei Nomen mit Plural auf *-s: auf den alten Sofas*).

5. Die TN ergänzen die Regeln in Partnerarbeit und vergleichen sie im Plenum.
Lösung: **1** Das Genus-Signal für den Dativ: feminin: r, maskulin und neutrum: m, Plural: n.; **2** Im Dativ ist die Endung bei den Adjektiven nach Artikel immer *-en.*; **3** Im Dativ Plural steht am Ende des Nomens in der Regel ein *-n.*
Zusatzübung: Um noch einmal das gesamte Schema der Artikel- und Adjektivdeklination zu systematisieren, verteilen Sie die Kopien der Kopiervorlage 11/3 als Arbeitsblätter.
Die TN ergänzen die Endungen und fassen die Regeln zusammen, dann Vergleich im Plenum. Dabei gibt es unterschiedliche Mnemotechniken, die Sie als Hilfe geben können: Die **MaRS**-Regel: Es gibt nur einen Planeten Mars, so wie es auch nur eine Endung *-m, -r* oder *-s* gibt – entweder am Artikel oder am Adjektiv. Merkverse für den Signal-Wechsel: *Das Genus-Signal ist sehr kreativ: es springt vom Artikel zum Adjektiv.* oder: *Das Signal hat die Wahl: Artikel oder Adjektiv – das ist ihm egal.*

6. Sammeln Sie dann Ausdrücke (Adjektiv + Nomen) an der Tafel *(eine modische Krawatte, ein alter Anzug, ein wichtiges Gespräch, teure Lokale)* und lassen Sie in Partnerarbeit kleine Texte schreiben, in denen möglichst viele Ausdrücke von der Tafel verarbeitet sind: *Tragen Sie nie alte Anzüge bei wichtigen Gesprächen und in teuren Lokalen! Wenn Sie nur einen alten Anzug haben, dann bitte mit modischer Krawatte!* Dann Vergleich der Texte in Kleingruppen und Auswahl der besten/lustigsten Texte zum Vorlesen im Plenum.
Zusatzübung: Bitten Sie die TN, Familienfotos mitzubringen. Spielen Sie mit einem TN den Dialog im Plenum vor, fragen Sie ihn nach einer Person auf seinem Familienfoto, z.B. „Wer ist der Mann in dem grauen Anzug und mit der roten Krawatte?" TN: „Das ist mein Vater." „Und wer ist die Frau mit den braunen Haaren, der schwarzen Brille und der gelben Tasche?" TN: „Das ist meine Schwester." Schreiben Sie das Dialogmuster „Wer ist die Frau/der Mann/das Kind mit …/in… ?" an die Tafel. Die TN befragen sich gegenseitig zu den Personen auf den Fotos.

Arbeitsbuch D 1–D 4: Kleidung im Beruf
D 1 Kategorien – Branchen zuordnen (Hausaufgabe)
D 2 Personen – Branchen zuordnen und Kleiderempfehlungen (Hausaufgabe)
D 3 Adjektiv-Deklination: Systematisierung: Tabelle und Regeln ergänzen (Hausaufgabe)
D 4 Über Statistik sprechen oder schreiben (in Kleingruppen im Kurs)

D 5 Focus Anwendungsübung: Personenbeschreibung

1. Sprechen Sie über die Zeichnungen und fragen Sie: „Wo leben diese Personen?", „Was ist ihr Beruf?", „Was für Kleidung tragen sie?", „Was ist typisch für sie?", ermuntern Sie dabei durch Nachfragen zu möglichst genauen Beschreibungen (mit Adjektiven) und notieren Sie die Antworten in Stichworten an der Tafel.

2. Die TN einigen sich in Kleingruppen oder in Gruppen nach Herkunftsländern auf eine „typische" Person (aus dem Heimatland oder einem anderen Land) und erstellen eine Beschreibung. Dann lesen sie ihre Beschreibungen im Plenum vor, lassen aber dabei das Land weg. Die anderen TN raten.

4

Unterstreichen Sie die Adjektive in C 3 und D 3. Ergänzen Sie dann die Sätze und die Regel.

Adjektiv-Deklination im Dativ.

f, m, n, Pl

Da empfehle ich eine Bluse	in d____	gleich____	Farbe wie die Hose.	
Rentner wohnen	in ein____	klein *en*	Wohnung.	
Der Blazer wirkt	mit d____	kurz____	Rock sehr elegant.	
Yuppies fahren	in ihr____	rot____	BMW zur Arbeit.	
Vielleicht wirkt der Blazer	mit d____	einfach____	T-Shirt zu wenig elegant.	
Yuppies wohnen meistens	in ein____	teur____	Penthouse.	

Rentner haben immer Zeit, auch	an d____	gewöhnlich____	Werktagen.	
Yuppies essen oft	in	teur____	Lokalen.	

Plural im Dativ.

	Singular	Plural (im Nominativ)
in modischen Anzügen	*Anzug, m*	*Anzüge*
mit schicken Sakkos		
in teuren Lokalen		
auch an den ganz gewöhnlichen Werktagen		
in den meisten Fällen		

1 Das Genus-Signal für den Dativ: feminin: _____ , maskulin und neutrum: __*m*__ , Plural: _____ .

2 Im Dativ ist die Endung bei den Adjektiven nach Artikel immer _____ .

3 Im Dativ Plural steht am Ende des Nomens in der Regel ein _____ .
    Ausnahme: Nomen mit Plural auf -s.

ARBEITSBUCH D 1-D 4

5

Beschreiben Sie eine für Ihr Land „typische" Person und ihren Beruf.

Bei uns in . . .
Sie sind meistens . . .
Sie tragen . . .

E 1

Beschreiben Sie die Farben möglichst genau.

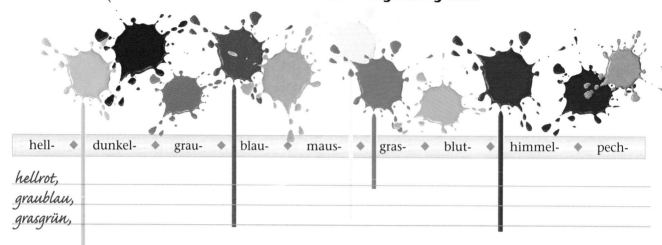

| hell- ◆ | dunkel- ◆ | grau- ◆ | blau- ◆ | maus- ◆ | gras- ◆ | blut- ◆ | himmel- ◆ | pech- |

hellrot,
graublau,
grasgrün,

E 2

Welche Farben haben diese Dinge in Deutschland / in Österreich / in der Schweiz? Und in Ihrem Land?

Telefonzelle ◆ Feuerwehrauto ◆ Polizeiuniform ◆ Pass ◆ Briefkasten ◆ Post ◆
Krankenwagen ◆ Polizeiauto ◆ Straßenmarkierungen

Die Telefonzellen sind in Österreich ...
> *Bei uns sind sie ...*

E 3

3/42

Welche Farben hören Sie? Markieren Sie.

☐ blau   ☐ grün   ☐ schwarz

☐ braun   ☐ lila   ☐ violett

☐ gelb   ☐ orange   ☐ weiß

☐ grau   ☐ rot

Jemand ... der, ohne rot zu werden, blau macht
und schwarz arbeitet – muss sich nicht wundern,
wenn ihm die Kollegen nicht grün sind.

3/42

Was passt? Hören Sie noch einmal, ergänzen Sie und sortieren Sie.

1 _____ *fahren*

2 _____ *sehen*

3 *sich* _____ *ärgern*

4 _____ *arbeiten*

5 _____ *sehen*

6 _____ *machen*

7 *mit einem* _____ *Auge*
davonkommen

8 *jemandem nicht* _____ *sein*

9 *dasselbe in* _____

☐ es sieht zwar etwas anders aus, ist aber gleich

☐ furchtbar wütend über etwas sein

☐ illegal, ohne Lohnsteuerkarte Geld verdienen

☐ immer Schlechtes in der Zukunft sehen

☐ im Pech Glück haben, nur einen kleinen Schaden erleiden

☐ ohne Fahrschein in öffentlichen Verkehrsmitteln fahren

☐ nicht zur Arbeit oder zum Unterricht gehen

☐ sich nicht gut mit jemandem verstehen

☐ so wütend werden, dass man seine Gefühle nicht mehr
kontrollieren kann

Vergleichen Sie mit Ihrer Sprache.

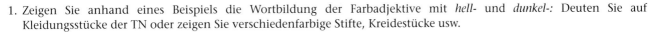

E Zwischen den Zeilen

E 3   Kärtchen mit Farb-Redewendungen *(Zusatzübung)*

E 1   Focus   Farben genauer beschreiben

1. Zeigen Sie anhand eines Beispiels die Wortbildung der Farbadjektive mit *hell-* und *dunkel-:* Deuten Sie auf Kleidungsstücke der TN oder zeigen Sie verschiedenfarbige Stifte, Kreidestücke usw.
2. Die TN lesen die Begriffe im Kasten, schauen sich die Farbkleckse an und versuchen sie zu beschreiben, indem Sie die Begriffe mit den Farben kombinieren. Sammeln Sie die Ergebnisse an der Tafel. Machen Sie das Prinzip der Wortbildung bewusst.
3. Bilden Sie Gruppen: Ermuntern Sie die TN, noch weitere Farb-Komposita zu suchen, z.B. schneeweiß, sonnengelb, goldgelb, bananengelb, kirschrot, blattgrün, rotviolett, blauviolett, rotbraun, schokoladenbraun, weinrot …

> *Adjektiv + Farbadjektive*
> *hellblau, hellrot, hellgelb, hellgrün, hellgrau, …*
> *dunkelblau, dunkelrot, dunkelgelb, dunkelgrün, …*
>
> *Farbadjektiv + Farbadjektiv*
> *blaugrün, graugrün, graublau, …*
>
> *Gegenstand + Farbadjektiv*
> *himmelblau, blutrot, grasgrün, pechschwarz, mausgrau*

E 2   Focus   Typische Dinge und ihre Farben (interkultureller Kontrast)

1. Fragen Sie die TN: „Welche Farbe hat ihr Pass/eine Telefonzelle/ein Polizeiauto?" und entdecken Sie dabei gemeinsam die unterschiedlichen landestypischen Farbgebungen.
2. Die TN lesen die Begriffe im Kasten und erklären sich gegenseitig unbekannten Wortschatz. Bilden Sie (nationale) Gruppen und fragen Sie die TN nach den Farben dieser Einrichtungen in Deutschland (bzw. in Österreich, in der Schweiz) sowie in ihrem Herkunftsland.
Lösung: D/A/CH
Telefonzelle gelb+grau-rosa / metallic/ rot; **Feuerwehrauto** rot/ gelb/ rot; **Polizeiuniform** grün/ rot/ grau; **Pass** weinrot/ weinrot/ rot; **Briefkasten** gelb/ gelb/ gelb (Post); **Post** gelb/ gelb/ gelb; **Krankenwagen** beige-rot/ weiß-rot/ verschiedene Farben; **Polizeiauto** grün-weiß/ weiß-rot/ weiß-orange; **Straßenschilder** weiß-gelb/ weiß-grün (Stadt), grau (Land)/ weiß, gelb (Bus, Fahrrad)
3. *Zusatzübung:* Stellen Sie die Frage nach der Farbe folgender Dinge: Brautkleid, Trauerkleidung, Babykleidung (Mädchen/Junge), Autobahn-Schilder, Kuh, Fußball, Bier … sowie nach der Farbe der Berufskleidung von Bäckern, Köchen, Ärzten, Chirurgen, Richtern usw. Die TN arbeiten in (nationalen) Gruppen, erstellen ein Liste und vergleichen dann im Plenum.

E 3   Focus   Hörverständnis (selegierendes Hören): Farben und Farbidiomatik
          Material   *Zusatzübung:* Kärtchen mit Farb-Redewendungen

1. Bilden Sie Gruppen. Deuten Sie auf das Bild und fordern Sie die TN auf, dazu eine kleine Geschichte zu schreiben. Stellen Sie zur Anregung einige Fragen: „Was sind das für zwei Typen? Was machen sie? Worüber sprechen sie?". Die Gruppen stellen ihre Geschichten im Plenum vor.
2. Spielen Sie nun den Hörtext zur ersten Aufgabe vor. Die TN markieren die Farben. Vergleich in Partnerarbeit und im Plenum.
Lösung: blau – rot – grün – schwarz – grau
3. Die TN lesen die Redewendungen (mit Lücken). Erklären Sie, dass jeweils ein Farbadjektiv eingesetzt werden muss und spielen Sie den Hörtext noch einmal (mit Pausentaste!) vor. Die TN tragen die Farben ein und vergleichen erst in Partnerarbeit, dann im Plenum. Lesen Sie jetzt gemeinsam die Definitionen und klären Sie dabei evtl. unbekannten Wortschatz. Die TN ordnen dann den Definitionen die passenden Redewendungen zu. Abschließend Vergleich im Plenum, u.U. mit dem Hörtext.
Lösung: (von oben nach unten) **1** schwarz; **2** rot; **3** schwarz; **4** schwarz; **5** schwarz; **6** blau; **7** blau; **8** grün; **9** Grün; 9, 3, 4, 2, 7, 1, 6, 8, 5
Zusatzübung: Bilden Sie Paare, indem Sie die Redewendungen in zwei Teile zerschneiden und auf Kärtchen kleben. Verteilen Sie die Kärtchen an die TN, diese suchen nun jeweils ihren „Partner". Bitten Sie die TN, sich gemeinsam einen kurzen Dialog zu ihrer Redewendung zu schreiben, in dem die Redewendung nicht explizit genannt wird, aber aus dem Kontext erschließbar ist. Geben Sie Hilfestellung. Dann spielen die Paare ihre Szene vor – die übrigen TN raten.
4. Vergleichen Sie nun das Gespräch der beiden Personen mit den Geschichten der TN (Schritt 1). Welche Gruppe ist mit ihrer Geschichte dem Hörtext am nächsten gekommen?
5. Fragen Sie die TN nach ähnlichen und weiteren Redewendungen mit Farben in ihrer Muttersprache. „Welche Unterschiede gibt es da?", „Welche Bedeutung haben die Farben in diesen Redewendungen?".
6. Lesen Sie mit den TN das Zitat in Klammern. Die TN „übersetzen" in (nationalen) Gruppen den Text und versuchen, die passenden Redewendungen in ihrer Sprache zu finden.

Arbeitsbuch E 1–E 3: Wortbildung: Adjektive auf „-ig", „-lich", „-isch"
E 1   Nomen- und Adjektiv-Paare sowie Ableitungsregel finden (Partnerarbeit oder als Hausaufgabe)
E 2   Anwendungsübung: Ableitung von Nomen und Adjektiven (Hausaufgabe)
E 3   Lückentext ergänzen (Hausaufgabe)

F   Der Ton macht die Musik

F 1   Kopiervorlage 11/4 „Was man (nicht) macht ..."
F 2   Kopiervorlage 11/5 „Tabu" (Liedtext)

F 1   Focus   Gespräch über verschiedene Situationen
      Material   OHP-Folie von Kopiervorlage 11/4 „Was man (nicht) macht ..."

1. Legen Sie die OHP-Folie mit den vergrößerten Zeichnungen von der Kopiervorlage 11/4 auf, decken Sie Situation für Situation auf und lassen Sie die TN die einzelnen Situationen beschreiben. Die TN schlagen das Buch auf, lesen die Kurzbeschreibungen im Kasten und ordnen sie den Zeichnungen zu.
Variante: Kopiervorlage 11/4 als Arbeitsblatt: Die TN schreiben die Kurzbeschreibung unter die Zeichnungen.
2. Mit OHP-Folie: Vergleichen Sie die Ergebnisse im Plenum und benutzen Sie dabei die Satzmuster im Buch. Fragen Sie: „Was soll man hier (nicht) machen?" – „Man muss/soll ... ", „Man soll nicht/darf nicht ... " Schreiben Sie als zusätzliche Struktur „Man ... (nicht) ... " an die Tafel und lassen Sie noch einmal alle Bilder mit dieser Struktur kommentieren.

F 2   Focus   Hörverständnis (selegierendes Hören)
      Material   Kopien von Kopiervorlage 11/5 „Tabu" (Liedtext)

1. Die TN lesen die Tabu-Liste, klären Sie dabei unbekannten Wortschatz. Spielen Sie dann das Lied einmal vor, die TN markieren die Tätigkeiten, die im Lied genannt werden. Vergleich zunächst in Partnerarbeit, dann im Plenum.
Lösung: in der Nase bohren, mit den Fingern essen, bei Rot über die Straße gehen, über Sex sprechen, schwarz fahren, Schecks fälschen, mit vollem Mund reden, an der Wand lauschen, als Mann einen Mann lieben
2. Im Buch kommen nicht alle im Lied genannten Tabus vor. Spielen Sie den Hörtext noch einmal vor, die TN machen sich Notizen zu weiteren im Lied genannten Tabus und Situationen. Sie können zum Vergleich Kopien der Kopiervorlage 11/5 mit dem kompletten Liedtext verteilen.
3. Die TN ordnen in Gruppen die Tabus nach dem Raster: „sehr schlimm" – „schlimm" – „nicht so schlimm". Bei der anschließenden Diskussion im Plenum konzentrieren Sie sich auf die Kategorie „sehr schlimm": Dabei werden wahrscheinlich unterschiedliche Bewertungen (individuell und kulturell geprägt) auftreten und Stoff für Diskussionen geben.

F 3   Focus   Tabus in anderen Ländern

Bilden Sie (nationale) Gruppen. Die TN machen Notizen zu den Tabus in ihren Ländern. Geben Sie, falls nötig, einige Anregungen: z.B. Umgang mit Alkohol/Nikotin ..., Verhalten in Restaurants/im Betrieb/im Straßenverkehr, Gesprächsthemen mit Fremden/Geschäftspartnern/..., Verhältnis zu Lehrern/Eltern/... Bericht im Plenum.

Arbeitsbuch F 1–F 7: Der Konsonant „r"

Das „r" ist einer der schwierigsten Laute für Deutschlernende. Ostasiaten haben die Schwierigkeit, „r" und „l" zu unterscheiden. Je nach Muttersprache und Fremdsprachenkenntnissen wird den Lernenden eine der Varianten des konsonantischen „r" (Reibe-, Zäpfchen- oder Zungenspitzen-R) leichter fallen. Großes Gewicht sollten Sie auf die Unterscheidung zwischen konsonatischem und vokalischem „r" legen.

F 1   Lautbilder differenzieren: Die TN hören die Beispielwörter. Differenzieren Sie die Laute mit Hilfe der phonetischen Zeichen: Geben Sie den TN den Tipp, das vokalische „r" fast wie ein kurzes „a" zu sprechen (aber mit geringerer Mundöffnung).
F 2   Hörübung zur Unterscheidung von konsonantischem und vokalischem „r".
F 3   Die TN ergänzen die Regeln und Beispielwörter. Sie können Regel 2 noch ergänzen: am Wort- oder Silbenende spricht man „r" nach kurzem Vokal oft auch konsonantisch [r]: gern, Firma, warten, fertig, Herbst, Farbe
F 4   Gurgeln Sie mit einem Glas Wasser. Spielen Sie die Cassette vor und lassen Sie die TN nachsprechen. Wichtig ist, dass das „r" nicht vorne am Gaumen gerollt wird, sondern hinten im Rachen artikuliert wird.
F 5   Übung zur Regelanwendung. Markieren Sie zunächst gemeinsam mit der Gruppe durch Sprechen die Silbengrenzen und lassen Sie dann das konsonantische „r" unterstreichen. Die TN hören die Wortpaare und sprechen nach. Sie können auch sofort die Cassette vorspielen und beim Hören alle konsonantischen „r" markieren lassen.
F 6   Hör- und Nachsprechübung. Spielen Sie die Cassette vor, die TN hören und sprechen nach und machen dann in Partnerarbeit Dialoge.
F 7   Spielen Sie die Cassette oder lesen Sie die Sätze vor. Die TN lernen einen (oder mehrere) Zungenbrecher auswendig und tragen ihn vor – so schnell wie möglich. (vgl. Methoden-Tipp, zu S. 85)

G   Cartoon

      Material   Kopien des Cartoons ohne Sprechblasentexte

1. Geben Sie den Cartoon als Kopie ohne Sprechblasentext an die Gruppen. Die Bücher bleiben geschlossen. Die Gruppen denken sich einen Text für die Sprechblasen aus und stellen ihre Versionen im Plenum vor.
2. Die TN vergleichen ihre Texte mit dem Original. Erläutern Sie, dass in Deutschland, Österreich und der Schweiz die Hemden rechteckig in Zellophan verpackt und mit vielen Nadeln in Form gebracht werden.

Arbeitsbuch G 1–G 3: Farben im Alltag und in Geschäften
G 1–G 2   (selegierendes) Lesen und Farben unterstreichen, Farben und Assoziationen heraussuchen (Hausaufgabe)
G 3   Geschäft einrichten (in Kleingruppen oder schriftlich als Hausaufgabe)

Der Ton macht die Musik

A B C D E F G H

1 ## Sprechen Sie über die Zeichnungen.

bei Rot über die Straße gehen ◆ in der Nase bohren ◆ an der Wand lauschen ◆
älteren Leuten einen Sitzplatz anbieten ◆ die Schuhe ausziehen ◆ mit den Fingern essen ◆
die Tischdecke schmutzig machen ◆ heiraten

Man soll nicht in der Nase bohren. ↘
   In einer Moschee muss man …

2 ## Was soll man nicht machen?

4/43 Hören und markieren Sie.

☐ in der Nase bohren
☐ laut schreien
☐ mit den Fingern essen
☐ bei Rot über die Straße gehen

☐ in der Schule schlafen
☐ über Sex sprechen
☐ über Geld sprechen
☐ schwarz fahren
☐ Schecks fälschen

☐ als Mann weinen
☐ mit vollem Mund reden
☐ die Füße auf den Tisch legen
☐ an der Wand lauschen
☐ als Mann einen Mann lieben

4/43 Können Sie noch andere „Tabus" verstehen? Hören Sie noch einmal.

3 **Was darf man in Ihrem Land auf keinen Fall tun? Arbeiten Sie in Gruppen und machen Sie eine Liste mit Tabus.**

In einer Kirche soll man nicht lachen. ↘
   Bei uns darf man nicht mit Schuhen
   in den Tempel gehen. ↘
      Und bei uns …

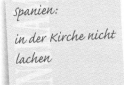

Spanien:
in der Kirche nicht lachen

Thailand:
im Tempel Schuhe ausziehen

Marokko:

ARBEITSBUCH
F 1-F 7

ICH PROBIER MAL EBEN DAS HEMD HIER AN...

SOLL ICH'S IHNEN NICHT LIEBER AUSPACKEN?

SCHON GUT...

ARBEITSBUCH
G 1-G 3

Kurz & bündig

Adjektive ohne Nomen und Artikel § 17a
Welche Farben sind „**kalt**", welche „**warm**"?
Mit Gelb vermischt wirkt diese Farbe **jugendlich** und **frisch**.

Ihre Augen sind **braun**.

Aber ihre Haare sind **schwarz**.
Ich finde, **Rot** steht ihr besser.

Adjektive nach Artikeln oder vor Nomen § 17b
Nominativ und Akkusativ
Er hat **eine helle**, fast **blasse** und **transparente Haut** und **einen gelben Unterton**.
Die meisten Menschen dieses Typs haben **dunkle Haare**.
Die idealen Farben für ihn sind hell und klar: **strahlendes Grün**, **warmes, volles Gelb**.

Dativ
Ich empfehle eine Bluse in **der gleichen Farbe**.
Mit **dem kurzen Rock** wirkt die Jacke sehr elegant.
Mit **dem einfachen T-Shirt** wirkt das vielleicht zu jugendlich.

Rentner wohnen in **einer kleinen Wohnung**.
Yuppies fahren in **ihrem roten BMW** zur Arbeit und wohnen in **einem teuren Penthouse**.
Sie essen oft **in teuren Lokalen**.

Fragen mit „Was für ..." und mit „Welch- ..." § 13b, c
Was für ein Kostüm hätten Sie denn gern?
Eins für einen besonderen Anlass.
Und an **was für eine Farbe** haben Sie gedacht?
Vielleicht **dunkelgrün** oder **dunkelblau**.

Welchen Blazer meinst du denn? **Den** schilfgrünen
oder **den** apricotfarbenen?
Hier, den apricotfarbenen.
Was für eine Bluse passt dazu?
Eine Seidenbluse, oder **ein einfaches T-Shirt**.

Verben mit Dativ § 7
Wie findest du meinen neuen Pullover?
Er **steht dir** sehr gut
Mir gefällt er eigentlich auch ganz gut.
Er wirkt sehr jugendlich.
Er **passt mir** nur nicht ganz,
er ist etwas zu groß.
Aber ich finde, die Farbe **passt** sehr gut **zu** dir.
Und ich fühle mich sehr wohl darin.

Nützliche Ausdrücke
Was ist Ihre **Lieblings**farbe? ↘
Gelb. ↘
Ich **mag** Blau **besonders**. ↘

Ich suche ein Kostüm. ↘
Soll es **für einen besonderen Anlass** sein? ↗
Ja, → für eine Bewerbung. ↘
Welche Größe haben Sie? ↘
38 oder 40. **Das kommt darauf an.** ↘

Schau mal, → der Pullover sieht toll aus. ↘
Welchen meinst du denn? ↘
Den hellen oder den dunklen? ↘

Haben Sie das Kostüm **eine Nummer größer**? ↗
Ja, → aber **nicht in Rot**, → nur **in Dunkelblau**. ↘
Und was soll ich **dazu anziehen**? ↗
Ich zeige Ihnen ein paar Blusen. ↘
Haben Sie diese Bluse **auch in Seide**? ↗
Nein, → tut mir Leid, →
die gibt es **nur in Baumwolle**. ↘

Gut, → **ich nehme** das Kostüm. ↘
Nein, → **das ist doch nicht das Richtige.** ↘

H Kurz & bündig

Diktat

In letzter Minute | komme ich am Bahnhof an. Auf den Zug aus Berlin | warten bereits mehrere Leute. Ich bin schon ganz nervös: Werde ich sie überhaupt erkennen? Wir haben uns das letzte Mal | vor dreißig Jahren gesehen. Ich denke an unsere | gemeinsame Kindheit zurück: Wir sind sechs Jahre alt | und rennen Hand in Hand | an den kleinen See. Sie in ihrer rosaroten Hose | mit dem grünkarierten Hemd | und den gelben Gummistiefeln, ich in meiner grünen, kurzen Hose | mit den schokoladenbraunen Herzen | auf beiden Knien. Ich sehe sie | ganz deutlich vor mir: Ihre langen, lockigen, hellblonden Haare, ihre leuchtenden, blaugrünen Augen, die rotbraunen Sommersprossen. Ich höre ihr fröhliches Lachen, dabei zeigt sie | ihre beiden Zahnlücken. Ich war eher ein ruhiges Kind, zurückhaltend und immer | ein bisschen ängstlich. Ich muss sehr oft | an sie denken. Irgendwie haben wir uns später | in den ersten Schuljahren | aus den Augen verloren. Aber dann war da | dieser geheimnisvolle Anruf | vor einer Woche. Der Zug kommt gerade zum Stehen, die Türen öffnen sich automatisch, viele Leute strömen heraus, und ich schaue mir alle genau an. Ist sie vielleicht die …

Schreiben Sie jetzt die Geschichte zu Ende.

Freies Diktat

Beim Kleiderkauf
Die TN ergänzen die Antworten oder Dialogteile.

Guten Tag. Kann ich Ihnen helfen?
…
Und welche Größe haben Sie?
…
Einen Augenblick. … So, hier haben wir zwei Modelle in Ihrer Größe. Dort hinten ist die Umkleidekabine.
…
(Fünf Minuten später, sie kommen aus der Umkleidekabine)
Das steht Ihnen aber gut. Möchten Sie vielleicht eine andere Farbe probieren? Rot steht Ihnen bestimmt auch sehr gut.
…
Fühlen Sie mal, das ist echte Seide. Und für diese Qualität sehr günstig.
…
Nur 445,– DM.
…
Vielen Dank für Ihren Besuch. Auf Wiedersehen.

Lückendiktat

Ergänzen Sie die Endungen.
Petra hat heute Abend eine Verabredung mit ihrem neuen Traummann. Eine Freundin gibt ihr Tipps, was sie anziehen soll.

● Heute Abend treff___ ich Marco, mein___ neu___ Traummann. Ich habe schon d___ ganz___ Kleiderschrank auf d___ Kopf gestellt: Was soll ich nur anzieh___?

■ An was ha___ du denn gedacht?

● Ich wollt___ eigentlich d___ blau___ Kostüm anziehen.

■ D___ find___ ich total langweilig. In ein___ Kleid sieh___ du doch viel besser aus. Nimm doch d___ schick___ orangefarben___ Kleid, d___ steht dir gut.

● Quatsch: ich war letzt___ Woche bei ein___ Farbberatung. Orange ist nicht mein___ Farbe. Das Kleid war ein völlig___ Fehlkauf. Als Sommertyp sollt___ ich sanft___ Farben tragen: ein___ rauchig___ Blau oder ein___ bläulich___ Grün. Orangefarben___ Kleider können nur Herbsttyp___ tragen.

■ So ein Unsinn. Wenn alle Herbsttyp___ nur noch in Orange und alle Sommertyp___ nur noch in sanft___ Farb___ herumlaufen – das ist doch langweilig.

● Und wie find___ du die graublau___ Hose?

■ Was für ein___ Bluse will___ du denn dazu anzieh___?

● D___ hellblau___ Bluse oder d___ dünn___ hellgrau___ Pullover.

■ Und dazu dann d___ dunkl___ Blazer? Das wirk___ aber sehr konservativ. Was meinst du denn zu d___ grün___ Rock mit irgendein___ hell___ Bluse?

● D___ grün___ Rock ist zu eng. Ach, ich bin verzweifelt: Jetzt steh___ ich hier stundenlang vor dies___ riesig___ Kleiderschrank mit Kleider___ in all___ Form___ und Farb___ – und ich weiß immer noch nicht, was ich anziehen soll.

zu Seite 142

A   Vier gewinnt

Focus   Wiederholung von Wortschatz, Grammatik, Situationen und landeskundlichem Wissen
Material   pro Vierergruppe viermal zehn gleiche Münzen (1-, 2-, 5-, 10- oder 50-Pfennigstücke)
Arbeitsbuch A 2   Kopiervorlage 12/1 „Abschlusstest 1B"

Spielverlauf

Das Länderspiel ist ein Wiederholungsspiel, bei dem die TN versuchen müssen, vier Münzen in eine Diagonale, in eine horizontale oder vertikale Reihe zu legen, indem sie die Fragen in den Feldern richtig beantworten bzw. die gestellten Aufgaben lösen. Die TN können sich jedes noch freie Feld aussuchen, sollten jedoch bei ihrer Entscheidung immer auch berücksichtigen, dass sie vier Münzen in eine Reihe legen müssen, um zu gewinnen. Gleichzeitig sollten die Mitspieler dabei „gestört" werden, mit ihren vier Münzen eine Reihe zu bilden, indem gegebenenfalls eine Münze „dazwischen" gelegt wird. Die TN müssen also immer auch die Münzen ihrer Mitspieler im Blick haben. Die Aufgaben berücksichtigen Wortschatz, Grammatik, Situationen und landeskundliche Informationen aus den Lektionen 7–12. Gewonnen hat, wer zuerst eine Reihe von vier Münzen gelegt hat. Die Mitspieler entscheiden, ob die Antwort richtig ist. Sollten dabei Unstimmigkeiten auftauchen, muss der KL helfen.

Bilden Sie je nach TN-Zahl Gruppen von drei bis vier TN und lassen Sie von den TN jeweils zehn gleiche Münzen oder andere Spielchips mitbringen. Bei großen Gruppen können auch zwei oder drei TN als Team zusammenarbeiten und gegen andere Teams antreten. Überlegen Sie sich im Vorfeld auch einen Preis für die Sieger.

1. Schauen Sie sich mit den TN das verkleinerte Spielfeld auf Seite 143 an. Lesen Sie die Spielregeln vor und erklären Sie sie anhand des Schaubildes. Zeigen Sie daran auch die anderen Möglichkeiten auf, wie das Spiel hätte gewonnen werden können (z.B. von den 50-Pfennigstücken) bzw. wie ein Sieg hätte verhindert werden können (z.B. für die 5-Pfennigstücke).

2. Die TN lesen still die Fragen in den Feldern auf den Seiten 144/145. Klären Sie dabei unbekannten Wortschatz in der Gruppe, ohne jedoch auf die Antwort zu verweisen. Machen Sie zunächst mit einer Gruppe einen Probelauf: Ein TN beginnt, wählt ein Feld, liest die Frage bzw. Aufgabe laut vor und versucht, sie zu lösen. Hat er die Aufgabe gelöst, darf er eine Münze auf das Feld legen, bei einer falschen Antwort bleibt das Feld weiter unbesetzt und der nächste Spieler ist an der Reihe. Beenden Sie den Probelauf, wenn das Spiel allen klar ist.

3. Die TN spielen das Länderspiel in Kleingruppen. Gehen Sie herum und helfen Sie bei Unstimmigkeiten. Wiederholen Sie das Spiel, wenn die TN Freude daran haben.
   Zusatzübung: Lassen Sie die TN in Kleingruppen Variationen des Spiels herstellen: Sammeln von 48 Fragen/Aufgaben (aus den Lektionen 7–12 oder auch 1–12), Formulierung der Aufgaben, Korrekturphase, dann Zeichnen eines Spielfeldes auf ein Plakat und Eintragen der Aufgaben (dabei Aufgaben zu Wortschatz, Grammatik, Situationen und Landeskunde gut mischen!). Der Lern- und Wiederholungseffekt dabei ist mindestens so groß wie beim Spielen selbst! Dann Austausch der Plakate: Jede Gruppe spielt jetzt mit einem Spielplan, den eine andere Gruppe erstellt hat.
   Lösung: **1. Reihe: 1** Am Wochenende war ich .../ Am Wochenende bin/habe ich ....;   **2** vgl. Lektion 11 F;   **3** vgl. Lektion 7 C+D;   **4** meine Enkelin – meine Schwiegermutter – mein Onkel;   **5** vgl. Lektion 10 F;   **6** vgl. Lektion 9   **2. Reihe: 1** vgl. Lektion 7 C;   **2** vgl. Lektion 10 A;   **3** Hamburg;   **4** vgl. Lektion 9 D;   **5** z.B. Das Fenster ist aufgegangen. Die Katze ist hereingesprungen. Das Glas ist umgefallen. Das Wasser ist ausgelaufen;   **6** vgl. Lektion 11 C   **3. Reihe: 1** vgl. Lektion 8;   **2** vgl. Lektion 8 A;   **3** Wolfsburg – VW (Volkswagen);   **4** vgl. Lektion 8 C/Lektion 9 (Perfekt);   **5** Berlin;   **6** Nicht in die Schule oder zur Arbeit gehen, weil man keine Lust hat/obwohl man nicht krank ist.   **4. Reihe: 1** Ruhrgebiet;   **2** vgl. Lektion 8 A (weil);   **3** vgl. Lektion 10 C (wenn);   **4** Er trägt einen Hut, (eine Sonnenbrille), ein schwarzes/dunkelgraues Sakko, eine rote Hose, weiße (Turn)Schuhe, ein weißes Hemd und eine grüne Krawatte;   **5** Dresden;   **6** vgl. Lektion 8 B   **5. Reihe: 1** vgl. Lektion 9 A;   **2** Er räumt auf, hängt die Wäsche auf und leert den Mülleimer aus;   **3** vgl. Lektion 10 A;   **4** Donau;   **5** Norden, Süden, Westen, Osten;   **6** vgl. Lektion 9 A   **6. Reihe: 1** Rhein;   **2** Auf dem Sessel unter der Zeitung;   **3** vgl. Lektion 11 E;   **4** In München;   **5** Salzburg;   **6** Wien.   **7. Reihe: 1** Bern;   **2** ver-/ein-kaufen, an-/aus-/be-/davon-/herein-/mit-/vorbei-/zurück-kommen, auf-/be-/ent-/rum-/ver-stehen, ab-/an-/be-/ein-/fest-/her-/um-/vor-/zusammen-stellen;   **3** Der Löwe ist größer und gefährlicher (als die Katze), er läuft schneller und frisst mehr. Aber ich finde die Katze schöner. ...;   **4** vgl. Lektion 9 B;   **5** vgl. Lektion 9 (bes. A, B, C);   **6** vgl. Lektion 10 A   **8. Reihe: 1** vgl. Lektion 10 C;   **2** Matterhorn;   **3** (...) Welche Größe haben Sie? ... In was für einer Farbe?;   **4** Lehre: In dieser Zeit lernt man einen Beruf, WG: Eine Wohngemeinschaft;   **5** vgl. Lektion 8 A;   **6** vgl. Lektion 11 B

Arbeitsbuch A 1–A 2: Test mit Punkteschlüssel und Fehleranalyse

A 1   Multiple-Choice als Kontrollübung oder Abschlusstest (Hausaufgabe/Einzelarbeit)

A 2   Selbständiges Auswerten (Vergleich mit Lösungsschlüssel); Tipps zum eigenständigen und gezielten Wiederholen (als Hausaufgabe). Den TN, die wenig Punkte haben, sollten Sie individuelle Hilfeleistung geben.
Zusatzübung: Verteilen Sie die Kopien der Kopiervorlage 12/1 „Abschlusstest 1B"
Bei diesem Abschlusstest steht den TN kein Lösungsschlüssel zur Verfügung (= „echter Test"). Sie können ihn im Unterricht durchführen, wenn Sie das für Ihre Gruppe als wichtig empfinden oder gern Tests machen. Geben Sie den TN ein Zeitlimit (ca. 20 Minuten), dann Vergleich im Plenum. Oder sammeln Sie den Test ein, korrigieren Sie ihn und besprechen Sie ihn in der nächsten Stunde.
Lösung: G = Grammatik; W = Wortschatz; 07 = Lektion 7
      1b: 07 = G; 2c: 07 = W; 3c: 07 = G; 4b: 08 = W; 5c: 08 = W; 6a: 08 = W; 7b: 09 = G; 8a: 09 = W; 9c: 09 = G; 10b: 10 = W;
      11a: 10 = W; 12c: 10 = W; 13b: 11 = W; 14a: 11 = W; 15c: 11 = G

Vier gewinnt

Sie brauchen vier Sorten Geldstücke,
pro Spieler eine Sorte.

Spielen Sie zu dritt oder zu viert.

Länderspiel

Spielregeln:

Jeder Spieler braucht zehn gleiche Münzen. Spieler eins hat z.B. zehn Zweipfennigstücke, Spielerin 2 hat zehn Fünfpfennigstücke usw.

Spieler 1 beginnt. Er sucht eine Frage auf dem Spielfeld, die er beantworten möchte, und liest sie laut vor. Wenn der Spieler die Frage richtig beantworten kann, dann legt er eine Münze auf das Feld. Wenn die Antwort falsch ist, darf er keine Münze ablegen.

Dann sucht Spielerin 2 eine Frage aus und liest sie laut vor usw.

Wer zuerst vier Münzen in eine Reihe oder in eine Diagonale legen kann, der hat gewonnen.

Deutschland

Drei Verben, die das Perfekt ohne „ge"- bilden.

Nennen Sie drei Kleidungsstücke.

Was bedeutet „blau machen"?

Als Kind ... Mit 18 ...

Nennen Sie eine typische Speise aus Ihrem Land und erklären Sie, was das ist.

Was ist hier passiert?

Wie heißt die Hauptstadt von Deutschland?

Hier steht die berühmte Semper-Oper. Wie heißt diese Stadt?

Die Tochter von meiner Tochter. Die Mutter von meinem Mann. Der Bruder von meiner Mutter. Wer ist das?

Dieses Bundesland heißt Mecklenburg-Vorpommern. Nennen Sie drei weitere Bundesländer.

Wo warst du denn gestern Abend?

Beschreiben Sie den Mann.

Was machen Sie gern im Haushalt? Was finden Sie furchtbar? Nennen Sie je drei Hausarbeiten.

Wie heißt diese Stadt an der Elbe?

Aus dieser Stadt kommt ein bekanntes Auto. Wie heißt die Stadt? Wie heißt das Auto?

Wann weinen Sie?

Was ist in Ihrem Land ein Tabu?

Was machen Sie, wenn sie krank sind?

Wann ziehen junge Leute in Ihrem Heimatland aus? Warum?

Haben Sie ein Handy? Mögen Sie Computerspiele? Warum (nicht)?

Was haben Sie am Wochenende gemacht? Berichten Sie.

Drei Verben mit der Vorsilbe „be-"

Warum gibt es manchmal Streit zwischen Eltern und Jugendlichen? Nennen Sie drei Gründe.

Wie heißt das größte Industriegebiet in Europa?

Kiel · Rostock · Schwerin · Potsdam · Leipzig · Magdeburg · Erfurt · Bremen · Hannover · Dortmund · Essen · Wuppertal · Düsseldorf · Bonn · Köln · Aachen · Frankfurt am Main

Österreich

Mainz · **Saarbrücken** · **Nürnberg** · **Stuttgart** · **Basel** · **Zürich** · **Innsbruck** · **Klagenfurt** · **Graz** · **Linz**

Wie finden Sie das Angebot?

aktuelle Urlaubs-Angebote
Mittelmeer-Kreuzfahrt
14 Tage, alles inkl.
ab Genua, 3.250 DM

Wie heißt die Hauptstadt von Österreich?

Nennen Sie je ein Körperteil mit den Buchstaben *B*, *F* und *H*.

Diese Frau kommt zu Ihnen zur Farbberatung. Geben Sie ihr Tipps.

Wie heißen die Himmelsrichtungen auf Deutsch?

Mozart kommt aus dieser Stadt? Wie heißt sie?

Weltreise
Reiseführer
Finden Sie drei weitere Komposita mit *-reise* oder *Reise-*.

Ich wohne bei meinen Eltern, weil ...

Ich wohne bei meinen Eltern, obwohl ...

Wie heißt dieser Fluss?

Wo findet das Oktoberfest statt?

Nennen Sie drei Verben, die das Perfekt mit *sein* bilden.

Was bedeutet *Lehre*? Was ist eine *WG*?

Ihre Frau / Ihre Freundin hat oft Rückenschmerzen. Geben Sie ihr zwei Ratschläge.

grasgrün
Nennen Sie drei weitere Farben aus zwei Wörtern.

Vergleichen Sie und finden Sie drei Unterschiede.

● **Ich suche einen Pullover.**
■ ● — **Größe 40.** — ?
■ ● — **In Beige oder Braun.** — ?

Was macht der Mann?

Wo sind denn meine Schlüssel?

Finden Sie je eine passende Vorsilbe
___ kaufen
___ kommen
___ stehen
___ stellen

Wie heißt dieser Berg?

Was machen Sie im Urlaub gern? Nennen Sie drei Aktivitäten.

Wie heißt dieser Fluss?

Wie heißt die Hauptstadt der Schweiz?

Was machen Sie, wenn Sie verliebt sind?

Glückwünsche

Was passt wo? Ergänzen Sie.

Alles Gute für die Zukunft! ◆ Auf Wiedersehen! ◆ Bis bald! ◆ Viel Glück! ◆ Guten Appetit! ◆
Gute Besserung! ◆ Guten Flug! ◆ Gute Reise! ◆ Gute Fahrt! ◆ Gesundheit! ◆
Hals- und Beinbruch! ◆ Zum Wohl! ◆ Herzlichen Glückwunsch (zum Geburtstag)! ◆
Kommt doch herein! ◆ Kommt gut nach Hause! ◆ Prost! ◆ Prost Neujahr! ◆ Viel Spaß! ◆ …

**Arbeiten Sie zu zweit. Schreiben Sie einen Dialog zu einer Situation.
Spielen Sie dann Ihren Dialog vor.**

B   Glückwünsche

B 1   OHP-Folie von KB-Seite 146; Kopiervorlage 12/2 „Dialoge"; Kopiervorlage 12/3 „Situationen"
B 2   Zettel und Schreibstift, Kärtchen (Variante)

B 1   Focus   Situationen und Glückwünsche zuordnen; Dialogarbeit
Material   OHP-Folie von KB-Seite 146, Kopien von Kopiervorlage 12/2 „Dialoge";
Kärtchen von Kopiervorlage 12/3 „Situationen"

1. Spielen Sie ein „Hatschi" vor und warten Sie auf die Reaktion der TN. Sammeln Sie die Vorschläge – im Deutschen ist die normale Reaktion auf ein Niesen, dass man „Gesundheit!" sagt. Rempeln Sie dann einen TN (leicht!) an und sagen Sie: „Oh, Entschuldigung!" Fragen Sie die TN: „Kennen Sie andere Höflichkeitsfloskeln?" Sammeln Sie die Antworten an der Tafel. Betrachten Sie dann mit den TN die ersten drei Bilder: „Was sagen die Leute?". Sammeln Sie die Vermutungen der TN, lassen Sie unterschiedliche Lösungen gelten, wenn Sie zur Situation passen.

2. Die TN lesen nun die Vorgaben im Kasten. Ergänzen Sie gemeinsam mit den TN die Sprechblasen zu den ersten drei Bildern. Lassen Sie unterschiedliche Lösungen begründen.
Lösung: Auf Wiedersehen! Bis bald! – Guten Appetit! – Kommt gut nach Hause! Bis bald!

3. Die TN ergänzen die übrigen Sprechblasen. Weisen Sie sie darauf hin, dass bei manchen Situationen auch mehrere Lösungen möglich sind, die allerdings auch begründet werden sollten. Geben Sie einer Gruppe die OHP-Folie, die TN ergänzen die Sprechblasen auf der OHP-Folie und präsentieren ihr Ergebnis im Plenum.

4. Die TN vergleichen ihre Lösungen im Plenum und begründen sie (Kurzbeschreibung der Situation, Was ist vorher passiert?, Worüber haben die Leute vorher gesprochen? …).
Lösung: **2. Reihe:** Kommt doch herein! – Gesundheit! Gute Besserung! – Guten Flug! Gute Reise! **3. Reihe:** Gute Fahrt! Kommt gut nach Hause! – Prost Neujahr! – Zum Wohl! Prost! **4. Reihe:** Herzlichen Glückwunsch (zum Geburtstag)! – Alles Gute für die Zukunft! Viel Glück! – Viel Spaß! Bis bald! – Hals- und Beinbruch! Viel Spaß! Gute Reise!

5. Verteilen Sie die Kopien der Kopiervorlage 12/2 als Arbeitsblätter. Die TN ergänzen die Dialoge und vergleichen ihre Ergebnisse im Plenum.

6. Machen Sie die Vorgabe, einen Dialog mit mindestens fünf Ausdrücken aus dem Kasten im Buch zu erfinden. Die TN überlegen sich eine Situation, schreiben dazu einen Dialog und spielen ihn im Kurs vor. Ermuntern Sie die TN, die Situationen etwas auszuschmücken und sich über folgende Fragen Gedanken zu machen: „Wo spielt die Situation?", „Wann spielt die Situation?" „Welche Personen spielen in dieser Situation eine Rolle?", „Kennen sich die Personen schon lange?", „Wie fühlen sich die Personen?", „Was ist vorher passiert, wie geht die Situation weiter?".
Variante: Wenn die Gruppe oder einzelne TN mit dieser ganz offenen Aufgabe überfordert sind, verteilen Sie die Kärtchen der Kopiervorlage 12/3 mit verschiedenen Situations- und Rollenvorgaben. Klären Sie eventuelle Verständnisfragen zu den Aufgaben. Die TN überlegen sich zu ihrer Aufgabenkarte passende Dialoge mit den bekannten Begrüßungs-, Wunsch- und Abschiedsfloskeln, schreiben sie auf, üben sie ein und spielen sie dann im Plenum oder in Kleingruppen vor.

7. Fragen Sie die TN: „Wie wichtig ist Höflichkeit in Ihrem Land?", „In welchen Situationen ist man höflich?", „Wie höflich sind die Leute bei Ihnen: zwischen den Generationen (alt und jung), den Geschlechtern, im Beruf, im Umgang mit Freunden / mit Fremden?". Wenn die TN bereits in Deutschland waren bzw. in Deutschland sind, so fragen Sie sie auch nach ihren Erfahrungen in Deutschland. „Was war oder ist für Sie überraschend in Deutschland: Wo sind die Leute in Deutschland höflich / unhöflich?, Wo gibt es Unterschiede zu Ihrem Land?".
Variante: Verteilen Sie Kopien der Umfrage-Ergebnisse zum Thema „Höflichkeit" (s.u.). Die TN arbeiten in Kleingruppen und überlegen, was sie wichtig und was sie weniger wichtig finden, und welche „Höflichkeiten" für sie selbstverständlich sind, aber auf der Liste der Deutschen fehlen.

LANDESKUNDE

Höflichkeit
Höflichkeit wird in Deutschland oft im Zusammenhang mit „dem Knigge" genannt. Es handelt sich hier um das im Jahre 1788 erschienene Buch „Über den Umgang mit Menschen" von Adolph Freiherr von Knigge, in dem Regeln formuliert sind, wie man sich in allen möglichen Situationen im Umgang mit den verschiedensten Menschen verhalten sollte. Das Buch war in Deutschland sehr populär und wurde immer wieder neu aufgelegt und aktualisiert. Seit den 60er Jahren verloren diese Benimmregeln aber immer mehr an Bedeutung: Die Gesellschaft wurde heterogener und multikultureller, Höflichkeit und „Anstandsregeln" wurden von vielen als veraltet, unwichtig und nicht-authentisch angesehen. In den 90er Jahren zeigte sich eine Gegenbewegung: Höflichkeit und gutes Benehmen sind wieder „in" – überall werden „Benimmkurse" angeboten und gut besucht.

Höflichkeit ist wieder „in"
Eine Umfrage aus dem Jahr 1999 bestätigt: Über 90 % der Deutschen legen großen Wert auf Höflichkeit. Und das ist den Deutschen dabei wichtig:

97,8 %	andere im Gespräch ausreden lassen	80,1 %	nicht rauchen, ohne vorher um Erlaubnis zu bitten
97,4 %	Frauen mit dem Kinderwagen helfen	78,4 %	bei Einladungen Blumen oder Kleinigkeiten mitbringen
97,2 %	Pünktlichkeit		
96,7 %	älteren Menschen beim Tragen helfen	75,2 %	für andere die Tür aufhalten
95,4 %	gute Tischmanieren	68,0 %	richtig angeredet zu werden, z. B. mit „du" oder „Sie" und mit dem richtigen Namen
95,2 %	für ältere Menschen aufstehen und ihnen den Platz anbieten		
85,2 %	zum Anlass passende Kleidung tragen	52,4 %	nicht unangemeldet zu Besuch kommen

Quelle: Emnid-Repräsentativumfrage für die Zeitschrift „Stil & Etikette", frei nach: Oberhessische Zeitung vom 14.05.1999

B 2 Focus Kursbefragung zum Thema „Deutsch lernen"
         Material Zettel und Schreibstift; *Variante:* Kärtchen

1. Lesen Sie zusammen mit den TN die Interviewfragen und klären Sie evtl. unbekannten Wortschatz. Lassen Sie die TN dabei noch einmal durch das Buch blättern, damit sie sich die Elemente, Texte und Tipps in den einzelnen Lektionen noch einmal vergegenwärtigen können. Um die Umfrage selbst etwas flüssiger zu gestalten, machen sich die TN beim Durchblättern Notizen zu all jenen Fragen, die sie beantworten können oder möchten. Sie können sich auch auf eine Auswahl von Fragen beschränken, die Sie für Ihre Gruppe als sinnvoll erachten. Erstellen Sie dann eine Kopie der ausgewählten Fragen und arbeiten Sie in der Gruppe mit dieser Kopie als Arbeitsblatt, ohne ins Buch zu schauen (s. auch Schritt 2, *Variante für größere Gruppen*).

2. Für das Interview selbst suchen sich die TN eine oder zwei Fragen aus, bereiten einen Zettel mit Schreibunterlage vor und schreiben die ausgewählte(n) Frage(n) auf den Zettel. Achten Sie darauf, dass möglichst verschiedene Fragen ausgewählt werden, und klären Sie dies, falls nötig, im Plenum. Die TN sollten sich beim Interview frei im Raum bewegen – wie bei einer Cocktailparty. Jeder TN interviewt alle anderen TN zu „seiner" Frage und notiert die Antworten zusammen mit den Namen der Gesprächspartner auf dem Zettel – verweisen Sie dabei auf das Beispiel im Buch. Legen Sie entweder die Anzahl der zu interviewenden Personen (ca. 6–8 Personen) oder die Dauer des Interviews fest (ca. zehn Minuten).
   Variante für größere Gruppen: Um sicher zu gehen, dass alle Fragen bzw. nur die von Ihnen ausgewählten gestellt werden, können Sie die Übung steuern: Machen Sie eine vergrößerte Kopie der Fragen, wählen Sie entsprechend der Anzahl der TN Fragen aus und schneiden Sie sie aus. Sollten Sie sehr viele TN im Kurs haben, so lassen Sie manche Fragen doppelt bearbeiten. Jeder TN zieht (blind) einen Zettel mit einer Frage.

3. Die Präsentation der Ergebnisse ist abhängig davon, wie Sie das Interview gesteuert bzw. die Fragen verteilt haben. Wenn die TN jeweils andere Fragen bearbeitet haben, präsentieren sie ihre Ergebnisse zu den einzelnen Fragen. Wurden Fragen doppelt bearbeitet, finden sich all jene TN zusammen, die die gleiche(n) Frage(n) gezogen haben und fassen zunächst in der Gruppe ihre Ergebnisse zusammen, um Doppelnennungen zu vermeiden. Jede Gruppe präsentiert ihre Ergebnisse im Plenum.

4. Ermuntern Sie die TN dazu, über eigene Strategien und Techniken zu berichten. Sammeln Sie die Antworten an der Tafel.
   Variante: Wenn Sie das Gefühl haben, das die TN hier viele eigene Tipps auszutauschen haben, dann verteilen Sie dazu Kärtchen, auf die die TN ihre Tipps notieren können. Sammeln Sie diese auf einem Poster / einer Pinnwand, lesen Sie sie gemeinsam und lassen Sie sie, wenn nötig, von den einzelnen TN erläutern.
   Zusatzübung zum Poster: Denken Sie auch an die Kurszeitung: Vielleicht haben einige TN Lust, einen Artikel zum Thema „Deutsch lernen" zu schreiben. (Rubrik: „Unsere Tipps und Tricks beim Deutschlernen", s. auch unten „Tipps zum Lesen"). Wenn die Gruppe besonders zufrieden mit TANGRAM ist oder Kritik und Änderungsvorschläge hat, lassen Sie die TN doch einen Brief schreiben – Verlag und Autoren freuen sich über ein Feedback! *(Max Hueber Verlag, Max-Hueber-Straße 4, 85737 Ismaning; Fax: 0049-(0)89 96 02- 254, hilpert@hueber.de)*

Arbeitsbuch B 1–B 3: Vorstellung verschiedener Lesestrategien, Tipps zum Lesen
B 1 Wie lesen Sie? (Partnerarbeit und Vorstellung im Kurs)
B 2 Leseverständnis (selegierendes Lesen); Diskussion „Wie wir lesen" (Stillarbeit oder als Hausaufgabe; Diskussion in Kleingruppen)
B 3 Probleme beim und Tipps zum Lesen (Stillarbeit oder als Hausaufgabe; Diskussion in Kleingruppen)
         Denken Sie auch hier wieder an die Kurszeitung: Wenn einige TN Lust haben, können sie die verschiedenen Tipps in einer kleinen Rubrik für die Kurszeitung zusammenstellen.

2   **Wählen Sie eine oder zwei Fragen. Interviewen Sie die anderen
Kursteilnehmer und machen Sie Notizen.**

Kursbefragung zum Thema „Deutsch lernen"

Welche Lerntipps haben Sie ausprobiert?

Sandra: Lerntipp: „Nomen mit Artikel", hat geholfen

Felicitas: Lerntipp: „Pluralformen mitlernen", viel Arbeit, Plural ist schwer

Pero: nein, keine Zeit, warum auch?

Carlo: Lerntipp: „mit Teilnehmern jeden Tag eine halbe Stunde Deutsch sprechen",
             am Anfang komisch, dann viel Spaß gemacht, viel geübt

Kerry:

1   Wo sprechen Sie Deutsch: im Unterricht, zu Hause, bei der Arbeit, mit Freunden ... ?
2   Welche Städte oder Regionen in den deutschsprachigen Ländern kennen Sie? Welche möchten Sie
    kennen lernen?
3   Wie klingt Deutsch für Sie: angenehm, hart, wie ...-Musik ... ?
4   Welche Laute finden Sie schwierig? Welche Laute finden Sie interessant?
5   Was ist Ihr Lieblingswort oder Ihr Lieblingssatz?
6   Welche Themen in TANGRAM waren interessant? Welche waren langweilig?
7   Welcher Text in TANGRAM hat Ihnen am besten gefallen?
8   Welcher Cartoon in TANGRAM hat Ihnen am besten gefallen?
9   Welche Übungen in TANGRAM machen Sie gerne?
10 Welche Lerntipps haben Sie ausprobiert?
11 Können Sie noch ein Lied oder einen Rap aus TANGRAM singen oder sprechen?
12 Haben Sie regelmäßig zu Hause gearbeitet? Was und wie haben Sie gelernt oder geübt?
13 Wie lernen Sie neue Wörter? Wie oft? Wie lange?
14 Was benutzen Sie regelmäßig: Wortliste, Wörterbuch, Grammatik-Anhang ... ?
15 Was können Sie jetzt gut? Was können Sie noch nicht so gut?
16 Was ist für Sie wichtig, aber nicht im Buch? Was fehlt in TANGRAM?

Berichten Sie im Plenum.

Der Ton macht die Musik

C 1

Hören Sie das Lied und singen Sie mit.

3/44

Auf der Mauer, auf der Lauer

liegt `ne kleine Wanze.

Schau dir mal die Wanze an,

wie die Wanze tanzen kann.

Auf der Mauer, auf der Lauer

liegt `ne kleine Wanze.

Wanze / tanzen
Wanze / tanzen
Wanze / tanzen
Wanze / tanzen
Wanze / tanzen

C 2

3/45

Ergänzen Sie die Strophen. Schreiben Sie einen neuen Text.

Tickets kaufen, Koffer packen,
dann geht's ab nach Bern.
_____

_____

Tickets kaufen, Koffer packen,
dann geht's ab nach Bern.

Rechts entlang? Links entlang?
Ich will jetzt zum Ausgang!
_____

_____

Rechts entlang? Links entlang?
Ich will jetzt zum Ausgang!

Spanisch, Schwedisch, Russisch,
Deutsch - schwer ist keine Sprache.
_____

_____

Spanisch, Schwedisch, Russisch,
Deutsch - schwer ist keine Sprache.

Keine Nachricht, auch kein Brief -
ich sitz' hier und warte.
_____

_____

Keine Nachricht, auch kein Brief -
ich sitz' hier und warte.

Ach, ich bin ein Frühlingstyp,
trag' nur grüne Kleider.
_____

_____

Ach, ich bin ein Frühlingstyp,
trag' nur grüne Kleider.

Letzte Woche war ich krank,
hatte schlimmen Husten.
_____

_____

Letzte Woche war ich krank,
hatte schlimmen Husten.

Willst du mit nach Bern geh'n?
    warte auf die doofe Karte.
Zum Ausgang, wo ich raus kann.
Nie hatt' ich so schlimmen Husten,
    Mir steh'n keine schwarzen Kleider,
Traurig sitz' ich hier und warte,

die die Sprache sprechen können.
    Wie komm' ich zum Ausgang?
auch nicht weiße Kleider - leider.
    Ja, ich will Bern gern seh'n.
Lerne einfach Sprecher kennen,
    dass ich ständig husten musste.

Vergleichen Sie Ihre Texte und singen Sie gemeinsam.

ARB
C

C Der Ton macht die Musik

C 1   Material   OHP-Folie von KB-Seite 148

C 1   Focus   Lied zum Mitsingen
Material   OHP-Folie von KB-Seite 148

Bei dem Lied „Auf der Mauer, auf der Lauer" handelt es sich um ein in Deutschland recht bekanntes Kinderlied, mit dem ein beliebtes Singspiel verbunden ist: Das Lied wird solange wiederholt, bis die Wörter *Wanze* und *tanzen* ganz „verschwunden" sind. Dies geschieht, indem bei jeder Wiederholung ein Buchstabe am Ende weggelassen wird.

1. Legen Sie die OHP-Folie auf, so dass nur der Liedtext zu sehen ist. Spielen Sie das Lied einmal vor, die TN lesen den Text leise mit. Decken Sie das Bild auf: Klären Sie mit Hilfe des Bildes bzw. mit Pantomime und Gestik die Bedeutung des Textes.
2. Spielen Sie das Lied noch einmal vor, dieses Mal versuchen die TN, die Melodie leise mitzusummen. Summen Sie die Melodie mehrmals, auch ohne Cassette, so dass die TN mit der Melodie vertraut werden, was für die weiteren Übungsschritte in C2 sehr wichtig ist.
3. Singen Sie nun mit Ihrer Gruppe das Lied mit oder ohne Cassette, je nachdem, wie vertraut Sie mit der Melodie sind.
4. Spielen Sie eine weitere „Strophe" des Liedes vor, stoppen Sie die Cassette, verweisen Sie dabei auf die Zeilen neben dem Liedtext und erläutern Sie das Singspiel: In jeder weiteren Strophe verlieren die beiden Wörter *Wanze* und *tanze(n)* je einen Buchstaben am Ende, bis zum Schluss nur noch eine Pause gesungen wird. Spielen Sie alle Strophen vor, damit das Prinzip deutlich wird.
5. Singen Sie das Lied gemeinsam nach diesem Muster. Die TN stehen am besten dazu auf, vergisst ein TN, den Buchstaben wegzulassen, und hält somit die Pause nicht ein, muss er im Sitzen weitersingen. Wenn Sie all diese Übungsschritte vollzogen haben, müsste die Melodie ganz gut „sitzen".

C 2   Focus   Strophen ergänzen

1. Die TN lesen die Zeilen der ersten Strophe. Verweisen Sie auf den Schüttelkasten am Ende der Seite und fragen Sie: „Welche Sätze passen?". Ein kleiner Tipp: Achten Sie auf die blau markierten Wörter. Ergänzen Sie gemeinsam mit den TN die Strophe. Sollten dabei Unsicherheiten auftauchen, dann summen Sie die Melodie noch einmal vor, um das Rhythmus- bzw. Reimmuster zu betonen.
2. Spielen Sie zum Vergleich die erste Strophe auf Cassette vor. Die TN lesen leise mit. Ergänzen Sie die nächsten beiden Strophen gemeinsam mit den TN und summen Sie bei Unsicherheiten immer mal wieder die Melodie.
3. Die TN ergänzen die restlichen Strophen. Geben Sie den TN hierfür genügend Zeit. Gehen Sie herum und helfen Sie, falls nötig. Um Zeit zu sparen, können Sie auch die restlichen Strophen an die Paare verteilen (jedes Paar eine Strophe) oder die Hälfte der Paare „vorwärts" (erste bis letzte Strophe) und die andere Hälfte „rückwärts" (letzte bis erste Strophe) arbeiten lassen: Vergleich der Ergebnisse dann im Plenum.
4. Spielen Sie zum Vergleich den Hörtext vor. Hier wird nur die erste Strophe in der Form des Singspiels gesungen. Die folgenden Strophen werden einfach gesungen.
   Lösung: 1 Willst du mit nach **Bern** geh'n?, Ja, ich will **Bern** gern seh'n.; 2 Wie komm' ich zum **Ausgang**?, Zum **Ausgang**, wo ich **raus kann**.; 3 Lerne einfach **Sprecher** kennen, die die **Sprache sprechen** können.   4 Traurig sitz' ich hier und warte, **warte** auf die doofe **Karte**.   5 Mir steh'n keine schwarzen **Kleider**, auch nicht weiße **Kleider – leider**.   6 Nie hatt' ich so schlimmen **Husten**, dass ich ständig **husten musste**.

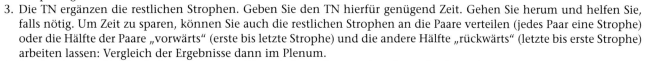

5. Teilen Sie die TN in sechs Gruppen. Jede Gruppe übt nun eine Strophe ein und singt sie zunächst in der Gruppe als Singspiel. In singfreudigen Kursen kann jede Gruppe ihre Strophe auch im Plenum präsentieren. Zum großen „Finale" singen dann alle Gruppen gleichzeitig alle Strophen (in einfacher Form, nicht als Singspiel).

Arbeitsbuch C 1–C 5 : Der Hauchlaut „h"

Der Schwerpunkt liegt hier auf dem am Wortanfang vor Vokal gesprochenen, „aspirierten h". Dieser Laut bereitet vor allem französischen Lernern Probleme, da er bei ihnen nicht gesprochen wird. In einem nächsten Schritt soll den TN die unterschiedliche Aussprache des „h" je nach Position im Wort (am Wort- oder Silbenanfang bzw. -ende, in betonter oder unbetonter Silbe, als „Dehnungs-h") bewusst gemacht werden.

C 1   Spielen Sie die Cassette vor. Die TN hören den Unterschied zwischen den Wörtern mit und ohne „h". Sie werden dabei auf die unterschiedliche Aussprache der Wörter mit Hauchlaut und der Wörter mit Vokal-Neueinsatz sensibilisiert.

C 2   Sprechübung: Auf der Cassette werden Anweisungen gegeben, wie sich die TN die Aussprache des Hauchlautes schrittweise erarbeiten können. Die TN folgen den Anweisungen und können sich mit Hilfe eines Spiegels oder der Hand kontrollieren.

C 3   Die TN hören einzelne Wörter mit „h". Sie sprechen sie nach und entscheiden, ob sie einen Hauchlaut gehört haben oder nicht. Die TN ergänzen in Partnerarbeit die Regel. Vergleichen Sie die Ergebnisse im Plenum.

C 4   Die TN lesen still die Wortgruppen im Kasten und markieren, wo man das „h" hört. Vergleich zunächst in Partnerarbeit, dann mit Cassette und Nachsprechen. Anschließend erstellen die TN in Partnerarbeit aus dem Wortmaterial im Kasten kleine Dialoge und üben sie, bis sie sie auswendig, flüssig und mit natürlicher Intonation sprechen können. Abschließend stellen sie ihre Dialoge im Plenum vor.

C 5   Spielen Sie die Cassette vor und machen Sie nach jedem Text eine Pause. Die TN lesen die Gedichte leise mit. Lassen Sie die TN zu Hause oder im Kurs ein Gedicht auswählen und einüben. Freiwillige können ihre Gedichte im Plenum präsentieren.

zu Seite **148**

Grammatik
Seite G1–G22

Übersicht

Der Satz

Die Wortarten

Das Verb

Die Nomengruppe

Die Partikeln

Die Wortbildung

§ 23	Komposita	*der Kleiderschrank, der Schreibisch, das Hochbett*
§ 24	Vorsilben und Nachsilben	
	a) Nachsilben	*der Arzt – die Ärz**tin**, der Japaner – die Japaner**in***
		*die Angst – ängst**lich**, die Jugend – jugend**lich**, die Farbe – farb**ig***
		*dumm – die Dumm**heit**, freundlich – die Freundlich**keit***
		*bedeuten – die Bedeu**tung**, beraten – die Bera**tung***
		*aktiv - die Aktivi**tät**; fantastisch - die Fanta**sie**,*
		*demonstrieren - die Demonstra**tion***
	b) Vorsilben	*praktisch – **un**praktisch*

Textgrammatische Strukturen

§ 25	Die Negation:	*nicht, kein, nein, doch, nie …*
§ 26	Referenzwörter :	*Vera kommt aus Brasilien. **Sie** arbeitet bei TransFair.*
		*Hast du ein Handy? – Ja, ich habe **eins**.*
§ 27	Kurze Sätze:	*Sind Sie nicht verheiratet? – **Doch**, natürlich.*
		*Was sind Sie von Beruf? – Ärztin. **Und Sie?***

Der Satz

In einem Satz findet man fast immer ein Verb und ein Subjekt. → §1–§3
Tanja weint.

Wie heißen Sie?

Die meisten Sätze haben weitere Satzteile: Ergänzungen und Angaben. → §6 + §7
Kaufe ich ihr jetzt Gummibärchen?

Sind Sie Frau Beckmann von „Globe-Tours"?

Es gibt aber auch kurze Sätze ohne Subjekt oder Verb. → §27
Woher kommst du? **Aus Namibia.**
Und was möchten Sie trinken? **Einen Apfelsaft, bitte.**

1 Die Aussage → §6 + §7

In einer Aussage steht das Verb immer auf Position 2. Das Subjekt steht in einer Aussage links **oder** rechts vom Verb. Am Satz-Ende steht ein Punkt („."): „Tanja weint." und „Er arbeitet." sind einfache und sehr kurze Aussagen. Hier gibt es nur ein Subjekt und ein Verb. Fast immer gibt es aber noch andere Satzteile.

1.	2.	... Position
Das Sofa	*finde*	*ich toll.*
Ich	*kaufe*	*doch kein Sofa für 2500 Mark.*
Heute	*kaufe*	*ich euch kein Eis.*
Peter und Andrea	*gehen*	*am Samstag ins Kino.*

2 Die Fragen → §27

Es gibt **W-Fragen** und **Ja/Nein-Fragen:**

 Woher kommst du?
Aus ...

 Kommst du aus Australien? – **Ja** (, aus Sydney).
Nein, aus Irland.

a) Die **W-Frage** beginnt immer mit einem Fragewort: *woher, wie, wann, ...*
Das Fragewort steht auf Position 1 und das Verb auf Position 2. Am Satz-Ende steht ein Fragezeichen („?").

Wie	heißen	Sie?	Yoko Yoshimoto.
Wie lange	sind	Sie denn schon in Deutschland?	Erst sechs Monate.
Was	möchten	Sie trinken?	Einen Kaffee, bitte.
Wie viel	kostet	der Sessel denn?	Zweihundertsechzig Mark.

b) In einer **Ja/Nein-Frage** steht das Verb immer auf Position 1.
Am Satz-Ende ist ein Fragezeichen („?").

Kaufst	du uns ein Eis?	**Nein**, Merle.
Nehmt	ihr Zucker und Milch?	**Ja**, gerne.
Hast	du vielleicht auch Tee?	Natürlich, einen Moment.

3 Der Imperativ-Satz → §8

In Imperativ-Sätzen steht das Verb auf Position 1. Am Satz-Ende steht ein Punkt („.") oder ein Ausrufezeichen („!").
Den Imperativ-Satz benutzt man für Bitten oder Ratschläge.

per du

 Schau *doch mal ins Wörterbuch!*
Bestell *doch eine Gulaschsuppe.*

 *Gebt* *mir mal einen Tipp!*

per Sie

 Buchstabieren *Sie bitte!*
Nehmen *Sie doch eine Gulaschsuppe.*

 Geben *Sie mir doch mal einen Tipp.*

▶ Die Wörter *doch, mal* oder *bitte* machen Imperativ-Sätze höflicher. → §21

§ 4 Die Verbklammer

a) In Sätzen mit Modalverben steht das „normale" Verb in der Infinitiv-Form **am Satz-Ende.** → § 10

Wir	*wollen*	*am Samstag*	**umziehen.**
	Kannst	*du uns vielleicht beim Umzug*	**helfen?**
Ich	*darf*	*nicht ins Konzert*	**mitkommen.**
Ich	*muss*	*am Wochenende*	**lernen.**
Ich	*will*	*heute in die Disko*	**gehen.**
	Soll	*ich dich*	**abholen?**
Nein, ich	*möchte*	*heute nicht*	**tanzen gehen.**

b) In Sätzen mit trennbaren Verben steht die Vorsilbe am Satz-Ende.

Wie	**sieht**	*dein Traummann*	**aus?**
Wir	**stellen**	*Ihnen ein komplettes Buffet*	**zusammen.**
	Rufen	*Sie uns*	**an!**

c) In Perfekt-Sätzen stehen *haben* oder *sein* auf Position 2 (oder Position 1), das Partizip Perfekt am Satz-Ende.

Unsere Weltreise	**hat**	*gut*	**begonnen.**
In Frankfurt	**sind**	*wir mit Verspätung*	**abgeflogen.**
Wir	**haben**	*gleich nette Leute*	**kennen gelernt.**
Wir	**haben**	*schon eine Stadtrundfahrt*	**gemacht.**
	Seid	*ihr auch in ein Spielkasino*	**gegangen?**

§ 5 Das Satzgefüge

a) Hauptsätze

Man kann Hauptsätze mit *und, aber* und *oder* verbinden → § 22

*Lesen Sie den Text **und** markieren Sie die Verben.*

*Jan möchte ins Konzert gehen, **aber** er muss lernen.*

*Treffen wir uns in der Kneipe **oder** soll ich dich abholen?*

▶ Sind Subjekt oder Verb in beiden Sätzen gleich, wiederholt man sie nicht.

Frau Jünger	*macht die Tüte auf*		Roman	**bestellt**	*eine Suppe*
und	*gibt Tanja ein Gummibärchen.*		*und Andrea*		*einen Salat.*

b) Nebensätze

Nebensätze beginnen mit einer Konjunktion: *dass, weil, obwohl, wenn;* das Verb steht am Ende. Zwischen Hauptsatz und Nebensatz steht ein Komma.

Wohngemeinschaften sind bei jungen Menschen heute nicht mehr so beliebt ,				
	weil	*WG für viele nur Streit um die Hausarbeiten*	**bedeutet.**	
Immer mehr junge Leute bleiben im Elternhaus ,				
	obwohl	*sie schon lange*	**arbeiten.**	
	Wenn	*ich keine Zeit zum Kochen*	**habe ,**	*gibt es nur Würstchen.*
Haben Sie gewusst ,	**dass**	*der dickste Mensch der Welt 404 Kilo wiegt?*		

▶ Nebensätze können nach oder vor dem Hauptsatz stehen.

*Viele junge Leute wohnen bei ihren Eltern, **weil sie nichts für die Miete bezahlen müssen.***

***Weil sie nichts für die Miete bezahlen müssen,** wohnen viele junge Leute bei ihren Eltern.*

6 Die Satzteile

Neben Subjekt und Verb haben die meisten Sätze weitere Satzteile: Ergänzungen und Angaben.

a) Das Verb bestimmt die notwendigen **Ergänzungen**. → §7

Subjekt (Nominativ-Ergänzung)	Person:	*Wer?*	*Nikos Palikaris kommt aus Athen.*
	Sache:	*Was?*	*Das Sofa ist zu teuer.*
Einordnungsergänzung:		*Wie ist sein Name?*	*Er heißt Kawena Haufiku.*
		Was ist er von Beruf?	*Er ist Geschäftsmann.*
Akkusativ-Ergänzung	Person:	*Wen?*	*Andrea ruft den Kellner.*
	Sache:	*Was?*	*Sie bestellt einen Salat und ein Bier.*
Dativ-Ergänzung	Person:	*Wem?*	*Gib mir doch mal einen Tipp.*
			Wie gefällt dir mein neuer Pullover.
			Prima, er steht dir ausgezeichnet.
Direktivergänzung:		*Woher?*	*Nikos kommt aus Athen.*
		Wohin?	*Heute gehen wir ins Kino.*
Situativergänzung	lokal:	*Wo?*	*Vera arbeitet bei TransFair.*
			Die Möbelabteilung ist im vierten Stock.
	temporal:	*Wann?*	*Der Film beginnt um 20 Uhr.*
		Wie lange?	*Die Ausbildung dauert fünf Jahre.*
Qualitativergänzung:		*Wie?*	*Die Wohnung ist wirklich hübsch.*
			Das Sofa finde ich sehr bequem.
Präpositionalergänzung:		*Mit wem?*	*Frau Jansen spricht mit den Kindern.*
		An wen?	*Carla schreibt an International Penfriends.*

b) Neben Ergänzungen gibt es zusätzliche Informationen durch „freie" Angaben. → §20

*Wohnst du **schon lange** hier?*   *Nein, **erst zwei Monate**.*
*Gehst **du oft** ins Kino?*   *Nein, **nur manchmal**.*
*Gehst du **heute Abend** mit mir ins Kino?*   *·**Heute** muss ich **lange** arbeiten.*

*Haben Sie **hier** noch andere Sofas?*   ***Da hinten** haben wir ein paar Sonderangebote.*
*Wir möchten **mehr** Deutsch sprechen.*   *Macht einen Kurs **bei der Volkshochschule**!*

*Haben Sie **noch** andere Sofas?*   *Nein, **leider** nicht.*
*Trinken Sie **auch** Wein?*   *Ja, **gern**.*

7 Verben und ihre Ergänzungen → §6

Im Satz stehen Verben immer mit einem Subjekt zusammen. Die meisten Verben haben aber noch andere feste Ergänzungen (vgl. Wortliste).
Hier einige Beispiele:

a) Verben mit Einordnungsergänzung

sein + EIN   *Vera ist Brasilianerin.*
               Herr Haufiku ist Geschäftsmann von Beruf.
werden + EIN   *Patrick möchte Schauspieler werden.*
heißen + EIN   *Ich heiße Jabłońska.*

b) Verben mit Akkusativ-Ergänzung

kaufen + AKK   *Ich kaufe doch kein Sofa für 2500 Mark!*
haben + AKK   *Haben Sie Kinder?*
möchten + AKK   *Ich möchte einen Apfelsaft.*

c) Verben mit Dativ-Ergänzung

helfen + DAT	*Kann ich Ihnen helfen?*
geben + DAT + AKK	*Du gibst ihm jetzt sofort das Feuerzeug!*
kaufen + DAT + AKK	*Kaufst du uns ein Eis?*

d) Verben mit Direktivergänzung

kommen + DIR	*Vera kommt aus Brasilien .*
gehen + DIR	*Gehen wir morgen zur Fotobörse ?*
	Gehst du mit mir in die Disko ?
fliegen + DIR	*Sie fliegt am liebsten nach Asien .*

e) Verben mit Situativergänzung

wohnen + SIT	*Vera wohnt in Köln .*
arbeiten + SIT	*Sie arbeitet bei TransFair .*
stehen + SIT	*Meine Tochter Tanja steht vor den Süßigkeiten .*
	„Infinitiv": Diese Verbform steht im Wörterbuch .
beginnen + SIT	*In Deutschland beginnt das neue Jahr im Januar .*
dauern + SIT	*Die Flughafen-Tour dauert 45 Minuten .*

f) Die Qualitativergänzung

sein + QUA	*Der Tisch hier, der ist doch toll .*
finden + AKK + QUA	*Den Tisch finde ich toll .*

g) Verben mit Präpositionalergänzung

Viele Verben können neben den direkten Ergänzungen auch weitere Ergänzungen mit Präpositionen haben. Diese Kombinationen zwischen Verben und Präpositionen sind fest, die Deklination der Ergänzung richtet sich nach der Präposition. Hier einige Beispiele:

schreiben + an + AKK	*Carla schreibt einen Brief an ihre Brieffreundin in Frankreich.*
berichten + über + AKK	*Sie berichtet über ihre Hobbys und ihre Familie .*
erzählen + von + DAT	*Sie erzählt auch von der Schule .*
gratulieren + zu + DAT	*Wir gratulieren ihr zum Geburtstag .*
sprechen + mit + DAT + über + AKK	*Wir sprechen mit der Lehrerin über Familienfeste .*

Die Wortarten

Das Verb

8 **Die Konjugation**

Im Wörterbuch stehen die Verben im Infinitiv: *kommen, trinken, wohnen, besuchen, kennen, studieren, ...* Im Satz ist das Verb konjugiert. Die **Verb-Endung** orientiert sich am Subjekt – das Subjekt bestimmt die Verb-Endung.

a) Präsens

Ich	**komme**	*aus Mexiko.*
Wie lange	**wohnst**	*du schon hier?*
Vera	**wohnt**	*in Köln.*
Nikos	**studiert**	*Informatik.*
Es	**klingelt**	*an der Wohnungstür.*
Wie	**schreibt**	*man das?*
Wir	**bezahlen**	*mit Scheck.*
Heute	**bekommt**	*ihr keine Süßigkeiten.*
Andrea und Petra	**arbeiten**	*auch bei TransFair.*
Woher	**kommen**	*Sie?*

Singular:		Verb-Endung
1. Person	*ich*	...-e
2. Person	*du*	...-st *)
3. Person	*sie*	
	er	...-t
	es	
	man	

Plural:		
1. Person	*wir*	...-en
2. Person	*ihr*	...-t *)
3. Person	*sie*	...-en

Höflichkeitsform
(Sing. + Plural) *Sie* ...-en *)

Bei einigen Verben braucht man ein „e" vor der Verb-Endung, zum Beispiel bei:

du	*arbei* **t**	*e*	*st*
die/der/das	*kos* **t**	*e*	*t*
ihr	*fin* **d**	*e*	*t*

Bei einigen Verben braucht man kein „s" in der 2. Person Singular, zum Beispiel bei:

du	*tan* **z**	~~s~~ *t*
du	*hei* **ß**	~~s~~ *t*
du	*i* **ss**	~~s~~ *t*

*) *Sie*
Normalerweise benutzt man die Höflichkeitsform *Sie*.

du oder *ihr*
– Erwachsene zu Kindern und Jugendlichen (bis etwa 16 Jahren)
– Studenten und junge Leute untereinander
– in der Familie
– gute Freunde
– manchmal auch Arbeitskollegen

b) Die Konjugation in Imperativ-Sätzen → § 3
Den Imperativ (Bitten, Tipps oder Ratschläge) benutzt man in der 2. Person und in der Höflichkeitsform.

		Singular:	Plural:
per du:	*geben*	**Gib** *mir einen Tipp!*	**Gebt** *mir doch mal einen Tipp!*
	fragen	**Frag** *doch den Verkäufer!*	**Fragt** *doch die Lehrerin!*
	kaufen	**Kauf** *ihr doch Blumen!*	**Kauft** *ihr doch Blumen!*
Höflichkeitsform:		**Geben Sie** *mir doch mal einen Tipp!*	**Fragen Sie** *doch den Verkäufer.*

c) Trennbare Verben
Die meisten Verben gibt es auch in Kombination mit Vorsilben: z.B. *schlafen – einschlafen,
stehen – aufstehen, holen – abholen.* Die Bedeutung der Verben ändert sich je nach Vorsilbe. Die Vorsilbe wird betont: *einschlafen, aufstehen, abholen.* Sie ist trennbar: Im Hauptsatz steht die Vorsilbe am Satz-Ende. → § 4 b
*Sarah schläft zwischendurch **ein.***
*Frau Jansen steht um halb sieben **auf.***
*Frau Jansen holt Hanna von der Vorschule **ab.***

d) Nicht-trennbare Verben
Einige Vorsilben kann man nicht vom Verb trennen: *beraten, erzählen, gehören, verlassen.*
Der Akzent liegt auf dem Verbstamm: *beraten, erzählen, gehören, verlassen.*
*Wir **beraten** Sie gern.*
*Das Wochenende **gehört** Ihnen.*
*Thomas **verlässt** um 7.45 Uhr das Haus.*
*Beim Mittagessen **erzählen** die Kinder von der Schule.*

e) Perfekt

Das Perfekt benutzt man im Deutschen, wenn man über Vergangenes berichtet (mündlich und im Brief). Das Perfekt bildet man mit der konjugierten Form von *haben* oder *sein* und dem Partizip Perfekt.

▶ Bei den Verben *haben, sein, werden* und den Modalverben benutzt man statt Perfekt meistens das Präteritum. → § 9

Unsere Weltreise **hat** *gut* **begonnen.**
In Frankfurt **sind** *wir mit Verspätung* **abgeflogen.**

Partizip Perfekt: Formen

regelmäßige Verben		unregelmäßige Verben	
-t			**-en**
machen	ge**macht**	fliegen	(ist) **ge**flogen
suchen	ge**sucht**	schlafen	**ge**schlafen
warten	ge**wartet**	bleiben	(ist) **ge**blieben

Bei den trennbaren Verben steht „-ge" nach der Vorsilbe.

abholen	ab**ge**holt	einladen	ein**ge**laden
einkaufen	ein**ge**kauft	aufstehen	(ist) auf**ge**standen
aufwachen	auf**ge**wacht	kaputtgehen	(ist) kaputt**ge**gangen

Die nicht trennbaren Verben haben kein -„ge".

besuchen	**be**sucht	beginnen	**be**gonnen
erzählen	**er**zählt	erscheinen	**er**schienen
verpassen	**ver**passt	vergessen	**ver**gessen

Die Verben auf *-ieren* haben kein „-ge".

telefonieren	telefon**iert**
reparieren	repar**iert**
passieren	(ist) pass**iert**

Haben oder *sein*?

Die meisten Verben bilden das Perfekt mit *haben*, einige Verben bilden das Perfekt jedoch mit *sein*:

fahren, fliegen, gehen   Ort → Ort:
                             Wir **sind** *von Frankfurt nach Bangkok geflogen.*

einschlafen, aufwachen   Zustand → Zustand
                             Ralph **ist** *im Hotel sofort eingeschlafen und zu spät aufgewacht.*

▶ *sein, bleiben*   *Wir* **sind** *zwei Tage auf Hawaii* **gewesen.**
                      Ralph **ist** *im Hotel* **geblieben.**

§ 9   Unregelmäßige Verben

a) Die Verben *haben, sein* und *werden*: Konjugation Präsens – Präteritum

	haben		sein		werden	
	Präsens	Präteritum	Präsens	Präteritum	Präsens	Präteritum
ich	*habe*	*hatte*	*bin*	*war*	*werde*	*wurde*
du	*hast*	*hattest*	*bist*	*warst*	*wirst*	*wurdest*
sie/er/es	*hat*	*hatte*	*ist*	*war*	*wird*	*wurde*
wir	*haben*	*hatten*	*sind*	*waren*	*werden*	*wurden*
ihr	*habt*	*hattet*	*seid*	*wart*	*werdet*	*wurdet*
sie	*haben*	*hatten*	*sind*	*waren*	*werden*	*wurden*
Sie	*haben*	*hatten*	*sind*	*waren*	*werden*	*wurden*
Imperativ	*hab*		*sei*		*werde*	

b) Verben mit Vokalwechsel in der 2. und 3. Person Singular.

Vokalwechsel „e" zu „i", z. B. bei:

sprechen	*du*	*sprichst*	*sehen*	*du*	*siehst*	*geben*	*du*	*gibst*	*essen*	*du*	*isst*
	sie/er/es	*spricht*		*sie/er/es*	*sieht*		*sie/er/es*	*gibt*		*sie/er/es*	*isst*
nehmen	*du*	*nimmst*	*lesen*	*du*	*liest*	*helfen*	*du*	*hilfst*			
	sie/er/es	*nimmt*		*sie/er/es*	*liest*		*sie/er/es*	*hilft*			

Vokalwechsel „a" zu „ä", z. B. bei:

schlafen	*du*	*schläfst*	*tragen*	*du*	*trägst*	*verlassen*	*du*	*verlässt*
	sie/er/es	*schläft*		*sie/er/es*	*trägt*		*sie/er/es*	*verlässt*

Perfekt von unregelmäßigen Verben → § 8 e)

10 Die Modalverben → §4

In Sätzen mit Modalverben gibt es meistens zwei Verben: das Modalverb und das Verb im Infinitiv. Das Modalverb verändert die Bedeutung eines Satzes. Vergleichen Sie:

Ich lerne Deutsch.   (das mache ich)
Ich will Deutsch lernen.   (das ist mein Wunsch)
Ich muss Deutsch lernen.   (ich brauche Deutsch für meinen Beruf)

a) Die Bedeutung der Modalverben

1 Wunsch

wollen   ● *Willst du mit mir ins Konzert gehen?*
　　　　　 ■ *Nein, lieber in die Disco. Ich will endlich mal wieder tanzen.*

möchten   ● *Ich habe zwei Karten für den Tigerpalast. Möchten Sie mitkommen?*
　　　　　 ■ *Nein, danke. Am Samstag möchte ich nicht ausgehen.*

▶ *möchten* ist höflicher als *wollen*.

2 Möglichkeit

können   ● *Wann kann ich denn kommen?*
　　　　　 ■ *Am 11. März um 10 Uhr 45.*
　　　　　 ● *Geht es vielleicht etwas später? Um Viertel vor elf kann ich nicht.*
　　　　　 ■ *Sie können auch um 11 Uhr 30 kommen.*

3 Angebot/Vorschlag

sollen   ● *Ist der Chef schon da?*
　　　　　 ■ *Nein, der kommt heute erst um 10. Soll ich ihm etwas ausrichten?*

　　　　　 ● *Wollen wir zusammen essen gehen?*
　　　　　 ■ *Ja, gern. Soll ich dich abholen?*

4 Notwendigkeit

müssen   ● *Willst du am Samstag mit mir ins Konzert gehen?*
　　　　　 ■ *Na klar. Ich muss aber erst noch meine Eltern fragen.*
　　　　　　 Darf ich am Samstag mit Miriam zu den „Toten Hosen" gehen?
　　　　　 ▲ *Nein, du musst am Wochenende lernen.*

5 Erlaubnis und Verbot

dürfen   ● *Darf ich am Samstag mit Miriam zu den „Toten Hosen" gehen?*
　　　　　 ▲ *Nein, du musst am Wochenende lernen.*
　　　　　 ● *Mist, ich darf nicht mitkommen. Ich muss für die Mathearbeit lernen.*

6 Auftrag/Notwendigkeit

sollen   ● *Philipp soll um sechs Uhr zu Hause sein.*
　　　　　 ■ *Ihr Traummann soll groß, humorvoll, ehrlich, kreativ und lieb sein.*

▶ Es gibt auch Sätze mit Modalverben ohne ein zweites Verb:

*Am Samstag **kann** ich nicht.*   = Am Samstag habe ich keine Zeit.
*Ich **möchte** ein Bier.*   = Ich bestelle ein Bier.

b) Die Konjugation der Modalverben im Präsens

	müssen	können	wollen	dürfen	sollen	möchten
ich	*muss*	*kann*	*will*	*darf*	*soll*	*möchte*
du	*musst*	*kannst*	*willst*	*darfst*	*sollst*	*möchtest*
sie/er/es	*muss*	*kann*	*will*	*darf*	*soll*	*möchte*
wir	*müssen*	*können*	*wollen*	*dürfen*	*sollen*	*möchten*
ihr	*müsst*	*könnt*	*wollt*	*dürft*	*sollt*	*möchtet*
sie/Sie	*müssen*	*können*	*wollen*	*dürfen*	*sollen*	*möchten*

▶ Die Verb-Endungen sind bei den Modalverben in der 1. und 3. Person Singular gleich. Im Singular gibt es oft einen Vokalwechsel.

c) Die Konjugation der Modalverben im Präteritum

	müssen	können	wollen	dürfen	sollen
ich	*musste*	*konnte*	*wollte*	*durfte*	*sollte*
du	*musstest*	*konntest*	*wolltest*	*durftest*	*solltest*
sie/er/es	*musste*	*konnte*	*wollte*	*durfte*	*sollte*
wir	*mussten*	*konnten*	*wollten*	*durften*	*sollten*
ihr	*musstet*	*konntet*	*wolltet*	*durftet*	*solltet*
Sie/Sie	*mussten*	*konnten*	*wollten*	*durften*	*sollten*

▶ Die Modalverben im Präteritum bildet man mit dem Präteritum-Signal „-t" und der Verb-Endung. Die Verb-Endungen sind in der 1. und 3. Person Singular und Plural gleich. Im Präteritum gibt es keine Umlaute (ä, ö, ü).

d) *Müssen* und *sollen* im Präteritum
Müssen und *sollen* drücken im Präteritum eine Notwendigkeit aus. Das Ergebnis ist jedoch nicht gleich:

*Philipp **musste** um sechs Uhr zu Hause sein.*   = Er war pünktlich um sechs Uhr zu Hause.
*Philipp **sollte** um sechs Uhr zu Hause sein.*   = Er war erst um sieben Uhr zu Hause.

Mit *sollt-* gibt man auch Ratschläge:
*Sie **sollten** weniger rauchen!*
*Du **solltest** mehr Sport treiben!*

Die Nomengruppe

§ 11   Artikel und Nomen

a) *Lampe, Tisch, Bett* … sind Nomen. Nicht nur die Namen von Personen und Orten, sondern alle Nomen beginnen mit einem großen Buchstaben.
Bei einem Nomen steht fast immer ein Artikel oder ein Artikelwort.
Nomen haben ein **Genus**: *feminin, maskulin* oder *neutrum*.

Genus	feminin	maskulin	neutrum
bestimmter Artikel	*die* Lampe	*der* Tisch	*das* Bett
unbestimmter Artikel	*eine* Lampe	*ein* Tisch	*ein* Bett
negativer Artikel	*keine* Lampe	*kein* Tisch	*kein* Bett

Manchmal entspricht das Genus dem natürlichen Geschlecht:

die *Frau,* **die** *Kellnerin,* **die** *Brasilianerin*   **der** *Mann,* **der** *Kellner,* **der** *Brasilianer*

b) Genus-Regeln
Es gibt einige Regeln, aber viele Ausnahmen. Lernen Sie Nomen immer mit Artikel!

Nomen mit einem -e am Ende	meistens feminin	*die Lampe, die Maschine, die Küche*
Nomen mit -heit, -ung, -keit,-tät, -ion oder -ie	immer feminin	
	Die „Heitungkeit":	*die Krankheit, die Zeitung, die Schönheit*
	Die „Tätionie":	*die Aktivität, die Revolution, die Fantasie*
Nomen mit -chen oder -zeug am Ende	immer neutrum	*das Mädchen, das Gummibärchen, das Spielzeug*
Wochentage, Monate und Jahreszeiten	immer maskulin	*der Montag, der Juli, der Sommer*
alle Farben	immer neutrum	*das helle Grün, ein warmes Braun, kühles Blau*

c) Einige Nomen benutzt man meistens **ohne Artikel**:

Namen:	*Hallo, Nikos!*	*Sind Sie Frau Bauer?*
Berufe:	*Maria Jablońska ist Ärztin.*	*Ich bin Friseur (von Beruf).*
unbestimmte Stoffangaben:	*Nehmt ihr Zucker und Milch?*	*Wo finde ich Hefe?*
Länder und Städte:	*Kommen Sie aus Italien?*	*Sie wohnt in Rom.*

▶ Bei femininen und maskulinen Ländernamen und bei Ländernamen im Plural benutzt man den bestimmten Artikel.

feminin	maskulin	Plural
die Schweiz	*der Iran*	*die Vereinigten Staaten (von Amerika)/ die USA*
die Türkei	*der Irak*	*die Niederlande*
die Bundesrepublik Deutschland	...	
die Volksrepublik China		
...		

Man sagt:

Ich komme aus ...	*der Schweiz.*	*dem Iran.*	*den Niederlanden.*
	der Türkei.	*dem Irak.*	*den Vereinigten Staaten. / den USA.*

12 Pluralformen von Nomen

-n/-en	-e/-̈e	-s	-er/-̈er	-/-̈
die Lampe, -n	*der Apparat, -e*	*das Foto, -s*	*das Ei, -er*	*der Computer, -*
die Tabelle, -n	*der Tisch, -e*	*das Büro, -s*	*das Bild, -er*	*der Fernseher, -*
die Flasche, -n	*der Teppich, -̈e*	*das Studio, -s*	*das Kind, -er*	*der Staubsauger, -*
das Auge, -n	*das Feuerzeug, -e*	*das Kino, -s*	*das Fahrrad, -̈er*	*der Fahrer, -*
die Regel, -n	*das Problem, -e*	*das Auto, -s*	*das Glas, -̈er*	*das Zimmer, -*
die Nummer, -n	*das Stück, -e*	*das Sofa, -s*	*das Haus, -̈er*	*das Theater, -*
die Energie, -n	*der Stuhl, -̈e*	*der Gummi, -s*	*das Land, -̈er*	*der Vater, -̈*
die Wohnung, -en	*der Topf, -̈e*	*der Lolli, -s*	*das Buch, -̈er*	*der Sessel, -*
die Lektion, -en	*der Ton, -̈e*	*der Lerntipp, -s*	*das Wort, -̈er*	*der Wohnwagen, -*
die Süßigkeit, -en	*die Hand, -̈e*	*der Luftballon, -s*	*der Mann, -̈er*	*der Flughafen, -̈*
das Bett, -en	...	...	...	...
die Gewohnheit, -en				
die Aktivität, -en				
...				

Aus *a, o, u* wird im Plural oft *ä, ö, ü*: *der Mann, -̈er* (= die Männer).

▶ Von einigen Nomen gibt es keine Singular-Form (zum Beispiel: *die Leute*) oder keine Plural-Form (zum Beispiel: *der Zucker, der Reis*).

a) Der bestimmte, unbestimmte und negative Artikel

	Nominativ		Akkusativ
feminin			
die	*Die Tiefkühlkost ist da hinten.*	*die*	*Die Lampe finde ich nicht so schön.*
eine	*Das ist eine gute Idee.*	*eine*	*Frau Jünger nimmt eine Tüte Gummibärchen.*
keine	*Das ist keine gute Idee.*	*keine*	*Am Samstag habe ich keine Zeit.*
maskulin			
der	*Der Tisch ist toll.*	*den*	*Wie findest du den Teppich hier?.*
ein	*Das ist ein guter Tipp.*	*einen*	*Ich möchte einen Apfelsaft.*
kein	*Das ist kein guter Tipp.*	*keinen*	*Wir haben keinen Apfelsaft.*
neutrum			
das	*Wie viel kostet das Sofa?*	*das*	*Wie findest du das Sofa?*
ein	*Das ist ein Bild.*	*ein*	*Ich möchte ein Schinkenbrot.*
kein	*Das ist kein Formular.*	*kein*	*Wir haben kein Schinkenbrot mehr.*
Plural			
die	*Die Teppiche sind gleich hier vorne.*	*die*	*Wie findest du die Stühle?*
–	*Computer sind im dritten Stock.*	*–*	*Wo gibt es Computer?*
keine	*Das sind keine Sonderangebote.*	*keine*	*Haben Sie hier keine Sonderangebote?*

	Dativ
feminin	
der	*Die Stewardess ist auf der Toilette.*
einer	*Inka und Ralph Berger sind auf einer Weltreise.*
maskulin	
dem	*Das Klopapier liegt auf dem Fußboden.*
einem	*Inka und Ralph Berger faulenzen an einem Strand in Hawaii.*
neutrum	
dem	*Die Großmutter war noch nicht auf dem Dach.*
einem	*Ralph Berger verliert viel Geld in einem Spielkasino in Las Vegas.*
Plural	
den	*Das Feuerzeug liegt unter den Sitzen.*
–	*Inka Berger liegt mit Kopfschmerzen im Hotelzimmer.*

Der negative Artikel *kein-* wird dekliniert wie der unbestimmte Artikel.

b) Der **bestimmte Frage-Artikel**: *welch- …*
Nach Fragen mit *welch-* anwortet man meistens mit dem bestimmten Artikel:
Welche Bluse steht mir besser? – Ich finde, die dunkelblaue.
Welchen Blazer meinst du denn? – Den apricotfarbenen.
Welches T-Shirt findest du besser? – Das rote.
Welche Kleider ziehen Sie wo und wann an? – In der Freizeit trage ich oft Jeans.

c) Der **unbestimmte Frage-Artikel**: *was für ein- …*
Nach Fragen mit *was für ein-* anwortet man meistens mit dem unbestimmten Artikel:
Was für eine Bluse passt dazu? – Eine blaue vielleicht.
Was für einen Blazer möchtest du denn? – Einen topmodischen.
Was für ein Kostüm hätten Sie denn gerne? – Ich möchte eins für einen besonderen Anlass.
Was für Bücher liest er wohl gern? – Ich glaube, er mag englische Krimis.

14 Die Possessiv-Artikel

Der Possessiv-Artikel steht vor einem Nomen und ersetzt andere Artikel.
Man dekliniert die Possessiv-Artikel genauso wie die **negativen Artikel.** → §13

Beispiele: Ich heiße Yoshimoto.   **Mein** Name ist Yoshimoto.
          Du hast ein Feuerzeug.   Kann ich mal **dein** Feuerzeug haben?
          Sie haben eine neue Wohnung. Ich finde **ihre** Wohnung sehr schön.

a) Nominativ und Akkusativ

	feminin: -e	maskulin: (Nom): -	(Akk): -en	neutrum: -	Plural: -e
ich	meine Wohnung	mein Kurs	meinen Kurs	mein Haus	meine Bücher
du	deine Wohnung	dein Kurs	deinen Kurs	dein Haus	deine Bücher
sie	ihre Wohnung	ihr Kurs	ihren Kurs	ihr Haus	ihre Bücher
er	seine Wohnung	sein Kurs	seinen Kurs	sein Haus	seine Bücher
es	seine Wohnung	sein Kurs	seinen Kurs	sein Haus	seine Bücher
wir	unsere Wohnung	unser Kurs	unseren Kurs	unser Haus	unsere Bücher
ihr	eure Wohnung	euer Kurs	euren Kurs	euer Haus	eure Bücher
sie	ihre Wohnung	ihr Kurs	ihren Kurs	ihr Haus	ihre Bücher
Sie	Ihre Wohnung	Ihr Kurs	Ihren Kurs	Ihr Haus	Ihre Bücher

b) Dativ

	feminin: -er	maskulin / neutrum: em-		Plural: -en
ich	bei meiner Tante	in meinem Verein	vor meinem Bett	mit meinen Kindern
du	bei deiner Tante	in deinem Verein	vor deinem Bett	mit deinen Kindern
sie	bei ihrer Tante	in ihrem Verein	vor ihrem Bett	mit ihren Kindern
er	bei seiner Tante	in seinem Verein	vor seinem Bett	mit seinen Kindern
es	bei seiner Tante	in seinem Verein	vor seinem Bett	mit seinen Kindern
wir	bei unserer Tante	in unserem Verein	vor unserem Bett	mit unseren Kindern
ihr	bei eurer Tante	in eurem Verein	vor eurem Bett	mit euren Kindern
sie	bei ihrer Tante	in ihrem Verein	vor ihrem Bett	mit ihren Kindern
Sie	bei Ihrer Tante	in Ihrem Verein	vor Ihrem Bett	mit Ihren Kindern

15 Die Artikelwörter

▶ Das Artikelwort ersetzt andere Artikel. Man dekliniert die Artikelwörter genauso wie die **bestimmten Artikel.** → §13

a) Bestimmte Artikelwörter
Dieser Teppich hier ist sehr günstig.   **Dieses** Sofa finde ich nicht so schön.
Sie müssen **dieses** Formular ausfüllen.   „Teppich", „Sofa", „Formular" – **diese** Wörter sind Nomen.

b) Unbestimmte Artikelwörter
Jede Teilnehmerin hat eine Karte.   **Jeder** Teilnehmer hat eine Karte.
Vera geht **jede** Woche zum Deutschkurs.   Daniel spielt **jeden** Samstag Fußball.
Alle Leute schauen zu Tanja.   Wiederholen Sie noch einmal **alle** Lektionen.

▶ Der Plural von jede- ist alle.

§ 16 Die Pronomen

Pronomen ersetzen bekannte Namen oder Nomen.

Maria Jabłońska kommt aus Polen.   ***Sie** lebt schon seit 1987 in Deutschland.*

Wie findest du den Teppich?   ***Den** finde ich langweilig.*

Tanja weint ein bisschen lauter.   *Kaufe ich **ihr** jetzt Gummibärchen oder kaufe ich ihr keine?*

a) Die Personal-Pronomen ersetzen Namen und Personen.

	Singular					Plural			Höflichkeitsform
Nominativ	*ich*	*du*	*sie*	*er*	*es*	*wir*	*ihr*	*sie*	*Sie*
Akkusativ	*mich*	*dich*	*sie*	*ihn*	*es*	*uns*	*euch*	*sie*	*Sie*
Dativ	*mir*	*dir*	*ihr*	*ihm*	*ihm*	*uns*	*euch*	*ihnen*	*Ihnen*

b) Die bestimmten und unbestimmten Pronomen ersetzen Artikel und Nomen. Man dekliniert sie genauso wie die Artikel. → **§ 13**

__Der Tisch__ ist doch toll.   *__Den__ finde ich nicht so schön.*
Wie findest du __das Sofa?__   *__Das__ ist zu teuer.*
Schau mal, __die Stühle!__   *Ja, __die__ sind nicht schlecht.*
Wir brauchen noch __eine Stehlampe.__   *Wie findest du denn __die__ da vorne?*

Wo finde ich __Erdnussbutter?__   *Tut mir Leid, wir haben __keine__ mehr. __Die__ kommt erst morgen wieder rein.*
Hast du __einen Wohnwagen?__   *Ja, ich habe __einen.__*
Hat Tom __ein Fahrrad?__   *Ich glaube, er hat __eins.__*
     Nein, er hat __keins.__

▶ Neutrum (NOM + AKK): *ein Fahrrad* → Pronomen: *eins* oder *keins*

§ 17 Die Adjektive → §6

Adjektive sind Qualitativergänzungen oder zusätzliche Informationen vor Nomen. Man fragt nach Adjektiven mit dem Fragewort „Wie ...?".

a) Adjektive als Qualitativergänzung dekliniert man nicht.
Die Stühle sind __bequem.__   *Den Teppich finde ich __langweilig.__*
Ich finde die Film-Tipps __interessant.__   *Als Lokführer muss man __flexibel__ sein.*

b) Adjektive vor Nomen werden dekliniert.
Adjektive haben vor Nomen mindestens eine e-Endung. Die Genus-Signale sind im Nominativ und Akkusativ gleich wie beim bestimmten Artikel: feminin: *-e*, maskulin (Nom): *-r*, maskulin (Akk): *-n*, und neutrum: *-s*, Plural: *-e*. Im Dativ sind die Genus-Signale: feminin: *-r*, maskulin und neutrum: *-m*, Plural: *-n*. Die Genus-Signale stehen am Artikel-Ende oder am Adjektiv, aber immer links vom Nomen: *das Gelb, ein grelles Gelb, das grelle Gelb, grelles Gelb*

Adjektiv-Endungen mit bestimmtem Artikel: *die, der, das*, unbestimmtem Artikel: *ein, kein, mein* und Null-Artikel

	feminin	maskulin	neutrum	Plural
Nominativ	*die klassische Eleganz* *eine klassische Eleganz* *klassische Eleganz*	*der individuelle Stil* *ein individueller Stil* *individueller Stil*	*das warme Rot* *ein warmes Rot* *warmes Rot*	*die schwarzen Jeans* *keine schwarzen Jeans* *schwarze Jeans*
Akkusativ	*die klassische Eleganz* *eine klassische Eleganz* *klassische Eleganz*	*den individuellen Stil* *einen individuellen Stil* *individuellen Stil*	*das warme Rot* *ein warmes Rot* *warmes Rot*	*die schwarzen Jeans* *keine schwarzen Jeans* *schwarze Jeans*
Dativ z.B. nach: *aus, mit, von, zu ...*	*der klassischen Eleganz* *einer klassischen Eleganz* *klassischer Eleganz*	*dem individuellen Stil* *einem individuellen Stil* *individuellem Stil*	*dem warmen Rot* *einem warmen Rot* *warmem Rot*	*den schwarzen Jeans* *meinen schwarzen Jeans** *schwarzen Jeans*

*Dativ Plural mit *kein* wird selten verwendet.

▶ Nominativ und Akkusativ sind gleich bei *f, n* und *Plural*. Bei *m* steht im Akkusativ bei Artikel und Adjektiv ein *-n*. Im Dativ ist die Endung bei den Adjektiven nach Artikel immer *-n*.

c) Adjektive kann man steigern: Komparativ und Superlativ

Man bildet den Komparativ meistens mit der Endung *-er*. Die Vokale *a, o, u* werden zu *ä,ö,ü*. Vergleicht man Personen oder Gegenstände benutzt man den Komparativ + *als*.

schnell   *Männer nehmen schnell**er** ab **als** Frauen.*

alt   *Die Menschen in Japan leben läng**er** **als** in anderen Ländern.*

viel   *Light-Produkte haben nicht unbedingt wenig**er** Kalorien **als** normale Lebensmittel.*

Es gibt zwei Superlativ-Formen: Artikel + Adjektiv + *(e)ste* mit Nomen und *am* + Adjektiv + *(e)sten* ohne Nomen

alt   *Die ältes**ten** Menschen leben in Japan.*

           *In Japan sind die Menschen **am** ältes**ten**.*

unregelmäßige Formen:

viel	*mehr*	*am meisten, der/die/das meiste*
gern	*lieber*	*am liebsten, die/der/das liebste*
teuer	*teurer*	*amteuerstesten, die/der/das teuerste*
hoch	*höher*	*am höchsten, die /der/das höchste*

18   Die Zahlwörter

Einfache Zahlen und Zahl-Adjektive stehen vor Nomen.

a) Einfache Zahlen zur Angabe von Menge, Preis, Uhrzeit usw. dekliniert man nicht.

*Kommen Sie bitte um **neun** Uhr.*

*Ich hätte gern **250** Gramm Butterkäse.*

*Unser Angebot der Woche: MirDir-Pils – der Kasten mit **zwanzig** Flaschen für **18** Mark **95**.*

*Das Sofa kostet **zweitausendfünfhundert** Mark.*

*Bei Möbel-Fun gibt es einen Tisch mit **vier** Stühlen für **1089** Mark.*

*In Deutschland haben **98** Prozent der Haushalte ein Telefon.*

b) Zahl-Adjektive werden dekliniert. Die Ordinalzahlen: → **§ 17b, c**

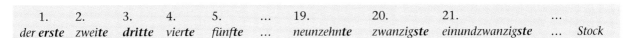

1.	2.	3.	4.	5.	...	19.	20.	21.	...	
*der **erste***	*zweite*	***dritte***	*vierte*	*fünfte*	...	*neunzehnte*	*zwanzig**ste***	*einundzwanzig**ste***	...	*Stock*

*Heute ist der **erste** Januar .*   ***Am ersten** Januar beginnt in Deutschland das neue Jahr.*

*Heute ist der **zwanzigste** März.*   *Sie hat **am zwanzigsten** März Geburtstag.*

*Sie ist **vom vierundzwanzigsten bis (zum) einunddreißigsten** August in Graz.*

Verzeihung, ich suche Olivenöl.   *Öl finden Sie **im zweiten** Gang rechts oben.*

Wo finde ich Computer?   *Die Elektronikabteilung ist **im dritten** Stock.*

c) Die Zahlwörter *viel* und *wenig* dekliniert man meistens nur im Plural.

*Der Pilot hat **wenig** Zeit für seine Familie.*   ***Viel** Design für **wenig** Geld.*

*In Deutschland trinkt man **viel** Bier.*   *In meiner Freizeit mache ich **viel** Sport.*

*Als Fotograf lernt man **viele** Menschen kennen.*

*In Deutschland besitzen nur **wenige** Menschen einen Wohnwagen.*

§ 19 Die Präpositionen → §6 + §7

Präpositionen verbinden Wörter oder Wortgruppen und beschreiben die Relationen zwischen ihnen. Sie stehen links vom Nomen oder Pronomen und bestimmen den Kasus (z.B. Dativ oder Akkusativ).

*Willst du **am** Samstag mit mir **in die** Disko gehen? – Tut mir Leid, da gehe ich **ins** Kino.*
*Wann ist der Termin **beim** ZDF? – **Am** 11. August **um** 10 Uhr.*
***Am** Wochenende gehe ich oft **zur** Fotobörse, **zum** Flohmarkt oder **in den** Zoo.*
*Vera Barbosa kommt **aus** Brasilien. Sie wohnt **in** Köln und arbeitet **bei** TransFair.*

Oft werden die Präposition und der bestimmte Artikel im Singular zu einem Wort.

an das → **ans**	in das → **ins**	zu der → **zur**	bei dem → **beim**
an dem → **am**	in dem → **im**	zu dem → **zum**	

a) Präpositionen: Ort oder Richtung

Woher: ⟶	Wo: ●	Wohin: ⟶
*Herr Fuentes kommt **aus** Spanien.*	*Er arbeitet **beim** Airport-Friseur.*	*Er geht gerne **in die** Disko.*
*Frau Schmittinger kommt **aus** Deutschland.*	*Sie wohnt **in** Frankfurt und arbeitet **bei** der Lufthansa.*	*Sie fliegt oft **nach** Asien.*
*Herr Haufiku kommt **aus** Windhuk.*	*Er lebt **in** München.*	*Heute fliegt er **nach** München.*
*Herr Simsir kommt **aus** der Türkei.*	*Er lebt **in** Deutschland und arbeitet **im** Büro **bei** Siemens.*	*Am Wochenende geht er gerne **zum** Flohmarkt und **ins** Kino.*
	*Warst du schon **auf dem** Dach?*	*Kann man auch **aufs** Dach gehen?*
	***Über dem** Fenster hängt das Bild.*	*Ich hänge das Bild **über das** Bett.*
	*Irgendwo **unter den** Sitzen liegt ein Feuerzeug.*	*Schau auch **unter die** Sitze!*
	*Das Ei liegt dort **hinter den** Äpfeln.*	*Leg das Ei **hinter die** Äpfel!*
	***Vor dem** Klavier liegt ein Teppich.*	*Die Klavierlehrerin stellt sich **vor das** Klavier.*
	*Die Schlüssel liegen **zwischen den** Büchern.*	*Ich lege die Schlüssel **zwischen die** Bücher.*
	*Der Führerschein liegt **neben der** Mikrowelle.*	*Leg das Feuerzeug **neben die** Schachtel?*
	*Die Plastiktüte hängt **an der** Tür.*	*Häng die Plastiktüte **an die** Tür.*

aus + DAT	*bei* *zu* *nach* + DAT +	*auf über hinter vor zwischen neben unter an in* + AKK

▶ Einige Präpositionen können Dativ (Wo?) und Akkusativ (Wohin?) haben. Diese Präpositionen nennt man **Wechselpräpositionen** oder auch „Kopfpräpositionen": *Sie drehen sich alle um den Kopf herum.*

b) Präpositionen zur Zeitangabe

*Was möchtest du **am** Samstag machen?*	•	**am** + Tag
*Vera kommt **am** 12. Februar.*	•	**am** + Datum
*Der Film beginnt **um** 20 Uhr.*	•	**um** + Uhrzeit
*Julia hat **im Juli** Urlaub.*	⟵⟶	**im** + Monat
*Sie ist **ab** 24. August in Graz.*	•⟶	**ab** + Datum
*Sie ist **bis (zum)** 31. August in Graz.*	⟶•	**bis (zum)** + Datum
*Sie ist **vom** 24. **bis** 31. August in Graz.*	•⟵⟶•	**vom... bis (zum)...** + Daten
*Sie hat **von** Montag **bis** Mittwoch Proben.*	•⟵⟶•	**von...bis** + Tage
*Wir haben **von** 9 **bis** 13.30 Uhr Unterricht.*	•⟵⟶•	**von...bis** + Uhrzeiten
*Ich lebe **seit** 3 Jahren in Österreich.*	⟹	**seit** + Zeitangabe

c) Präpositionen: andere Informationen

für + AKK *Moderne Möbel **für** junge Leute*
*Ich kaufe doch kein Sofa **für** 2 500 Mark!*
*Ich habe **für** Samstag zwei Karten **für** den Tigerpalast.*

mit + DAT *Salat **mit** Ei*
*Ich fahre immer **mit** dem Bus in die Stadt.*
*Gehst du heute **mit** mir tanzen?*

von + DAT *Ich bin Karin Beckmann, **von** „Globe-Tours".*
*Wie ist die Telefonnummer **von** Herrn Palikaris?*

20 Die Adverbien

Adverbien geben zusätzliche Informationen, z.B. zu Ort oder Zeit. Sie ergänzen den Satz oder einzelne Satzteile.
Adverbien dekliniert man nicht. → §6

a) Ortsangaben

Wo finde ich denn Kaffee?	*Im nächsten Gang **rechts oben**.*
Haben Sie Tomaten?	*Gemüse finden Sie **gleich hier vorne links**.*
Ich suche einen Teppich.	*Teppiche finden Sie **ganz da hinten**.*
*Wo gibt es denn **hier** Computer?*	*Im dritten Stock. Fragen Sie bitte **dort** einen Verkäufer.*
Soll ich dich abholen?	*Ja. Du kannst ja **unten** klingeln.*

b) Zeitangaben

***Wie lange** wohnst du schon hier?*	*Nicht **lange**, erst zwei Monate.*
*Haben Sie **jetzt** Zeit?*	*Ja, aber kommen Sie **gleich**.*
*Hast du **heute** Zeit?*	*Nein, aber **morgen**.*
*Was hast du **früher** gemacht?*	*Ich hatte **damals** eine interessante Arbeit, nette Kollegen,*
	alles war einfach super.
*Was hast du **gestern** gemacht?*	***Zuerst** war ich in der Stadt, und **dann** bin ich noch zum Sport gegangen.*

c) Häufigkeitsangaben

*Samstags gehe ich **immer** ins Kino.*
*Gehst du auch **oft** ins Kino?* *Nein, nur **manchmal**.*

nie	*selten*	*manchmal*	*oft*	*meistens*	*immer*

d) Andere Angaben

Gehst du mit mir in die Disko?	*Ja, **gerne**. Und wann?*
*Haben Sie **auch** Jasmintee?*	*Nein, leider nicht.*
Ich spreche ein bisschen Englisch.	*Ich **auch**.*
Wo ist denn hier die Leergut-Annahme?	*Tut mir Leid, das weiß ich **auch** nicht.*
Wo finde ich hier Fisch?	***Vielleicht** bei der Tiefkühlkost.*
Ist Yoko zu Hause?	*Ich weiß nicht. **Vielleicht**.*

Modalpartikeln setzen subjektive Akzente. Sie modifizieren den Satz oder einzelne Satzteile. Modalpartikeln dekliniert man nicht. Vergleichen Sie:

*Die Wohnung ist **sehr** schön!*	+++
Die Wohnung ist schön.	++
*Die Wohnung ist **ganz** schön.*	+
*Der Kühlschrank ist günstig. Oh, der ist **aber** günstig.*	zeigt Überraschung

Beispiele mit Modalpartikeln	**subjektiver Akzent**
*Wie alt sind **denn** Ihre Kinder?*	zeigt Interesse
*Hast du **vielleicht** auch Tee?*	machen Fragen freundlich
*Gebt ihr mir **mal** eine Schachtel Zigaretten?*	
*Helft mir **doch mal**!*	machen Aufforderungen freundlich
*Kommen Sie **bitte** mit.*	
*Schau mal, das Sofa ist **doch** toll.*	„Findest du nicht auch?"
*Das ist **doch** altmodisch.*	„Nein, ich finde es nicht toll."
*Ich finde das Sofa nicht **so** schön.*	höflich für „nicht schön"
*Das ist **zu** teuer.*	„So viel Geld möchte ich nicht bezahlen."
*Sie ist **schon** 8 Monate in Deutschland.*	„Ich finde, das ist eine lange Zeit."
*Sie ist **erst** 8 Monate in Deutschland.*	„Ich finde, das ist nicht lange."
*Ich spreche **etwas** Deutsch.*	≈ nicht viel, ein bisschen
*Kann ich auch **etwas** später kommen?*	
*Roman möchte **noch** ein Cola.*	≈ das zweite, dritte, … Cola
*Lesen Sie den Text **noch** einmal.*	≈ das zweite, dritte, … Mal
In Deutschland haben …	„Ich weiß es nicht ganz genau."
*… **fast** alle Haushalte eine Waschmaschine.*	< 100% (≈ 95–99%)
*… **über** die Hälfte der Haushalte einen Videorekorder.*	> 50% (≈51–55%)
*… **etwa** die Hälfte der Haushalte eine Mikrowelle.*	< > 50% (≈45–55%)
*Ich komme **so** um zehn.*	< > 10 Uhr (9.45–10.15 Uhr)
*Haben Sie auch andere Teppiche? **So** für 500 Mark?*	< > 500 DM (450–550 DM)
*Die Vorstellung war **ganz** fantastisch.**	macht die Aussage „fantastisch" stärker
*Wir haben gleich **sehr** nette Leute kennen gelernt.*	macht die Aussage „nett" stärker
*Die Tempel waren **wirklich** schön.*	
*Ich war **wirklich** sauer auf Ralf.*	betont „schön" und „sauer"
*Der Flug war **ganz schön** lang.*	
*Die Snacks waren **ziemlich** teuer.*	macht die Aussagen „lang" und „teuer" etwas stärker
*Der lange Flug war **etwas** langweilig.*	
*Ich war auch **ein bisschen** müde.*	macht die Aussagen „langweilig" und „müde" schwächer

▶ Die Partikeln *sehr, ganz schön, ein bisschen, ziemlich, etwas* kann man nicht mit den positiven Attributen *fantastisch* und *super* kombinieren.

22 **Die Konjunktionen** → § 5

Konjunktionen verbinden Sätze oder Satzteile.

Ich habe keine Kinder.	***Aber** ich.*	= Kontrast
Achim hat eine große Wohnung,	***aber** keine Küche.*	
Journalisten arbeiten bei der Zeitung	***oder** beim Fernsehen.*	= Alternative
Kaufe ich ihr jetzt Gummibärchen	***oder** kaufe ich ihr keine?*	
Ich heiße Beckmann.	***Und** wie ist Ihr Name?*	= Addition
Ich spreche Italienisch, Spanisch	***und** etwas Deutsch.*	
frühstücke erst in der Schule,	***wenn** Pause ist.*	= Zeit/Bedingung
Wenn ich in London bin,	***dann** schreibe ich dir gleich eine Karte.*	
Viele ziehen nicht von zu Hause aus,	***weil** sie Probleme mit dem Alleinsein haben.*	= Grund
Ich musste zu Hause ausziehen,	***weil** ich jetzt in Münster studiere.*	
Immer mehr junge Leute bleiben im Elternhaus,	***obwohl** sie schon lange arbeiten und Geld verdienen.*	= Gegengrund
Herr Kleinschmidt ist Taxifahrer,	***obwohl** er nicht gut Auto fahren kann.*	

In der gesprochenen Umgangssprache hört man manchmal nach *weil* oder *obwohl* auch die Hauptsatz-Form mit einer kleinen Sprechpause nach *weil* und *obwohl*.

Ich muss zu Hause bleiben und lernen, weil: Wir schreiben am Montag ein Diktat.
Ich muss mit meiner kleinen Schwester in die Disko gehen, obwohl: Ich hab dazu überhaupt keine Lust.

So darf man sprechen, aber nicht schreiben!

Haben Sie gewusst*,	***dass** der älteste Mensch 120 Jahre alt wurde?*
Ich glaube*,	***dass** Nikos im Kurs ist.*

*„Dass"-Sätze stehen oft nach Verben wie *sagen, wissen, glauben, meinen, vermuten.*

Die Wortbildung

§23 Komposita

Nomen + Nomen	Adjektiv + Nomen	Verb + Nomen
die Kleider (Pl) + der Schrank ↳ **der Kleiderschrank**	*hoch + das Bett* ↳ **das Hochbett**	*schreiben + der Tisch* ↳ **der Schreibtisch**
die Wolle + der Teppich ↳ **der Wollteppich**	*spät + die Vorstellung* ↳ **die Spätvorstellung**	*stehen + die Lampe* ↳ **die Stehlampe**

▶ Das Grundwort steht am Ende und bestimmt den Artikel. Das Bestimmungswort (am Anfang) hat den Wortakzent.

§24 Vorsilben und Nachsilben

a) Die Wortbildung mit Nachsilben

-isch für Sprachen:
England – Englisch, Indonesien – Indonesisch, Japan – Japanisch, Portugal – Portugiesisch

-in für weibliche Berufe und Nationalitäten:
der Arzt – die Ärztin, der Pilot – die Pilotin, der Kunde – die Kundin …
der Spanier – die Spanierin, der Japaner – die Japanerin, der Portugiese – die Portugiesin …

Andere Berufsbezeichnungen:
Geschäftsfrau – Geschäftsmann, Hausfrau – Hausmann, Kamerafrau – Kameramann,
Bankkauffrau – Bankkaufmann …

-lich/-ig für Adjektive:
ängstlich, jugendlich, richtig, farbig

-heit, -ung, -keit, -tät, -ion, -ie für Nomen:
die Dummheit, die Wahrheit; die Lösung, die Beratung; die Freundlichkeit, die Müdigkeit;
die Aktivität, die Nervosität; die Demonstration, die Revolution; die Energie, die Fantasie

b) Die Wortbildung mit Vorsilben

un- als Negation bei Adjektiven:
*praktisch – **un**praktisch*	≈ *nicht praktisch*
*bequem – **un**bequem*	≈ *nicht bequem*
*pünktlich – **un**pünktlich*	≈ *nicht pünktlich*

▶ Viele Adjektive negiert man mit **nicht**, z.B. *nicht teuer, nicht billig, nicht viel …*

Textgrammatische Strukturen

§25 Die Negation

a) Mit *nicht* oder *kein* negiert man Sätze oder Satzteile. → §13

Kommst du am Samstag mit ins Konzert?	*Ich darf **nicht** mitkommen, ich muss lernen.* *Da habe ich **keine** Zeit. Ich muss arbeiten.*
Wo finde ich hier frischen Fisch?	*Tut mir Leid, das weiß ich auch **nicht**.* *Wir haben **keinen** frischen Fisch.*
Familienstand?	*Ich bin **nicht** verheiratet und habe **keine** Kinder.*
Kannst du uns beim Umzug helfen?	*Ende August bin ich **nicht** in Frankfurt, da bin ich in Graz.*

b) Eine positive Frage beantwortet man mit *ja* oder *nein*, eine negative Frage mit *doch* oder *nein*.

Ist Frau Fröhlich verheiratet?	**Ja.**	(= Frau Fröhlich ist verheiratet)
Ist Vera verheiratet?	**Nein.**	(= Vera ist nicht verheiratet)
*Ist Frau Fröhlich **nicht** verheiratet?*	**Doch.**	(= Frau Fröhlich ist verheiratet)
*Ist Vera **nicht** verheiratet?*	**Nein.**	(= Vera ist nicht verheiratet)

c) Zwischen *ja* und *nein*.

Warum wolltest du wieder nach Deutschland zurück?	***Eigentlich** wollte ich **ja** in Amerika bleiben, **aber** mit Simon konnte ich ja nicht mehr arbeiten.*
*Ihr wolltet **doch** nach Berlin fliegen?*	***Eigentlich schon, aber** wir konnten keine Tickets mehr bekommen.*
Musst du nicht am Wochenende arbeiten?	***Doch, aber** nur bis sechs.*

d) Weitere Negationswörter:

*Gehst du **nie** in die Disko?*	*Nein, ich tanze nicht gerne.*

26 Referenzwörter

a) **Personalpronomen** stehen für Namen und Personen. → § 16

*Maria Jablońska kommt aus Polen. **Sie** lebt schon seit 1987 in Deutschland.*

Rainer Schnell ist seit drei Jahren Pilot einer Boeing 747 der Lufthansa.
***Er** ist viel unterwegs und hat wenig Zeit für seine Familie in Hamburg.*

Tanja weint ein bisschen lauter. Was mache ich nur?
*Kaufe ich **ihr** jetzt Gummibärchen, oder kaufe ich **ihr** keine?*

b) **Bestimmte Pronomen** und **unbestimmte Pronomen** stehen für Nomen. → § 16

*Wie findest du **die Küche**?*	***Die** finde ich praktisch.*
***Der Teppich** hier ist doch schön.*	*Schön? **Den** finde ich langweilig.*
***Den Tisch von Helberger** finde ich toll.*	*Ich auch. Aber **der** ist zu teuer.*
*Hast du **ein Handy**?*	*Ja, ich habe **eins.***
*Die Kinder möchten **Süßigkeiten**, aber der Vater kauft ihnen **keine**.*	

c) **D-Wörter** stehen für Satzteile und Sätze.

*Kannst du **um acht Uhr**?*	*Nein, **da** habe ich keine Zeit.*
*Wie ist das **in Frankreich**? Wie viele Leute haben **dort** ein Telefon?*	
*Sag mal, Vera, lernst du **so** Deutsch?*	*Ah, die Zettel. **Das** ist eine gute Methode.*

d) Der **bestimmte Artikel** steht bei schon bekannten Nomen (und der unbestimmte Artikel bei neuen Nomen). → § 13

*Das ist keine Tabelle. Das ist **eine Liste**.*	*Genau. Das ist **die Liste** auf S. 25.*
*Sie verkaufen **einen Kühlschrank**. Funktioniert der auch?*	*Ja, natürlich. **Der Kühlschrank** ist erst ein Jahr alt.*

27 Kurze Sätze → § 2

In Dialogen gibt es oft kurze Sätze ohne Verb oder Subjekt (kurze Antworten und Rückfragen).

Was sind Sie von Beruf?	***Ärztin.***
Woher kommen Sie?	***Aus Polen. Und Sie?***
Haben Sie Kinder?	***Ja, zwei. Und Sie?***
Wie heißt du?	***Tobias. Und du?***
Wie geht's?	***Danke, gut. Und dir?***
Entschuldigung, wie spät ist es bitte?	***Zehn vor acht.***
Was möchten Sie trinken?	***Einen Apfelsaft, bitte.***
Haben Sie hier keine Computer?	***Doch, natürlich. Da hinten rechts.***

Liste der Arbeitsanweisungen

Antworten Sie.

Arbeiten Sie in Gruppen.

Beantworten Sie die Fragen.

Berichten Sie.

Beschreiben Sie.

Bilden Sie Sätze.

Diskutieren Sie.

Ergänzen Sie.

Ersetzen Sie die Bilder durch die passenden Wörter.

Finden Sie weitere Fragen.

Fragen Sie Ihren Nachbarn.

Hören Sie ... (bitte) noch einmal.

Interviewen Sie die anderen Kursteilnehmer / Ihre Nachbarn.

Korrigieren Sie die Fehler.

Lesen Sie (den Text).

Lesen Sie weiter.

Lesen Sie vor.

Lösen Sie das Rätsel.

Machen Sie aus Adjektiven Nomen.

Markieren Sie.

Notieren Sie (die Antworten).

Ordnen Sie.

Ordnen Sie zu.

Raten Sie.

Sagen Sie die Wörter laut.

Schauen Sie das Bild an.

Schreiben Sie (eigene Dialoge).

Singen Sie gemeinsam.

Singen Sie mit.

Sortieren Sie (die Sätze).

Spielen Sie dann Ihren Dialog vor.

Sprechen Sie mit Ihren Nachbarn.

Sprechen Sie nach.

Sprechen Sie über die Bilder.

Suchen Sie die Adjektive im Text.

Tauschen Sie die Rätsel im Kurs.

Üben Sie.

Überlegen Sie: Wie heißen ...?

Unterstreichen Sie (die Adjektive).

Vergleichen Sie.

Wählen Sie ein Gedicht.

Was bedeuten die Wörter?

Was denken Sie?

Was ist richtig: a, b oder c?

Was meinen Sie?

Was passt (wo)?

Was passt zu welchem Dialog?

Was passt zusammen?

Welche Regeln gelten für welche Gruppen?

Welches Bild kommt zuerst?

Wer gehört zu wem?

Wie finden Sie ...?

zu zweit / zu dritt / zu viert.

Arbeitsbuch
Lektion 7–12

Familie und Haushalt

Familienverhältnisse

1 **Wer gehört zu wem? Raten Sie und diskutieren Sie zu viert.**

Dschawaharlal

Sigrun

Veronika

Hans

Kurt

Christian

Angelika

Indira

sich ähnlich sehen
Sie sieht **ihm sehr** ähnlich.
Er sieht **ihr ein bisschen** ähnlich.
Beide sehen sich **überhaupt nicht** ähnlich.

Ähnlichkeit haben
Sie haben **große** Ähnlichkeit.
Beide haben **eine gewisse** Ähnlichkeit.
Sie haben **überhaupt keine** Ähnlichkeit.

Ich glaube, → *Sigrun ist die Schwester von Christian.* ↘
    Das glaube ich nicht. ↘ *Der sieht ihr doch überhaupt nicht ähnlich.* ↘
       Doch, → *ein bisschen Ähnlichkeit haben die beiden.* ↘ *Aber schaut doch mal hier.* ↘
        …

2 **Suchen Sie die Wörter und ergänzen Sie die fehlenden Buchstaben und die Plurale.**

```
E R O N K E L G E T L Z W
N I C H T E T E R E G S F
K H T S S A L N C R R C B
E J O C C N E F F E O H R
L E C H H E S D Ü W ß W U
S C H W E S T E R O V Ä D
O Y T A N T E ß M A A G E
H C E G R O ß M U T T E R
N N R E E M U C H K E R N
F E R R R H W Ö L M R I F
L R E G T E R V B C H N E
```

	die ♀	der ♂
Großeltern	Gr *o* ßm *u* tt *e* r, ¨	Gr *o* ßv *a* t *e* r,
Eltern	M *u* tt *e* r, ¨	V *ä* t *e* r
Geschwister	Schw *e* st *e* r	Br *u* d *e* r
Kinder	T *o* cht *e* r	S *o* hn
Enkelkinder	*E* nk *e* lt *o* cht *e* r	*E* nk *e* ls *o* hn
andere	T *a* nt *e*	*O* nk *e* l
	Schw *ä* g *e* r *i* n	Schw *a* g *e* r
	N *i* cht *e*	N *e* ff *e*

Wer ist das? Ergänzen Sie.

1 Mein Bruder ist mit ihr verheiratet.   Sie ist   *meine* _____
2 Mein Vater hat eine Schwester.   Sie ist   _____
3 Meine Geschwister: _____
4 Meine Nichte hat einen Bruder.   Das ist   _____
5 Meine Kinder: _____
6 Mein Sohn hat eine Tochter.   Das ist   _____
7 Meine Tochter ist mit ihm verheiratet.   Er ist   *mein Schwiegersohn.*
8 Die Eltern von meiner Frau oder von meinem Mann: _____
9 Meine Tochter hat einen Sohn.   Er ist   _____
10 Meine Mutter hat einen Bruder.   Er ist   _____

Lösen Sie die Rätsel.

Familien-Rätsel

1 Ein Mädchen sagt: Ich habe doppelt so viele Brüder wie Schwestern. Und ihr Bruder ergänzt: Ich habe genau so viele Brüder wie Schwestern.

  Wie viele Jungen und Mädchen gibt es in der Familie?

2 Ein Junge sagt: Ich bin doppelt so alt wie mein kleiner Bruder und halb so alt wie meine große Schwester. Meine Mutter wird bald vierzig. Dann ist sie genau doppelt so alt wie meine große Schwester.

  Wie alt sind die Kinder?

3 Ein Kind sagt: Ich habe drei Tanten und fünf Onkel. Meine Mutter hat genau so viele Brüder wie Schwestern. Mein Vater hat halb so viele Schwestern wie meine Mutter.

  Wie viele Schwestern und wie viele Brüder hat meine Mutter?

Jetzt machen Sie ein Familien-Rätsel zu Ihrer Familie.

=	genau so ... wie
2 x	doppelt so ... wie
¹/₂ x	halb so ... wie

Brieffreunde – weltweit

Lesen Sie die Anzeigen und beantworten Sie die Fragen.

1 Was sind Brieffreundschaften?
2 Was bedeutet weltweit?
3 Haben Sie Brieffreunde? Berichten Sie.
4 Sie suchen Brieffreunde. Was können Sie machen?

Interesse an netten Brieffreundschaften weltweit? Info: Max Dirnhofer, Blumenstraße 44, 70182 Stuttgart

Weltweite Briefkontakte! Infos: International Penfriends, postlagernd, 89073 Ulm

2

Lesen Sie den Brief und markieren Sie.

	richtig	falsch
1 Carla sucht Brieffreunde.		
2 Sie schreibt an Max Dirnhofer.		
3 Carla ist Schülerin.		
4 Sie kann nur auf Deutsch schreiben.		
5 Sie hat viele Hobbys.		
6 Die „International Penfriends" sind in Ulm.		
7 Carla wohnt in der Schweiz.		

1 ── 7. Juli 1998

2 ──────
Carla Martin
Ricarda-Huch-Str. 7
79114 Freiburg
Tel. (07 61) 58 03 96

> **mögen**
>
> ich mag
> du magst
> sie/er mag
> wir mögen
> ...

3 ──────
An die
International Penfriends
Postlagernd

89073 Ulm

4 ──────
Informationen über Briefkontakte

5 ──────
Sehr geehrte Damen und Herren,

6 ──────
ich habe Ihre Anzeige in der „Brigitte" gelesen und bin sehr interessiert an internationalen Brieffreundschaften. Wie funktioniert Ihr System eigentlich? Ist die Vermittlung kostenlos? Wann bekomme ich die ersten Adressen? Sie sehen, ich habe viele Fragen. Vielleicht brauchen Sie gleich ein paar Daten von mir? Ich bin 18 Jahre alt, gehe aufs Gymnasium und mache nächstes Jahr mein Abitur. Ich habe einen Bruder (15) und eine Schwester (12). Am Wochenende fahre ich mit meiner Familie oft in die Schweiz oder nach Frankreich - das ist ja von Freiburg nicht weit. Meine Hobbys sind Reiten, Lesen und Kino.
Ich sehe am liebsten lustige Filme, und ich mag Robert de Niro - ich habe fast alle seine Filme gesehen. Ich lese auch gern Bücher auf Englisch oder Französisch, meistens Krimis. Meine Lieblingsfächer in der Schule sind alle Sprachen, außerdem Sport und Geschichte.
Bitte schicken Sie mir weitere Informationen oder am besten gleich Adressen - ich kann auch auf Englisch oder Französisch schreiben. Vielen Dank für Ihre Bemühungen.

7 ──────
Mit freundlichen Grüßen

8 ──────
Carla Martin

3

Was steht wo? Schauen Sie sich den Brief noch einmal an und ergänzen Sie.

2 Absender ☐ Anrede ☐ Datum ☐ Unterschrift ☐ Empfänger ☐ Gruß ☐ Text ☐ Betreff

Lesen Sie den Brief und machen Sie Notizen.

Name _____   Familie _____

Alter _____   Hobbys _____

Wohnort _____   Lieblingsfächer _____

Zukunftspläne _____   andere Informationen _____

1998 – 08 – 01

Hallo Carla,

ich habe deine Adresse von „International Penfriends" bekommen. Ich heiße Virginie Dubost und bin 17 Jahre alt. Im Dezember werde ich 18. Ich interessiere mich sehr für andere Länder und Sprachen. Ich wohne in Montpellier und gehe noch zur Schule. Meine Lieblingsfächer sind Englisch, Deutsch und Musik. Später will ich vielleicht mal Sprachen studieren und dann Dolmetscherin werden! Vielleicht kann ich ja auch ein paar Semester im Ausland studieren. Was ist dein Traumberuf?

Mein Deutsch ist noch nicht so gut, aber meine Lehrerin ist sehr nett und hilft mir. Sie hat diesen Brief gelesen und korrigiert! Überhaupt haben wir (fast) nur nette Lehrer in unserer Schule. Wie findest du deine Lehrer? Und wie sind deine Mitschülerinnen (und Mitschüler!)?

Im Sommer fahren wir alle ans Meer. In unserem Ferienhaus ist Platz für viele Leute. Wir haben oft Besuch von unseren Verwandten und Freunden. Meistens sind wir alle zusammen am Strand, aber manchmal nehme ich auch mein Fahrrad und fahre allein los – irgendwohin, einfach so. Wo verbringt ihr eure Ferien? Vielleicht kannst du uns ja mal besuchen, dann zeige ich dir alles.

Mein Bruder heißt Philippe und ist 25. Er ist Lehrer von Beruf. Er wohnt noch bei uns, aber er will bald heiraten. Seine Freundin heißt Simone, ich mag sie sehr. Manchmal machen wir sonntags zusammen einen Ausflug. Dann fahren wir mit ihrem Auto (einem Porsche!) – das macht immer viel Spaß! Übrigens – bald mache ich meinen Führerschein, vielleicht gibt sie mir dann ja mal ihr Auto.

Mit meinen Eltern verstehe ich mich ganz gut, aber sie sind ein bisschen streng. Sie wollen nicht, dass ich ins Ausland gehe, aber ich möchte unbedingt in Deutschland studieren. Na ja, wir werden sehen.

Ich lese auch sehr gern – vor allem Krimis, genau wie du. Kannst du mir ein paar deutsche Krimis empfehlen, die nicht so schwer sind? Ich spiele regelmäßig Tennis und reite auch ganz gern – aber am liebsten tanze ich: Tanzen ist mein Leben! Bei unserem Verein habe ich mit meinem Tanzpartner sogar schon Turniere gemacht. Manchmal denke ich: Vielleicht werde ich ja doch nicht Dolmetscherin, sondern mache eine eigene Tanzschule auf. Na ja, ich habe ja noch etwas Zeit.

Ich schicke dir ein Foto. Da siehst du Philippe, seine Freundin, unseren Hund Jacques – und mich natürlich. Schick mir doch auch ein Foto von deiner Familie ...

So, jetzt weißt du schon eine Menge von mir. Bitte schreib mir bald!

Viele Grüße

deine Virginie

Meine Adresse:

Virginie Dubost

42 Grand'rue Jean Moulin

34000 Montpellier

Frankreich

Ergänzen Sie die Tabelle.

Possessiv-Artikel	mein-	dein-	ihr-	sein-	sein-	unser-	euer-	ihr-	Ihr-
Personalpronomen	_____	_____	_____	_____	*es/man*	_____	*ihr*	_____	_____

> **Präpositionen mit Dativ**
> ein Foto   **von**   deiner Familie
> er wohnt   **bei**   uns
> wir fahren   **mit**   ihrem Auto
> ich gehe noch **zur**   (= **zu der**) Schule

5 **Unterstreichen Sie alle Nomen mit Possessiv-Artikeln und ergänzen Sie die Tabelle.**

	f	m	n	Pl
Nom heißen, sein, ...	_____ *Lehrerin* _____ *Freundin*	*dein* *Traumberuf* _____ *Bruder*	_____ *Deutsch* _____ *Leben*	*meine* *Lieblingsfächer* _____ *Mitschülerinnen*
Endung	*- e*	*- —*	*-*	*- e*
Akk bekommen finden, ...	*deine* *Adresse* _____ *Freundin*	_____ *Führerschein* _____ *Hund*	_____ *Fahrrad* _____ *Auto*	_____ *Lehrer* _____ *Ferien*
Endung	*-*	*-*	*-*	*- e*
Dat	*in* _____ *Schule* *von* _____ *Familie*	*bei* _____ *Verein* *mit* _____ *Tanzpartner*	*in* _____ *Ferienhaus* *mit* _____ *Auto*	*mit* _____ *Eltern* *von* _____ *Verwandten*
Endung	*-*	*-*	*-*	*-*

> **Possessiv-Artikel**
> 1   Possessiv-Artikel haben die gleichen Endungen wie negative Artikel (kein-).
> 2   Die Endungen im Nominativ und Akkusativ sind gleich bei _____ .
> 3   Die Endungen im Dativ sind gleich bei _____ .

6 **Schreiben Sie einen Brief.**

Sie sind Carla und schreiben einen Antwortbrief an Virginie Dubost.

So kann man anfangen

Liebe ♀ , Lieber ♂ ,

Hallo ... ,

vielen Dank für deinen Brief ...

(gestern) ist dein Brief gekommen ...

ich habe mich sehr (über deinen Brief) gefreut

...

So kann man aufhören

So, jetzt muss ich aber Schluss machen, ...

Bitte schreib mir bald.

Ich freue mich schon auf deine Antwort.

Ich hoffe, wir können uns bald einmal sehen.

Viele Grüße / Liebe Grüße / Herzliche Grüße

deine ♀ / dein ♂ ,

...

KURSBUCH
B 4

C

Heinzelmännchen-Service

Arbeiten Sie in Gruppen.

Gruppe 1   Sie möchten eine Geburtstagsparty machen.

Gruppe 2   Sie müssen heute die ganze Haushaltsarbeit allein machen.

Gruppe 3   Sie müssen einen Kranken in der Familie versorgen.

Gruppe 4   Sie möchten alle Kollegen (25!) zum Kaffeetrinken einladen.

Diskutieren Sie.

Was brauchen wir? Was müssen wir alles machen?

Machen Sie eine Liste mit Aufgaben.

Verteilen Sie die Aufgaben. Wer kann was machen? Wer macht was?

Tee machen / Kaffee kochen ◆ einen Geburtstagskuchen backen ◆ einkaufen ◆ das Essen kochen ◆
Medikamente besorgen ◆ Torte(n) kaufen ◆ Freunde und Bekannte einladen ◆ Geschirr abwaschen ◆
Wäsche waschen ◆ das Bett machen ◆ Getränke besorgen ◆ die Wohnung aufräumen ◆
Kinder abholen ◆ staubsaugen ◆ Sekt kalt stellen ◆ Tisch decken ◆ Einladungen schreiben ◆
Nachbarn Bescheid sagen ◆ Nachbarn einladen ◆ Kinder anziehen ◆ ...

Gruppe 1
Getränke
    besorgen
Sekt kalt
    stellen

Gruppe 2
staubsaugen

Gruppe 3
Tee machen

Gruppe 4
die Wohnung
aufräumen

Spielen Sie Ihre „Aufgaben" pantomimisch vor. Die anderen raten.

2 **Lesen Sie den Text: Was kann „Heinzelmännchen-Service" für Ihre Gruppe tun?**

Wir waschen und bügeln für Sie.
Wäscherei

Stehen Sie am Wochenende manchmal vor einem Wäscheberg und haben keine Zeit und keine Lust, stundenlang zu waschen und zu bügeln? Dann rufen Sie uns an. Wir holen Ihre Wäsche freitags ab und bringen sie Ihnen montags fix und fertig zurück – das Wochenende gehört Ihnen. Natürlich können wir Ihre Wäsche auch an jedem anderen Tag unter der Woche abholen.

Diesen Service bieten wir
Firmen **und Restaurants**
im preiswerten
Abo an.

Neu in Berlin
Wir kochen für Sie. Party-Service

Ob Paella, Pakora, Calamares oder Sashimi – bei uns finden Sie (fast) alles: Unsere Köche und Köchinnen bereiten täglich köstliche Mittagessen zu – nach Rezepten aus aller Welt (inkl. Lieferung ins Haus). Möchten Sie Ihre Gäste mit einem schönen Buffet verwöhnen? Mit unserem Party-Service gelingt jede Feier. Wir stellen Ihnen ein komplettes Buffet zusammen (inkl. Tischdecken und Geschirr bis 50 Personen) – ganz nach Ihren Wünschen! Rufen Sie uns an, wir beraten Sie gern auch telefonisch.

Heinzelmännchen-Service
Himbeersteig 22
14129 Berlin
Telefon 030 / 39 04 88 39
Fax 030 / 39 04 88 38

Wir putzen für Sie.
Familiendienst

Manchmal geht alles drunter und drüber: Vater ist krank, Oma hat keine Zeit, Mutter hat viele Termine, die Tochter muss sich auf eine wichtige Prüfung vorbereiten, und alles bleibt liegen: Die Wohnung sieht furchtbar aus. Wer wünscht sich da nicht ein paar Heinzelmännchen, die schnell mal Ordnung machen? Wir sind für Sie da und erledigen alle Arbeiten im Haushalt:

Wir kochen und waschen für Sie, wir kaufen für Sie ein und räumen die Wohnung auf. Und natürlich betreuen wir auch Ihre Kleinen.

Gruppe 1: Die Wäscherei kann unsere Tischdecken waschen und bügeln.
Gruppe 2: Der Familiendienst kann für uns staubsaugen und putzen. …

Lesen Sie den Text noch einmal und markieren Sie alle Verben mit Vorsilben.

3 **Ergänzen Sie passende Sätze aus C 2.**

	Verb 1		Verb 2 Vorsilbe
1	*Dann*	*rufen*	*Sie uns*	*an.*
2				
3				
4				
5				
6				
7				
8				
9				

Ergänzen Sie die Regel.

> ◆ **Trennbare Verben**
>
> 1 Im Deutschen gibt es viele _____ mit Vorsilben. Die meisten Vorsilben sind trennbar,
> z.B. _anrufen, abholen,_ _____
> Im Satz steht das _____ auf Position 2 (bei Ja/Nein-Fragen und Imperativ auf
> Position 1) und die trennbare _____ am Satz-Ende.
>
> 2 Vergleichen Sie:
> Wir **holen** Ihre Wäsche gleich am Freitag **ab**.
> Natürlich **können** wir Ihre Wäsche auch an jedem anderen Tag unter der Woche **abholen**.
>
> In Sätzen mit Modalverben steht das Modalverb auf Position _____ und das Verb im Infinitiv
> am _____ .
>
> 3 Einige Vorsilben (er-, be-, ge-, ver- ...) kann man nicht vom Verb trennen, z.B. _gehören,_ _____

C 4   **Sortieren Sie die Verben.**

~~kochen~~ ◆ ~~abholen~~ ◆ waschen ◆ erzählen ◆ zubereiten ◆ geben ◆ ergänzen ◆ bügeln ◆
einkaufen ◆ gelingen ◆ anbieten ◆ verbrauchen ◆ aufhängen ◆ verstehen ◆ raten ◆
besuchen ◆ aufstehen ◆ aufräumen ◆ besorgen ◆ kaufen

normale Verben	trennbare Verben	nicht-trennbare Verben
kochen	abholen	

KUR

 Hören und vergleichen Sie.

C 5   **Trennbar oder nicht? Hören und markieren Sie.**

> ◆ **Wortakzent**
> **trennbare Verben**   ●●●   Wortakzent auf der Vorsilbe: „einkaufen"
> **nicht-trennbare Verben**   ●●●   Wortakzent auf dem Verb-Stamm: „verkaufen"

		trennbar	nicht-trennbar			trennbar	nicht-trennbar
1	zuschneiden			9	bekommen		
2	aufstehen			10	einkaufen		
3	verstehen			11	aufbleiben		
4	betrachten			12	verstecken		
5	gefallen			13	beginnen		
6	bezahlen			14	verschwinden		
7	vorbereiten			15	bedanken		
8	verkaufen			16	anziehen		

6 **Ergänzen Sie die Verben aus C 5.**

DIE HEINZELMÄNNCHEN

nach den Gebrüdern Grimm

Ein Schuster ist ohne Schuld so arm geworden, dass er nur noch Leder für ein einziges Paar Schuhe hat.

Am Abend _schneidet_ er das letzte Leder _zu_ und geht zu Bett. Am nächsten Morgen _____ er _____ und geht in seine Werkstatt. Da steht das Paar Schuhe ganz fertig auf seinem Tisch. Er _____ gar nichts. Er nimmt die Schuhe in die Hand und _____ sie: Sie sind wunderbar – ein Meisterwerk! Kurz danach kommt auch schon ein Kunde und möchte die Schuhe kaufen. Und weil ihm die Schuhe so gut _____ , _____ er den doppelten Preis. Der Schuster nimmt das Geld und kauft sofort Leder für zwei Paar Schuhe. Am Abend _____ er wieder die Arbeit für den nächsten Tag _____ . Als er am nächsten Morgen in seine Werkstatt kommt, sind die Schuhe schon fertig. Und wieder _____ er die Schuhe schnell und _____ so viel Geld, dass er jetzt Leder für vier Paar Schuhe _____ kann. Am nächsten Morgen sind auch diese vier Paar fertig. So geht das Tag für Tag und er wird bald ein wohlhabender Mann. Eines Abends sagt der Mann zu seiner Frau: „Was meinst du? Wollen wir heute Nacht einmal _____ ? Ich möchte zu gern wissen, wer die Schuhe für uns näht." Also _____ sich beide in der Werkstatt und warten. Um Mitternacht kommen zwei kleine niedliche nackte Männlein. Sie setzen sich an den Tisch des Schusters, nehmen die zugeschnittenen Teile und _____ mit der Arbeit. Sie arbeiten so schnell, dass der Schuster nicht glauben kann, was er da sieht. Und im Nu sind sie fertig und _____ so schnell wie sie gekommen waren.

Am anderen Morgen sagt die Frau: „Die Heinzelmännchen haben uns reich gemacht. Doch sie selbst sind so arm, sie haben nicht einmal etwas zum Anziehen. Ich möchte für sie Kleidung nähen. Mach du jedem ein Paar Schühlein dazu. So können wir uns doch bei ihnen _____ ." Der Mann findet ihre Idee gut, und beide machen sich an die Arbeit. Am Abend legen sie die Geschenke auf den Tisch, wo sonst das Leder liegt. Um Mitternacht sind die Heinzelmännchen wieder da. Zuerst suchen sie nach dem zugeschnittenen Leder, dann sehen sie die Kleider und Schuhe. Sie _____ alles schnell _____ , tanzen durch die Werkstatt und singen vor Freude:

„Sind wir nicht Männlein glatt und fein?
Wir wollen nicht länger Schuster sein!"

Von nun an kamen die Heinzelmännchen nie wieder, der Schuster und seine Frau aber lebten glücklich und zufrieden bis an ihr Lebensende.

Jetzt hören und vergleichen Sie.

7 **Hören und sprechen Sie.**

Ihr Bekannter ist seit kurzer Zeit Hausmann. Er beklagt sich über seine Arbeit, aber Sie verstehen das nicht: Für Sie sind Hausarbeiten kein Problem. Sie sagen: „Na und? ..."

Beispiel: *Also Hausmann sein – das ist wirklich anstrengend. Ich muss jeden Tag früh aufstehen.*
Na und? ↗ *Ich stehe gern früh auf.* ↘
Dann muss ich die Wohnung aufräumen.
...

8 **Schreiben Sie über Ihren Tag.**

Der Ton macht die Musik

D 1

3/5

Hören und vergleichen Sie.

Diese Konsonanten
klingen ähnlich.

	hart (stimmlos)		weich (stimmhaft)
[p]	packen	[b]	backen
	Oper		Ober
[t]	Tick	[d]	dick
	Winter		Kinder
[k]	Karten	[g]	Garten
	Vokal		Regal

D 2

1/6

Üben Sie.

stimmhaftes „b" = [b]
Sagen Sie „aaaaaaaaa"
dann schließen und
öffnen Sie dabei die
Lippen:
„aaaaaaaaa" wird zu
„aabaabaabaa".

stimmloses „p" = [p]
Halten Sie eine Kerze vor
den Mund, atmen Sie ein
und schließen Sie die
Lippen. Sie wollen
ausatmen, aber es geht
nicht: Die Lippen sind
geschlossen.

Öffnen Sie plötzlich
die Lippen:
Sie hören „p" – die
Kerze ist aus.

Nehmen Sie ein Blatt
Papier und üben Sie.
Sagen Sie:
ein Blatt Papier,
ein Paket Butter,
ein paar Bier,
Bei den Wörtern mit
„p" muss sich das Blatt
bewegen!

Üben Sie auch [d]–[t] und [g]–[k] mit einem Blatt Papier. Halten Sie das Blatt ganz nah an den Mund: Bei „t"
und „k" muss sich das Blatt ein bisschen bewegen (nicht so stark wie bei „p").

Sagen Sie: ein toller Tipp, deine Tante, drei Tassen Tee, den Tisch decken,
gute Kunden, ganz klar, kein Geld, Kaugummi, Kilogramm,
Gäste zum Kaffeetrinken, ein paar Gläser Bier, Pack die Koffer!

D 3

3/7

Hart oder weich? Hören Sie, sprechen Sie nach und markieren Sie.

	[p]	[b]		[t]	[d]		[k]	[g]
Bier		X	Dose		X	Kästen	X	
Rap	X		Tasse	X		Gäste		X
halb	X		abends	X		be-ginnt		X
paar			mo-dern			Tag		
liebt			Lied			fragt		
Novem-ber			Lie-der			Fra-ge		
Schreib-tisch			Li-ter			schick		
Urlaub			Süd-amerika			Stü-cke		

Ergänzen Sie die Regeln und Beispielwörter.

Am Wort- und Silbenende spricht man
"b" immer als [p]   *halb, schreibtisch*
"d" immer als [ ]   _____
"g" immer als [ ]   _____
"ck" spricht man als [ ]   _____
Die Silbenmarkierungen finden Sie im Wörterbuch.

Schreib·tisch *der*; -e Art Tisch (oft mit Schubla-
den), an dem man sitzt, wenn man schreibt, rechnet
usw │ K-: **Schreibtisch** , *-lampe, -sessel, -stuhl*

No·vem·ber [-v-] *der*; -s, -; *mst Sg*; der elfte Monat
des Jahres; *Abk* Nov. ⟨im N.; Anfang, Mitte, Ende
N.; am 1., 2., 3. N.; ein nebliger, kalter, stürmischer

richtig, wenig, günstig, traurig, drei**ßig** …
Am Wortende spricht man "-ig" oft wie "-ich".

4   Wo spricht man "b", "d" und "g" als [p], [t] und [k]? Markieren Sie.

Guten Tag ◆ habt ihr Zeit? ◆ ab und zu ◆ mor-gen A-bend ◆ tut mir Leid ◆ lei-der nicht ◆
Sonntag zum Mittag-essen ◆ es gibt ◆ Obst und Gemüse ◆ besorgst du die Getränke? ◆
sie-ben Ta-ge Urlaub ◆ bald geht's los ◆ wohin fliegt ihr? ◆ am lieb-sten ◆ nach Deutschland ◆
das Flug-ticket ◆ nicht billig ◆ wirklich günstig ◆ ein Son-der-an-ge-bot

3/8   Hören Sie, sprechen Sie nach und vergleichen Sie. Machen Sie kleine Dialoge.

5   Wählen Sie ein Gedicht und üben Sie. Dann lesen Sie vor.

3/ -12

Arbeitsteilung

Wer räumt auf?
Wer wäscht ab?
Wer kauft ein?
Wer putzt und saugt?
Wer macht die Betten?
Wer deckt den Tisch?
Wer wäscht und bügelt?
Wer backt und kocht?
Wer besorgt die Getränke?
Wer leert den Müll aus?
Wer räumt den Tisch ab?
Natürlich ich.
Wer sagt nie "danke"?
Wer fragt nie "Wie geht's?"
Wer hört nur halb zu?
Natürlich du!

Durst

Morgens drei Tassen
Kaffee oder Tee
mittags ein Cola
nachmittags Saft
unterwegs ein Likör
abends dann Rotwein
oder ein paar Gläser Bier

Problem

Die Tante liebt den Onkel,
der Onkel liebt die Tanten.
Ab und zu gibt's deshalb Streit –
so sind halt die Verwandten.

Einkauf im Supermarkt

3 Kilo Kartoffeln
Obst & Gemüse
1 Bauernbrot
2 Klopapier
1 Paket Butter
3 Dosen Tomaten
100 g Schinken
6 Kästen Bier
3 Tiefkühl-Pizzen
Käse (geschnitten)
1 kg Zucker
Schokolade
Pralinen & Bonbons
Kaugummis

Keine Gummibärchen?
Schade!

KURSBUCH
E 1-E 3

A

B

E 1   **Lesen Sie den Text. Welches Bild passt zum Text? Warum?**

Die Klavierlehrerin

Ich sehe alles noch ganz deutlich <u>vor meinen Augen</u>.
Ich bin zehn Jahre alt und steige ängstlich die Treppen
in den fünften Stock hinauf. Es ist dunkel im Flur und
es riecht nach Essen. Die Tür ist offen, ich gehe in die
5 Wohnung. Es stinkt nach Zigaretten. Das Klavierzimmer
ist das letzte Zimmer hinten im Gang rechts. Peter sitzt
noch am Flügel und spielt – er ist immer vor mir an der
Reihe. Er hat es gut. Seine Stunde ist gleich zu Ende.
Meine beginnt erst. Ich sage leise: „Guten Tag!", setze
10 mich in den Sessel und stelle meine Tasche auf den
Boden neben den Sessel. Der Sessel steht in einer
dunklen Ecke, direkt neben dem Regal mit den Büchern
und Noten. Über dem Sessel hängen Fotos von ihren
Konzerten. Dazu Zeitungsausschnitte. Meine Klavier-
15 lehrerin ist eine begnadete Pianistin. Ihr Platz ist in
einem Orchester, aber ihre Bewerbungen hatten alle
keinen Erfolg. So muss sie weiter kleinen unmusika-
lischen Kindern wie mir Unterricht geben. Sie steht
neben dem Klavier. Ihr Hund liegt – wie immer – auf
20 seinem Teppich hinter dem Klavier. Ich mag ihn nicht,
er stinkt.

Es ist soweit. Ich bin dran. Ich setze mich an den
Flügel. Ich packe die Noten aus und stelle sie auf den
Notenständer, dann stelle ich meine Tasche unter den
25 Stuhl. Der Hund bellt. Auf dem Klavier zwischen der
Vase und der Lampe steht die weiße Beethoven-Büste.
Beethoven schaut ernst wie immer. Aber heute steht

noch ein Teller neben der Vase. Es ist Dezember, Weih-
nachtszeit. Auf dem Teller sind Lebkuchenherzen. Frau
Schabowsky bietet mir eins an. Ich mag keine Lebku- 30
chenherzen, aber ich nehme eins. So gewinne ich Zeit.
Sie stellt den Teller wieder neben die Vase. Ich beginne
eine Etüde. Sie unterbricht mich: „Nein, so geht das
nicht, noch einmal von vorn. Der Rhythmus stimmt
nicht." Sie stellt sich hinter meinen Stuhl und schlägt 35
den Takt auf meinen Rücken. Der Hund bellt, meine
Hände werden nass. Ich spiele wie in Trance. Ihre
Kommentare höre ich kaum noch. Der Hund steht auf,
läuft dicht an mir vorbei und legt sich vor das Regal.
Meine Finger wollen nicht mehr über die Tasten laufen. 40
Ich bleibe hängen, rutsche ab, Katastrophe. Ich spüre
den Boden unter meinen Füßen nicht mehr ...

Endlich: Es klingelt. Der nächste Schüler kommt. Frau
Schabowsky macht keine Pausen zwischen den
Schülern. Sie schreibt mir noch schnell ins Heft, dass ich 45
nicht geübt habe, dass meine Mutter mitkommen soll,
und dass es so nicht weitergeht. Ich lege das Heft in
meine Tasche zwischen die Noten, stehe auf und
verabschiede mich. Als ich vor die Tür gehe, laufen mir
schon die ersten Tränen über das Gesicht. Die Sonne 50
scheint, über mir lacht ein blauer Himmel. Es ist ein
schöner Tag – eigentlich. Ich habe Angst, nach Hause zu
gehen, Angst vor meiner Mutter.

Nach 18 Monaten geht es wirklich nicht mehr so
weiter. Wir haben großes Glück: Meine Klavierlehrerin 55
geht ans Konservatorium nach Wien. Unsere Qual hat
ein Ende.

Lesen Sie den Text noch einmal und markieren Sie alle Ausdrücke mit Präpositionen.

2 Sortieren Sie die Ausdrücke mit Präpositionen aus E1 und unterstreichen Sie die Artikel.

	● Wo? (Präposition mit Dativ)	→ Wohin? (Präposition mit Akkusativ)
an		
auf		
hinter in		
neben		
über		
unter vor	*vor meinen Augen*	
zwischen		

Ergänzen Sie die Regeln.

1 Die Präpositionen „auf, über, unter, vor, hinten, zwischen, neben, an, in" sind Wechselpräpositionen: Sie stehen mit _____ (Frage: Wo?) oder _____ (Frage: Wohin?).

2 Die Artikel im Dativ sind feminin: *der, einer,* _____ , maskulin und neutrum: _____ ,Plural: *den, –, meinen* _____ .

3 Nomen _____ haben immer die Endung *-n* (Ausnahme: Plural mit „-s").

E 4-E 5

3 Sortieren Sie die Verben.

~~gehen~~ ◆ ~~hinaufsteigen~~ ◆ sehen ◆ laufen ◆ (sich) legen ◆ ~~liegen~~ ◆ kommen ◆ sein ◆ (sich) setzen ◆ sitzen ◆ stehen ◆ stellen ◆ ...

keine Bewegung

liegen,

Bewegung von A nach B

gehen, hinaufsteigen,

Finden Sie zehn Unterschiede in E. Schreiben Sie Sätze mit diesen Verben.

F 1-F 2

Zwischen den Zeilen

Lesen Sie die Texte und unterstreichen Sie die Verben und Präpositionen.

1 Carla Martin sucht internationale Briefkontakte. Sie schreibt einen Brief an „International Penfriends". Sie erzählt von ihrer Familie und berichtet über ihre Hobbys. (Sie bittet „International Penfriends" um weitere Informationen und um Adressen.)

2 Virginie Dubost schreibt an Carla. Sie schreibt über ihre Hobbys, erzählt über ihre Zukunftspläne und berichtet von Ihrer Familie und von den Ferien am Meer. Sie lädt Carla zu einem Besuch ein (und bittet Carla um ein Foto von ihrer Familie).

3 Ein ganz normaler Tag im Leben von Helga Jansen:
13.15 Das Mittagessen ist fertig. Die Kinder erzählen von der Schule, Helga hört nur halb zu: Sie denkt schon an den Nachmittag.
20.00 Helga Jansen spricht mit den Kindern über den Tag und über die Farbe Blau.
22.00 Frau Jansen trinkt ein Glas Wein und spricht mit ihrem Mann über den Tag.

4 Heute ist ein besonderer Tag. Unsere Lehrerin wird 30. Wir gratulieren ihr zum Geburtstag, schreiben ihr eine Geburtstagskarte und singen „Zum Geburtstag viel Glück!". In der Pause lädt sie uns alle zum Kaffeetrinken ein. Wir sprechen über Geburtstage und diskutieren mit ihr über Familienfeste in Deutschland und in anderen Ländern.

Ergänzen Sie die passenden Verben und Beispielsätze.

Lerntipp:

Viele Verben können weitere Ergänzungen mit Präpositionen (Präpositionalergänzungen) haben. Nicht alle Verben und alle Präpositionen passen zusammen – es gibt feste Kombinationen. Lernen Sie Verben immer zusammen mit den passenden Präpositionen und schreiben Sie Beispielsätze mit Präpositional-ergänzungen auf die Wortkarten.

Beispiel:
sprechen + mit DAT + über AKK
Abends spreche ich mit den Kindern über den Tag.

Präposition	Verb + Ergänzung
+ an AKK	*schreiben an International Penfriends*
+ mit DAT	
+ über AKK	*berichten über die Hobbys*
+ von DAT	*erzählen von der Familie*
+ zu DAT	
+ um AKK	

Ergänzen Sie die Sätze. Schreiben oder sprechen Sie.

Manchmal schreibe ich …
Ich denke oft …
… spricht gerne …
Ich möchte gerne einmal … diskutieren.
… erzählt gerne …

Wir müssen immer … berichten.
Soll ich … einladen?
Wollen wir … gratulieren?
Du kannst doch … bitten.

KUR

Herzlichen Glückwunsch zum Geburtstag

1

Diskutieren Sie zu dritt oder viert.

Eine deutsche Freundin, ein deutscher Arbeitskollege, ein ... hat Geburtstag:

a) Was kann man schenken oder mitbringen?

b) Wie lange bleibt man? Muss man pünktlich sein?

c) Dürfen Sie noch eine Person mitbringen?

d) Was sagen Sie zum „Geburtstagskind"?

2

Wo finden Sie Informationen zu den Fragen? Lesen und markieren Sie.

1. **Frau/Herr ... hat Geburtstag:** Feiert er oder sie? Wünschen Sie dem Geburtstagskind auf jeden Fall „Alles Gute zum Geburtstag!" oder sagen Sie: „Herzlichen Glückwunsch zum Geburtstag!" – notfalls telefonisch. _d_

2. **Eine Arbeitskollegin hat Geburtstag:** In vielen deutschen Firmen sammeln die Kollegen Geld für ein gemeinsames Geschenk. Am besten fragen Sie Ihre deutschen Kollegen! _____

3. **Sie sind „zum Kaffeetrinken" eingeladen:** Das dauert meistens nicht so lange, vielleicht ein oder zwei Stunden. Sie können aber auch nur „kurz vorbeischauen", eine Tasse Kaffee trinken und nach einer halben Stunde wieder gehen. Bringen Sie auf alle Fälle ein kleines Geschenk mit! _____

4. **Sie sind „zum Abendessen" eingeladen:** Zum Abendessen kommen selten mehr als acht Personen – Sie gehören also zum „engeren Freundeskreis". Bringen Sie keine weiteren Gäste mit! Ist Ihnen diese Freundschaft wichtig? Dann machen Sie sich rechtzeitig Gedanken über ein passendes Geschenk! Kommen Sie nicht zu früh und nicht zu spät: In Deutschland kommt man zum Abendessen pünktlich bis höchstens zehn Minuten zu spät. _____

Sieben GEBURTSTAGS REGELN

5. **Sie sind zu einer Geburtstagsparty eingeladen:** Zu einer Geburtstagsparty muss man nicht pünktlich kommen – da ist sowieso noch keiner da. Normalerweise können Sie auch Ihre Partnerin oder einen Freund mitbringen. Aber fragen Sie lieber vorher! Manchmal soll man zu solchen „Feten" auch etwas zum Essen (z.B. einen Salat oder ein Dessert) mitbringen: Eine Spezialität aus Ihrem Land freut sicher nicht nur Ihre Gastgeber, sondern auch die anderen Gäste. Dann haben Sie auch gleich ein erstes Gesprächsthema zum Kennenlernen. _____

6. **Sie suchen ein Geschenk:** Die besten Geschenke sind „persönlich". Aber Vorsicht: Das Geburtstagskind packt seine Geschenke in Deutschland oft sofort aus, und alle schauen zu – ein zu persönliches Geschenk kann peinlich sein! Denken Sie sich etwas Originelles aus! Etwas Typisches aus Ihrem Land ist immer gut. _____

7. **Sie müssen eine Rede halten:** Der alte Brauch, eine Rede auf das Geburtstagskind zu halten oder ihm ein Lied zu singen, wird heute nur noch bei besonderen Geburtstagen (z.B. beim 50. oder 60. Geburtstag) praktiziert. Sie müssen doch eine Rede halten? Singen Sie ein Geburtstagslied aus Ihrem Land oder halten Sie einfach eine kurze Rede in Ihrer Muttersprache! Das ist ein voller Erfolg, auch wenn Sie niemand versteht. _____

3

Welche „Regeln" gibt es in Ihrem Land für eine Geburtstagsfeier? Berichten oder schreiben Sie.

Kurz & bündig

Wortschatzarbeit

Was passt zu „Haushalt" und „Familie"?
Finden Sie ein Wort zu jedem Buchstaben.

<pre>
_____ H _____   _____ F _____
_____ a _____   _____ a _____
_____ u _____   _____ m _____
_____ s _____   _____ i _____
_____ h _____   _____ l _____
_____ a _____   _____ i _____
    büge l n _____   _____ e _____
_____ t _____
</pre>

Sie sind den ersten Tag im Deutschkurs. Sie treffen viele nette Leute zum ersten Mal. Was fragen Sie?

Wie antworten **Sie** auf diese Fragen?

Verben

trennbare Verben

aufstehen,

nicht-trennbare Verben

besprechen,

Was machen Sie wann? Beschreiben Sie einen typischen Tagesablauf.

Um   Uhr stehe ich

Wechselpräpositionen

Sie räumen Ihre Wohnung nach einer Party auf. Was stellen Sie wohin?

Interessante Ausdrücke

Junge Leute von heute

Wie junge Leute wohnen.

1

Lesen Sie die Statistik und ergänzen Sie.

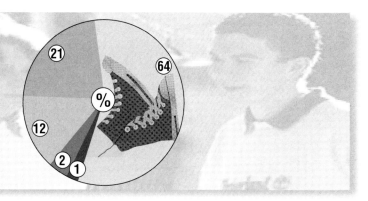

Umfrage bei 18–25-Jährigen:
Wo wohnen Sie zur Zeit?

64% – bei meinen Eltern
21% – mit meinem Lebenspartner zusammen
12% – allein
2% – in einer Wohngemeinschaft
1% – im Wohnheim

1 Fast zwei Drittel der jungen Leute in Deutschland wohnen *bei den Eltern* .
2 Fast jeder fünfte junge Erwachsene wohnt _____ .
3 Über zehn Prozent aller jungen Erwachsenen wohnen _____
4 _____ wohnen zwei Prozent aller jungen Leute.
5 Einer von 100 jungen Erwachsenen wohnt _____ .

Ein Drittel wohnt
Jeder fünfte wohnt
Die Hälfte wohnt

Zwei Drittel wohnen
20% wohnen

Sprechen Sie über die Statistik.

Mehr als die Hälfte der jungen Leute in Deutschland wohnt bei den Eltern.
    Bei uns ist das ganz anders …
        Das finde ich …

2

Was passt zusammen? Markieren Sie.

1	das Studentenwohnheim	sie oder er macht eine Lehre
2	die Wohngemeinschaft	die Zeit an der Universität
3	die Lehre	„Ja!" – „Nein!" – „Ja!" – „Nein!" – „Ja!" – „Nein!" – „Doch!" …
4	die Unabhängigkeit	2 Leute wohnen zusammen, sie sind aber keine Familie.
5	die Miete	morgen, nächstes Jahr, in fünf Jahren …
6	der Streit	allein leben können, niemand fragen müssen, frei sein
7	das Chaos	was man im Monat für eine Wohnung bezahlen muss
8	die Zukunft	die Unordnung, das Durcheinander
9	arbeitslos	1 hier wohnen Studenten
10	die Alternative	man lernt einen Beruf (meistens 3 Jahre)
11	das Studium	ohne Arbeit
12	der Lehrling	eine andere Möglichkeit

Wortakzent: Welche Wörter passen?

● ○ *Lehre,* _____

Hören und vergleichen Sie.

Wer sagt was? Markieren Sie.

Ich wohne in einem Studentenwohnheim ...
Gründe: _1,_____

Das Leben in der Wohngemeinschaft
macht mir Spaß ...
Gründe: _1,_____

Ich wohne mit meiner Freundin
zusammen ...
Gründe: _____

Ich wohne noch bei meinen Eltern ...
Gründe: _____

Ich kenne Dörte schon lange.   Ich kenne Tina schon lange.

sich kennen	Wir kennen uns schon lange.
sich sehen	Wir sehen uns fast jeden Tag.
sich verstehen	Wir verstehen uns gut.

Seit einem Jahr habe ich eine eigene
Wohnung ...
Gründe: _____

„weil" (= Grund)

1   ..., weil ich gerne mit vielen Leuten zusammen bin.
2   ..., weil ich nicht gerne allein bin.
3   ..., weil ich keine eigene Wohnung bezahlen kann.
4   ..., weil ich studiere und noch kein Geld
     verdiene.
5   ..., weil ich da nicht ständig aufräumen muss.
6   ..., weil wir uns gut verstehen.
7   ..., weil ich hier in Köln studiere.
8   ..., weil ich hier viele andere Studenten
     kennen lernen kann.

9   ..., weil ich meine Ruhe haben will.
10   ..., weil da immer was los ist.
11   ..., weil wir uns dann jeden Tag sehen
     können.
12   ..., weil ich nicht gerne Hausarbeiten mache.
13   ..., weil ich gerne unabhängig bin.
14   ..., weil ich ganz anders als meine Eltern
     leben will.
15   ..., weil ich da keine Rücksicht auf andere
     nehmen muss.

**Diese Leute sind unzufrieden mit ihrer Wohnsituation.
Was sagen sie? Ergänzen Sie Sätze mit „obwohl".**

↔ „obwohl" (= Gegengrund)

Volker Bode:
   „Ich habe eine eigene Wohnung ..."

obwohl ich nicht viel Geld verdiene.

Antje Bittner:
   „Ich wohne mit meinem Freund zusammen ..."

obwohl ich gerne unabhängig bin.

Rita Fries:
   „Ich wohne noch bei meinen Eltern ..."

_____

_____

Und wie wohnen Sie? Sind Sie zufrieden? Warum (nicht)?

_____

_____

4 Unterstreichen Sie die Verben in A 3 und ergänzen Sie die Regel.

> Komma ◆ Verb ◆ „weil" oder „obwohl" ◆ Verb im Infinitiv ◆ Nebensätze ◆
> „Weil"-Sätze ◆ „obwohl"-Sätze ◆ Modalverb

1 Sätze mit „weil" oder „obwohl" sind _____. _____ nennen einen Grund, _____ nennen einen Gegengrund für die Aussage im Hauptsatz. Zwischen Hauptsatz und Nebensatz steht ein _____.

2 In Sätzen mit „weil" oder „obwohl" steht das _____ immer am Satzende. Gibt es zwei Verben (Modalverb und Verb im Infinitiv), dann steht zuerst das _____ , dann das _____.

3 Das Subjekt steht immer direkt nach _____ .

5 „Weil" oder „obwohl"? Schreiben Sie Sätze.

1 *Kim hat wenig Zeit, → weil sie viel arbeiten muss.* ↘ _____
   Kim   wenig Zeit haben   viel arbeiten müssen

2 _____
   Dean   ein neues Auto kaufen wollen   wenig Geld haben

3 _____
   Vera   schnell Deutsch lernen   in Deutschland leben und arbeiten

4 _____
   Thorsten und ich   oft Streit haben   gute Freunde sein

5 _____
   Herr Kleinschmidt   Taxifahrer sein   nicht gut Auto fahren können

6 _____
   Angela   oft ihre Familie besuchen   in Lissabon   billig fliegen können

7 _____
   Esther Schmidt   ihren Beruf lieben   beim Theater nicht viel Geld verdienen

8 _____
   Ich   viele Fehler machen   erst vier Monate Deutsch lernen

9 _____
   Du   auch viele Fehler machen   schon lange Deutsch lernen

10 _____
   Thomas   einen gebrauchten Computer kaufen   kein Geld haben

11 _____
   Julia   perfekt … sprechen   in … geboren sein.

12 _____
   Susanne   abends (nie) oft … trinken   dann (nicht) gut schlafen können

●/14 Hören Sie, vergleichen Sie und ergänzen Sie → oder ↘.

> Satzmelodie bei Hauptsatz + Nebensatz: Hauptsatz ____ und Nebensatz ____ .

Fragen und antworten Sie. Üben Sie zu zweit.

lachen	sauer sein
nervös sein	weinen
rennen	Zeitungsanzeigen lesen
	…

Zwiebeln schneiden
das Zimmer aufräumen
ein Geschenk kaufen

In der Umgangssprache sind „weil"-Sätze oft
Antworten auf Fragen mit „warum". Sie stehen
dann meistens allein (ohne einen Hauptsatz).

Warum weint der Mann?
   Weil er …
Warum lacht …
   Weil …

Sagen oder schreiben Sie Sätze mit „weil" und „obwohl".

Mein(e) Lehrer(in)/Kind(er)/…
Unser Kurs
Ich
Herr/Frau …

fragen/antworten/wissen/kennen/…
brauchen/…
lachen/weinen/…
telefonieren/schreiben/fernsehen/…
arbeiten/einkaufen/…
… essen/… trinken/… lieben/…

nicht
kein…
(fast) alles
(fast) nichts
(sehr) viel
(sehr) wenig
(sehr) oft
(sehr) selten
(fast) nie
(fast) immer

dürfen
können
müssen
wollen
sollen
möchte

Hunger/Geld/Geburtstag/Zeit/… haben
traurig/fröhlich/kaputt/… sein
nach Deutschland/… fahren
aus Italien/… kommen
in Deutschland/… leben/arbeiten/…
Deutsch/… lernen
… verkaufen

Ich esse viel, weil ich immer Hunger habe.
   Unsere Lehrerin fragt viel, obwohl sie schon alles weiß.

3

Wir wollten doch nur euer Bestes!

1

Welche Probleme gibt es hier? Markieren Sie.

☐ Unordnung   ☐ rauchen   ☐ abends weggehen   ☐ Hausaufgaben

Welche Aussage passt zu welcher Situation?

☐ 1 „Das sollst du doch nicht. Warum musstest du überhaupt damit anfangen?"

☐ 2 „Was ist denn hier los? Wolltest du nicht deine Hausaufgaben machen?"

☐ 3 „Da seid ihr ja endlich! Ihr solltet doch schon um zehn zu Hause sein."

☐ 4 „Wie sieht es denn hier aus? Konntest du nicht wenigstens das Geschirr wegräumen?"

2

Lesen Sie die Texte und ergänzen Sie die passenden Verben.

> durfte ◆ hatte ◆ hatten ◆ konnte ◆ musste ◆ sollte ◆ war ◆ waren ◆ wollte ◆ wurde ◆ wurden

A „Ich _konnte_ nur heimlich rauchen – auf der Straße, in der Kneipe, bei Freunden. Und ich _____ dauernd aufpassen, damit meine Mutter nichts merkte. Dabei _____ mein Vater auch Raucher!"

B „Meine Eltern _____ bei mir einen richtigen Ordnungsfimmel. Dabei _____ sie selbst gar nicht so besonders ordentlich. Jeden Tag _____ ich den Müll ausleeren. Jede Kaffeetasse _____ man gleich spülen, nichts _____ rumstehen. Und dauernd _____ ich mein Zimmer aufräumen. Wenn ich mal keine Zeit dafür _____, _____ sie immer gleich wütend. Das _____ ziemlich nervig."

C „Mit 15 _____ ich mit der Schule aufhören und nur noch Musik machen. Ich _____ ganz gut Gitarre spielen und singen. Aber meine Eltern _____ dagegen: Ich _____ Abitur machen und einen „anständigen Beruf" lernen. Also _____ ich weiter zur Schule gehen und _____ dann Techniker in einem Musikstudio. Na ja, das _____ vielleicht auch gut so, das hatte ja auch was mit Musik zu tun."

D „Mein Vater _____ ziemlich streng. Ich _____ immer spätestens um zehn Uhr abends zu Hause sein, und am Samstag um elf – auch noch mit 16. Und abends alleine weggehen, das _____ ich überhaupt nicht. Immer _____ mein älterer Bruder mitgehen. Der _____ natürlich auch keine Lust, dauernd mit mir loszuziehen. Der _____ lieber mit seinen Freunden ausgehen."

Hören Sie jetzt die Eltern. Was passt zusammen?

3/
15-20

Dialog	Bild
1	
2	
3	
4	

B 4

Hören Sie noch einmal und ergänzen Sie die Sätze.

3/
16-19

1 Markus wollte rauchen, weil das in seiner Clique _____ .
  Er durfte nicht rauchen, obwohl sein Vater _____ .
2 Vanessa sollte täglich _____ .
  Vorher durfte sie nicht _____ .
3 Stefanie und ihr Bruder durften abends nur _____ .
  Sie mussten spätestens um elf Uhr _____ .
4 Sven wollte nicht mehr zur Schule gehen und _____ .
  Aber er musste weiter zur Schule gehen, weil er _____ .

B 5

Ergänzen Sie die Endungen in den Tabellen und die Regeln.

Präteritum

Modalverben

Singular	können	wollen	dürfen	sollen	müssen
ich	konn____	woll____	durf____	soll____	muss_te_
du	konn____	woll____	durf____	soll_test_	muss____
sie/er/es	konn____	woll____	durf____	soll____	muss____

Plural					
wir	konn____	woll____	durf____	soll_ten_	muss____
ihr	konn____	woll____	durf_tet_	soll____	muss____
sie	konn____	woll_ten_	durf____	soll____	muss____

Höflichkeitsform: Singular und Plural

Sie	konn____	woll____	durf____	soll_ten_	muss____

„haben", „sein" und „werden"

Singular	haben	sein	werden
ich	hat____	war____	wurd____
du	hat_test_	war_st_	wurd_est_
sie/er/es	hat____	war____	wurd____

Plural			
wir	hat_ten_	war____	wurd____
ihr	hat____	war____	wurd_et_
sie	hat____	war____	wurd____

Höflichkeitsform: Singular und Plural

Sie	hat____	war____	wurd_en_

1 Das Präteritum der Modalverben erkennt man am
  Präteritum-Signal, dem Buchstaben   .
2 Im Präteritum sind die Endungen gleich bei
  „ich" und _____ .
  „wir" und _____ .
3 Bei „können", „müssen" und „dürfen" fallen die Umlaute
  weg: ö und ü werden zu   und   .

Für „haben", „sein" und „werden"
gilt Regel Nummer _____ .

B 6

Welche Wörter passen zum Präteritum? Unterstreichen Sie.

letztes Jahr ◆ nächste Woche ◆ früher ◆ seit zwei Wochen ◆ jetzt ◆ vor zwei Jahren ◆
morgen ◆ damals ◆ in den 70er-Jahren ◆ gestern

KUF

7 **Schreiben Sie über Ihre Kindheit und Jugend.**

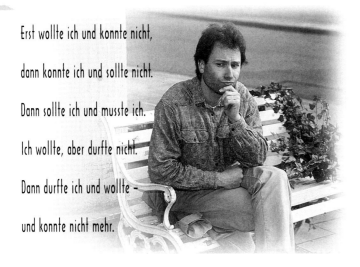

Erst wollte ich und konnte nicht,

dann konnte ich und sollte nicht.

Dann sollte ich und musste ich.

Ich wollte, aber durfte nicht.

Dann durfte ich und wollte –

und konnte nicht mehr.

Als Kind	(in die Disko) gehen
Ich	fernsehen
Wir	rauchen
Meine Schwester	(Schauspielerin) werden
Mein Bruder	aufräumen
Er/Sie	im Haushalt helfen
Meine Eltern	in Urlaub fahren
Mit 15	(nie) alleine
…	…

Bei uns war immer was los: …
Als Kind wollte ich …, weil …
Mein Bruder durfte immer …, obwohl …

Wolltest du oder musstest du?

1 **Schreiben Sie die Sätze richtig.**

1 _____

schon um sechs Uhr   zu Hause sein   du solltest doch

2 _____

zu Hause bleiben, weil   nicht kommen konnte   unser Babysitter   wir mussten

3 _____

du   nicht anrufen   konntest

4 _____

es ist noch   tut mir Leid, aber   nicht fertig

5 _____

bei den Hausaufgaben   ich musste Peter noch   helfen

6 _____

bekommen   keine Tickets mehr   wir konnten   eigentlich schon, aber

7 _____

Woche krank   eigentlich schon, aber   war die ganze   der Meister

8 _____

mein Auto   ich möchte   abholen

9 _____

wo wart   gestern Abend   ihr denn

10 _____

fertig sein   doch heute   aber es sollte

11 _____

heute nach   wolltet ihr nicht   Berlin fliegen

12 _____

schade   war wirklich gut   die Party

Welche Sätze aus C 1 passen zusammen? Schreiben Sie vier Dialoge.

1 ●
 ■
 ●

2 ●
 ■
 ●
 ■

3 ●
 ■

4 ●
 ■
 ●

Hören und vergleichen Sie. Markieren Sie den Satzakzent (__) und die Satzmelodie (↗ → ↘).

3/21-24

Fragen und antworten Sie oder schreiben Sie Dialoge.

1 *Warum warst du nicht auf Veras Geburtstagsfeier?*

 früh ins Bett gehen wollen
 müde sein
 die Nacht davor nicht schlafen können
 meine Nachbarn / laut sein
 sie / Gäste haben
 meine Nachbarin / Geburtstag haben

2 *Warum warst du gestern nicht im Schwimmbad?*

 keine Zeit haben
 lange arbeiten müssen
 viele Briefe schreiben müssen
 meine Kollegin / nicht da sein
 sie / eine Erkältung haben
 sie / am Wochenende im Schwimmbad sein

Warum warst du nicht auf Veras Geburtstagsfeier?
Weil ich früh ins Bett gehen wollte.
Warum wolltest du früh ins Bett gehen?

Hören und vergleichen Sie.

3/25-26

Hören und sprechen Sie.

3/27

Kinder fragen gerne „Warum...?", und die Antworten sind oft schwierig.

● *Ich gehe nur mal kurz Zigaretten holen.*
■ *Muss das sein? Du wolltest doch nicht so viel rauchen.*
● *Ja, ja ...*
▲ *Mama, warum geht Papa jetzt weg?*
■ *Weil er Zigaretten kaufen will.*

Sie sind die Mutter. Antworten Sie bitte.

1 Er will Zigaretten kaufen.
2 Er raucht so viel.
3 Er ist nervös.
4 Er hat viel Stress.
5 Er muss so viel arbeiten.
6 Er muss viel Geld verdienen.
7 Er braucht viel Geld.
8 Die Zigaretten sind teuer.
9 Er kann nicht aufhören.
10 ... Frag doch Papa!

Zwischen den Zeilen

1

Was passt zusammen? Hören und markieren Sie.

1 Wolltet ihr nicht nach München fahren? ___
2 Sie wollten doch einen Englischkurs machen. ___
3 Musst du nicht für die Mathearbeit lernen? ___
4 Musst du nicht am Wochenende arbeiten? ___
5 Du wolltest doch ausziehen. ____
6 Das Auto sollte doch schon gestern fertig sein. ___

a) Eigentlich schon, aber wir mussten noch ein paar Ersatzteile besorgen.
b) Doch, aber ich muss unbedingt erst die neue CD von den Backstreet Boys hören.
c) Doch, aber nur bis sechs. Am Abend habe ich Zeit.
d) Ja, aber eine eigene Wohnung ist einfach zu teuer.
e) Eigentlich schon, aber Eva musste arbeiten, und ich wollte nicht allein fahren.
f) Eigentlich schon, aber ich konnte keinen passenden Kurs finden.

**3/
9-33**

Hören und vergleichen Sie.

2

Lesen Sie die Dialoge von D 1 und ergänzen Sie die Regeln.

> **Zwischen „Ja" und „Nein"**
> *So zeigt man Überraschung:*
>
> | Negative Fragen mit Modalverben | Zustimmung | + Erklärung |
> |---|---|---|
> | **Musst du nicht** für die Mathearbeit lernen? | _____ | , aber ... |
> | **Wolltet ihr nicht** nach München fahren? | _____ | , aber ... |
> | | | |
> | Aussagen mit „doch" | | |
> | **Du wolltest doch** ausziehen. | _____ | , aber ... |
> | **Das Auto sollte doch** schon gestern fertig sein. | _____ | , aber ... |

3

Spielen oder schreiben Sie Dialoge.

den neuen Film von ... anschauen ◆ mit dem Bus fahren ◆ zur Party kommen ◆ nach Hause fahren ◆
ins Konzert gehen ◆ Deutsch lernen ◆ ... besuchen ◆ aufräumen ◆ anrufen ◆
arbeiten ◆ einkaufen gehen ◆ pünktlich sein ◆ früh ins Bett gehen ◆ fernsehen ◆ ...

Wolltest du nicht den neuen Film mit Til Schweiger anschauen?
Eigentlich schon, aber ich hatte bis jetzt noch keine Zeit.
Musst du nicht ... / Müssen Sie nicht ...
Du wolltest doch ... / Sie wollten doch ...
Du solltest doch ... / Sie sollten doch ...

KURSBUCH
E 1-E 3

Der Ton macht die Musik

E 1

3/34

Hören und vergleichen Sie.

„N" spricht man im Deutschen [n] oder [ŋ].

[n]	[ŋ]
üben	Übung
wohnen	Wohnung
dann	Dank
ins	links

E 2

3/35

Hören Sie, sprechen Sie nach und markieren Sie [ŋ].

Anfa<u>ng</u>	Bank	bin	denn	denken	England
Enkel	entlang	finden	Franken	Frühling	Gang
ganz	Geschenk	Hunger	Inge	jung	Juni
klingeln	Kind	krank	langsam	links	ohne
Onkel	Pfund	Punkt	schenken	schwanger	sind
singen	trinken	und	wann	Werbung	Zeitung

Ergänzen Sie.

schreiben	sprechen
_____	[ŋk]
_____	[ŋ]

Aber: kein [ŋ] an der Silbengrenze

Wein|glas   An|gebot   Wohn|gemeinschaft

Fein|kostladen   Termin|kalender

E 3

3/36

Üben Sie.

„n" = [n]
Sagen Sie „annnnnnnnn".

„ng" = [ŋ]
Sagen Sie weiter „nnnnnnnnn"
und drücken Sie mit dem
Zeigefinger fest gegen den
Unterkiefer:
[n] wird zu [ŋ].
Üben Sie das [ŋ] mit und dann
ohne Zeigefinger.

Sagen Sie: Gang, entlang, links

Sagen Sie: den Gang entlang, dann links

E 4

3/ 37-39

Hören Sie und sprechen Sie nach.

Ein Krankenbesuch
Wir klingeln bei Frank,
wollen trinken und singen,
wollen tanzen und lachen –
doch Frank ist krank.
Wir sitzen an seinem Bett und denken:
Was kann man dem kranken Frank denn nur schenken?

Globalisierung
In Frankfurt nehmen die Banken alles:
Mark, Schillinge und Franken.

Schöne Geschenke
Frühling in England.
Inge ist schwanger.
Schöne Geschenke:
Kinder und Enkel.

Jetzt reicht's: Nur noch ohne unsere Eltern!

1

Lesen Sie die Texte und markieren Sie.

Die meisten Jugendlichen wollen …

a) nicht mehr zu Hause wohnen.

b) ohne Eltern in Urlaub fahren.

c) im Urlaub mit Freunden wegfahren.

d) im Ausland leben.

Irgendwann laufen die Urlaubswünsche von Eltern und Teenagern auseinander. Wir fragten 15- bis 17-Jährige nach ihrer Meinung.

Sina Bartfeld, 15

Wir waren so oft in Griechenland und Italien. Meine Eltern wollten immer wieder alle Sehenswürdigkeiten anschauen. Wie langweilig, immer dasselbe! (Ich konnte den Text des Reiseführers fast schon auswendig.) Jetzt reicht's, ich möchte mal was anderes machen. Und zwar mit meinen Freundinnen und Freunden – ohne Erwachsene! Aber ich darf halt noch nicht …

Kirsten Koch, 16

Sieben Jahre musste ich mit meinen Eltern in den Ferien nach Bayern fahren. Und immer nur wandern, vier bis fünf Stunden täglich! Jetzt reicht's! Ich muss mich endlich mal erholen.

Falko Schüssler, 17

Allein verreisen, das ist der erste Schritt in die Unabhängigkeit. Letztes Jahr durfte ich zum ersten Mal mit Freunden wegfahren. Wir waren am Gardasee. Das war toll, den ganzen Tag schwimmen und surfen. Und nicht mehr immer nur diese langweiligen Kirchen und Museen! Manchmal fehlten mir die Eltern ja schon, aber es war ein gutes Gefühl, alle Probleme allein zu lösen.

Tobias Ziegler, 17

Auch wenn viele meinen, dass das in meinem Alter nicht normal ist: Ich fahre gern mit meinen Eltern weg und verstehe mich mit ihnen echt gut. Und noch ein Grund: die tollen Reiseziele. Wir waren sogar schon in Indien, Mexiko und in den USA. Aber ich würde auch in die Alpen mitfahren.

Sandra Bauer, 16

Ich würde gerne allein wegfahren, am liebsten mit meiner Freundin Monika. Aber meine Eltern sagen bei diesem Thema immer nur: „Warte, bis du achtzehn bist!" Ich bin ganz schön sauer. Das sagen sie nur, weil ich ein Mädchen bin. Mein Bruder durfte schon mit sechzehn mit Freunden wegfahren.

Yasmin Gouhari, 17

Auf den letzten gemeinsamen Reisen gab es ständig Streit. Ich wollte in die Disko und morgens lange schlafen. Aber ich sollte jeden Morgen früh aufstehen und gut gelaunt am Frühstückstisch sitzen. Dazu habe ich keine Lust mehr. Jetzt bin ich allein oder mit Freunden unterwegs und erhole mich so richtig, zum Beispiel in San Francisco.

Was machen die Jugendlichen gerne/nicht gerne?
Lesen Sie die Texte noch einmal und unterstreichen Sie.

Was stimmt für wen? Lesen Sie die Texte noch einmal und markieren Sie.

	Sina	Kirsten	Falko	Tobias	Sandra	Yasmin
1 will ohne Eltern verreisen	X					
2 darf nicht allein in Urlaub fahren	X					
3 will spät ins Bett gehen und morgens lange schlafen						
4 möchte im Urlaub nicht so viele Sehenswürdigkeiten besichtigen	X					
5 möchte im Urlaub nicht so viel laufen						
6 macht im Urlaub gern Sport						
7 fährt gern weit weg						

Warum wollen die Jugendlichen (nicht) mit ihren Eltern in Urlaub fahren? Diskutieren oder schreiben Sie.

Sina möchte ohne ihre Eltern verreisen, weil sie mit ihren Freunden und Freundinnen Urlaub machen will.
Und weil Sina nicht so viele Sehenswürdigkeiten besichtigen will.
Kirsten möchte ohne ihre Eltern verreisen, weil sie … und …

Fahren Sie gern mit Ihren Eltern/Ihren Kindern in Urlaub? Warum (nicht)?

KURSBUCH
G

G

Wohnung

Wie wohnen Sie? Warum?

_____ ,

weil _____

und obwohl _____

Meine Regel für die „weil"- und „obwohl"-Sätze:

_____

_____

Präteritum von „müssen, können, wollen, dürfen, sollen"

Als Kind wollte ich _____

Mit 14 _____

Als _____

Mit _____

Meine Regel für das Präteritum der Modalverben:

_____

_____

Sie haben eine Verabredung und kommen zu spät. Was sagen Sie?

_____

Sie glauben, Ihr Kollege ist in Urlaub. Sie treffen ihn in der Kneipe. Was fragen Sie?

_____

Sie kommen zur Werkstatt. Das Auto ist nicht fertig. Was sagen Sie?

_____ ?

Präteritum von „haben" und „sein"

Ich **hatte** keine Zeit.	Ich **war** krank.	
Hattest du _____ ?	**Warst** du _____ ?	
Er, sie, es _____ .	Er, Sie, es _____ .	
Wir _____ .	Wir _____ .	
_____ ihr _____ ?	_____ ihr _____ ?	
Sie _____ .	Sie _____ .	
Hatten Sie _____ ?	**Waren** Sie _____ ?	

Interessante Ausdrücke

_____

_____

Urlaub und Reisen

Was für ein Urlaubs-Typ sind Sie?

1

Ergänzen Sie die passenden Verben.

fahren ◆ machen ◆ Urlaub machen

in Frankreich _____	nach Paris _____
eine Kreuzfahrt in der Karibik _____	eine Weltreise _____
am Plattensee in Ungarn _____	auf Mallorca _____
eine Wanderung im Harz _____	mit der Transsib von Moskau nach Peking _____
an den Gardasee _____	eine Radtour von Heidelberg nach Stuttgart _____
in die Berge _____	
am Meer _____	eine Bus-Rundreise durch Österreich _____
Camping in Italien _____	
einen Deutschkurs in Zürich _____	mit dem Auto nach Tschechien _____
eine Städtereise nach Berlin _____	

Und Ihr Traumurlaub? Schreiben Sie.

Ich möchte gerne einmal,   ,

weil.   .

Aber.   .

KURSBUCH
A 2-A 3

2

Lesen Sie den Test und markieren Sie A oder B. Wie viele Punkte haben Sie?

Machen Sie erst den Urlaubs-Test ...

Welches Urlaubswetter mögen Sie gerne?

A Regen. Da kann ich den ganzen Tag in meinem kleinen Appartement sitzen und aus dem Fenster sehen. *1 Punkt*

B Ich liege lieber am Strand in der Sonne. Da werde ich schön braun und erhole mich prima. *2 Punkte*

****

Möchten Sie Ihr Urlaubsland kennen lernen?

A Nein. Ich will meine Ruhe haben und essen und trinken wie zu Hause – dann geht es mir gut. *1 Punkt*

B Natürlich. Neue Kulturen entdecken, Land und Leute kennen lernen – das ist doch interessant. *2 Punkte*

****

Wollen Sie gerne einige Sehenswürdigkeiten besichtigen?

A Ja sicher. Ich will doch nicht jeden Tag von morgens bis abends nur am Strand liegen oder im Hotel sitzen. Ich mache gerne mal Ausflüge an interessante Orte. *2 Punkte*

B Schlösser, Kirchen, Museen, Wasserfälle, Höhlen – das ist doch sowieso überall das Gleiche: teuer, langweilig, und viel zu viele Touristen. *1 Punkt*

****

Treiben Sie im Urlaub auch gerne etwas Sport?

A Sport? Um Gottes Willen! Ich treibe zu Hause ja auch keinen Sport – die Arbeit ist anstrengend genug. Im Urlaub will ich einfach mal nichts tun. *1 Punkt*

B Ja klar. Schwimmen, Ball spielen am Strand, Rad fahren oder laufen, das gehört doch einfach dazu. Im nächsten Urlaub will ich vielleicht mal einen Tenniskurs machen. *2 Punkte*

Wie wichtig ist Ihnen ein guter Service?

A Zu Hause muss ich das ganze Jahr im Haushalt arbeiten. Im Urlaub will ich mal Zeit für Familie und Hobbys haben – da muss der Service stimmen. *2 Punkte*

B Service? Alles Quatsch. Ich kaufe selber ein, koche, spüle und putze – dann muss ich mich nicht dauernd ärgern. *1 Punkt*

****

Wie teuer darf Ihr Urlaub sein?

A Möglichst billig, am besten Sonderangebote. Viel Geld ausgeben kann ich auch zu Hause, dazu muss ich nicht wegfahren. *1 Punkt*

B Das kommt darauf an. Ich habe nur einmal im Jahr Urlaub, der darf dann schon etwas kosten. Ich suche halt gute Qualität zu einem möglichst günstigen Preis. *2 Punkte*

****

Auflösung:

6 Punkte
Der „Mir-ist-alles-egal"-Typ.
Gehen Sie auf Nummer sicher und bleiben Sie zu Hause! Da wissen Sie wenigstens, was Sie haben. Sie wollen aber wegfahren, weil alle anderen auch wegfahren? Na gut, dann schauen Sie doch mal bei Ihrem Reisebüro vorbei. Dort gibt es immer super-günstige Sonderangebote ohne Programm und Extras – das Urlaubsziel ist Ihnen ja sowieso nicht wichtig.

7–10 Punkte
Der „Heute-hier-morgen-dort"-Typ.
Sie haben keine festen Urlaubspläne und wollen immer ganz spontan und kurzfristig buchen. Schade, dann sind die besten Angebote oft schon nicht mehr da. Warum planen Sie nicht Ihren nächsten Urlaub schon jetzt zusammen mit Ihrem Reisebüro?

11–12 Punkte
Der „Ich-möchte-immer-Super-Urlaub"-Typ.
Urlaub ist Ihnen sehr wichtig. Da muss alles stimmen: der Urlaubsort, das Wetter, der Service, die Sportangebote, das Ausflugsprogramm usw. Deshalb planen Sie seit Jahren Ihre Urlaube frühzeitig und sind Stammkunde in Ihrem Reisebüro. Weiter so!

... dann kommen Sie zu uns! **Ihr Reisebüro**

Eine Werbung des Dachverbandes der deutschen Reiseveranstalter

---

A 3

Was passt zusammen? Lesen Sie den Text noch einmal und ergänzen Sie die passenden Verben.

am Strand in der Sonne _____

Land und Leute _____

Sehenswürdigkeiten _____

Ausflüge _____

Sport _____

einfach mal nichts _____

einen Tenniskurs _____

im Haushalt _____

Zeit für Familie und Hobbys _____

Geld _____

A 4

3/40

Hören Sie die Musik und gehen Sie auf Traumreise.

1 Wohin fahren Sie?
2 Wie reisen Sie dorthin?

3 Wie sieht es dort aus?
4 Wo wohnen Sie?

5 Was machen Sie dort ?
6 Wen lernen Sie kennen?

Jetzt beschreiben Sie Ihre Traumreise.

B

In 12 Tagen um die Welt – Nordroute

B 1

Lesen Sie den Text und markieren Sie die Route auf der Weltkarte.

Weltstädte und Waikikistrand

Heute haben viele Geschäftsleute wenig Zeit und können nicht viel länger als eine Woche verreisen. Ist auch Ihre Zeit knapp? Auf unserer „kurzen Nordroute" reisen Sie in 12 Tagen einmal um die ganze Welt.

Die erste Station ist Bangkok (mit Stadtrundfahrt und Besichtigung der Tempel, Zeit zum Stadtbummel und „Dinner Cruise" auf dem Chao Phaya). Weiter führt Sie die Reise nach Tokio (Stadtrundfahrt in Tokio, Tagesfahrt zum Hakone See). Das nächste Ziel ist Hawaii – genießen Sie den Waikiki-Strand von Honolulu (mit Inselrundfahrt und Gelegenheit zum Besuch einer „Polynesischen Show" inkl. Abendessen). Weiter geht es nach San Francisco (mit Stadtrundfahrt über die Golden Gate-Brücke und Gelegenheit zum

Einkaufen). Letzte Station ist das Spielerparadies Las Vegas (mit Rundfahrt „Las Vegas bei Nacht" oder Besuch einer Show). Am letzten Tag Freizeit in Las Vegas oder Gelegenheit zum Besuch des Grand Canyon (Flug nicht im Reisepreis enthalten). Abends Rückflug nach Frankfurt (mit Flugzeugwechsel in Detroit).
Am Freitagnachmittag reisen Sie ab, eine gute Woche später sind Sie bereits wieder zurück. Sie fliegen mit Linienmaschinen und wohnen in First Class Hotels. Alle Fahrten, Besichtigungen und Vorführungen sowie die Flughafengebühren und der Transfer zu den Hotels sind im Reisepreis enthalten.
Diese Reise ist eine unserer beliebtesten Reisen: Wir starten zweimal pro Monat. Wann möchten Sie starten?

2 **Was passt zusammen? Markieren Sie.**

4	Stadtrundfahrt	1	mit einer großen Fluglinie fliegen
7	Besichtigung	2	vom Flughafen ins Hotel fahren
	Zeit zum Stadtbummel	3	in ein anderes Flugzeug umsteigen
	„Dinner Cruise" auf dem Chao Phaya	4	mit dem Bus durch die Stadt fahren
	Tagesfahrt	5	Abendessen auf einem Schiff
	Gelegenheit zum …	6	sehr gute Hotels
	nicht im Reisepreis enthalten	7	Sehenswürdigkeiten anschauen
	Flugzeugwechsel	8	eine kulturelle Veranstaltung
	Linienmaschine	9	die Stadt ansehen und einkaufen
	First Class Hotels	10	man muss dafür extra bezahlen
	Vorführung	11	den ganzen Tag unterwegs sein
	Transfer zum Hotel	12	gehört nicht zum Programm, macht man alleine (ohne die Reisegruppe)

KURSBUCH
B 1–B 5

3 **Schreiben Sie die Sätze richtig.**

	Verb 1			Verb 2
Wir	**sind**		mit dem Auto nach Italien	**gefahren.**
Dort	**haben**	wir	Camping am Mittelmeer	**gemacht.**
Wir	**hatten**		Pech:	
Viele Campingplätze	**waren**		voll.	
Wir	**mussten**		lange einen freien Platz	**suchen.**
Nach zwei Tagen	**sind**	wir	auf dem Campingplatz	**angekommen.**

1 _____

meistens   am Strand in der Sonne   haben   gelegen   wir

2 _____

manchmal   haben   Tischtennis und Volleyball   wir   gespielt

3 _____

wollten   auch viele Ausflüge   wir   machen

4 _____

aber   kaputtgegangen   ist   unser Auto

5 _____

wir   einmal   gemacht   einen Tagesausflug mit dem Bus nach Florenz   haben

6 _____

dort   eine Stadtrundfahrt   gemacht   haben   wir

7 _____

besichtigt   viele Sehenswürdigkeiten   wir   haben

8 _____

dann   gemacht   wir   einen Stadtbummel   haben

9 _____

haben   Souvenirs   gekauft   wir

10 _____

dort   wir   gut gegessen   haben   getrunken   und viel Wein

11 _____

um Mitternacht   wir   dann zum Campingplatz   zurückgefahren   sind

12 _____

schon geschlossen   der   aber   war

13 _____

keinen Schlüssel   wir   hatten

14 _____

im Freien   mussten   und   schlafen

15 _____

unseren Nachbarn von unserem Ausflug   erzählt   haben   wir   am nächsten Tag

Sie haben sehr gelacht.

Ergänzen Sie die Regeln.

> gestern oder letztes Jahr ◆ Präteritum ◆ Position 2 ◆ am Ende ◆ Perfekt
>
> Die Zeitform in diesen Sätzen nennt man Perfekt.
> Im Perfekt spricht man über _____ .
> Das Perfekt bildet man mit „sein" oder „haben" und dem Partizip Perfekt.
> „Haben" oder „sein" stehen auf _____ , das Partizip Perfekt steht _____ .
> Bei „haben" und „sein" und bei den Modalverben (können, müssen, dürfen, wollen, sollen) benutzt man
> nicht das _____ , sondern das _____ .

B 4

Schreiben Sie jetzt drei bis fünf Sätze über Ihren letzten Urlaub, über einen Ausflug oder über einen Besuch.

> nach … gefahren ◆ eine Städtereise/Weltreise/Radtour/… gemacht ◆ in … Urlaub gemacht ◆
> … gespielt ◆ einen …kurs/Tagesausflug nach … gemacht ◆ … besichtigt ◆ … besucht ◆
> … gegangen ◆ … eingekauft ◆ … gegessen ◆ … getrunken ◆ … zurückgefahren

B 5

Ergänzen Sie das Partizip Perfekt.

Das Partizip Perfekt bildet man bei den regelmäßigen Verben mit der Vorsilbe „ge-"
und der Endung „-t" oder „-et". Beispiel: „kaufen" – „gekauft" oder „warten" – „gewartet".
Der Wortakzent ist immer auf dem Verbstamm: k<u>au</u>fen – gek<u>au</u>ft.

| suchen | _____ | spielen | _____ | arbeiten | _____ |
| machen | _____ | lernen | _____ | packen | _____ |

Bei trennbaren Verben steht „ge-" nach der trennbaren Vorsilbe: Beispiel: „auf-räumen" – „aufgeräumt".
Der Wortakzent ist immer auf der trennbaren Vorsilbe: <u>auf</u>räumen – <u>auf</u>geräumt.

| abspülen | _____ | abholen | _____ | einkaufen | _____ |
| aufwachen | _____ | mitmachen | _____ | anschauen | _____ |

Nicht-trennbare Verben mit einer Vorsilbe (Beispiel: be-, er-, ver-, …) bilden das Partizip Perfekt ohne „ge-".
Beispiel: „besichtigen" – „besichtigt".
Der Wortakzent ist immer auf der zweiten Silbe: bes<u>i</u>chtigen – bes<u>i</u>chtigt.

| besuchen | _____ | erzählen | _____ | verpassen | _____ |
| bestellen | _____ | ergänzen | _____ | verkaufen | _____ |

 Hören Sie, vergleichen Sie und sprechen Sie nach.

3/41

6 **Was passt zusammen? Ergänzen Sie.**

Das Partizip Perfekt von „unregelmäßigen Verben" endet auf „-**en**", z.B. „fahren" – „gefahr**en**". Oft ändert sich auch der Verbstamm, z.B. „fli**e**gen" – „gefl**o**gen".

~~geblieben~~ ◆ geschlafen ◆ gelesen ◆ gefunden ◆ gefahren ◆ gezogen
genommen ◆ gegessen ◆ getroffen ◆ gesehen ◆ gesessen ◆ getrunken
abgeflogen ◆ angekommen ◆ eingeladen ◆ eingeschlafen ◆ losgegangen ◆ mitgefahren
umgezogen ◆ begonnen ◆ bekommen ◆ erschienen ◆ vergessen ◆ verloren

abfliegen	_____	finden	_____	umziehen	_____
ankommen	_____	lesen	_____	vergessen	_____
beginnen	_____	losgehen	_____	verlieren	_____
bekommen	_____	mitfahren	_____	ziehen	_____
bleiben	*geblieben*	nehmen	_____		
einladen	_____	schlafen	_____		
einschlafen	_____	sehen	_____		
erscheinen	_____	sitzen	_____		
essen	_____	treffen	_____		
fahren	_____	trinken	_____		

Lerntipp:
Lernen Sie diese unregelmäßigen Verben immer mit dem Partizip Perfekt, also
schlafen – **geschlafen**
nehmen – **genommen**
usw.

🔊 /42 **Markieren Sie den Wortakzent. Dann hören Sie, sprechen Sie nach und vergleichen Sie.**

7 **Was passt zu welchen Verben? Ergänzen Sie.**

Die meisten Verben bilden das Perfekt mit „haben". Einige Verben bilden das Perfekt mit „sein", z.B.

~~fahren~~ ◆ ~~aufwachen~~ ◆ erscheinen ◆ fallen ◆ fliegen ◆ aufstehen ◆ gehen ◆ losgehen ◆
einschlafen ◆ kommen ◆ umsteigen ◆ umziehen

Veränderung / Wechsel

1 Ort → Ort   *fahren,* _____
   (z.B. Frankfurt → Bangkok)   _____
                                _____

2 Zustand → Zustand   *aufwachen,* _____
   (z.B. schlafen → wach sein) _____

Lerntipp:
Lernen Sie diese Verben so:
aufwachen – **ist** aufgewacht
fahren – **ist** gefahren
usw.

Das Perfekt mit „sein" steht auch bei: sein – ich bin gewesen",
„bleiben – ich bin geblieben".

Ergänzen Sie die richtigen Verbformen.

Kein Geld zurück bei Pannen-Urlaub

Urlaub ist die schönste Zeit des Jahres.
Aber nicht immer. Mancher Urlaub wird schnell zum Pannen-Urlaub.
Oft fängt der Ärger schon am Flughafen an.

Uta S. aus Gießen wollte für drei Wochen nach Australien fliegen. Sie war schon im Flugzeug, da mussten alle wieder aussteigen: Maschinenschaden! „Wir _____ 13 Stunden am Flughafen

warten
abfliegen
_____ , erst dann _____ wir _____ .

verpassen
In Bangkok _____ wir den Anschlussflug _____

ankommen
und _____ einen Tag zu spät in Sydney _____ .
Ich war fix und fertig."

Manchmal ist das Hotel eine Baustelle. Ehepaar W. aus Trier: „Die Handwerker _____ von morgens bis abends

arbeiten
_____ . Der Lärm war unerträglich. Wir _____ dann

zurückfliegen
nach einer Woche wieder _____ und

machen
_____ zu Hause Urlaub _____ ."

Oder man hat ungebetene Gäste: „Überall im Bungalow waren Ameisen", sagt Gerda P. aus Neustadt. „Und nachts _____ die

fallen
Kakerlaken von der Decke auf mein Bett _____ . Es war

schlafen
furchtbar. Ich _____ zwei Nächte nicht _____ ,

ausziehen
dann _____ ich _____ ."

Oft stimmen die Angaben im Katalog nicht. Thorsten F. aus Bad Homburg: „Das ‚Fünf-Sterne-Hotel' war eine Bruchbude, da wollte ich nicht bleiben. Zum Glück _____ ich schnell ein neues Hotel

finden
_____ und _____ gleich am nächsten Tag

umziehen
_____ ."

Auch Rudolf B. aus Darmstadt hatte Pech: Das „Hotel mit Schwimmbad" hatte gar kein Schwimmbad, zum Strand waren es zehn Kilometer, und der war rappelvoll. „Ich _____ zweimal oder

fahren
dreimal zum Strand _____ . Die meiste Zeit _____

sitzen
ich im Hotel _____ oder _____ ins einzige Café am

gehen
Ort _____ – ein toller Badeurlaub!"

Zum Ärger im Urlaub kommt dann noch der Ärger mit dem Reiseveranstalter: Meistens bekommt man kein oder nur wenig Geld zurück.

Deshalb: Achten Sie auf das ‚Kleingedruckte' und bitten Sie ihr Reisebüro, alle wichtigen Angaben zum Urlaub schriftlich zu bestätigen – damit's kein Pannen-Urlaub wird!

Zwischen den Zeilen

C

C 1

Was passt zusammen? Markieren Sie und ergänzen Sie die Artikel.

Erinnern Sie sich noch? Bei zusammengesetzten Wörtern (Komposita: Nomen + Nomen) bestimmt das zweite Wort den Artikel.

3 *die*	Busreise	1 organisiert Reisen
	Reiseziel	2 hier bucht man Reisen
	Reisebüro	3 Reise mit dem Bus
	Reisebericht	4 so war die Reise
	Reisebeschreibung	5 Reise in einer Gruppe
	Reiseprospekt	6 Bus für Reisen
	Geschäftsreise	7 hier findet man Angebote
	Reiseveranstalter	8 kein Urlaub, sondern Arbeit
	Gruppenreise	9 so steht die Reise im Prospekt
	Reisegruppe	10 dort fährt man hin
	Reisebus	11 sie reisen zusammen

Komposita	=	1. Wort (Spezialwort) (besondere Bedeutung)	+	2. Wort (Grundwort) (allgemeine Bedeutung; Artikel!)
die Busreise	=	**Bus**	+	**Reise**
	heißt:	*Reise*	*mit dem*	*Bus*
der Reisebus	=	**Reise**	+	**Bus**
	heißt:	*Bus*	*für*	*Reisen*

Komposita: Manchmal ergänzt man noch Buchstaben zwischen den Nomen, z.B.: Gruppenreise, Geschäftsreise.

2

Bilden Sie die passenden Wörter mit „-reise" oder „Reise-".

1 das Gepäck für eine Reise   *das Reisegepäck*
2 eine Reise durch Europa
3 der Preis einer Reise
4 der Leiter/die Leiterin einer Reise
5 eine Reise um die Welt
6 die Versicherung für das Reisegepäck
7 die Pläne für eine Reise

3

Was bedeuten die Wörter? Markieren Sie.

1 Reisefieber
   a) nervös vor einer Reise
   b) krank auf einer Reise

2 Reiseführer
   a) Reiseleiter
   b) Buch über ein Land / eine Stadt

3 Reiseapotheke
   a) Medikamente für die Reise
   b) Apotheke in Touristenzentren

4 Hochzeitsreise
   a) Reise zu einer Hochzeitsfeier
   b) Reise direkt nach der Hochzeit

D 1   **Lesen Sie die Texte und ergänzen Sie die Namen auf der Karte.**

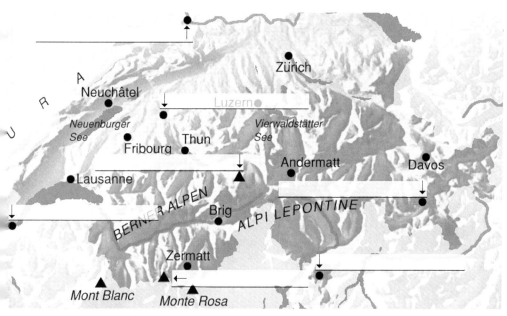

Die Schweiz ist ein Bundesstaat im Alpengebiet. Nachbarländer sind die Bundesrepublik Deutschland, Frankreich, Italien, Österreich und Liechtenstein. In der Schweiz spricht man vier Sprachen: Deutsch, Französisch, Italienisch und Rätoromanisch. Die Schweiz besteht aus 25 Kantonen und ist ein Industrieland (Maschinenbau, Uhren, Lebensmittel, Chemie) und internationales Finanzzentrum. Ein wichtiger Wirtschaftszweig ist der Tourismus. Die Hauptstadt Bern liegt zentral zwischen Lausanne und Zürich, weitere Großstädte sind Basel (im Nordwesten, an der Grenze zu Deutschland und Frankreich) und Genf (im Südwesten, an der Grenze zu Frankreich). Die höchsten Berge sind der Monte Rosa (4634 m), das Matterhorn (4478 m, bei Zermatt) und das Finsteraarhorn (4274 m, zwischen Brig und Andermatt). Touristische Attraktionen sind auch die Seen: der Genfersee, der Zürichsee, der Vierwaldstätter See (zentral gelegen bei Luzern), der Thuner See und der Neuenburger See (im Westen der Schweiz). International bekannte Urlaubsorte sind z.B. Davos und St. Moritz im Osten der Schweiz und Lugano im Süden (an der italienischen Grenze).

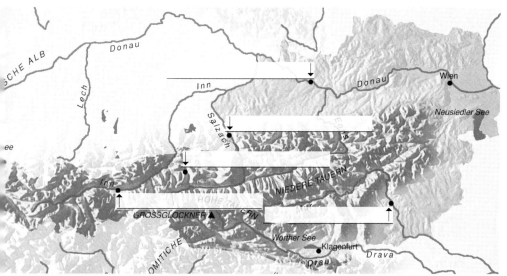

Auch die Republik Österreich ist ein Bundesstaat im Alpengebiet. Die neun Bundesländer sind (von Westen nach Osten) Vorarlberg und Tirol, Salzburg und Oberösterreich im Norden und Kärnten und die Steiermark im Süden, Niederösterreich, das Burgenland im Osten und die Hauptstadt Wien im Nordosten. Nachbarländer sind die Schweiz und Liechtenstein im Westen, Italien und Slowenien im Süden, Ungarn im Osten, die Tschechische Republik im Nordosten und die Bundesrepublik Deutschland im Norden. Höchster Berg ist der Großglockner (3797 m). Am größten ist die Bevölkerungsdichte in Ober- und Niederösterreich. In der Hauptstadt Wien leben über 20% der Gesamtbevölkerung. Weitere Großstädte sind Innsbruck (in Tirol), Salzburg (an der deutschen Grenze), Linz (an der Donau, etwa 100 Kilometer nordöstlich von Salzburg) und Graz (in der Steiermark). Wichtigster Wirtschaftszweig ist der Tourismus: Österreich steht auf Platz 6 der beliebtesten Reiseländer. Weltbekannte Urlaubsziele sind Wintersportzentren wie Kitzbühel (in Tirol, zwischen Innsbruck und Salzburg), die Seenlandschaft des Salzkammerguts (zwischen Salzburg und Linz), der Wörthersee in Kärnten (bei Klagenfurt) und natürlich die „Mozartstadt" Salzburg sowie die traditionsreiche Hauptstadt Wien. Auch für die Bundesdeutschen ist Österreich das beliebteste Ferienziel. Kein Wunder: Hier spricht man Deutsch.

Arbeiten Sie zu zweit und vergleichen Sie Ihre Eintragungen.

2 **Dies ist die Lösung des Kreuzworträtsels. Ergänzen Sie die passenden Fragen.**

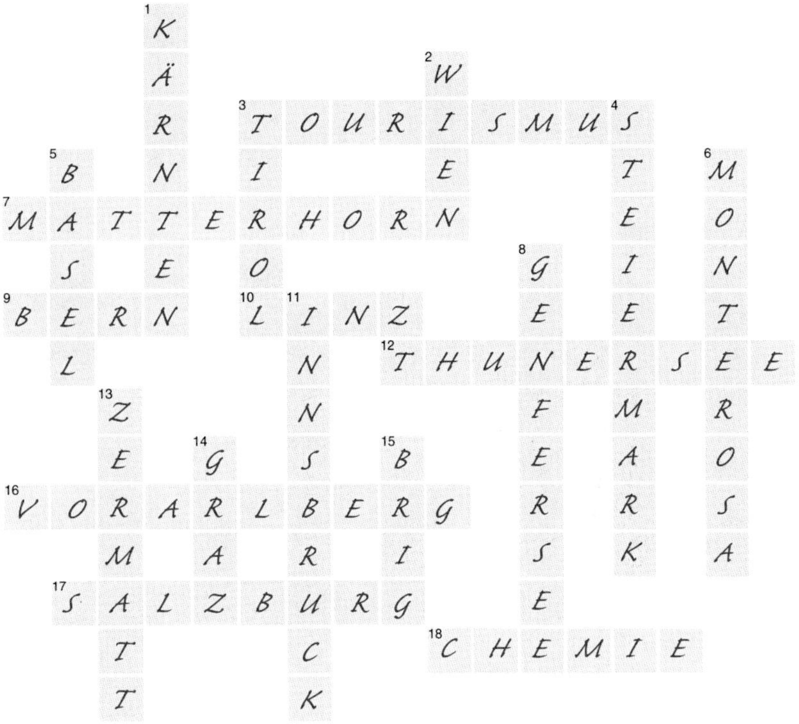

Crossword grid (solution):

- 1 (senkrecht): KÄRNTEN
- 2 (senkrecht): WIEN
- 3 (waagerecht): TOURISMUS
- 3 (senkrecht): TIROL
- 4 (senkrecht): STEIERMARK
- 5 (senkrecht): BASEL
- 6 (senkrecht): MONTBLANC
- 7 (waagerecht): MATTERHORN
- 8 (senkrecht): GENFERSEE
- 9 (waagerecht): BERN
- 10 (waagerecht): LINZ
- 11 (senkrecht): INNSBRUCK
- 12 (waagerecht): THUNERSEE
- 13 (senkrecht): ZERMATT
- 14 (senkrecht): GRAZ
- 15 (senkrecht): BRIG
- 16 (waagerecht): VORARLBERG
- 17 (waagerecht): SALZBURG
- 18 (waagerecht): CHEMIE

Welche
Welcher   …
Welches

Stadt ◆ Berg ◆ See ◆ Bundesland ◆ Industrie ◆ Wirtschaftszweig

 Waagerecht

3	_Welcher Wirtschaftszweig_	ist für die Schweiz und Österrreich besonders wichtig?
7	_Welch_	ist 4478 m hoch?
9	_____	ist die Hauptstadt der Schweiz?
10	_____	an der Donau liegt etwa 100 km von Salzburg entfernt?
12	_____	liegt bei Thun?
16	_____	liegt im Westen von Österreich?
17	_____	liegt an der deutschen Grenze südöstlich von München?
18	_____	ist in der Schweiz wichtig?

Senkrecht

1	_____	liegt im Süden von Österreich?
2	_____	ist die Hauptstadt Österreichs?
3	_____	liegt neben Vorarlberg?
4	_____	liegt neben Kärnten?
5	_____	liegt im Nordwesten der Schweiz?
6	_____	ist der höchste in der Schweiz?
8	_____	liegt im Südwesten der Schweiz?
11	_____	liegt in Tirol?
13	_____	liegt beim Matterhorn?
14	_____	liegt in der Steiermark?
15	_____	liegt bei den Berner Alpen?

Machen Sie ein ähnliches Rätsel mit sechs bis zehn Fragen zu Ihrem Land. Tauschen Sie die Rätsel im Kurs und lösen Sie das Rätsel.

KURSBUCH
D 6

Eine Italienerin in Wien

Lesen Sie den Brief und korrigieren Sie die Fehler.

Wien, den 14. Juli 1998

Liebe Tante Ute,

ich bin ~~gekommen~~ gut in Wien und habe ~~gelernen~~ schon viel Deutsch. (angekommen) (gelernt)

Ich kann ~~schreiben~~ sogar schon Briefe auf Deutsch! (schreiben)

Ich wohne hier bei Familie Broschek. Sie sind sehr nett, aber sie sprechen kein Italienisch. Ich muss sprechen den ganzen Tag Deutsch, das ist ganz schön anstrengend! Die Tochter von Broscheks heißt Franziska. Sie ist 17 Jahre alt, genau wie ich. Sie lernt Italienisch in der Schule, aber sie kann sprechen noch nicht sehr gut. Wir gehen jeden Tag zusammen zur Schule. Gestern in der Italienischstunde ich war die Lehrerin. Die anderen Schülerinnen haben gefragt, und ich habe erzählen über das Leben in Italien.

Nachmittags ich und Franziska machen zusammen Hausaufgaben oder wir besuchen die Freundinnen von Franziska. Ein Mädchen, Mela, hat eingeladet mich für nächsten Sonntag. Wir wollen fahren zum Neusiedler See. Gestern Franziska hat gemacht mit mir einen Stadtbummel und gezeigt mir den Stephansdom und das Hundertwasser-Haus. Dann wir sind gegangen in das berühmte Café Central – Cappuccino heißt hier Melange. Am Samstag wir haben begesucht alle das Schloss Belvedere und haben gemacht einen Spaziergang im Schloßpark. Am Sonntag wir waren im Prater (Wiener Tivoli) und haben gefahrt mit dem Riesenrad. Abends sind wir meistens zu Hause. Wir spielen Karten („Schnapsen"), hören Musik oder lesen. Nächste Woche wir wollen besuchen das Musical „Tanz der Vampire".

Ich bleibe noch 2 Wochen hier in Wien, bitte schreibt mir mal!
Bussi (so sagt man hier „un bacione"), deine
Simona

Liebe Franziska,
dies ist ein Brief an meine Tante Ute in Freiburg. Du weißt, ich habe Probleme mit dem Perfekt und mit den Sätzen. Bitte korrigiere die Fehler (aber nur die Grammatik, nicht den Inhalt!) Bis heute Abend. Bussi, Simona

Arbeiten Sie zu zweit und vergleichen Sie Ihre Korrekturen.

Hören Sie das Telefongespräch und markieren Sie.

3/43

1 Wer ruft an?
- a) Franziska bei Simona
- b) Simona bei Franziska

2 Wo ist Franziska?
- a) im Wienerwald
- b) zu Hause

3 Wo ist Simona?
- a) im Wienerwald
- b) in der Disko

4 Warum ist Franziska sauer?
- a) Weil Simona immer mit Tobias weggeht.
- b) Weil Simona im Brief viele Fehler gemacht hat.

3   **Was ist wirklich passiert? Ergänzen Sie die richtigen Formen der Verben.**

gehen ◆ sein ◆ warten ◆ anrufen ◆ korrigieren ◆ fahren ◆ machen ◆ haben ◆ finden

1   Franziska _____ heute den ganzen Nachmittag auf Simona _____ .

2   Simona _____ mit Tobias im Wienerwald. Sie hat erst spät bei Franziska _____ .

3   Am Samstag _____ Simona und Tobias nach Grinzing _____ ,

   und am Sonntag _____ Simona mit Tobias im Prater.

4   Gestern _____ Simona nicht in der Schule. Sie _____ mit Tobias einen Stadtbummel _____ .

5   Am nächsten Sonntag wollen Simona und Tobias zum Neusiedler See _____ .

6   Nächste Woche wollen Simona und Tobias zu einem Rockkonzert _____ .

7   Franziska _____ sauer, weil Simona nie Zeit _____ und immer mit Tobias weggeht.

8   Franziska _____ den Brief von Simona _____ und viele Fehler _____ .

4   **Was passt zusammen? Hören Sie noch einmal das Telefongespräch und ergänzen Sie.**

/43

~~sauer~~ ◆ doof ◆ peinlich ◆ interessant ◆ lustig ◆ verliebt ◆ viele (Fehler) ◆ gut ◆ anstrengend

echt   *sauer,* _____

total   _____

irre   _____

> Neben „sehr", „wirklich" oder „ganz" gibt es noch viele andere „Verstärker", vor allem in der Umgangssprache. Das sind oft Modewörter: heute „in", morgen schon wieder „out".

5   **Franziska erzählt ihrer Freundin Lena von Simona und Tobias.**

Sie sind Franziska. Schreiben Sie einen Brief an Lena.

Wien, den 15. Juli 1998

Liebe Lena,

ich habe zur Zeit Besuch, bei uns wohnt eine italienische Austauschschülerin. Sie heißt Simona und ist 17 Jahre alt, genau wie ich. Sie spricht schon sehr gut Deutsch und sie ist sehr nett. Leider hat sie hier einen Jungen aus meiner Schule kennen gelernt und ist total verliebt. Immer geht sie mit ihm weg, nie hat sie Zeit für mich. Gestern ...

Der Ton macht die Musik

F

F 1
3/44

Hören und vergleichen Sie.

„S" spricht man im
Deutschen [s] oder [z].

[s] hart (stimmlos)	[z] weich (stimmhaft)
Kurs	Kurse
es ist	Sommer
wir essen	Gemüse
eine große	Dose

F 2
3/45

[s] oder [z]? Hören Sie, sprechen Sie nach und markieren Sie.

	[s]	[z]		[s]	[z]		[s]	[z]
Sonntag		X	Dis-ko			dreißig		
ist	X		Mu-sik			Pässe		
außerdem	X		Glas			heißen		
alles			Saft			rei-sen		
sehr			Tasse			Bus		
güns-tig			Suppe			bis		
super			etwas			sofort		
Preis			Kä-se			Schluss		

Ergänzen Sie die Regeln.

	Beispiel
„ss" spricht man immer [s]	*Tasse*
„ß" spricht man immer [ ]	_____
„s" am Wortanfang spricht man immer [ ]	_____
„s" am Wortende spricht man immer [ ]	_____
„s" im Wort spricht man ∣ am Silbenanfang [ ]	_____
∣ am Silbenende [ ]	_____

F 3

Wo spricht man [z]? Markieren Sie.

Haus	Häuser	sauer	als	al-so	fließen
sicher	sechs	hast	Sachen	be-suchen	begrüßen
sehen	Süden	Os-ten	Kur-se	Kasse	Glä-ser
Sams-tag	selten	Flüsse	lei-se	le-sen	Sonne
Reis	Rei-se	süß	Pau-se	interessant	Sofa

Hören Sie, sprechen Sie nach und vergleichen Sie.
3/46

4
3/47

Hören Sie, sprechen Sie nach und markieren Sie [ʃ].

<u>Sch</u>ule	Men<u>sch</u>	Fla<u>sch</u>e	zwi<u>sch</u>en	<u>sch</u>enken	fal<u>sch</u>
<u>Sp</u>ort	spät	<u>sp</u>ielen	<u>sp</u>annend	<u>sp</u>rechen	<u>Sp</u>anisch
Bei-<u>sp</u>iel	Ge-<u>sp</u>räch	Haus-par-ty	Aus-<u>sp</u>ra-che	Pros-pekt	Ver-<u>sp</u>ä-tung
<u>St</u>reit	<u>St</u>unde	<u>st</u>ill	<u>St</u>ock	<u>st</u>ark	<u>St</u>ück
ver-<u>st</u>eht	flüs-tern	be-<u>st</u>immt	Fe<u>st</u>	lus-tig	an-<u>st</u>ren-gend
<u>Sp</u>rech-<u>st</u>un-de	Herbst-spa-zier-gang	Ga<u>st</u>-<u>sp</u>iel	<u>Sch</u>au-<u>sp</u>ie-ler	Ge-burts-tags-party	

Ergänzen Sie die Regeln.

			Beispiel
_____	spricht man immer	[ʃ]	*Schule, Deutsch* _____
_____	am Wort- oder Silben**anfang** spricht man fast immer	[ʃp]	_____
_____	am Wort- oder Silben**anfang** spricht man fast immer	[ʃt]	_____

Die Silbenmarkierungen finden Sie im Wörterbuch.

Ge·burts·tags·kind *das; hum*; j-d, der gerade Ge-burtstag hat: *Das G. lebe hoch!*

Sprech·stun·de *die*; e-e bestimmte Zeit, in der man z. B. zu e-m Arzt, zu e-m Lehrer o. Ä. gehen kann, um sich e-n Rat zu holen od. um Fragen zu stellen

5
3/48

Üben Sie.

stimmloses „s" = [s]
Sagen Sie „Passs".

„sch" = [ʃ]
Sagen Sie weiter „sssssssss" und machen Sie die Lippen rund (wie bei „o"):
[s] wird zu [ʃ]
Sagen Sie „schschschschsch" – „schschsch" – „sch" – „sch"...

Sagen Sie: schon, schön, spät, still
Sagen Sie: Es ist schon spät – es ist schön still ...

6
3/ 3-50

Hören und sprechen Sie.

Flüster-Gespräch

- ■ Es ist so still.
- ● Pssst!
- ■ Was ist los?
- ● Sei still!
- ■ Wieso?
- ● Psst!
- ■ Was soll das?
- ● Mist!
- ■ Was ist Mist?
- ● Musst du ständig sprechen? Sei jetzt still!

- ■ Wieso soll ich nicht sprechen?
- ● Psst!
- ■ Sag' sofort wieso!
- ● Schade.
- ■ Was ist schade?
- ● Es war so schön still hier, bis du ...
- ■ Bis ich was?
- ● Bis du das gesagt hast.
- ■ Bis ich was gesagt habe?
- ● Bis du gesagt hast: Es ist so still.

Anstrengende Gastspiele

Gestern Stuttgart, heute Münster,
morgen Bus bis Düsseldorf.
Reisen – spielen – spielen – reisen,
Samstag, Sonntag Spätvorstellung.
Starke Stücke, schlechte Stücke,
zwischen Stücken süße Stücke.
Sehr selten sind Pausen,
die Stimme schon leise,
aber die Kasse stimmt.

Rund um den Urlaub

Wie Herr Sebastian Gsangl zum ersten Mal richtig Urlaub gemacht hat.

(nach einer Geschichte von Reiner Zimnik)

G 1

Lesen Sie die Überschrift. Was für ein Mensch ist „Herr Sebastian Gsangl"? Was meinen Sie?

Geburtsort ◆ Wohnort ◆ Alter ◆ ledig/verheiratet ◆ Beruf ◆ Hobbys ◆
Was mag er (nicht)? ◆ Was kann er (nicht)? ◆ Was wollte er schon immer einmal?

G 2

Lesen Sie den Anfang der Geschichte.

Alle wollen immer nur das tun, was alle anderen auch tun. Aber Gottseidank gibt es noch ein paar Leute, die das tun, was sie selbst tun wollen.
Zum Beispiel Herr Sebastian Gsangl aus München. Er liebt seine Heimat, geht jede Woche zum Stammtisch in die Kneipe um die Ecke, trifft dort seine „Spezeln", trinkt Bier, spielt Karten und redet über Gott und die Welt. Nur im Sommer sitzt er oft alleine in der Kneipe und trinkt sein Bier – seine Spezeln sind dann weit weg, in Urlaub. Sebastian Gsangl wollte nie in Urlaub fahren und ist sein ganzes Leben lang gerne in München geblieben. Hier war er rundum glücklich und zufrieden …

Was passt zusammen? Markieren Sie.

1	„… das tun, was alle anderen auch tun."		alles ist in Ordnung, es gibt keine Probleme
2	„… das tun, was sie selbst wollen."	*1*	„Alle Leute fahren in Urlaub, da fahre ich natürlich auch in Urlaub."
3	„… redet über Gott und die Welt."		fester Termin mit Freunden in der Kneipe
4	„… Stammtisch in der Kneipe um die Ecke"		Individualisten
5	„… rundum glücklich und zufrieden."		spricht über alle Themen

G 3

Lesen Sie weiter.

… Im Herbst sind seine Spezeln dann alle wieder da, mit braun gebrannten Gesichtern, und erzählen vom Urlaub. „Warum fährst du denn nie in Urlaub?", sagen sie. „Fahr doch mal in den Süden, da hast du von morgens bis abends Sonne." „Du musst einfach mal was für deine Gesundheit tun." „Andere Länder kennen lernen – das ist doch interessant." „Jeder Mensch braucht mal Abwechslung." Jedes Jahr hat Sebastian Gsangl die guten Ratschläge seiner Freunde ignoriert. Aber schließlich haben sie ihn doch überredet.

Was für einen Urlaub wird Sebastian Gsangl wohl machen? Ergänzen Sie.

Urlaubsart: _____   Verkehrsmittel: _____

Urlaubsland: _____   Aktivitäten: _____

4   Sebastian Gsangl bereitet seine Reise vor. Was macht er alles? Lesen Sie weiter.

… Und so ist Sebastian Gsangl dann zum ersten Mal in seinem Leben in ein Reisebüro gegangen und hat einen Flug in den Süden gebucht – eine vierzehntägige Reise nach Sizilien für 1400 Mark. Das war zwar etwas teuer, aber dafür auch „alles inklusive, mit allem Komfort".

Sebastian Gsangl ist ein gründlicher Mensch. Er hat sofort mit den Reisevorbereitungen angefangen. Zuerst ist er in die Buchhandlung gegangen und hat groß eingekauft: einen Italienführer, ein Buch über die Pflanzen- und Tierwelt Siziliens, ein Sprachbuch „Italienisch für Touristen" und eine Landkarte von Süditalien. Und zu Hause hat er dann gelesen. „Um Gottes Willen", sagte er zu sich selbst, „überall Schlangen und Skorpione, das Wasser darf man nicht trinken, und die Hitze kann man kaum aushalten." Gleich am nächsten Tag ist er in die Apotheke gegangen: Schmerztabletten, Halspastillen, Magentropfen, Fieberzäpfchen, Hautsalben und Sonnencreme – eine ganze Tüte voll.

Alle Bekannten haben ihm gratuliert: „Sie haben's gut. Sie können in den Süden fahren und müssen nicht hierbleiben, in diesem schrecklichen Regenwetter." Aber Sebastian Gsangl hatte keine Probleme mit dem Regen – er hatte einen Regenschirm.

Dann hat er Abschied genommen. Jeden Tag ist er durch die Straßen gegangen, hat alle Sehenswürdigkeiten besucht und sogar Fahrradausflüge in die Umgebung gemacht. „Was für ein schönes Land", sagte er dann traurig, „und ich muss es bald verlassen!"

Ohne Begeisterung hat er schließlich die Koffer gepackt und sich zum letzten Mal in sein bequemes Bett gelegt. In dieser Nacht ist er lange nicht eingeschlafen und hat viel nachgedacht – über Sizilien, über München, über seine Spezeln und vor allem über sich selbst.

Was hat Sebastian Gsangl alles gemacht? Markieren Sie.

eine Reise gebucht	Medikamente gekauft	sich von München verabschiedet
den Pass verlängert	Geld gewechselt	die Koffer gepackt
Bücher gekauft	einen Regenschirm gekauft	seine Mutter besucht

5   Arbeiten Sie zu zweit und schreiben Sie die Geschichte zu Ende.

Vergleichen Sie Ihre Geschichten. Dann lesen Sie das Original. Welcher Schluss gefällt Ihnen am besten?

Der Jet nach Sizilien ist pünktlich abgeflogen, am nächsten Morgen um 9.40 Uhr. Die Maschine war ziemlich voll – aber nicht ganz voll. Es gab einen leeren Platz. Sebastian Gsangl war zufrieden. Er durfte jetzt für 1400 Mark zu Hause Urlaub machen. Er ist spät aufgestanden, hat Frühstück gemacht und ist dann mit dem Fahrrad an die Isar gefahren. Der Himmel war blau, es war angenehm: nicht zu heiß und nicht zu kalt. Sebastian Gsangl hat an der Isar im Gras gelegen – ganz ohne Schlangen – und eine Virginia geraucht. „Was für ein schönes Land", sagte er zu sich selbst. „Was für ein schöner Urlaub!"

6   Hören und antworten Sie.

/51

Sie fahren in Urlaub. Ihre Freundin gibt Ihnen Ratschläge, aber Sie haben alles schon gemacht.

Beispiele:

● *Drei Wochen Urlaub – du hast es gut! Da hast du ja jetzt viel zu tun: Du musst alles vorbereiten.*

■ *Ich **hab'** schon alles vorbereitet.*

● *Du hast schon alles vorbereitet? Wirklich? Hast du denn schon deinen Chef gefragt? Du musst rechtzeitig Urlaub nehmen.*

■ *Ich **hab'** schon Urlaub genommen.*

● *Du hast schon Urlaub genommen. Gut. Und was ist mit deinem neuen Pass? Musst du den nicht noch abholen?*

■ *Den **hab'** ich **schon** abgeholt.*

● *Den hast du schon abgeholt. Aha. Vergiss nicht zur Bank zu gehen: Du musst Peseten holen.*

■ *…*

alles vorbereiten	(Medikamente) kaufen	einen (Reiseführer)	die (Nachbarn) fragen
Urlaub nehmen	das (Auto) reparieren	besorgen	Mutter besuchen
den (Pass) abholen	einen Spanischkurs	den (Reiseführer) lesen	die (Koffer) packen
Peseten holen	machen	die (Karte) anschauen	

Kurz & bündig

Urlaub – die schönste Zeit des Jahres

Wo und wie möchten Sie gerne einmal Urlaub machen?

Das Perfekt

Wann benutzt man das Perfekt?

Wo stehen die Verben?

Perfekt mit „sein"
ist gekommen,

Das Partizip Perfekt
regelmäßige Verben
gewartet,

trennbare Verben
eingekauft, aufgestanden,

nicht-trennbare Verben
besucht, vergessen,

Verben auf „-ieren"
telefoniert,

wichtige unregelmäßige Verben
gegangen,

Wortakzent: Welche Partizipien passen hier?
● ● ●   ● ● ● ●   ● ●   ● ● ●

Was haben Sie an Ihrem letzten Geburtstag / in Ihrem letzten Urlaub gemacht?

Mein Heimatland

Wo? Geografie? Hauptattraktionen? Spezialitäten? …

Interessante Ausdrücke

„Gesundheit!" – „Danke."

Der Körper

A

1 **Malen Sie die Bilder zu Ende. Überlegen Sie: Wie heißen die Körperteile auf Deutsch? Sagen Sie die Wörter laut.**

2 **Suchen Sie die Körperteile und schreiben Sie die Namen zu den passenden Bildern.**

```
T  B  A  U  C  H  H  S  T  A
U  R  Ü  C  K  E  N  C  R  R
A  U  G  E  N  F  N  H  D  M
B  S  L  A  I  D  M  U  N  D
U  Z  H  R  E  N  N  Y  F  H
S  K  J  L  L  G  E  T  U  A
E  H  L  B  Ü  E  P  E  ß  X
N  A  S  E  O  R  W  R  L  R
T  N  A  I  K  O  P  F  A  E
K  D  A  N  D  V  O  H  R  W
```

1 _____

2 _____

3 _Bein_____

4 _Bauch_____

5 _____

6 _____

7 _____

8 _____

9 _____

10 _____

11 _____

12 _____

13 _____

KURSBUCH
A 2

A 3 **Schreiben Sie Wortkarten zu den neuen Wörtern und üben Sie zu zweit.**

A 4 **Lesen Sie den Anfang des Textes und markieren Sie.**

Ein Hypochonder

a) ... geht nie zum Arzt.

b) ... ist ein Mensch, der alle Krankheiten kennt, obwohl er kein Arzt ist.

c) ... ist eigentlich gesund, aber er meint immer, dass er krank ist.

d) ... wird nicht alt, weil er immer krank ist.

e) ... ist ein Mensch, der immer Angst hat, dass er krank ist.

Mein Freund Martin

Hypochonder sind Menschen, die sich pausenlos um ihre Gesundheit sorgen. Zweimal täglich haben sie eine neue Krankheit. Sie wissen alles über Medizin und kennen jedes Symptom mit seinem lateinischen Namen. Martin, mein Freund, ist so ein Mensch. Er ist gut informiert: Unter seinem Bett liegt „Knaurs Großes Gesundheitslexikon. Ein Ratgeber für Gesunde und Kranke". Er sieht alle Fernsehsendungen zum Thema Krankheiten. Und eins ist sicher: Am Tag nach einer Sendung sitzt er beim Arzt, weil er glaubt, dass er diese Krankheit hat.

 Lesen Sie den Text weiter und markieren Sie die Krankheiten und Körperteile.

Lerntipp:
Üben Sie „Wörter suchen" mit unbekannten Texten: Lesen Sie die Überschrift und die ersten Sätze. Jetzt kennen Sie das Thema und können raten: Welche Wörter sind vielleicht noch im Text? Machen Sie eine Liste mit 5–10 Wörtern. Lesen Sie schnell weiter und suchen Sie „Ihre Wörter" im Text. Wenn Sie ein Wort im Text finden, unterstreichen Sie das Wort. Wie viele Wörter haben Sie gefunden? Sind Sie ein(e) gute(r) Hellseher(in)?

Stündlich misst er seinen Blutdruck, und wenn er ein bisschen <u>Husten</u> hat, ist seine Diagnose: <u>Tuberkulose</u> oder Lungenkrebs. Ich achte nicht so sehr auf meine Gesundheit. Wenn ich huste, dann habe ich Husten. Und wenn die Nase läuft, fällt mir nur Schnupfen ein. Vor zwei Wochen hatte Martin Bauchschmerzen. „Ich habe bestimmt ein Magengeschwür." Wir hatten den Abend vorher gefeiert und zu viel gegessen, kein Wunder also ... Das habe ich Martin gesagt, aber er war trotzdem beim Arzt. Der Arzt konnte keine Krankheit feststellen. Vor einer Woche hatte Roland Herzschmerzen. „Das sind die ersten Zeichen für einen Herzinfarkt", sagte er. Aber auch diesmal konnte der Arzt nur sagen: „Sie sind kerngesund!" Ich glaube, er hatte Liebeskummer: Seine Freundin hatte ihn verlassen, da tut das Herz eben weh. Einmal in sechs Jahren war Martin wirklich krank, eine schlimme Grippe mit Fieber, Husten und Kopfschmerzen. Martin ist diesmal nicht zum Arzt gegangen. „Das hat keinen Sinn mehr. Es ist nicht nur eine Erkältung", sagte er. Seine Diagnose: Endstadium einer Krankheit, von der ich noch nie gehört habe. Gute Freunde können manchmal ganz schön schwierig sein!

Sortieren Sie.

„normale" Krankheiten	„schwere" Krankheiten
Husten	Tuberkulose

5   **Was passt?**

haben ◆ sein ◆ (ein)nehmen ◆ werden

1 müde   *sein / werden*

2 krank

3 gesund

4 Kopfschmerzen

5 Tabletten

6 Bauchschmerzen   10 zu dick

7 Rückenschmerzen   11 hohen Blutdruck

8 Tropfen   12 eine Erkältung

9 Medikamente   13 Übergewicht

Er ist krank.

Sie wird krank.

6   **Geben Sie gute Ratschläge. Spielen oder schreiben Sie kleine Dialoge.**

ein paar Probleme	ein paar Ratschläge
immer müde	weniger rauchen, nicht so lange fernsehen, …
zu dick	mehr Sport treiben, Gymnastik machen, …
nervös	ein Glas Sekt trinken, keinen Alkohol trinken, …
immer zu spät	keine Süßigkeiten essen, viel Obst essen, …
Termine vergessen	alles aufschreiben, …
…schmerzen	einen lauten Wecker kaufen, einen Kalender kaufen, …
Fieber haben	eine Tablette nehmen, im Bett bleiben, …
nicht einschlafen können	zum Arzt gehen, Medikamente nehmen, …
zu wenig schlafen	nicht so viel arbeiten, mal Urlaub machen, …
Angst vorm Fliegen haben	mehr schlafen, früher aufstehen, früher ins Bett gehen, …
…	…

Ich habe oft furchtbare Kopfschmerzen! ↘ Was soll ich nur tun? ↘
Du solltest weniger rauchen, → keinen Alkohol trinken → und nicht so lange fernsehen. ↘
…

7   **Sortieren Sie die Antworten.**

Seit zwei, drei Wochen. ◆ Danke. ◆ Hier unten. Aua! ◆ Nein. Ich weiß nicht, warum ich Rückenschmerzen habe. ◆ Ja, das stimmt. Ich arbeite am Bildschirm. ◆ Auf Wiedersehen. ◆ Ja, ich werde es versuchen. ◆ Na ja, ich möchte schon mehr Sport machen, aber viel Zeit bleibt da nicht. ◆ Guten Tag, Herr Doktor!✓ ◆ Sekretärin. ◆ Mein Rücken tut so weh.

Der Arzt sagt.

Guten Tag, Frau Rathke!

Was fehlt Ihnen denn?

Seit wann haben Sie denn die Schmerzen?

Haben Sie etwas Schweres gehoben?

Wo tut es denn weh?

Was sind Sie denn von Beruf?

Die Patientin antwortet.

Guten Tag, Herr Doktor!

Und da sitzen Sie wahrscheinlich viel.

Treiben Sie denn in Ihrer Freizeit Sport?

Tja, dann sollten Sie viel schwimmen und

spazieren gehen ...

Gut. Kommen Sie in zwei Wochen noch mal

vorbei. Dann sehen wir weiter.

Auf Wiedersehen und gute Besserung.

**Hören und vergleichen Sie. Markieren Sie den Satzakzent (＿)
und die Satzmelodie (↗ ↘ →).**

A 8   **Schreiben und spielen Sie einen Dialog.**

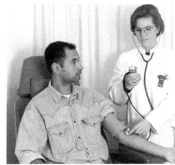

Tag!	*Tag!*
Was fehlt Ihnen denn?	*Ich habe ... / Mein ... tut weh.*
...	*...*
Ich verschreibe Ihnen ein Medikament gegen ...	*...*
Sie sollten ...	*...*
...	*...*
Wiedersehen!	*Wiedersehen!*

Gesunde Ernährung

Was essen und trinken Sie gern?

Schreiben Sie Ihr Lieblingsessen und Ihr Lieblingsgetränk auf einen Zettel.

Legen Sie die Zettel auf einen Tisch und nehmen Sie einen neuen.
Raten Sie: Wer hat den Zettel geschrieben?

*Hamburger
Cola*

2 **Wer muss auf seine Figur und auf seine Gesundheit achten? Was meinen Sie?**

Fotomodell ◆ Arzt ◆ Politiker ◆ Gesundheitsminister ◆ Schauspieler ◆ Friseur ◆
Verkäufer ◆ Journalistin ◆ Fotografin ◆ Pilot ◆ Sportler ◆ Lehrer ◆ ...

Ein Fotomodell muss schlank sein, → *sonst bekommt es keine Aufträge.* ↘
Ein Gesundheitsminister sollte ein gutes Beispiel geben → *und gesund und fit sein.* ↘
Wieso? ↗ *Das sind doch auch nur Menschen.* ↘ *Sie haben doch dieselben Probleme*
wie alle Leute. ↘
...

3 **Wie finden Sie Diäten?**

Viele Leute machen eine Diät, weil

Bei uns in
Ich kenne   *Diät .*
Man darf nur   *essen und kein*

Ich mache   *Diät, weil*

Ich finde Diäten

4 **Lesen Sie die Zitate. Wie finden die Prominenten Diäten?**

1
Elizabeth **Taylor,** 67
Schauspielerin

„Wenn Diäten das Versprechen
vom schnellen Abnehmen überhaupt einlösen, dann sind sie
meistens ungesund; und am Ende
wirkt man kaputt und um gut
zehn Jahre älter."

3
Marie-Luise **Marjan,** 58
Schauspielerin

„Früher habe ich mich zu dick
gefühlt, heute bin ich mit meinem
Körper im Einklang. Es ist alles
da, wo es hingehört. Jede Frau
muss ihren Typ finden und dazu
stehen. Diäten sind jedenfalls
unnormal."

2
Cindy **Crawford,** 33
Fotomodell

„Ich ernähre mich konsequent
nach einem extra für mich be-
rechneten Plan: viel Fisch, Gemüse, Salat, Obst, kaum Fett."

4
Helmut **Kohl,** 68
Politiker

„Fasten bedeutet mehr, als nur
Pfunde zu verlieren. Fasten ist für
mich eine Phase der Besinnung,
um Geist und Körper fit zu
machen. Es bekommt mir hervorragend."

Lesen Sie das Interview und ergänzen Sie die Sätze.

Herr Dr. Kundel, was fällt Ihnen zum Thema Diät ein? ✓◆ Herr Dr. Kundel, wir danken Ihnen für das Gespräch. ◆ Was sagen Sie als Wissenschaftler zu den neuen Light-Produkten? ◆ Welche Tipps können Sie den Leuten, die abnehmen wollen, noch geben? ◆ Wieso können Diäten dick machen?

Schlanker, schöner, gesünder durch Diäten?

Jedes Jahr im Frühling sind die Frauenzeitschriften voll mit Diäten. Und immer wieder werden neue Diät-Formen entwickelt und propagiert. Hier nur einige Beispiele:

DIE HOLLYWOOD-DIÄT
7 PFUND WEG IN 5 TAGEN
DIE NEUE
Brigitte -Diät
Fünf Teilnehmer berichten über ihre Erfahrungen

Nehmen Sie leicht und schnell ab mit der Null-Diät
Gesund abnehmen mit
Dr. Meiers
Fertiggerichten

Tee-Saft-Fasten
Dauerhaft gesund und schlank
Der Sommer kommt!
Machen Sie mit bei der neuen
SCHLANKHEITS-DIÄT
und Ihr Bikini passt wieder!

Das Ergebnis: Fast alle Diäten helfen nichts. Und was noch schlimmer ist: Kaum ist eine Diät auf dem Markt, gibt es die ersten Warnungen von Wissenschaftlern: „Vorsicht! Die XY- Diät macht krank." „Herzinfarkt nach Hungerkur!" ...
Wer weiß da noch, was gut und was schlecht für die Gesundheit ist! Deshalb befragten wir Dr. Volker Kundel, Ernährungswissenschaftler aus Göttingen.
Die FRAU: _Herr Dr. Kundel, was fällt Ihnen zum Thema Diät ein?_
Misserfolg. Bei Kanzler Kohl ist deutlich zu sehen, dass man damit von Jahr zu Jahr dicker werden kann.

Die FRAU: _____
Ganz einfach: Wenn der Körper weniger Energie bekommt, geht er auch sparsamer mit der Energie um. Der sogenannte „Grundumsatz" wird niedriger. Wenn man zwei bis drei Wochen weniger isst und danach wieder ganz normal, nimmt man ganz schnell wieder zu. Der Körper ist noch darauf eingestellt, mit wenig Nahrung auszukommen. Er braucht länger, um sich auf die neuen Portionen einzustellen.

Die FRAU: _____
Also Light-Produkte helfen nicht, wenn man sich falsch ernährt. Außerdem glauben viele, sie können dann mehr essen, weil die Lebensmittel ja weniger Kalorien haben. Am besten kauft man erst gar keine Light-Produkte, die sind noch dazu teurer als normale Lebensmittel.

Die FRAU: _____
Am wichtigsten ist: Wer abnehmen will, muss das ganz langsam tun. Man sollte, wie schon gesagt, die Ernährung umstellen: weniger Fett und mehr Obst, Salat, Gemüse, Nudeln und Kartoffeln. Und was noch wichtig ist: Man sollte sich kein Lebensmittel total verbieten.

Die FRAU: _____

Lesen Sie den Text noch einmal und markieren Sie die Adjektiv-Formen.

Ergänzen Sie die passenden Formen und die Regel.

	Komparativ	Superlativ	
schlimm	schlimmer	am schlimmsten	die/der/das schlimmste
viel	mehr	am meisten	die/der/das meiste
wenig		am wenigsten	
dick			
gut			
wichtig			
lang			
schön			
gesund		am gesündesten	
schlank			
teuer		am teuersten	
sparsam			
niedrig			
langsam			
schnell			

Adjektive kann man steigern. Man bildet den _____ meistens mit der Endung „-er".

Vergleicht man Menschen oder Sachen, benutzt man den _____ + „als".

Es gibt zwei Superlativ-Formen:

1 _____ + Endung „-(e)sten" (ohne Nomen),

2 die/der/das + Adjektiv + Endung _____ (mit Nomen).

7

4/2

Hören und antworten Sie.

So, liebe Hörerinnen und Hörer, und jetzt die neue Runde unseres Spiels „Kurze Frage – kurze Antwort – guter Grund." Und hier ist schon unser erster Kandidat am Telefon. Guten Tag, Sie kennen die Spielregeln? Fangen wir gleich an. Erste Frage:

Wo möchten Sie wohnen: in der Stadt oder auf dem Land?
In der Stadt – das ist interessanter.   oder   Auf dem Land – das ist ruhiger.
Und wie möchten Sie da wohnen? In einer Wohnung oder in einem Haus?

in der Stadt (interessant)	auf dem Land (ruhig)
in einer Wohnung (billig)	in einem Haus (groß)
mit Bus und Bahn (schnell)	mit dem Auto (praktisch)
telefonieren (einfach)	schreiben (schön)
selbst kochen (gesund)	Fertiggerichte kaufen (praktisch)
im Feinkostladen (gut)	im Supermarkt (billig)
ins Restaurant (gut)	in die Kneipe (gemütlich)
fernsehen (interessant)	Radio hören (informativ)
Volleyball (lustig)	Fußball (interessant)
Urlaub am Meer (schön)	Urlaub in den Bergen (schön)
auf dem Campingplatz (billig)	im Hotel (bequem)
300 DM (viel)	100 000 Lire (viel)

KURSBUCH
A 5

8

Höher, größer, schneller ...? Vergleichen Sie.

Die Inlineskates sind schneller als das Fahrrad.
Ich glaube aber, sie sind gefährlicher.
...

Finden Sie weitere Vergleiche.

KURSBUCH
B 7

Finden Sie die passenden Superlative.

teuer ◆ groß ◆ jung ◆ erfolgreich ◆ bekannt ◆ viel ◆ wertvoll

1 Die Galactic Fantasy Suite im Kasino Hotel Crystal Palace Resort auf den Bahamas kostet 25 000 Dollar pro Nacht. Das ist das _____ Hotelzimmer der Welt.

2 Das MGM Grand Hotel in Las Vegas hat 5009 Zimmer. Es ist das _____ Hotel der Welt.

3 Peter Zank ist 219 cm groß. Er ist der _____ lebende Österreicher.

4 Kennen Sie „Mona Lisa"? Das Gemälde ist im Louvre in Paris. Es ist das _____ Bild der Welt.

5 Aus Österreich kommt das _____ Weihnachtslied: „Stille Nacht, heilige Nacht".

6 Robert und Carmen Becker sind das Ehepaar, das die _____ Reisen gemacht hat. Sie waren in 192 Ländern.

7 Gari Kasparow war 22 Jahre alt, als er Schachweltmeister wurde. Er war der _____ Schachweltmeister aller Zeiten.

8 Die _____ Rockgruppe waren die Beatles. Bis heute verkauften sie mehr als 1 Milliarde Platten und Cassetten.

Essen in Deutschland

Was sind die Leute von Beruf? Schreiben Sie die passenden Berufe unter die Fotos.

Model ◆ Gewichtheber ◆ Ärztin ◆ Jockey

Was essen und trinken die Leute oft, selten, gar nicht ... ? Was meinen Sie?

Ich glaube, der Gewichtheber isst viel Fleisch.
Ja, das glaube ich auch, er braucht viel Eiweiß .
...

Was machen die Leute, wenn sie krank sind? Wer sagt was?

1 Wenn ich mich schlecht fühle, ...   *2 Wenn ich krank bin, ...*   *3 Wenn ich eine Erkältung habe, ...*

3 ... lege ich mich ins Bett.

... bekomme ich mein Lieblingsessen.

... dann darf ich nicht mit meinen Freunden spielen.

... nehme ich Tabletten und arbeite weiter.

... dann gehe ich sofort zum Arzt.

... muss ich im Bett bleiben.

... kann ich nicht zu Hause bleiben, sondern muss weiterarbeiten.

 4/ 3-5 **Hören und vergleichen Sie.**

4 Ergänzen Sie die Sätze aus C3. Markieren Sie dann die Verben und ergänzen Sie die Regel.

1 Wenn ich mich schlecht fühle, _____

2 Wenn ich krank bin, _____

3 Wenn ich eine Erkältung habe, _____

am Ende ◆ Nebensatz ◆ das Subjekt ◆ „weil"- und „obwohl"-Sätze

1 „Wenn"-Sätze sind Nebensätze, genau wie _____ .

2 Das Verb im „wenn"-Satz steht _____ .

3 Nach „wenn" steht _____ .

4 Zwischen Hauptsatz und _____ steht ein Komma.

Und was machen Sie, wenn Sie krank sind?

5 Schreiben Sie das Gedicht und ersetzen Sie die Bilder durch die passenden Wörter.

Erich Fried

Was weh tut

Wenn ich dich

verliere

was tut mir dann weh?

Nicht der _____

nicht der _____

nicht die _____

und nicht die _____

Sie sind müde

aber sie tun nicht weh

oder nicht ärger*

als das eine _____ immer weh tut

Das Atmen tut nicht weh

Es ist etwas beengt**

aber weniger

als von einer Erkältung

Der _____ tut nicht weh

auch nicht der _____

Die Nieren*** tun nicht weh

und auch nicht das _____

Warum

ertrage ich es

dann nicht

dich zu verlieren?

* schlimmer; mehr

** schwer atmen können

***

Hören und vergleichen Sie.

KUR
D

C 6 **Wählen Sie ein Thema/einen „Anfangssatz" und schreiben Sie ein ähnliches Gedicht.**

1 Wenn ich Heimweh habe, …
2 Wenn ich krank bin, …
3 Wenn ich Vokabeln lernen muss, … ?
4 Wenn ich …

Was weh tut
Wenn ich Heimweh habe,
was tut mir dann weh?
Nicht …

D

Zwischen den Zeilen

D 1 **Machen Sie aus den Adjektiven Nomen.**

1 schön *die Schönheit*
2 freundlich *die Freundlichkeit*
3 unabhängig *die Unabhängigkeit*
4 krank _____

5 ähnlich _____
6 gesund _____
7 schwierig _____
8 pünktlich _____

> Nach „-lich" und „-ig" steht immer die Endung _____ .
> Adjektive schreibt man **klein**, Nomen schreibt man _____ .

D 2 **Machen Sie aus den Verben Nomen.**

Beispiel:

bestellen → bestellen + -ung → **die** Bestell**ung**

1 betonen _____
2 bezahlen _____
3 liefern _____
4 lösen _____
5 üben _____
6 wohnen _____

> Nomen mit den Endungen -
> **heit, -keit, -ung**
> sind immer feminin.
> Merkwort: **die Heitungkeit**

D 3 **Ergänzen Sie passende Nomen aus D 1 und D 2.**

1 Herr Müller ist nie unfreundlich. Er ist die _____ in Person.

2 Sven kommt fast immer zu spät: _____ ist nicht seine Stärke.

3 Anja und Oliver sind Geschwister - sie haben große _____ .

4 Fit ist „in". Immer mehr Menschen achten auf ihre _____ .

5 Die Kosmetik-Industrie macht hohe Umsätze: Die Deutschen geben immer mehr Geld für die

_____ aus.

6 Die häufigste ansteckende _____ ist der Schnupfen.

7 Für junge Leute ist eine eigene _____ der oft erste Schritt in die

_____ .

8 Chinesen haben oft _____ mit der Aussprache von „r" und „l".

9 „Der Wortakzent ist am Anfang" heißt: die _____ ist auf der ersten Silbe.

10 _____ der Waren innerhalb von drei Tagen nach Eingang Ihrer

_____ , _____ bar oder mit Scheck.

11 Im Schlüssel zum Arbeitsbuch finden Sie die _____ zu allen _____ .

KU

Der Ton macht die Musik

Hören und vergleichen Sie.

„Ch" spricht man im Deutschen [x] [ç] [k] oder [ʃ].	[x]	[ç]	[k]	[ʃ]
	ach	ich	Charakter	Chef
	kochen	leicht	sechs	Chance

[x] oder [ç]? Hören Sie, sprechen Sie nach und markieren Sie.

	[x]	[ç]		[x]	[ç]		[x]	[ç]		[x]	[ç]
machen	X		Woche			möchten			euch		
Licht		X	sprechen			Küche			Brötchen		
lachen	X		Würstchen			Kuchen			brauchen		
richtig			suchen			Bäuche			manchmal		
Koch			Gespräch			gleich			Milch		
König			Griechenland			Bauch			durch		

Ergänzen Sie die Regeln.

1 Die Buchstaben-Kombination „ch" spricht man meistens als [ ].
2 Nach den Vokalen _____ und dem Diphthong _____ spricht man „ch" als [x].
3 Das „ch" in der Endsilbe „-chen" von Nomen (= Verkleinerungsform) spricht man immer [ ].
4 Am Wortende spricht man „-ig" oft als [ ], aber in Süddeutschland, der Schweiz und Österreich als „-ig" [k].

Wo spricht man [x]? Markieren Sie.

München	nach	schlecht	Schachtel
Durchsage	rauchen	Würstchen	echt
traurig	Gedicht	lächeln	unterstreichen
doch	gemütlich	reich	pünktlich
Bücher	vergleichen	Mittwoch	Pfennig
sicher	Sachen	besuchen	furchtbar

Hören und vergleichen Sie.

Üben Sie.

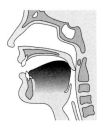

„ch" = [x]
Sagen Sie „kuk", „ku", „k". Sagen Sie „k", aber öffnen Sie die Verschlussstelle (hintere Zunge am hinteren Gaumen) nur langsam und ein bisschen: „k" [k] wird zu „ch" [x].
Sagen Sie:
der Koch macht Kuchen, auch nach Kochbuch, noch nach Wochen

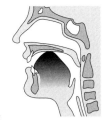

„ch" = [ç]
Sagen Sie „ja". Sagen Sie leise „ja", „jjja", „jjj". Jetzt ohne Stimmton: Holen Sie tief Luft und flüstern Sie „jjj": „jjj" [j] wird zu „chchch" [ç].

Sagen Sie:
er lacht – sie lächelt, der Koch – die Köchin, das Buch – die Bücher, auch – euch, Nacht – nicht, acht – echt

Wählen Sie ein Gedicht. Üben Sie.

Bei Gewitter
Buchen sollst du suchen.
Eichen sollst du weichen.

Nichtraucher
Wir brauchen nicht zu rauchen.
Und ihr?
Wir brauchen auch nicht zu rauchen.
Möchtest du eine?
Ich bin Nichtraucher.
Macht doch nichts.

Geburtstag
Kuchen backen
Essen kochen
mit Freunden lachen
Spiele machen
nachts noch fröhlich feiern
Gute Nacht – jetzt reicht's

 Hören und vergleichen Sie.

F

Typisch deutsch

Lesen Sie den Text und das Rezept. Sortieren Sie die Bilder.

Wenn die Deutschen essen gehen, dann essen sie gern international. Sie kennen Lasagne und Pitta, Kebab und Börek, Paella und … In jeder größeren deutschen Stadt gibt es griechische, spanische, chinesische, italienische … Restaurants. Gibt es keine deutsche Küche? Doch, es gibt sie. Es gibt regionale Spezialitäten und Gerichte, die man in ganz Deutschland kennt.
Wenn Sie eine typisch deutsche Speise zubereiten wollen, dann probieren Sie doch mal Kohlrouladen, auch Krautwickel genannt. Hier ist das Rezept:

Zutaten

500g Hackfleisch

1 Weißkohl

1 Ei, 1 Zwiebel

Petersilie, Salz, Pfeffer

4 Essl. Öl

1 Tasse Fleischbrühe oder Gemüsebrühe

1 Essl. Mehl

3–4 Essl. Sahne

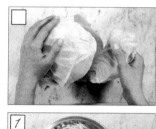

Den Weißkohl waschen, die Blätter kurz in Salzwasser kochen. Zwiebeln und Petersilie hacken, mit dem Ei, dem Hackfleisch und den Gewürzen vermengen. Den Hackfleisch-Teig auf die Kohlblätter verteilen, zusammenwickeln und mit einem Bindfaden zusammenbinden. In heißem Öl anbraten, mit etwas Brühe übergießen, dann zudecken und bei kleiner Flamme etwa eine Stunde kochen lassen. Wenn die Krautwickel gar sind, herausnehmen. Die Brühe mit Mehl und Sahne zu einer Soße verarbeiten, dann über die Krautwickel gießen.
Dazu gibt es Salzkartoffeln oder Kartoffelpüree und Salat.

Viel Spaß beim Kochen und guten Appetit!

Infinitiv bei Anweisungen: z.B. in Kochbüchern
Zwiebeln **hacken.** = Hacken Sie die Zwiebeln.
Die Krautwickel **herausnehmen.** = Nehmen Sie die Krautwickel heraus.

Essgewohnheiten

1

Welcher Name passt zu welchem Bild? Ergänzen Sie.

1 Die „Ja-Aber-Frau" ◆ 2 Der „Wie-Immer-Mann" ◆ 3 Die Mimose ◆ 4 Der Ketschup-Mann ◆
5 Die Diätspezialistin ◆ 6 Der Salzer ◆ 7 Der Sparsame

2

Lesen Sie die Texte. Welcher Text passt zu welchem Typ?
Ergänzen Sie die Überschriften.

A _____

Normale Esser haben ein paar Lebensmittel, die sie nicht mögen. Sie hat einige Speisen, die sie mag. Sie liest die Speisekarte keine zwei Minuten und schon kommt ihr Satz: „Knoblauch? Der bekommt mir nicht." „Von Curry kriege ich Pickel." „Ist da Schinken drin? Schinken ist zu fett für mich!" ... Na, Mahlzeit!

B _____

Seine Hand wartet am Salzstreuer. Kaum ist das Essen auf dem Tisch, kommt seine typische Handbewegung: schütteln. Er salzt aus Prinzip. Er probiert das Essen vorher nicht einmal! Salz fehlt immer. Es gibt noch andere ähnliche Typen: den Ketschup-Mann und den Maggi-Mann zum Beispiel.

C _____

„Für mich bitte Wiener Schnitzel, Pommes frites und Salat." Diesen Satz werden Sie immer und immer wieder von ihm hören. Seit seinem dritten Lebensjahr isst er immer die gleichen vier Gerichte. Auch im Urlaub auf Mallorca oder sonstwo gilt: Was er nicht kennt, isst er nicht.

D _____

Das Tagesmenü besteht aus: Tomatencremesuppe, Steak und Salat, Aprikoseneis. Sie bestellt das Menü, aber sie sagt: „Statt Tomatensuppe möchte ich Gemüsesuppe, statt Steak doch lieber ein Jägerschnitzel. Aprikoseneis klingt gut! Aber es sollte doch deutlich nach Orange schmecken."

E _____

Er sagt: „Der Champagner kostet dreimal so viel wie im Supermarkt. Unglaublich! Das Menü schmeckt bestimmt sehr gut, aber fünf-und-vierzig-Mark-fünf-zich! Davon kann ich ja eine Woche lang leben." Er lädt nie Freunde in ein teures Restaurant ein. Und wenn Freunde ihn einladen, dann isst er auch nur billige Gerichte. Er ist wirklich arm dran!

Sie sind im Restaurant. Spielen Sie: die „Mimose", den „Wie-Immer-Mann" ...

3

Wählen Sie ein Thema und schreiben Sie (aus den Stichworten) einen ähnlichen Text.

1 Die „Diätspezialistin"

ein paar Freunde ins Restaurant eingeladen – gemütliches Essen – Speisekarte kommt – alle finden schnell etwas – Brigitte nicht – Brigitte macht Diät: das Eisbein? zu fett! – das Wiener Schnitzel + die Pommes? zu viel Kalorien! Bier? ungesund! – nur Salat, Mineralwasser – die anderen essen und trinken alles, nach einer halben Stunde bestellt Brigitte: riesige Portion Mousse au chocolat – nicht mehr zuschauen können – morgen Diät!

Die Diätspezialistin
Man hat ein paar Freunde ins Restaurant eingeladen und freut sich auf ein gemütliches Essen. Die Speisekarte kommt ...

2 Der „Ketschup-Mann"
3 ...

H

Körperteile und Krankheiten

Welche Körperteile und Krankheiten kennen Sie auf Deutsch?

Arztbesuch

Sie sind beim Arzt. Der Arzt fragt: Was fehlt Ihnen denn? Was sagen Sie?

Ratschläge geben

Ein Freund möchte abnehmen und fragt Sie um Rat. Was sagen Sie?

Komparativ und Superlativ

Meine Regel für den Komparativ:

Meine Regel für den Superlativ:

„Wenn"-Sätze

Was machen Sie, wenn Sie Heimweh haben?

Meine Regel für „wenn"-Sätze:

Essen im Restaurant

Sie sind im Restaurant und lesen auf der Speisekarte: „Schneegestöber". Sie wissen nicht, was das ist. Fragen Sie den Kellner.

?

Jemand fragt Sie nach einer typischen Speise aus Ihrem Heimatland. Was sagen Sie?

.

.

Interessante Ausdrücke

Farben und Typen

Meine Lieblingsfarbe

1

Welche Wörter sind positiv, welche negativ?

Neid ◆ Revolution ◆ Nervosität ◆ Liebe ◆ Fernweh ◆ Glaube ◆ Fantasie ◆ Aberglaube ◆ Angst ◆
Gefahr ◆ Trauer ◆ Hoffnung ◆ Ruhe ◆ Tradition ◆ Kälte ◆ Energie ◆ Wärme ◆ Treue ◆ Aktivität

+	–

Welche Wörter haben den Akzent nicht auf der ersten Silbe?

Hören und markieren Sie.

> **Nomen aus anderen Sprachen**
> Nomen mit den Endungen -tät, -ion und -ie sind immer feminin. Man betont sie auf der letzten Silbe.
> Merkwort: die Tätionie

KURSBUCH
A 2-A 4

2   **Machen Sie das Kreuzworträtsel und ergänzen Sie die passenden Wörter.**

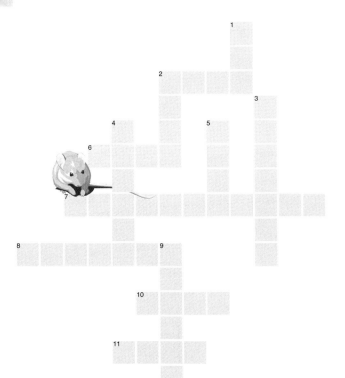

Waagerecht:

2 _____ wie ein Regenbogen

6 _____ wie eine Maus

7 _____ wie bittere Schokolade

8 _____ wie die Veilchen

10 _____ wie der Salat

11 _____ wie die Milch

Senkrecht:

1 _____ wie eine Tomate

2 _____ wie der Himmel

3 _____ wie die Nacht

4 _____ wie eine Apfelsine

5 _____ wie die Sonne

9 _____ wie das Meer

Blau steht Ihnen gut!

Was passt? Sortieren Sie die Adjektive.

hell ◆ schwarz ◆ blond ◆ rot ◆ grau ◆ graugrün ◆ glatt ◆ ~~lockig~~ ◆ braun ◆ blau ◆ blass ◆
schwarz ◆ dunkel ◆ kraus ◆ mit Sommersprossen ◆ grün

Haare   *lockig*

Augen

Haut/Teint

**Beschreiben Sie nun eine Kursteilnehmerin / einen Kursteilnehmer. Die anderen raten.
Machen Sie vorher Notizen.**

Ihre Haare sind braun.
Ihre Augen sind auch braun. …
Das ist …

Ordnen Sie die Überschriften den einzelnen Abschnitten zu.

Farbtypen und Länder ◆ Farbtypen und Jahreszeiten ◆ Farben und Alter

Beim Kleiderkauf und auch beim Einrichten der Wohnung ist guter Rat oft teuer. Aus Amerika kommt jetzt die Idee der Farbberatung; von dort stammt auch der Vorschlag, die Farbtypen nach den vier Jahreszeiten zu benennen: Frühlings-, Sommer-, Herbst- und Wintertyp. Mary Spillane hatte mit ihrer „Erfindung" der Farbberatung großen Erfolg: Über 700 Beraterinnen arbeiten heute in Europa, Afrika, Asien und Australien nach ihrem System mit dem amerikanischen Namen „Color Me Beautiful".

Das beliebte Farbsystem gilt für alle Volksgruppen – aber eine ausgewogene Mischung der Jahreszeiten ist selten. In Japan beispielsweise, wo die Menschen nicht von Natur aus helle Haare oder blaue Augen haben, gibt es keine Frühlings- und Sommertypen. Auch in Indien und in Afrika sind die meisten Menschen dunkle Herbst- und Wintertypen. So ist es kein Wunder, dass ein indischer Sari meistens klare Farben oder dunkle „Gewürzfarben" enthält. In Skandinavien dagegen ist der echte Wintertyp selten, und es gibt dort mehr Frühlingstypen als in Mitteleuropa.

Persönliche Vorlieben für bestimmte Farben ändern sich mit der Zeit. Kindern gefällt ein grelles Rot oder ein kräftiges Gelb, Jugendlichen eher mattes Blau, dunkle Brauntöne oder Schwarz. Die persönliche Lieblingsfarbe von Erwachsenen kann sich immer wieder ändern, und alte Menschen haben oft eine Vorliebe für zarte Pastelltöne. Ihnen rät Mary Spillane, beim Kleiderkauf auf ihre innere Stimme zu hören: „Kaufen Sie den hellblauen Pullover, wenn er Ihnen gefällt, und einen rosafarbenen Blazer dazu!" Da siegt dann spontane Kauflust über die festen Regeln der Farbberatung …

3   **Was passt? Ergänzen Sie mit den Informationen aus dem Text.**

Land/Länder	Typ	Altersgruppen	Farbe
Indien		Kinder	
		Erwachsene	

4   **Suchen Sie die Adjektive im Text. Markieren Sie die Endungen und ergänzen Sie die Regel.**

	Nominativ	Akkusativ
f	die persönliche _____ Lieblingsfarbe eine _____ Mischung _____ Kauflust	wie Nominativ !
m	der _____ Wintertyp ein _____ Sari _____ Rat	den _____ Pullover einen _____ Blazer _____ Erfolg
n	das _____ Farbsystem ein _____ Rot _____ Blau	wie Nominativ !
Plural	die _____ Menschen _____ Herbst- und Wintertypen	die _____ Regeln _____ Augen

Adjektive ◆ Artikel-Ende ◆ -e ◆ -f ◆ n ◆ nach Artikel ◆ Plural ◆ r ◆ s

1 Vor Nomen haben _____ eine Endung.
2 Das Genus-Signal ist gleich wie beim bestimmten Artikel:
   feminin: _-e_ , maskulin: ____ , neutrum: ____ .
   Das Genus-Signal steht entweder am _____ oder am Adjektiv-Ende.
3 Im Plural enden die Adjektive _____ auf „-n" .
4 Bei _f_ , ____ und _____ sind Akkusativ und Nominativ gleich.
5 Bei _____ steht im Akkusativ bei Artikel und Adjektiv ein „-n".

KURSBUCH **B 5**

5   **Sie möchten sich von Mary Spillane beraten lassen.**
Beschreiben Sie sich und Ihre Lieblingsfarben.

Sehr geehrte Frau Spillane,

ich habe von Ihrer Farbberatung gehört und möchte mich nun gerne beraten lassen.
Ich habe
Besonders gern trage ich

B 6 **Lesen Sie die Bildbeschreibung und ergänzen Sie die Adjektiv-Endungen.**

Türkisches Café

Ein rotbraun___ 1) Baumstamm *(m)* zieht sich rechts im Bild nach oben, grüngelb___ 2) Blätter *(Pl)* formen ein Dach über dem stillen Platz vor einem Café und filtern das grell___ 3) Sonnenlicht *(n)*. Ein groß___ 4) Blatt *(n)* begrenzt die link___ 5) Seite *(f)* des Bildes.

Neben dem Eingang des Cafés steht ein klein___ 6) rot___ 7) Tisch *(m)*; daran sitzt ein einsam___ 8) Gast *(m)*. Man kann nur seinen Rücken sehen. Sein grün___ 9) Burnus* *(m)* erscheint durch die Sonne in einem hellen Gelb. Er trägt einen hellrot___ 10) Turban** *(m)* als Schutz vor der Mittagshitze.

Auf dem Tisch ist nur Platz für eine klein___ 11), weiß___ 12) Teetasse *(f)* und eine kristallen___ 13) Karaffe *(f)* mit Wasser. Im Vordergrund steht ein gelb___ 14) Stuhl *(m)*. Ein zart___ 15) Rosa *(n)* hat der Künstler für die rosafarben___ 16) Markise *(f)* über dem Eingang benützt. Man kann sie hinter den Blättern kaum sehen.

Das warm___ 17) Ziegelrot *(n)* des Platzes geht in das Café hinein und erscheint in der Tür wie ein orangefarben___ 18) Feuerball *(m)*, der sein warm___ 19) Licht *(n)* wieder auf den Platz zurückwirft. Die blau___ 20) Mauern *(Pl)* des Cafés strahlen im Gegensatz dazu eine angenehm___ 21) Kühle *(f)* aus.

Die Atmosphäre in diesem Bild ist friedlich___ 22) und harmonisch___ 23). Klar___ 24) Formen *(Pl)* und Farben stellen das ruhig___ 25), einfach___ 26) Leben *(n)* einer vergangenen arabischen Welt dar.

* Mantel mit Kapuze der arabischen Beduinen
** Kopfbedeckung der Hindus und Muslime

Malen Sie das Bild mit den Farben im Text aus.

August Macke, geb. am 03. 01. 1887, gest. am 26. 09. 1914, war Mitglied der Künstlervereinigung „Der blaue Reiter" und ein Freund von Franz Marc. Das Bild „Türkisches Café" entstand 1914 nach seiner Reise in Tunesien, die er zusammen mit Paul Klee und Louis Moillet machte.

Kleiderkauf

Schreiben Sie Wortkarten und sortieren Sie die Kleider.

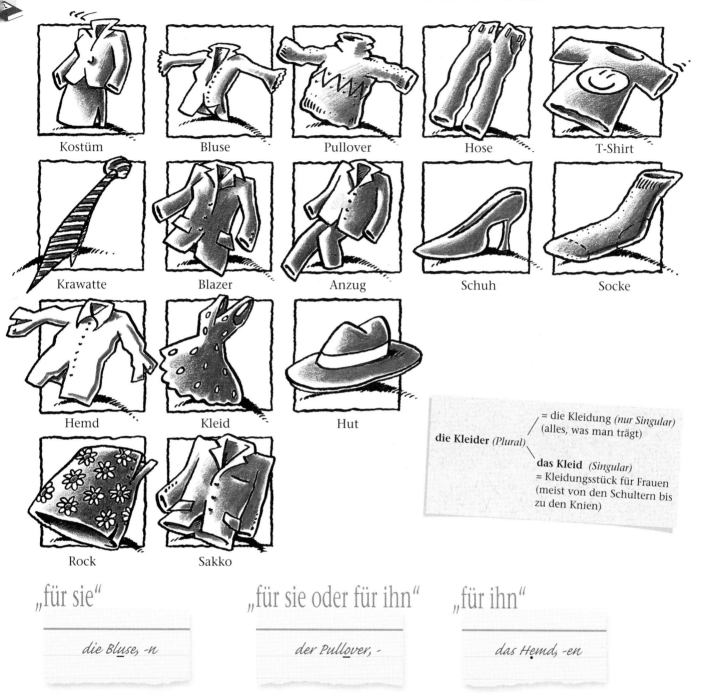

Kostüm · Bluse · Pullover · Hose · T-Shirt

Krawatte · Blazer · Anzug · Schuh · Socke

Hemd · Kleid · Hut

Rock · Sakko

die Kleider (Plural)
= die Kleidung (nur Singular) (alles, was man trägt)
das Kleid (Singular)
= Kleidungsstück für Frauen (meist von den Schultern bis zu den Knien)

„für sie"
die Bluse, -n

„für sie oder für ihn"
der Pullover, -

„für ihn"
das Hemd, -en

Welche Kleider ziehen Sie wo oder wann an?

Machen Sie Notizen und vergleichen Sie.

In der Freizeit trage ich oft T-Shirts. Und du?
Ich auch. Zu Hause ziehe ich am liebsten ein T-Shirt und Jeans an.
Aber zu einer Einladung …
Und was tragen Sie bei der Arbeit? …

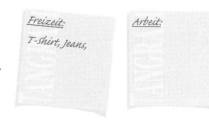

Freizeit: T-Shirt, Jeans,

Arbeit:

KURSBUCH
C 1-C 4

Wohin gehen die Leute? Hören und markieren Sie.

	Dialog 1	Dialog 2
1 zu einer Hochzeit		
2 zu einem Betriebsfest		
3 zu einem Picknick		
4 zu einer Beerdigung		
5 zu einer Geburtstagsparty		

C 4 **Was passt zusammen? Markieren Sie.**

1 Welche Hose soll ich nur anziehen?	a) Ich dachte an den graublauen und das grüne Hemd.
2 Welchen Anzug ziehst du denn an?	b) Eine CD von „Badesalz". Die hat er sich gewünscht.
3 Was für einen (Salat) machst du denn?	*1* c) Die schwarze Satinhose oder die braune Leinenhose?
4 Was für ein Geschenk hast du besorgt?	d) Ich glaube, er mag englische Krimis.
5 Was für Bücher liest er wohl gern?	e) Vielleicht einen Gurkensalat mit einer Sahnesauce.

 Hören Sie noch einmal und vergleichen Sie.

C 5 **Ergänzen Sie die Regel.**

bestimmtem ◆ ohne ◆ unbestimmtem
Regel: Nach Fragen mit ... kommen oft Antworten mit ... 1 Welch- ... ?   → _____ Artikel. 2 Was für (ein) ... ?   → _____ Artikel. oder _____ Artikel.

6 Worüber sprechen die Leute? Wo sind die Leute? Hören und markieren Sie.

Dialog   Dialog

Kollege ▢   indisches Gericht ▢
in der Wohnung ▢   Termin ▢
im Kleidergeschäft ▢   Pullover ▢
am Telefon ▢   neue Wohnung ▢
                        in der Kantine ▢

7 Was passt zusammen?

1 Wie gefällt dir die neue Wohnung? ____
2 Na, schmeckt es Ihnen? ____
3 Wie passt es dir am Samstagabend? ____
4 Wie gefällt Ihnen unser neuer Mitarbeiter? Ich finde er macht einen sehr guten Eindruck. ____
5 Wie steht mir der Pullover? ____
6 Probier den doch mal in Türkis. Ich glaube, das steht dir besser. ____

a) Am Samstagabend? Hm, am Samstag, da war doch was …
b) Türkis? Meinst du wirklich? Ich finde Türkis so kühl.
c) Der passt dir so ganz gut. Aber die Farbe … Also, ich finde, die Farbe passt einfach nicht zu dir.
d) Sehr gut. Sie ist schön hell und die Aussicht ist wirklich toll.
e) Hmmm, ausgezeichnet. Mir schmeckt es sehr gut.
f) Stimmt, da haben Sie Recht. Er gefällt mir auch ganz gut.

Hören Sie noch einmal und vergleichen Sie.

8 Unterstreichen Sie diese Verben in C 7 und ergänzen Sie die Regel.

passen ◆ schmecken ◆ gefallen ◆ passen ◆ stehen ◆ finden

Zeit/Termin: *passen* ____ + DAT
Kleidung: (Größe) ____ + DAT (Farbe, Form …) ____ + DAT
Personen/Gegenstände: ____ + DAT ____ + AKK + QUA
Essen: ____ + DAT

„Passen, stehen, gefallen, schmecken" sind Verben mit ____. Mit diesen Verben können Sie eine Person nach ihrer Meinung fragen und selbst etwas beurteilen.

9 Fragen und beurteilen Sie. Arbeiten Sie zu zweit. Machen Sie Notizen.

die neue CD von …
das neue Buch von …
Termin am Samstag

Lerntipp:
Es gibt nicht sehr viele Verben mit Dativ. Lernen Sie diese Verben immer mit einem Dativ-Pronomen, z. B. „ihr": „ihr gefallen", „ihr passen", „ihr stehen", „ihr helfen".
Auch Verben mit Präpositionen können Sie so leichter lernen: „zu ihr passen".

Hören und antworten Sie.

4/22

Sie wollen ausgehen. Aber was sollen Sie anziehen? Sie stehen vor Ihrem Kleiderschrank und überlegen. Ihre Freundin macht Vorschläge, aber Sie sind unsicher.

... steht mir nicht	In ... sehe ich furchtbar aus.	... kann ich nicht mehr tragen. ... ist ...	... steht mir gut. Und was soll ich dazu anziehen?
Kostüm (blau)	Rock (grau)	Kleid (grün) – zu altmodisch	Hose (rot)
Blazer (schwarz)	Bluse (gelb)	Pullover (dunkelgrün) – zu klein	Pullover (türkisfarben)
Anzug (hellgrau)	Hose (braun)	Anzug (hellblau) – zu altmodisch	Hose (dunkelgrün)
Sakko (gelb)	Hemd (rot)	Pullover (dunkelrot) – zu eng	Pullover (violett)

Beispiele:

Zieh doch das blaue Kostüm an.

> *Das blaue Kostüm steht mir nicht.*

Das blaue Kostüm steht dir nicht? Na, dann nimm halt den grauen Rock.

> *In dem grauen Rock sehe ich furchtbar aus.*

Was? In dem grauen Rock siehst du furchtbar aus? Das finde ich nicht. Aber gut – wie wär's mit dem grünen Kleid?

> *Das grüne Kleid kann ich nicht mehr tragen. Das ist zu altmodisch.*

So-so, das grüne Kleid kannst du nicht mehr tragen. Das ist zu altmodisch. Und was ist mit der roten Hose?

> *Die rote Hose steht mir gut. Und was soll ich dazu anziehen?*

KUR

D

Typen ...

D 1

Wo arbeiten die Leute? Was sind sie von Beruf?

1 Konservative Branchen: Anwälte, Banken, Buchhaltung, Versicherung
2 Kreative Branchen: Werbung, Medien, Verlage, Touristik
3 Lehrberufe: Schulen, Universitäten

D 2

Was passt zu welcher Berufsbranche?

Die Farbberaterin rät:

Farben

2 Vermeiden Sie die Durchschnittsfarben und Schwarz, wenn Sie in diesem Sektor tätig sind. Setzen Sie Ihre Palette kreativ ein.

3 Seien Sie nicht zu zurückhaltend und vernünftig. Überraschen Sie Ihre Schützlinge mit interessanten Farben, die ihre Aufmerksamkeit fesseln, aber nicht ablenken.

1 Understatement ist Ihr Ziel. Tragen Sie das klassische Kostüm oder den klassischen Anzug mit einer leuchtenden Bluse bzw. mit einem einfarbigen Hemd.

Accessoires

Unterstreichen Sie die klassische Eleganz Ihrer Kleidung mit einer guten Uhr. Seien Sie vorsichtig mit auffälligem Schmuck - tragen Sie maximal zwei gediegene Ringe.

Setzen Sie Akzente mit topmodischen Accessoires, aber seien Sie zurückhaltend, wenn Sie mit konservativen Kunden arbeiten.

Zu viel lenkt die Schülerinnen und Schüler ab. Auffallende Farben und Formen kommen für Sie nicht in Frage – die nächste Klassenarbeit ist wichtiger als Ihr Schmuck!

offizielle Treffen

Auch in dieser Situation sieht man Sie noch in Ihrer Rolle als Vorbild. Seien Sie also nicht zu elegant oder modisch – zeigen Sie, dass Ihnen innere Qualiäten wichtiger sind.

Mit dem tiefen Dekolleté am Abend wirken Sie zu sexy, mit Smoking und weißem Seidenschal sind Sie „overdressed". Bleiben Sie bei der klassischen Eleganz.

Übertreiben Sie es nicht mit dem individuellen Stil Ihres Outfits, sonst ist es mit der Autorität bei den Kunden vorbei.

Arbeitsalltag

Seien Sie vorsichtig mit topmodischem Outfit, gehen Sie mit dem Trend mit, ohne übertrieben modisch zu wirken.

Hier sind die Möglichkeiten begrenzt. Mit einem modischen Anzug oder einem klassischen Kostüm liegen Sie auf jeden Fall richtig und vermitteln ein Bild von unauffälliger Eleganz. Keine dünnen Stoffe und keine Schuhe mit hohen Absätzen oder auffälligen Accessoires.

Mit modischen Kostümen sind Sie am besten gekleidet. Auch schicke Hosenanzüge sind eine Alternative.

---

3 **Ergänzen Sie die Tabelle und die Regeln.**

	bestimmter Artikel		unbestimmter Artikel		ohne Artikel	
f	bei de_____	Eleganz	mit eine_____	Uhr	von_____	Eleganz
m	mit de_____	Stil	mit eine_____	Kunden	mit_____	Schmuck
n	Mit de_____	Dekolleté	mit eine_____	Hemd	mit_____	Outfit
Pl	mit de_____	Stücken	mit_____	Farben	wie unbestimmter Artikel!	

1 Die Genus-Signale für den _____ : feminin: -r, maskulin und neutrum: -m, Plural: -n.

2 Die Endung bei den Adjektiven nach _____ ist im Dativ immer „-en". Sie stehen am Artikel-Ende oder am _____ .

3 Im _____ steht bei den meisten Nomen am Ende ein -n. (Ausnahme: Plural auf „-s".)

---

4 **Arbeiten Sie zu viert. Sprechen oder schreiben Sie über das Schaubild.**

Outfit nach Noten

Was Unternehmen in Deutschland bei ihren Angestellten gern oder ungern sehen*

	sehr gut
1	sehr gut
2	gut
3	befriedigend
4	ausreichend
5	mangelhaft
6	unbefriedigend

	Daimler-Benz	Honda	Deutsche Bank	Hoechst	Microsoft	Apple	Lufthansa	Coca-Cola	Krupp Hoesch	Thyssen	Reynolds Tobacco	Roland Berger	Kienbaum & Partner	Allianz	Hamburg-Mannheimer	Lintas	Scholz und Friends
Kostüm / Anzug	1	2	2	1	1	4	2	2	1	1	2	1	1	1	2	1	1
gedeckte Farben	3	4	2	1	2	4	2	3	2	1	5	1	1	1	2	2	1
Krawatte	1	2	2	1	1	3	2	2	1	1	2	1	1	1	2	2	1
T-Shirt	5	5	5	5	4	5	5	4	6	5	3	6	4	5	5	2	4
Jeans	5	2	5	4	4	5	4	4	3	5	3	6	3	5	5	2	4
Turnschuhe	6	5	5	5	6	5	4	4	6	6	6	6	5	5	5	2	5
Shorts	6	5	5	6	6	5	6	5	6	5	6	6	6	6	6	5	5
Sandalen	4	5	5	4	5	5	5	3	5	3	6	4	5	5	6	6	6
Hawaiihemden	6	3	5	6	6	5	4	3	6	6	6	6	5	5	6	6	6
lange Haare	6	3	5	3	2	4	5	3	4	6	6	6	5	5	4	2	4
Ohrring	5	5	5	6	3	5	5	4	5	6	5	6	6	5	3	3	3

* Bewertet von den Personalchefs oder Pressestellen mit Schulnoten

Bei Daimler Benz dürfen Männer mit einem Ohrring _____

Zwischen den Zeilen

E 1

Welche Nomen und Adjektive passen zusammen? Machen Sie eine Liste.

Du traurige Person!

Deine ängstliche Vernunft!
    Meine Angst ist vernünftig.
Dein vorsichtiger Verstand!
    Meine Vorsicht ist verständlich.
Deine ruhige Natur!
    Meine Ruhe ist natürlich.
Du traurige Person!
    Meine Trauer ist persönlich.

Dieser jugendliche Übermut!

Diese jugendliche Energie!
    Die Jugend ist energisch.
Diese jugendliche Ungeduld!
    Die Jugend ist ungeduldig!
Dieser jugendliche Übermut!
    Die Jugend ist übermütig.

Nomen	Adjektiv
die Angst	ängstlich
die Vernunft	vernünftig
der Verstand	

Sprüche und Ratschläge

Es gibt vielleicht keine menschliche Vernunft, aber doch ein paar vernünftige Menschen.

Nimm dir freundliche Personen als persönliche Freunde!

Auch ein nützlicher Beruf bringt nicht nur beruflichen Nutzen.

Lieber mal ein fürchterlicher Schreck als ständig schreckliche Furcht!

Lieber ein langweiliger Tag als tägliche Langeweile.

Unterstreichen Sie die Adjektiv-Endungen und ergänzen Sie die Regeln.

 Wörter mit der Endung _____ , _____ oder _-isch____ sind Adjektive. Man kann sie von Nomen ableiten. Dabei werden „a", „o" und „u" oft zu _____ , _____ und _____ .

E 2

Ergänzen Sie die passenden Nomen und Adjektive und vergleichen Sie mit dem Wörterbuch oder der Wortliste.

farbig	*die Farbe*	das Blut	*blutig*
gefährlich		der Mann	
lustig		der Neid	
schmutzig		der Punkt	
unterschiedlich		der Saft	

E 3

Ergänzen Sie passende Nomen oder Adjektive aus E 2.

1 Ein _____ Steak ist oft noch ein bisschen _____ .

2 Frühlingstypen und Wintertypen sollten _____ tragen.

3 Neid ist keine typisch weibliche oder _____ Eigenschaft: Fast alle Menschen sind manchmal _____ .

4 „Ständig kommst du zu spät, nie bist du _____ . Und ich muss immer warten – das finde ich überhaupt nicht _____ ."

5 Zu viel _____ ist _____ : Er ist oft Ursache von Krankheiten.

Der Ton macht die Musik

Hören und vergleichen Sie.

„R" spricht man im Deutschen konsonantisch [r] oder vokalisch [ɐ].	[r]	[ɐ]
	rot	Tor
	Oh|ren	Ohr
	spa|ren	spar|sam
	grau	gern

Lesen Sie die Wörter und unterstreichen Sie alle „r".

	konsonantisches „r" [r]	vokalisches „r" [ɐ]		konsonantisches „r" [r]	vokalisches „r" [ɐ]
Rock	X		braun		
Nach|bar		X	Fir|ma		
Klei|der			rot		
grün			Pro|blem		
immer			Haa|re		
Haar			war|ten		
hö|ren			fer|tig		
Pull|o|ver			trau|rig		

Konsonantisches oder vokalisches „r"? Hören und markieren Sie.

Ergänzen Sie die Regeln und die Beispielwörter.

Am Wort- oder Silben-Anfang spricht man das _____ „r" [r]:
Rock, _____

Am Wort- oder Silben-Ende spricht man das _____ „r" [ɐ] (= „r" klingt wie „a"):
Nachbar, _____

Üben Sie das konsonantische „r" [r].

Nehmen Sie ein Glas Wasser und „gurgeln" Sie.

Dann „gurgeln" Sie bitte ohne Wasser und sprechen ganz langsam:
rrrosa – rrosa – rosa,
rrrot – rrot – rot,
rosarote Röcke,
grasgrüne Krawatten

Sprechen Sie erst ganz langsam und dann immer schneller und leiser:
rosarote Röcke und grasgrüne Krawatten, rosarote Röcke und grasgrüne Krawatten …

Oder sagen Sie „ach" [x]. Fügen Sie den Stimmton hinzu – [x] wird zu [r]:
Sagen Sie: Ach \| Rita   nach \| Rom   Nach\|richt   einfach \| richtig

F 5

Wo hört man das konsonantische „r"? Markieren Sie.

Paar – Paare ◆ Monitor – Monitore ◆ Tastatur – Tastaturen ◆ Formular – Formulare ◆ Tür – Türen ◆
Fahrer – Fahrerin ◆ Mechaniker – Mechanikerin ◆ Friseur – Friseurin ◆ Schauspieler – Schauspielerin ◆
studieren – studiert ◆ fahre – fährst ◆ spart – sparen ◆ erklären – erklärst ◆ notiert – notieren ◆
schwer – schwerer – die schwerste ◆ teuer – teurer – der teuerste ◆ klar – klarer – am klarsten

Hören Sie, sprechen Sie nach und vergleichen Sie.

F 6

Hören Sie und sprechen Sie nach.

im Erdgeschoss ◆ dritter Stock ◆ vierte Etage ◆ bei der Herrenmode ◆ ein grauer Pullover ◆
ein rotes Kleid ◆ ein schwarzer Rock ◆ blaugrüne Krawatten ◆ braune Strümpfe ◆
ein orangefarbener Blazer ◆ traurige Farben ◆ Frühlingsfarben ◆ für eine Bewerbung ◆
für die Freizeit ◆ für die Arbeit ◆ fürs Büro ◆ die richtige Größe ◆ wirkt sehr interessant ◆
zu groß ◆ zu kurz ◆ zu teuer ◆ eine Nummer kleiner ◆ andere Modelle ◆ preiswerte Sonderangebote

Üben Sie zu zweit und machen Sie kleine Dialoge.

Guten Tag. Ich suche Krawatten.
Krawatten sind im Erdgeschoss.
Ich suche einen orangefarbenen Blazer.
Tut mir Leid, wir haben nur schwarze, graue und grüne Blazer.
...

F 7

Hören Sie und sprechen Sie nach.

Grau und schwarz sind Problemfarben für Herbsttypen.
Herbsttypen brauchen warme Farben!

Teure Kleider brauchen teure Kleiderschränke
und teure Kleiderschränke brauchen teure Kleider.

Graugrüne Strümpfe zu rotbraunen Röcken
oder rotbraune Strümpfe zu graugrünen Röcken?

**Von Februar bis April verkaufen wir farbenfrohe Winterkleider
vierunddreißig Prozent billiger.**

*Fröhliche Frühlingsfarben bringen frisches Leben
in Ihre vier Wände!*

**Wählen Sie einen „Zungenbrecher", lernen Sie ihn auswendig und
üben Sie „Schnellsprechen".**

158 *Arbeitsbuch*

G

Farbe bekennen

1 Lesen Sie den Text und unterstreichen Sie die Farben.

Farbe bekennen

Götz Keitels Kunden kommen aus der ganzen Welt: ein Penthouse in New York, eine Bar in Venedig, eine Büro-Etage in Barcelona. Tabu-Farben kennt Keitel nicht. Meistens kombiniert er mehrere verschiedene Farben.
5 So hat er zum Beispiel in einer Münchner Kneipe Tresen, Tische und Barhocker <u>türkis</u> gestrichen und die Wände in einem warmen Rot. Danach war die Kneipe jeden Abend überfüllt: „Die Kneipenbesucher möchten alle cool sein, also türkis. Gleichzeitig haben sie aber einen
10 geheimen Wunsch nach Schutz und Geborgenheit, also warmes Rot."
Götz Keitel hat sich auf eine Frage spezialisiert, die selbst von einigen Innenarchitekten nicht ernst genug genommen wird: Welche Farben braucht der Mensch,
15 damit er sich wohl fühlt? Und wer weiß schon, was für ein Farbtyp er ist? Manchmal hilft ein Farb-Test, aber der Test allein reicht meistens nicht aus. Deshalb versucht der 40-jährige Malermeister in Gesprächen, den Farbtyp seiner Kunden herauszufinden. „Es bleibt ein Rest
20 Intuition. Aber ich habe noch nie daneben gelegen", bemerkt Herr Keitel selbstbewusst.
Seine Kenntnisse bezieht Keitel aus einer Fülle von Literatur, angefangen bei der Optik Newtons über Goethes Farbenlehre bis zu den Büchern des Schweizer
25 Farbpsychologen Max Lüscher. Bestimmte Wirkungen von Farben sind bei allen Menschen gleich. So verlangsamt Blau zum Beispiel den Blutkreislauf und Rot beschleunigt ihn. Das gilt bei Frauen und Männern genauso wie bei Jung und Alt, bei Senegalesen in Afrika
30 und bei den Inuit in Grönland. Wenn Menschen mit dem Wunsch nach Ruhe zu ihm kommen, heißt das aber noch lange nicht, daß Götz Keitel ihnen blaue Wände empfiehlt. Die Farbe Blau kann nämlich auch gefährlich werden: „Blau ist die Ruhe des Meeres, aber im Meer kann man auch untergehen. Braun ist für diese Kunden
35 besser, Braun erdet sofort. Denken Sie an die Marlboro-Werbung: der braungebrannte Mann in den braunen Überhosen, in brauner Landschaft, auf einem braunen Pferd. Viele Menschen wollen raus aus einem stressigen Leben und mit dem ganzen Körper die Natur erleben.
40 Wenn man kurz vor einem Herzinfarkt steht, dann ist Braun die ideale Farbe."
Seit kurzem unterrichtet er an der Fachhochschule für Architektur in Düsseldorf und überrascht seine Studenten mit einem kleinen Experiment: Zunächst
45 muss jeder Student eine Farbe unter mehreren Angeboten auswählen. Danach zeigt Keitel den Studenten verschiedene Wohnungen, darunter auch ein Penthouse mit einer großen Glasfront und Blick auf Manhattan. „Wer möchte hier einziehen?" Stets melden
50 sich einige Studenten, die vorher alle die Farbe Gelb ausgewählt hatten. „Der Gelb-Typ hat Sehnsucht nach unbegrenzter Entfaltung und strahlender Weite, eine Sehnsucht nach dem unberechenbaren Abenteuer", erklärt Keitel und fährt fort: „Violett ist nicht so offen.
55 Der Violett-Typ hat ein Ziel: die Veränderung. Violett ist revolutionär. Nicht zufällig war Violett insbesondere bei vielen Frauen in den 70er Jahren so modern."
Aber wenn die Farben so wichtig sind, warum wohnen dann immer noch so viele Menschen in Wohnungen mit
60 weißen Tapeten? „Weiß ist neutral", lacht Keitel, „viele Menschen wollen sich nicht festlegen. Wenn Sie Farbe bekennen, dann müssen Sie auch damit rechnen, daß manche Menschen Ihre Farbe nicht mögen."

2 Lesen Sie den Text noch einmal und machen Sie eine Liste.

Farbe: Assoziation:
türkis   *cool,*
_____   _____
_____   _____
_____   _____
_____   _____
_____   _____

3 Arbeiten Sie in Gruppen und gestalten Sie ein Geschäft. Welche Farben wählen Sie aus?

Boutique ◆ Bäckerei ◆ Metzgerei ◆
Blumenladen ◆ Restaurant ◆ Café ◆ …

Wände ◆ Boden ◆ Vorhänge ◆ Geschirr ◆
Möbel ◆ Theke ◆ Decke ◆ …

Kurz & bündig

Was ziehen Sie am liebsten an?

Zur Arbeit: _____

Zu Hause: _____

Ins Theater, zum Tanzen …: _____

Was sind Ihre Lieblingsfarben? Warum?

_____

_____

Adjektive

Sie stehen morgens vor Ihrem Kleiderschrank. Was hängt im Kleiderschrank? Was ziehen Sie an?

_____

_____

_____

Meine Regeln für die Adjektiv-Endungen:

_____

_____

„Welch-" und „Was für …" ?

_____ Hose suchen Sie? Eine einfache oder eine elegante?

_____ , für _____ .

_____ Blazer gefällt dir besser? Der grüne oder der blaue?

_____ , der _____ .

_____ Jahreszeitentyp sind Sie? _____

_____ Farben können Sie tragen? _____

Was sagen Sie?

Sie suchen eine Hose und gehen in ein Kaufhaus. Was sagen Sie?

_____

Der Verkäufer fragt Sie: Welche Größe haben Sie?

_____

Er fragt: Und in welcher Farbe möchten Sie die Hose?

_____

Verben mit Dativ

Sie fragen eine Freundin/einen Freund nach ihrer/seiner Meinung

zu einem Treffen am Wochenende: Wie _____ ?

zur neuen Frisur: Wie _____ ?

zum Essen: Wie _____ ?

Interessante Ausdrücke

_____

_____

Test

Test

1 Was ist richtig: a, b oder c ? Markieren Sie bitte.

Beispiel: ● Wie heißen Sie?
          ■ Mein Name _____ Schneider.

            a) hat
     ✗   b) ist
            c) heißt

● Und wer ist das hier auf dem Foto?
■ Das ist _____ kleiner Bruder.

   a) mein
   b) meinen
   c) meine

● Mein Leben in 20 Jahren stelle ich mir so vor:
Reihenhaus, Mercedes 200 D, Frau und zwei
Kinder, Stammtisch.
■ Ist das wirklich dein _____ .

   a) Meinung
   b) Beruf
   c) Ernst

● Was willst du mal werden? Fotografin _____ Ärztin?
■ Ich weiß noch nicht. Vielleicht Fotografin.

   a) aber
   b) und
   c) oder

● Holst du die Kinder von der Schule _____ ?
■ Nein, ich kann heute nicht.

   a) zu
   b) auf
   c) ab

● Wo ist denn der Mülleimer?
■ Der steht unter _____ in _____ .

   a) die Spüle - die Küche
   b) der Spüle - der Küche
   c) eine Spüle - eine Küche

● Wohin gehst du?
■ _____ Klavierstunde.

   a) In der
   b) In die
   c) Ins

● Warum wohnst du denn noch bei deinen Eltern?
■ _____ ich noch nicht genug Geld verdiene.

   a) Weil
   b) Warum
   c) Obwohl

8 ● _____ du mit 15 abends allein in die Disko
gehen?
■ Nein, meine Eltern waren sehr streng.

   a) Wolltest
   b) Musstest
   c) Durftest

9 ● Wo _____ du denn heute morgen?
■ Ich musste zum Zahnarzt gehen.

   a) bist
   b) warst
   c) war

10 ● Was _____ Sie als Kind werden?
■ Journalistin.

   a) wollten
   b) mussten
   c) konnten

11 ● Und wie gefällt es dir in deiner WG?
■ Ganz gut, _____ es manchmal sehr laut ist.

   a) obwohl
   b) weil
   c) aber

12 ● Das Auto sollte doch gestern schon fertig sein.
■ _____ , _____ der Meister war
krank.

   a) Ja, aber
   b) Nein, aber
   c) Doch, aber

13 ● Wie war denn dein Urlaub?
■ Oh, der war _____ super!

   a) etwas
   b) wirklich
   c) ziemlich

14 ● Seid ihr gut in Peking angekommen?
■ Ja, aber wir hatten eine Stunde _____ .

   a) Verspätung
   b) Abflug
   c) Ankunft

15 ● _____ ihr auch zum Grand Canyon geflogen?
   ■ Nein, wir haben den Bus verpasst.
      a) Habt
      b) Seid
      c) Wollt

16 ● Warum bist du nicht _____ ?
   ■ Ich habe keinen Urlaub bekommen.
      a) mitgefahren
      b) mitfahren
      c) fahren mit

17 ● _____ Fluss fließt von Dresden nach Hamburg?
   ■ Die Elbe.
      a) Welches
      b) Welche
      c) Welcher

18 ● Und dir _____ wirklich nichts passiert?
   ■ Nein, nichts. Es war nur ein kleiner Unfall.
      a) hast
      b) hat
      c) ist

19 ● Was fehlt Ihnen denn?
   ■ Ich habe seit drei Tagen starke _____ .
      a) Kopfschmerzen
      b) Fieber
      c) Blutdruck

20 ● Und was kann ich tun, Frau Doktor?
   ■ Sie _____ ein paar Tage im Bett bleiben.
      a) wollen
      b) sollten
      c) möchten

21 ● Ich fahre lieber mit dem Fahrrad.
   ■ Warum? Mit dem Auto ist es doch viel _____ .
      a) mehr
      b) bequem
      c) bequemer

22 ● In welchem Land leben _____ Menschen?
   ■ In China.
      a) mehr als
      b) die meisten
      c) meistens

23 ● Kochst du jeden Tag?
   ■ Nein, leider nicht. Ich koche nur, _____ ich Zeit habe.
      a) weil
      b) dass
      c) wenn

24 ● _____ hat Vera Geburtstag?
   ■ Am 4. August.
      a) Wann
      b) Wenn
      c) Welche

25 ● Haben Sie auch _____ Hemden?
   ■ Ja, natürlich.
      a) grünen
      b) grünes
      c) grüne

26 ● Wie _____ dir der blaue Rock?
   ■ Ja, nicht schlecht.
      a) gefällt
      b) findest
      c) mag

27 ● Was habt ihr gestern noch gemacht?
   ■ Wir waren in einem _____ Restaurant.
      a) schicken
      b) schickes
      c) schickem

28 ● Später möchte ich mal Pilot werden.
   ■ Was? Du hast doch eine Vier in Englisch! Da _____ ich aber _____ .
      a) sehe … schwarz
      b) sehe … rot
      c) fahre … schwarz

29 ● Die Deutschen essen jeden Tag Kartoffeln.
   ▲ Und die Italiener Nudeln.
   ■ So ein Quatsch. Das sind doch nur _____ .
      a) Tabus
      b) Klischees
      c) Wahrheiten

30 ● _____ Kleid gefällt dir besser.
   ■ Das blaue. Das steht dir sehr gut.
      a) Was für ein
      b) Was für eins
      c) Welches

2   Wie viele richtige Antworten haben Sie?

Schauen Sie in den Lösungsschlüssel im Anhang. Für jede richtige Antwort gibt es einen Punkt. Wie viele Punkte haben Sie?

_____ Punkte

Jetzt lesen Sie die Auswertung für Ihre Punktzahl.

24–30 Punkte: Wir gratulieren! Sie haben sehr gut gelernt. Weiter so!

13–23 Punkte: Schauen Sie noch einmal in den Lösungsschlüssel. Wo sind Ihre Fehler? In welcher Lektion finden Sie die Übung dazu? Machen Sie eine Fehlerliste.

Nummer	Lektion	(G) = Grammatik	(W) = Wortschatz
2	7, B-Teil		X
6	7, E-Teil	X	
	8,		

- **Ihre Fehler sind fast alle in einer Lektion?** Zum Beispiel: Fragen 8, 9, 11, und 13 sind falsch. Dann wiederholen Sie noch mal die ganze Lektion 8.

- **Ihre Fehler sind Grammatikfehler (G)?** Dann schauen Sie sich in allen Lektionen die Grammatik-Teile von „Kurz & bündig" noch einmal an. Fragen Sie auch Ihre Lehrerin oder Ihren Lehrer, welche Übungen für Sie wichtig sind.

- **Ihre Fehler sind Wortschatzfehler (W)?** Dann wiederholen Sie in allen Lektionen die *Nützlichen Ausdrücke* von „Kurz & bündig". Lernen Sie mit dem Vokabelheft und üben Sie auch mit anderen Kursteilnehmern. Dann geht es bestimmt leichter.

- (Tipps zum Vokabel-Lernen finden Sie in Tangram 1 A Arbeitsbuch, Lektion 6.)

5–12 Punkte: Wiederholen Sie noch einmal gründlich alle Lektionen. Machen Sie ein Programm für jeden Tag. Üben Sie mit anderen Kursteilnehmern. Und sprechen Sie mit Ihrer Lehrerin oder Ihrem Lehrer.

0–4 Punkte: Lernen Sie lieber Englisch oder vielleicht ein Musikinstrument.

Lesen wie ein Profi

Was lesen Sie wie? Warum? Markieren Sie.

Textsorte	Ich suche konkrete Informationen	Ich will alles genau verstehen	Ich will einen Überblick bekommen	Ich lese schnell und oberflächlich	Ich lese langsam und gründlich	komplett von Anfang bis Ende	nur einzelne Teile des Textes
spannendes Buch (Krimi)							
Veranstaltungstipps fürs Wochenende							
Urlaubspost von Freunden							
Reiseprospekt über Österreich							
Speisekarte im Restaurant							
Rezept im Kochbuch							
Lerntipp in TANGRAM							
Wörterbuch							
Zeitungsartikel über eine neue Diät							
Stellenanzeigen in der Zeitung							

Arbeiten Sie zu dritt und vergleichen Sie oder schreiben Sie einen kleinen Text.

Ein spannendes Buch lese ich langsam und gründlich, weil ich alles genau
verstehen will. Aber Veranstaltungstipps …

Lesen Sie den Text und markieren Sie.

		richtig	falsch
1	Lesen heißt: einen Text laut vorlesen.		
2	Beim Lesen will man immer alles verstehen.		
3	Nicht alles in einer Zeitung ist interessant.		
4	Man liest meistens alle Veranstaltungstipps in der Zeitung gründlich.		
5	Oft sucht man nur eine ganz spezielle Information.		
6	Manche Texte liest man zweimal oder dreimal.		
7	In fremdsprachigen Texten muss man alle Wörter genau verstehen.		

Wie wir lesen

Wenn wir Texte in unserer Muttersprache lesen, lesen wir meistens still. Manche Texte lesen wir langsam und gründlich, viele Texte aber nur schnell und oberflächlich: Lesen und lesen – das sind dann ganz verschiedenen Dinge.

Wenn wir die Zeitung lesen, lesen wir oft „diagonal", nur die Überschriften. Wenn wir
5 eine Überschrift interessant finden, lesen wir schnell den Anfang des Zeitungsartikels. Wenn wir den Text und das Thema dann immer noch interessant finden, lesen wir langsamer und gründlicher weiter.

Den Veranstaltungskalender in einer Zeitung oder Zeitschrift lesen wir nicht von vorne
10 bis hinten. Wenn wir sowieso keine Zeit haben, lesen wir ihn gar nicht. Wenn wir Zeit haben und ausgehen wollen, überlegen wir: Was wollen wir machen?, Wann haben wir Zeit? ... Dann suchen wir die passende Rubrik (z.B. Filmtipps oder Konzerttipps) und den passenden Termin. Dort lesen wir zuerst schnell alle Angebote (wir „überfliegen" sie)
15 und lesen dann die interessanten Angebote langsamer, genauer und gründlicher.

Wenn wir schon eine Veranstaltung ausgesucht haben, aber die genaue Zeit oder den Ort nicht mehr wissen, dann überfliegen wir die Veranstaltungstipps in der passenden Rubrik. Wenn wir dann ein passendes Stichwort finden (Filmtitel oder Name einer
20 Band), stoppen wir, lesen gründlich weiter und finden die gesuchte Information.

Und wenn ein Text (z.B. eine Geschichte oder ein Gedicht) sehr interessant oder wichtig für uns ist, dann lesen wir ihn auch mehrmals. Wir versuchen, alles ganz genau zu verstehen – die Informationen im Text und „zwischen den Zeilen". Wir überlegen: Was
25 will uns der Text sagen? Sind wir einverstanden mit den Aussagen? Haben wir ähnliche Erfahrungen gemacht? Finden wir die Formulierungen passend oder schön? Gefällt uns der Text? Warum (nicht)? – wir interpretieren den Text.

Beim Lesen in der Muttersprache sind wir also sehr flexibel. Aber beim Lesen in einer
30 Fremdsprache vergessen wir das oft: Wir lesen alles ganz langsam und gründlich, wollen jedes Wort genau verstehen und sagen gleich beim ersten unbekannten Wort: „Dieses Wort verstehe ich nicht. Ich verstehe überhaupt nichts. Der Text ist zu schwer." Doch auch in fremdsprachigen Texten sind oft nur ganz bestimmte Informationen wichtig –
35 wir müssen nicht immer alles verstehen. Deshalb sollten wir üben, auch in einer Fremdsprache so flexibel zu lesen wie in unserer Muttersprache.

Sind Sie einverstanden? Diskutieren Sie zu dritt oder viert.

Probleme beim Lesen

A Was soll das? Warum muss ich diesen Text lesen? Das ist oft mein Problem, wenn ich im Unterricht lesen soll. Deshalb verstehe ich die Texte dann auch nicht.

B In der Aufgabe steht: „Lesen Sie die Texte. Welche Überschrift passt wo?" Die Aufgabe ist mir zu einfach. Ich kann die Aufgabe lösen, obwohl ich die Texte gar nicht richtig verstanden habe.

C Das Lesen geht bei mir sehr langsam. Wenn ich einen Satz gelesen habe, haben die anderen schon den ganzen Text gelesen.

D Ich soll einen Text lesen, aber ich verstehe überhaupt nichts. Wenn ich alle Wörter nachschlage, dann brauche ich mindestens eine Stunde.

E In einem Text kommt ein unbekanntes Wort vor und ich weiß ganz genau: Das Wort ist wichtig. Aber ich kenne das Wort nicht. Deshalb verstehe ich dann den Text nicht.

F Manchmal verstehe ich einen Text nicht, obwohl ich die meisten Wörter im Text kenne.

G Meistens verstehe ich die Texte und kann die Aufgaben lösen. Aber ein paar Wörter kenne ich nicht und verstehe ich nicht.

Welche Tipps passen zu Ihren Problemen? Markieren Sie.

Tipps für Lese-Profis

1 **Machen Sie den Text interessant!** Spielen Sie zum Beispiel „Hellseher" (vgl. Lerntipp im Arbeitsbuch S. 134): Lesen Sie die Überschrift und schauen Sie sich die Bilder oder Zeichnungen und das Layout an. Überlegen Sie: Was für ein Text ist das wohl? Wo findet man ihn? Was ist wohl das Thema? Was weiß ich über dieses Thema? Was steht vielleicht im Text? Jetzt sind Sie bestimmt ein bisschen neugierig auf den Text – also los!

2 **Die Aufgaben sind wichtig!** Und wenn Sie die Aufgabe lösen können, dann haben Sie natürlich auch etwas verstanden. Die Aufgaben helfen Ihnen, auch bei schwierigen Texte etwas zu verstehen – manchmal ganz konkrete Informationen, manchmal nur das allgemeine Thema oder die Textsorte, manchmal ein paar wichtige Aussagen. Vergessen Sie deshalb beim Lesen nie die Aufgaben, dann ist es leichter.

3 **Achten Sie auf internationale Wörter und Wortfamilien!** Beim ersten Lesen helfen „internationale Wörter", die Sie schon aus anderen Sprachen kennen. Bei einigen neuen Wörtern kennen Sie zwar nicht das Wort im Text (z. B. „unblutig" oder „Langsamkeit"), aber ein anderes Wort aus der Wortfamilie (also „Blut"/„blutig" und „langsam") und können deshalb die Bedeutung raten.

4 **Sie kennen ein Wort nicht?** Raten Sie mal! Greifen Sie nicht immer gleich zum Wörterbuch – das dauert viel zu lange und ist oft nicht nötig. Wenn das Wort wichtig ist, lesen Sie noch einmal den Satz davor und lesen Sie dann noch ein Stück weiter: Oft kommt eine Erklärung für ein Wort erst später. Bei vielen Wörtern können Sie raten, was für ein Wort es sein muss: ein Name, ein Ort, eine Zeitangabe … Und denken Sie immer daran: Sie müssen nicht alle Wörter verstehen, um die Aufgabe zu lösen!

5 **Machen Sie ein Textgerüst!** Nehmen Sie ein großes Blatt Papier und malen Sie mit Stichworten ein Bild von der Struktur des Textes. Achten Sie dabei auf die Wörter, die Sätze und Satzteile verknüpfen: Konjunktionen wie „und", „aber", „oder", „weil", „obwohl", „dass", „deshalb" und Pronomen oder Artikel wie „sie", „ihnen", „unsere", „kein". Sie helfen Ihnen, die Struktur des Textes zu malen – und so zu verstehen.

6 **Benutzen Sie das Wörterbuch!** Aber nur, wenn das Wort wirklich wichtig ist und Raten nicht weiterhilft. Vorsicht: Viele Wörter haben nicht nur eine Bedeutung. Lesen Sie alle Erklärungen im Wörterbuch und versuchen Sie, die passende Bedeutung zu finden.

7 **Machen Sie eigene Aussagen!** Kombinieren Sie alle bekannten Wörter und überlegen Sie: Wie können die Wörter einen Sinn ergeben? Probieren Sie verschiedene Möglichkeiten aus und vergleichen Sie immer wieder mit dem Text – so findet man oft eine Lösung. Vergleichen Sie dann mit anderen Ihre Ideen und Lösungen.

8 **Trainieren Sie „Schnell-Lesen"!** Üben Sie zum Beispiel „Lese-Raten" (vgl. Lerntipp im Kursbuch S. 92) oder „Wortsuche": Lesen Sie einen Text, den Sie vorher schon einmal gelesen haben. Unterstreichen Sie dabei alle Wörter, die Sie schnell erkennen. Machen Sie dann eine Liste von „schwierigen" Wörtern, die Sie trainieren möchten. Lesen Sie einen anderen Text und suchen Sie dort ein oder zwei Wörter aus Ihrer Liste.

9 **Herzlichen Glückwunsch!** Wenn Sie die Aufgaben lösen konnten, haben Sie das Wichtigste verstanden und sind auf dem besten Wege, auch in der Fremdsprache ein guter Leser zu werden

Diskutieren Sie zu dritt. Welche Probleme haben Sie beim Lesen?
Wie finden Sie die Tipps? Kennen Sie weitere Tipps?

KU
C

C

Der Ton macht die Musik

Hören und vergleichen Sie.

Hauchlaut [h]	Neueinsatz [	]
Halt!	alt
Hände	Ende
hier	ihr
hofft	oft
Hund	und
Haus	aus
heiß	Eis

Üben Sie das „h".

Tief atmen:
Atmen Sie tief durch die Nase ein und durch den offenen Mund wieder aus.

Hauchlaut „h" = [h]
Halten Sie einen Spiegel vor den Mund und hauchen Sie beim Ausatmen den Spiegel an: Der Spiegel „beschlägt".
„hhhhhhhhhhhhh"

Atmen Sie aus, fühlen Sie den warmen Atem an der Hand und beenden Sie das Ausatmen mit „a":
„hhhhhaaaaaaaa"
Sagen Sie: hhhaus, hhaus, Haus

Sagen Sie: Hanna, hat, heute, Husten – Hanna hat heute Husten
Heinz, holt, Hanna, Hustentropfen – Heinz holt Hanna Hustentropfen.

Wo hört man [h]? Hören Sie, sprechen Sie nach und markieren Sie.

	[h]	kein [h]		[h]	kein [h]
Hals	X		frü-her		
Fah-rer		X	ge-hen		
Flug-hafen	X		heißen		
Hallo			Woh-nung		
Jahr			Sah-ne		
Sohn			hören		
helfen			wo-hin		
wo-her			Floh-markt		
heute			Ru-he		
Feh-ler			Husten		
An-hang			Nä-he		

Ergänzen Sie.

Das „h" am Wort- oder Silbenanfang	_____ .
Das „h" am Wort- oder Silbenende	_____ .
Das „h" vor unbetonten Wortendungen (-e , -er, -en)	*hört man nicht* _____ .
Ein „h" nach Vokal macht den Vokal	_____ .

C 4

Wo hört man das „h"? Markieren Sie.

geh nach <u>H</u>ause ◆ gleich <u>h</u>alb zehn ◆ haben Sie hier auch Hüte? ◆ halb so alt wie Hans ◆
hilf mir doch mal ◆ hol dir Halstabletten ◆ ich habe Husten ◆
ich heiße Anna Hortmann ◆ lass mich in Ruhe ◆ nach Hamburg oder Heidelberg ◆
sehr höflich und zurückhaltend ◆ sehr hübsche Schuhe ◆ sind Sie Hanna Ortmann? ◆
stehen mir die Schuhe? ◆ wie alt ist Hanna? ◆ wie findest du Herrn Huber? ◆ wie viel Uhr ist es? ◆
wohin fahrt ihr? ◆ wir führen nur Hemden und Hosen ◆ hilf dir selbst

4/32
Hören Sie, sprechen Sie nach und vergleichen Sie.
Üben Sie zu zweit und machen Sie kleine Dialoge.

Guten Tag, haben Sie hier auch Hüte?
Tut mir Leid, wir führen nur Hemden und Hosen.

4/33-36
C 5

Hören und sprechen Sie.

Leben zwischen -heit und -keit

Kindheit: Freiheit,
Sicherheit und Fröhlichkeit,
Tollheiten, Dummheiten,
Direktheit und Echtheit.

Unabhängigkeit: Unsicherheit,
Möglichkeiten, Gelegenheiten,
Grobheiten, Gemeinheiten,
Verliebtheiten und Peinlichkeiten.

Hochzeit: Zufriedenheit,
Herzlichkeit und Schönheit,
Verschiedenheiten, Schwierigkeiten,
Bekanntheit und Gewohnheit.
Gemütlichkeit, Bequemlichkeit,
Klarheiten, Wahrheiten.

Krankheit: Unmöglichkeit,
Gesundheit·eine Seltenheit,
Traurigkeit, Müdigkeit,
dann Dunkelheit und Freiheit.

Erziehung

Hör auf! Hör zu!
Sei ruhig! Lass mich in Ruh'!
Geh weg! Komm her!
Erziehung ist schwer!

Gute Besserung!

Ich habe Husten,
du hast Husten,
er hat Husten und
sie hat auch Husten.
Wir haben Husten,
ihr habt Husten,
sie haben Husten und
Sie haben auch Husten.

Guten Appetit

Heut' hab' ich Hunger
auf Kohlrouladen:
Zwiebeln hacken,
Hackfleisch in Weißkohl,
heißes Öl,
Brühe mit Mehl
und viel Sahne.
Hmhmhm – herrlich!

Lösungsschlüssel zum Arbeitsbuch

Lektion 7

A1 A – H, B – G, C – F, D – E

A2 *Großeltern*: Großmutter, ¨; Großvater, ¨; *Eltern*: Mutter, ¨; Vater, ¨; *Geschwister*: Schwester, -n; Bruder, ¨; *Kinder*: Tochter, ¨; Sohn, ¨e; *Enkelkinder*: Enkeltöchter, ¨; Enkelsohn, ¨e; *andere:* Tante, -n; Onkel, -; Schwägerin, -nen; Schwager, ¨; Nichte, -n; Neffe, -n

A3 **1** Sie ist meine Schwägerin **2** Sie ist meine Tante.
3 Das sind mein Bruder und meine Schwester
4 Das ist mein Neffe. **5** Das sind meine Tochter und mein Sohn. **6** Das ist meine Enkeltochter / Enkelin.
8 Das sind meine Schwiegereltern. **9** Er ist mein Enkelsohn / Enkel. **10** Er ist mein Onkel.

A4 **1** 4 Jungen und 3 Mädchen **2** große Schwester = 20 Jahre, mittlerer Bruder = 10 Jahre, kleiner Bruder = 5 Jahre
3 2 Schwestern und 2 Brüder

B2 **1** richtig **2** falsch **3** richtig **4** falsch **5** richtig
6 richtig **7** falsch

B3 **2** Absender **5** Anrede **1** Datum **8** Unterschrift
3 Empfänger **7** Gruß **6** Text **4** Betreff

B4 *Name*: Virginie Dubost *Alter*: 17 Jahre, im Dezember wird sie 18. *Wohnort*: Montpellier. *Zukunftspläne*: Sprachen studieren, Dolmetscherin werden. *Familie*: Sie versteht sich sehr gut mit ihren Eltern. Ihr Bruder ist Lehrer von Beruf, ist 25 Jahre, wohnt allein, wird bald heiraten. *Hobbys*: andere Länder und Sprachen kennen lernen, Tennis spielen, Reiten. *Lieblingsfächer*: Englisch, Deutsch und Musik. *Andere Informationen*: Sie macht bald ihren Führerschein. Sie hat ein großes Ferienhaus. Tanzen ist für sie sehr wichtig. Sie hat einen Hund. Er heißt Jacques.

ich – du – sie – er – es/man wir – ihr – sie – Sie

B5 *vgl. Grammatik*; **2** *f, n* und *Plural* **3** *m* und *n*

C3 **2** Wir holen Ihre Wäsche freitags ab. **3** und bringen sie Ihnen montags fix und fertig zurück.
4 – das Wochenende gehört Ihnen. **5** Natürlich können wir Ihre Wäsche auch an jedem anderen Tag abholen.
6 Unsere Köche und Köchinnen bereiten täglich köstliche Mittagessen zu. **7** Mit unserem Party-Service gelingt jede Feier. **8** Wir stellen Ihnen ein komplettes Buffet zusammen. **9** Rufen Sie uns an.
1 Verben; anrufen, abholen, zubereiten, aussehen...; Verb; trennbare Vorsilbe **2** Position 2; Ende.
3 verstehen, besprechen, bestehen.

C4 *normale Verben*: kochen, waschen, geben, bügeln, raten, kaufen; *trennbare Verben:* zubereiten, einkaufen, anbieten, aufhängen, aufstehen, aufräumen; *nicht-trennbare Verben:* ergänzen, gelingen, verbrauchen, verstehen, besuchen, besorgen

C5 *trennbar*: 1, 2, 7, 10, 11, 16;
nicht-trennbar: 3, 4, 5, 6, 8, 9, 12, 13, 14, 15

C6 *vgl. Hörtexte im Cassetten-/CD-Einleger*

D3 **[p]** Rap, halb, **p**aar, lie**b**t, Schreibtisch Urlau**b** **[b]** **B**ier, November, a**b**ends **[t]** **T**asse, unterwegs, Lie**d**, Liter,

Südamerika **[d]** **D**ose, modern, Lie**d**er **[k]** **K**ästen, Tag, fra**g**t, schi**ck**, Stü**ck**e **[g]** **G**äste, beginnt, Frage
„b" = [p]: halb, Schreibtisch.; „d" = [t]: Lied, Südamerika; „g" = [k]: Tag, fragt; „ck" = [k]: Schick, Stücke

D4 **[p]** ha**b**t ihr Zeit?, a**b** und zu, O**b**st und Gemüse, es gi**b**t, sieben Tage Urlau**b**, am lie**b**sten **[t]** tut mir Lei**d**, bal**d** geht's los, nach Deutschlan**d** **[k]** Guten Ta**g**., Sonnta**g** zum Mittagessen, besorg**st** du die Getränke?, wohin flie**g**t ihr?

E1 *siehe Ausdrücke mit Präpositionen in E2*

E2 *Wo?* am Flügel, auf seinem Teppich, auf dem Klavier, auf dem Teller, hinter dem Klavier, im Flur, im Gang in der Reihe, in einer dunklen Ecke, neben dem Regal, neben dem Klavier, über dem Sessel, zwischen der Vase und der Lampe *Wohin?* an den Flügel, ans Konservatorium, auf den Boden, auf den Notenständer, auf meinen Rücken, in den fünften Stock, in die Wohnung, in den Sessel, ins Heft, in meine Tasche, neben den Sessel, neben die Vase, unter den Stuhl, vor das Regal, zwischen die Noten
1 an, auf, hinter, in, neben, über, unter, vor, zwischen; Dativ, Akkusativ **2** feminin: der, einer, keiner, maskulin und neutrum: dem, einem, keinem, Plural: den, -, meinen
3 im Dativ Plural

E3 *keine Bewegung*: sitzen, stehen, sein; *Bewegung von A nach B*: sehen, laufen, (sich) legen, kommen, (sich) setzen, stellen

F1 **1** schreiben an + AKK / erzählen von + DAT / berichten über + AKK / bitten um + AKK **2** schreiben an + AKK / schreiben über + AKK / erzählen über + AKK / berichten von + DAT / einladen zu + DAT / bitten um + AKK
3 erzählen von + DAT / denken an + Akk. / sprechen mit + DAT + über + AKK **4** jdm gratulieren zu + DAT / einladen zu + DAT / sprechen über + AKK / diskutieren mit + DAT + über + AKK

F2 *an + Akk*: schreiben an International Penfriends; denken an den Nachmittag; *mit + Dat*: sprechen mit den Kindern, diskutieren mit; *über + Akk*: berichten über die Hobbys, erzählen über die Zukunftspläne, sprechen über Geburtstage; diskutieren über Familienfeste; *von + Dat*: berichten von den Ferien, erzählen von der Familie; *zu + Dat*: einladen zum Kaffeetrinken, gratulieren zum Geburtstag; *um + Akk:* bitten um weitere Informationen

G2 **1**d **2**a **3**a, b **4**a, b, c **5**a, b, c **6**a **7**d

Lektion 8

A1 mit einem Lebenspartner zusammen / allein / In einer Wohngemeinschaft / im Wohnheim

A2 **3** man lernt einen Beruf (meistens drei Jahre) **4** allein leben können, niemand fragen müssen **5** was man im Monat für eine Wohnung bezahlen muss **6** „Ja!" – „Nein!" – „Ja!" – „Nein!"... **7** die Unordnung, das Durcheinander **8** morgen, nächstes Jahr, in fünf Jahren ...
9 ohne Arbeit **10** eine andere Möglichkeit **11** die Zeit an der Universität **12** sie oder er macht eine Lehre

Wortakzent: vgl. Hörtexte im Cassetten-/CD-Einleger

A4 1 Nebensätze; „Weil"-Sätze; „obwohl"-Sätze; Komma
2 Verb; Verb im Infinitiv; Modalverb   3 „weil" oder „obwohl"

A5 *Sätze 1-10: vgl. Hörtexte im Cassetten-/CD-Einleger*
11 Julia spricht perfekt …, weil sie in … geboren ist.
12 Susanne trinkt abends oft …, weil sie dann gut schlafen kann. / Susanna trinkt abends nie …, weil sie dann nicht gut schlafen kann. / Susanna trinkt abends oft …, obwohl sie dann nicht gut schlafen kann. / Susanna trinkt abends nie …, obwohl sie dann gut schlafen kann.
Satzmelodie: Hauptsatz →, Nebensatz ↘

B1 *von links nach rechts:* B, A, D, C *von oben nach unten:* B1, C2, D3, B4

B2 **A** musste, war   **B** hatten, waren, sollte, musste, durfte, musste, hatte, wurden, war   **C** wollte, konnte, waren, sollte, musste, wurde, war   **D** war, musste, durfte, musste, hatte, wollte

B3 **1**B,   **2**A,   **3**D,   **4**C

B4 1 plötzlich schick war; damals auch Raucher war.   2 den Mülleimer ausleeren und ihr dreckiges Geschirr sofort spülen.; weggehen   3 nur zusammen weggehen.; wieder zu Hause sein.   4 und Rock-Star werden., sonst überhaupt keine Chance hat, einen Ausbildungsplatz zu finden.

B5 *vgl. Grammatik;* **1** t   **2** Sie/er/es, sie/Sie   **3** o, u Regel Nummer *1*

B6 letztes Jahr. früher. seit zwei Wochen. vor zwei Jahren. damals. in den 70er-Jahren. gestern.

C1 1 Du solltest doch schon um sechs Uhr zu Hause sein.   2 Wir mussten zu Hause bleiben, weil unser Babysitter nicht kommen konnte.   3 Konntest du nicht anrufen.   4 Tut mir Leid, aber es ist noch nicht fertig.   5 Ich musste Peter noch bei den Hausaufgaben helfen.   6 Eigentlich schon, aber wir konnten keine Tickets mehr bekommen.   7 Eigentlich schon, aber der Meister war die ganze Woche krank.   8 Ich möchte mein Auto abholen.   9 Wo wart ihr denn gestern Abend.   10 Aber es sollte doch heute fertig sein.   11 Wolltet ihr nicht heute nach Berlin fliegen?   12 Schade, die Party war wirklich gut.

C2 *vgl. Hörtexte im Cassetten-/CD-Einleger*

C3 *vgl. Hörtexte im Cassetten-/CD-Einleger*

D1 1e   2f   3b   4c   5d   6a

D2 Doch, Eigentlich schon, Ja , Eigentlich schon

E2 Ba<u>nk</u>, de<u>nk</u>en, E<u>ng</u>land, E<u>nk</u>el, entla<u>ng</u>, Fra<u>nk</u>en, Frühli<u>ng</u>, Ga<u>ng</u>, Gesche<u>nk</u>, Hu<u>ng</u>er, I<u>ng</u>e, ju<u>ng</u>, kli<u>ng</u>eln, kra<u>nk</u>, la<u>ng</u>sam, li<u>nk</u>s, O<u>nk</u>el, Pu<u>nk</u>t, sche<u>nk</u>en, Schwa<u>ng</u>er, si<u>ng</u>en, tri<u>nk</u>en, Werbu<u>ng</u>, Zeitu<u>ng</u>

F2 Sina 1,2,4 Kirsten 5 Falko 4,6 Tobias 7 Sandra 1,2 Yasmin 3,1,7

Lektion 9

A1 in Frankreich Urlaub machen, eine Kreuzfahrt in der Karibik machen, am Plattensee in Ungarn Urlaub machen, eine Wanderung im Harz machen, an den Gardasee fahren, in die Berge fahren, am Meer Urlaub machen, Camping in Italien machen, einen Deutschkurs in Zürich machen, eine Städtereise nach Berlin machen, nach Paris fahren, eine Weltreise machen, auf Mallorca fahren mit der Transsib von Moskau nach Peking fahren, eine Radtour von Heidelberg nach Stuttgart machen, eine Bus-Rundreise durch Österreich machen, mit dem Auto nach Tschechien fahren.

A3 am Strand in der Sonne liegen, Land und Leute kennen lernen, Sehenswürdigkeiten besichtigen, Ausflüge machen, Sport treiben, einfach mal nichts tun, einen Tenniskurs machen, im Haushalt arbeiten, Zeit für Familie und Hobbys haben, Geld ausgeben

B1 Frankfurt, Bangkok, Tokio, Honolulu (Hawaii), San Francisco, Las Vegas, Grand Canyon

B2 9, 5, 11, 12, 10, 3, 1, 6, 8, 2

B3 1 Wir haben meistens am Strand in der Sonne gelegen.   2 Manchmal haben wir Tischtennis und Volleyball gespielt.   3 Wir wollten auch viele Ausflüge machen.   4 Aber unser Auto ist kaputtgegangen.   5 Wir haben einmal einen Tagesausflug mit dem Bus nach Florenz gemacht.   6 Dort haben wir eine Stadtrundfahrt gemacht.   7 Wir haben viele Sehenswürdigkeiten besichtigt.   8 Dann haben wir einen Stadtbummel gemacht.   9 Wir haben Souvenirs gekauft.   10 Dort haben wir gut gegessen und viel Wein getrunken.   11 Um Mitternacht sind wir dann zum Campingplatz zurückgefahren.   12 Der war aber schon geschlossen.   13 Wir hatten keinen Schlüssel.   14 und mussten im Freien schlafen.   15 Wir haben am nächsten Tag unseren Nachbarn von unserem Ausflug erzählt.
Im Perfekt spricht man über *gestern oder letztes Jahr.* "Haben" oder "sein" stehen auf *Position 2*, das Partizip Perfekt steht *am Ende.* … benutzt man nicht das *Perfekt*, sondern das *Präteritum.*

B5 *vgl. Hörtexte im Cassetten-/CD-Einleger*

B6 *vgl. Hörtexte im Cassetten-/CD-Einleger*

B7 1 fliegen, fallen, gehen, kommen, umsteigen, umziehen.
2 losgehen, aufwachen, aufstehen, einschlafen, erscheinen

B8 haben gewartet, sind abgeflogen, haben verpasst, sind angekommen, haben gearbeitet, sind zurückgeflogen, haben gemacht, sind gefallen, habe geschlafen, bin ausgezogen, habe gefunden, bin umgezogen, bin gefahren, habe gesessen, bin gegangen.

C1 3 die   10 das   2 das   4 der   9 die   7 der   8 die   1 der   5 die   11 die   6 der

C2 1 das Reisegepäck   2 die Europareise   3 der Reisepreis   4 der Reiseleiter/die Reiseleiterin   5 die Weltreise   6 die Reisegepäckversicherung   7 die Reisepläne.

C3 1a   2b   3a   4b

D1 *vgl. Karten im Umschlag*

D2 *Waagerecht*: 7 Welcher Berg   9 Welche Stadt   10 Welche Stadt   12 Welcher See   16 Welches Bundesland   17 Welche Stadt   18 Welcher Wirtschaftszweig/Welche Industrie   *Senkrecht*: 1 Welches Bundesland   2 Welche Stadt   3 Welches Bundesland   4 Welches Bundesland   5 Welche Stadt   6 Welcher Berg   8 Welcher See   11 Welche Stadt   13 Welche Stadt   14 Welche Stadt   15 Welche Stadt.

E1 Ich muss … sprechen. … aber sie kann … sprechen. … Gestern in der Italienischstunde war ich die Lehrerin: Die anderen Schülerinnen haben gefragt, und ich habe …

erzählt ... Nachmittags machen Franziska und ich zusammen Hausaufgaben .. Ein Mädchen, Mela, hat mich für ... eingeladen. Gestern hat Franziska mit mir ... gemacht und mir ... gezeigt. Dann sind wir in das berühmte ... gegangen. Am Samstag haben wir ... besucht und haben ... gemacht. Am Sonntag waren wir ... und sind ... gefahren. ... Nächste Woche wollen wir ... besuchen. ... bitte schreib mir mal!

E2 1b 2b 3a 4a

E3 1 hat gewartet 2 war, angerufen. 3 sind gefahren, war 4 war, hat gemacht 5 fahren 6 gehen 7 ist, hat 8 hat korrigiert, gefunden.

E4 *vgl. Hörtexte im Cassetten-/CD-Einleger*

F2 [s]: ist, außerdem, alles, Preis, Disko, Glas, Tasse, etwas, dreißig, Pässe, heißen, Bus, bis, Schluss. [z]: Sonntag, sehr, günstig, super, Musik, Saft, Suppe, Käse, sofort. „ß" = [s]: außerdem; „s" am Wortanfang = [z]: Suppe, Saft; „s" am Wortende = [s]: Bus, bis; „s" im Wort = am Silberanfang [z]: günstig / am Silbenende = [s]: Glas.

F3 [z] also, sicher, sechs, Sachen, besuchen, sehen, Süden, Osten, Kurse, Gläser, Samstag, selten, sehen, leise, lesen, Sonne, Reise, süß, Pause, Sofa

F4 [ʃ] Schule, Mensch, Flasche, zwischen, schenken, falsch, Sport, spät, spielen, spannend, sprechen, Spanisch, Beispiel, Gespräch, Verspätung, Streit, Stunde, still, Stock, stark, Stück, verstehen, bestimmt, anstrengend, Sprechstunde, Herbstspaziergang, Gastspiel „sch" = [ʃ]; „sp" am Wort- oder Silberanfang = [ʃt]:Gastspiel, bestimmt; „st" am Wort- oder Silberanfang = [ʃp]: Sprechstunde, anstrengend.

G2 *Kästchen von oben nach unten:* 5, 1, 4, 2, 3

G4 eine Reise gebucht, Bücher gekauft, Medikamente gekauft, die Koffer gepackt.

Lektion 10

A2 1 Busen 2 Hand 3 Bein 4 Bauch 5 Auge 6 Rücken 7 Mund 8 Knie 9 Arm 10 Fuß 11 Nase 12 Kopf 13 Ohr

A4 b, c, e.
normale Krankheiten : Husten, Schnupfen, Grippe, Kopfschmerzen, Erkältung *schwere Krankheiten*: Tuberkulose, Lungenkrebs, Magengeschwür, Herzinfarkt.

A5 1 müde sein/werden 2 krank sein/werden 3 gesund sein/werden 4 Kopfschmerzen haben 5 Tabletten (ein)nehmen 6 Bauchschmerzen haben 7 Rückenschmerzen haben 8 Tropfen (ein)nehmen 9 Medikamente (ein)nehmen 10 zu dick sein/werden 11 hohen Blutdruck haben 12 eine Erkältung haben 13 Übergewicht haben.

A8 *vgl. Hörtexte im Cassetten-/CD-Einleger*

B5 2 Wieso können Diäten dick machen? 3 Was sagen Sie als Wissenschaftler zu der neuen Light-Produkten? 4 Welche Tipps können Sie den Leuten, die abnehmen wollen, noch geben? 5 Herr Dr. Kundel, wir danken Ihnen für das Gespräch.

B6 schlimm, schlimmer, am schlimmsten, schlimmste; viel, mehr, am meisten, meiste; wenig, weniger, am wenigsten,

wenigste; dick, dicker, am dicksten, dickste; gut, besser, am besten, beste; wichtig, wichtiger, am wichtiger, wichtigste; lang, länger, am längsten, längste; schön, schöner, am schönsten, schönste; gesund, gesünder, am gesündesten, gesündeste; schlank, schlanker, am schlanksten, schlankste; teuer, teurer, am teuersten, teuerste; sparsam, sparsamer, am sparsamsten, sparsamste; niedrig, niedriger, am niedrigsten, niedrigste; langsam, langsamer, am langsamsten, langsamste; schnell, schneller, am schnellsten, schnellste

Komparativ, Komparativ + „als" 1 am + Adjektiv + Endung „-(e)sten" (ohne Nomen) 2 die/der/das + Adjektiv + Endung „(e)ste" (mit Nomen).

B8 1 teuerste 2 größte 3 größte 4 wertvollste 5 bekannteste 6 meisten 7 jüngste 8 erfolgreichste

C1 1 Jockey 2 Ärztin 3 Model 4 Gewichtheber

C3 *vgl. Hörtexte im Cassetten-/CD-Einleger*

C4 1 „weil"- und „obwohl"- Sätze. 2 am Ende. 3 das Subjekt. 4 Nebensatz

C5 *vgl. Hörtexte im Cassetten-/CD-Einleger*

D1 4 krank – die Krankheit 5 ähnlich – die Ähnlichkeit 6 gesund – die Gesundheit 7 schwierig – die Schwierig-keit 8 pünktlich – die Pünktlichkeit.
-keit, groß

D2 1 die Betonung 2 die Bezahlung 3 die Lieferung 4 die Lösung 5 die Übung 6 die Wohnung

D3 1 Freundlichkeit 2 Pünktlichkeit 3 Ähnlichkeit 4 Gesundheit 5 Schönheit 6 Krankheit 7 Wohnung 8 Schwierigkeiten 9 Betonung 10 Die Lieferung, Bestellung, Bezahlung 11 Lösungen, Übungen

E2 [x]: machen, lachen, Koch, Woche, suchen, Kuchen, Bauch, brauchen [ç]: Licht, richtig, König, sprechen, Würstchen, Gespräch, Griechenland, möchten, Küche, Bäuche, gleich, euch, Brötchen, manchmal, Milch, durch. 1 [ç] 2 a,o,u; au; [x] 3 [ç] 4 [ç]

E3 *vgl. Hörtexte im Cassetten-/CD-Einleger*

F *Bilder von links nach rechts unten*: 5,2,1,3,4

G1 4, 3, 7, 2, 5, 1, 6

G2 A Die Mimose B Der Salzer C Der Wie-immer-Mann D Die Ja-Aber-Frau E Der Sparsame

Lektion 11

A1 +: Liebe, Glaube, Fantasie, Hoffnung, Ruhe, Energie, Wärme, Treue, Aktivität. –: Neid, Revolution, Nervosität, Fernweh, Aberglaube, Angst, Gefahr, Trauer, Kälte Wortakzent: *vgl. Hörtexte im Cassetten-/CD-Einleger*

A2 *Waagerecht*: 2 bunt 6 grau 7 dunkelbraun 8 violett 10 grün 11 weiß; *Senkrecht*: 1 rot 2 blau 3 schwarz 4 orange 5 gelb 9 türkis

B1 *Haare*: lockig, schwarz, blond, rot, grau, glatt, kraus. *Augen*: graugrün, braun, blau, schwarz, grün. *Haut/Teint*: hell, dunkel, blass, mit Sommersprossen.

B2 Farbtypen und Jahreszeiten. Farbtypen und Länder. Farben und Alter.

B3 Indien – Herbst-/Wintertypen, Japan – Herbst-

/Wintertypen, Afrika – Herbst-/Wintertypen, Skandinavien
– Frühlings-/Sommertypen
Kinder – Rot/Gelb, Jugendliche – Blau/Brautöne/Schwarz,
Erwachsene – immer wieder andere Farben, alte Menschen
– Pastelltöne

B4 *vgl. Grammatik*; **1** Adjektive **2** maskulin: *-r*, neutrum: *-s*,
Artikel **3** nach Artikeln **4** *n* und *Plural*

B6 **1** rotbrauner **2** grüngelbe **3** stillen **4** grelle **5** großes
6 linke **7** kleiner **8** roter **9** einsamer **10** grüner
11 hellen **12** hellroten **13** kleine **14** weiße
15 kristalle **16** gelber **17** zartes **18** rosafarbene
19 warme **20** orangefarbener **21** warmes **22** blauen
23 angenehme **24** friedlich **25** harmonisch **26** Klare
27 ruhige **28** einfache.

C1 *für sie*: Bluse, Pullover, Hose, T-Shirt, Blazer, Schuh,
Socke, Kleid, Hut, Rock *für sie oder für ihn*: Pullover,
Hose, T-Shirt, Schuh, Socke, Hut *für ihn*: Bluse, Pullover,
Hose, T-Shirt, Krawatte, Anzug, Schuh, Socke, Hemd, Hut,
Sakko.

C3 **1** zu einer Hochzeit **2** zu einer Geburtstagsparty

C4 **1**c **2**a **3**e **4**b **5**d

C5 **1** bestimmten **2** unbestimmten / ohne

C6 **1** in der Wohnung, neue Wohnung **2** in der Wohnung,
indisches Gericht **3** Telefon, Termin **4** in der Kantine,
Kollege **5** im Kleidergeschäft, Pullover

C7 **1**d **2**e **3**a **4**f **5**c **6**b

C8 Kleidung: (Größe) passen, (Farbe, Form) stehen;
Personen/Gegenstände: gefallen, finden; Essen: schmecken
Dativ

D1 3,2,1

D2 *Accessoires*: 1,2,3 *offizielle Treffen*: 3,1,2 *Optionen für den
Alltag*: 3,1,2

D3 *vgl. Grammatik*; **1** Dativ **2** Artikeln **3** Plural

E1 verständlich, die Natur – natürlich, die Person – persönlich,
die Jugend – jugendlich, die Energie – energisch, die
Ungeduld – ungeduldig, der Übermut – übermütig; -ig, -
lich, ä, ö, ü

E2 die Gefahr, die Lust, der Schmutz, der Unterschied,
männlich, neidisch, pünktlich, saftig

E3 **1** saftig, blutig **2** Farben **3** männliche, neidisch
4 pünktlich, lustig **5** Schmutz, gefährlich

F2 [r] grün, hören, braun, rot, Problem, Haare, traurig
[ɐ] Kleider, immer, Haar, Pullover, Firma, warten, fertig

F3 konsonantische (s. F2), vokalische (s. F2)

F5 [ɐ] Paar, Monitor, Tastatur, Formular, Tür, Fahrer,
Mechaniker, Friseur, Schauspieler, studiert, fährst, spart,
erklärst, schwer, schwerste, teuer, teurer, teuerste, klar,
klarer, am klarsten

Lektion 12

A1 **1** a (G) → L. 7 **A 2** c (W) → L. 7 **B 3** c (W) → L. 7
B/F 4 c (W) → L. 7 **C 5** b (G) → L. 7 **E 6** b (G) → L. 7
E 7 a (G) → L. 8 **A 8** c (W) → L. 8 **B 9** b (G) → L. 8
B 10 a (W) → L. 8 **B 11** a (G) → L. 8 **A 12** a (W) → L. 8
C 13 b (W) → L.9 **C 14** a (W) → L.9 **B 15** b (G) → L.9
B 16 a (G) → L. 9 **B 17** c (G) → L. 9 **D 18** c (G) → L. 9
E 19 a (W) → L. 10 **A 20** b (G) → L. 10 **A 21** c (G) → L. 10
B 22 b → L. 10 **B 23** c (G) → L. 10 **C 24** a (G) → L. 10
C/D 25 c (G) → L. 11 **A 26** a (W) → L. 11
B 27 a (G) → L. 11 **C 28** a (W) → L. 11
D 29 b (W) → L. 11 **C/E 30** c (G) → L. 11

B2 falsch, falsch, richtig, falsch, richtig, richtig, falsch

C3 [h]: Hals, Flughafen, Hallo, helfen, woher, heute, Anhang,
heißen, hören, wohin, Husten; **kein [h]**: Fahrer, Jahr, Sohn,
woher, Fehler, früher, gehen, Wohnung, Sahne, Flohmarkt,
Ruhe, Nähe
Das „h" am Wort oder Silbenanfang *hört man.*
Das „h" am Wort- oder Silbenende *hört man nicht.*
Ein „h" nach Vokal macht den Vokal *lang.*

C4 haben Sie hier auch Hüte?, halb so alt wie Hans, hast du
heute Zeit?, heute bleibe ich zu Hause, hilf mir doch mal,
hol dir Halstabletten, ich habe Husten, ich heiße Anna
Hortmann, lass mich in Ruhe, nach Hamburg oder
Heidelberg, sehr höflich und zurückhaltend, sehr hübsche
Schuhe, sind Sie Hanna Ortmann?, stehen mir die Schuhe?,
wie alt ist Hanna?, wie findest du Herrn Huber?, wie viel
Uhr ist es?, wohin fahrt ihr?, wir führen nur Hemden und
Hosen, hilf dir selbst

Wortliste

Seite W1–W33

Wortliste

Wörter, die für das Zertifikat nicht verlangt werden, sind kursiv gedruckt.
Bei sehr frequenten Wörtern stehen nur die ersten acht bis zehn Vorkommen.
„nur Singular": Diese Nomen stehen nie oder selten im Plural.
„Plural": Diese Nomen stehen nie oder selten im Singular.
Artikel in Klammern: Diese Nomen braucht man meistens ohne Artikel.

A

ab 62, 67, 68, 84, 86, 89, 90, 103

Abend der, -e 13, 14, 62, 63, 70, 84, 99, 105

Abendessen das, - 54, 84, 105, 113, 123

Abendprogramm das, -e 84

abends 70, 96, 100, 103, 105, 106, 113, AB 69, AB 77

Abenteuer das, - AB 159

aber 5, 19, 20, 28, 31, 32, 33, 35

Aberglaube der (nur Singular) 131, 132

Abfahrt die, -en 113

abfliegen + SIT flog ab ist abgeflogen 105, 106

Abflug der, -̈e 105

abgeflogen = Partizip Perfekt von „abfliegen" 106, 108, 114, 115

abhängen + die Wäsche 84, 85

abhauen haute ab ist abgehauen 86

abholen + AKK 63, 70, 83, 84, 85, 90, 99, 116

Abi = Abitur das (nur Singular) 80

Abk. = Abkürzung die, -en AB 99

abllegen + AKK 143

ableiten + AKK + von DAT du leitest ab, sie/er/es leitet ab leitete ab hat abgeleitet AB 156

ablenken + AKK AB 154

abnehmen du nimmst ab, sie/er/es nimmt ab nahm ab hat abgenommen 119, 121, 124, 130

Abo = Abonnement das, -s AB 95

abräumen + AKK AB 99

abreisen AB 118

abrutschen AB 100

Absatz der, -̈e AB 155

Abschied der (nur Singular) AB 131

Abschluss der, -̈se 92, 93

Abschnitt der, -e AB 148

Absender der, - AB 91

absolut AB 77

abspülen AB 120

abstellen + AKK 84, 85

Abteilung die, -en 34

abtrocknen + AKK du trocknest ab, sie/er/es trocknet ab trocknete ab hat abgetrocknet 83, 96, 102

abwaschen + AKK du wäschst ab, sie/er/es wäscht ab wusch ab hat abgewaschen 83, 86

abwechseln + bei DAT 120

abwechselnd 84, 98, 119

Abwechslung die, -en AB 130

abwechslungsreich 58

Accessoire das, -s AB 154, AB 155

ach 39, 46, 54, 55, 63, 90, 100, 101

acht 9, 14, 61, 62, 66, 70, 91, 119

achten AB 99, AB 122, AB 134, AB 137, AB 142

Addition die, -en 89

Adjektiv-Form die, -en 122

Adjektiv das, -e 32, 39, 122, 133, 134, 139, 142

Adresse die, -n 10, 15, 16, 17, 28, 37, 40, 41, 97

Afrika (das) 5

AG (= Aktiengesellschaft) die 6

aha 40

Ähnlichkeit die, -en AB 89

ähnlich 16, 68, 137

ähnlich sehen + DAT du siehst, sie/er/es sieht sah hat gesehen 77

Ahnung die, -en 121, 130, AB 77

Airbus der, -se 6

Airport-Friseur der, -e 6

Akk = Akkusativ der, -e 81, 88

Akkusativ-Ergänzung die, -en 33, 42, 44, 33

Akkusativ der, -e 33, 42, 44, 33, 88, 134, 142

aktiv 80

Aktivität die, -en 131, 132, 145

aktuell 31, 103, 135

Akzent der, -e 3, 12, 23, 109

Algebra die 12

Alkohol der (nur Singular) 126

alkoholfrei 127

alle 4, 12, 19, 30, 35, 37, 40, 46

Allee die, -n AB 28

allein 57, 58, 91, 92, 93, 95, 96, 98

Alleinsein das 92

Allergie die, -n 118, 119

alles 46, 69, 74, 80, 84, 86, 89, 92, AB 17

alles Gute AB 17

alles Liebe 106

alles Mögliche 129

allgemein 132

Alpen (Plural) 103, 111

Alpengebiet das, -e AB 124

Alphabet das, -e 27, 74

Alphabet-Lied das, -er 16, 23

Alptraum der, -̈e 106

als 6, 26, 30, 47, 80, 91, 92, 94

also 12, 20, 27, 37, 43, 67, 84, 92

alt 18, 19, 24, 28, 40, 41, 62, 79

Alter das (nur Singular) 19, 24, 40, 41, 78, 138, AB 23

Alternative die, -n 89, 92

Altersgruppe die, -n AB 149

altmodisch 138

Altstadt die, -̈e 111, 113

am 20, 23, 28, 49, 54, 60, 61, 80

am liebsten 6, 76

am Stück 56

Ameise die, -n AB 122

Amerika (das) (nur Singular) 30, AB 32

an 17, 20, 21, 45, 46, 47, 53, 56

anbieten + AKK + DAT du bietest an, sie/er/es bietet an bot an hat angeboten 141

anbraten + AKK AB 144

andere 36, 38, 42, 55, 63, 78, 80, 82, AB 11

anders   89, 92, 100, 115, 140

Anfang der, ¨e   23, 54, 68, 95, 147

anfangen   + mit DAT   du fängst an,
    sie/er fängt an fing an   hat
    angefangen   58, 85, 99, 125

Anfangssatz der, ¨e   AB 141

Angabe die, -n   AB 122

Angebot das, -e   42, 49, 52, 56,
    64, 103, 115, 145, AB 32, AB 36

angenehm   135, 136, 147

Angestellte die oder der, -n   17, 49

Angst die, ¨e   92, 131, 132

ängstlich   AB 100, AB 156

Anhang der, ¨e   12

Ankauf der, ¨e   62

ankommen kam an ist
    angekommen   106, 108, 113,
    114, 115, 116, 136

Ankunft die (nur Singular)   105, 113

Anlass der, ¨e   136, 142, AB 64

*Anm. d. Red. = Anmerkung der
    Redaktion   80*

Anmeldung die, -en   18

Anrede die (nur Singular)   AB 91

anregend   132

Anregung die, -en   AB 63

anrufen + AKK   rief an hat
    angerufen   65, 99, 102, 125,
    AB 63, AB 79

ans   124

anschauen + AKK   87

anschließend   105

Anschlussflug der, ¨e   AB 122

ansehen + AKK   du siehst an,
    sie/er/es sieht an sah an hat
    angesehen   106, 107, AB 79

anspruchsvoll   92

anständig   AB 109

ansteckend   AB 142

anstellen   84, 85

*anstrengend   80, 84, 89, 109, 116,
    AB 69, AB 77*

Antwort die, -en   3, 4, 8, 10, 14,
    18, 27, 49, 143

Antwortbrief der, -e   AB 93

antworten + DAT   du antwortest,
    sie/er/es antwortet antwortete
    hat geantwortet   3, 5, 8, 9, 15,
    19, 23, 24, 32

Anwalt der, ¨e   AB 154

Anweisung die, -en   AB 144

Anzeige die, -n   40, 41, 94

Anzeigenzeitung die, -en   45,
    AB 46

anziehen + AKK + DAT   zog an
    hat angezogen   84, 85, 90, 136,
    142

Anzug der, ¨e   138, 139

Apfel der, ¨   87, 90, AB 64

Apfelsaft der, ¨e   25, 26, 28, 51,
    127

Apfelschorle die, -   127

Apfelsine die, -n   AB 147

Apfelwein der, -e   128

Apotheke die, -n   AB 123, AB 131

Appartement das, -s   AB 117

Appetit der (nur Singular)   26,
    123, 124, 126, 130, 146

apricot   136

apricotfarben   136, 142

*Aprikoseneis das (nur Singular)
    AB 145*

April der   66

Arabisch das   12

Arbeit die, -en   57, 68, 69, 82, 84,
    91, 92, 93, AB 46

arbeiten + SIT   du arbeitest,
    sie/er/es arbeitet arbeitete hat
    gearbeitet   6, 15, 20, 21, 24, 28,
    30, 41

Arbeitgeber der, -   AB 11

*Arbeitsalltag der (nur Singular)
    AB 155*

Arbeitsbuch das, ¨er   74

*Arbeitsklima das (nur Singular)
    136*

Arbeitskollege der, -n   AB 103

Arbeitskollegin die, -nen   AB 103

arbeitslos   92, 102

Arbeitsplatz der, ¨e   AB 11

*Arbeitsteilung die (nur Singular)
    AB 99*

Arbeitszeit die, -en   57, 58

Arbeitszimmer das, -   AB 36

*Architektur die (nur Singular)
    AB 159*

argent. = argentinisch   127

Argentinien (das)   5

Ärger der (nur Singular)   16

ärgern + sich   114

arm   138

Arm der, -e   117

Aroma das, -s   AB 156

aromatisch   AB 64

Art die, -en   30

Artikel-Ende das, -n   134

Artikel der, -   12, 14, 23, 28, 30,
    32, 33, 37

Arzt der, ¨e   7, 14, 59, 68, 70, 119,
    130

Ärztin die, -nen   6, 7, 8, 14, 57,
    70, 80

asiatisch   AB 36

Asien (das)   5, 6, 30

Assoziation die, -en   AB 159

atmen   AB 141

*Atmosphäre die (nur Singular)
    AB 150*

Attraktion die, -en   AB 124

attraktiv   92, 111

auch   1, 2, 11, 14, 17, 19, 20, 21

auf   4, 6, 8, 12, 14, 17, 21, 23,
    80

auf Reisen gehen   80

auf Wiederhören   40, 41, 42, 67,
    70

auf Wiedersehen   14, 38, 52

aufbleiben   AB 96

auffallen   AB 154

auffällig   AB 155

Aufgabe die, -n   71

Aufgabenfeld das, -er   71

Aufgabenheft das, -e   97

aufgeben + eine Anzeige du gibst
    auf, sie/er/es gibt auf gab auf
    hat aufgegeben   AB 46

aufhängen + AKK   83, 84, 85

aufhören + mit DAT   80

Auflösung die, -en   AB 118

Aufmerksamkeit die (nur Singular)
    132

*aufnehmen + AKK   du nimmst auf,
    sie/er/es nimmt auf nahm auf
    hat aufgenommen   133*

aufpassen   85

aufräumen + AKK   83, 84, 85, 86,
    87, 96, 98

aufregend   132

aufs   87, 90, 114

aufschreiben + AKK   schrieb auf
    hat aufgeschrieben   88

aufstehen stand auf ist
    aufgestanden   83, 84, 85, 86, 89,
    90, 116, AB 79

Auftrag der, ¨e   AB 137

Auftreten das   136

Auftritt der, -e   AB 69

aufwachen   106, 108, 114, 116

aufwärmen + AKK   AB 28

aufzeigen + DAT + AKK   AB 63

Auge das, -n   58, 117, 133, 140,
    142

Blick der, -e 104
blond 80, 133, 134
bloß 101
Blume die, -n AB 64
Blumenladen der, ∵ AB 159
Bluse die, -n 135, 136, 137, 139, 142
Blut das (nur Singular) 140
Blutdruck der (nur Singular) 118, 119
Blütenhonig der (nur Singular) AB 64
Blutkreislauf der (nur Singular) AB 159
Boden der, ∵ AB 36
Bodensee der 111
bohren + in der Nase 141
Bonbon das, -s 43
boomen AB 142
Boot das, -e 106, 126
Boutique die, -n AB 36
Branche die, -n AB 154
Brandenburger Tor das 111
Brasilien (das) 5, 26
braten + AKK du brätst, sie/er/es brät briet hat gebraten 127
Bratkartoffeln (die) (Plural) 123, 127
Brauch der, ∵e AB 103
brauchen + AKK 33, 34, 35, 41, 45, 46, 50, 51
Brauerei die, -en 111
braun 104, 133, 134, 136, 140, 142, 145
braungebrannt AB 130, AB 159
Braunton der, ∵e 134
Brief der, -e 88, 148, AB 46
Brieffreund der, -e AB 90, AB 91, AB 104
Brieffreundschaft die, -en AB 90, AB 91
Briefkasten der, ∵ 140
Briefkontakt der, -e AB 90, AB 91, AB 102
bringen + DAT + AKK brachte hat gebracht 55, 84, 96
britisch 18, 28
Brot das, -e 45, 49, 50, 120, 123, 127
Brötchen das, - 86, 123, 124, AB 64
Bruchbude die, -n AB 122
Brücke die, -n 104, 105
Bruder der, ∵ 51, 77, 78, 79, 90, 102, 144

Brüderlichkeit die (nur Singular) AB 142
Brühe die, -n AB 144
Brust die, ∵e 117
Buch das, ∵er 36, 37, 50, 56, 74, 80, 90, 109
Buchdruck der (nur Singular) 111
buchen + AKK AB 118, AB 131, AB 144
Bücherregal das, -e 31
Buchhaltung die (nur Singular) AB 154
Buchhandlung die, -en AB 131
Buchstabe der, -n 16, 21, 100, 145
buchstabieren + AKK hat buchstabiert 16, 27, 28, 73
Buddhismus der 27
Buffet das, -s AB 95
bügelfrei 135
bügeln + AKK 83, 84, 86
Bumerang-Kind das, -er 94
Bumerang der, -s 94
Bundesdeutsche die/der, -n AB 124
Bundesland das, ∵er 111, 112, 144
Bundesrepublik die, -en 111
Bundesstaat der, -en AB 124
bündig 14, 28, 42, 56, 70, 90, 102, 116
Bungalow der, -s AB 122
Burg die, -en 62, 111, 116
Burgenland das AB 124
Bürgerhaus das, ∵er 62
Bürgermeisterin die, -nen 77, 78
Burnus der, -se AB 150
Büro das, -s 53, 59, 60, 84, 90, AB 36
Büro-Etage die, -n AB 159
Bürostuhl der, ∵e 31
Bus-Panne die, -n 113
Bus-Rundreise die, -n 103
Bus der, -se 105, 106, 113, 114, 115
Busen der, - 117
Business (das) (nur Singular) 136
Busrundfahrt die, -en 113
Bussi das, -s AB 126
Butter die (nur Singular) 48, 50, 52, 101
Butterkäse der (nur Singular) 52, 56
Buttermilch die (nur Singular) 51
bzw. = beziehungsweise AB 154

C

Café das, -s 59, 62, 113, 129
Calamares (Plural) AB 95
Camembert der (nur Singular) 48, 51, 128
Camping das (nur Singular) 103
Campingplatz der, ∵e AB 119
Campingurlaub der (nur Singular) 104
Canyon der, -s AB 118
Cappuccino der, -s 127, AB 126
Cartoon der, -s 27, 69, 89, 147
Cassette die, -n 11
Cassettenrekorder der, - 133
Cassettensymbol das, -e 74
CD-Player der, - 35, 42
CD die, -s 88, 90
Champagner der (nur Singular) AB 145
Chance die, -n 46, 84
Chaos das (nur Singular) 92, 95, 100
charakteristisch 134
Charme der (nur Singular) AB 36
Check-In der (nur Singular) 4
checken + AKK 114
Chef der, -s 58, 63, 68
Chemie die (nur Singular) AB 124, AB 155
Chemiewerk das, -e 111
Chile (das) 5, 66
China (das) 5, 111
Chinesisch (das) 12, 27
Chirurg der, -en 58
Christentum das 27
City die, -s AB 11
Clique die, -n AB 110
& Co. (bei Firmennamen) 59, 70
Cola-Bier das, -e 127
Cola das oder die, -s 25, 26, 28, 55, 121, 123, 127
Computer der, - 12, 35, 36, 37, 40, 41, 42, 87
Computerspiel das, -e 87, 88, 144
cool 39
Cornflakes (Plural) 123
Couch die, -s 39, 62
Couchtisch der, -e 20, 30
Creme die, -s 128, 130
Curry der (nur Singular) 50
Currywurst die, ∵e 55, 126

D

da 4, 20, 21, 23, 33, 34, 36, 38

Farbe die, -n   31, 84, 131, 132, 133, 134, 135
farbenfroh   31
Farbenlehre die (nur Singular)   AB 159
Farbfernseher der, -   35
Farbmonitor der, -e   40
Farbpsychologe der, -n   AB 159
Farbsystem das, -e   AB 148
Farbton der, ⸚e   134
Farbtyp der, -en   AB 148, AB 159
fast   12, 23, 30, 35, 37, 41, 42, 44
Fasten das (nur Singular)   AB 138
Fasttag der, -e   121
faulenzen   80, 89, 106
Faust: auf eigene Faust, -   106
Fax das, -e   62, AB 46
Februar der   66
fehlen   21, 74, 100, 118, 130, 147
fehlende   66
Fehler der, -   20
Feier die, -n   AB 95
feiern + AKK   80, 89, AB 103
fein   AB 97
Feinkostgeschäft das, -e   51
Feinkostladen der, ⸚   51
Feld das, -er   71, 72, 73, 143, AB 64
Feldsalat der, -e   127
feminin   12, 134, 139
Fenster das, -   86
Ferien (Plural)   AB 92, AB 102, AB 115
Ferienhaus das, ⸚er   AB 92
Ferienziel das, -e   AB 124
Fernsehanstalt, -en   111
fernsehen du siehst fern, sie/er/es sieht fern sah fern hat ferngesehen   76, 96
Fernsehen das (nur Singular)   70, 111, AB 69, AB 79
Fernseher der, -   20, 35, 37, 45, 55, 73, 84, 88, 99
Fernsehsendung die, -en   AB 134
Fernsehsessel der, -   31
Fernsehzeitschrift die, -en   43
Fernweh das (nur Singular)   131, 132
fertig   84, 86, 90, 91, 98, 99, 101, 102, AB 11
Fertiggericht das, -e   AB 138
fesseln   AB 154
fest   57, 60, 80, 89, 90, 125
Fest das, -e   AB 50

Festhalle die, -n   62
festlegen   AB 159
Festplatte die, -n   40
feststellen   121
Fete die, -n   AB 103
Fett das, -e   120
Fettanteil der, -e   121
Feuerball der, ⸚e   AB 150
Feuerwehr die (nur Singular)   78
Feuerwehrauto das, -s   140
Feuerzeug das, -e   43, 44, 56, 87, 90
Fieber das (nur Singular)   118, 130
Fieberzäpfchen das, -   AB 131
Figur die (nur Singular)   AB 137
Film-Tipp der, -s   60, 61
Film der, -e   59, 60, 62, 99, 124, 126
Filmforum das, Filmforen   62
filtern + AKK   AB 150
Finanzzentrum das, Finanzzentren   AB 124
finden + AKK du findest, sie/er/es findet fand hat gefunden 27, 92
finden + AKK + QUA du findest, sie/er/es findet fand hat gefunden   20, 21, 32, 33, 34, 80, 83, 89
finden + AKK + SIT du findest, sie/er/es findet fand hat gefunden   35, 36, 87, 90
Finger der, -   117, 141
Firma die, Firmen   15, 112, 129, AB 11
Fisch der, -e   49, 50, 51, 53, 62, 120, 128
Fischfilet das, -s   48
fit   106, 120
fix   105, 109, 116, 126
Fl. = Flasche   127
Flamme die, -n   AB 144
Flasche die, -n   49, 52, 56, 88
1-Liter-Flasche die, -n   48
flau   126
Fleisch das (nur Singular)   49, 119, 120, 128
Fleischbällchen das, -   128
Fleischbrühe die, -n   AB 144
Fleischsorte die, -n   128
Fleischspezialität die, -en   AB 64
flexibel   58
Flexibilität die (nur Singular)   136
fliegen + DIR flog ist geflogen 6, 10, 60, 98, 99, 102, 106, 107

fließen + DIR du fließt, sie/er/es fließt floss ist geflossen   112, 116
Flohmarkt der, ⸚e   60, 62, 65
flott   31
Flug der, ⸚e   9, 10, 80, 81, 103, 105, 106
Flugbegleiter der, -   7
Flugbegleiterin die, -nen   6, 7, 57
Flügel der, -   AB 100
Fluggast der, ⸚e   AB 11
Flughafen der, ⸚   6, 94, 106
Flughafen-Café das, -s   6
Flughafengebühr die, -en   AB 118
Fluglinie die, -n   AB 119
Flugpreis der, -e   AB 69
Flugsteig der, -e   10
Flugticket das, -s   88
Flugzeug das, -e   87, 88, 90, 105, 106, 108, AB 11, AB 69
Flugzeugwechsel der, -   105
Flur der, -e   AB 100
Fluss der, ⸚e   112, 116, 145
Flüster-Gespräch das, -e   AB 129
flüstern   46
folgen + DAT folgte ist gefolgt 100
folgende   85
fördern + AKK   132
Form die, -en   37, 74, 94, 122, 135
formell   4
Formular das, -e   17, 18, 22, 23, 28
Foto das, -s   12, 14, 30, 36, 77, 113, 115, 124
Fotoapparat der, -e   35, 37
Fotoartikel der, -   AB 46
Fotobörse die, -n   60, 62, 70
Fotogeschäft das, -e   113
Fotograf der, -en   57
fotografieren + AKK fotografierte hat fotografiert   115
Fotografin die, -nen   80
Fotomodell das, -e   57, 84
Frachtverkehr der (nur Singular) AB 11
Frage die, -n   3, 8, 10, 18, 28, 30, 71, 73
fragen + AKK   3, 5, 9, 15, 19, 23, 24, 32, 80, 87
Fragepronomen das, -   112
Fragesatz der, ⸚e   54
Franken der, -   29
Frankfurter der, -   6, 25, 26

geheim   AB 159

Geheimnis das, -se   132

gehen + DIR ging ist gegangen
72, 80, 84, 87, 88, 89, 90, 93

gehen: Das geht (nicht)   34, 46, 52

gehen: Es geht um …   47

gehen: Wie geht's?   2, 8, 11, 14,
20, 21, 26

*gehoben = Partizip Perfekt von
„heben"   AB 136*

geholfen = Partizip Perfekt von
„helfen"   147

gehören + zu DAT   120

geht's   2, 8, 11, 14, 20, 21, 26

Geist der (nur Singular)   AB 138

gelaunt: gut gelaunt   AB 115

gelb   131, 132, 134, 140, 142

Gelb-Typ der, -en   AB 159

Geld das (nur Singular)   29, 31,
42, 45, 47, 55, 57, 91

Geldstück das, -e   143

Gelegenheit die, -en   105, AB 46

gelingen   AB 95, AB 96

gelten + für AKK du giltst,
sie/er/es gilt galt hat gegolten
107

Gemälde das, -   62

gemein   47

gemeinsam   82, 148

gemischt   25

Gemüse das (nur Singular)   49,
62, 119, 120, 128, 129

Gemüseauflauf der, -e   127

Gemüsebrühe die, -n   AB 144

Gemüsefach das, ⸚er   87, 90

Gemüsesuppe die, -n   128

gemütlich   45

genannt   111

genau   11, 14, 28, 36, 38, 42, 53, 55

genauso   35, 82

genervt   80

genial   87

genießen + AKK du genießt,
sie/er/es genießt genoss hat
genossen   92, AB 64

genommen = Partizip Perfekt von
„nehmen"   114

genug   91, 92, 93, 102

Genus-Signal das, -e   134, 139

Genuss der, ⸚e   AB 64

geöffnet   46, 73

*Geographie die (nur Singular)
112*

Gepäck das (nur Singular)   114

gerade   80, 87, 90, 91, 95, AB 11

Gerät das, -e   111, 112

Gericht das, -e   128, 129

gern   25, 49, 52, 54, 56, 60, 67, 69

gerne   20, 26, 28, 54, 55, 58, 60, 62

Gesamtbevölkerung die (nur
Singular)   AB 124

Geschäft das, -e   73, 129

Geschäftsbereich der, -e   136

Geschäftsessen das, -   137

Geschäftsleute (Plural)   AB 118

Geschäftsreise die, -n   AB 123

Geschenk das, -e   55, 73, AB 50

Geschenkartikel der, -   AB 36

Geschichte die (nur Singular)   111

Geschichte die, -n   45, 46, 56, 75,
84

geschieden = Partizip Perfekt von
„scheiden"   27

Geschirr das (nur Singular)   30,
83, 96, 102

Geschirrspülmaschine die, -n   40

geschlossen = Partizip Perfekt von
„schließen"   113

Geschmack der (nur Singular) 126,
AB 36

Geschmacksrichtung die, -en   AB
64

geschnitten = Partizip Perfekt von
„schneiden"   52, 56

Geschwister (Plural)   78, 79, 90

gesessen = Partizip Perfekt von
„sitzen"   106, 114

Gesicht das, -er   AB 100, AB 130

*gesoffen = Partizip Perfekt von
„saufen"   114*

Gespräch das, -e   32, 49, 53

Gesprächspartner der, -   138

Gesprächsthema das,
Gesprächsthemen   AB 103

gesprochen = Partizip Perfekt von
„sprechen"   113, 129

gest. = gestorben   AB 150

gestalten + AKK   AB 159

*Gestaltung die (nur Singular)   AB
63*

Geste die, -n   23

gestern   98, 99, 102, 106, 114, 144

gestorben = Partizip Perfekt von
„sterben"   121

gesund   120, 121, 122, 123, 127,
130, AB 63

Gesundheit die (nur Singular)
117, 130, 146

*Gesundheitslexikon das,
Gesundheitslexika   AB 134*

Gesundheitsminister der, -   AB
137

Getränk das, -e   25, 49, 112, 120,
127, 129

Getreideprodukt das, -e   120

getroffen = Partizip Perfekt von
„treffen"   106

getrunken = Partizip Perfekt von
„trinken"   126

geübt   AB 79

Gewand das, ⸚er   AB 148

*Gewandtheit die (nur Singular)
136*

gewesen = Partizip Perfekt von
„sein"   106

Gewichtheber der, -   AB 140

gewillt   89

Gewinn der, -e   AB 6

gewinnen gewann hat gewonnen
143

Gewinnzahl die, -en   AB 6

gewisse   AB 89

Gewitter das, -   AB 144

gewöhnen + sich + an AKK   95

gewöhnlich   138, 139

*gewonnen = Partizip Perfekt von
„gewinnen"   143*

Gewürz das, -e   49, 51, 126, 128

Gewürzfarbe die, -n   AB 148

gewusst = Partizip Perfekt von
„wissen"   121, 130

gezogen = Partizip Perfekt von
„ziehen"   106

gießen + AKK + DIR   AB 144

Gitarre die, -n   12, 41, 65, 80

Gitarren-Musik die (nur Singular)
62

Glas das, ⸚er   37, 84, 121, 127,
130

Glasfront die, -en   AB 159

glatt   133

*Glaube der (nur Singular)   131,
132*

glauben   17, 22, 23, 24, 28, 29, 30,
35

gleich   20, 21, 23, 30, 33, 34, 36,
37

gleiche   136, 142, 143

gleichfalls   130

*Gleichheit die (nur Singular)   AB
142*

gleichzeitig   84

Glück das (nur Singular) 58, 80, 140, 146

glücklich 77

Glückwunsch der, -̈e 146

Glühwein der (nur Singular) 127

GmbH die, -s 136

Goethehaus das 113

golden 134

gotisch 111

Gott (der), -̈er AB 117, AB 130, AB 131

Gottseidank 113, 114, 116

Grad der, -e 40

Gramm das 48, 52, 56

400-Gramm-Packung die, -en 56

Grammatik-Anhang der 147

Grammatik die (nur Singular) 56, 74, 75, AB 76

Graphik die, -en 123

graphisch 136

Gras das, -̈er 140

grasgrün 140, 145

grässlich AB 79

gratulieren + DAT + zu DAT hat gratuliert AB 46

grau 133, 137, 138, 140

graublau 140

graugrün 133

greifen + zum Telefon griff hat gegriffen AB 46

grell AB 148, AB 150

Grenze die, -n 112

Griechenland (das) AB 115

Griechisch das 12

Grippe die (nur Singular) 118, 130

grob AB 63

Grönland (das) AB 159

groß 12, 32, 58, 62, 67, 73, 80, 89

Groß: die beiden Großen 84

Größe die, -n 136, 137, 142, 145

Großeltern (Plural) 78, 90

Großmutter die, -̈ 78, 79, 90

Großstadt die, -̈e 92, 111

Großvater der, -̈ 78, 79, 90

grün 80, 111, 127, 131, 132, 133, 134

Grund der, -̈e 93, 144

gründlich AB 83, 131

Grundumsatz der (nur Singular) AB 138

Grundwort das, -̈er AB 123

Gruppe die, -n 19, 26, 45, 64, 74, 75, 79, 107

Gruppenreise die, -n 115

Gruß der, -̈e 106, AB 17, AB 46

Gulasch das 50

Gulaschsuppe die, -n 25, 26, 54, 56, 127

Gummibärchen das, - 43, 46, 47

günstig 30, 32, 34, 39, 40, 41, 42, 55

gurgeln AB 157

Gurkensalat der AB 152

Gürtel der, - 135

gut 1, 2, 3, 8, 11, 13, 14, 19, 20

Guten Morgen 1, 2, 14

Guten Tag 1, 2

Gymnasium das, Gymnasien AB 91

Gymnastik die 26

H

Haar das, -e 95, 117, 133, 134, 142

Haarfarbe die, -n 80, 90, 134

haben + AKK 5, 6, 10, 18, 19, 20, 21, 23

hacken + AKK AB 144

Hackfleisch das (nur Singular) AB 144

Hackfleisch-Teig der (nur Singular) AB 144

halb 48, 56, 61, 62, 70, 84, 125, 127

Halbschwede der, -n 80

halbtrocken 127

Hälfte die, -n 35, 42, 111

Halle die, -n AB 69

hallo 1, 2, 3, 4, 10, 11, 14, 20, 26

Hals der, -̈e 77, 117, 146

Halspastille die, -n AB 131

halt 47, 51, 63, 100, 114, 125

Halt! 27

Hammelfleisch das 51

Hand die, -̈e 58, 107, 117

Handbewegung die, -en AB 145

Handelsfirma die, Handelsfirmen 111

Handkäs' der 127, 128, 130

Handwerker der, - AB 122

Handy das, -s 88, 144

hängen + SIT AB 100

hängen bleiben AB 100

harmonisch AB 150

hart 46, 47, 58, 131, 147

hassen + AKK 86

Hatschi 130

hatte = Präteritum von „haben" 95, 96, 102, 105, 106, 148

hätte: Ich hätte gern ... 52, 55, 56, 86, 129, 136, 137, 142

häufigste AB 142

Hauptattraktion die, -en 111, 112

Hauptbahnhof der, -̈e AB 11

Hauptfilm der, -e AB 79

Hauptgericht das, -e 127

Hauptrolle die, -n 126

Hauptsatz der, -̈e 93, 100, 124, 125

Hauptstadt die, -̈e 105, 111, 144, 145

Haus das, -̈er 21, 62, 69, 84, 90, 95, 107, 113

Haus: nach Hause 46, 54, 56, 89, 96

Haus: zu Hause 17, 20, 21, 24, 28, 40, 44, 47

Hausarbeit die, -en 83, 92, 144

Hausaufgabe die, -n 84, 97, 98, 99, 102

Hausfrau die, -en 65, 83

hausgemacht AB 64

Haushalt der, -e 35, 42, 77, 83, 84, 96, 102, 144

Haushalts-Blues der 86

Haushaltsarbeit die, -en AB 94, AB 104

Haushaltsgerät das, -e 35, 36, 72

Haushaltswaren die (Plural) 30, 36, 49

Hausmann der, -̈er AB 97

Hausnummer die, -n AB 23

Haut die, -̈e 124, 133, 134, 142

Hautsalbe die, -n AB 131

Hautton der, -̈e 134

Havanna die, -s 123

Hawaiihemd das, -en AB 155

Hefe die 49, 53

Hefezopf der, -̈e 48

Heft das, -e 129

heilig AB 140

Heimat die (nur Singular) AB 130

Heimatland das, -̈er 114, 123, 129, 144

Heimcomputer der, - 35

heimisch AB 64

heimlich 111

Heimweh das (nur Singular) AB 141

Heinzelmännchen das, - AB 95, AB 97

Heinzelmännchen-Sevice der (nur
   Singular) AB 95
Heirat die, -en   93
heiraten + AKK   du heiratest,
   sie/er/es heiratet heiratete hat
   geheiratet   96, 141, AB 50
Heiratsanzeige die, -n   AB 46
heiß   127
heißen + EIN   du heißt, sie/er/es
   heißt hieß hat geheißen   3, 4,
   5, 6, 7, 8, 10, 11, 12
heiter   132
helfen + DAT   du hilfst, sie/er/es
   hilft half hat geholfen   16, 17,
   25, 36, 38, 42, 48, 49
hell   132, 133, 134, 140, 142
hellrot   140
Hemd das, -en   126, 136, 141
heraus   AB 144
herausfinden + AKK   AB 159
Herausforderung die, -en   AB 69
herausnehmen + AKK   AB 144
Herbst der   66
Herbsttyp der, -en   133, 134
Herd der, -e   88
herein   54, 56, 146
hereinkommen kam herein ist
   hereingekommen   54
Herr der, -en   4, 8, 14, 17, 18, 24,
   28, 40
Herrenbekleidung die (nur Singular)
   36
herstellen + AKK   AB 64
Hersteller der, -   99
herüber   46
herumgehen + SIT   ging herum ist
   herumgegangen   87
herumsitzen du sitzt herum,
   sie/er/es sitzt herum   saß herum
   hat herumgesessen   89
herumsuchen   87, 90
hervorragend   AB 138
Herz das, -en   111, 112
Herzinfarkt der, -e   AB 134, AB
   138
herzlich   146
Herzschmerzen (der) (Plural)   AB
   134
heute   6, 20, 30, 43, 44, 46, 47, 54
heutige   AB 142
hier   4, 20, 21, 23, 26, 28, 29, 30
hierher   112
Hilfe die, -n   68, 74
Hilfestellung die, -en   AB 63

Himmel der (nur Singular)   132,
   140
Himmelsrichtung die, -en   145
himmlisch   132
hinaufsteigen   AB 100, AB 101
hingehören   AB 138
hinein   AB 77, AB 79
hinten   33, 34, 36, 38, 42, 50, 51,
   53, 84
hinter   87, 88, 90, 93, 134
Hitze die (nur Singular)   AB 131
Hobby das, -s   78, 80, 81, 89, 90,
   138, AB 28, AB 46
hoch   30, 111, 122
hochwertig   AB 64
Hochzeit die, -en   137
Hochzeitsfeier die, -n   99
Hochzeitsreise die, -n   AB 123
Hochzeitstag der, -e   AB 50
hoffen   91
hoffentlich   106
Hoffnung die, -en   131, 132
höflich   4, 53, 54
Höflich-Macher der, -   53
Höflichkeit die (nur Singular)   113
hoher = Form von „hoch"   118,
   119
höher = Komparativ von „hoch"
   121
Höhle die, -n   AB 117
holen + AKK   84, 86, 124, AB 77
Hölle die (nur Singular)   100, 102
Hollywood-Diät die, -en   AB 138
Homepage die, -s   80, 81, 90
Honig der (nur Singular)   123, AB
   64
Honigwein der (nur Singular)   AB
   64
hören   1, 2, 3, 4, 9, 10, 11, 13, 15
Hörer der, -   AB 135
Hörerin die, -nen   AB 135
Hörtext der, -e   74
Hose die, -n   136, 139
Hosenanzug der, -e   AB 155
Hotel das, -s   59, 103, 105, 106,
   109, 113, 114
Hotelbar die, -s   106
Hotelrestaurant das, -s   113
Hotelzimmer das, -   106
hübsch   20, 32, 106
Hühnersuppe die, -n   128
humorvoll   80
Hund der, -e   AB 92, AB 100
hundert   14, 15

Hundertmarkschein der, -e   47
Hunger der (nur Singular)   54, 55,
   124
Hungerkur die, -en   AB 138
husten du hustest, sie/er/es hustet
   hustete hat gehustet   148
Husten der (nur Singular)   118,
   148
Hut der, -e   AB 151
Hypochonder der, -   AB 134

I
ich   3, 4, 5, 7, 8, 10, 11, 12, 14
ideal   134, 142
Idee die, -n   30, 54, 55, 56, 63,
   135
ignorieren + AKK   AB 130
ihm   44, 47, 56, 63, 64, 84, 134
ihn   134, 142
ihnen   1, 2, 8, 11, 14, 16, 89
Ihnen   130, 133, 136, 137, 141, 142
ihr   19, 20, 21, 26, 28, 44
Ihr   3, 4, 10, 11, 14, 19, 21, 27
ihres   115
illegal   140
immer   12, 20, 23, 37, 43, 44, 46,
   47
Imperativ der, -e   54, 56
Imperativsatz der, -e   54
in   2, 5, 6, 12, 15, 17, 18, 19
in 20 Jahren   80
in Schwarz   136
Indien (das)   5
indisch   AB 148, AB 153
individuell   AB 155
Indonesien (das)   5
Indonesisch (das)   12
industrialisiert   111
Industriegebiet das, -e   111, 112,
   144
Industrieland das, -er   AB 124
Industriestandort der, -e   111
Industriezweig der, -e   112
Infinitiv der, -e   64, 85, 93, 96,
   107
Info die, -s   AB 90
Infobox die, -en   22
Information die, -en   12, 36, 38,
   53, 92, 107, 114, 133
informieren + AKK + über AKK
   hat informiert   AB 63
Infotelefon das, -e   AB 63
Ingenieur der, -e   7
Ingenieurin die, -nen   8

Kenntnis die, -se AB 159
Kerl der, -e 61, 126
kerngesund AB 134
Kerze die, -n AB 98
kg = Kilogramm 52
Kick der (nur Singular) 80
Kilo das, -s 48, 56, 121, 130
3-Kilo-Paket das, -e 48, 56
Kind das, -er 4, 17, 18, 19, 24, 27, 28, 43
Kindergeburtstag der, -e 89
Kinderstunde die (nur Singular) 77
Kinderzimmer das, - 84, 132
Kindesalter das (nur Singular) 134
Kindheit die (nur Singular) 96
Kino das, -s 60, 62, 65, 69, 70, 73, 76, 113
Kinodienst der (nur Singular) 61
Kiosk der, -e 12
Kirche die, -n 107, 113, 132, 141
Kirsche die, -n AB 64
Kirschtorte die, -n 111
klappen: es klappt 84, 106, 116, 125
klar 39, 63, 90, 101, 114, 125, 134
Klasse die, -n 80, 81, 113
Klassenarbeit die, -en AB 154
Klassenzeitung die, -en 82
klassisch 135
Klavier das, -e 117
Klavierlehrerin die, -nen AB 100
Klavierzimmer das, - AB 100
Kleid das, -er AB 151
kleiden: gut gekleidet AB 155
Kleider (das) (Plural) 136, 148
Kleiderkauf der (nur Singular) 135
Kleiderschrank der, ¨e 84
Kleidung die (nur Singular) 138
Kleidungsstück das, -e 135, 144
klein 26, 39, 52, 82, 91, 100, 113
Kleinanzeige die, -n AB 44
Kleingedruckte das (nur Singular) AB 122
Kleinigkeit die, -en 54, 56, AB 36
Klingel die, -n 91
klingeln 20, 21, 63, 69, 84, 86, 90, 124
klingen + QUA klang hat geklungen 147
Klischee das, -s 138
Klo das, -s 86
Klopapier das (nur Singular) 51,

87, 88, 90
klug AB 140
Knäckebrot das, -e 123
knapp AB 36
Kneipe die, -n 53, 54, 76, 99, 113, 116, 125
Kneipenbesucher der, - AB 159
Knie das, - 117
Knoblauch der (nur Singular) AB 145
Knoblauchbrötchen das, - 127
Koch der, ¨e 59
Kochbuch das, ¨er AB 144
kochen + AKK 83, 86, 90, 91, 117, 124, 128, AB 79
Koffer der, - 45, 148
Kognak der, -s 123
Kohlblatt das, ¨er AB 144
Kohle die, -n 111
Kohlehydrat das, -e 124
Kohlenhändler der, - 123
Kohlroulade die, -n AB 144
Kollege der, -n 55, 95, 102, AB 50
Kollegin die, -nen 20, 55
Kombination die, -en AB 102
kombinieren + AKK + mit DAT hat kombiniert 136
Kombischrank der, ¨e 31, AB 36
Komfort der (nur Singular) AB 131
Komfortmodell das, -e 38
komisch 113, 147
Komma das, -s 89, 93
kommen + DIR kam ist gekommen 4, 5, 6, 7, 8, 11, 12, 13, 14
Kommentar der, -e AB 100
Komparativ der, -e 119, 122, 130
komplett 31, 84, 103
Kompletteinrichtung die, -en AB 36
kompliziert AB 79
Kompositum das, Komposita 145
Konferenz die, -en 99
Konfitüre die, -n AB 64
Konjunktion die, -en 89
Konkurrenz die (nur Singular) 58
können ich kann, du kannst, sie/er/es kann 30, 36, 38, 42, 48, 49, 50, 51
konnte = Präteritum von „können" 92, 95, 96, 98, 99, 101, 102

konsequent 120
konservativ AB 154
Konservatorium das, Konservatorien AB 100
Konsonant der, -en AB 98, AB 128
Kontakt der, -e 54
Kontaktanzeige die, -n AB 46
kontaktfreudig
Kontinent der, -e 105
Kontrast der, -e 89, 132
kontrollieren + AKK hat kontrolliert 140, AB 69
Konzert das, -e 60, 63, 64, 69, 70, 100, 112
Konzertkarte die, -n 99
Kopf der, ¨e 117, 118
Kopfsalat der, -e 51
Kopfschmerzen (der) (Plural) 105, 106, 118, 119, 124, 130
Korn der (nur Singular) AB 64
Körper der, - 117, 120
Körperteil der, -e 117, 118, 145
korrigieren + AKK 82, AB 92, AB 126
Kosmetik die 36
Kosmetik-Industrie die (nur Singular) AB 142
kosten + AKK du kostest, sie/er/es kostet kostete hat gekostet 30, 33, 34, 38, 39, 40, 41, 48
Kosten (Plural) 121
kostenlos 92
köstlich AB 64
Kostüm das, -e 112, 136, 142
Kostümball der, ¨e 137
Kraft die, ¨e 132
kräftig AB 148
krank 39, 98, 99, 102, 124, 130, 144
Kranke die/der, -n AB 94, AB 134
Krankenhaus das, ¨er 59, 70, 125
Krankenwagen der, - 140
Krankheit die, -en 118
kraus 133
Kraut das (nur Singular) 127
Kraut das, ¨er AB 64
Kräuterbutter die (nur Singular) 127
Krautwickel der, - AB 144
Krawatte die, -n AB 151, AB 155, AB 157
kreativ 80
Kreative die/der, -n AB 154

Kreis der, -e 94

Kreuzfahrt die, -en 116

Kreuzworträtsel das, - AB 125, AB 147

kriegen + AKK 126

Krimi der, -s AB 68

Kristall der, -e 127

kristallen AB 150

Küche die, -n 31, 32, 39, 42, 84, 85, 87, 90

Kuchen der, - 25, 26, 49, 50, 54, 86, 123

Kuckucksuhr die, -en 111

kühl 106, 134

Kühle die (nur Singular) AB 150

Kühlschrank der, ⁻e 35, 40, 41, 42, 45, 87, 90, 99

Kuli der, -s 45, 88

Kultur die, -en 115

kulturell 108, 111

Kulturzentrum das, Kulturzentren 111, 112

Kummer der (nur Singular) 134

Kunde der, -n 29, 38, 49, 97, 113

Kundin die, -nen 29, 38, 49, 52, 137

Kunst die, ⁻e 60, 62, 113

Künstler der, - AB 150

Künstlervereinigung die, -en AB 150

künstlich 131

Kurpark der, -s 62

Kurs der, -e 5, 54, 66, 74, 104, 121, 123

Kursbefragung die, -en 147

Kursbuch das, ⁻er 74

Kursliste die, -n 16, 22, 59

Kursteilnehmer der, - 82, 147

Kursteilnehmerin die, -nen 129

kurz 14, 28, 42, 43, 56, 61, 70, 74

Kurzantwort die, -en 102

kurzfristig AB 118

Küsschen das, - 84, 90

L

lächeln 45, 47

lachen 45, 141

Lady die, -s 121

Lage die (nur Singular) 112, AB 11

Lager das, - 127, AB 77

Lagerschein der, -e AB 77

Lakritz der (nur Singular) 123

Lammfleisch das (nur Singular) 48, 56

Lampe die, -n 20, 30, 31, 33, 36, 37, 39, 42

Land das, ⁻er 6, 14, 15, 19, 24, 30, 60, 93

landen + SIT du landest, sie/er/es landet landete ist gelandet AB 11

Länderspiel das, -e 143

Landeshauptstadt die, ⁻e 111

Landkarte die, -n AB 131

landschaftlich 111

Landung die, -en 80

Landwein der, -e 127

Landwirt der, -e AB 64

landwirtschaftlich AB 63

lang 43, 69, 74, 91, 92, 102, 106

lange 18, 19, 20, 21, 26, 28, 41, 42

Langeweile die (nur Singular) AB 156

langsam 16, 27, 28, 43, 53, 113

langweilig 32, 33, 34, 42, 58, 65, 75, 83

Lärm der (nur Singular) AB 122

lassen du lässt, sie/er/es lässt ließ hat gelassen 39, 80, 86, 87, 90

lateinisch AB 134

Lauer die (nur Singular) 148

laufen + DIR du läufst, sie/er/es läuft lief ist gelaufen 87

laufen: der Film läuft AB 79

Laufwerk das, -e 40

Laufzeit die, -en 31

lauschen 141

laut 27, 43, 46, 47, 71, 76, 89, 96

Laut der, -e 147

lauten: sie/er/es lautet AB 6, AB 135

lauter stellen + AKK 130

lautstark 80

leben 6, 59, 80, 81, 89, 92, 93, 95

Leben das, - 80, 81, 84, 85, 90, 132

lebend AB 140

Lebensende das (nur Singular) AB 97

Lebensjahr das, -e AB 145

Lebensmittel die (Plural) 73, 84, 120, 121, 123, 130

Lebenspartner der, - AB 105

Leberwurst die, ⁻e AB 64

Lebkuchen der, - 111

Lebkuchenherz das, -en AB 100

lecker AB 153

Leckerbissen der, - AB 64

Leder das (nur Singular) AB 97

Ledersofa das, -s 31

Lederwaren die (Plural) 36

ledig 17, 18, 19, 24, 27, 28, 58

leer 49, 71, 99

Leergut-Annahme die (nur Singular) 49, 53

Leergut das (nur Singular) 49

legen + AKK + DIR 87, 88, 90, 106, 107, 141, 143

Lehrberuf der, -e AB 154

Lehrbuch das, ⁻er 114

Lehre die, -n 91, 92, 145

Lehrer der, - AB 76

Lehrerin die, -nen 7, 54, 56, 59, 99

Lehrling der, -e 92, 102

Lehrwerk das, -e 74

leicht AB 138, AB 153

Leid das (nur Singular) AB 99

Leid: Tut mir Leid. 26, 28, 34, 38, 42, 50, 53, 55

Leidenschaft die, -en 132

leider 38, 42, 51, 52, 56, 137, 148, AB 17, AB 36

Leinen das (nur Singular) 135

Leinenhose die, -n AB 152

leise 43, 46, 131

Leiter der, - AB 123

Leiterin die, -nen AB 123

Lektion die, -en 1, 15, 23, 24, 29, 43, 57, 71

lernen + AKK 12, 20, 21, 23, 37, 41, 55, 63

Lerntipp der, -s 12, 23, 37, 43, 107, 147

lesen + AKK du liest, sie/er/es liest las hat gelesen 2, 5, 6, 20, 30, 31, 33, 35, 111

Lesetext der, -e 22, 23, 28

letzte 50, 51, 56, 62, 106, 108, 133, 148, AB 46

leuchtend 134

Leute die (Plural) 3, 6, 13, 15, 17, 25, 30, 31

Licht das, -er 84, 132

lichtvoll 132

lieb 68, 80, AB 17, AB 69

Liebe die (nur Singular) 131, 132

Liebe die oder der, -n (ein Lieber) 106

lieben + AKK 6, 77, 141, AB 36

lieber 54, 56, 76, 121, 141

Liebeskummer der (nur Singular) 124

Lieblings-CD die, -s   80, 81

Lieblingsbuch das, ¨er   80

Lieblingsessen das, -   AB 137, AB 140

Lieblingsfach das, ¨er   AB 91, AB 92

Lieblingsfarbe die, -n   47, 54, 56, 131, 132, 142

Lieblingsgericht das, -e   129

Lieblingsgetränk das, -e   AB 137

Lieblingssatz der, ¨e   147

Lieblingsspielzeug das (nur Singular)   77

Lieblingswort das, ¨er   147

Lied das, -er   22, 147, 148

liefern + AKK   99, AB 64

Lieferung die, -en   AB 95

liegen + SIT   lag   hat gelegen   84, 86, 87, 90, 104, 106, 108, AB 79

liegen lassen + AKK + SIT   du lässt liegen, sie/er/es lässt liegen   ließ liegen   hat liegen lassen   86

Light   121, 127, 130

Light-Produkt das, -e   AB 138

Likör der, -e   54

lila   136, 140

lilafarben   136

Linienmaschine die, -n   105

links   21, 23, 33, 44, 46, 50, 51, 53

Lippe die, -n   AB 98, AB 129

Lire die   29, 30, 42

Liste die, -n   22, 23, 28, 37, 59, 82, 93, 141

Liter der, -   56

1-Liter-Flasche die, -n   48

Literatur die (nur Singular)   AB 159

locker   AB 154

lockig   133

Lohnsteuerkarte die, -n   140

Lokal das, -e   138, 139, 142

Lokführer der, -   57

Lolli der, -s   43, 56

los   27, 31, 46, 47, 63, 91, 100, 102

lösen + eine Aufgabe   du löst   71

losfahren   AB 92

losgegangen = Partizip Perfekt von „losgehen"   106, 108

losgehen   ging los   ist losgegangen   AB 121

Lösung die, -en   71, 74

losziehen   zog los   ist losgezogen   AB 109

Lottozahl die, -en   AB 6

Luft die (nur Singular)   43, 44, AB 143

Luft holen   AB 143

Luftballon der, -s   43, 44

Lufthansa-Information die   9

Lufthansa-Maschine die, -n   AB 76

Lufthansa die   6

Luftschiff das, -e   AB 11

Lunge die, -n   118

Lungenkrebs der (nur Singular)   AB 134

Lust die (nur Singular)   63, 100, 124, AB 68

lustig   113, 124

M

machen + AKK   4, 11, 16, 20, 26, 27, 39, 40

Mädchen das, -   80

Magengeschwür das, -e   AB 134

Magenschmerzen (der) (Plural)   118

Magentropfen (der) (Plural)   AB 131

mager   130

Magerquark der (nur Singular)   51

Mahlzeit die, -en   AB 79

Mai der   66

mal   20, 28, 30, 33, 34, 39, 40, 43

14mal   47

Mal: ein anderes Mal   63

malen + AKK   AB 133

Malermeister der, -   AB 159

Mama die, -s   13, 46, 47, 56, 77

Mami die, -s   84

man   10, 12, 16, 18, 20, 21, AB 6

manchmal   46, 58, 65, 70, 80, 93, 95, 96

mangelhaft   AB 155

Manieren (die) (Plural)   AB 142

Mann der, ¨er   10, 32, 39, 59

Männlein das, -   AB 97

Mantel der, ¨   20, 21, 36, 37, 109

Manufaktur die, -en   113

Märchenkönig der, -e   111

Mark die   29, 30, 33, 34, 38, 39, 40, 41

Mark die (nur Singular)   136

Markenzeichen das, -   80, 90

markieren + AKK   hat markiert   2, 3, 4, 6, 8, 9, 10, 13, 17

Markise die, -n   AB 150

Markt der, ¨e   AB 138

Marmelade die, -n   AB 64

Marokko (das)   5

März der   66, 70

Maschine die, -n   84, 132

Maschinenbau der (nur Singular)   AB 124

Maschinenbauingenieur der, -e   80, 90

Maschinenschaden der, ¨   AB 122

Maske die, -n   112

maskulin   12, 134, 139

Maß das, -e   56

Massage die, -n   AB 136

Material das, -ien   129

Mathe die (nur Singular)   80, 90

Mathearbeit die, -en   63, 64

matt   AB 148

Mauer die, -n   148

Maus die, ¨e   40, 140

mausfarben   134

maximal   AB 154

Mechaniker der, -   111

Medien (Plural)   AB 154

Medikament das, -e   119

Medizin die (nur Singular)   AB 134

Meer das, -e   105, 106

Mehl das (nur Singular)   50

mehr   26, 30, 47, 52, 53, 54, 56, 76, AB 6, AB 11

mehrere   AB 11

mein   2, 3, 4, 8, 10, 11, 14, 39, 40

meinen   91, 121, 123, 136, 138, 142

Meinung die, -en   AB 153

meiste   23, 85, 92, 107, 122, 134, 138, AB 79

meistens   37, 44, 58, 65, 70, 84, 89, 92

Meister der, -   102

Meisterwerk das, -e   AB 97

Melange die (nur Singular)   AB 126

Meldebehörde die, -n   AB 23

melden + sich   AB 159

Meldestelle die, -n   15, 17, 21

Menge die, -n   120

Mensch der, -en   57, 58, 70, 104, 111, 112, 114, AB 11

Menschheit die (nur Singular)   62

menschlich   AB 156

Menü das, -s   127

Nachbarin die, -nen   17, 46
Nachbarland das, ¨er   112
nachdenken + über AKK   AB 131
nachdenklich   80
nachfragen   AB 63
nachher   101
nachmalen + AKK   AB 133
Nachmittag der, -e   20, 62, 99, 105
nachmittags   28, 105, 113
Nachname der, -n   3, 24
Nachricht die, -en   133, 148, AB 76, AB 79
nachsprechen du sprichst nach, sie/er/es spricht nach sprach nach hat nachgesprochen   52, 108
nächste   36, 50, 51, 53, 55, 56, 67, 70
nächstmöglich   136
Nacht die, ¨e   84, 104, 105
Nachtdienst der (nur Singular) 84
Nachteil der, -e   58
Nachtflug der, ¨e   105
nachts   57, 58, 60, 65, 124, 126
nackt   AB 97
nah   AB 98
Nähe die (nur Singular)   6, 107, 116
nähen + AKK   AB 97
Nähmaschine die, -n   35, 42
Nahrung die (nur Singular)   AB 138
Name der, -n   2, 3, 4, 6, 8, 10, 11, 14, 15
Namenstag der, -e   AB 50
Namibia (das)   5, 13, 14, 18
namibisch   18, 28
nämlich   20, 89, 91
naschen   123
Nase die, -n   117, 141
nass   AB 100
Nationaltheater das   113
Natur die (nur Singular)   AB 148, AB 156
natürlich   20, 36, 40, 42, 51, 52, 56, 68
Naturwissenschaft die, -en   111
neben   88, 111
nebenan   28
Nebensatz der, ¨e   93, 121, 124, 125
Neffe der, -n   78, 79, 90
negativ   23, 82, 132

nehmen + AKK du nimmst, sie/er/es nimmt nahm hat genommen   20, 21, 26, 27, 28, 38, 42, 47
Neid der (nur Singular)   131, 132
nein   4, 5, 8, 11, 14, 18, 19, 24, 84
Nein-Frage die, -n   AB 96
nennen + AKK nannte hat genannt   72, 73, 93, 106, 119, 125, 144
nervig   AB 109
nervös   45, 47, 124
Nervosität die (nur Singular)   AB 147
nett   16, 39, 54, 95, 102, 106, 109
neu   20, 21, 40, 43, 66, 68, 80, 81
Neugerät das, -e   AB 46
Neujahr das   9, 146
neulich   115
neun   9, 14, 45, 46, 66, 70, 89, 111
Neuseeland (das)   5
neutral   58
neutrum   12, 134, 139
nicht   10, 15, 17, 18, 19, 20, 21, 23
nicht-alkoholisch   127
nicht-trennbar   85, 90
Nichte die, -n   79, 90
Nichtraucher der, -   AB 144
nichts   49, 63, 68, 80, 89, 95, 104, 106
Nichts zu danken.   49
nie   58, 65, 70, 84, 86, 96, 108, 113
Niederlage die, -n   80
Niederlande die (Plural)   5
Niederösterreich (das)   AB 124
niedlich   AB 97
niedrig   AB 138
niemals   AB 11
niemand   46
Niere die, -n   AB 141
noch   3, 5, 16, 17, 18, 20, 26, 27
Nom. = Nominativ   81
Nomen das, -   12, 23, 32, 33, 37, 43, 81, 82
Nominativ der, -e   28, 33, 37, 78, 112, 134, 139, 142
Nordamerika (das)   5
Norden der (nur Singular)   111, 112
nördlich   112
Nordosten der   AB 124
nordöstlich   116
Nordpol der   16, 28
Nordroute die, -n   104

Nordwesten der   AB 124, AB 125
normal   84, 85, 121, 124, 130
normalerweise   AB 103
Normalschein der, -e   AB 6
Note die, -n   80, 89, 92
Notenständer der, -   AB 100
notfalls   AB 103
notieren + AKK hat notiert   43, 61, 62, 121
Notiz die, -en   40, 58, 65, 74, 80, 82, 92, 105
Notwendigkeit die, -en   64
November der   66
Nudel die, -n   120
null   9, 14
Null-Diät die, -en   AB 138
Nummer die, -n   9, 10, 16, 25, 27, 62, 112, 120
nur   20, 30, 31, 33, 34, 35, 40, 42, AB 6, AB 11
Nuss die, ¨e   AB 64
nutzen + AKK   AB 46, AB 63
nützlich   14, 28, 42, 56, 70, 74, 90, 102

O

o.k. = okay   20, 27, 70
oben   23, 46, 50, 51, 53, 56, 80
Ober der, -   54
Oberösterreich (das)   AB 124
Obst das (nur Singular)   49, 62, 119, 120, 123
Obstler der (nur Singular)   AB 64
Obstsaft der, ¨e   AB 64
Obstsalat der, -e   127
Obstsorte die, -n   AB 64
obwohl   92, 93, 100, 102, 145
obwohl-Satz   93, 100, 102, 121, 124
oder   8, 10, 11, 15, 16, 20, 21, 25
ofenfrisch   AB 64
offen   136
öffentlich   140
offiziell   AB 155
öffnen + AKK du öffnest, sie/er/es öffnet öffnete hat geöffnet   20
oft   37, 49, 53, 54, 58, 59, 60, 65
oh   84, 136
ohne   32, 33, 37, 47, 53, 81, 82, 84, AB 11
Ohr das, -en   117
Ohrring der, -e   AB 155
okay   86, 113
Oktober der   66, 70

positiv   AB 147
Possessiv-Artikel der, -   78, 81, 82
Possessivartikel der, -   81, 90
Post   die (nur Singular)   140
postlagernd   AB 90
Postleitzahl die, -en   AB 23
Praktikum das, Praktika   78
praktisch   30, 31, 32, 39, 42
praktizieren + AKK   AB 103
Praline die, -n   AB 50
Präposition die, -en   59, 87, 88
*Präpositionalergänzung die, -en
    AB 102*
Präsens das   21, 28, 70
Präsens das (nur Singular)   96
*präsentieren + AKK hat
    präsentiert   80, 90, 115*
Präteritum-Form die, -en   96
Präteritum-Signal das, -e   96
*Präteritum das (nur Singular)   96,
    102, 106*
Praxis die, Praxen   59, 67, 70
Preis der, -e   30, 40, 48, 56, 62,
    73, 129, 135
preiswert   AB 36
Presse-Agentur die, -en   111
Pressestelle die, -n   AB 155
prima   115
Prinzip das, -ien   AB 145
privat   AB 79
pro   30, 143, AB 11
Probe die, -n   67
probieren + AKK hat probiert
    52, 56, 76, 127, 130, 137, 141
Problem das, -e   31, 51, 55, 58,
    92, 95, 100, 102
Problemfarbe die, -n   AB 158
Produkt-Information die, -en   30
Produkt das, -e   30, 121, 130, AB
    63
Produktbörse die, -n   AB 63
Produktpalette die, -n   AB 63
Professor der, Professoren   121
Profi der, -s   57, 61
Programm das, -e   40, 60, 105,
    136
*programmieren + AKK hat
    programmiert   88*
Programmkino das, -s   62
Projekt das, -e   45, 114, 129
Prominente die/der, -n   AB 138
Pronomen das, -   32, 33, 42
propagieren + AKK   AB 138
Prospekt der, -e   105, 114

Prost   9, 26, 146
Prozent das, -e   35, 42
Prüfung die, -en   AB 95
Publikum   das (nur Singular)
    AB 69
Pullover der, -   137, 142, 145
Punk der, -s   62
Punkt der, -e   119, AB 79
pünktlich   86, 98, 105, AB 79
pur   124
putzen + AKK   86
Putzmittel das, -   50
Puzzle das, -s   4, 75

Q

Qual die, -en   AB 100
Qualität die, -en   115, AB 63
Qualitätsware die, -n   33, 34
Quark der (nur Singular)   49
Quatsch der   27
quengeln   84
quer   AB 17
Quiz das, -   121

R

Rad das, -er   AB 117
Radio das, -s   12, 14, 41, 130,
    133
Radler der, -   127
Radtour die, -en   103
Rampagentin die, -nen   AB 69
Rap der, -s   11, 22, 28, 39, 147
rappelvoll   AB 122
Rat der, Ratschläge   55
Rate die, -n   121
raten   du rätst, sie/er/es rät   riet   hat
    geraten   17, 19, 22, 35, 51, 87,
    121, 128
Ratespiel das, -e   22, 60
Ratgeber der, -   AB 134
Rätoromanisch (das)   AB 124
Ratschlag der, -e   54, 55, 119,
    130, 145
Rätsel das, -   AB 125
rauchen   96, 119, 130, AB 77
Raucher der, -   AB 109
rauchig   134
raus   69, 86, 113, 148
*rausgehen   ging raus   ist
    rausgegangen   99*
Realie die, -n   AB 154
rechnen + mit DAT du rechnest,
    sie/er/es rechnet rechnete hat
    gerechnet   AB 11, AB 76

recht   136
Recht das, -e   109, AB 76
Recht haben   39
rechts   21, 23, 33, 44, 46, 50, 51, 56
rechtzeitig   AB 103, AB 131
Redaktion die, -en   81
Redaktionsteam das, -s   80, 90
Redaktionsschluss   der (nur
    Singular)   82
Rede die, -n   AB 103
reden   du redest, sie/er/es redet
    redete hat geredet   129, 141
Refrain der, -s   11, 39
Regal das, -e   31, 39, 47, 50, 56
Regaltür die, -en   AB 36
Regel die, -n   8, 22, 23, 33, 37, 53,
    59, 64
regelmäßig   107, 116, 119, 130,
    147, AB 79
Regenbogen der, -   AB 147
Regenschirm der, -e   AB 131
Regenwetter das (nur Singular)
    AB 131
*Region die, -en   111, 112, 147, AB
    63*
regional   AB 63
reich   107, 138
reichen: Das reicht nicht   AB 68
reichlich   120
Reihe die, -n   71, 87, 143
Reihenhaus das, -er   80
rein   36
Reis der (nur Singular)   50
Reise die, -n   103, 106, 109, 113,
    114, 116, 145
Reiseapotheke die (nur Singular)
    AB 123
Reisebericht der, -e   105
Reisebüro das, -s   82, 114, 115
Reisefieber das (nur Singular)   AB
    123
Reisefreiheit die (nur Singular)   115
Reiseführer der, -   145
Reisegepäck das (nur Singular)
    AB 123
Reisegruppe die, -n   106, 113
Reisekauffrau die, -en   91
Reiseland das, -er   AB 124
Reiseleiter der, -   109, 113
Reiseleiterin die, -nen   7, 24
Reiseleitung die (nur Singular)   115
reisen + DIR du reist, sie/er/es reist
    reiste ist gereist   57, 58, 80,
    113, 115

Schaubild das, -er 120

schauen + DIR 30, 33, 34, 39, 43, 46, 47, 53

Schauspiel-Unterricht der (nur Singular) AB 68

Schauspieler der, - 57, 59, 126

Schauspielerin die, -nen AB 69

Schauspielhaus das, ¨er 62

Scheck der, -s 88, 99, 141

scheinen AB 100

Scheiß-Ausländer der, - 113

schenken + DAT + AKK 44, 55, 56

Schicht die, -en 126

schick 31, 32, 39, 42, 109, 138, 139

schicken + DAT + AKK AB 36, AB 46

Schiff das, -e 103

schilf-kariert 135

schilfgrün 136, 142

Schilling der, -e 29, 30, 42

schimpfen + mit DAT 126

Schinken der, - 45, 50, 128

Schinkenbrot das, -e 25, 26

Schlachtplatte die, -n 127, 128

schlafen du schläfst, sie/er/es schläft schlief hat geschlafen 84, 107, 114, 116, 124, 141

schlagen + AKK AB 100

Schlange die, -n AB 131

schlank 120

Schlankheits-Diät die, -en AB 138

schlecht 32, 39, 124, 126, 140

schließen + AKK AB 98

schließlich 106

schlimm 84, 148, AB 77, AB 79

Schloss das, ¨er 111, 113

Schlosspark der, -s AB 126

Schluss der (nur Singular) AB 93, AB 131

Schluss: Schluss machen 68

Schlüssel der, - 145

Schmand der (nur Singular) AB 64

schmecken + QUA AB 145, AB 153

Schmerz der, -en 67, 118

Schmerztablette die, -n AB 131

Schmuck der (nur Singular) AB 154

schmutzig 141

Schnaps der, ¨e 114

Schnapsen das (nur Singular) AB 126

Schnee der (nur Singular) 140

Schneegestöber das, - 127, 128

schneiden + AKK AB 108

schnell 24, 43, 53, 58, 84, 86, 100, 101, AB 11

Schnell-Imbiss der, -e 123

Schnitzel das, - 127

Schnupfen der (nur Singular) 118

Schokolade die, -n 12, 48, 50, 123, 127, 128, 130

Schokoriegel der, - 43, 46, 88

schon 6, 18, 19, 20, 21, 26, 28, 35

schön 30, 32, 33, 38, 42, 51, 52, 69, AB 23

Schorle die, - 127

Schrank der, ¨e 31, 39

Schrebergarten der, ¨ 80

Schreck der (nur Singular) AB 156

schrecklich 89

schreiben + AKK schrieb hat geschrieben 5, 12, 16, 17, 18, 28, 38, 41

Schreibtisch der, -e AB 36

Schreibwaren die (Plural) 36

Schreibzeug das (nur Singular) 80, 81, 90

schreien schrie hat geschrien 46, 84, 141

schriftlich AB 122

Schriftsteller der, - 111, AB 79

Schritt der, -e 92

Schublade die, -n AB 99

Schuh der, -e 141

Schühlein das, - AB 97

Schuld die (nur Singular) AB 97

schuldig 61

Schule die, -n 59, 62, 83, 84, 90, 109, 124, 141

Schüler der, - 80, 90

Schülerin die, -nen 80, 90, 123

Schulfreundin die, -nen 84

Schulnote die, -n AB 155

Schulschluss der (nur Singular) 84

Schulter die, -n 117

schütteln + AKK AB 145

Schutz der (nur Singular) AB 150, AB 159

Schutzengel der, - 61

Schützling der, -e AB 154

Schwäche die, -n 80

Schwager der, ¨ 78, 79, 90, 126

Schwägerin die, -nen 79, 90

schwanger 95, 102

schwarz 133, 140, 141, 142, 148

Schweden (das) 30

Schwein das, -e 127

Schweiz die 5, 29, 30

Schweizer der, - AB 159

schwer 76, 80, 147, 148, AB 68

Schwester die, -n 78, 79, 90, 95, 100

Schwiegereltern (Plural) 90

Schwiegermutter die, ¨ 90

Schwiegersohn der, ¨e 90

Schwiegertochter die, ¨ 90

Schwiegervater der, ¨ 90

schwierig 75, 109, 147

Schwimmbad das, ¨er AB 112, AB 122

schwimmen schwamm ist geschwommen 69, 103, 119, 130, AB 69

sechs 9, 14, 29, 61

See der, -n 105, 111, 112, 116

Seehafen der, ¨ 111

Seenlandschaft die, -en AB 124

sehen: ähnlich sehen + DAT du siehst, sie/er/es sieht sah hat gesehen 77

Sehenswürdigkeit die, -en 103, 104, 106

Sehnsucht die, ¨e AB 159

sehr 11, 32, 39, 40, 41, 42, 49, 51

Seide die (nur Singular) 137, 142

Seiden-Krawatte die, -n 135

Seidenbluse die, -n 136, 142

Seidenschal der, -s AB 155

sein + EIN ich bin, du bist, sie/er/es ist, wir sind, ihr seid, sie sind war ist gewesen 2, 3, 4, 5, 6, 7, 8, 9, 10, 11

sein + SIT 15, 17, 20, 24, 40, 68

sein + QUA 18, 20, 34, 39, 69, 77, 80, 83

seit 6, 80, 82, 91

seit 3 Jahren 80

seit dem 3. Oktober 1990 111

Seite die, -n 23, 28, 132

Sekretärin die, -nen 59, 95, 99

Sekt der (nur Singular) AB 94, AB 135

Sektor der, -en AB 154

selber AB 117

selbst 58

selbstbewusst AB 159

selten 65, 70, 106, AB 69

Semester das, - AB 92

senden + DAT + AKK du sendest, sie/er/es sendet sendete hat gesendet 136

Sendung die, -en 133

Senegalese der, -n AB 159

Senf der 57

senkrecht AB 147

September der 66, 68

Service der (nur Singular) AB 95, AB 117, AB 118

Sessel der, - 30, 31, 37, 42, 45, 72

setzen + sich + DIR AB 97, AB 100, AB 101, AB 154

Sex der (nur Singular) 141

sexy AB 155

Shorts (Plural) AB 155

Show die, -s 105, 114

sich 79, 80, 84, 85, 89, 90, 95, 98

sich: sich besser verkaufen 47

sich: sich vorstellen 4

sich Zeit lassen 80

sicher 47, 80, 92, 138

Sicherheit die, -en AB 79

sie 76, 80

sieben 9, 14, 66, 69, 70

siegen AB 148

Signalfarbe die, -n 132

signalisieren 132

Silbe die, -n 100

Silbenanfang der, ⁻e AB 128

Silbenende das, -n AB 99, AB 128

Silbengrenze die, -n AB 114

Silbenmarkierung die, -en AB 99

Silberstraße die 111

singen + AKK sang hat gesungen 16, 51, 89, 117, 147, 148

Single-Hit der, -s 126

Single der, -s 80

Singular der, -e 22, 23, 37, 42, 49, 68, 96, 139

Sinn der (nur Singular) AB 134

sinnvoll 80

Situation die, -en 21, 46, 65, 99, 146

situativ 90

Sitz der, -e 87, 88, 90, 111

sitzen + SIT du sitzt, sie/er/es sitzt saß hat gesessen 84, 89, 96, 148, AB 69, AB 76

Sitzplatz der, ⁻e 141

Skorpion der, -e AB 131

Smoking der, -s AB 155

Snack der, -s 105, 106, 109

so 20, 21, 25, 28, 29, 35, 38, 39

Socke die, -n AB 151

Sofa das, -s 12, 30, 31, 32, 33, 36, 37, 39

sofort 44, 56, 80, 106, 130

Sofortkredit der, -e 31

Software die (nur Singular) 40

sogar 46, 136, AB 46

sogenannte AB 138

Sohn der, ⁻e 47, 59, 65, 79, 90

Sojabohnenpaste die, -n 128

solche 124

solid 31

sollen ich soll, du sollst, sie/er soll 30, 63, 64, 68, 70, 80, 87, 88

Sommer der 66

Sommer-Spezial das 62

Sommersprosse die, -n 133, 134

Sommertyp der, -en 133, 134

Sonderangebot das, -e 33, 34, 36, 38, 42, 48, 55, 56

sondern 30, 80, 91, 132, 134, AB 11

Sonne die, -n 104, 105, 106, 108, 132, AB 69

Sonnencreme die, -s AB 131

Sonnenlicht das (nur Singular) AB 150

Sonntag der, -e 62, 63, 64, 70, 105, 113

sonst 52, 56, 86, 89, AB 36

sonstiges 138

sonstwo AB 145

sorgen + sich + um AKK AB 134

Sorte die, -n 127, 143, AB 64

sortieren + AKK hat sortiert 5, 8, 12, 22, 31, 32, 38, 40

Soße die, -n 127

Souvenir das, -s 111, 115

soviel AB 145

soweit 69

sowie 126, 136, AB 64

sowieso 84, 86

Spanien (das) 6, 8, 30

Spanier der, - 6

Spanisch (das) 12, 14

Sparprogramm das, -e 40

sparsam AB 138, AB 145

Spaß der (nur Singular) 80, 83, 90, 106, 146, 147, AB 64, AB 69

spät 54, 56, 61, 70, 72, 76, 84, 105

später 67, 68, 70

spätestens 63

Spätvorstellung die, -en 63, 125

spazieren gehen ging spazieren ist spazieren gegangen 60

Spaziergang der, ⁻e 113

Speck der (nur Singular) 127, 128

Spedition die, -en 20

Speise die, -n 25, 121, 127, 128, 129, 144

Speisekarte die, -n 127, 129

Speiseöl das, -e AB 64

Sperrstunde die, -n 113

Spezi das, -s 127, 128

spezialisieren + sich + auf AKK AB 159

Spezialität die, -en 49, 56, 111, 112

Spezialwort das, ⁻er AB 123

speziell 128, 133

Spiegelei das, -er 128

Spiel-Taktik die, -en AB 28

Spiel das, -e 94, 129, AB 6

Spielabschnitt der, -e AB 6

spielen + AKK 2, 16, 21, 26, 27, 34, 35, 38

Spieler der, - 143

Spielerin die, -nen 143

Spielerparadies das, -e 104

Spielfeld das, -er 143

Spielfigur die, -en 71

Spielgruppe die, -n AB 28

Spielkasino das, -s 106, 108

Spielplatz der, ⁻e 84

Spielregel die, -n 71, 143

Spielsachen die (Plural) 47

Spielzeugauto das, -s 43, 88

Spinat der (nur Singular) 128

Spirituosen die (Plural) AB 64

spontan 80, AB 118, AB 148

Sport der (nur Singular) 60, 62, 104, 116, 119, AB 69

Sportabteilung die, -en 42

Sportangebot das, -e AB 118

sportbegeistert 80, 81

Sportbekleidung die (nur Singular) 36

Sportgerät das, -e 36, 94

Sportler der, - AB 137

sportlich 80

Sportrad das, ⁻er 36

Sprachbuch das, ⁻er AB 131

Sprache die, -n 12, 14, 19, 27, 72, 76

Sprachschule die, -n AB 104

sprechen du sprichst, sie/er spricht sprach hat gesprochen 1, 3, 6, 9, 11, 13 sprechen + über AKK   6, 17

sprechen: Deutsch sprechen   12, 14

Sprecher der, -   148

Sprechstunde die, -n   AB 129

Spruch der, ⸚e   AB 156

spülen   84

Spülmaschine die, -n   40

spüren + AKK   AB 100

Staatsangehörigkeit die, -en   18, 27, 28

Stadt die, ⸚e   6, 15, 27, 60, 93, 105, 106, 107

Stadtbesichtigung die, -en   113

Stadtbummel der, -   105, 113

Städtereise die, -n   103

Stadtgespräch das, -e   113

Stadtrundfahrt die, -en   103, 105, 106, 116

Stadtrundgang der, ⸚e   113

Stadtschloss das, ⸚er   113

Stadtstaat der, -en   111

Stadtzentrum das, Stadtzentren   112

Stahl der (nur Singular)   111

Stammbaum der, ⸚e   78, 79

stammen + DIR   AB 148

Stammkneipe die, -n   AB 69

Stammkunde der, -n   AB 118

Stammtisch der, -e   80

Standard der, -s   35

ständig   80, 84, 148

Standrücklicht das, -er   40

stark   39, 111, 119, 130

Stärke die, -n   80

Start der, -s   AB 69

starten du startest, sie/es startet   AB 11

Station die, -en   106, 113

Statistik die, -en   35, 123

statt   123, 145

stattfinden sie/er/es findet statt fand statt hat stattgefunden   145

staubsaugen   83

Staubsauger der, -   35, 37

Std. = Stunde die, -n   113

Steak das, -s   127, AB 64

Steckbrief der, -e   78, 79

stehen + SIT stand hat gestanden   4, 8, 12, 20, 21, 33, 44, 46, 123, 148

stehen lassen + AKK   86

Stehlampe die, -n   20, 31, 32, 33, 37, 72

steigen stieg ist gestiegen   AB 11

steigern + AKK   122

Stelle die, -n   AB 77

stellen + AKK + DIR   4, 47, 145

Stellenanzeige die, -n   AB 46

Stereoanlage die, -n   35, 37, 42

stets   AB 159

Stewardess die, -en   87, 90

Stichwort das, ⸚er   133

Stil der, -e   AB 155

still   46, 89, 96

Stille die (nur Singular)   AB 140

Stimme die, -n   46

stimmen   35, 55, 56, 83, 130

stimmhaft   AB 98, AB 128

stimmlos   AB 98, AB 128, AB 129

Stimmton der, ⸚e   AB 143, AB 157

stinken + DAT stank hat gestunken   86

Stock der, Stockwerke   36, 38, 42, 84

Stoff der, -e   74

stören + AKK   100

strahlend   132, 134, 142

Strand der, ⸚e   104, 105, 106

Strandhotel das, -s   103

Straße die, -n   18, 129, 141

Straßenbahn die, -en   113

Straßenmarkierung die, -en   140

streichen + AKK strich hat gestrichen   68

Streit der (nur Singular)   46, 92, 93, 95, 102, 144

streiten du streitest, sie/er/es streitet stritt hat gestritten   89

streng   AB 92, AB 109

Stress der (nur Singular)   57, 58, 65, 130

Strophe die, -n   11, 39, 51, 86

Stück das, -e   25, 26, 54, 56, 121, 128, 130

Student der, -en   24, 91, 92, 102, 138

Studentenwohnheim das, -e   91

Studentin die, -nen   91, 96, 100

studieren hat studiert   59, 70, 91, 93, 100, 113

Studium das, Studien   80, 81, 92

Stufe die, -n   80, 90

Stuhl der, ⸚e   30, 31, 32, 33, 34, 37, 39, 42

Stunde die, -n   40, 84, 105, 106, 114, 129, 147, AB 11, AB 28

stundenlang   89

stündlich   AB 134

Suaheli (das)   12

Subjekt das, -e   21, 33, 73, 93, 124

Suche die (nur Singular)   80

suchen + AKK   4, 23, 29, 31, 33, 34, 36, 38

Südamerika (das)   5

Süden der (nur Singular)   111

Süditalien (das)   AB 131

südöstlich   AB 124, AB 125

Südwesten der (nur Singular)   116

Suite die, -n   AB 140

summen + AKK   43

super   32, 34, 39, 40, 63, 80, 89, 95, AB 6

Super-Schnell-Deutsch-Lern-Gerät das, -e   76

super-günstig   AB 118

Superlativ-Form die, -en   122

Superlativ der, -e   122, 130

Supermarkt der, ⸚e   43, 45, 46, 47, 50, 51, 86, AB 46

Suppe die, -n   25, 26, 28, 127, 128

surfen   103

Surfkurs der, -e   103, 104

süß   127, 128

Süßigkeit die, -en   44, 45, 46, 47, 54, 56, 96

Süßwaren die (Plural)   49

Symbol das, -e   60, 74, 132

symbolisieren + AKK hat symbolisiert   132

sympathisch   122, 136

Symptom das, -e   AB 134

System das, -e   27

Systemmöbel das, -   AB 36

Szene die, -n   AB 79

T

T-Shirt das, -s   135, 136, 139, 142

Tabelle die, -n   6, 17, 22, 23, 28, 30, 47, 68

Tablette die, -n   119

Tabu das, -s   141, 144

Tabu-Farbe die, -n   AB 159

Tafel die, -n   AB 76

Tag der, -e   1, 2, 3, 11, 14, 20, 26, 27

Tagesablauf der (nur Singular)   AB 104

Tagesfahrt die, -en   105, 106

Tagesflug der, ⸚e   105

Tageskalender der, -   60

Trend der, -s   91, 92
trennbar   85, 90, 107, 108, 116
trennen + AKK + von DAT   85
Treppe die, -n   AB 100
Tresen der, -   AB 159
Treue die (nur Singular)   132
trinken + AKK trank hat
   getrunken   20, 21, 25, 26, 28,
   54, 56, 76
Trip der, -s   114
trocken   123, 127
Tropfen der, -   119
trotzdem   80
Tschechien (das)   AB 117
tschechisch   AB 124
tschüs   14, 84, 90, 130
Tube die, -n   115
Tuberkulose die (nur Singular)   AB
   134
tun + AKK + DIR   107
tun + nichts   104
Tunesien (das)   AB 150
Tür die, -en   14, 84, 94
Turban der, -e   AB 150
türkis   AB 153, AB 1593
Türkisch (das)   12, 27
Turm der, -̈e   113
Turngemeinde die, -n   AB 28
Turnhalle die, -n   AB 28
Turnier das, -e   AB 92
Turnschuh der, -e   AB 155
Tut mir Leid   26, 28, 34, 38, 42, 50,
   53, 55
Tüte die, -n   47, 52, 56
TV (das) (= Fernsehen)   36
Twen der, -s   92
Typ der, -en   131, 134, 138, 142
typisch   112, 127, 129, 139, 144

U

U-Bahn-Station die, -en   138
u. a. = unter anderem   105
üben   5, 6, 11, 12, 13, 29, 38, 39
über   6, 17, 19, 25, 30, 34, 35, 39
überall   6, 17, 19, 25, 30, 34, 35, 39
Überblick der (nur Singular)   120
überfüllt   AB 159
Übergewicht das (nur Singular)
   118
übergießen   AB 144
überhaupt   89, 100, AB 68
Überhose die, -n   AB 159
überlegen   82, AB 133

übermorgen   AB 76
Übermut der (nur Singular)   16
übermütig   AB 156
Übern. = Übernachtung die, -en
   103
überprüfen + AKK überprüfte hat
   überprüft   17
überraschen + AKK + mit DAT
   AB 154, AB 159
Überraschung die, -en   AB 113
Überraschungsei das, -er   43, 44,
   46, 56
Überraschungseier-Börse die, -n
   62
überreden + AKK   AB 130
Überschrift die, -en   91, 115
Übersicht die, -en   74, AB 63
übertreiben + es + mit DAT   AB
   155
übertrieben = Partizip Perfekt von
   „übertreiben"   113
üblich   106
übrigens   AB 92
Übung die, -en   23, 74, 75, 147
Uhr die, -en   14, 58, 61, 62, 67,
   69, 70, 73
Uhrzeit die, -en   61, 62, 67, 70, 74
um   47, 55, 58, 61, 62, 63, 67, 68
umfassen + AKK du umfasst,
   sie/er/es umfasst umfasste hat
   umfasst   AB 32
Umfrage die, -n   AB 105
Umgangssprache die (nur Singular)
   100
Umgebung die, -en   AB 46
umgehen + QUA + mit DAT   AB
   138
Umlaut der, -e   16
Umsatz der, -̈e   30
umsteigen stieg um ist
   umgestiegen   113
umstellen + AKK   119
umziehen   AB 121, AB 122
Umzug der, -̈e   68
unabhängig   92, 93
Unabhängigkeit die (nur Singular)
   92
unbedingt   67, 121, 134
unbegrenzt   AB 159
unbequem   AB 76
unberechenbar   AB 159
unbestimmt   137
unbestimmt: unbestimmter Artikel
   23, 28, 42

Unbewusste das (nur Singular)   132
und   1, 2, 3, 4, 5, 6, 7, 8, 9, 10
Understatement das, -s   AB 154
unerträglich   AB 122
Unfall der, -̈e   113
unfreundlich   17
ungebeten   AB 122
ungebunden   80
Ungeduld die (nur Singular)   AB
   156
ungeduldig   AB 156
ungefähr   125
ungenügend   AB 155
ungern   AB 155
ungesund   127, 131
unglaublich   AB 145
Universität die, -en   129
Universitätsabschluss der, -̈e   92
unmöglich   AB 79
unpünktlich   105
unmusikalisch   AB 100
unnormal   AB 138
Unordnung die (nur Singular)   AB
   105, AB 109
unregelmäßig   107, 116, 122
uns   33, 34, 44, 45, 46, 56, 60, 68,
   AB 28
unser   39, 45, 46, 47, 77, 80, 81, 90
Unsinn der (nur Singular)   AB 76
unten   23, 46, 50, 51, 53, 58, 63
unter   87, 88, 90, AB 63
unterbrechen + AKK   AB 100
untereinander   AB 154
untergehen   AB 159
Untergeschoss das, -e   36, 38
Unterkiefer der, -   AB 114
Unterlagen (die) (Plural)   136
Untermiete die (nur Singular)   93
Unternehmen das, -   30
Unternehmensberatung die, -en
   AB 155
unternehmungslustig
Unterricht der (nur Singular)   80,
   89, 99, 103, 129, 140, 147
unterrichten + AKK   AB 159
unterscheiden + sich + in DAT du
   unterscheidest, sie/er/es
   unterscheidet unterschied hat
   unterschieden   121
Unterschied der, -e   145
unterschiedlich   AB 63
unterschreiben + AKK
   unterschrieb hat unterschrieben
   AB 77

verstanden = Partizip Perfekt von „verstehen" 113, 115

verständlich AB 156

Verstärker der, - AB 127

Versteck das, -e 88

verstecken + AKK versteckte hat versteckt 88

verstehen + AKK verstand hat verstanden 49, 85, 91, 100, 114, 115, 133

verstellbar 31

versuchen + zu + Infinitiv versuchte hat versucht 84, 85

verteilen + AKK AB 94, AB 144

Vertrag der, -äe AB 142

Vertretung die, -en AB 69

Verwandte die oder der, -n (ein Verwandter) 77, 93

Verwandtschaft die, -en AB 104

verwöhnen + AKK + mit DAT AB 95

Verzeihung die (nur Singular) 51, 53, 61

verzichten + auf AKK du verzichtest, sie/er/es verzichtet verzichtete hat verzichtet 92

verzweifelt AB 76

Video das, -s 36

Videogerät das, -e AB 46

viel 6, 16, 20, 21, 29, 30, 31, 33

viele 80, 85, 90, 92, 93, 94, 95, 100

Vielen Dank! 16, 38, 41, 49, 51, 52, 54, 56

vielleicht 17, 20, 22, 24, 26, 28, 29, 30

vier 9, 14, 69, 71

viermal 65

Viertel das, - 35, 42, 56, 61, 70, 105

Vietnam (das) 5

Vietnamesisch (das) 12

violett 80, 132, 140

Violett-Typ der, -en AB 159

Viskose die (nur Singular) 135

Vogel der, ᵸ 80

Vokabel die, -n AB 141

Vokabelheft das, -e 20

Vokal der, -e 43, 74

Vokalwechsel der, - 68, 84

Volksfest das, -e 112

Volksgruppe die, -n AB 148

Volkshochschule die, -n 54, 59

Volksmund der (nur Singular) 111

voll 126, 134, 141, 142

Volleyball der (nur Singular) 54, AB 28

Volleyball-Techniken die (Plural) AB 28

völlig 106, 116, AB 79

Vollkornbrot das, -e AB 64

vollständig 136

vollwertig 120

vom 21, 60, 67, 68, 70

von 3, 4, 6, 7, 8, 10, 14, 15, 16

vor 4, 35, 46, 47, 53, 61, 66, 70

vor 3 Jahren 108

vor allem 92, 95, 120, 132

vorbei 28, 69, 76, 115, 125, AB 28

vorbeilaufen + SIT läufst vorbei, läuft vorbei lief vorbei ist vorbeigelaufen AB 100

vorbeikommen + SIT kam vorbei ist vorbeigekommen 67, 115, 125

vorbeischauen + SIT AB 103, AB 118

vorbereiten + AKK du bereitest vor, sie/er/es bereitet vor bereitete vor hat vorbereitet 84, 85

Vorbild das, -er AB 155

Vordergrund der (nur Singular) AB 150

Vorführung die, -en 105

vorgehen + drei Felder ging vor ist vorgegangen 71

Vorhang der, ᵸe AB 159

vorher 101, AB 77

vorlesen + DAT + AKK du liest vor, sie/er/es liest vor las vor hat vorgelesen 84, 85, 143

Vorliebe die, -n AB 148

Vormarsch der (nur Singular) 35

Vormittag der, -e 62, 67, 99

Vorname der, -n 3, 6, 10, 16, 24, 27, 73

vorne 33, 34, 36, 38, 50, 51, 74, 84, 87

Vorschau die (nur Singular) 60

Vorschlag der, ᵸe 64

Vorschule die (nur Singular) 84, 90

Vorsicht die (nur Singular) AB 103, AB 138, AB 156

vorsichtig AB 154, AB 156

Vorsilbe die, -n 85, 107, 108, 113, 144, 145

Vorspeise die, -n 127

vorspielen + AKK 146

vorstellen + DAT + AKK 79, 80, 85, AB 63

vorstellen (sich etwas) 106

Vorstellung die, -en 59, 68, 106

Vorteil der, -e 58

Vorwahl die, -en 27, AB 6

Vorzugsmilch die (nur Singular) AB 64

VWL-Studium das (nur Singular) 80

W

waagerecht AB 125, AB 147

wach 84, 107

Wachstum das (nur Singular) 132

Wagen der, - 102

Wahl die (nur Singular) 120

wählen + AKK 11, 21, 39, 65, 78, 101, 147

wahr 62

Wahrheit die, -en 138

wahrscheinlich AB 136

Währung die, -en 29, 30

W-Frage die, -n 4, 8, 14

Wahrzeichen das, - 111, 112

Wald der, ᵸer 111

Waldhonig der (nur Singular) AB 64

Walnussöl das (nur Singular) 52, 56

Wand die, ᵸe 141

wandern AB 115

Wanderung die, -en 103, 137

wann 18, 28, 62, 66, 67, 68, 70, 73

Wanze die, -n 148

war 84, 87, 90, 92, 95, 96, 98, 99

wäre 125

warm 127, 131, 132, 134, 142

Wärme die (nur Singular) 131

Warnung die, -en AB 138

warten + auf AKK du wartest, sie/er wartet wartete hat gewartet 45, 46, 47, 67, 106, 107, 114, 116

warum 33, 47, 58, 82, 92, 93, 95, 98

Warum-Frage die, -n 102

was 3, 4, 6, 7, 8, 9, 10, 13, 14

Waschbecken das, - 87, 90

Wäsche die (nur Singular) 83, 84, 86

Wäscheberg der, -e AB 95

Wohnsituation die (nur Singular)
AB 106

Wohnstudio das, -s   62

Wohnung die, -en   19, 20, 21, 24,
28, 39, 41, 68

2-Zimmerwohnung die, -en   91

Wohnungstür die, -en   17, 20, 21

Wohnwagen der, -   35, 37, 42

Wohnzimmer das, -   20, 21

wollen ich will, du willst, sie/er will
wollte 63, 64, 68, 69, 70, 92, 95,
96, AB 63

Wollteppich der, -e   31, 36

Wort das, ¨er   12, 27, 37, 43, 46,
47, 54, 72

*Wortakzent der, -e   22, 43, 85,
108, 113*

Wörterbuch das, ¨er   12, 54, 56,
64, 88, 107, 147

Wortkarte die, -n   AB 102, AB
134, AB 151

Wortliste die, -n   12, 22, 38, 74,
107, 147

*Wortschatzarbeit die (nur Singular)
AB 104*

*Wunder das, -   AB 124, AB 134,
AB 148*

wunderbar   16, 113, 114

wunderschön   111

wundervoll   39

Wunsch der, ¨e   52, 56, 64

wünschen + DAT + AKK   AB 95,
AB 103, AB 152

wünschen: Sie wünschen?   52

wurde = Präteritum von „werden"
95, 96, 102, 121, 130

Würfel der, -   71

Würfelzucker der, -   121, 130

Wurfholz das, ¨er   94

Wurst die, ¨e   56, 119, 126

Würstchen das, -   25, 26, 50, 54,
124, 127

Wurstwaren die (Plural)   49

wütend   140

X

x-mal   27

Y

Yuppie der, -s   138, 139, 142

Z

z. B. = zum Beispiel   85, 111, 143

Zahl die, -en   9, 14, 22, 73, 74

Zahlenangaben die (Plural)   42

zahlreich   111

Zahn der, ¨e   115

Zahnarzt der, ¨e   99

Zahnpasta die, Zahnpasten   115

Zank der (nur Singular)   AB 140

zart   AB 150, AB 148

zartgeräuchert   AB 64

ZDF das   111

zehn   9, 14, 66, 70

Zehnmarkschein der, -e   88

Zeichen das, -   111, 112

auszeichnen + AKK du zeichnest
aus, sie/er/es zeichnet aus
zeichnete aus hat ausgezeichnet
136

Zeichnung die, -en   141

Zeigefinger der, -   AB 114

zeigen + DAT + AKK   80, 84,
115, 136, 137, 142

Zeile die, -n   10, 24, 41, 53, 65,
76, 89, 100

Zeit die, -en   6, 40, 42, 45, 52, 57,
58, 62

Zeitangabe die, -n   67, 70

Zeitform die, -en   106

zeitlich   124, 125

zeitlos   AB 36

Zeitschrift die, -en   36, 88

Zeitschriftenverlag der, -e   111

Zeitung die, -en   36, 37, 50, 59,
70, 111

Zeitungsanzeige die, -n   AB 108

Zeitungsausschnitt der, -e   AB 100

Zeitungsbericht der, -e   111

zentral   AB 11

Zentrale die, -n   111

Zentrum das, Zentren   27, 111,
AB 11

Zeppelin der, -e   16, 27

Zettel der, -   5, 20, 21, 45, 55

Zeug das (nur Singular)   115

ziegelrot   AB 150

ziehen + die Aufmerksamkeit auf
AKK zog hat gezogen   132

Ziel das, -e   73, AB 63

ziemlich   91, 109, 116

Zigarette die, -n   12, 43, 44, 50,
96

Zimmer das, -   68, 91, 95, 98

2-Zimmerwohnung die, -en   91

Zitat das, -e   AB 138

zögern   80, 92

Zoll der   40

Zoo der, -s   60

zu   6, 11, 12, 13, 17, 20, 21, 22

zu Besuch   17, 20

zu dritt   78, 80, 88, 100, 107, 109,
137

zu Hause   84

zu wenig   55

zu zweit   6, 11, 12, 13, 29, 38, 39,
40

*zubereiten + AKK   84 AB 95, AB
96, AB 144*

Zucker der (nur Singular)   20, 21,
28, 50

zudecken + AKK   AB 144

zuerst   38, 52, 53, 87, 93, 143

zufällig   AB 159

zufrieden   47

Zug der, ¨e   116, 129

zugleich   132, AB 11

zuhören + DAT   80, 84, 85, 86,
90, 92

Zukunft die (nur Singular)   80, 82,
90, 92, 140, 146, AB 11

*Zukunftspläne (der) (Plural)   AB
92, AB 102*

*zum (= zu dem)   4, 17, 20, 21, 23,
28, 31, 44*

zunächst   AB 159

zunehmen du nimmst zu, sie/er/es
nimmt zu nahm zu hat
zugenommen   124

Zungenbrecher der, -   AB 158

zuordnen   AB 148

*zur (= zu der)   52, 60, 62, 68, 70,
72, 74*

zurück   84, 87, 90, 92, 95, 100, 102

zurückbringen + AKK   brachte
zurück, hat zurückgebracht   AB
95

zurückfahren + DIR du fährst
zurück, sie/er/es fährt zurück
fuhr zurück ist zurückgefahren
106, 115

zurückfliegen + DIR flog zurück
ist zurückgeflogen   94, 114

zurückgeben + DAT + AKK du
gibst zurück, sie/er/es gibt zurück
gab zurück hat zurückgegeben
44, 49, 56

zurückgeflogen = Partizip Perfekt
von „zurückfliegen"   114

zurückgehen + DIR ging zurück
ist zurückgegangen   71, 87

zurückhaltend   80

Buchstaben und ihre Laute

Vokale

einfache Vokale:
Der Ton macht die Musik

a	[a]	dann, Stadt
a, aa, ah	[aː]	Name, Paar, Fahrer
e	[ɛ]	setzen, Geste
	[ə]	setzen, Geste
e, ee, eh	[eː]	den, Tee, nehmen
i	[ɪ]	Bild, ist, bitte
i, ie, ih	[iː]	mir, Spiel, ihr
o	[ɔ]	doch, von
o, oo ,oh	[oː]	Cola, Zoo, wohnen
u	[ʊ]	Gruppe, hundert
u, uh	[uː]	gut, Stuhl
y	[y]	Gymnastik
	[yː]	Typ

Umlaute

ä	[ɛ]	Gäste
ä, äh	[ɛː]	spät, wählen
ö	[œ]	Töpfe, zwölf
ö, öh	[øː]	schön, fröhlich
ü	[y]	Stück, Erdnüsse
ü, üh	[yː]	Tür, Stühle

Diphthonge

ei, ai	[ai]	Weißwein, Mai
eu, äu	[ɔy]	teuer, Häuser
au	[aʊ]	Kaufhaus, laut

Vokale in Wörtern aus anderen Sprachen

ant	[ã]	Restaurant
ai, ait	[ɛː]	Portrait, Saison
ain	[ɛ̃]	Refrain
au	[o]	Restaurant
äu	[ɛːʊ]	Jubiläum
ea	[iː]	Team
ee	[iː]	Darjeeling
eu	[eːʊ]	Museum
	[øː]	Friseur
ig	[aɪ]	Design
iew	[juː]	Interview
on	[õ]	Saison
oa	[oʊ]	Toaster
oo	[uː]	cool
ou	[aʊ]	Couch
u	[ʌ]	Curry, Punk, Puzzle

Konsonanten

einfache Konsonanten

*b, bb	[b]	schreiben, Hobby
*d	[d]	einladen
f, ff	[f]	Freundin, Koffer
*g	[g]	Wagen
h	[h]	Haushalt
j	[j]	Jahr
k, ck	[k]	Küche, Zucker
l, ll	[l]	Telefon, alle
m, mm	[m]	Lampe, Kaugummi
**n, nn	[n]	Mantel, kennen
**p, pp	[p]	Papiere, Suppe
qu	[kv]	Qualität
*r, rr, rh	[r]	Büro, Gitarre, Rhythmus
**s, ss	[s]	Eis, Adresse
	[z]	Sofa, Gläser
ß	[s]	heißen
t, tt, th	[t]	Titel, Mittag, Methode
v	[f]	verheiratet, vielleicht
	[v]	Varieté, Verb, Video
w	[v]	Wasser
x	[ks]	Infobox
z	[ts]	Zettel

*am Wortende / am Silbenende

-b	[p]	Urlaub
-d, -dt	[t]	Fahrrad, Stadt
-g	[k]	Dialog
nach -ig-	[ç]	günstig, ledig
-r	[ɐ]	Mutter

**Konsonanten mit Varianten

ch	[ç]	nicht wichtig
	[x]	Besuch
	[k]	Chaos, sechs
	[ʃ]	Chef
ng	[ŋ]	langsam
ph	[f]	Alphabet
sch	[ʃ]	Tisch
st *am Silben- anfang*	[ʃt]	stehen, verstehen
sp *am Silben- anfang*	[ʃp]	sprechen, versprechen
-t- *vor* ion	[ts]	Spedition

Die Hörtexte zum Arbeitsbuch befinden sich im Einleger zu den Cassetten und CDs.

3/1 Lektion 7 A1

Annika	Warte mal, ... ich suche erst mal ein Foto, wo wir alle drauf sind. Ja, hier ... das ist also meine Familie. Vorne sitzen meine Mutter und meine Oma Beate, also die Mutter von meiner Mutter.
Sandra	Und da hinten rechts, das bist du.
Annika	Ja, und neben mir mein Vater, dann meine ältere Schwester Sibylle, sie ist 29, und meine jüngere Schwester Johanna, die ist jetzt 19.
Sandra	Und da ganz links, ist das deine jüngste Schwester?
Annika	Oh, wenn das Justus hören würde! Der wäre ganz schön sauer. Nein, das ist mein kleiner Bruder.
Sandra	Oh, das tut mir Leid, aber man sieht auch nicht so viel. Ähm... Was ist denn das für eine Uniform?
Annika	Das ist eine Feuerwehr-Uniform. Justus ist bei der Freiwilligen Feuerwehr.
Sandra	Ah ja. Wie alt ist denn dein Bruder?
Annika	15. Aber das Bild ist gut zwei Jahre alt. ... Da kann man ihn schon für ein Mädchen halten.
Sandra	Wie ist er denn auf die Idee gekommen zur Feuerwehr zu gehen? Ist dein Vater etwa auch bei der Feuerwehr?
Annika	Ach, woher: Nein. Mein Vater ist Ingenieur. Ich weiß auch nicht so genau, wieso Justus die Feuerwehr so gut findet. Schon als Kind war er ganz scharf auf Feuerwehrautos – und das ist bis heute so geblieben.
Sandra	Hmmh. Deine Familie sieht wirklich sympathisch aus!
Annika	Ja, ich verstehe mich auch gut mit allen. Es ist nur schade, dass wir uns so selten sehen. Jaa ... und hier sind wir beim Kartenspielen im Garten: meine Eltern, Sibylle und ich. Sibylle lebt seit drei Jahren in Boston. Sie hat einen Amerikaner geheiratet ... Meinen Schwager Harry ... den siehst du leider nicht auf dem Bild. Sibylle besucht uns manchmal auch allein, wenn Harry arbeiten muss und keinen Urlaub bekommt. Jetzt wird es ganz kompliziert mit dem Besuchen, weil Sibylle ein Baby hat. Mein Neffe ist gerade mal einen Monat alt. Nur meine Mutter war in Boston, wir anderen kennen Sven, so heißt mein Neffe, noch gar nicht. Ich habe noch nicht mal ein Foto hier!
Sandra	Das ist aber schade.
Annika	Ja, ... ich würde ja gerne mal nach Boston fliegen, aber ... Ich habe mein Praktikum hier in Berlin gerade erst angefangen, da kann ich doch nicht sagen, so Leute, ich bin jetzt Tante und muss mal für zwei, drei Wochen nach Amerika und mir meinen Neffen anschauen ... Das geht nicht. Ich muss wohl bis Weihnachten warten, dann sehen wir uns hoffentlich alle bei meinen Eltern.
Sandra	Ja, das ist ganz schön kompliziert, wenn die Familie so auf der ganzen Welt verstreut ist. Das hier ist aber ein schönes Bild. Da sehen deine Eltern so richtig zufrieden und glücklich aus.
Annika	Ja, das sind sie auch.

Sandra	Wie alt sind deine Eltern?
Annika	Mein Vater ist 59, und meine Mutter ist drei Jahre jünger. Aber sie sind beide sehr aktiv: Mein Vater arbeitet jede freie Minute im Garten, und meine Mutter ist begeisterte Radfahrerin: Sie ist im Verein und organisiert Radtouren, und sie fährt jeden Tag mit dem Rad zur Arbeit – sogar im Winter ... Schau mal, hier ... da siehst du meine Mutter bei der Arbeit. Sie ist Bürgermeisterin in Pullach.
Sandra	Bürgermeisterin? Das ist ja toll. Wo ist Pullach?
Annika	In der Nähe von München. Da wohnen meine Eltern.
Sandra	Und was macht deine Mutter hier?
Annika	Das ist eine Kinderbefragung. Alle Kinder dürfen einmal im Monat ihre Ideen und ihre Kritik vortragen.
Sandra	So was gibt es hier in Berlin aber nicht. Mich hat nie jemand gefragt, als ich klein war. Das ist ja richtig basisdemokratisch.
Annika	Ja, so ist das bei uns in Pullach. Schau mal, hier sind wir im Hobbyraum und machen Hausmusik. Wir spielen oft zusammen, wenn Sibylle und ich in Pullach sind.
Sandra	Was? Du spielst Klarinette? Das ist ja toll. Da musst du mir unbedingt mal was vorspielen. Huch, hast du etwa noch zwei Brüder? Oder wer sitzt da am Computer?
Annika	Erkennst du meinen Bruder nicht wieder? Hier links, das ist doch Justus – der mit der Feuerwehr-Uniform – und neben ihm sein Schulfreund, Peter.
Sandra	Und wie alt ist Justus da?
Annika	15. Das Bild ist ganz aktuell. Und er sitzt ständig am Computer ... er hat sogar schon seine eigene Homepage.
Sandra	Aha. Oh, ich wusste noch gar nicht, dass du Ski fährst.
Annika	Na hör mal! Das bin doch nicht ich, das ist Johanna.
Sandra	Na ja, in so einem Ski-Anzug ...
Annika	Johanna liebt alles, was mit Wasser zu tun hat: Schwimmen, Tauchen, Surfen – und im Winter halt Ski fahren. ... Sie ist jetzt seit ein paar Monaten in Kanada, hat auch schon einen Freund da ... Soll ich noch mal einen Tee machen?
Sandra	Ja, gern. ... Was macht sie denn in Kanada?
Annika	Sie studiert Sprachen, in Montreal. Später will sie mal irgendwas mit Sprachen bei der EU machen – und da ist ein Studium in Kanada natürlich ideal.

3/2 Lektion 7 C6

3/3 Lektion 7 C6

1
<u>ein</u>kaufen   <u>ab</u>holen   <u>aus</u>packen   <u>zu</u>hören   <u>auf</u>passen
<u>an</u>fangen   <u>aus</u>sehen   <u>vor</u>stellen   <u>auf</u>räumen

2
be<u>sor</u>gen   be<u>stel</u>len   ver<u>brau</u>chen   er<u>zäh</u>len   er<u>gän</u>zen
ver<u>ste</u>hen   ver<u>ges</u>sen   be<u>gin</u>nen   er<u>öff</u>nen

Haushalts-Blues

Der Wecker klingelt, es ist gleich sechs,
ich muss raus – du bleibst liegen im Bett.
Ich hol' die Brötchen. Jetzt steh' endlich auf!
Der Kaffee kocht – ja, was denn noch?
Wie hättest du's denn gern?
Was darf's denn sonst noch sein?

Ich mach' die Betten, ich räum' alles auf,
ich saug' die Wohnung, leer' den Mülleimer aus,
ich putz' die Fenster, das Bad und das Klo
und deine Wäsche wasch' ich sowieso.
Wie hättest du's denn gern?
Was darf's denn sonst noch sein?

Ich backe Kuchen, ich wasche ab.
Ich hasse Bügeln – und mach's doch jeden Tag.
Dann kauf' ich schnell noch im Supermarkt ein,
ich koch' das Essen – das muss pünktlich fertig sein.
Wie hättest du's denn gern?
Was darf's denn sonst noch sein?

Du hörst mir nie zu. Okay – Ich lass dich in Ruh'.
Mir stinkt schon lange, was ich Tag für Tag hier tu'.
Ich lass alles liegen und lass' alles steh'n.
Ich hab' es satt – ich hau' jetzt ab!
Wie hättest du's denn gern?
Was darf's denn sonst noch sein?

Ich hab' es satt ! Ich hau' jetzt ab! ...

■ Was, du?? Du hast dieses Spiel?
● Ja, warum denn nicht? Glaubst du vielleicht, das macht nur Jungs wie dir Spaß?
■ Ja … nein … na ja, find' ich jedenfalls witzig, dass du so was spielst.
● So? Also ich find's gut. Aber jetzt sag mal, wie kann ich denn … ach so, kennst du das Spiel überhaupt?
■ Ja ja, ich hab's auch. Schon lange.
● Sehr gut, dann kannst du mir sicher helfen. Ich bin gerade im Flugzeug, und da möchte ich ein bisschen herumsuchen. Aber die Stewardess lässt mich nicht. Ich soll immer gleich auf meinen Platz zurückgehen.
■ Ah ja, richtig. Aber du darfst auf die Toilette gehen, die ist ganz hinten im Flugzeug. Und auf der Toilette nimmst du das Klopapier, das liegt, glaub' ich, auf dem Fußboden, und das legst du ins Waschbecken und machst den Wasserhahn auf.
● Warum denn das?
■ Dann läuft das Wasser auf den Fußboden, und die Stewardess muss aufwischen.
● Und dann kann ich im Flugzeug herumgehen?
■ Nein, dafür reicht die Zeit nicht. Aber du kannst in die Küche gehen. Die ist ganz vorne am Eingang. In der Küche legst du dann das Ei in die Mikrowelle und schaltest ein.
● Das Ei? Welches Ei denn?
■ Hast du das Ei nicht? Also, ohne Ei kommst du nicht weiter.
● Aber ich hab' kein Ei!
■ Pass auf, das Ei findest du in der Wohnung. Du weißt schon, ganz am Anfang. Das liegt dort im Kühlschrank, im Gemüsefach, hinter den Äpfeln. Also, ich denke, du musst noch einmal in die Wohnung.
● Gut. Ich gehe noch einmal zurück in die Wohnung, schaue in den Kühlschrank und hole das Ei. Aber was soll das Ei in der Mikrowelle?

■ Ganz einfach. Das Ei explodiert natürlich, und das gibt eine Riesenschweinerei. Also muss die Stewardess in der Küche bleiben und aufräumen. Und du kannst im Flugzeug herumgehen und schauen, was du so findest.
● Ah! Genial!
■ Und schau auch unter die Sitze in den ersten Reihen. Irgendwo unter den Sitzen liegt ein Feuerzeug, das brauchst du später.
● Danke, Marco. Du bist ein Schatz! So, dann fang ich jetzt noch einmal an und hol mir das Ei.
■ Sag mal, warst du eigentlich schon auf dem Dach? In der Wohnung, meine ich.
● Auf dem Dach? Nein. Kann man auch aufs Dach gehen?
■ O–o! Ich sehe schon, du musst noch viel lernen! Na, dann weiter viel Spaß!
● Was ist denn mit dem Dach? Komm, sag's schon!
■ Nein, nein, das musst du schon selbst herausfinden. Versuch's halt.
● Na schön. Aber wenn ich bis morgen den Weg aufs Dach nicht gefunden habe, dann ruf ich dich noch mal an.
■ Ja klar, mach nur.

Vera	… ja, ich habe schon ein volles Programm. Montag und Donnerstag Deutschkurs, mittwochs Volleyball, am Wochenende Kino oder Disko …
Christine	Möchtest du noch einen Kaffee?
Vera	Ja, gern … Danke! Sag mal: Hier da auf dem Foto, bist du das – mit Simon?
Christine	Ja. Damals hatte ich noch lange Haare, und Simon, … der war gerade zwei Monate alt.
Vera	Warst du da in Amerika?
Christine	Ja, ich komme da gerade aus New York zurück. Das war vor zwei Jahren.
Vera	Urlaub in New York! Das wollte ich auch immer mal machen!
Christine	Nein, nein. Das war kein Urlaub. Ich war drei Jahre in New York. Ich war Sekretärin bei NIC.
Vera	Das ist ja toll! … Jaa, und warum wolltest du wieder nach Deutschland zurück?
Christine	Ach, das ist eine lange Geschichte. Eigentlich wollte ich ja in Amerika bleiben, aber mit Simon … da konnte ich ja nicht mehr arbeiten, und ohne Geld …
Vera	Hmhm … Ähm. … Sag mal, wer ist eigentlich der Vater von Simon?
Christine	Simons Vater? John … Ja, … also, das war so: Damals bei NIC, da hatte ich eine interessante Arbeit, … nette Kollegen … alles war einfach super. Ja, und John war auch ein Kollege. Er war ganz besonders nett … Naja, und dann wurde ich eben schwanger. Aber mit John … Ach, weißt du: Das konnte einfach nicht gut gehen.
Vera	Wieso? Wolltet ihr das Kind nicht haben?
Christine	Ich wollte das Kind schon haben, aber John wollte es nicht, weil: … John war verheiratet und hatte schon zwei Kinder.
Vera	Hmh … Und dann bist du zurück nach Deutschland?
Christine	Ja, es gab keine andere Möglichkeit. Allein mit dem Baby, keine Arbeit, kein Geld – das war vielleicht ein Chaos! … Ich musste alles allein organisieren: alle Papiere besorgen, die Wohnung kündigen, das Auto und die Möbel verkaufen … nachts konnte ich kaum mehr schlafen, Simon war ziemlich schwierig in den ersten Monaten.
Vera	Das war bestimmt eine schlimme Zeit für dich.
Christine	Willst du noch einen Kaffee?

Vera	Danke, ich habe noch. ... Und deine Eltern? Ich meine, du warst drei Jahre in den USA und plötzlich stehst du mit einem Baby vor der Tür und sagst: Hallo! Da bin ich! Da hattet ihr bestimmt viele Probleme, du und deine Eltern?
Christine	Natürlich hatten wir manchmal Streit, vor allem wegen Simon. Am Anfang durfte er fast gar nichts, weil: Meine Eltern mussten sich erst wieder an ein Kind im Haus gewöhnen.
Vera	Das kann ich mir vorstellen... Also, mein Vater ... ohje! ...
Christine	Aber jetzt funktioniert das eigentlich recht gut. Ich habe wieder mein altes Zimmer, und meine Mutter kümmert sich ganz toll um Simon. Sag mal, ... hast du eigentlich einen neuen Freund, oder bist du immer noch Single?
Vera	Einen Freund? Na ja, ich habe da neulich jemanden kennen gelernt ...

3/7–9   Lektion 8   C1

3/7   Dialog 1

● Bernd Sauer.

■ Guten Tag, Herr Sauer, hier Kummer und Co, Schade ist mein Name. Herr Sauer, es tut mir Leid, aber Ihr Auto ist noch nicht ganz fertig.

● Was? Aber es sollte doch schon gestern fertig sein!

■ Eigentlich schon, aber ... wir mussten noch ein paar Ersatzteile besorgen, und die konnten wir erst heute bekommen.

● So ein Mist! Ich wollte doch heute noch nach Essen fahren.

■ Es tut mir sehr Leid, aber Ihr Auto ... na ja, das ist schon fast ein Oldtimer. Wir konnten doch schon bei der letzten Reparatur etwas nicht mehr bekommen ...

● Ja, ich weiß, der Auspuff ...

■ Ja, genau. Sie wollten damals eventuell sogar einen neuen Wagen kaufen ...

● Einen neuen Wagen? Nein, so viel Geld habe ich nicht. Ich bin doch noch in der Ausbildung. – Bis wann soll das Auto denn jetzt fertig sein?

■ Sicher bis morgen Abend.

● Nein, also das ist zu spät! Bis morgen Mittag muss es unbedingt fertig sein. Am Nachmittag kann ich nicht mehr kommen, und am Wochenende brauche ich das Auto.

■ Aha ... Warten Sie einen Moment ... Ja, gut, bis morgen Mittag dann. Das geht. Und vielen Dank für Ihr Verständnis, Herr Sauer. Auf Wiederhören.

● Wiederhören. Neues Auto ... heiß' ich vielleicht Bill Gates?

3/8   Dialog 2

● Hallo, Inge! Hallo, Jochen! Ja was macht ihr denn hier? Wolltet ihr heute nicht nach Berlin fliegen?

■ Eigentlich schon, aber wir konnten keine Tickets mehr bekommen. Alle Berlinflüge waren total ausgebucht. Die hatten nicht mal genug Plätze für die Leute mit Tickets, ein paar mussten da bleiben – die waren ganz schön sauer.

● So ein Pech. Und wo wart ihr letzten Samstag? Die Party bei Barbara war ganz toll.

■ Wir mussten zu Hause bleiben. Anna war krank.

● Na, ihr habt ja wirklich Pech! Tschüs dann, ich muss weiter. Schönen Gruß an Anna – und gute Besserung!

3/9   Dialog 3

● Na endlich! Da bist du ja. Also Philipp, ich sitze hier und warte ... Jetzt ist es sieben Uhr. Du solltest doch schon um sechs wieder zu Hause sein. Wo warst du denn?

■ Bei Peter. Tut mir Leid, Mama, aber ich musste Peter noch bei den Hausaufgaben helfen. Und dann ... wir schreiben doch morgen eine Englischarbeit, da wollten wir noch ein bisschen üben.

● Und da konntest du nicht wenigstens anrufen? Ich bin ganz schön sauer! Ich sitze hier und mache mir Sorgen ... Jetzt aber schnell: Hände waschen und Abend essen. Eigentlich solltest du ja heute auch noch dein Zimmer aufräumen ...

3/10–11   Lektion 8   D1

3/10   Dialog 1

● Kommt ihr heut' mit ins Konzert? Im „Sinkkasten" spielt 'ne tolle Band.

■ Tut mir Leid, heut' kann ich nich'.

▼ Ich auch nich'.

● Schade. Warum nicht?

▼ Ich muss zu Hause bleiben und lern'n, weil: ... wir schreiben am Montag 'n Diktat .

■ Und ich muss mit meiner kleinen Schwester in die Disko geh'n, obwohl: ... ich hab' dazu überhaupt keine Lust. Aber sie darf abends nich' allein weg, da muss ich halt manchmal mit.

3/11   Dialog 2

● Wohnst du noch bei dein'n Eltern?

■ Nein, ich musst' auszieh'n, weil: ... ich studier' ja jetzt in Münster.

● Hastu da 'ne eig'ne Wohnung?

■ Ja, ich wohn' mit zwei ander'n Studentinnen zusammen.

● Und? Wie is' das in 'ner Wohngemeinschaft?

■ Ich find's ganz gut, obwohl: ... ich hab' manchmal Probleme mit dem Chaos in der Küche.

● Das kann ich gut versteh'n. Ich war auch mal in 'ner WG. Da war immer die Hölle los: Musik, Partys, dauernd fremde Leute in der Wohnung. Nach vier Monaten bin ich wieder zurück zu meinen Eltern, weil: ... ich wollt' einfach meine Ruhe haben.

■ Ach, die vielen Leute stör'n mich eigentlich nicht, obwohl: ... ich bin auch manchmal gern allein.

3/12   Lektion 8   E1

3/13   Lektion 9   B2

● Hallo, Inka! Na, wie war's?

■ Super! In zwölf Tagen um die Welt, das ist einfach Wahnsinn. Aber es war auch ganz schön anstrengend!

● Das glaub' ich.

■ Also, Freitagnachmittag sind wir doch von Frankfurt nach Bangkok geflogen. Da ging's schon los: Das Flugzeug hatte Verspätung, wir haben über eine Stunde in der Maschine gewartet. Na ja, dafür gab's freie Drinks. Und wir haben gleich sehr nette Leute kennen gelernt, so ein Ehepaar in unserem Alter, aus Hamburg, die saßen neben uns. Aber trotzdem: der Flug war ganz schön lang, und wir konnten einfach nicht richtig schlafen ...

● So geht mir das auch immer im Flugzeug.

■ Am Samstag früh waren wir dann endlich da und sind direkt ins Hotel gefahren. Ein super Hotel, ganz modern, mit allem Komfort. Der Ralf, mein Mann, der war so fertig, der ist im Hotel geblieben und hat ein paar Stunden geschlafen. Ich war auch ein bisschen müde, aber ich bin natürlich gleich in die Stadt gegangen und habe ein paar Souvenirs gekauft – es ist ja alles wirklich ganz billig da.

Und ein Leben in den Straßen, wie bei uns im Schlussverkauf.
● Hmhm.
■ Abends wollten wir dann den „Dinner Cruise" auf dem Chao Phaya machen, das ist so ein Fluss da, aber wir sind etwas zu spät gekommen, das Boot war schon weg. Ralf und Termine, das ist halt eine Katastrophe, der braucht immer Stunden, bis er fertig ist. Na ja, dann sind wir halt auf eigene Faust losgegangen und haben ein Restaurant gesucht, aber wir haben nichts Richtiges gefunden. Ohne Reiseleiter, das war irgendwie sehr schwierig. Schließlich haben wir ein Taxi genommen und sind ins Hotel zurückgefahren. Dort haben wir dann gegessen, aber es gab nur noch ein paar Snacks, und die waren ziemlich teuer. Na ja … Später haben wir dann noch unsere Bekannten aus dem Flugzeug getroffen, du weißt doch, dieses nette Paar aus Hamburg.
● Ja, ja. Du …
■ Die haben uns noch auf einen Drink in die Hotelbar eingeladen und uns von dem „Dinner Cruise" erzählt. Tja, das muss wirklich toll gewesen sein. Da haben wir was verpasst … ich war ziemlich sauer auf Ralf. Na ja, was soll's. Am nächsten Morgen haben wir dann eine Stadtrundfahrt gemacht und die Tempel besichtigt. Die sind ja wirklich schön, aber irgendwie … nach dem dritten Tempel sehen die alle gleich aus. Aber Kultur ist ja auch wichtig … . Beim Abendessen haben wir eine Vorstellung mit thailändischen Tänzen gesehen, also das war ganz fantastisch, die hatten alle so tolle Kostüme. Na ja, die Musik …
● Du, Inka, …
■ Wart' mal, es geht noch weiter. Am Montag früh sind wir dann nach Tokio geflogen. Da haben wir fast den ganzen Tag im Flugzeug gesessen, das war etwas langweilig. Und ich habe natürlich wieder Kopfschmerzen bekommen. Am Dienstag hat die Gruppe dann eine Tagesfahrt zum Hakone See gemacht, aber ich bin nicht mitgefahren. Schon wieder Tempel und so … Ich hatte immer noch Kopfschmerzen und habe bis Mittwoch im Bett gelegen. Mein Mann ist mitgefahren, aber er hat natürlich die Kamera vergessen … typisch Ralf – jetzt haben wir keine Dias von Hakone … na ja, und …
● Du Ärmste. Inka, hör' mal, ich …
■ Ja, ja. Ich mach's kurz. Also, das war Tokio. Mittwochabend sind wir dann von Tokio abgeflogen, und Mittwochmorgen um neun Uhr sind wir in Honolulu angekommen. Irre, nicht wahr? Am Abend abfliegen, und am gleichen Tag am Morgen ankommen.
● Aha?
■ Das ist die Datumsgrenze, weißt du, da gibt es den gleichen Tag zweimal. Na ja, müde war ich trotzdem. Aber auf Hawaii konnten wir wenigstens mal so richtig faulenzen. Da haben wir dann zwei Tage nur am Strand in der Sonne gelegen. Ralf wollte natürlich die Inselrundfahrt machen, aber da habe ich …
● Du, Inka, ich muss jetzt wirklich …
■ Ja natürlich, ich bin gleich fertig. Freitag und Samstag waren wir dann in San Francisco und haben da alles angesehen, die Golden-Gate-Brücke und so … Also das ist eine ganz tolle Stadt, da möchte ich wirklich gerne … . Na ja, und Samstagabend waren wir dann schon in Vegas und haben eine Show besucht. Und am Sonntag, da wollten wir eigentlich einen Ausflug zum Grand Canyon machen. Das hat aber nicht geklappt. Der Bus hat uns zu spät am Hotel abgeholt, deshalb haben wir das Flugzeug verpasst. Tja, ein ganzer Tag in Las Vegas …
● Hör' mal, Inka, …
■ Ralf ist natürlich in jeden Spielsalon gegangen, das war nicht billig. Mein Gott, was hätten wir für das Geld alles kaufen können … . Na ja, Sonntagabend sind wir dann zurückgeflogen, und gestern Abend waren wir wieder in

Frankfurt. Das war ganz schön anstrengend, ich bin jetzt fix und fertig …
● Ich auch. So, jetzt muss ich aber wirklich den Bericht schreiben. Um elf Uhr ist die Konferenz.
■ Ach, es war wirklich super. In zwölf Tagen um die Welt, das ist einfach Wahnsinn! Übrigens, unsere Bekannten aus dem Flugzeug, du weißt doch, dieses nette Paar aus Hamburg, denen ist in Tokio vielleicht was Irres passiert: Die haben vergessen, …

3/14   Lektion 9   B7

3/15   Lektion 9   C1

Inka Berger erzählt:
1 (Na ja, dafür gab's freie Drinks). Und wir haben gleich sehr nette Leute kennen gelernt, (so ein Ehepaar in unserem Alter, aus Hamburg.)
2 (… die saßen neben uns. Aber trotzdem:) Der Flug war ganz schön lang, (und wir konnten einfach nicht richtig schlafen.)
3 (… der ist im Hotel geblieben und hat ein paar Stunden geschlafen.) Ich war auch ein bisschen müde, (aber ich bin natürlich gleich in die Stadt gegangen und habe …).
4 (… aber wir haben nichts Richtiges gefunden.) Ohne Reiseleiter, das war irgendwie sehr schwierig. (Schließlich haben wir ein Taxi genommen und sind ins Hotel zurückgefahren.)
5 (Dort haben wir dann gegessen, aber) Es gab nur noch ein paar Snacks, und die waren ziemlich teuer. (Na ja … .)
6 (Da haben wir was verpasst.) Ich war ziemlich sauer auf Ralf. (Na ja, was soll's.
7 (Am nächsten Morgen haben wir dann eine Stadtrundfahrt gemacht und die Tempel besichtigt.) Die sind ja wirklich schön, aber irgendwie (… nach dem dritten Tempel sehen die alle gleich aus.)
8 (Beim Abendessen haben wir eine Vorstellung mit thailändischen Tänzen gesehen, also) das war ganz fantastisch, (die hatten alle so tolle Kostüme.)
9 (Da haben wir fast den ganzen Tag im Flugzeug gesessen,) das war etwas langweilig. (Und ich habe natürlich wieder Kopfschmerzen bekommen.)
10 (Freitag und Samstag waren wir dann in San Francisco und haben da alles angesehen, die Golden-Gate-Brücke und so …) Also das ist eine ganz tolle Stadt (, da möchte ich wirklich gerne … .)
11 (Sonntagabend sind wir dann zurückgeflogen, und gestern Abend waren wir wieder in Frankfurt.) Das war ganz schön anstrengend, ich bin jetzt fix und fertig.

3/16   Lektion 9   C2

ganz fantastisch,	ganz toll	wirklich schön
wirklich super	sehr nett	sehr schön
sehr interessant	sehr schick	ziemlich spät
ziemlich teuer	etwas müde	etwas langweilig
ganz schön anstrengend		ganz schön lange
sehr schwierig	sehr teuer	wirklich sauer

3/17   Lektion 9   D4

3/18   Lektion 9   F

3/19   Dialog 1
● Guten Tag, Herr Doktor.
■ Guten Tag, Frau Bauer. Was fehlt Ihnen denn?
● Haaatschi!
■ Gesundheit!
● Danke. Ich habe Schnupfen und Husten ... und mein Kopf tut auch weh – ach, ich fühle mich ziemlich schlecht.
■ Haben Sie auch Fieber?
● Ein bisschen, 37,8.
■ Ja, dann werde ich Sie erst einmal abhören. Machen Sie sich bitte frei. Atmen Sie bitte tief durch. Und jetzt bitte nicht atmen. Gut, die Lunge ist frei. Sie können sich jetzt wieder anziehen.
● Ja, Frau Bauer, Sie sollten ein paar Tage im Bett bleiben. Sie haben eine starke Erkältung. Ich schreibe Sie mal bis Ende der Woche krank. Und gegen den Husten verschreibe ich Ihnen etwas. Nehmen Sie dreimal täglich zehn Tropfen – vor den Mahlzeiten. Und Sie sollten viel trinken: Mineralwasser, Tee, Obstsäfte ...
■ Ja, das mach' ich. Vielen Dank, Herr Doktor.
● Gute Besserung, Frau Bauer. Und wenn es nicht besser wird, kommen Sie am Freitagvormittag noch mal vorbei. Auf Wiedersehen, Frau Bauer.
■ Auf Wiedersehen, Herr Doktor.

3/20   Dialog 2
● Der nächste, bitte.
■ Guten Tag.
● Guten Tag, Herr Schütz. Na, wie geht's Ihnen denn?
■ Es geht so.
● Haben Sie die Tabletten vertragen?
■ Ja, nur am ersten Tag hatte ich etwas Magenschmerzen. Aber dann nicht mehr.
● Hmhm. Dann wollen wir mal den Blutdruck messen. 170 zu 100. Das ist immer noch sehr hoch, aber besser als vor 14 Tagen.
■ Gott sei Dank!
● Nehmen Sie die Tabletten weiter. Und ... na ja, Sie wissen, Übergewicht ist ein Grund für hohen Blutdruck. Sie sollten ein paar Kilo abnehmen.
■ Ja, ja, ich weiß. Ich hab schon mal eine Diät ausprobiert. Aber das hat schrecklich geschmeckt. Ich hab' nicht lange durchgehalten.
● Tja, Abnehmen ist nicht leicht. Trotzdem: Versuchen Sie, Ihre Ernährung umzustellen. Sie sollten mehr Obst und Gemüse essen und weniger Fleisch und Wurst, da steckt viel Fett drin.
Ach, ich hab' da noch eine Idee! Kennen Sie die „Weight-Watchers"?
■ Nein, was ist das denn?
● Ich gebe Ihnen mal die Telefonnummer. „Weight-Watchers" ist eine Selbsthilfegruppe. Leute wie Sie, die auch abnehmen wollen oder müssen, treffen sich einmal pro Woche und sprechen über ihre Probleme, geben sich Tipps und so. In der Gruppe geht es vielleicht ein bisschen leichter.
■ Danke, Frau Doktor, ich kann es ja mal ausprobieren.
● Wir sehen uns dann in 14 Tagen wieder. Lassen Sie sich einen Termin geben. Alles Gute und auf Wiedersehen, Herr Schütz.
■ Auf Wiedersehen.

3/21   Dialog 3
● So, fertig. Gleich ist Feierabend. Ich geh' heute ins Theater. Und du, was hast du vor, Petra?
■ Ach, ich bin froh, wenn ich zu Hause bin. Mein Rücken tut mir so weh. Ich freu' mich schon auf ein heißes Bad und dann geh' ich früh ins Bett. Mehr ist heute nicht drin.
● Weißt du was? Du solltest regelmäßig schwimmen gehen. Dann ist dein Rücken ganz schnell wieder gut.
■ Schwimmen? Ich hasse Schwimmbäder: die vielen Leute, das kalte Wasser, brrr ... nein, das ist nichts für mich.
● Dann halt etwas anderes: joggen oder Gymnastik oder ... Du solltest auf alle Fälle mehr Sport treiben.
■ Ja, ja, ich weiß. Aber es gibt doch so viel Arbeit im Moment. Wenn ich abends nach Hause komme, dann bin ich total kaputt.
● Sag mal, du hast doch in letzter Zeit dauernd irgendwelche Schmerzen: mal Rückenschmerzen, mal Kopfschmerzen ...
■ Hm. Ja, stimmt schon. Die letzten zwei, drei Wochen waren nicht so gut.
● Also, ich finde, du solltest mal zum Arzt gehen. So geht das doch nicht weiter.
■ Ach, Ärzte! Ich hab' keine Lust, Tabletten zu nehmen oder so was. Und dann sitz' ich stundenlang im Wartezimmer rum ... Ach nein, es wird bestimmt auch so wieder besser.
● Aber vielleicht verschreibt er dir ja Massagen, oder Krankengymnastik. Es gibt doch nicht nur Tabletten!
■ Vielleicht hast du Recht, mal sehen. ... Jetzt machen wir erst mal Feierabend.
● Genau! Ja, dann gute Besserung!
■ Danke. Und dir wünsch' ich viel Spaß im Theater.

3/22   Dialog 4
● Guten Tag, Herr Foschi.
■ Tag, Frau Neff.
● Um Gottes Willen, wie sehen Sie denn aus? Die roten Flecken überall ... Ist das ansteckend?
■ Nein, nein, keine Angst, Frau Neff. Das ist nur eine Allergie.
● Eine Allergie?
■ Ja, das habe ich manchmal.
● Und wie bekommt man so was?
■ Tja, da gibt es viele Möglichkeiten. Vielleicht hab' ich etwas Falsches gegessen, vielleicht ist es das Waschmittel, vielleicht ist die Katze von Müllers dran schuld ... Wer weiß!
● Ja, und da gehen Sie arbeiten? Sie sind doch krank, Sie sollten besser zu Hause bleiben.
■ Warum? Ich kann arbeiten ... Ich sehe nur krank aus, aber ich fühle mich fit. Ich habe kein Fieber, keine Schmerzen – nichts.
● Und wie geht das wieder weg?
■ Ja, das weiß ich auch nicht so genau. Ich bin halt vorsichtig beim Essen, geh' der Katze aus dem Weg und warte darauf, dass es besser wird.
● Ja, aber das geht doch so nicht. Vielleicht ist es ja doch was Gefährliches. Sie sollten unbedingt heute noch zum Arzt gehen, Herr Foschi!
■ Ja, ja, Frau Neff, Sie haben immer die besten Ratschläge ... einen schönen Tag noch.
● Ja, also so was! Ich hab's doch nur gut gemeint.

3/23   1
Peter Steinmann, 38, Werbemanager
Nach dem Essen einen Kognak und eine Havanna
Essen ist für mich pure Lebensfreude. Leute, die nicht richtig genießen können, finde ich seltsam. Schon als Student war gute Küche eine Leidenschaft von mir. Ich habe oft gespart, um gut essen zu gehen. Heute komme ich nicht sehr oft dazu, richtig zu genießen, weil ich einen Beruf habe, der mir wenig Zeit lässt. Tagsüber halte ich mich zurück, damit ich nicht zu dick werde. Also morgens esse ich ein Müsli, zwischendurch Obst und mittags, wenn keine Zeit bleibt, gibt es nur

Würstchen. Wenn ich Lust und Zeit habe, koche ich abends so richtig, vier Gänge können es schon sein. Dazu gibt es gute Weine, und nach dem Essen einen Kognak und eine Havanna.

3/24   2
Inga Ostner, 68, Rentnerin.
Appetit auf Honig
Also besonders viel brauche ich nicht. Morgens esse ich immer zwei Scheiben Toast, mittags koche ich mir so richtig: zum Beispiel eine schöne Erbsensuppe. Da kommt dann auch Wurst rein. Am Abend reicht mir ein Käsebrot und ein Glas Orangensaft. Ich rauche nicht und trinke auch keinen Alkohol. Aber dafür bin ich eine richtige Naschkatze. Na, irgendein Laster braucht der Mensch. Kuchen und Pudding esse ich sehr gern. Und zwischendurch Schokolade! Da ist ganz schnell eine halbe Tafel weg. Am liebsten ess' ich heute noch, was meine Mutter so gekocht hat: Frikadellen und Kartoffelsalat oder Brotpudding.
Als Rentnerin muss ich schon sehen, wie ich über die Runden komme. Ein Hunderter reicht für eine Woche, vielleicht manchmal auch länger. Aber wenn ich Appetit auf etwas habe, dann hole ich mir das auch. Ich habe jetzt gerade ein Glas Heidehonig gekauft, auch nicht gerade das billigste. Das erlaube ich mir dann schon. Aber so richtig Luxus? Lachs oder so. Das muss ich gar nicht haben.

3/25   3
Janina Metz, 23, Model
Eisbein? Igitt!
Ich finde es blöd, dass die Leute denken, Models würden so wenig essen und dauernd Diät machen. Das ist totaler Quatsch. Aufpassen muss ich nur wegen meiner Allergie. Zum Frühstück esse ich immer Müsli. Das kaufe ich im Reformhaus. Dann noch einen Magermilchjoghurt und Knäckebrot mit Marmelade. Sahnejoghurt mag ich total, aber das ist schlecht für die Haut. Zwischendurch esse ich meistens Obst. Wenn ich beim Job mal richtig Hunger habe, kaufe ich mir eben ein trockenes Brötchen und eine Banane. Ich finde das lecker. Mittags habe ich sowieso nicht viel Zeit. Abends mache ich mir oft Gemüse: ein Glas Karotten und Erbsen, dazu Kartoffeln mit schön Butter drauf und ein, zwei Spiegeleier. In der Woche achte ich total auf meine Ernährung, aber am Wochenende esse ich einfach alles, worauf ich Appetit habe: Schokolade oder Spaghetti mit Meeresfrüchten. Oder so richtigen Süßkram, mmhh, lecker!
Ich hab' eigentlich Glück, weil ich total ungesunde Sachen nicht mag. Cola zum Beispiel ist das absolute Gift. Oder Eisbein, das kriege ich nicht runter. Igitt! Aber wenn ich mal drei Tage ganz normal gegessen habe, sieht man das auch an meiner Haut. Die wird sofort schlechter.

3/26   4
Sandra Haller, 13, Schülerin
Pommes statt Obst
Wir frühstücken nicht zu Hause. Meine Eltern gehen sehr früh zur Arbeit.
Ich frühstücke erst in der Schule, wenn Pause ist. Da esse ich Cornflakes oder Kuchen. In der Mittagspause gehen wir zusammen zum Schnell-Imbiss und essen Döner, Pommes mit Mayo und so. Am liebsten esse ich die „Juniortüte" mit Pommes und Cola und zwei Hamburgern für 8,90 Mark. Nach der Schule um halb drei hole ich mir dann eine Pizza oder gehe wieder zum Imbiss. Im Monat hab ich so 40, 50 Mark für Imbiss und Süßes. Zu Hause esse ich nur am Abend, und nur ganz, ganz wenig. Obst mag ich nicht so gern, aber mein Vater macht immer Obstsalat und Karottensaft mit Milch und Honig für uns. Meine Mutter sagt oft: „Du isst anders als wir. Wenn wir solche Sachen essen, dann wird uns schlecht." Ich hab' nur Angst, zu dick zu werden. Aber ich bin noch ganz dünn.

3/27   5
Günter Molke, 57, Kohlenhändler
Lakritz und Rührei
Ich bin Gewichtheber. Im Augenblick wiege ich 100 Kilo – 'n bisschen zu leicht für den Wettkampf. Fünf Kilo mehr wären schon gut. Ich trinke pure Kohlehydrate und Eiweiß, wenn ich einen Wettkampf hab' und zunehmen muss. Sonst schafft man das gar nicht. Ich esse ja sonst ganz normal – eigentlich gar nicht mal so viel. Aber ich trinke viel. Das kommt vom vielen Schwitzen beim Kohletragen und beim Training. Morgens kann ich gar nicht so doll essen. Da reichen drei halbe Brötchen vom Imbiss. Dafür esse ich mittags ordentlich: Kasseler mit Grünkohl, vielleicht noch 'ne Wurst dazu. Und nach dem Training esse ich abends noch mal warm. So ein Pfund Fleisch ist das wohl. Manchmal esse ich auf die Schnelle zwischendurch noch 'n Brot und Rührei oder mal Bratkartoffeln. Ausländisch esse ich auch ganz gern. Nur beim Chinesen denk ich immer: Ist vielleicht 'ne Katze mit drin. Vor dem Fernseher esse ich eigentlich auch immerzu irgendwas: Bananen oder Lakritzstangen oder Schokolade. Und vor dem Bett gehe ich noch mal an den Kühlschrank und hol einen Joghurt oder andere Kleinigkeiten. Keine Ahnung, wie viele Kalorien das am Tag sind. Fünftausend vielleicht?

3/28–32   Lektion 10   D1

3/28   Dialog 1
● Sag mal, wann musst du beim Arzt sein?
■ Um halb vier.
● Musst du dann nicht langsam los?
■ Ja, ja, gleich.

3/29   Dialog 2
● Wie war denn dein Gespräch mit dem Chef?
■ Ach, es ist gut gelaufen. Ich kriege ab 1. Dezember mehr Geld.
● Wie hast du denn das geschafft?
■ Also … zuerst habe ich …
◆ Frau Bender, können Sie bitte mal kommen?
■ Du, das geht jetzt nicht, der Chef ruft, ich muss Schluss machen. Ich erzähle dir dann alles später, wenn wir in der Kneipe sind.
● Okay, bis dann.
■ Tschüs.

3/30   Dialog 3
● Quelle-Kundendienst. Guten Tag. Was kann ich für Sie tun?
■ Guten Tag. Hier ist Ballermann. Ich hab' vor drei Wochen bei Ihnen einen Fernseher bestellt. Und bis heute habe ich nichts bekommen: keine Bestätigung, keinen Fernseher… nichts.
● Ich schau sofort nach. Wie war noch mal der Name?
■ Ballermann.
● Und wann genau haben Sie den Fernseher bestellt?
■ Am zwölften.
● Augenblick, bitte.
Bitte warten Sie einen Augenblick …

3/31   Dialog 4
● Ja, morgen Abend geht es los. Ich freu' mich so, mal wieder rauszukommen.
■ Das kann ich mir vorstellen. Und wann seid ihr wieder in Köln?
● Am zwanzigsten.
■ Jaaaa, dann wünsch' ich euch viel Spaß in Istanbul. Und kommt gut wieder heim.
● Danke, ja. Und du halt' die Ohren steif. Tschüs.
■ Mach's gut.

3/32   Dialog 5

● Möchtest du etwas essen?
■ Ach, nee. Ich mag nichts essen. Ich hab' einfach keinen Hunger, wenn ich krank bin.
● Das ist aber gar nicht gesund.
■ Ach, was. Ich weiß schon, was gut für mich ist.

3/33–35   Lektion 10   D2

3/33   Dialog 1

● Wann gehen wir ins Kino?
■ Um sieben.
● Und was machen wir, wenn es keine Karten mehr gibt?
■ Dann gehen wir in die Spätvorstellung.
● Wann fängt die denn an?
■ Ich weiß nicht genau, so um zehn oder halb elf.
● Und wenn das auch nicht klappt?
■ Dann gehen wir halt in die Kneipe.

3/34   Dialog 2

● Wann musst du denn ins Krankenhaus?
■ Nächste Woche, am Montag.
● Und wie lange dauert das alles?
■ Eine Woche, wenn alles gut geht.
● Soll ich dich mal besuchen?
■ Ja, das wäre schön.
● Wann sind denn die Besuchszeiten?
■ Ich glaube, es gibt keine festen Zeiten. Komm einfach vorbei, wenn du mit der Arbeit fertig bist.

3/35   Dialog 3

● Kannst du mir morgen beim Renovieren helfen?
■ Klar. Wenn ich morgen nicht zu lange arbeiten muss, komme ich vorbei.
● Wann denn ungefähr?
■ So gegen sieben.
● Ach, das ist ja toll. Du bist ein Schatz.
■ Wenn es später wird, rufe ich dich an.

3/36   Lektion 10   E

3/37   Lektion 10   F3

● Guten Abend. Wir haben einen Tisch für zwei Personen bestellt, auf den Namen Klein.
▼ Guten Abend. Ja, kommen Sie bitte mit. Hier bitte, das ist Ihr Tisch.
■ Danke.
▼ Und hier ist die Speisekarte, bitte. Was möchten Sie trinken?
■ Ein Bier, bitte.
▼ Pils oder Export?
■ Ein Pils.
● Für mich ein Spezi, bitte.
■ Ein Spezi? Was ist das denn?
● Cola und Fanta gemischt, das trinke ich oft. Hmmm, Rumpsteak, Kräuterbutter, Bratkartoffeln und Salat, das klingt ja herrlich! Ich glaube, das nehme ich. Und du?
■ Ich weiß nicht so recht. Ich glaube, jetzt musst du mir mal helfen. Ich weiß ja gar nicht, was das alles ist. Schneegestöber klingt ganz nett, aber Schnee wird es hier ja wohl nicht geben, oder?
● Haha! Nein. Schneegestöber ist eine typische Frankfurter Kleinigkeit. Das ist eine Mischung aus Camembert und Frischkäse … mit Zwiebeln, Paprika und Pfeffer gewürzt. Dazu trinkt man am besten einen Sauergespritzten, das ist

ein Apfelwein mit Mineralwasser. Aber das ist kein richtiges Abendessen!
■ Und was ist Schlachtplatte?
● Jede Menge Wurst und Fleisch! Ich glaube, Blutwurst, Leberwurst, Dörrfleisch, Rippchen und natürlich Sauerkraut. Ziemlich fett und schwer, aber wer's mag …
▼ So, ein Spezi, ein Pils. Zum Wohl.
■ Danke.
● Ja, dann Prost!
■ Prost! Handkäs' mit Musik. Das klingt ja auch sehr interessant.
● Das ist ein spezieller, magerer Käse mit Zwiebeln, Essig und Öl. Also das esse ich gar nicht.
■ Und wo ist die Musik?
● Zwiebeln, Essig und Öl, das ist die Musik, und wenn man das isst, dann … gibt es manchmal … Musik.
■ Ach so. Und Strammer Max? Was ist das?
● Auch nichts Richtiges. Nur ein Brot mit Spiegelei und Schinken.
■ Hm, das reicht mir nicht. Und Jägerschnitzel? Kannst du mir das auch noch erklären? Wiener Schnitzel kenne ich ja, ist das dasselbe?
● Nein. Das ist ein Schnitzel mit einer Soße, viel Soße, aus Champignons, Sahne und Kräutern.
■ Hm, Champignons esse ich gern, ich glaub', das probier' ich mal.
● Ja, mach das, das schmeckt bestimmt gut. Magst du vorher eine Suppe?
■ Ja, gern.
● Ja, was nehmen wir denn da am besten? Ich frag mal nach der Tagessuppe. Herr Ober, wir möchten bestellen!
▼ Ich komme sofort. So, was darf ich Ihnen bringen?
■ Ich bekomme ein Jägerschnitzel, bitte.
● Und ich ein Rumpsteak. Und dann hätten wir gern noch eine Suppe als Vorspeise. Was ist denn die Tagessuppe?
▼ Das ist eine Hühnersuppe mit Nudeln.
● Ach, nein, das passt nicht zum Steak, dann nehme ich lieber die Tomatencremesuppe.
▼ Sehr wohl. Und Sie? Möchten Sie auch eine Suppe?
■ Ja, ich nehme die Tagessuppe.
▼ So, einmal Jägerschnitzel.
■ Das ist für mich.
▼ Und einmal Rumpsteak für Sie, guten Appetit!
● Guten Appetit.
■ Gleichfalls.
● Hm, das Rumpsteak ist lecker. Wie schmeckt dir denn das Schnitzel?
■ Sehr gut, aber du hattest Recht, es ist ein bisschen viel Soße dabei.

3/38   Lektion 11   B2

● Guten Abend, meine Damen und Herren! Unser spezielles Thema heute für Sie: „Machen Sie das Beste aus Ihrem Typ." Dazu eingeladen haben wir Frau Sommer, Expertin auf dem Gebiet der Typberatung. Guten Abend Frau Sommer.
■ Guten Abend
● Frau Sommer, Sie haben eine ganz spezielle Art, Ihre Kunden und Kundinnen zu beraten, d.h. für jeden Typ gibt es eine spezielle Jahreszeit. Können Sie mehr darüber sagen?
■ Da ist zunächst der Frühlingstyp. Er wirkt unabhängig von seiner Größe und seinem Körpergewicht zart und zerbrechlich. Seine Haut ist hell und hat immer einen gelben Unterton. Viele Menschen dieses Typs bekommen bei jeder Aufregung rote Flecken, aber in der Sonne werden sie meist knackig braun. Die meisten Frühlingstypen sind blond oder waren als Kinder blond. Bei der Augenfarbe ist

die Palette groß: von Blau und Graugrün bis hin zu Goldbraun. Welche Farben passen zum Frühlingstyp? Was steht ihm? Die idealen Farben für den Frühlingstyp sind hell und klar: strahlendes Grün, warmes, volles Gelb, alle zarten Rosa- und Rottöne. Seine dunkelsten Farben sind sanftes Violett und warmes Schokoladenbraun. Schwarz oder Weiß dagegen lassen ihn blass wirken. Diese Farben sollte der Frühlingstyp meiden.

● ...

■ Sommertypen dagegen können sehr unterschiedlich wirken. Aber alle haben einen fast blauen Unterton der Haut, egal ob der Teint milchweiß oder rosig ist. Wenn die Haut Sommersprossen hat, sind sie eher grau als golden. Die meisten Sommertypen sind mit ihrer Haarfarbe unzufrieden: Ihre Haare sind nicht golden, sondern eher wie Asche, und das erscheint ihnen selbst nur mausfarben. Die Augenfarben der Sommertypen? Häufig graublau, hellblau oder blaugrün, aber auch haselnussbraun. Und welche Farben stehen diesem Typ gut? Jedes rauchige Blau steht ihm gut und jedes bläuliche Grün. Aber von allen grellen Farben sollte der Sommertyp sich verabschieden. Vor allem bitte vorsichtig mit Gelb und Orange!

● Das ist ja interessant. Und der Herbsttyp?

■ Herbsttypen haben einen goldenen, warmen Hautton. Ihr Teint kann blass sein und rotbraune Sommersprossen haben. Herbsttypen bekommen in der Sonne schnell einen Sonnenbrand. Im Kindesalter machen diesem Typ die Haare oft großen Kummer: Seine charakteristische Haarfarbe ist Rot. Auch wenn sie blond sind, haben Menschen dieses Typs einen goldenen oder rötlichen Schimmer im Haar. Die Palette der Augenfarben reicht von strahlendem Hellblau über Schilfgrün bis zu intensivem Dunkelbraun. Welche Farben sollte der Herbsttyp tragen? Die Farben des Herbsttyps sind warm; ideal ist warmes Braun, auch dunkles Grün und Pflaumenblau. Herbsttypen sind die einzigen, die in einem vollen, leuchtenden Orange richtig gut aussehen. Aber sie sollten auf keinen Fall Grau oder Schwarz tragen.

● Hm, hm ...

■ Der Wintertyp hat ausgesprochen intensive Farben. Der Unterton der Haut ist immer fast blau. Die meisten Menschen dieses Typs haben relativ dunkle Haare: blauschwarz, tiefschwarz, schwarzbraun und dunkelbraun. Sie entdecken ziemlich früh die ersten weißen Haare auf ihrem Kopf. Die Augenfarben des Wintertyps sind klar und intensiv, oft ein tiefes Blau oder ein klares Grün und natürlich Dunkelbraun und Schwarz. Welche Farben passen zu diesem Typ? In der Kleidung sind die Farben des Wintertyps die klarsten und kühlsten von allen. Dunkles Rot passt zu ihm oder auch dunkles Violett. Das kräftigste Blau ist für Wintertypen gerade richtig. Meiden sollte der Wintertyp alle warmen Töne, niemals Orange oder Gold. Wenn es unbedingt Braun sein muss, sollte er den dunkelsten und kühlsten Braunton nehmen. Bittere Schokolade hat genau diesen Farbton.
Dies zur Beschreibung der einzelnen Typen. Aber Frau Sommer, trifft diese Beschreibung nicht nur auf sehr spezielle Menschen zu? Wie beraten Sie ...

3/39   Lektion 11   C2

▼ Guten Tag. Kann ich Ihnen helfen?

● Ja, gern. Ich suche ein Kostüm.

▼ Was für ein Kostüm hätten Sie denn gern? So für jeden Tag, oder soll es für einen besonderen Anlass sein?

● Nein, schon eins für einen besonderen Anlass, ehm, für eine Bewerbung.

▼ Für eine Bewerbung ... Und an was für eine Farbe haben Sie gedacht?

● Ich weiß auch nicht genau. Vielleicht dunkel, dunkelgrün oder dunkelblau.

▼ Dunkle Farben wirken natürlich gleich etwas streng. Aber ich zeige Ihnen gern ein paar Kostüme. Welche Größe haben Sie? 38?

● Ja, 38 oder 40. Das kommt darauf an ...

▼ So, und dort ist die Umkleidekabine.

● Und? Wie findest du es?

■ Hmm, also, die Verkäuferin hat schon Recht. Es wirkt zwar sehr elegant, aber eben auch sehr streng. In der Anzeige stand doch: Sie arbeiten in einem jungen, dynamischen Team.

▼ Sie sind ja schon ein dunkler Typ. Sie können wirklich auch leuchtende Farben tragen. Einen Augenblick, bitte, ich zeige Ihnen mal was ganz anderes.

● Da bin ich ja mal gespannt.

▼ So, hier sind einige Blazer in topmodischen Farben.

■ Oh, schau mal, der sieht doch toll aus.

● Welchen meinst du denn? Den schilfgrünen oder den apricotfarbenen?

■ Hier den apricotfarbenen.

● Aber was für einen Rock soll ich denn dazu anziehen?

■ Na, einen dunklen. Oder sogar eine dunkle Hose in Braun oder Schwarz.

▼ Ich habe Ihnen hier einen Rock und eine Hose in Dunkelbraun zum Kombinieren mitgebracht. Mit dem kurzen Rock wirkt die Jacke sehr elegant.

● Hm, ich weiß nicht ... für eine Bewerbung ... Meinst du, eine Hose ist da elegant genug?

■ Ja klar, zusammen mit dem Blazer sieht das ganz toll aus.

▼ Also, wenn Sie mich fragen: Ich glaube, für Ihre Bewerbung ist das genau das Richtige: elegant und trotzdem sportlich. Oder wie sagten Sie? Jung und dynamisch.

● Mir gefällt es eigentlich auch ganz gut. Ich fühle mich recht wohl darin. Und was für eine Bluse passt dazu?

▼ Da würde ich Ihnen etwas ganz Einfaches empfehlen: eine Seidenbluse oder ein T-Shirt in der gleichen Farbe wie die Hose. Moment, ... Schauen Sie mal, hier.

● Hm, da nehme ich die Bluse. Mit dem einfachen T-Shirt hier wirkt das vielleicht doch zu jugendlich. ... Was kostet das denn?

▼ Alle Teile zusammen – Moment ... 650 Mark. Beste Qualität und 1A verarbeitet ...

3/40–41   Lektion 11   D2

3/40   Interview 1

▼ Hallo, ihr! Habt ihr mal 'nen Moment Zeit?

● Was will der denn?

■ Was willst du eigentlich mit dem Mikrofon da?

▼ Ich bin vom Hessischen Rundfunk. Ich mache gerade eine Umfrage über Klischee-Typen. Was ist für euch zum Beispiel ein Yuppie?

● 'n Yuppie? Das weiß doch jeder!

▼ Na, dann klär mich mal auf!

● Also, ehm, 'n Yuppie, das ist so'n Typ mit Krawatte.

▼ Du meinst, so ein älterer Politiker, zum Beispiel?

▲ Nein, nicht alt. Ein Yuppie halt. Ungefähr so alt wie du. Äh!

◆ Äh! So zwischen 25 und 40.

▼ So alt wie ich. Also, bin ich ein Yuppie?

■ Quatsch! Du hast erstens keine Krawatte und zweitens trägst du 'ne Lederjacke.

▼ Und was tragen Yuppies, so?

▲ 'n Anzug, oder 'n schicken Sakko und ...

■ Äh genau, 'n schicken Sakko, Krawatte, und dann fahren

---

sie immer mit ihrem roten BMW-Cabrio zur Arbeit.
▼ Ihr meint also, ein Yuppie ist ein junger Politiker mit Anzug und Krawatte –
■ Kein Politiker! Eher so ein Manager-Typ, also, zum Beispiel –
▲ Börsenmakler.
■ Genau. Die hocken den ganzen Tag an der Börse und machen dick Kohle.
◆ Jedenfalls fahr'n 'se meistens 'n dickes Auto und sind abends in teuren Restaurants und so …
▼ Okay. Yuppies – sind das nur Männer?
● Nee, …
▲ Klar gibt es auch Yuppie-Frauen.
● Aber nicht so viele.
▼ Was für ein Leben führen Yuppies eurer Meinung nach?
◆ Naja, die denken meistens nur ans Geldverdienen.
● Viel Freizeit haben die nicht. Und wenn, dann gehen sie ins Fitness-Center oder zum Golf spielen.
▲ Ich glaub', die leben meistens alleine, sind Singles ohne Familie.
▼ Danke. Übrigens: Wenn ihr euch im Radio hören wollt, Mittwoch um 14 Uhr 30, DOMINO, auf HR 2.
● Was, wie, wo?
▲ Habt ihr gehört? Wir kommen echt ins Radio!
◆ Oh Gott, dann muss ich mir ja mein Geschwalle noch mal anhören.

3/41   Interview 2
▼ Hätten Sie einen Moment Zeit? Ich bin vom Hessischen Rundfunk. Wir führen gerade eine Umfrage über Klischees durch.
● Wenn es sein muss.
■ Was denn für Klischees?
▼ Was stellen Sie sich zum Beispiel unter einem „Rentner" vor?
● Also, ich weiß nicht …
■ Rentner, naja, da stellt man sich normalerweise einen älteren Herrn oder eine ältere Frau vor.
▼ Wie lebt eine Rentnerin oder ein Rentner? Wo wohnen sie? Was machen sie in ihrer Freizeit?
■ Naja, sie wohnen im Altersheim oder in einer kleinen Wohnung, weil ihre Kinder natürlich schon ausgezogen sind … vielleicht selbst schon eine Familie, also wieder Kinder haben.
▼ Glauben Sie, dass sich das Bild von den Rentnern in den letzten Jahren verändert hat?
● Ich weiß nicht! In den meisten Fällen zeigen Klischees immer nur einen kleinen Teil der Wahrheit. Heute sind die Rentner sicherlich aktiver als früher – sie reisen viel, machen Sport …
■ Für mich ist das nicht so wichtig: Es gibt nette und weniger nette Leute, reiche und arme, dumme und intelligente. Das ist für mich entscheidend!
▼ Vielen Dank!
● Für welche Sendung machen Sie denn diese Interviews?
▼ Die Sendung heißt DOMINO, jeden Mittwoch um halb drei.
■ Das ist unsere. Komm, wir müssen gehen.

3/42   Lektion 11   E3

● Geh'n wir ins Kino? Ich lade dich ein.
■ Ich kann nicht. Ich muss heute Abend arbeiten.
● Du kannst ja blau machen.
■ Blau machen? Nein, das geht nicht.
● Warum denn nicht?
■ Der Alte sieht rot, wenn ich heute blau mache. Der ist mir sowieso nicht grün.
● Warum nicht?
■ Weil er weiß, dass ich am Wochenende schwarz arbeite.
● Und warum interessiert ihn das überhaupt?

■ Weil ich dann am Montag total müde zur Arbeit komme.
● Na und? Ich gehe am Wochenende in die Disko und komme am Montag auch total müde zur Arbeit. Ist doch dasselbe in Grün.
■ Na schön, geh'n wir ins Kino.
● Ich habe gerade noch genug Geld für die Kinokarten.
■ Und was ist mit der U-Bahn?
● Ich dachte, die Fahrkarten zahlst du …
■ Nein, du hast doch gesagt, du lädst mich ein. Ich habe überhaupt kein Geld.
● Dann müssen wir eben schwarz fahren.
■ Nein, du, nicht schon wieder. Mir reicht es, dass sie uns letzte Woche erwischt haben.
● Na und? War doch nicht schlimm.
■ Ja, stimmt, da sind wir mit einem blauen Auge davongekommen.
● Genau. Warum sollen sie uns heute schon wieder erwischen? Du musst nicht immer so schwarz sehen!
■ Also gut, gehen wir! Meinetwegen soll der Alte sich schwarz ärgern heute Abend.
● So ist's recht! Kino bringt jedenfalls etwas Farbe in den grauen Alltag …

3/43   Lektion 11   F2   Kopiervorlage 11/15

3/44   Lektion 12   C1

3/45   Lektion 12   C2

Tickets kaufen, Koffer packen,
dann geht's ab nach Bern.
Willst du mit nach Bern geh'n?
Ja, ich will Bern gern seh'n.
Tickets kaufen, Koffer packen,
dann geht's ab nach Bern.

Rechts entlang? Links entlang?
Ich will jetzt zum Ausgang!
Wie komm' ich zum Ausgang?
Zum Ausgang, wo ich raus kann.
Rechts entlang? Links entlang?
Ich will jetzt zum Ausgang!

Spanisch, Schwedisch, Russisch, Deutsch –
schwer ist keine Sprache.
Lerne einfach Sprecher kennen,
die die Sprache sprechen können.
Spanisch, Schwedisch, Russisch, Deutsch –
schwer ist keine Sprache.

Keine Nachricht, auch kein Brief –
ich sitz' hier und warte.
Traurig sitz' ich hier und warte,
warte auf die doofe Karte.
Keine Nachricht, auch kein Brief,
ich sitz' hier und warte.

Ach, ich bin ein Frühlingstyp,
trag' nur grüne Kleider.
Mir steh'n keine schwarzen Kleider,
auch nicht weiße Kleider – leider.
Ach, ich bin ein Frühlingstyp,
trag' nur grüne Kleider.

Letzte Woche war ich krank,
hatte schlimmen Husten.
Nie hatt' ich so schlimmen Husten,
dass ich ständig husten musste.
Letzte Woche war ich krank,
hatte schlimmen Husten.

Lesen Sie das Formular. Welche Frage passt wo? Markieren Sie.

Frage	Nummer		Frage	Nummer
Wie heißen Sie?	☐		Sind Sie verheiratet?	☐
Haben Sie Kinder?	☐		Sprechen Sie (auch) Englisch?	☐
Wie ist Ihr Vorname?	☐		Wo wohnen Sie (hier in Deutschland)?	☐
Woher kommen Sie?	☐		Wie ist Ihre Telefonnummer?	☐
Was sind Sie von Beruf?	☐		Was machen Sie gerne in Ihrer Freizeit?	☐
Wann sind Sie geboren?	☐		Wo arbeiten Sie?	☐
Wie ist Ihre Adresse?	☐		Wie alt sind Ihre Kinder?	☐

Mein(e) Lehrer(in)

1 —— Familienname _____ Vornamen: _____ 2

3 —— Herkunftsland _____ Geburtsdatum _____ 4

5 —— Beruf _____ Firma _____ 6

7 —— Familienstand ☐ ledig   ☐ verheiratet   ☐ verwitwet   ☐ geschieden

8 —— Zahl der Kinder _____ Alter der Kinder _____ 9

10 —— Adresse _____

Straße

11 —— Wohnort _____

Postleitzahl   Ort

12 —— Telefon _____

Vorwahl   Telefonnummer

13 —— Sprachkenntnisse _____

14 —— Hobbys _____

Interviewen Sie nun Ihre Lehrerin oder Ihren Lehrer und füllen Sie das Formular aus.

Wie bitte? ◆ Bitte noch einmal. ◆ Bitte langsam. ◆ Buchstabieren Sie bitte.

Interviewen Sie nun Ihre Partnerin oder Ihren Partner. Füllen Sie das Formular aus.

Mein(e) Partner(in)

1 ——— Familienname _____ Vornamen: _____ 2

3 ——— Herkunftsland _____ Geburtsdatum _____ 4

5 ——— Beruf _____ Firma _____ 6

7 ——— Familienstand ☐ ledig ☐ verheiratet ☐ verwitwet ☐ geschieden

8 ——— Zahl der Kinder _____ Alter der Kinder _____ 9

10 ——— Adresse _____

Straße

11 ——— Wohnort _____

Postleitzahl   Ort

12 ——— Telefon _____

Vorwahl   Telefonnummer

13 ——— Sprachkenntnisse _____

14 ——— Hobbys _____

Stellen Sie Ihre Nachbarin oder Ihren Nachbarn vor.

Das ist …
… kommt aus …
… ist … geboren.
… (von Beruf) und arbeitet …
… (verheiratet) und hat … Kinder.
… Jahre alt.
… wohnt in …
… spricht …, … und ein bisschen Deutsch.
… gerne …
…

Kreuzwort-Namen zum Kennenlernen

Beispiel:

Sandro fragt Betty:

„Was isst du gern?“

Betty antwortet:

„Bananen.“

Sandro schreibt:

Betty fragt Sandro:

„Was machst du am Wochenende?“

Sandro antwortet:

„Ich gehe in die Disko.“

Betty schreibt:

B | ANANEN

L E | HRERIN

T | ANGO

COMPU T | ER

HAND Y

S | PORT

PIZZ A

KI N | O

D | ISKO

R | OM

F O | TOGRAF

Fragen Sie jetzt Ihre Partnerin oder Ihren Partner. Tragen Sie den Namen ein.

Kopiervorlage 7/1

Schreiben Sie den Stammbaum von Ihrer Familie.

Familie _____

aus _____

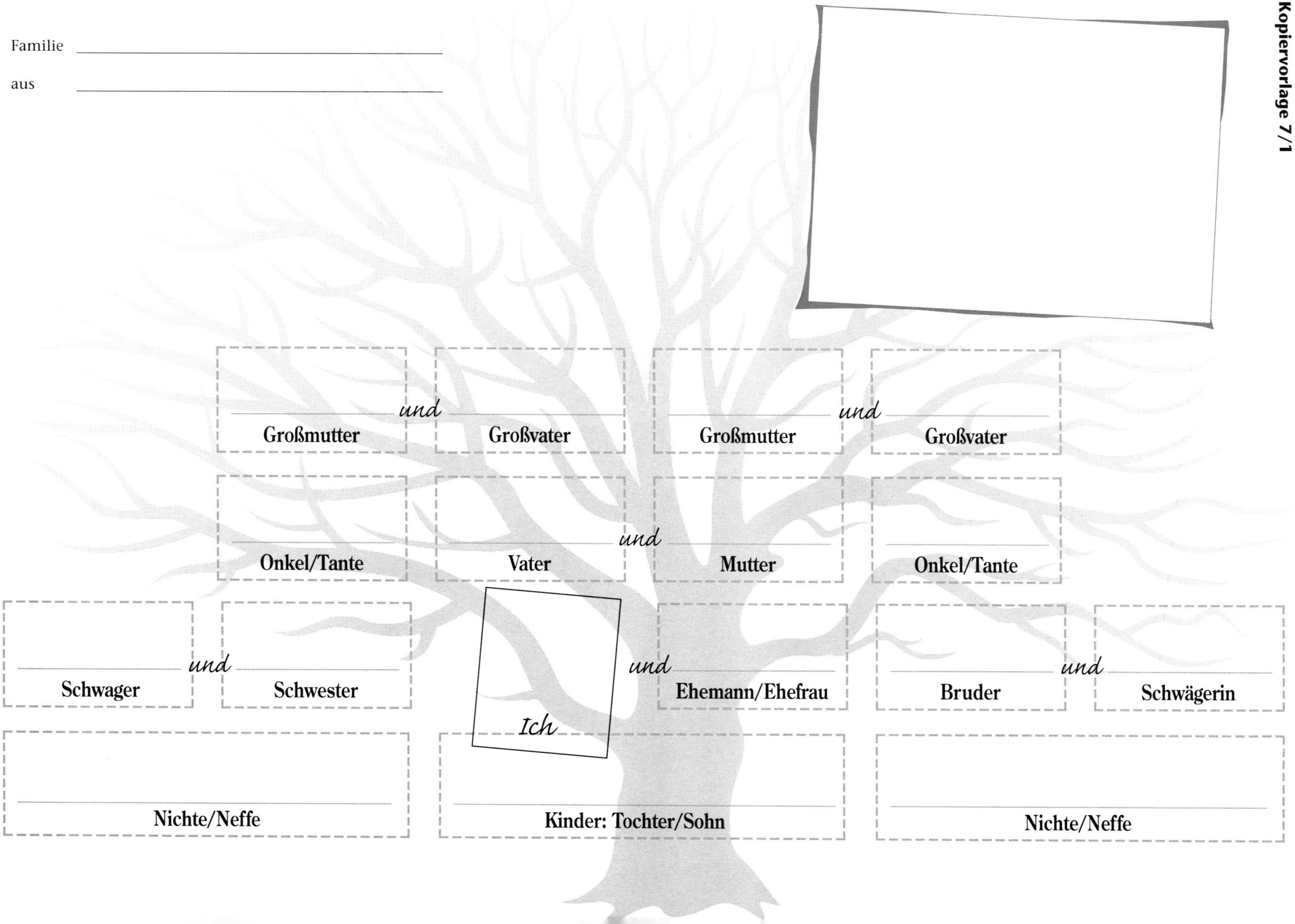

Großvater

Großmutter

und

Onkel/Tante

Mutter

Großvater

Vater

und

und

Großmutter

und

Onkel/Tante

Schwägerin

und

Bruder

Ehemann/Ehefrau

und

Ich

Kinder: Tochter/Sohn

Nichte/Neffe

Schwester

und

Schwager

Nichte/Neffe

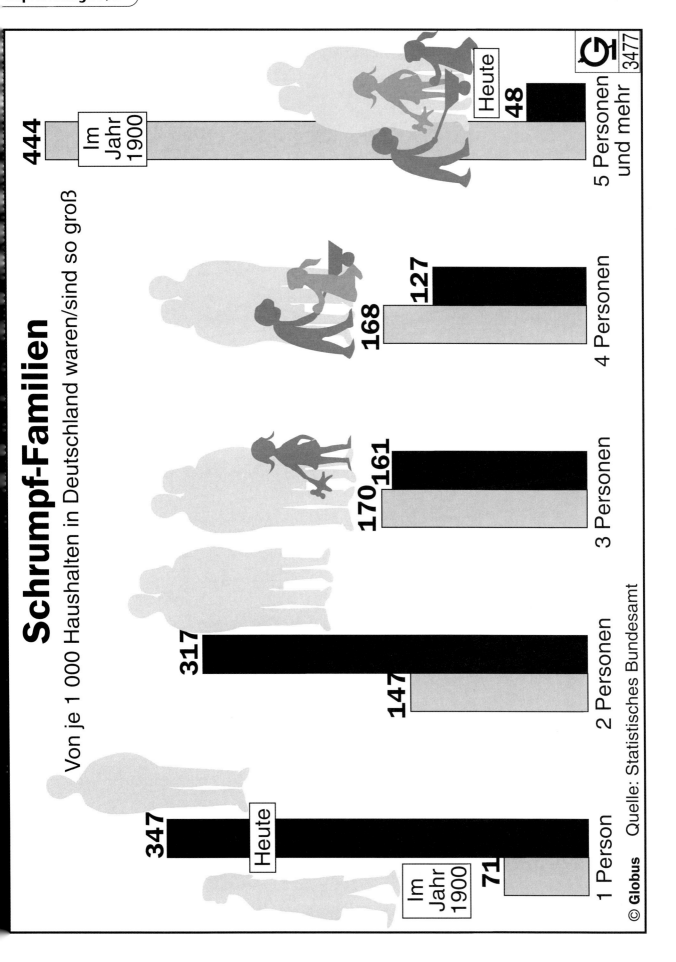

Schrumpf-Familien

Von je 1 000 Haushalten in Deutschland waren/sind so groß

444

Im Jahr 1900

Heute **48**

127

168

170 161

317

147

347

Heute

Im Jahr 1900 **71**

5 Personen und mehr

4 Personen

3 Personen

2 Personen

1 Person

© **Globus**   Quelle: Statistisches Bundesamt

3477

Das Spiel enthält Kärtchen für maximal 22 Teilnehmer. Es gibt insgesamt drei Familien mit festen Mitgliedern (= weiße Kärtchen) und optionalen Mitgliedern (= Kärtchen mit Grauraster). Je nach Kursgröße sind zwei oder drei Familien im Spiel – mit oder ohne die optionalen Mitglieder. Hier der Stammbaum der drei Familien:

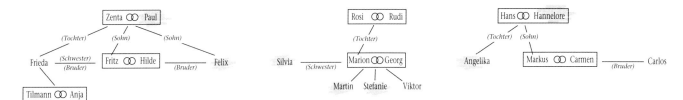

Zenta
Ihre Enkelin heißt Anja.
Fritz ist ihr Sohn.

Fritz
Seine Schwester heißt Frieda.
Tilmann ist sein Neffe.

Frieda
Ihre Mutter heißt Zenta.
Hilde ist ihre Schwägerin.

Hilde
Ihre Schwiegermutter heißt Zenta.
Anja ist ihre Nichte.

Tilmann
Seine Tante heißt Hilde.
Frieda ist seine Mutter.

Anja
Ihr Onkel heißt Fritz.
Tilmann ist ihr Bruder.

Paul
Sein Enkel heißt Tilmann, sein Sohn Fritz und seine Schwiegertochter Hilde.

Felix
Seine Mutter heißt Zenta, seine Schwester Frieda und seine Nichte Anja.

Rosi
Ihr Schwiegersohn heißt Georg.
Viktor ist ihr Enkel.

Rudi
Seine Frau heißt Rosi.
Marion ist seine Tochter.

Marion
Ihre Mutter heißt Zenta.
Hilde ist ihre Schwägerin.

Georg
Seine Frau heißt Marion.
Rudi ist sein Schwiegervater.

Viktor
Sein Opa heißt Rudi.
Georg ist sein Vater.

Silvia
Ihr Schwager heißt Georg, ihr Vater Rudi und ihr Neffe Viktor.

Stefanie
Ihre Mutter heißt Marion, ihr Bruder Viktor und ihre Oma Rosi.

Martin
Seine Oma heißt Rosi, seine Mutter Marion und sein Bruder Viktor.

Hans
Sein Sohn heißt Markus.
Carmen ist seine Schwiegertochter.

Markus
Seine Frau heißt Carmen.
Carlos ist sein Schwager.

Carmen
Ihr Bruder heißt Carlos.
Hans ist ihr Schwiegervater.

Carlos
Seine Schwester heißt Carmen.
Markus ist sein Schwager.

Angelika
Ihr Vater heißt Hans.
Carmen ist Ihre Schwägerin.

Hannelore
Ihr Mann heißt Hans.
Carmen ist ihre Schwiegertochter.

Arbeiten Sie zu zweit, wählen Sie eine Gesprächsnotiz und schreiben Sie einen kleinen Artikel über diese Person.

Inga Köhler

- ehrgeizig, fröhlich
- Hobby: Theater (Schultheater!)
- nach dem Abi: reisen (Asien, Australien)
- Studium Theaterwissenschaften
- Traummann: dunkle Augen, schöne Hände
- Insel: Bücher, Malzeug
- in 20 Jahren: mein eigenes Theater, nicht verheiratet

Christian Zufall

- immer freundlich, fleißig
- Hobbys: Klavier, Tennis, Essen (am liebsten Japanisch)
- Pläne: mit Inter-Rail (quer durch Europa), Zivildienst, Jura-Studium
- Traumfrau: sportlich, gute Köchin
- Beruf: Hotel- oder Restaurantmanager
- in 20 Jahren: eigenes Restaurant

Sven König

- fair, ehrlich, korrekt
- Hobbys: Skat, Briefmarken
- neue Freundin Lisa (keine Zeit für Hobbys und Freunde)
- Beruf: Rechtsanwalt
- in 20 Jahren: wohnt in Heidelberg, verheiratet mit Traumfrau Lisa, 2 Kinder
- Insel: Tauchausrüstung, Bücher, Lisa

Sandra Weiland

- erzählt gerne (Pferde, Freund, Bauernhof)
- Hobbys: Pferde, Garten
- selten in der Schule, muss zu Hause helfen
- in 20 Jahren: eigenen Hof in Langensteinbach, verheiratet, 3 Kinder
- nach dem Abi: keine Reisen, sofort Ausbildung (Landwirtin)
- Insel: Lieblingspferd, Freund, Lieblings-CDs

**Arbeiten Sie zu zweit und schreiben Sie den Dialog. Sie können weitere Fragen ergänzen.
Dann spielen Sie das Interview.**

■ Journalist(in)   ● Herr Keller

■ Wir haben heute in unserem Studio Herrn Keller zu Gast. Herr Keller war früher Ingenieur, aber er ist seit zehn Jahren Hausmann. Guten Tag Herr Keller.

   ● Guten Tag.

■ Das Leben eines Hausmanns ist sicher anstrengend.
   Wann beginnt eigentlich Ihr Arbeitstag?
   (Wann / Ihr Arbeitstag / eigentlich / beginnt)

   ● *Ich stehe jeden Morgen gegen 6 Uhr auf.*
      (jeden Morgen gegen 6 Uhr aufstehen)

■ _____
   (Warum / nicht länger / können / schlafen / Sie)

   ● _____
      (schon um 7 Uhr die Kinder wecken müssen)

■ _____
   (Und was / zwischen 6 und 7 Uhr / Sie / machen)

   ● _____
      _____
      (duschen, sich anziehen, das Frühstück vorbereiten und in Ruhe die Zeitung lesen)

■ _____
   (Wann / Ihre Kinder / in die Schule / gehen)

   ● _____
      (Schule, um acht beginnen, um 7.45 Uhr das Haus verlassen)

■ Na, dann haben Sie ja ein bisschen Ruhe.

   ● _____
      _____
      (nein, sich beeilen müssen und sofort mit der Hausarbeit beginnen: erst einkaufen gehen, danach Wohnung aufräumen und Geschirr abwaschen, dann Essen kochen und die Kinder von der Schule abholen)

■ _____
   (Macht / eigentlich Spaß / die Hausarbeit / Ihnen?)

   ● _____
      (gerne: einkaufen und kochen; nicht gerne: aufräumen, bügeln und Wäsche zusammenlegen)

■ _____
   (Hören / bei der Hausarbeit / Musik / Sie?)

   ● _____
      (nein, fast immer Fernseher anstellen und Serien anschauen)

■ _____
   (Vermissen / Ihre alte Arbeit / manchmal / Sie?)

   ● _____
      (nein, jetzt mehr Zeit für die Kinder haben, mit ihnen spielen können, ihnen gerne Geschichten vorlesen)

■ _____
   (Können Sie / erzählen / noch etwas / uns / über Ihre Frau?)

   ● _____
      (nein, tut mir Leid: jetzt gehen müssen; noch kochen und dann die Kinder von der Schule abholen müssen)

■ Oh, na dann alles Gute, Herr Keller. Auf Wiedersehen.

Bild ◆ Buch ◆ Computer ◆ Eier ◆ Fernseher ◆ ~~Geld~~ ◆ Papierkorb ◆ Stehlampe ◆
Stereoanlage ◆ Topf ◆ Zeitschrift ◆ ...

Wo sind die Sachen? Wohin gehören sie? Räumen Sie auf.

im Bücherregal ◆ im Papierkorb ◆
in der Mikrowelle ◆ im Topf ◆
auf dem Schreibtisch/Bett ◆ auf dem Boden ◆
unter dem Bett ◆ auf dem Schränkchen

auf den Boden ◆ neben das Bett ◆
in die Küche ◆ ins Portemonnaie ◆
ins Regal ◆ in den Kühlschrank ◆
an die Wand ◆ auf den Fernseher / Schreibtisch ◆
auf den Herd / in den Schrank ◆

Das Geld liegt auf dem Boden.
Das gehört ins Portemonnaie.

Schreiben Sie „warum"-Fragen auf. Finden Sie viele passende „weil"-Sätze.

Warum gehst du nie schwimmen?

Weil ich Sport hasse.
Weil ich lieber Fußball spiele.
Weil ich ...
Weil ...
...

Warum hast du keinen Führerschein?

Weil ...
...

Warum lernst du Deutsch?

Weil ...

Warum ...

Weil ...

Warum ...

Weil ...

Warum ...

Weil ...

Warum ...

Weil ...

Lesen Sie dann im Kurs nur die „weil"-Sätze vor. Die anderen müssen die „warum"-Frage erraten.

Wie kann man das kürzer sagen? Schreiben Sie.

1 | Ich war noch ein Kind. | | Da hatte ich schon einen eigenen Fernseher. |

Als Kind hatte ich schon einen eigenen Fernseher.

2 | Sven war 15. | | Da wollte er Rock-Star werden. |

Mit 15 wollte Sven Rock-Star werden.

3 | Ich war Studentin. | | Da wollte ich in einer Wohngemeinschaft leben. |

wollte ich in einer Wohngemeinschaft leben.

4 | Ich war 17. | | Da musste ich oft im Haushalt helfen. |

5 | Stefanie war 16. | | Da musste sie abends um elf Uhr zu Hause sein. |

6 | Ich war früher Fotografin. | | Da musste ich viel reisen. |

7 | Ich war ein junges Mädchen. | | Da durfte ich nicht alleine in die Disko gehen. |

8 | Ich war noch ein Kind. | | Da wollte ich Astronautin werden. |

9 | Christine war 20. | | Da wollte sie nach Amerika auswandern. |

10 | Christine war 22. | | Da wurde sie schwanger. |

11 | Markus war 15. | | Da durfte er zu Hause nicht rauchen. |

Und Sie? Was mussten/konnten/wollten/... Sie als Kind/mit ... machen? Schreiben Sie.

12   _____

13   _____

14   _____

Lesen Sie den Text und schreiben Sie eine ähnliche Geschichte.

Eine kleine Lebensgeschichte

Als Kind hatte ich viele Träume:
Zuerst wollte ich Sängerin werden,
dann Journalistin, dann Friseurin.

Meine Eltern waren ziemlich streng.
Ich durfte nicht allein weggehen.
Und ich musste oft helfen: im Haushalt und im Garten, ...
Mein Bruder durfte immer spielen.

Wir hatten noch keinen Fernseher.
Aber ich hatte viele Märchenbücher.
Ich sollte schon um acht Uhr ins Bett gehen,
aber ich wollte immer noch lesen.
Manchmal hatte ich Angst, vor den Hexen und Teufeln und ...
Sie konnten fliegen und zaubern.
Und ich konnte nicht schlafen.

Heute bin ich Lehrerin.
Ich habe selbst zwei Kinder.
Meine Kinder wollen vieles.
Aber sie dürfen nicht alles.
Und manchmal sagen sie: Du bist so streng.

Die Küche sieht immer wie ein Schlachtfeld aus.

Eine Mitbewohnerin telefoniert immer. Es gibt nur ein Telefon in der WG!

Ein Mitbewohner schließt immer seine Tür ab.

Es gibt einen Putzplan. Eine Mitbewohnerin putzt nie oder nicht gründlich.

Die WG sucht eine Mitbewohnerin oder einen Mitbewohner: Wie macht man das? Wer macht was?

Ein Mitbewohner lässt ständig fremde Leute in seinem Zimmer übernachten.

Ein Mitbewohner ist ständig am „Schmarotzen": Er bittet immer um Brot, Kaffee oder Butter.

Eine Mitbewohnerin hört gerne laut Musik – auch spät abends, wenn die anderen schlafen möchten.

EIN COMPUTER

SPIEL

Am Anfang musst du die Klingel finden
und klingeln, bis alle Kugeln verschwinden.

Dann ganz langsam den Gang entlang.

Achtung: Von links kommt ein Bumerang!

Schnell in den Schrank – das bringt Punkte! Jetzt raus!

Prima! Jetzt links – nimm einfach die Maus.

Leg' die Zeitung in den Schrank
und dann setz' dich auf die Bank.

Du hast Hunger – iss den Schinken!

Nein, das Bier darfst du nicht trinken!

Kein Besteck? Nimm die Hände.

Mist! Jetzt ist es zu Ende!

Den Schinken essen bringt kein Glück –
jetzt musst du wieder zum Anfang zurück.

Was passt wo? Ergänzen Sie.

_____

_____

_____

_____

_____

_____

_____

_____

_____

_____

_____

_____

_____

mit dem Schiff ◆ Tanz ◆ Schwimmbad ◆ Fotografieren ◆ Windsurfen ◆
Drei-Sterne-Hotel ◆ Wandern ◆ Restaurant ◆ Tennisplatz ◆ Fahrradfahren ◆
mit dem Bus ◆ mit dem Flugzeug ◆ mit der Bahn

Welche Überschrift passt für diese Wortgruppen? Ergänzen Sie.

Urlaubsart ◆ Unterkunft ◆ Verkehrsmittel ◆ Urlaubsziel ◆ Papiere ◆ Gepäck

a) _____

    der Strand
    die Berge
    eine Stadt

b) _____

    der Koffer
    die Tasche
    der Rucksack

c) _____

    mit dem Schiff
    mit dem Flugzeug
    mit dem Zug

d) _____

    die Kreuzfahrt
    die Radtour
    die Gruppenreise

e) _____

    im Gasthof
    im Hotel
    auf dem Campingplatz

f) _____

    der Pass
    das Ticket
    die Reservierung

Verbkette

Kopieren Sie die Vorlagen und kleben Sie sie auf dünne Pappe. Dann können Sie die Kärtchen zerschneiden. Sie sind so stabiler und lassen sich mehrfach verwenden. Damit es leichter ist, bei verschiedenen Gruppengrößen eine Verteilung zu finden, die „aufgeht", wurden die Verben in einen Hauptblock mit zwölf Kärtchen, drei Blöcke mit je sechs Kärtchen und einem Block mit vier Kärtchen aufgeteilt. Trotzdem müssen eventuell einige TN zwei Kärtchen bekommen.

abfliegen	besucht	angekommen
beginnen	wartet	geblieben
sehen	lernt ... kennen	gemacht
besuchen	beginnt	abgeflogen
ankommen	bleibt	gesehen
machen	schläft ... ein	begonnen
warten	geht	gewartet
bleiben	fliegt ... ab	kennen gelernt
einschlafen	sieht	besucht
kennen lernen	kommt ... an	verpasst
verpassen	macht	gegangen
gehen	verpasst	eingeschlafen

einkaufen	sucht	gebraucht
brauchen	findet	getroffen
suchen	isst	eingekauft
treffen	kauft ... ein	gefunden
essen	trifft	gesucht
finden	braucht	gegessen

einladen	erzählt	mitgemacht
vergessen	sitzt	geflogen
mitmachen	lädt ... ein	vergessen
erzählen	macht ... mit	gesessen
sitzen	fliegt	eingeladen
fliegen	vergisst	erzählt

ansehen	wacht ... auf	gezogen
aufwachen	legt	gelegt
legen	zieht	angesehen
ziehen	sieht ... an	aufgewacht

besichtigen	klappt	zurückgefahren
losgehen	faulenzt	verloren
klappen	besichtigt	losgegangen
zurückfahren	verliert	gefaulenzt
faulenzen	geht ... los	geklappt
verlieren	fährt ... zurück	besichtigt

Verbkärtchen Perfekt

genommen	gefragt	gearbeitet	bestellt
angesehen	verdient	getrunken	angezogen
gefahren	abgeholt	gelernt	gesprochen
ausgesehen	bekommen	beantwortet	gefallen
gekommen	verstanden	mitgenommen	erklärt
geheiratet	angefangen	gewusst	gestanden
aufgewacht	berichtet	gefunden	gesagt
angerufen	verlassen	ausgezogen	versucht
geschrieben	aufgestanden	gereist	benutzt
aufgeräumt	gedacht	zugehört	abgewaschen
mitgekommen	gelesen	geschwommen	bezahlt
besucht	geglaubt	gegeben	aufgehängt

Perfekt-Domino

bleibt	hat gedacht	verpasst	ist gegangen
geht	ist geflogen	denkt	hat gesprochen
trinkt	hat verpasst	nimmt	hat getrunken
findet	hat gelesen	steht	hat begonnen
spricht	hat verstanden	vergisst	hat getroffen
beginnt	ist geschwommen	fliegt	ist geblieben
verliert	hat vergessen	schwimmt	hat verloren
trifft	hat genommen	besucht	hat gefunden
isst	hat gestanden	liest	hat gegessen
sitzt	hat besucht	versteht	hat gesessen

Wörter summen: Perfekt

Wählen Sie eine Gruppe (1–5) und ein Wort aus dieser Gruppe, dann nennen Sie die Nummer der Gruppe und summen Sie das Wort.

Die anderen Teilnehmer raten. Wer richtig rät, wählt ein neues Wort.

Beispiel: Sie wählen *verstanden* aus Gruppe 2.

Sie sagen: *Zwei* und summen: „hm^{hm}hm".

1 | eingeladen | besucht | mitgebracht | gegessen | zurückgefahren

2 | angerufen | erklärt | beantwortet | verstanden | mitgemacht

3 | eingeschlafen | aufgewacht | gefaulenzt | gemacht | beobachtet

4 | eingekauft | angesehen | gefunden | bezahlt | zurückgegangen

5 | ausgezogen | kennen gelernt | geliebt | geheiratet | verlassen

Wählen Sie eine Gruppe und schreiben Sie mit allen diesen Verben eine Geschichte. Lesen Sie Ihre Geschichte dann vor und achten Sie dabei auf den richtigen Wortakzent.

Was passt wo? Arbeiten Sie zu zweit und ergänzen Sie die Namen der Bundesländer und der Hauptstädte.

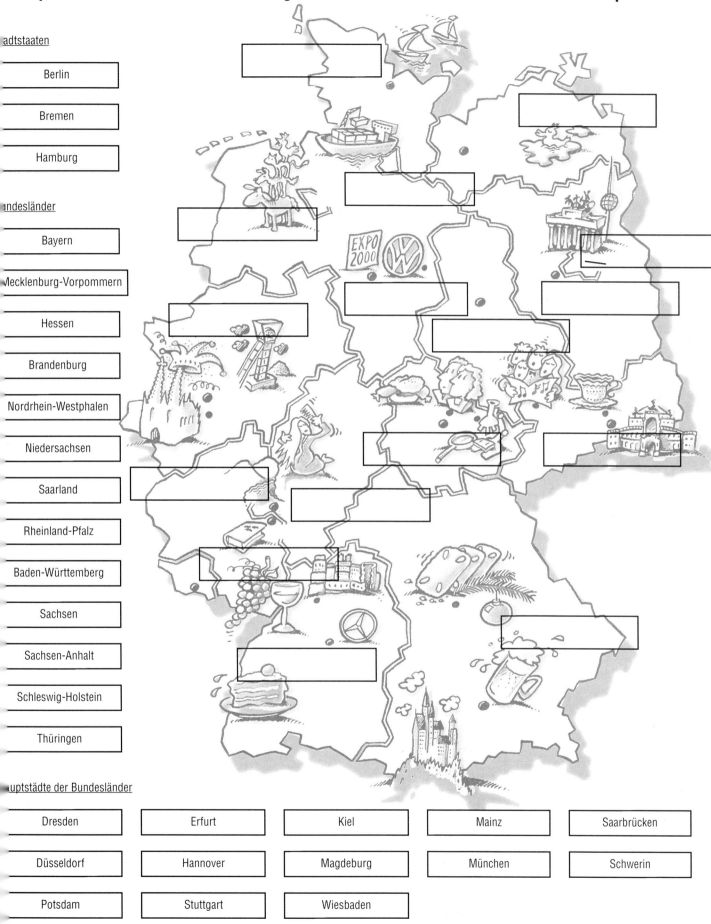

adtstaaten

- Berlin
- Bremen
- Hamburg

ndesländer

- Bayern
- Mecklenburg-Vorpommern
- Hessen
- Brandenburg
- Nordrhein-Westphalen
- Niedersachsen
- Saarland
- Rheinland-Pfalz
- Baden-Württemberg
- Sachsen
- Sachsen-Anhalt
- Schleswig-Holstein
- Thüringen

uptstädte der Bundesländer

Dresden	Erfurt	Kiel	Mainz	Saarbrücken
Düsseldorf	Hannover	Magdeburg	München	Schwerin
Potsdam	Stuttgart	Wiesbaden		

Lesen Sie die Texte und unterstreichen Sie wichtige Informationen.

Reizvolle Wald- und Seenlandschaft. Wichtigster Wirtschaftszweig ist die Land- und Forstwirtschaft. In der Hauptstadt Potsdam lohnt ein Besuch der Schlösser und Bauten in dem herrlichen Park von Sanssouci.

Das an Fläche und Einwohnerzahl kleinste Bundesland mit langer Tradition. Wirtschaftliches Zentrum ist der Containerhafen in Bremerhaven, Wahrzeichen sind Rolandsäule von 1404 und das Denkmal der Stadtmusikanten (Tierfiguren nach dem Märchen der Brüder Grimm).

Frankfurt am Main, die Geburtsstadt Johann Wolfgang von Goethes (1749–1832), ist heute zentraler Verkehrsknotenpunkt (Rhein-Main-Flughafen), wichtigster Finanzplatz und ein bekanntes Messezentrum (Internationale Buchmesse). Die Rhein-Main-Region ist neben dem Ruhrgebiet und Berlin eines der großen Wirtschaftszentren Deutschlands (Hoechst, Opel). Im Norden dieses auch landschaftlich reizvollen Bundeslandes liegt die Stadt Kassel mit ihrer «documenta», der weltweit größten Ausstellung von Gegenwartskunst, die alle fünf Jahre dort stattfindet.

Das „Land der tausend Seen" mit viel unzerstörter Natur – hier gibt es rund 260 Naturschutzgebiete. Landeshauptstadt ist Schwerin, bekannt sind auch die alten Handelsstädte Stralsund, Wismar, Greifswald und Rostock. Sehenswert: die Kreidefelsen auf Rügen. Wichtigste Wirtschaftszweige sind Landwirtschaft, Ackerbau und Viehzucht, aber immer wichtiger wird der Tourismus.

Zweitgrößtes Flächenland Deutschlands, zwei Drittel davon werden landwirtschaftlich genutzt. Schinken aus dem Oldenburger Land und Honig aus der Lüneburger Heide sind berühmt. Die Landeshauptstadt Hannover ist Messezentrum und Veranstalter der Weltausstellung (EXPO 2000). Wolfsburg ist die Heimatstadt des Volkswagens, der überall auf der Welt zu sehen ist.

Eine europäische Kernlandschaft, die Grenzen überwindet: Der Raum Saarland, Lothringen und Luxemburg wächst immer mehr zusammen (Saar-Lor-Lux), traditionelle Branchen sind die Glas- und die Keramikindustrie (Villeroy & Boch). Die Landeshauptstadt Saarbrücken zeigt die gelungene Verbindung von französischer und deutscher Lebensart und Küche.

Das Land ist dünn besiedelt. Die bisherigen Chemie- und Braunkohlezentren Halle, Bitterfeld, Leuna, Wolfen und Merseburg durchlaufen einen schwierigen Umstellungsprozeß mit der Sanierung von Umweltschäden und dem Aufbau einer neuen Infrastruktur. Landeshauptstadt ist Magedeburg mit seinem mächtigen Dom, interessant ist das historische Zentrum der alten Salzstadt Halle, Geburtsort des Komponisten Georg Friedrich Händel (1685–1759).

Das Bundesland an zwei Meeren: Nord- und Ostsee. Lange ein reines Agrarland, inzwischen ist auch der Tourismus ein wichtiger Wirtschaftszweig. Helgoland, die Nordfriesischen Inseln (Sylt) und die „Holsteinische Schweiz" sind beliebte Ferien- und Ausflugsziele. Wichtige Hafenstädte sind die Landeshauptstadt Kiel – ein Zentrum des Segelsports (Kieler Woche) – und die Hansestadt Lübeck, Geburtsort von Thomas Mann (1875–1955).

Vergleichen Sie dann mit der Karte im Kursbuch S. 110 und ergänzen Sie die Namen der Bundesländer.

Kopiervorlage 10/1

---

① ▽ Ärzte: Allgemein- medizin u. Praktische Ärzte

Abbushi Gudrun Dr. (Dei) Bahnhof-21
.... 6 13 28 85
Abé Erich Dr. (Ism) Garchinger-6 .... 96 94 52
Achatz Michael Dr. Lassalle-95 . . 1 50 33 95
Ackl Nibal Dr. Keferloher-134 .... 35 31 96 66
Ader Peter Dr. u. Eva Dr. Kyrein-8 ... 76 40 80
Adler Andreas Dr. Gentz-3 .... 2 71 72 51

**ÄRZTLICHE
BEREITSCHAFTSPRAXIS
München-Schwabing
80802 Leopoldstr. 23
U-Bahnhaltestelle Giselastr.**
Spr. Mo-Fr 19.00-23.00 Uhr
Sa, So, Feiertag 8.00-23.00 Uhr
Telefon 33 04 03 02

**Ahlborn Bernhard Dr.med.
Naturheilverfahren
Homöopathie, Chirotherapie**
80333 Maximiliansplatz 12a
TELEFON   22 73 44

(Fortsetzung nächste Seite)

Ärzte: Haut- u. Geschlechts- krankheiten

edow Murat Dr. Rumford-37 .. 29 29 10
maier-Köhler Marianne Dr.
tärztin, Allergologie
chotherapie
choanalyse
) Landsberger Straße 27
efon   8 41 28 61
mir Bernd Dr. (Ush) Orion-6 . 3 10 21 01
n Werner Dr.med.
tarzt, Allergologie
echstd. n. Vereinbarung
ertusstraße 7
52 Planegg   8 59 96 95
Ria Dr. Georg-Strebel-8 ..... 7 90 25 22
rdorf I. u. R. Dres.med.
tärzte-Allergologie

**82269 Geltendorf (Kaltenberg)
Tel. (0 81 93) 80 98, Fax 2 22**

⑦ Zahnärzte

bée Claus-P. Ohm-8 .... 39 79 79
cevedo Antonio Dr. Sendlinger-Tor-Platz 8
.... 59 42 43
chtberger Josef Dr.univ.(MU Budapest)
Breisacher-5 ....4 48 40 08
ckermann Eckart Dr. Gräf-109 .... 83 64 65
.... 0 17 28 24 50 54
ckermann Siegfried Dr. Neuhauser-47
.... 59 12 04
.... Fax 5 50 39 18

Im Internet:
www.gelbe-seiten-muenchen.de

---

② ▽ Ärzte: Augen- heilkunde

Arbunescu-Pecher A. Dr.
Augenarzt Nähe 60er Stadion
Ambulante Operationen
Mo-Fr 9-12, Mo Mi 15-17, Do 15-19
Tegernseer Landstraße 154/I
Telefon   6 92 12 12
Telefax   6 91 31 46

Augenklinik Herzog Carl Theodor Riedel Prof.
Dr. 18 50 03
Neubauer Prof. Dr. 18 35 11
Drechsel Dr. 18 30 73
Heider Prof. Dr. 18 50 03

Bachmann-Deckstein R. Dr.
81925 Isolde-Kurz-Straße 12
Praxis: Sternwartstraße 2
(n. Privatkassen)   ☎ 98 06 22

Bantzhaff Marion Dr. Walther-33 .... 53 10 73

Basting Coelestina Dr.med.
Merz Bettina Dr.med.
**Augenärzte an der
Münchner Freiheit, U3/U6**
Contactlinsen, Sehschule
Laserbehandlung,
Ambulante Operationen

---

⑤ ▽ Ärzte: Homöopathie ★

80   **Ahlborn Bernhard Dr. med.**
80333 Maximiliansplatz 12a
TELEFON   22 73 44

Antrup Gerhard prakt. Arzt
Klassische Homöopathie
Sprechz. nach Vereinb. (nur Privat)
Neubiberg, Hauptstraße 28b
Telefon   6 01 89 42 + 6 06 09 50

Baierl Hans Dr.med.
Arzt für Innere Medizin
81371 Kochelseestr. 10   7 25 26 01

Böhnisch Karl-Heinz
Facharzt f. Allgemeinmedizin
Klassische Homöopathie
Naturheilverfahren
Psychotherapie (U-Rotkreuzpl.)
80636 Fasaneriestr. 4   12 16 40 55
Telefax   12 16 40 56

Pasinger
Telefon

Citronenbau

Donhauser
Albert-Ro
Am Partn

Donhauser (

Dorn Prof. Dr

....

Dorn Micha
Hautarzt,
Sprechstu
80331 Mü
Burgstraße
Telefax

**Drosner N
Hanausl
Pettke-R
Kluess H**
Allergolog
Phlebologie
Ambulante (

Bartels
Zahnar.
Sprech
8-20 U
80333
Telefor

**Bartelt
Barte**
81667
Weiß
oder

Bartussel
......

Barz Dr. u
Thiersc

---

③ ▽ Ärzte: Hals- Nasen- Ohren- heilkunde

Becker-Lienau Ch. Dr.Dr.med.
Hals-Nasen-Ohrenarzt
81241 München-PASING
Bodenstedtstraße 58
(Ecke Bäckerstraße)
Fax 8 34 57 04 , Tel.   8 34 56 30

Becker-Linau Christoph Dr. Bodenstedt-58
.... 8 34 87 27

Beckmann Arvid Dr.
(Ott) Rosenheimer Land-39
.... 6 09 59 25, Fax 6 09 12 81

Behbehani A.A.Prof.Dr.med.habil.
HNO, Plastische Operationen
Allergologie
Stimm- und Sprachstörungen
Ltd. Arzt der HNO-Abt. in der
Kernspintomographie
Karlsplatz 3-5 (Stachus)
Telefon   55 25 26 - 0
Telefax   55 25 26 - 27

---

⑥ ▽ Ärzte: Orthopädie

**Abicht H.-M. Dr.med. (Giesing)
Schlierseestr. 77 ...   6 92 44 99**

**Aigner Reinhard PD Dr.med.
Birzer Maria Dr.med.
Prof. Dr.med. Bernd Rosemeyer**
Ärzte für Orthopädie
Praxis Schönfeldstraße 14
80539 München
Telefon   28 86 25

Aigner Reinhard Dr. Schönfeld-14
.... Fax 28 86 27

Albrecht Werner Dr.med.
81929 München-Denning
Friedrich-Eckart-Straße 50
Telefon   ☎ 93 50 03

Atam Andreas K. Dr. Reisinger-4
.... 5 32 89 59, Fax 5 32 89 50
Bachmann Christine Dr. (Ger) Kurfürsten-2
.... 84 82 82, Fax 8 94 95 26

Badelt Peter Dr.
Orthopäde
Spr.: Mo-Fr 8.30-11.30 Uhr
Mo u. Do 15-18, Di 15-17 Uhr
Sonnenstraße 16   ☎ 59 21 27

Badelt Peter Dr. Sonnen-16 .. Fax 5 50 19 44
Balz Maria Dr. (Tkn) Münchner-3 .. 6 12 43 31
Barnett A. Dr. Franz-Joseph-
Straße 18   39 52 10

(right edge, partially cut)
U
P
U
B
Blo
BO(52
RI 24
Boc
Bol
Bo
(
v
8
B
(
S
8
Bra
Bre
O
C
F
E
Bren
Bre
M
O
C
M
U

Welcher Arzt kann Ihnen helfen? Wohin gehen Sie?

Sie haben seit drei Tagen Schnupfen. ☐   Sie haben seit drei Tagen Husten. ☐
Sie haben eine Allergie. ☐   Sie sehen immer schlechter. ☐
Sie haben Halsschmerzen. ☐   Sie haben Schmerzen am Fuß. ☐
Ihre Haare fallen aus. ☐   Sie haben oft starke Kopfschmerzen. ☐
Sie haben Ohrenschmerzen. ☐   Sie haben oft starke Bauchschmerzen. ☐
Sie haben immer wieder starke   Sie haben Zahnschmerzen. ☐
  Rückenschmerzen. ☐   Sie haben Prüfungsangst. ☐
Sie fühlen sich sehr gestresst und müde. ☐

● *Wohin gehst du/gehen Sie bei Schnupfen?*
    ■ *Zum Hausarzt. Und du? (Und Sie?)*
● *Ich gehe zum Hals-Nasen-Ohren-Arzt. Mein Hausarzt sagt immer nur: Da kann man nichts machen.*
        ■ *Und wohin gehst du (gehen Sie), wenn ...*

Was passt zusammen?

Wenn keine Zeit bleibt,	gibt es nur Würstchen.
Wenn ich Zeit und Lust habe,	koche ich abends so richtig.
Wenn ich Appetit auf etwas habe,	dann hole ich mir das auch.
Wenn ich beim Job Hunger habe,	kaufe ich mir eben ein Brötchen und eine Banane.
Wenn ich mal drei Tage ganz normal gegessen habe,	sieht man das auch an meiner Haut.
wenn Pause ist.	Ich frühstücke erst in der Schule,
Wenn wir solche Sachen essen,	dann wird uns schlecht.
wenn ich einen Wettkampf habe und zunehmen muss.	Ich trinke pure Kohlehydrate und Eiweiß,

Ergänzen Sie die Sätze.

viele Süßigkeiten essen ◆ krank/dick werden ◆ allein sein ◆ nervös sein/werden ◆ viel Alkohol trinken ◆ weniger/mehr essen ◆ schwer einen Partner finden ◆ unsicher werden ◆ nicht (ein)schlafen können ◆ zu viel/zu schnell essen ◆ schlank/fit/gesund bleiben ◆ ...

Wenn man viele Süßigkeiten isst, (dann)   *wird man dicker.*

Wenn man beim Fernsehen isst, (dann)   *isst man mehr.*

Wenn man beim Schnell-Imbiss isst, (dann) _____

Wenn man nur eine kurze Mittagspause hat, (dann) _____

Wenn man allein isst, (dann) _____

Wenn man langsam isst, (dann) _____

Wenn man nervös ist, (dann) _____

Wenn man Langeweile hat, (dann) _____

Wenn man regelmäßig isst, (dann) _____

Wenn man viel Obst und Gemüse isst, (dann) _____

Wenn man viel Schokolade isst, (dann) _____

Wenn man viel Alkohol trinkt, (dann) _____

Wenn man viel raucht, (dann) _____

Wenn man fett isst, (dann) _____

Wenn man spät abends isst, (dann) _____

Wann gehst du ins Kino?	Wahrscheinlich am Freitag.
Wann stehst du morgens auf?	Um vier Uhr morgens
Wann schließt die Disko?	Um halb sieben.
Wann hast du Geburtstag?	Am 6. Februar.
Wann sind die Öffnungszeiten?	Von 10.00 bis 22.00 Uhr.
Wann gehen wir endlich wieder einmal zum Italiener?	Warum „endlich"? Wir waren doch erst letzte Woche da.

Wann können wir essen?	Wenn das Essen fertig ist.
Wann kommst du mich besuchen?	Wenn ich Zeit habe.
Wann fahren wir in die Berge?	Wenn das Wetter schön ist.
Wann holst du mich ab?	Wenn es für dich am günstigsten ist.
Wann soll ich denn vorbeikommen?	Komm einfach, wenn der Kurs zu Ende ist.
Wann bist du besonders traurig?	Wenn ich Diät machen muss.

Was machen wir, wenn es keine Kinokarten mehr gibt?	Dann gehen wir schön essen.
Was soll ich machen, wenn sie nicht zu Hause ist?	Dann schreib ihr eine E-mail oder einen Brief.
Was soll ich nur machen, wenn ich durch die Prüfung falle?	Dann musst du sie wiederholen.
Was machst du, wenn das Auto kaputt ist?	Dann fahre ich mit der U-Bahn.

Pause

Ist der Deutschkurs lang
brauchst du dann und wann
eine Pause.

Sitzt du im Büro
musst mal schnell aufs Klo
mach 'ne Pause

Wenn gar nichts mehr geht,
hilft keine Diät,
nur 'ne Pause

…

Kaugummi

Bist du mal nervös,
dann werd' nicht gleich bös' –
kau 'nen Kaugummi

Schimpft dein Chef mit dir,
greif nicht gleich zum Bier,
kau 'nen Kaugummi

Ist das Leben gemein,
dann hilft dir kein Schrei'n –
nur ein Kaugummi.

…

Ergänzen Sie die Liedtexte oder schreiben Sie neue Texte zu anderen Themen.

Was sagt man,

... wenn man einen Tisch reserviert hat?

_____

_____

... wenn man die Speisekarte möchte?

_____

_____

... wenn man etwas zu trinken bestellt?

_____

_____

... wenn man etwas wissen will?

_____

_____

... wenn man eine Speise nicht kennt?

_____

_____

... wenn alle gleichzeitig trinken?

_____

_____

... wenn man bestellen will?

_____

_____

... wenn man etwas zu essen bestellt?

_____

_____

... wenn das Essen da ist?

_____

_____

... wenn das Essen gut schmeckt?

_____

_____

... wenn man noch etwas zu trinken bestellen möchte?

_____

_____

... wenn man bezahlen will?

_____

_____

... wenn die Rechnung 27,50 DM macht?

_____

_____

Wählen Sie ein Bild aus, beschreiben Sie die Person genau (Alter, Aussehen, Nationalität, Farbtyp ...) und geben Sie ihr Tipps, welche Farben sie tragen sollte.

● *Unser Bild zeigt ein... ...jährig... Mann/Frau.*

... hat ... Haare und ... Augen. ... kommt vielleicht aus ... oder aus ...

Wir glauben, ... ist ein ...typ. ... sollte ... Farben tragen. Gut steht ... ein ... ..., ein ... ... oder ...

Ergänzen Sie „welch-" oder „was für ein-" in den Fragen und die bestimmten/unbestimmten Artikel in den Antworten. Denken Sie auch an die richtigen Endungen.

1 ■ *Was für einen* _____ Pullover möchten Sie?

● Vor allem einen billigen.

■ Diese Wollpullover hier sind sehr günstig. _____ Größe haben Sie denn?

● 36 oder 38, das kommt darauf an.

■ Diese Pullover gibt es in dunkelblau, weinrot und schwarz. _____ Farbe gefällt Ihnen am besten?

● Weinrot, das steht mir gut.

2 ■ _____ Hemd soll ich denn zu diesem dunklen Sakko anziehen?

● Auf alle Fälle _____ helles. Vielleicht das gelbe oder hellgraue.

■ _____ passt besser?

● Ich glaube, _____ gelbe.

3 ■ Andrea wünscht sich ein Buch zum Geburtstag. _____ Buch soll ich ihr denn kaufen?

● Kauf ihr doch _____ Buch über die USA. Sie fährt doch bald in die USA.

■ Ach, ich weiß nicht. Neulich hat sie gesagt, sie möchte gern mal einen guten Krimi lesen. _____ Autoren kannst du mir denn da empfehlen?

● Ingrid Noll oder Hansjörg Martin. Die finde ich gut.

4 ■ Was für ein Auto hast du dir gekauft?

● _____ Volkswagen.

■ Hier stehen viele Volkswagen. _____ ist denn nun deiner?

● _____ rote da hinten.

5 ■ _____ Zug möchten Sie nehmen?

● _____ um 15.41 Uhr.

■ _____ Zug ist das? Ein ICE oder ein Interregio?

● Ein ICE.

6 ■ _____ Urlaub möchtest du gerne machen?

● Eine Kreuzfahrt. Ich habe mir extra einen Prospekt über Kreufahrten besorgt.

■ Und _____ Angebot findest du am interessantesten?

● _____ Mittelmeer-Kreuzfahrt von Globe-Tours. Die ist auch nicht so teuer.

Lesen und spielen Sie die Dialoge zu zweit. Machen Sie ähnliche Dialoge zu anderen Themen.

| Beruf ◆ CD ◆ ~~Haus~~ ◆ Hobby ◆ Krankheit ◆ Kuli ◆ Lehrer/in ◆ Mantel/Jacke ◆ Medikament |
| Musik ◆ Regenschirm ◆ Restaurant ◆ Tasche/Rucksack ◆ ~~Übung~~ ◆ Wohnung ◆ ... |

■ *Welche Übungen sollen wir als Hausaufgabe machen?*
● *Die Übungen auf Seite 152.*
■ *In was für einem Haus wohnst du?*
● *In einem Altbau.*

Die Adjektiv-Deklination

Ergänzen Sie die Endungen bei den Artikeln und Adjektiven.

	f			m			n			Plural		
N	di _e_	klein _e_	Wohnung	de _r_	modisch __	Anzug	da _s_	teur __	Lokal *	di _e_	teur __	Lokale
O	di __	klein __	Wohnung	de __	modisch __	Anzug	da __	teur __	Lokal	di __	teur __	Lokale
M	ein __	klein __	Wohnung	ein modisch __		Anzug	ein teure		Lokal	kein __		Lokale
	klein __		Wohnung	modisch __		Anzug	teure		Lokal	teur __		Lokale
A	di _e_	klein _e_	Wohnung	de _n_	modisch _en_	Anzug	da _s_	teur __	Lokal	di _e_	teur __	Lokale
K	di __	klein __	Wohnung	de __	modisch __	Anzug	da __	teur __	Lokal	di __	teur __	Lokale
K	ein __	klein __	Wohnung	eine __	modisch __	Anzug	ein teure		Lokal	kein __		Lokale
	klein __		Wohnung		modisch	Anzug	teure		Lokal	teur __		Lokale
in	de _r_	klein _en_	Wohnung	de _m_	modisch __	Anzug	de _m_	teur __	Lokal	de _n_	teur __	Lokale __
+	de __	klein __	Wohnung	de __	modisch __	Anzug	de __	teur __	Lokal	de __	teur __	Lokale __
D	eine __	klein __	Wohnung	eine __	modisch __	Anzug	eine __	teur __	Lokal	keine __		Lokale __
A	kleine __		Wohnung	modisch __		Anzug	teure		Lokal	teure __		Lokale __
T												

wie bestimmter Artikel: dieser, jeder (Pl. alle), mancher

wie unbestimmter Artikel: kein, mein/dein/sein/...

1 Wenn der Artikel das Signal hat, dann hat das Adjektiv die Endung _–e_ oder _____ .

2 Wenn der Artikel kein Signal hat oder wenn das Nomen ohne Artikel steht, bekommt _____ das Signal.

3 Im Dativ Plural bekommt das Nomen in der Regel die Endung _____ .

Ergänzen Sie jetzt die Signale und die Regeln.

	f	m	n	Pl
NOM	–e			–e
AKK		–n		
DAT				–m

* Bei einigen Adjektiven ändert sich der Stamm, wenn man sie dekliniert: **teuer** – teur-, **dunkel** – dunkl-, **hoch** – hoh-

Was man (nicht) macht ...

Tabu

(Musik, Text & Gesang: Pe Werner)

Pe Werner ist Sängerin, Texterin,
Komponistin und Kabarettistin.
Bekannt wurde sie durch das jetzt
schon zum Evergreen gewordene Lied
„Kribbeln im Bauch" sowie ihre zahl-
reichen Kabarettshows.

Man bohrt nicht in der Nase, man raucht nicht im Bett,
man sagt zu 'nem Dicken nicht: „Mann, bist du fett!",
man isst nicht mit den Fingern, man geht nicht bei Rot,
man wünscht einer Politesse nicht den Tod.
Man spricht nicht über Sex, sagt nie : „Es war fad.",
man schwimmt nicht nackt und bloß im Hallenbad,
man sollte weder schwarzfahr'n noch schwarzseh'n,
ich darf dir zwar die Zeit, aber nicht die Uhr stehl'n.

Tabu: was man nicht dürfen darf,
auch wenn man wollen würde,
ist man noch so scharf,
Tabu-Tabu-Tabu.

Man duzt keine Opas, man fälscht keine Schecks,
man macht auf Mutters Tischdecke keinen Klecks,
man lügt nicht bei der Beichte, redet nie mit vollem Mund,
man darf nicht widersprechen, schon gar nicht beim Bund.
Man fragt eine Dame nie, wie alt sie ist,
man lauscht nicht an der Wand, auch wenn es spannend ist,
man sagt nicht „Neger" zu 'nem schwarzen Mann,
'ne Frau lacht sich keine jüng'ren Männer an.

Tabu …

Es gibt 'ne Menge Kurioses auf der Welt,
erlaubt ist doch nicht alles, was gefällt:
eine Frau liebt keine Frau und 'n Mann keinen Mann,
und wen der Papst in Rom liebt, geht niemand was an.

scharf sein (auf etwas)	etwas unbedingt haben oder tun wollen
jdn. duzen	zu jemand „du" sagen (und nicht „Sie")
lügen	nicht die Wahrheit sagen
Bund	hier kurz für: Bundeswehr (das deutsche Militär)
Kurioses	seltsame Dinge; Gegenteil: normale Dinge
der Papst (in Rom)	Oberhaupt („Chef") der römisch-katholischen Kirche

Was ist richtig: a, b oder c? Markieren Sie bitte.

Beispiel:

Wie heißen Sie?

Mein Name _____ Schneider.

- ❏ a) hat
- ☒ b) ist
- ❏ c) heißt

1 ● Und wer ist die große Frau neben dir auf dem Foto?
   ■ Das ist _____ große Schwester
   - ❏ a) meiner
   - ❏ b) meine
   - ❏ c) mein

2 ● Wann räumst du endlich dein Zimmer ____?
   ■ Morgen. Ganz bestimmt.
   - ❏ a) ein
   - ❏ b) ab
   - ❏ c) auf

3 ● Wo ist denn die Toilette?
   ■ Gleich hier, neben _____ Badezimmer.
   - ❏ a) der
   - ❏ b) den
   - ❏ c) dem

4 ● Du ziehst nicht zu Hause aus, _____ du jetzt einen Job hast?
   ■ Ach, das ist mir zu viel Stress: Wohnung suchen, umziehen usw.
   - ❏ a) weil
   - ❏ b) obwohl
   - ❏ c) aber

5 ● Wo warst du denn gestern? Wir haben auf dich gewartet.
   ■ Tut mir Leid, aber ich _____ meiner Mutter beim Einkaufen helfen.
   - ❏ a) sollte
   - ❏ b) muss
   - ❏ c) musste

6 ● Du wolltest doch zu deinen Eltern aufs Land fahren?
   ■ _____ _____ , aber ich war so müde.
   - ❏ a) Eigentlich schon
   - ❏ b) Eigentlich nein
   - ❏ c) Ja sehr

7 ● _____ ihr schon einmal in Asien gewesen?
   ■ Nein, noch nie.
   - ❏ a) Sind
   - ❏ b) Seid
   - ❏ c) Habt

8 ● Und wie war das Essen im Hotel?
   ■ _____ schön teuer und nicht sehr gut.
   - ❏ a) Ganz
   - ❏ b) Sehr
   - ❏ c) Wirklich

9 ● Und was habt ihr dann gemacht?.
   ■ Wir sind mit Freunden essen gegangen und haben den ganzen Abend _____.
   - ❏ a) diskutierten
   - ❏ b) diskutieren
   - ❏ c) diskutiert

10 ● Welcher Berg ist _____ , das Matterhorn oder die Zugspitze?
   ■ Das Matterhorn natürlich.
   - ❏ a) das höchste
   - ❏ b) höher
   - ❏ c) hocher

11 ● Was meinst du: _____ beginnt das Konzert?
   ■ Ich vermute, so gegen zehn.
   - ❏ a) Wann
   - ❏ b) Wie viel
   - ❏ c) Wenn

12 ● Was ist eigentlich eine Apfelsaftschorle?
   ■ Das ist Apfelsaft _____ _____ .
   - ❏ a) mit Wein
   - ❏ b) ohne Kohlensäure
   - ❏ c) mit Mineralwasser

13 ● Wie sieht er denn aus? Können Sie ihn beschreiben?
   ■ Ja, er hat _____ Haare und einen ganz _____ Teint.
   - ❏ a) warme ... dunklen
   - ❏ b) dunkle ... blassen
   - ❏ c) helle ... blonden

14 ● Guten Tag. Ich suche ein Kleid.
   ■ _____ Kleid hätten Sie denn gern? So für jeden Tag, oder soll es für einen besonderen Anlass sein?
   - ❏ a) Was für ein
   - ❏ b) Was für einen
   - ❏ c) Welches

15 ● Siehst du die Frau in der _____ Jacke? Das ist meine neue Chefin.
   ■ Die macht aber einen sehr netten Eindruck.
   - ❏ a) roter
   - ❏ b) rote
   - ❏ c) roten

Ergänzen Sie die Dialoge.

1

● _____

◆ Vielen Dank. Was ist denn da drin? ... Oh, das wäre wirklich nicht nötig gewesen.

● Ach Quatsch. Man wird nur einmal dreißig.

2

◆ Und ab morgen habe ich Urlaub.

● Fährst du denn weg?

◆ Ja, in die Alpen zum Skifahren.

● Na, dann _____

3

◆ Wie siehst denn du aus?

● Mir geht es ganz schlecht. Ich habe Schnupfen, Hus ... – Hatschi!

◆ _____ Am besten, du gehst jetzt nach Hause und legst dich ins Bett. Ich wünsche dir _____

4

◆ Hier ist Ihr Diplom. Sie haben die beste Note. Ich wünsche Ihnen _____

_____

und _____

● Vielen Dank. Glück kann ich brauchen. ...

5

◆ Das müssen wir unbedingt wiederholen. Das nächste Mal kochen wir bei uns etwas Schönes.

● Gerne.

◆ Jetzt müssen wir aber gehen. Tschüs.

● Tschüs und _____

_____

6

◆ Ihr könnt ruhig schon mit dem Essen anfangen. Sonst wird es kalt. _____ !

● Danke.

▲ Danke.

7

◆ Wann kommst du wieder zurück?

● In zwei Wochen. Holt ihr mich dann wieder vom Flughafen ab?

● Natürlich. Also dann _____

8

◆ Jetzt ist es gleich soweit. Noch 30 Sekunden.

● Stehen die Sektgläser bereit?

◆ Na klar. 20, 19, 18, 17, ... 5, 4, 3, 2, 1, 0.

● _____

9

◆ Vielen Dank für das Gespräch. Wir sehen uns dann in einer Woche wieder.

● Ich danke auch, Herr Schmidt. Na, dann

_____ .

◆ _____ .

10

◆ Oh, schön, dass ihr da seid.

_____ !

● Das ist ja schön geworden hier. Du hast ja neu renoviert und alles umgestellt. Der Schrank war vorher doch ...

11

◆ Ich hole euch um 17 Uhr wieder hier am Eingang ab. Und duscht euch nach dem Schwimmen!

● _____ Ja, ja.

▲ _____ Ja, natürlich.

◆ Na, dann los, und _____ .

12

◆ So ein Anlass muss gefeiert werden. Habt ihr alle eure Getränke?.

● Da kommt mein Bier.

◆ Lasst uns anstoßen.

● _____

Treffen auf der Straße

Sie treffen eine(n) Bekannte(n) auf der Straße und begrüßen sich, unterhalten sich kurz über die Familie, über sein/ihr Examen (übermorgen!), über seine/ihre Reisepläne (nächste Woche!)..., verabreden sich für ... und verabschieden sich dann wieder.

Geburtstagsparty

Sie kommen zur Geburtstagsfeier, begrüßen das Geburtstagskind, gratulieren und geben ihm das Geschenk. Sie haben etwas zu essen / trinken mitgebracht, müssen leider spätestens um zehn Uhr gehen, müssen später einmal kurz telefonieren und kennen die anderen Gäste nicht.

Flirten im Café

Sie sitzen im Café und finden eine Frau/einen Mann am Nachbartisch interessant. Sprechen Sie ihn/sie an, stellen Sie sich vor, fragen Sie ihn/sie ..., bedanken Sie sich für die Antwort, fragen Sie noch etwas und laden Sie ihn/sie dann zu einem Getränk ein.

Einladung bei Kollegen

Sie sind bei einem Arbeitskollegen/ einer Arbeitskollegin zum Abendessen eingeladen. Begrüßen Sie ihn/sie, danken sie noch einmal für die Einladung, geben Sie Ihr ein kleines Geschenk (Blumen) und sagen Sie, wie Ihnen die Wohnung gefällt.

Beim Geschäftsessen

Sie haben eine(n) Geschäftspartner(in) aus ... zum Essen in ein gutes Restaurant eingeladen. Begrüßen Sie ihn/sie, bestellen Sie Getränke, erklären Sie ihm/ihr die Speisekarte und bestellen Sie das Essen. Trinken Sie auf eine erfolgreiche Zusammenarbeit und vereinbaren Sie ein Treffen in der Firma.

Beim ersten Rendezvous

Sie sind zum ersten Mal mit ihrem/ihrer neuen Bekannten verabredet. Sie treffen sich in einem Café, begrüßen sich, bestellen, sprechen über ihre Arbeit, ihre Hobbys und die Pläne für den gemeinsamen Abend, bezahlen und gehen dann gemeinsam ...

Der lange Abschied

Sie waren zum Kaffeetrinken bei einer/einem Bekannten und möchten jetzt nach zwei Stunden gehen, aber der Gastgeber bietet Ihnen immer wieder etwas an. Bedanken Sie sich für die Einladung, sagen Sie, dass es Ihnen gefallen hat, laden Sie ihn/sie zu ... ein und verabschieden Sie sich.

Bei der Familienfeier

Ihr Neffe/ihre Nichte hat ein gutes Examen gemacht und will jetzt für zwei Jahre eine Ausbildung im Ausland machen. Gratulieren Sie ihm/ihr, geben Sie ein paar Tipps für das Leben im Ausland, fragen Sie nach Besuchsmöglichkeiten und wünschen Sie ihm/ihr alles Gute.

Silvesterparty

Sie haben einen guten Freund/eine gute Freundin zu Silvester eingeladen. Bitten Sie ihn/sie herein, zeigen Sie ihm/ihr die Wohnung, bieten Sie ihm/ihr etwas zu essen und zu trinken an, sprechen Sie über die gemeinsame Reise vom letzten Jahr und machen Sie Pläne für die Zukunft. Um Mitternacht ...

Beim Arzt

Sie haben Rückenschmerzen und sitzen beim Arzt im Wartezimmer. Da kommt ein(e) Nachbar(in) herein, sie hat eine starke Erkältung und muss immer niesen (Hatschi!). Begrüßen Sie ihn/sie, sprechen Sie über ihre Krankheiten und geben Sie sich Tipps. Dann sind Sie an der Reihe, verabschieden Sie sich.

Im Büro

Ihr Kollege/Ihre Kollegin fährt morgen für zwei Wochen zum Skifahren. Fragen Sie nach dem Urlaub (Wo?, Unterkunft? Skikurs? ...), bieten Sie sich als Urlaubsvertretung an, fragen Sie, was Sie alles erledigen sollen, und wünschen Sie ihm/ihr ...

Wo? _____

Mit wem? _____

Welcher Anlass? _____

Was machen Sie? _____

Was sagt er/sie? _____

Was macht er/sie? _____

Was sagen Sie? _____

Quellenverzeichnis

Umschlagfoto mit Alexander Aleksandrow, Manuela Dombeck, Anja Jaeger, Kay-Alexander Müller und Lilly Zhu:
Arts & Crafts, Dieter Reichler, München

Kursbuch

Seite 77/78:	Fotos: Silke Hilpert, München
Seite 83:	Cartoon: Wilfried Poll, München
Seite 84:	Text aus: Stern 45/94, Petra Schnitt/STERN, Picture Press, Hamburg; Fotos: Michael Wolf/VISUM, Hamburg
Seite 89:	Cartoon: Peter Gaymann, © CCC Arno Koch, München
Seite 94:	Foto C: Andrea Mahlknecht, Landshut
Seite 101:	Cartoon: Erich Rauschenbach, © CCC Arno Koch, München
Seite 103:	Foto links, oben rechts: René Grimm, München; Mitte, unten: Erna Friedrich, Ismaning; rechts unten: PhotoPress, Stockdorf (Seve)
Seite 104:	Foto A, D, E: Erna Friedrich, Ismaning; B: Bavaria Bildagentur, Gauting (Picture Finders); C, F: PhotoPress, Stockdorf (Schöfmann, Fuhrmann)
Seite 105:	Foto rechts: Erna Friedrich, Ismaning
Seite 107:	Wörterbuchauszüge aus: Langenscheidts Großwörterbuch Deutsch als Fremdsprache, München, 1998
Seite 114:	Fotos: Tourismus-Zentrale Hamburg
Seite 115/129/141:	Cartoons: © Tom Körner, Berlin
Seite 117:	Abbildung: Zirkusleute von Karl Hofer, Museum Folkwang, Essen
Seite 120:	Abbildung: DGE-Ernährungskreis, © Deutsche Gesellschaft für Ernährung e.V., Frankfurt/Main
Seite 122:	Fotos: 2x Mitte: dpa, Zentralbild Berlin (Harry Melchert, Carsten Rehder); links: Otto Versand, Hamburg; rechts: EMI Köln (Frank Bender)
Seite 123:	Grafik oben aus: Spiegel special Nr. 4/1996, Spiegel-Verlag, Hamburg
Seite 126:	Liedtext: Horst-Herbert Krause/Diether Krebs, Musik: Juergen Triebel © by Edition Accord Musikverlag GmbH. Hamburg; Foto: EMI Köln (Frank Bender)
Seite 128:	Foto oben: dpa (Brakemeier); Foto 1, 3, 4: MHV-Archiv; 2: Spanisches Fremdenverkehrsamt (Francisco Ontañoñ), Frankfurt/Main; 5: IKEA Deutschland Verkaufs-GmbH & Co.; 6: Kikkoman Trading Europe, Düsseldorf
Seite 131/133:	Fotos Typberatung: Südwest Verlag, München
Seite 135:	Fotos: Quelle Schickedanz AG & Co., Fürth
Seite 136:	Foto: Siegfried Kuttig, Lüneburg
Seite 144:	Foto links oben: Tourismus-Zentrale Hamburg; Mitte: Siegfried Kuttig, Lüneburg; rechts unten: Erna Friedrich, Ismaning
Seite 145:	Foto Mitte links: Helga Schmid, Forstinning; Mitte rechts: Tierbildarchiv Angermayer, Holzkirchen; Siegfried Kuttig, Lüneburg

Arts & Crafts, Dieter Reichler, München: Seiten 80, 91, 100, 105 links, 118, 123, 124
Manfred Tiepmar/Rosa-Maria Dallapiazza/Eduard von Jan, Frankfurt/Main: Seiten 79, 82, 96, 107, 108, 119, 121, 137, 147
Werner Bönzli, Reichertshausen: Seiten 87, 88, 94 (A,B,D), 124, 135, 137 oben

Arbeitsbuch

Seite 89:	Fotos A+H: Süddeutscher Verlag, Bilderdienst, München; B+G: Angelika Rückert, Ismaning; C+F: Ernst Kirschstein, Ismaning; D+E: Kurt Bangert, Wolnzach
Seite 99/129:	Wörterbuchauszüge aus: Langenscheidts Großwörterbuch Deutsch als Fremdsprache, München, 1998
Seite 108:	Foto links Mitte, 2x rechts oben/links unten: Gerd Pfeiffer, München; Haltestelle: Jens Funke, München
Seite 111:	Foto: Gerd Pfeiffer, München
Seite 118:	Fotos: siehe Kursbuch Seite 104
Seite 133:	Foto links: Otto Versand, Hamburg; rechts: MHV-Archiv
Seite 137:	Foto 1: (André Durand), 2: (dpa), 3: (Markus Beck), 4: (Jung) alle dpa Frankfurt/Main; Text aus: Stern 10/93, © Volker Pudel, Georg Westermeyer/STERN, Picture Press, Hamburg
Seite 139:	Flugzeug: DASA, München; Auto: Adam Opel AG, Rüsselsheim; Ballon: Pionier Travel, Stöttham; Bahn: Deutsche Bahn AG, Berlin; alle anderen: Prospektmaterial
Seite 140:	Foto oben links/rechts: (Mike Nelson)/Stringer) dpa Zentralbild, Berlin; Modell: Wöhrl Bekleidung, Nürnberg
Seite 141:	Gedicht aus: Gesammelte Werke von Erich Fried, Verlag Klaus Wagenbach, Berlin
Seite 143:	Zeichnungen von Katja Dalkowski aus: Sprechen Hören Sprechen, Verlag für Deutsch, Ismaning
Seite 145:	Text aus: Stern 51/94, Hans-Heinrich Ziemann/STERN, Picture Press, Hamburg
Seite 150:	Bild: Städtische Galerie im Lenbachhaus, München
Seite 154:	Fotos: Siegfried Kuttig, Lüneburg
Seite 155:	Schaubild aus: Stern 37/95, © STERN, Picture Press, Hamburg
Seite 159:	Textauszug aus: Stern 45/94, © Uwe Rasche/STERN, Picture Press, Hamburg

Art & Crafts, Dieter Reichler, München: Seiten 106, 108 (alle anderen), 115, 136, 140 (alle anderen), 144
Manfred Tiepmar, Rosa-Maria Dallapiazza, Eduard von Jan: Seiten 94, 134, 137,
Werner Bönzli, Reichertshausen: Seiten 98, 108 (Inseratleserin, Zwiebeln, Kalender), 114, 129.

Lehrerbuch

Kopiervorlage 8/3:	Foto: Gerd Pfeiffer, München
Kopiervorlage 11/1:	Fotos: MHV-Archiv, München
Kopiervorlage 11/5:	Text: EMI Kick Musikverlag GmbH & Co. KG & EMI Nobile Musikverlag GmbH, Hamburg

Wir haben uns bemüht, alle Inhaber von Bild- und Textrechten ausfindig zu machen. Sollten Rechteinhaber hier nicht aufgeführt sein, so wäre der Verlag für entsprechende Hinweise dankbar.